KB093454

한국 근대 형사재판제도사
韓國 近代 刑事裁判制度史

韓國 刑事裁判 近代 制度史

형사재판제도사
한국 근대

도면회

푸른역사

머리말

　한국은 왜 일본의 식민지가 되었을까?

　이것은 내가 1983년 대학원 석사 과정에 진학하면서 품었던 질문이다. 유신체제 말기의 폭압과 전두환 신군부의 쿠데타, 광주 민주화 운동을 겪으면서 이러한 일련의 사태 밑바닥에 일본의 한국 식민지화라는 사건이 원초적 원인으로 작용하고 있다는 생각이 들었기 때문이다.

　한국이 일본의 식민지로 전락하지 않고 독립국으로 존재했었더라면 어땠을까? 제2차 세계대전 이후 소련과 미국이 한반도를 분할 점령하는 사태가 발생하지 않았을 것이고, 남한과 북한이 반공 또는 반미 구호 하에 적대적 의존 관계를 맺으면서 각각 독재 체제를 성립시키지도 않았을 것이다. 노동자들의 정당한 권리, 빈민의 극한 저항을 '빨갱이'로 몰아 탄압하거나 대학생들의 민주화 운동을 용공으로 낙인찍는 일도 발생하지 않았을 것이라고 생각했다.

석사 과정 진학 이후 1990년대 중반에 이르기까지 앞의 질문에 만족스럽게 답한 연구 성과를 본 적이 없다. 1980년대 후반까지만 해도 한국의 근대사 연구는 주로 내재적 발전론에 입각하여 조선 후기 이래의 자생적 근대화 가능성을 추적하고 있었다. 이 입장에서는 한국이 일본의 식민지가 된 이유를 일본 제국주의라는 외적 압력이 한국의 자생적 근대화의 가능성을 왜곡하거나 억압했다는 점에서 찾고 있었다.

그러나 한국의 일본 식민지화가 일제의 침략 야욕과 압도적 군사력 때문이었다는 답처럼 유치한 역사 서술은 없다고 생각했다. 대한제국의 황제와 고위 관료, 한때 2만여 명에 달했던 한국군은 어찌하여 총한 방 제대로 쏘지도 못한 채 권력을 빼앗기거나 무장 해제를 당했단 말인가? 국가의 멸망을 앞에 두고 어찌하여 양반 유생층 일부만이 의병 투쟁에 나섰을까? 전국적 항쟁은 왜 일어나지 않았을까?

이때부터 역사 연구의 목표를 "한국의 일본 식민지화 원인을 한국 사회 내적 구조에서 찾겠다"는 것으로 잡았다. 석사 과정 시기에는 대한제국기 백동화 남발을 중심으로 화폐·금융 문제를 연구하였다. 그 결과 확인한 사실은 백동화를 남발하여 인플레이션을 일으킨 주범이 다름아닌 대한제국의 황제였다는 점이다. 백동화 남발로 인하여 한국 사회가 백동화 유통 지역과 엽전 유통 지역으로 양분되고, 한국 상인들이나 관료들이 가치가 안정된 일본 화폐를 선호할 수 밖에 없었던 점을 확인할 수 있었다.

군 복무를 마친 후 이 주제를 좀더 폭넓게 연구하여 박사 학위 논문을 작성할 계획이었다. 그러던 중 한영우 교수님 소개로 법원행정처의 법원사편찬위원회에 들어가 한국 법원의 역사를 편찬하는 작업에 참여하게 되었다. 2년 반 정도 근무하면서 갑오개혁으로 도입된 근대적 재판제도의 운영 상황을 정리한 결과, 식민지화 이전 한국의 재판제도가 조선 후기와 다를 바 없이 민중 수탈의 도구였다는 점, 이토 히로부미가 통감 부임 후 한국 재판제도의 '개혁'에 가장 공력을 기울였던 이유가 한국 민중의 환심을 사서 종국적으로 한국을 병탄하려는 데 있었다는 사실을 알게 되었다.

이러한 사실들이 내게는 식민지화의 주요한 원인들로 여겨졌다. 이후 법원행정처를 나와 박사학위 논문 주제를 갑오개혁 이후 형사재판제도로 바꾸고 서울대 규장각 자료를 중심으로 2년 반 작업 끝에 1998년 2월 박사학위를 받았다.

이 책은 박사학위 논문과 그 이후의 후속 연구 성과를 모아 펴낸 것이다. 박사논문 제출 직후 출간했어야 할 작업을 거의 10년 이상 묵혀 두었다가 푸른역사 박혜숙 사장의 제안 덕분에 2008년부터 단행본 출간 작업에 착수하였다. 그러나 진도는 예상 외로 더뎠다. 그 사이에 산출된 재판제도 관련 연구 성과를 정리하고 한문과 국한문 혼용으로 된 사료를 번역하는 데 시간을 많이 소모한 데다가, 미국에 연구년을 다녀오는 과정에서 건강 문제까지 악화되어 작업이 순조롭게 진척되지 못했다.

그동안 갑오개혁 이후 1910년대까지의 한국 형사재판제도에 관한 연구 성과들이 여러 편 산출되었다. 그럼에도 불구하고 이 책을 출간하는 것은 그러한 연구 성과들 역시 한국의 일본 식민지화 원인이 무엇인가라는 질문에 대한 답을 내놓지 못하고 있다는 판단에서이다.

독립협회 운동 좌절 이후 1905년경까지의 한국 사회는 중앙 정부와 지방관의 수탈로 인해 민중의 불만이 쌓여 여차하면 정변이나 혁명이 일어날 것 같은 분위기였다. 안타깝게도 그러한 민중의 에너지를 새로운 정치 권력 수립으로 전환시켜줄 세력은 없었다.

1906년 이후 일본의 통감부 설치와 그에 뒤이은 한국 병합은 군사적 강점에 기초한 침략 행위지만, 어찌 보면 이러한 한국 민중의 고통과 개혁 열망에 편승한 침략이었다. 갑오개혁기에 이루어진 근대적 개혁 조치들이 아관파천 이후 폐기 또는 수정되었으나 일본의 통감부 설치 이후 다시 복원되고 더욱 강력한 힘으로 시행되면서 한국민들로 하여금 일말의 기대를 걸게 했기 때문이다.

이러한 관점에서 나는 이 책에서 형사재판제도의 보수반동화가 한국이 일본의 식민지로 전락한 원인의 하나라고 제시하였다. 갑오개혁기에 형사재판제도가 근대적으로 개혁되었음에도 불구하고 대한제국기에 보수반동화함으로써 민중의 생명과 권리를 지켜주지 못한 점, 이로 인해 일제의 재판제도 개혁이 한국인들에게 상당한 기대를 갖게 만들었다는 점을 보여주고자 했다. 물론 그 개혁은 '식민지 근대적' 개혁이었다. 그런 면에서 나는 '자주적 근대'와 '식민지적 근대'가 사회구조적 측면에서는 단절성보다 연속성이 있다는 점을 밝히고자 하였다.

예를 들어 기존 연구 성과에서는 식민지 무단통치의 상징적 사례로 조선인에게만 태형을 실시했다는 사실을 지적해왔다. 심지어는 태형이 갑오개혁기에 폐지되었다가 일제 통치하에서 부활되었다고 서술한 개설서나 교과서도 많다. 그러나 태형은 갑오개혁기에 폐지되기는커녕 중앙과 지방에서 법적 한도를 넘어 인명 살상에 이를 만큼 남용되기까지 했다. 그런 면에서 일제 강점기 태형은 대한제국기 형벌제도의 연속선 상에 있었다고 할 수 있다.

〈보론〉은 1910년대 형사재판제도 자체를 분석하기보다 형사재판제도를 통해 일제강점기 조선인의 법적 지위를 규명하고자 했다. 1910년대 형사재판제도를 보면, 갑오개혁기에 개혁의 모델로 설정되었던 일본의 재판제도가 식민지적 차별 조치들과 함께 전면적으로 도입되고 있었음을 알 수 있다. 아울러, 1920년 이후에는 조선인에게만 차별적으로 적용한 과도적 조치들이 폐지되면서 조선인의 법적 지위가 일본인의 그것에 근접하는 모습을 보이는데, 나는 이러한 점들이 조선인들로 하여금 일제 지배에 대해 협력적 태도를 보이게 한 주요 원인이라고 본다.

그러나 본서는 형사재판제도에만 초점을 맞추었기에 한국의 일본 식민지화 원인을 총체적으로 보여주지 못하였다. 식민지화의 원인은 향후 한국민의 토지·가옥 등 부동산 소유권과 이를 둘러싼 민사재판 분야, 그리고 상인층의 성장과 관련한 정부의 정책, 관료제도의 현황 등 다양한 분야에서 밝혀야 할 것이다. 이 책이 그러한 작업에 조그마한 디딤돌이 되기를 기대한다.

이 책은 학문 연구를 필생의 직업으로 삼은 지 20여 년 만에 처음 출간하는 단독 저서이다. 그동안 선배는 물론 후배들이 발간한 단독 저서를 보내올 때마다 마음이 무겁고 자격지심에 사로잡혔었는데, 이제 드디어 그러한 정신적 고통으로부터 벗어나게 된다고 생각하니 마음이 홀가분하다.

그러기에 이 책이 나오기까지 도움을 준 분들에게 지면을 통해나마 감사를 드리고 싶다. 권태억 선생님은 석사과정 때부터 질책보다는 칭찬과 격려로 지도를 해주셨다. 뿐만 아니라 자주적 근대와 식민지 근대의 연속성이라는 본인의 입장도 박사 과정 수업 시간에 선생님이 소개해준 몇몇 연구 논저를 접하면서 착안할 수 있었기에 그 은혜를 잊을 수 없다. 한영우 선생님은 숫자와 통계로만 일관했던 내 석사 논문에 대해 사람들이 살아간 흔적이 보여야 한다고 지적해 주시고, 박사논문 주제를 형사재판제도로 바꿀 수 있는 계기도 제공해 주셨다. 정옥자 선생님은 학부 3학년 때부터 보잘 것 없는 제자를 우수하고 명석한 학생이라고 가외의 격려를 해주신 이래 지금까지도 항상 따뜻한 얼굴로 맞아주셨기에 한때 날카롭고 모났던 마음이 많은 위로를 받았다. 이태진 선생님은 대한제국 시기를 보는 입장은 정반대이지만 그동안 과소평가했던 국왕의 역할을 새롭게 인식하게끔 문제 의식을 던져주셨다. 덕분에 박사논문 초고를 수정하는 데 큰 도움을 받았다. 네 분 선생님들께 늦게나마 감사의 인사를 드리고 싶다.

극단적인 출판 불황, 그 중에서도 가장 어려운 인문학 시장 상황임에도 이 책의 출간을 권유하고 끝까지 지원해 준 푸른역사 박혜숙 사장님과 편집 팀에 감사를 드린다. 마지막으로, 인생의 동반자이자 또 다른 한국학 분야 전공자로서, 게으른 남편의 박사학위 논문 집필을 독려하고 남편이 쓰는 글마다 항상 최초의 독자로서 질정을 마다하지 않은 박진숙에게 그동안의 고생에 대해 미안하고 고맙다는 마음을 이 책에 담아 전하고 싶다.

2014년 1월 5일
용운동 연구실에서

서론

자주적 근대와 식민지적 근대의 연속성

본서는 1894년 갑오개혁의 일환으로 도입된 근대적 형사재판제도가 일제에 의해 어떻게 식민지 근대적으로 변용되었는가를 추적하고자 하였다. 이 주제를 논하기 앞서 먼저 1910년 일제에 의해 이 땅에 도래한 식민지적 근대가 1894년 이래 추구해 온 자주적 근대와 전혀 관계 없이 단절적이었던 것인지 볼 필요가 있다.

대부분의 한국사 개설서는 1894년 갑오개혁 이후 1910년 일본의 한국 병탄까지를 크게 두 개의 시기로 구분해 왔다. 첫 시기는 1894년부터 1904년 러일전쟁 발발 이전까지 '자주적 근대'를 위한 혁명 또는 개혁이 추진된 시기로 설정하였다. 조선 후기 이래의 사회 개혁론이 1894년 동학농민군 또는 개화파 정권, 대한제국 정부를 통해 근대 국가 건설 과정으로 구체화되어 간 것으로 서술해 왔다. 둘째 시기는

'식민지적 근대'로의 이행기로서 일본이 1905년 을사조약에 의해 통감부를 설치하고 한국을 병탄해 간 시기로 설정하였다. 아울러 일본의 침략에 대한 저항으로 한국인의 의병투쟁, 계몽운동 등 국권 수호 운동이 전개된 과정으로 서술해 왔다.

그런데 위의 두 시기는 그처럼 뚜렷히 구분될 수 있는 것일까? 첫째 시기에 도입된 각종 근대적 개혁의 성과들은 다음 시기에도 계속 유지되었다. 그리하여 개화 지식인들은 일본의 한국 보호국화가 한국 사회의 근대적 개혁을 도와줄 수도 있을 것으로 생각하고 통감부에 대한 기대감을 보이기까지 했다.[1] 황제권을 핵심으로 한 통치 권력의 측면을 제외하고 볼 때 두 시기는 단절적이라기보다는 연속적이었다.

둘째 시기 열강의 묵인 하에 1910년 일본이 한국을 병탄하였을 때 한국인이 맞닥뜨리게 된 현실은 '식민지적 근대'로서, 일본을 통해 이식된 서양 근대성이 확산되기 시작하였다. 즉, 한국 사회에는 자본주의 경제의 확립을 위한 토지·임야 조사사업과 등기제도에 의한 토지소유권의 법인, 호적 정리와 국세國勢 조사, 철도·도로·항만 건설 등 수많은 인프라 구축 사업이 펼쳐졌다. 일본의 지배 정책에 합치되는 한도 내에서이긴 했지만, 교육·문화·종교·의료·위생 등의 분야에서도 근대 일본의 모습을 닮은 정책들이 실시됨으로써 한국 사회는 대한제국 시기보다 더욱 '문명화'되었다.[2]

대부분의 한국사 연구자들은 일제 지배 하의 사회에 대해 '근대'라는 관형어를 붙이는 데 동의하지 않지만, 이는 '근대'를 한국 사회가 거쳐가야 할 역사적 목표, 발전의 지표로 보는 '근대화론' 또는 '내재적 발전론'의 입장에서 그러할 뿐이다.[3] 통치 권력이 한국인에게서 일본인으로 옮겨져 민족적 차별과 억압이 일상화된 것을 제외하면, 한국 사회는 외견상으로도 내용적으로도 중세적 사회에서 근대적 사회로 이행하였다.

근대가 해방과 억압의 측면을 동시에 갖는 것과 마찬가지로 식민지 역시 문명화·개발과 수탈·차별의 이중성을 갖는다.[4] 이러한 관점에서 갑오개혁 이후 일제의 한국 병탄에 이르는 과정은 자주적 근대에서 식민지적 근대로의 이행이었다. 문제는 그러한 이행 과정이 각 분야별로 시기별로 어떠한 맥락에서 어떠한 기제에 의해 이루어졌는가를 고찰하는 일이다.

갑오개혁과 재판제도 개혁의 성격

갑오개혁을 주도한 개화파 정권은 1년 6개월이라는 짧은 기간 동안 총 6백여 건 이상의 법령을 제정 반포하면서 한국 사회의 구조를 메이지 유신 이후의 일본과 유사한 모습으로 바꾸어 놓았다. 국왕권을 제한하고 과거제를 폐지하여 근대적 관료제도를 실시하였으며 반상班常·상천간常賤間의 차별 등 신분제 질서를 폐기하였다. 자유무역·자유상업 체제를 선언하였으며 신식화폐의 발행, 부세의 금납화와 조세 징수제도 개편을 통하여 지주제에 근거한 자본주의적 발전을 추구하였다. 유교 경전을 기본으로 한 전통교육 대신 신식 교육제도를 도입하여 사범학교·소학교 등의 학교를 설립하는 등 근대적 사회구조의 틀을 만들어 놓았다.[5]

14

그러나 개혁은 일본의 재정적 지원과 군사적 보호 하에 추진되었다. 개화파 정권의 민족의식은 '반청 독립'에만 편중되었으며, '청으로부터의 독립' 뒤에 숨겨진 '일본으로의 예속'의 위험성을 간파하지 못하였다.[6] 이들은 청일전쟁을 '일본이 동양평화를 위해 싸우는 의로운 전쟁'이라고 믿었다. 갑오개혁기의 수많은 법령 중에는 조선 후기 이래 제기되어 온 개혁안을 수용한 것도 있지만, 일본의 침략 논리를 그대로 수용하여 준비도 채 갖추지 않은 채 급속히 실시한 것도 많았다.

아관파천 이후 왕권을 회복한 고종은 갑오개혁기에 반포된 수많은 신식 법령과 개혁 이전까지 시행되던 구 법령들이 뒤섞인 상태를 바로잡아 통치 질서를 회복함과 함께 열강의 외압을 극복하면서 근대 국가를 만들고자 하였다. 고종의 황제 즉위와 전제군주권 성립, 원수부의 군사권 장악, 황실 중심으로의 재원 재편과 독점적 상업 체제의 부활, 지방제도의 13도제로의 복귀, 조세 징수구조의 구제도로의 환원 등이 갑오개혁에 대한 부정으로 추진되었다.

그런데 갑오개혁의 성과가 제도적 측면에서 부정되지 않고 존속하거나 부분적으로 변화된 분야도 있었으니, 재판제도가 그중의 하나이다. 조선 사회의 재판제도는 국왕을 최정점으로 하여 양반관료가 지배층이 되는 신분제적 사회질서를 바탕으로 하여 운영되었다. 재판의 유형을 오늘날의 민사재판에 해당하는 사송詞訟(또는 청송聽訟)과 형사재판에 해당하는 옥송獄訟(또는 결옥決獄)으로 나눌 수 있지만 그 경계가 완전히 분화되어 있지 않았으며 사송에도 형벌이 수반될 수 있었다. 사법권과 행정권은 관찰사·군수 등 지방관이나 중앙기관의 통치행위에 통합되어 있었으며 획일적이고 명확한 실체법이 없이 사수私

囚·사형私刑이 행해질 수 있었다.[7]

이러한 재판제도의 성격은 법치가 아니라 인정仁政·덕치德治를 지향한 조선 왕조의 통치 이념으로부터 나왔다. 조선 왕조는 인민생활의 세세한 부분까지 법규로 규정하지 않고 조종성헌祖宗成憲 존중주의尊重主義와 예주종법禮主法從의 원리 하에 삼강오륜을 기본으로 한 윤리·도덕을 사회 내면으로 확대 구체화시키고자 하였다. 따라서 재판을 통하여 인민의 행위를 규제하더라도 그것은 필요악으로 치부되었을 뿐, 궁극적으로는 재판이나 형벌이 필요없게 하는 데 통치의 이상을 두고 있었다.[8]

그렇지만 18세기 전반 이래 사회경제적 변화가 가속화하면서 기존의 법규나 재판제도로는 처리할 수 없는 많은 문제가 발생하게 되어 재판제도에도 많은 변화가 나타났다. 영조·정조대 이후 각종 혹형과 악법이 폐지되고 서얼 소통, 사노비 폐지 시도 등으로 인신적·법률적 구속이 완화되었으며 이를 통하여 민인들의 사회적 지위도 향상되어 갔다.[9] 그러나 조선 왕조의 재판제도는 삼강오륜이라는 유교적 윤리 덕목에 근거하여 신분제적 사회질서의 유지에 목적을 두고 있었기 때문에[10] 민인 누구에게나 동등하게 적용되는 법규범을 가질 수 없었다.

갑오개혁기에는 이 같은 재판제도에 급격한 변화가 몰아쳤다. 갑오개혁에 의해 수립된 근대적 재판제도는 조선 후기 이래 개혁 논의를 바탕으로 이루어졌다기보다 개화파 정부에 초빙된 일본인 고문관들의 영향 하에 극히 짧은 시기에 일본의 재판제도를 모방하여 만들어졌다. 그리고 이 일본의 재판제도 역시 메이지 유신 이래 1890년대에 이르기까지 유럽의 그것을 수용하여 정착한 제도였다.[11]

개화파 정권은 단기간에 구래의 재판제도를 개혁하여 사법권의 일원화, 민사와 형사의 분리, 사법권의 행정권으로부터의 분리, 형벌의 개혁 등을 추진하였다. 그러나 인적·물적 준비가 미숙한 상태에서 개혁이 진행되었기 때문에 몇 가지 측면에서 큰 충격을 몰고 왔다. 첫째, 국왕의 최고 재판관이자 입법관으로서의 지위를 박탈하고 인정·덕치가 아니라 법치法治에 의한 통치 원리를 천명함으로써 국왕의 반발을 불러왔다. 둘째, 신분제 폐지에 따라 신분 차별적인 법규와 재판 절차를 부정함으로써 구래의 지배층이었던 양반층의 반발을 불러왔다. 셋째, 종래 사법권과 행정권을 동시에 장악하고 있던 관찰사·군수 역시 자신들의 기득권 상실에 격렬하게 반응하였다.

그리하여 대한제국기에 들어서는 개혁의 성과가 내용 면에서 부정되기 시작하였다. 국왕의 최고 재판관이자 입법관으로서의 지위가 복구되고 지방관도 개혁 이전과 마찬가지로 재판권을 행사하도록 허용되었다. 그 결과 근대적 재판제도를 도입한 취지는 폐기되었고, 재판권을 이용한 지방관들의 민인 수탈과 억압이 일상화하였다.

1905년 말 을사조약 이후 일본이 한국을 병탄하는 과정에서 착안한 '시정 개선' 사업 중 하나가 재판제도의 개선이었다. 그들은 한국인들이 오랫동안 학정에 시달려 왔으므로 국정을 개선하면 한국인의 민심도 쉽게 수렴할 수 있고, 이를 통해 한국인들의 일본에 대한 저항을 잠재울 수 있을 것으로 예상했다.[12]

초대 통감 이토 히로부미는 "한국에는 재판제도가 없다는 것이 적당할 정도로 재판제도가 불완전하다"[13]고 혹평하였다. 1907년 1월 초 한국에 배치할 법무보좌관들 앞에서 "한국의 정치 개선은 곧 한국에서 일본의 세력 확장이다. 시정 개선과 세력 확장은 그 명의는 틀리지만 사실은 하나이다.…… 서서히 개량을 하여 한국인으로 하여금 스스로 감복하도록 노력해야 한다"[14]고 하였다. 이는 한국 재판제도의 불공정함과 그로 인한 한국 민인들의 고통을 이용하여 한국을 병탄하려는 고도의 침략정책이었다. 재판제도의 식민지적 근대화는 이렇게 이루어졌다.

식민지화 이전 한국의 재판제도 분석을 위하여

본서의 문제의식은 이토 히로부미의 한국 재판제도에 대한 평가로부터 출발하였다. 과연 갑오개혁기에 도입된 근대적 재판제도가 10년이 지나도록 아무런 진전이 없었던가?

아관파천과 대한제국 수립을 거치면서 국왕권이 회복되고 갑오개혁기의 급격한 변화를 거부하는 움직임이 커졌다. 이에 따라 사법권의 일원화, 사법과 행정의 분리, 신분제 폐지 등 갑오개혁기의 성과는 서서히 부정되어 갔다. 그 결과 한국의 일반 민인은 개혁 이전과 크게 다를 바 없는 통치 상황에 놓이게 되었다. 그런 의미에서 러일전쟁과 일본군의 치안 장악, 이어지는 통감부의 재판제도 개혁은 갑오개혁의 연장선상에서 파악될 수 있다. 다만, 여기에는 한국을 보호국 나아가서는 식민지로 병탄하려는 일본 제국주의의 의도가 내포되어 있었다.

본서에서는 이같이 재판제도 상에서 보이는 개혁과 반동, 그리고 식민지적 변형이 어떠한 과정을 통해 이루어지는가를 검토하고자 했

한국 근대 형사재판제도사

다. 그런데 갑오개혁 이후 근대적 재판제도의 변화를 검토하기 위해서는 개혁 이전의 재판제도가 어떻게 구성되고 운영되고 있었던가를 파악하는 것이 필수적이다. 이는 개혁 이전의 재판제도가 그저 개혁의 대상이었을 뿐만 아니라 개혁에 의해 폐지되거나 변형된 이후에도 지속적으로 작용하는 기층 구조였기 때문이다. 따라서 본서에서는 가능한 한 갑오개혁 이전, 즉 조선 후기 재판제도에 대해서 최소한의 범위나마 정리하고자 하였다. 다만, 민사와 형사 재판제도 모두 검토하는 것은 매우 광범위한 작업이라 일단 인민의 신체·재산 보호와 직접 관련된 형사재판제도에 한하여서만 검토하였다.

구체적인 분석은 다음 몇 가지에 초점을 맞추었다. 첫째, 정치 권력 구조의 변화 문제이다. 갑오개혁 이전까지의 사법권은 국왕을 최고 정점으로 하여 말단 군수에까지 이르는 통치 권력의 한 부분이었다. 신규 설립된 재판소와 전임 사법관이 사법권을 행사하기 위해서는 기존 통치 권력으로부터 사법권을 분리 인수해야 했다. 이는 곧 중앙 정치에서의 개혁 관료와 국왕 및 보수 관료 사이의 권력 투쟁과 연관되어 있는 문제이기 때문에 정치 상황의 변화를 분석하고자 했다.

둘째, 정부의 형사 정책의 변화, 그에 따른 형사 법규의 변화를 추적하였다. 형사 정책은 사회의 변화와 통치 권력의 방향에 따라 변화하고 다시 형사 법규를 제정 또는 개정하는 과정에 반영되기 때문이다. 특히 형사 법규는 법 제정 당시까지 변화된 사회의 성격, 새로운 범죄의 양상을 설명해 준다는 점에서 매우 중요하다.

셋째, 각 재판기관의 관할 구조와 재판 주체인 사법관의 문제를 분석하고자 하였다. 사물관할·토지관할·심급관할은 재판권이 미치는 대상과 영역을 규정하는 요소인데[15] 특히 사물관할은 신분제적 사회질서가 해체되는 과정에서 큰 변화를 보이고 있으므로 주목을 요한다. 아울러 사법관의 교육 및 임명 과정, 그리고 그들의 성향이 어떠한가는 재판의 공정성과 객관성을 좌우하는 중요한 요소가 된다.

넷째, 재판의 전 과정이 어떻게 변화했는지를 파악하고자 하였다. 고소·고발부터 피의자의 체포와 수사 과정, 법률 적용과 판결, 판결의 집행과 사면, 상소에 이르기까지 각 단계마다 적용되는 절차와 그 성격, 그 과정에서 민인의 법적 지위와 권리가 어떻게 규정되어 있는가를 파악함으로써 각 시기 재판제도의 성격을 규명하고자 하였다.

다섯째, 재판제도에 작용한 외압의 구체적 모습을 분석하고자 하였다. 본서에서 다루는 시기에는 자본주의 열강과의 불평등조약으로 인해 영사재판권이 한국 정부의 주권 행사를 제약하고 있었다. 이에 대하여 한국 정부와 민인들은 어떻게 반응하고 있었던가를 검토하고자 하였다.

한국 형사재판제도 연구의 흐름

1 - 조선 후기 형사재판제도 연구 성과

형사재판제도에 대한 기존 연구는 대부분 조선 후기와 일제 강점 이후 시기에 집중되어 성과가 많이 축적된 반면, 갑오개혁 이후 일제 강점까지의 변화에 대해서는 축적된 성과가 적은 편이다. 우선 갑오개혁 이전 형사재판제도에 관한 연구 동향부터 검토해 보자. 본 주제에 대한

선구적인 업적은 일제 식민지 통치기에 경성 형무소장을 지냈던 나카하시 마사키치中橋政吉의 저서였다.[16] 이 책은 고대부터 1910년까지 형사제도를 형률·재판기관·재판 과정·감옥제도·형 집행·사면·경찰 등으로 나누어 세세하게 서술하고 있다. 저자가 형무소장을 지낸 관계로 감옥과 형 집행에 관한 서술이 대단히 상세하고 여타 부분은 주로 법전과 실록 기사를 인용하여 제도사적으로 간략히 정리해 놓았다. 전반적으로 그의 시각은 한국사를 정체론적으로 보는 입장이며, 통감부 설치 이후부터 형정이 근대적 실질을 갖추게 된다는 기조에 놓여 있다. 그러나 형 집행이나 감옥제도에 대해서는 여타 기록 사료에서 볼 수 없는 사실들을 회고담 수집을 통하여 복원시켜 놓았다는 장점이 있다.[17]

1960년대 후반부터 재판제도에 관한 연구가 대폭 산출되었다. 서일교의 업적은 양적인 면은 물론 질적인 면에서도 획기적인 성과였다.[18] 그는 조선 왕조 전 시기에 걸쳐 재판제도를 재판기관·법전·형법·형사절차법으로 나누고 법전과 재판 관련 지침서, 조선왕조실록의 재판 관련 기사 등을 총망라하여 조선 사회 형사재판제도의 실상을 정리하였다.

방대한 저서라 일일이 요약하기는 힘들지만 재판제도에 관련해서만 보면 그는 조선 왕조 재판을 청송聽訟·단옥斷獄 또는 민사·형사로 질적으로 구분하는 것은 타당하지 않으며, 당시 사회 규범에 반하는 모든 행위나 불행위는 정도의 차이가 있을지언정 모두 범죄로 인식하여 처단하는 것이라 하였다. 설사 매매·징채徵債·봉사奉祀 등 민사적 성질의 재판이 있더라도 이는 사권私權 보호의 취지가 아니라 처벌 가치가 미약한 사건이라는 관점에서 처리되었을 뿐이라고 하였다. 그리고 이 시기 재판은 오늘날과 같이 행정과 대립하는 의미에서의 사법 처분

이 아니라 행정의 일환으로서의 사법 처분 성격을 갖는다고 하였다.[19]

이에 의하면 조선 왕조의 재판제도는 사권 보호라는 정책적 배려가 결여된 '통치' 측면만 강조된 셈인데, 박병호는 반대의 견해를 취하고 있다.[20] 그는 가족법과 토지법을 중심으로 전통적 법체계가 민인의 사적 소유권을 어떻게 보호해 왔는가, 서구적·근대적 법체계 속에서 어떻게 변용되었는가를 연구과제로 삼았다. 그 결과 재판이 민사와 형사로 완전히 분화되지 않고 모든 재판이 형벌 시행의 가능성을 내포하고 있었다는 의미에서 형사재판의 성격을 갖는다는 점은 인정하였다. 그러나 가장 중요한 생산수단인 토지 등 부동산에 대한 사적 소유권이 조선 초기부터 인정되고 국가에 의해 법적으로 보장받고 있었다고 주장함으로써, 재판제도에 사권 보호의 취지가 없다는 서일교의 논지에 반하는 성과를 산출하였다. 그외에도 그는 조선 왕조의 법체계와 법의식, 조선 시대·개항기·일제 강점기의 재판제도 등에 관하여 제도사적으로 접근하는 등 다량의 업적을 산출하였다.[21]

1980년대 중반 이후 심희기는 형사재판제도의 중요한 구성 부분인 검험과 고신에 대하여 선구적으로 정리하였다.[22] 살인사건이 일어났을 때의 초기 수사 과정인 검험 절차를 상세하게 복원하였으며, 현재 시점에서 볼 때 비합리적 요소를 가지고 있지만 검험은 조선시대에 축적된 법과학적인 토대 위에서 진행된 선진적인 수사기법이었다고 결론을 맺었다. 또 수사 과정에서 사실 입증의 과학적 수단과 이를 뒷받침할 만한 제도적·기술적 장치가 마련되지 않았던 조선 사회에서는 고신과 같은 강압적인 수단에 의하여 피의자에게 자백을 강요하는 것이 부득이한 절차였을 것이라고 하였다.

1990년경까지 형사재판제도 연구는 대체로 사법기관 관계자나 법학 연구자의 법제사적 측면의 연구가 대부분으로서 대체로 제도사적인 정리와 그 실제 적용 과정을 중심으로 한 것이었다. 1990년대 들어서는 한국사 연구자들의 성과도 다수 산출되었다. 이하에서는 이를 세부 주제별로 정리하였다.

우선, 조선 후기 형사재판에 적용되었던 법전 및 법률에 대한 연구가 있다. 한상권은 조선 후기의 《속대전》, 《대전통편》, 《백헌총요》, 《증수무원록》, 《흠휼전칙》, 《추관지》, 《전률통보》, 《탁지지》, 《심리록》 등 각종 법률서의 편찬 과정을 사회 변동과 관련하여 추적하였으며,[23] 홍순민은 법전 편찬의 추이를 조선 초·중기, 환국기, 탕평정치기 등 정치사의 흐름에 따라 살폈다.[24] 대한제국기까지 형사법의 일반법처럼 간주되었던 《대명률》에 대한 연구도 크게 진전되었다. 특히 조지만의 연구는 조선초 《경국대전》부터 《대전회통》에 이르기까지 조선 왕조의 기본 법전 중 형률과 대명률이 어떻게 연관되면서 운용되었는지를 상세하게 밝혀 두었다.[25]

조선 후기에 존재했던 다양한 사법기관에 대한 연구로는 오갑균의 연구가 가장 포괄적이다. 오갑균은 조선시대의 사법기관인 의금부·사헌부·형조·한성부·관찰사·수령 등에 대하여 각각 직제와 업무 관장, 사법(재판)권 행사의 방식과 절차 등을 세밀하게 추적하였다. 조선시대 전 시기를 포괄하면서도 구체적인 운영 과정과 판례를 대부분 조선 후기 이후의 법전과 법률서, 왕조실록, 재판기록 등을 이용하여 풍부하게 발굴해 냈다.[26]

형사재판제도와 형정 운영에 관한 연구는 상당량 축적되어 왔다.

우선, 김선경은 조선 후기 민인이 올린 소지所志를 지방관청에서 기록해 놓은 《민장치부책》을 분석하여 지방에서 이루어진 재판의 실제를 정리하였다.[27] 주로 민사적 성격이 강한 재판들이 대부분이지만 그는 조선 후기 재판 절차에 관하여 "재판 절차가 엄밀히 규정되어 있지 않아서 재판 진행은 재판관의 마음가짐, 태도에 의하여 좌우되었다. 대표적으로 형사재판에서의 고문 강도는 순전히 재판관의 마음에 달려 있어, 인민은 법에 규정된 절차에 의하여 공정한 재판을 보장받았던 것이 아니라 재판관의 너그러움에 의지할 수밖에 없었다"라고 하여 지방에서의 재판이 대단히 자의적이라는 결론을 내렸다.

한상권은 재판제도 중 상언上言·격쟁擊錚이라는 상소 수단의 세밀한 검토를 통하여 조선 후기 사회의 새로운 모습을 보여주었다.[28] 민인이 억울함을 최종적으로 국왕에게 호소하는 수단인 상언·격쟁이 조선 초부터 영·정조대에 이르기까지 변화되어 가는 과정을 추적하였다. 그 결과 상언·격쟁할 수 있는 사안事案이 조선 후기로 갈수록 확대되어 민인들의 민권의식 성장에 밑거름이 되었고 이는 나아가서 근대적 사회로 나아가는 싹이 되었다는 것이다.

심재우는 위의 한상권과 같은 관점에서 영·정조대에 재판제도와 형사 법규가 대폭 개선된 과정을 추적하였다.[29] 그는 17세기 후반 이래 사회 변동으로 인하여 옥송이 대폭 증가하고 신분제를 위협하는 정도까지 나아가 정부 차원의 본격적인 대응이 요구되었던바, 이에 대처하는 지방수령의 무능과 남형濫刑, 토호의 사형私刑 등이 영·정조대 활발한 법전의 편찬과 법률서의 보급, 각종 형사제도의 개선을 낳은 원인이었다고 파악하였다. 심희기는 이러한 관점에 대해 이의를 제기했다. 영·

정조대의 형사 사법제도 개혁은 유교적 혁신운동의 성격을 지니고 있지만 다른 한편으로 후진적인 양반 사회 성격을 끝까지 고수하려고 했다는 점에서 보수 반동적이었으며, 그 이후에는 그나마 남아 있던 유교적 원리조차 제대로 작동하지 못하는 사태를 초래했다고 혹평했다.[30]

조윤선은 민사재판에 속하는 토지·노비 소송을 집중적으로 분석하였다. 그는 조선 후기 토지·노비 소송의 원인과 양상뿐만 아니라 사법기관의 역할이나 민의 법의식, 오늘날의 변호사와 유사한 외지부外知部까지 함께 다루고 있어 형사재판제도 연구에도 많은 시사점을 주고 있다.[31]

조선 후기 국왕의 형사법 인식과 형사재판의 실제를 파악하는 데 정조대의 판례집인《심리록》을 이용한 연구들도 다수 산출되었다. 《심리록》에 대한 최초의 연구는 권연웅의 연구로서《심리록》을 통해 범죄 유형, 심리 과정, 형량을 분석하여 평·천민의 범죄 주도 경향과 사형 범죄인의 행형 과정에서 드러난 관대한 처벌 방식에 주목하였다.[32] 정순옥 역시 이와 유사한 관점에서《심리록》의 판부를 분석하여 정조의 사법행정에 대한 인식과 법의식을 고찰하였다.[33] 이어서 심재우는《심리록》에 기록된 범죄 양상과 처벌 내용을 검토하여 정조대 사회통제 방식은 국가가 처벌권을 적극 수렴하는 공적 형벌권을 강화한 것이었으며, 국가권력에 대한 민의 복종을 효과적으로 도출하기 위해 처벌 방식을 개선하고 관용적 판결을 추진했다고 하였다.[34]

2 – 갑오개혁 이후 형사재판제도 연구 성과

다음으로 본서의 주제인 갑오개혁 이후 형사재판제도에 대한 연구 동향을 정리하고자 한다. 근대적 재판제도의 도입에 관한 연구는 일찍이 김병화에 의해 이루어졌다. 그는 조선 왕조부터 현대에 이르기까지의 재판제도 역사를 세 권의 저서로 산출하였다.[35] 그는 갑오개혁 이전의 재판제도를 간략하게 서술한 뒤에 주로 갑오개혁 이후 1910년까지 변화된 재판제도와 관련 법령들을 대단히 세밀하게 정리해 놓았다. 특히 첫번째 저서 제3편에는 민사재판과 형사재판의 실제 판결문들을 인용하여 판결방식의 변화와 판결서 양식의 변화를 확연히 알 수 있게 해두었다. 그의 저서는 대체로 법전 내용의 인용, 신식 제도와 관련된 법령들에 의하여 제도를 재구성해 놓은 것으로 제도사적 정리에 그친 한계가 있다.

전봉덕은 갑오개혁 이후 재판제도의 변화를 일본의 침략 과정 및 국내 정세의 변동과 관련시켜 더욱 구체적으로 밝혀 놓았다.[36] 그는 갑오개혁에 의해 이루어진 재판제도 개혁은 일본 침략정책의 일환이고 대부분 일본의 제도를 모방한 것이라고 하였다. 이어서 독립협회 운동 해산 이후 1899년 재판소구성법의 개정으로 인하여 재판제도가 복고되어 사법제도 근대화가 후퇴하였다고 평가하였다. 1905년에 제정된 〈형법대전〉에 대해서도 근대적 법률지식이 빈약하였던 관계로 《대전회통》과 《대명률》의 조문을 그대로 존치하는 데 급급하여 난삽한 구 법률용어를 온존시켰으며 내용상으로도 형벌이 준엄하고 인율비부引律比附 등 구 형률체계에 집착한 입법이라고 평가하였다. 그러나 전봉덕의 연구도 대체로 제도사적 정리에 그쳐 재판제도의 구체적 실상과 역사적 성격은 거의 규명하지 못하였다.

갑오개혁 이후 형사재판제도의 변화를 조선 후기 제도와의 연관 속에서 구체적으로 검토하는 작업은 필자의 박사논문에서 최초로 이루어졌다.[37] 같은 시기에 문준영은 1905년 대한제국 근대화 정책의 법제적 성과라고 할 수 있는 〈형법대전〉의 제정 및 개정 과정을 밝혔다. 그는 〈형법대전〉이 구본신참 노선에 입각하여 1900년 제정된 〈육군법률〉을 모태로 하여 제정된 것이며, 서구 형법과의 근접성으로 평가하자면 갑오개혁 단계에 머물고 있었던 대한제국의 한계를 보여주는 것이라고 하였다.[38] 문준영은 이후 통감부 시기의 형사재판제도 내지 사법제도 개혁 일반이 제국 일본의 사법질서로의 편입 결과로서, 좀 더 구체적으로 말하자면 일본의 대만 통치 경험 덕분에 신속히 이루어질 수 있었다는 점, 그리고 이를 이토 히로부미의 한국 사법 정책과의 연관 속에서 분석하였다. 나아가서 후술하는 신우철의 연구로부터 촉발된 연구에서는, 1895년 한국에 근대적 재판제도를 수립하게 만든 〈재판소구성법〉이 개화파 관료의 독자적인 근대적 고안이 아니라 일본공사관 직원들에 의해 초안이 마련되고 조선인 관리들과 일본인 고문관의 상의 하에 마무리된 것임을 밝혔다.[39] 그는 이상의 연구 성과와 한국 검찰제도에 관한 박사학위논문을 바탕으로 하여 1880년대 개화기부터 1948년 정부수립기까지 법원과 검찰의 역사를 통관하는 거질의 단행본을 출간하였다.[40]

그의 논저에서 눈에 띄는 관점은 두 가지이다. 첫째, 1897년 대한제국 수립 이후 통감부 설치기까지 재판소는 껍데기에 불과한 것이 되고 말았다고 하면서도 그에 대한 모든 책임을 대한제국의 황제와 관료들에게 돌리기 어렵다고 평가한 점이다. 둘째, 통감부 시기 이후 한국의 법과 재판이 급격히 일본화되면서 법 근대화가 진전되었는데, 이를 식민지 지배 권력이 일방적으로 관철된 것으로 이해할 것이 아니라 한국인들 또한 새로운 사법제도와 법을 활용하는 데 놀랄 만한 적응력을 보여주었다고 지적하는 점이다.[41] 필자는 위 두번째 점에 대해서는 같은 입장을 견지하고 있지만 첫째 관점에 대해서는 그와 달리 황제와 관료에게 책임을 물어야 한다는 입장을 지니고 있으며 그러한 입장이 본서의 제3장에 담겨 있다.

신우철은 1895년·1899년·1907년 세 차례의 재판소구성법 제정 과정을 상세하게 연구하였다. 그는 1881년 일본 조사시찰단 파견 이래의 보고서와 신문, 법원조직 법제에 대해 상세한 비교 분석을 시도한 결과 1895년 재판소구성법은 일본인이 전적으로 주도했다기보다는 한국 사회의 '내재적 조건'이 반영된 것이라고 하였다.[42] 이어서 1899년에는 일본의 정치적 영향력이 축소하고 그에 따라 근대성의 후퇴가 나타난 데 반해 1907년에는 법원 조직이 본격적으로 근대화=일본화하면서도 한국 현실을 반영한 측면이 있음을 밝혔다. 한국 근대 법원 조직의 출발이 일본의 영향 하에서 이루어졌음을 인정하면서도 한국적 현실이 반영되었음을 부각시키고자 했지만, 그 한국적 현실이 어떤 것인지에 대해서는 평가를 유보하고 있다.

통감부 시기 일본에 의한 한국 재판제도 개혁에 대해서는 이영미가 소상히 밝혔다.[43] 그는 이토 히로부미가 한국의 재판제도를 개혁해 나갈 때 한국 정부 법률고문으로 초빙한 우메 겐지로가 어떠한 역할을 했는지를 법무보좌관 고용 시기, 일본인 재판관 채용 시기, 한국 사법권 강탈 시기로 나누어 구체적으로 검토하였다. 특히 그의 연구는 법무보좌관의 각지에서의 조사 보고, 이토와 우메의 한국 고유 법전 및 독자적 사법제도 구상 등등 생생한 당시 상황을 복원하고 있다는 점,

이토 히로부미가 한국 사법제도 개혁에 적극적이었던 이유가 한국의 '시정을 개선'하여 한국 침략을 용이하게 한다는 의미도 있지만 서구 열강의 치외법권을 철폐하기 위해서였다는 점 등을 밝히고 있다.

한편, 정진숙은 도면회·문준영과 달리 1894~5년간에는 근대 형법 체계가 성립하지 못했으며 1899년 이후에 가서야 법률기초위원회와 법규교정소에 의해 근대 형법 체계가 정비되기 시작했다고 주장했다.[44] 그의 연구는 〈형법대전〉이 제정되기까지의 과정을 좀더 세밀하고 구체적으로 비교 분석하고 있지만, 대체로 위 두 사람의 연구 방법이나 분석 관점에서 크게 벗어나지 못하고 있다.

이외에 개항 이래 열강과 체결한 조약마다 규정되어 있던 영사재판권에 대한 연구 성과가 다수 축적되었다. 이영록의 연구가 일본·중국·미국·영국 등 열강들과의 조약에 있는 영사재판권 조항을 비교 분석한 총론격이라고 한다면,[45] 한철호·정구선·양홍석·정태섭·한성민의 연구들은 일본·미국·청 등 개별 국가들이 한국에서 영사재판권을 어떻게 행사했는지 구체적 실상을 추적한 것이다.[46] 그리고 안종철의 연구는 1910년 일제가 한국을 병탄할 때 영국과 달리 미국이 끝까지 영사재판권을 포기한다고 선언하지 않았던 상황, 일본의 한국 사법제도 개혁이 이 문제와 연관되어 있음을 밝혔다는 점에서 소중한 연구 성과라고 할 만하다.[47]

각 장에서 밝히고자 한 내용

본서의 제1장에서는 조선 후기 형사재판제도의 구조와 성격을《대명률직해》,《경국대전》,《속대전》,《대전통편》,《대전회통》,《육전조례》등 법전류와《추관지》,《증보문헌비고》등 관련 자료를 통하여 체계적으로 재구성하였다. 이러한 작업이 필요한 이유는 첫째, 형사 법규와 형사재판 절차에 관철되고 있는 원리를 체계적으로 검토함으로써 인민의 생명과 자유라는 관점에서 조선 후기의 재판제도가 갖는 역사적 성격을 확인할 수 있기 때문이다. 둘째, 갑오개혁으로 재판제도가 개혁되었지만 실제 운영 과정에서는 구래의 재판 법규와 제도에 의하여 진행되는 경우가 많아 개혁 이전 재판제도와의 연속성과 단절성을 이해하기 위해서이다.

이와 아울러 재판제도의 문제점으로 어떤 점들이 지적되고 있었던가를 정리하고 개항 이후 영사재판권에 의한 사법권의 침탈 양상, 1880년대 이후 자본주의 열강의 재판제도를 접하면서 정부 또는 관료집단의 인식이 어떻게 변화하였는가를 각국과 체결한 조약, 시찰·견문 보고서 등을 통하여 추적하였다.

제2장에서는 갑오개혁 이후의 재판제도가 이전의 재판제도와 어떠한 측면에서 차이가 나는가를 규명하려고 하였다. 갑오개혁기의 전체적인 변화상을 중심으로 하여 군주권의 위축과 회복 과정, 형사 정책·형사 법규의 개혁을 정리하되 후자에서는 특히 법체계의 발전과 신분제적 원리의 개혁에 중점을 두어 정리하였다. 이어서 제1장과 마찬가지로 각급 재판기관과 사법관 인사제도, 재판절차가 어떤 원리에

의하여 변화되었는가를 검토하였다. 그리고 불평등조약 체제 하에서 이루어지는 영사재판권의 실제를 구체적인 사례를 통하여 검토함으로써 재판제도에 가해진 외압의 실상을 밝히고자 하였다.

제3장 역시 제2장과 같은 구성과 편제로 이루어졌지만 특히 1899년 이후 황제의 전제권력 성립 과정, 대한제국의 통치 이념과 통일적 법전 편찬 시도를 살피는 데 중점을 두었다. 그리하여 이들 변화가 형사정책과 재판제도에 어떻게 반영되었는가, 당시 민인들의 고소·고발 양상이 재판제도를 통하여 어떻게 수용되었는가를 검토하고자 하였다. 최종적으로는 자본주의 열강의 침탈수단의 일부분으로 기능하는 영사재판권이 국내 인민들에 의하여 지방관의 수탈과 억압을 피하는 수단으로 이용되고 있었던 점을 검토하였다.

제4장은 일본의 한국 병탄 과정을 1907년 정미칠조약 전후로 구분하여 정리하였다. 여기서는 1907년 이준의 체포 사건을 계기로 국내 계몽운동가들의 형사재판제도 개혁론이 비등하는 가운데 한국 정부의 〈형법대전〉 개정 작업이 어떻게 이루어졌는가, 그 작업 성과는 이후 통감부가 개정을 주도하여 반포한 〈형법대전〉과 어떠한 차이가 있는가를 검토하였다. 그리고 일제에 의해 형사재판제도의 식민지적 근대화가 어떻게 추진되었으며 그 과정에서 한국인들의 반응이 어떠했는가를 정리하였다. 그럼으로써 자주적 근대와 식민지적 근대가 연속적이면서도 단절적임을 형사재판제도를 통해 확인하고자 하였다.

韓國 刑事 近代 裁判

조선 왕조는 통치 이념으로 인정·덕치를 표방하고 형벌이나 법률은 이를 실천하는 데 필요한 보조수단으로 여기고 있었다. 그리하여 형벌 그 자체가 필요 없도록 하여 형벌은 존재하되 쓰지 않는 예방과 계몽을 위한 법이 되어야 한다고 표방하였다.

1894년 동학농민전쟁을 진압해 달라는 조선 정부의 요청으로 인병을 보낸 청과 자국 영사관 및 거류민을 보호한다는 구실로 군대를 파견한 일본은 조선을 사이에 두고 대립 국면에 들어갔다. 5월 7일 농민군과 정부군 사이에 전주화약이 성립함에 따

조선 정부는 조선 전기 이래의 조종성헌 존중주의에 입각하여 기존의 법을 바꾸지 않으며 했지만 조선 후기의 변화된 사회상으로 인하여 기존의 법을 개정 또는 폐지하거나 아예 새로운 법을 창설할 수밖에 없었다.

라 양국은 조선에 군사를 주둔할 명분이 없어지게 되었다. 조선을 보호국으로 삼으려는 의도에서 군

制度史

만민공동회 운동을 강제 해산시킨 후 황제권을 위
협하는 국내의 정치세력은 거의 소멸하였다. 민씨
척족은 1895년 명성황후 시해사건을 전후하여
위축되었고 흥선대원군도 1898년 사망한 데다가
독립협회세력은 거의 진압되었다.

1

형사법규의 구조와 성격

조선 왕조는 통치 이념으로 인정仁政·덕치德治를 표방하고 형벌이나 법률은 이를 실현하는 데 필요한 보조수단으로 여기고 있었다. 그리하여 형벌 그 자체가 필요 없도록 하여 형법은 존재하되 쓰지 않는 예방과 계몽을 위한 법이 되어야 한다고 표방하였다.[1] 따라서 인민생활의 세세한 행위까지 형법이나 재판 절차에 규정하지 않았던 데다가, 조선 전기에는 재지사족이 주도하던 향약 내의 '과실상규' 규정에 의하여 군현 내부의 이해관계 대립이나 범죄행위 등이 자율적으로 통제되고 있었다. 따라서 조선 전기까지의 소송은 주로 양반층을 중심으로 하여 그들의 물적 기반인 토지·노비를 둘러싼 것이 대부분이었다.

그러나 17세기 후반 이후 토지·노비 소유상의 분화가 활발히 이루어져 양반층 내에서도 경제적 기반을 상실한 자들이 점차 확대된 결과, 토지·노비의 확보를 위한 소송이 활발해지고 임야 소유의 다툼이 산송으로 나타나고 있었다.[2] 이와 아울러 노비층의 도망 현상이 광범위하게 확산되고 전세·군역·환곡 등 부세 압박으로 인하여 농민층 유리가 확대되고 도적 집단의 활동이 대형화, 집단화하면서 기존의 신분제 질서가 동요하기 시작하였다. 이에 따라 노비·비부婢夫·상민의 상전·처상전·양반에 대한 능욕과 구타 또는 살인 등 범분犯分 행위가, 다른 한편으로는 수령 등 지방관에 대한 민의 저항 행위가 중요한 문제로 등장하였다.

조선 왕조의 형사 법규는 대명률을 기본으로 삼았는데, 대명률이 매우 난해하여 태조대 일반관리들이 이해하기 쉽도록 이두를 섞어 조선 실정에 맞도록 직해한 《대명률직해大明律直解》를 편찬하여 사용하였다.[3] 그리하여 《경국대전》 형전에 형률은 '대명률을 쓴다'는 규정이 수록되어 대명률이 1905년 대한제국의 〈형법대전〉이 공포 시행될 때까지 5백여 년 동안 일반법으로 적용되었다.[4] 따라서 《경국대전》과 그 후에 편찬된 각종 법전과 법률서들에 담긴 형사 법규는 특별법으로 사용되었다.

조선 정부는 조선 전기 이래의 조종성헌祖宗成憲 존중주의에 입각하여 기존의 법을 바꾸지 않으려 했지만, 조선 후기의 변화된 사회상으로 인하여 기존의 법을 개정 또는 폐지하거나 아예 새로운 법을 창설할 수밖에 없었다. 그 결과 1746년(영조 22)에 《속대전續大典》이 편찬되었는데, 이는 그 이전의 《대전속록大典續錄》(1492), 《대전후속록大典後續錄》(1543), 《수교집록受敎輯錄》(1698), 《전록통고典錄通考》(1706), 《신보수교집록新補受敎輯錄》(1743) 등의 법전을 총괄한 것이었다. 이어서 1785년(정조 9)에 《경국대전》과 《속대전》을 통합하고 《속대전》 편찬 이후의

신규 법령까지 수록한《대전통편大典通編》이 편찬되었다. 그리고 1865
년(고종 2)《대전회통》, 1866년 그 시행령 격으로《육전조례》가 편찬되
었다. 이들 법전에서 형사 법규 개폐의 방향은 대체로 기존의 유교윤
리적 질서를 유지하면서 부분적으로 백성의 권리를 신장시키고 보장
하는 것으로 정리된다.[5]

이처럼 조선 후기의 형사 법규는《대명률》을 일반법으로 하고 18세
기 후반 이후 편찬된 여러 법전과 법률서의 법규를 특별법으로 하여
구성되었다.《대명률》이 기본적으로 유교적 가치의 실현을 추구하는
법이고 조선 왕조 역시 유교적 법치주의를 표방하는 한 형사 법규 역
시 이로부터 벗어날 수 없었다.[6]

이를 먼저, 형벌의 종류를 통해 검토해 보자. 1781년(정조 5)에 형정
관련 업무를 집대성한《추관지》와 위의《육전조례》에 의하면 형벌의
종류는 태형·장형·유형·도형·사형 등 기본적으로는 5형, 각 형마다
세부 등급을 두어 총 20개 등급의 형벌이 있었는데, 이를 속전 액수와
함께 정리하면 다음 〈표 1-1〉과 같다.

그런데 법규상으로 규정된 것과 실제로 행해진 것 사이에는 많은
차이가 있었다. 법외의 남형이 행해진 것은 차치하고라도 각 형벌마
다 운영 방식에 따라 여러 가지 종류가 있었다. 1907년에 편찬된《증
보문헌비고》에 의하면 태형·장형·도형은 위의 규정대로 실시되고 있
었으나 유형에는 위의 세 등급 외에 천사遷徙, 충군充軍, 변원邊遠충군,
수군水軍충군, 도배徒配, 정배定配, 물한년정배勿限年定配, 장일백杖一百
원지遠地정배, 변원邊遠정배, 극변極邊정배, 절도絶島정배, 감사減死정
배, 위노爲奴 등 다양한 집행 방식이 있었다. 사형의 경우도 일률一律,

<表 1-1> 조선 후기 형벌의 종류

형명	형량	속전
사형	참형斬刑	
	교형絞刑	
유형流刑	유3천리 (장100)	35냥 (7냥)
	유2천5백리 (장100)	31냥 5전 (7냥)
	유2천리 (장100)	28냥 (7냥)
도형徒刑	도3년 (장100)	21냥 (7냥)
	도2년6개월 (장90)	17냥 5전 (6냥3전)
	도2년 (장80)	14냥 (5냥6전)
	도1년6개월 (장70)	10냥 5전 (4냥9전)
	도1년 (장60)	7냥 (4냥2전)
장형杖刑	100	7냥
	90	6냥 3전
	80	5냥 6전
	70	4냥 9전
	60	4냥 2전
태형笞刑	50	3냥 5전
	40	2냥 8전
	30	2냥 1전
	20	1냥 4전
	10	7전

출전: 《秋官志》 제1편 율령 五刑圖, 徵贖式 및 《六典條例》 刑典 律令條.

주: 속전 항목의 (   )는 형량 항목의 (   )에 규정된 장형에 대한 속전 액수임.

효시梟示, 대시교待時絞, 부대시교不待時絞, 대시참待時斬, 부대시참不待時斬, 능지처사凌遲處死 등이 있었다.[7]

한편, 특정한 조건이나 신분의 경우 형벌을 집행하지 않고 속전을 받는 것으로 대신하였다. 첫째, 공장工匠·악공樂工·천문생天文生 등은 숙련기술자로 양성하는 데 장기간이 소요되므로 유형이나 도형을 집행하기보다는 계속 그 자리에 머무르게 하는 것이 이용 가치가 있기 때문에 속전을 받았다. 즉 공장과 악공이 유형에 해당하는 죄를 범하면 모두 장100만 집행하는 데 그치고 다시 본역에 머물러 4년 동안 복무하게 하였다. 관상감 소속으로 천문 수업을 성취하여 그 일을 독립적으로 할 만한 자이면 유형죄나 도형죄를 범하였더라도 각각 장100의 형에 그치고 나머지 죄는 속전을 받았다.[8]

이 규정은 향리·역리·공사천에게도 적용되었다. 향리는 지방행정에 필수불가결하기 때문이라고 볼 수 있고 역리·공사천은 노역을 제공할 자가 다른 지방으로 도형이나 유형을 당하면 노동력 제공의 공백이 생길 것을 방지하기 위해서였던 듯하다.

둘째, 연령이 70세 이상이거나 15세 이하인 자와 폐질廢疾[9]에 걸린 자가 유형 이하의 죄를 범한 때에는 속전을 징수하였다.

셋째, 여성에 대해서는 도형·유형을 집행하지 않고 장100까지만 형을 집행하고 나머지 죄는 속전을 받았으며, 잉태한 여자의 경우 연령 70세의 예에 따라 형추刑推를 면제하고 속전을 징수하였다.

넷째, 범죄자의 조부모·부모가 늙고 병들어서 꼭 부양해야 할 형편인데 그 범죄자 외의 성인 남정男丁이 없으면 장100의 형을 과하는 데 그치고 나머지 죄는 속전을 받도록 하였다.

다섯째, 문무관 및 내시부, 유음자손有蔭子孫과 생원·진사로서 십악十惡·간奸·도盜·비법살인非法殺人·왕법수장枉法受贓 외에는 태형이나 장형 모두 속전으로 대신할 수 있었다. 공신의 아들과 손자도 강상綱常·장도贓盜 이외의 죄로 장형 및 유형 이하에 해당하는 경우에는 속전으로 대신할 수 있었다.[10]

이밖에 혹서기나 혹한기에 강상·장도 이외의 범죄자,[11] 도형·유형이하의 죄를 범하고 상을 입은 후 발각된 자 등에게 수속하는 규정[12]이 있었다.

여기서 주목할 점은 다섯째의 경우, 즉 양반 신분의 일반 범죄 처벌 시 장형·태형을 속전으로 대신하게 한 점이다. 양반 신분에 대한 특별대우는 수속 조항뿐만 아니라 후술하다시피 각종 형사재판 절차에도 세세히 규정되어 있다. 이 같은 조항들은 삼강오륜 등 유교적 윤리로부터 연원하여 임금이 신하를 예로써 부려야 한다는 것으로, 조선초 이래 "형벌은 대부에까지 올라가지 않는다"라는 논리를 구체화한 것이다.[13] 영조대 이후에는 이들 조항을 더욱 정비하여 '훈신에게는 장형을 실시하지 말 것', '선비로 이름있는 자에게는 도적 다스리는 형벌을 시행하지 말 것', '진사 시험에 합격한 자는 귀양보내더라도 형장을 치지 말 것' 등의 조치가 마련되어 갔다.[14]

다음으로, 형벌의 신분제적 성격을 검토해 보자. 조선 왕조에서는 유교적 법치주의가 국왕을 정점으로 한 신분제 질서와 이를 유지하는 도덕원리로서의 삼강오륜으로 나타나고 있었던 만큼 형사법규에도 그러한 원리가 철저히 관철되고 있었다. 동일한 범행이라도 범죄자와 범죄 대상과의 관계가 가족과 친족 내부, 신분제 내부, 국가적 조직체계(국왕·왕실, 관직체계 안에서의 등급) 내부에서 어떠한 지위에 있는가에 따라 형벌이 체감遞減 또는 체가遞加되었다.[15]

우선 친족간의 범죄일 경우 친소 관계에 따라 형량이 체감 또는 체가되는 측면을 검토해보자. 《대명률》과 《대전회통》에는 가해자와 피해자가 친족 관계일 때 그 친소 관계를 상복제도로 규정해 두었으니 이를 오복제도五服制度라고 하였다. 즉 사망한 자와 상복을 입을 자와의 관계를 참최斬衰 3년·제최齊衰(3년·1년·5월·3월)·대공大功 9월·소공小功 5월·시마總麻 3월의 다섯 등급으로 나누었다. 참최 3년이 가장 가까운 친속이고 그 이하로 내려갈수록 관계가 먼 것으로 규정되었다.[16] 이를 도표로 정리하면 다음 〈표 1-2〉와 같다.

위 상복제도의 친소 관계에 따라 범죄에 대한 형량 규정은 상당한 차이를 보인다. 예를 들어 친족 관계가 아닌 자를 모살謀殺하여 사망한 사건의 경우 주모한 자는 참형, 수종자隨從者로 가담한 자는 교형, 가담하지 않은 자는 장100 유3천리에 처하였다. 반면, 조부모·부모 및 기복친(제최 1년) 존장과 외조부모·남편·남편조부모·남편부모를 살해하려고 계획한 자는 참형에 처하고 살해한 경우 능지처사형에 처하였다. 시마복친 이상의 존장을 모살할 계획을 한 자는 장100 유2천리에 처하고 상해를 가한 자는 교형에 처하고 살해한 자는 참형에 처하였다.[17]

투구죄의 경우에도 자손이 조부모·부모를 구타한 자와 처첩이 남편의 조부모·부모를 구타한 자는 모두 참형에 처하고 살해한 자는 능지처사형에 처하며, 과실치사하게 한 자는 장100 유3천리, 과실치상한 자는 장100 도3년형에 처했다.[18] 이어서 기복친 존장을 구타한 경

	본종(부계 친비속)	외친	처친	부족夫族
참최 3년	父			父·夫
제최 3년	母·嫡母·繼母·養父			母
제최 기년(1년)	祖父母·子女·長子妻·嫡孫·兄弟·姉妹·三寸叔父母·姑母·姪·姪女		妻	子女·長子妻·姪子女
제최 5월	曾祖父母			
제최 3월	高祖父母·不同居繼父			
대공 9월	衆子妻·衆孫·姪妻·四寸兄弟姉妹			祖父母·衆子妻·嫡孫·衆孫·三寸叔父母·姪妻
소공 5월	嫡孫妻·兄弟妻·伯叔祖父母·從祖祖姑·兄弟의 孫子孫女·五寸叔父母·五寸姑母·堂姪·堂姪女·再從兄弟姉妹	祖父母·同母異父兄弟姉妹·三寸叔·姨母·姪·姪女		曾祖父母·高祖父母·兄弟·姉妹·兄弟妻·姑母·姪孫子孫女·堂姪
시마 3월	衆孫妻·曾孫·玄孫·四寸兄弟妻·兄弟의 孫子의 妻·從曾祖父母·從曾祖姑·堂姪妻·曾姪孫子孫女·再從祖父母·再從祖姑母·七寸叔父母·七寸姑母·再從姪·再從姪女·堂姪孫子孫女·八寸兄弟姉妹	三寸叔母·姪妻·四寸兄弟姉妹	父母·女壻·外孫子孫女·外孫妻	嫡孫妻·衆孫妻·曾孫·玄孫·四寸兄弟姉妹·四寸兄弟妻·伯叔祖父母·從祖祖姑·姪孫妻·五寸叔父母·五寸姑母·堂姪妻·曾姪孫子孫女·七寸姪子女·堂姪孫子孫女

출전: 한우근·이성무·민현구·이태진·권오영, 1995《역주 경국대전》한국정신문화연구원, 禮典〈五服〉조항에 의하여 친족용어 및 편제를 재구성하고 몇몇 친속관계는 생략함.

우, 대공 이하 친속을 구타한 경우, 동성同姓 친속을 구타한 경우 등에 대해 각각 위 형량보다 1~2개 등급씩 체감하는 처벌규정을 두었다. 아내가 남편을 구타한 경우는 장100에 처하고 절상折傷 이상의 상해를 가한 경우 비친속非親屬 사이의 투구로 인한 상해죄보다 각각 3등을 체가하고 치사하게 한 자는 참형, 고살故殺한 자는 능지처사형에 처하였다.[19]

양반과 상민, 노주와 노비, 고주와 고공 등 가해자와 피해자 사이의 사회적 신분 차이에 따라서도 형벌이 체가·체감되었다.[20] 노비와 고공이 가장 및 가장의 기복친·외조부모 또는 시마복 이상의 친속을 모살한 자는 위 모살조에서 그 자손이 행한 것과 같은 형으로 처벌하였다. 반면, 손윗사람이 손아랫사람을 살해 모의한 자는 고살죄에서 2등급 감경하고 상해를 가한 자는 한 등급 감경하고 살해한 자는 고살죄에 의하여 처벌하였다.[21]

노비로서 가장을 구타한 자는 참형에 처하고 살해한 자는 능지처사형에 처하며 과실로 치사한 자는 교형에 처하고 구타치상자는 장100 유3천리에 처하였다. 가장의 기복친·외조부모를 구타한 자는 교형에 처하고 상해를 입힌 자는 모두 참형에 처하며 과실로 치사한 자는 구타죄에서 2등급 감경하며, 과실로 치상한 자는 또 1등급 감경하고 고의로 살해한 자는 모두 능지처사하였다.[22]

고공이 가장 및 가장의 기복친·외조부모를 구타한 자는 장100 도3년, 치상한 자는 장100 유3천리, 절상을 가한 자는 교형, 상해치사한 자는 참형, 고의로 살해한 자는 능지처사형에 처하였고 과실치상자는 각각 동일 신분간의 살상죄에서 2등급 감경하였다.[23] 노비가 양인을 구타한 경우는 동일 신분간에 구타한 경우보다 한 등급 가중하며 독질篤疾[24]이 되게 한 자는 교형, 치사하게 한 자는 참형에 처하였다.[25]

이상과 반대의 경우, 즉 존장이 비유卑幼를, 노주가 노비를, 고주가 고공을 구타하여 치상 또는 치사했을 경우에는 동일 신분간보다 형량을 감경하였다. 우선, 조부모·부모 명령을 위반한 자손을 조부모·부모가 과도하게 구타치사케 한 자는 장100, 고의로 살해한 자는 장60 도1년형에 처한다. 조부모·부모를 구타매리毆打罵詈한 자손, 남편의 조부모·부모를 구타매리한 처첩, 조부모·부모 및 남편의 조부모·부모의 명령을 위반한 자 등을 그 조부모·부모 및 남편의 조부모·부모가 법대로 처벌하다가 우연히 치사 또는 과실치사한 경우에는 죄를 묻지 않게 하였다.[26] 기복친 존장, 대공친 이하 존장, 동성친속 존장이 손아랫사람을 구타한 경우에는 각각 위 형량에서 1~2등급씩 감경하였다.[27] 남편이 아내를 구타한 경우도 절상折傷 이상의 중상이 아니면 불문에 붙이고 절상 이상에 이르게 한 자는 동일 신분간 구타인 경우에서 2등급을 감경하였다.[28]

노비의 경우 노비가 죄가 있는 것을 가장이나 가장의 기복친 또는 외조부모가 관에 신고하지 않고 함부로 구타살해한 자는 장100의 형에 처하고 무죄한 노비를 구타살해한 자는 장60 도1년형에 처하였다. 그러나 명령에 불복하는 노비를 법규정대로 형벌을 집행하다가 치사하게 한 자와 과실치사하게 한 자는 모두 불문에 붙였다.

고공의 경우는 형량이 노비보다 무거웠다. 가장 및 가장의 기복친·외조부모가 고공을 구타한 자는 절상 이상 중상해가 아니면 불문에 붙이고 절상 이상이면 동일 신분간 경우에서 3등급 감경하며, 치사하게 한 자는 장100 도3년에, 고의로 살해한 자는 교형에 처하였다.[29] 그리고 양인이 타인의 노비를 구타하여 상해·살해한 자는 일반인의 예보다 1등을 감경하되 상해치사 및 고의로 살해한 자는 교형에 처하였다.[30]

관직 체계 내에서의 지위에 따라서도 형벌이 체감 체가되었다. 우선 국왕·왕실에 대한 범죄에 대해 가장 가혹한 형벌을 시행하는 것은 왕조 국가인 이상 당연한 것이었다.

① 무릇 모반謀反(사직을 위태롭게 하거나 망하게 하려고 모의하는 것)과 모대역謀大逆(종묘·산릉·궁궐을 파훼하려고 모의하는 것)은 수범首犯·종범從犯을 구분하지 않고 모두 능지처사형에 처한다. 범인의 애비와 아들은 16세 이상이면 모두 교형에 처하고 15세 이하인 자와 어미·딸·처첩·조부모·손자녀·형제자매 또는 아들의 처첩은 공신의 집에 주어 노비를 삼게 하고 재산은 모두 관에 몰수한다. ……백부·숙부와 형제의 아들은 호적이 동일하거나 않거나를 불문하고 모두 유3천리 안치형安置刑에 처한다《大明律直解》刑律 盜賊編〈謀反大逆〉).

② 무릇 모반謀叛(본국을 배반하고 외국과 비밀리에 통교하여 반역을 모의하는 것)은 수범·종범을 구분하지 않고 모두 참형에 처한다. 범인의 처첩·자녀는 공신의 집에 주어 노비를 삼게 하고 재산은 모두 관에 몰수한다. 부모·조손·형제는 호적이 동일하거나 않거나를 불문하고 모두 유2천리 안치형에 처한다《大明律直解》刑律 盜賊編〈謀叛〉).

③ 병력을 몰아 역모를 일으킨 수괴의 형제·처첩은 모두 연좌하여 주살誅殺한다《大典會通》刑典〈推斷〉).

④ 군복을 입고 말타고 관문에서 작변한 자는 부대시참하며 그 처자는 노

비로 삼는다(《大典會通》刑典 〈推斷〉).

위의 행위들은 국가 통치 질서에 정면 도전한 행위이므로 능지처사 아니면 부대시참형에 처했을 뿐만 아니라 그 처자·부모·형제 등 친속까지 이와 관련하여 사형에 처하거나 노비로 삼고 재산까지 몰수하였다.

국왕의 통치권에 직접 도전하는 행위 외에도 국가의 대사신지大祀神祇에 쓰는 제기·장막 및 옥백玉帛·생뢰牲牢·찬구饌具 등을 훔친 자, 왕의 조칙과 어인御印이 찍힌 기마성지起馬聖旨와 기선부험起船符驗을 훔친 자는 모두 참형에 처하였다.[31] 발졸撥卒이 임금의 명령서를 버려둔 경우에는 사형으로 논죄하고 당해 수령은 잡아 처벌하였고[32] 궁중 주방 물건이나 내의원의 은그릇을 몰래 훔친 자는 위 〈도대사신어물盜大祀神御物〉 조항으로 처단하였다.[33]

다음으로 관리의 국가에 대한 범죄와 일반 민인·하리 등의 관리에 대한 범죄가 엄중하게 처벌되었다. 관리의 범죄 중 관할하는 관고官庫의 물건을 훔친 행위(감수자도監守自盜), 사건에 관계하여 법 적용을 부당하게 하고 뇌물받은 행위(왕법장枉法贓), 법 적용을 부당하게 하지는 않았으나 사건에 관련하여 뇌물받은 행위(불왕법장不枉法贓), 사건에 관련없이 뇌물받은 행위(좌장坐贓) 등을 엄형에 처하였다.

《추관지》에는 위 네 가지 행위와 상민이 관고의 재물을 훔치는 행위(상인도常人盜), 상민이 타인의 재물을 훔치는 행위(절도)까지 합쳐 육장六贓이라 하여[34] 다음 〈표 1−3〉과 같이 훔치거나 뇌물받은 재물의 양에 따라 형량을 규정해 두었다.[35]

〈표 1-3〉육장도

형량 \ 절도·수뢰액	감수자도	상인도 왕법장	절도 불왕법장	좌장
태20				10냥
태30				10~100냥
태40				200냥
태50				300냥
장60			10냥 이하	400냥
장70		10냥 이하	10~100냥	500냥
장80	10냥 이하	10~50냥	200냥	600냥
장90	10~25냥	100냥	300냥	700냥
장100	50냥	150냥	400냥	800냥
도1년 (장60)	75냥	200냥	500냥	1,000냥
도1년반 (장70)	100냥	250냥	600냥	2,000냥
도2년 (장80)	125냥	300냥	700냥	3,000냥
도2년반 (장90)	150냥	350냥	800냥	4,000냥
도3년 (장100)	175냥	400냥	900냥	5,000냥
유2천리 (장100)	200냥	450냥	1,000냥	
유2천5백리 (장100)	225냥	500냥	1,100냥	
유3천리 (장100)	250냥	550냥	1,200냥	
교형		800냥		
참형	400냥			

출전 : 《추관지》 제1편 율령 육장도

관리의 절도·수뢰 행위가 엄중한 처벌 대상이 된 데 반하여 직권을 남용한 불법 고문이나 남형, 법외의 형구 사용에 대해서는 처벌규정이 상당히 관대한 데다가 법규대로 준수되지도 않았다.[36] 이 역시 신분제 사회의 원칙이 반영된 것으로, 후술하듯이 일반 민인의 관리에 대한 범죄를 처벌하는 규정이 엄중했던 것과 대조적이다.

① 관리가 사사로운 원한을 품고 고의로 죄없는 자를 수금한 자는 장80에 처하며 그로 인하여 무죄인을 치사하게 한 자는 교형에 처한다.……그러나 만약 공사公事에 관련된 무죄인을 관에서 소환 문초하지 않고 잘못 수금하여 치사하게 한 자는 장80에 처하되 문안이 있어 당연히 수금할 자이면 처벌하지 않는다(《大明律直解》 刑律 斷獄編 〈故禁故勘平人〉).

② 고의로 무죄인을 구금한 자는 장80의 형에 처하고 절상 이상의 상해를 입힌 자는 일반 구타상해의 예로써 논죄하되 그로 인하여 치사하게 한 자는 참형에 처한다. 그러나 만약 공사에 관련된 무죄인으로서 관에서 당연히 사건을 국문해야 할 자와 죄인의 죄상과 증거가 명백함에도 자복하지 않는 자를 문안을 명백히 작성하여 법에 의거하여 고신하다가 치사하게 된 경우에는 불문에 붙인다(《大明律直解》 刑律 斷獄編 〈故禁故勘平人〉).

③ 관리가 남형하면 장100 도3년에 처하고 남형으로 인하여 치사하면 장100을 친 후 영구히 관원으로 임용하지 않는다(《大典會通》 刑典 〈濫刑〉).

위 ①·②에서 보듯이 무죄한 사람을 잡아들인 경우 장80에 처하고 그로 인하여 사망한 경우 교형 또는 참형에 처하는 것으로 되어 있다.

그러나 단서 조항에서 공무에 관련된 인물로서 관에서 신문해야 할 자, 범죄 혐의가 명백한 자를 수금 또는 고신하다가 사망한 경우에는 불문에 붙이고 있어 관리의 남형 가능성이 열려 있었다. ③은 관리의 남형에 대한 처벌규정으로서, 관리가 형을 과도하게 사용하여 피의자가 사망해도 장100에 영구히 관원에 임용하지 않는 정도에서 처벌이 그치고 있음을 보여준다.

이에 반하여 하급관리나 일반 민인 또는 노비 등이 (상급)관리를 모살·구타·욕설하는 행위에 대해서는 엄중하게 처벌하였다.

① 관할 하의 백성이 고을 수령을 모살하거나 군사가 그의 직속한 병마사·천호·백호를 모살하거나 또는 이졸이 직계 상관인 5품 이상 장관을 모살하고자 음모를 꾸민 자는 장100 유2천리에, 이미 상해를 가한 자는 교형에, 이미 살해한 자는 참형에 처한다(《大明律直解》刑律 人命編 〈謀殺制使及本管長官〉).

② 관할 하 백성이 고을 수령을 구타하거나 군사가 직계 상관인 병마사·지병마사·천호·백호를 구타하거나 또는 이졸이 직계 상관인 5품 이상 장관을 구타한 자는 장100 도3년에, 치상한 자는 장100 유2천리에, 절상한 자는 교형에 처한다(《大明律直解》刑律 鬪毆編 〈毆制使及本管長官〉).

③ 이서와 군졸이 5품 이상 관원에게 욕설한 경우에는 장100에 처하고 6품 이상 관원에게 욕설한 경우에는 감3등하여 장70에 처하되 정상이 매우 패악한 자는 장100 도3년에 처한다. 다른 관청의 관원에게 욕설한 경우 각각 감1등한다(《大典會通》刑典 〈告尊長〉).

④ 무릇 하관이 한 등급 높은 상관에게 욕설한 경우에는 매인罵人 본율本律

에 1등급 더하고 두 등급 높은 경우에는 또 1등급을 더하는 등으로 차례로 더하여 장100에 이르면 그친다. 공상천예工商賤隸는 관직 유무를 막론하고 각각 또 1등급씩 형을 더한다《大典會通》刑典〈告尊長〉).

⑤ 읍민이 관장을 향하여 발포한 경우에는 변고가 생긴 곳에서 국왕의 명을 기다리지 않고 참형에 처한다. 《大典會通》刑典〈推斷〉)

이외에도《대명률직해》와《대전회통》에는 삼강오륜 윤리를 크게 위배한 행위에 대해서 별도로 극형을 규정해 두었다. 우선 열 가지 용서받지 못할 죄라 하여 십악을 규정하였다. 십악은 앞서 언급한 ① 모반謀反 ② 모대역謀大逆 ③ 모반謀叛 외에 ④ 악역惡逆(조부모·부모 등 직계존속과 부계 3촌 내의 존속을 구타 혹은 모살한 행위), ⑤ 부도不道(한 집안의 사형죄에 해당치 않는 3인을 살해하거나 타인의 사지를 절해하거나 타인의 생기生氣를 채취하거나 고독蠱毒 등을 기르거나 염매魘魅로 저주하는 행위), ⑥ 대불경大不敬(대묘·능묘의 물건과 왕에게 진상하는 수레, 왕의 의복·기물을 절취하며 어보御寶를 도취하거나 위조하는 등의 행위), ⑦ 불효(조부모·부모를 고소 고발하거나 악담욕설하며, 조부모·부모가 생존하고 있는데 호적을 따로 하고 가재를 나누어 갖고 봉양을 제대로 하지 않으며, 부모의 상중에 있으면서 시집가거나 장가들고 잔치를 즐기며, 상중에 상복을 벗고 길복을 입으며, 조부모·부모의 상사를 듣고도 숨기고 발상하지 않으며, 생존한 조부모·부모를 죽은 양 거짓 일컫는 행위), ⑧ 불목不睦(시마친복 이상 친속을 살해하려고 모의하거나 방매하는 행위, 남편 및 대공복을 입어야 할 존속과 소공복을 입어야 할 존속을 구타하거나 고소 고발하는 행위), ⑨ 불의不義(관내의 인민이 소속한 부·주·현 등의 관장을 살해하며, 군사가 그를 영솔하는 병마사·부사·천호·백호 등을 살해하며, 아전과 군졸 등이 직속 5품 이상 관원을 살해하거나, 스승을 살해하는 행위와, 남편의 상을 듣고도 숨기고 발상하지 않으며 또는 잔치를 즐기며, 상중에 상복을 벗고 길복을 입으며 개가하는 행위), ⑩ 내란內亂(소공복 이상 친속이나 부조父祖의 첩을 간통한 자 및 그 상간자相姦者의 행위)을 말한다.[37] 이들 범죄를 저지른 자에 대해서는 모두 극형에 처하고 연좌제를 적용했을 뿐 아니라 사면령이 있어도 용서하지 않는다고 하였다.[38]

또 부·모·부夫를 시해한 자, 주인을 시해한 노, 관장을 시해한 관노 등의 죄인은 재판을 종결하여 사형에 처한 후 처와 자녀를 노비로 삼으며 가옥을 파괴하여 웅덩이로 만들고 그 고을의 호칭을 낮추었다. 기타 강상죄를 범하여 죄질이 깊고 도리가 매우 나쁜 자에게는 장100 유3천리에 처하도록 하였다.[39]

이처럼 삼강오륜 윤리에 의거하여 범죄 행위의 가해자와 피해자 사이의 친속 관계·신분 관계·관직 체계에 따라 형량이 체가·체감되는 것과 아울러, 특정한 범죄의 경우 제3자가 범죄에 전혀 관여하지 않았음에도 불구하고 연대 책임을 물어 형벌을 가할 수 있는 연좌제가 조선 사회 형사 법규의 특징이었다.

연좌제는 앞의 십악 외에 강도 행위, 고독蠱毒을 제조 축적하는 행위 등에도 적용되었다. 그 적용 범위에는 죄인의 가족뿐만 아니라 백부·숙부·조카, 그리고 범인이 거주하는 마을의 수령 또는 면임面任·리임里任·이웃까지 포함되었다. 이는 조선 사회의 구조가 가부장적 친족 체계를 기본으로 하고 마을 단위의 공동체적 유대 관계에 의거하여 지방 통치가 이루어지고 있었던 것에 기인하는 것으로 판단된다.

한편, 친속간에 범죄를 은닉하는 행위, 친속을 위하여 복수하는 행위, 가족을 보호 유지하려는 행위 등에 대해서는 처벌하지 않거나 형을 감경하였다. 즉 모반謀反 이상의 죄가 아니면 동거하는 친속과 대공친 이상의 친속간, 외조부모·외손·처부모·사위·손부孫婦·부형제夫兄弟·형제처兄弟妻가 범죄하였을 때는 서로 범인을 은닉하는 것을 용인하며 노비·고공인이 가장을 위하여 범죄를 숨기는 것도 모두 죄를 묻지 않았다.[40]

또 처첩이 외인과 간통했을 때 본부本夫가 간통한 남녀를 현장에서 붙잡아 즉시 살해한 경우 불문에 붙였으며,[41] 조부모·부모가 남에게 피살된 경우 그 자손이 가해자를 임의로 살해한 때에는 장60에 처하고 피살 현장에서 살해한 경우에는 불문에 붙였다.[42] 자기 부친이 피살되어 범인이 재판에 회부되었는데도 조사와 심판을 기다리지 않고 함부로 그 원수를 죽인 경우에는 정배하였다. 그리고 처나 모친이 남편·아들의 원수를 함부로 죽인 경우는 자손이 조부모·부모를 죽인 원수를 함부로 죽인 위《대명률직해》규정에 따라 장60에 처하도록 하였다.[43]

가족·친속을 위한 복수 행위를 관대하게 처벌한 것과 동일한 원리에 의하여 피살자의 가족이 살해범과 화해하는 행위는 유교적 윤리질서를 해치는 것이라 하여 처벌 대상이 되었다. 즉, 조부모·부모·부·가장이 남에게 살해된 것을 자손·처첩·노비·고공이 사사로이 화해한 자는 장100 도3년에 처하고 기복친 존장이 피살된 것을 손아랫사람이 화해한 것은 장80 도2년에 처하였다. 또 손아랫사람이 피살된 것을 손윗사람이 화해하면 각각 위 사례의 죄에서 1등씩 감경하는 식이었다.[44] 한편, 자기 부친이 피살되었는데도 관에 신고하지 않고 원수와 더불어 화해하여 장례비를 받고 시일이 경과한 후 원수를 죽여 복수한 경우에는 위의 복수율復讐律을 적용하지 않고 사화율私和律을 적용하여 장100 도3년에 처하도록 하여 사화를 규제하였다.[45]

이상과 같이, 조선 후기 형사법규에는 민의 신분 지위 향상을 반영하여 민권을 보호 신장하는 측면이 나타나고 있었지만, 기본적으로 국왕을 정점으로 한 양반 중심의 신분제 질서, 가부장제 및 마을의 공동체적 유대 관계를 고수하는 성격을 지니고 있었다. 그리고 이러한 성격은 재판기관의 구조와 재판 절차의 각 단계에도 구현되어 있었다.

형사재판기관의 위계와 형사재판의 절차

형사재판기관의 위계

조선시대의 국가 기관은 대부분 재판권과 형벌권을 지니고 있었지만 범죄 행위의 양상이나 예상되는 형벌의 경중, 범죄자의 신분이나 직위, 재판의 심급審級에 따라 담당 기관이 달랐다.

최고의 재판기관은 국왕이었다. 사형은 국왕만 내릴 수 있는 형벌이었다. 사형에 해당하는 죄인의 재판은 국왕에게 보고되어 국왕이 재가하여야 확정되고 집행될 수 있었다. 국왕은 기존의 판결을 뒤집고 최종 판결을 내릴 수 있었으며 백성들이 억울한 재판에 대해 상언·격쟁 등을 통해 국왕에게 호소하면 재심리를 명할 수 있었다. 그리고 반란이나 역모죄, 강상죄 등은 처음부터 국왕이 재판에 간여하여 국청鞫廳이라는 특별재판부를 설치하여 심리하였는데 국왕의 재가로 형이 확정되었다. 전현직 양반관료의 범죄도 일반 민인과 달리 의금부에서 심리하고 국왕에게 보고하여 형을 확정받았다.[46]

최고 재판기관인 국왕 아래 범죄의 형량에 따라 직수아문直囚衙門과 비직수아문의 구별이 있었다. 직수아문은 장형 이상의 범죄를 저지른 범인을 직접 체포하여 구금 재판할 수 있는 기관으로 조선 전기에는 병조·형조·한성부·사헌부·승정원·장예원·종부시·관찰사·수령이 이에 해당하였다.[47] 나머지 기관 및 군문軍門은 비직수아문으로 태형 50까지는 직접 처단할 수 있었으나 장형 이상은 모두 형조에 조회한 후 수금해야 하였다.[48] 직수아문은 조선 후기로 갈수록 늘어나 19세기 후반에는 위에 제시된 기관들 외에 비변사·포도청·종친부·의정부·중추부·의빈부·충훈부·돈녕부·규장각·승정원·홍문관·예문관·기로소·의금부 등도 직수아문이 되었다.[49]

의금부는 "왕명을 받들어 추국에 관한 일을 관장한다"[50]고 하듯이 대역죄·강상죄와 같은 중범죄를 다루는 추국 또는 삼성추국三省推鞫을 관장하는 역할 외에, 양반관료층의 범죄도 관장하고 있었다.

의금부의 재판은 구금부터 판결에 이르는 각 단계마다 국왕에게 계품하여 지시를 받아 시행하였으며, 죄인의 신문訊問과 결안結案에 이르기까지 사헌부·사간원 등 다른 관서의 당상관이 참여하여 행하는 것이었다. 지방 감사의 장계에 따른 사건은 사건의 성격에 따라 비변사·형조·병조에서 각각 장계에 첨부된 증빙서류를 열람하고 검토하여 죄를 정하도록 계문啓聞하면, 국왕이 의금부에 조사를 지시하는 방식으로 처리되었다.[51]

사헌부는 "현실 정무를 논평하고 모든 관료를 규찰하며 풍속을 바로잡고 억울함을 풀며 외람되고 거짓된 것을 금하는 등의 일을 관장한다"라고 규정되어 있듯이 관료의 기강 확립과 감찰 외에도 억울한 재판을 재심하는 역할을 담당하였다.[52]

사헌부의 직무는 광범위하고 다양하였으나 법사로서의 고유 업무로는 법령의 제정과 개폐에 대한 서경署經, 금제의 집행, 관원의 비위와 위법에 대한 감사와 소추를 담당하였다. 이외에도 국왕의 지시에 의하여 의금부가 주관하여 설치하는 성국省鞫·추국·정국庭鞫·친국親鞫 등의 재판에 참여하였다.[53] 그리고 형조 또는 지방관의 재판 결과에 불복하는 민인의 소원訴冤을 왕에게 계문하여 처리하는 기능까지 담당하였다.[54]

형조는 법률·상얼·사송·노비 등 형사업무 전반을 담당하고 있었다. 형조에는 〈표 1-4〉와 같이 상복사·고율사·장금사·장예사 등 4사에 각각 2개씩의 방이 있고 별도로 형방刑房이 있었다. 상복사詳覆司는 중앙과 지방의 사형죄 심리, 고율사考律司는 율령 상고, 장금사掌禁司는 형옥과 금령, 장예사掌隷司는 중앙과 지방의 노비 및 포로, 형방刑房은 금제 단속과 죄수 관리 등의 업무를 관장하였다. 그리고 이들 이들 9방은 각각의 고유 업무 외에 형조로 이첩되는 중앙·지방 관아의 사건에 대해 죄상을 논하여 판단하거나 국왕에게 상주해야 할 것은 세밀히 검토하는 역할을 맡았다.[55]

형조의 업무는 첫째, 일반 양인의 사형죄 및 유형·도형·장형에 해당하는 범죄를 관장하는 것이었다.

둘째, 사형죄 심리인데, 이는 다시 살인사건 피의자의 사형죄와 여타 사형죄의 두 종류로 나누어 볼 수 있다. 살인사건이 일어나면 후술

<표 1-4> 형조의 4사 9방

4사	9방	관장 업무	관할 대상
상복사 詳覆司	詳一房	지방의 사형죄 심리	議政府 中樞府 司饗院 司僕寺 繕工監 中學 北部 南部 顯陵 禧陵 孝陵 咸鏡道
	詳二房	중앙의 사형죄 심리	宗親府 都摠府 禮文館 典醫監 惠民署 義盈庫 南學 扈衛廳 實錄廳 國葬都監 穆陵 康陵 崇陵 開城府 江華府 水原府 廣州府 京畿道
고율사 考律司	考一房	율령 상고	戶曹 忠勳府 敦寧府 耆老所 內醫院 宣惠廳 常平倉 大同廳 奉常寺 司䆃寺 禮賓寺 造紙署 宣陵 靖陵 江原道
	考二房	율령 상고	侍講院 讀書堂 校書館 平市署 司宰監 中部 內農圃 掖庭署 永禧殿 長陵 順懷墓 昭顯墓 忠淸道
장금사 掌禁司	禁一房	형옥·금령	工曹 儀賓府 司憲府 總戎廳 尙衣院 典設司 內資寺 活人署 掌苑署 氷庫 漏局 署 東部 西學 長生殿 迎接都監 健元陵 貞陵 泰陵 慶尙道
	禁二房	형옥·금령	兵曹 承政院 禁衛營 左右捕盜廳 左右 巡廳 衛將所 講書院 軍器寺 內贍寺 長 興庫 典牲署 社稷署 宗廟 西部 齊陵 厚 陵 平安道
장예사 掌隸司	隸一房	지방의 노비·포로	禮曹 義禁府 訓練都監 御營廳 司諫院 掌樂院 通禮院 司譯院 觀象監 軍資監 廣興倉 司圃署 昌陵 敬陵 全羅道
	隸二房	중앙의 노비·포로	吏曹 漢城府 弘文館 成均館 承文院 濟 用監 瓦署 內需司 禮葬都監 儀體廳 光 陵 順陵 恭陵 翼陵 黃海道
형방 刑房		금제 단속과 죄수	尙瑞院 典獄署 奎章閣 濬川司 景慕宮 嘉禮都監 東學 册禮都監 殯殿都監 祔 禮都監 舉士廳 莊陵 思陵 溫陵 徽陵 寧 陵 明陵 懿陵 惠陵 弘陵 元陵 永陵 健 陵 仁陵 綏陵 景陵 睿陵 順康園 昭寧園 顯隆園 綏吉園 徽慶園 愍懷墓 昭墓

출전 : 《추관지》제1편 직무분장 〈四司〉, 〈九房〉 및 《육전조례》형전 형조 〈詳覆司〉, 〈考律司〉, 〈掌隸司〉, 〈掌禁司〉.

하듯이 중앙은 형조, 지방은 관찰사가 주관하여 초검初檢·복검覆檢·삼검三檢 순으로 검험하고 추문推問·고복考覆·동추同推를 행하여 그 결과를 승정원을 거쳐 국왕에게 보고하여 재가를 받았다. 형조에서 이를 다시 의정부에 보고하면 의정부에서는 그 보고에 따라 상복詳覆 시행 여부를 국왕에게 상주하고 국왕은 주어진 기간 내에 대신들로 하여금 3차에 걸쳐 위 사건을 재심하게 하였다. 살인죄가 아닌 사형죄는 위 절차 중에서 초검·복검·삼검 등 검험 과정만 생략될 뿐 나머지는 동일하였다. 형조가 심리하는 사형죄는 신분상으로 양인층을 대상으로 하였고, 위의 범주에 해당하는 사건들을 전국적으로 모아 통할하는 역할을 하였다.[56]

형조 산하기관인 율학청律學廳은 율령의 적용, 살인사건의 검험, 형구의 고열考閱 등을 통하여 형조 4사의 업무를 지원하고 법률 교육을 담당하였다. 관원은 교수敎授·겸교수兼敎授·별제別提·명률明律·심률審律·훈도訓導·검률檢律 등으로 구성되었는데 이들이야말로 원래 의미의 법률 전문가라고 할 수 있다.

이들 관원은 형조 4사 9방의 업무상 법률 적용의 문제가 있을 때 전문 지식으로 지원하는 업무를 맡고 있었다. 교수는 위 〈표1-4〉의 예일방·금이방, 겸교수는 금일방·상일방과 의금부, 별제는 고일방·고이방·상이방·예이방, 훈도는 형방, 명률·심률·검률은 율학청에 각각 입직하면서 사형죄의 조율을 담당하는 등 형조 4사 9방의 법률 적용 실무를 맡고 있었다. 또 형구 중 태장笞杖·신장訊杖 등을 《흠휼전칙》에 따라 구리자鍮尺로 측정하여 정확을 기하게 하였으며, 살인사건 시 검험할 때에도 형조·한성부 등의 관리들을 수행하여 사망 원인을 파악하여 보고하는 임무를 맡고 있었다.

이들은 다른 관서에도 파견되어 법률 심의를 담당하였다. 의금부에서는 형조의 율학교수가 율관을 겸임하였고 승정원에서는 형조 관원 중에서 선택하여 재가받는 형식으로 율관을 임명하였다. 그리고 병조·사헌부·규장각·개성부·강화부 및 8도에 각각 1인씩 율관을 파견하였다.[57]

한성부는 한성의 호적대장·시전·가사·전토·사산四山·도로·교량·구거溝渠·포흠逋欠·부채·투구鬪毆·주간순찰·검험·차량·우마·낙계烙契[58]·구활救活·방역坊役·산송·금제 등의 사무를 관장하고 있었다.[59] 이 중 재판 업무로는 전국의 전택田宅과 산송山訟을 관장하고, 20냥 이하의 소송 및 술 주정과 싸움 등 경죄인에 대한 형사재판을 관할하였다.[60] 그리고 살인사건이 발생하면 형조의 공문 지시에 의하여 검험하여 보고하고 공동조사에 참여하였다.[61]

각도 관찰사와 개성부는 형조와 마찬가지로 유형·도형·장형·태형 등 유형 이하 범죄사건을 직접 재판하고 판결할 수 있었으나 범죄자의 품계가 2품 이상이면 추문推問을 마친 후 국왕의 지시를 받아야 했으며, 3품 이하인 경우에는 비록 공신이나 의친議親일지라도 적용할 법규를 결정하여 계문하도록 규정되었다.[62]

관찰사가 유형 이하 사건을 직접 재판한다고 해도 관찰사가 근무하는 감영에서 재판이 이루어진 적은 드물었다. 대부분은 각 고을에서 주관하여 죄인을 문초하고 법을 적용하여 보고해 오면 이를 재가하는 형식으로 재판이 이루어졌고 필요할 때만 감영으로 호송하여 관찰사가 직접 심리하였다. 관찰사는 공문으로 보고된 문건을 승인하거나 수사와 판결 방향을 제시하거나 또는 직접 판결하는 방식을 통해 재판권을 행사하였다. 그런데 관찰사는 사법행정과 율령에 대한 경험과 지식이 적은 경우가 많았으므로 구체적인 실무, 즉 증거자료의 조사와 법률 적용, 판결문(題辭라고 함) 작성 등은 감사를 보좌하는 검률과 형방 영리營吏가 담당하였다.

도배·유배·충군정배·원지정배에 해당하는 범죄는 모두 관찰사의 주관 아래 죄인을 심리하고 검률의 조율에 따라 관찰사의 판결로 형이 확정되었다. 그러나 사형죄에 해당하는 살인사건이 발생하면 관찰사는 직접 판결을 내릴 수 없고 형조와 마찬가지로 수사와 법률 적용하는 데까지 그치고 국왕의 판결 지시를 받고서야 사형을 선고할 수 있었다.

마지막으로, 수령은 주州·부府·군郡·현縣에 파견된 관계상官階上 최고 종2품에서 최하 종6품에 걸쳐 있는 부윤·대도호부사·목사·부사·군수·현령·현감을 총칭하는 것으로 행정 체계상으로는 모두 병렬적으로 직속 상관인 관찰사의 관할 하에 있었다.[63] 수령은 태형 이하의 죄만 직접 판결할 수 있었다. 장형 이상의 범죄사건이 발생하면 체포·구금·수사하여 관찰사에게 보고하고 관찰사의 지시에 따라 신문할 수 있었으며, 살인사건이 발생한 경우에는 관찰사에게 보고하여 초검을 담당하고 관찰사가 파견한 관원과 함께 신문하는 등 재판 과정에서 최일선을 담당하고 있었다.

이처럼 범죄사건이 발생하면 수령이 가장 먼저 수사에 착수하여 일차적인 처리를 담당하고 그에 따라 범죄에 대한 판결도 얼마든지 달라질 수 있었기 때문에 수령의 법률 지식이나 재판 능력은 매우 중요한 것이었다. 1907년 일본인 판검사들이 한국의 사법권을 침탈하기 위해 현지 조사했을 때 군수 업무의 2할만이 순전한 행정 사무이고 나머지 8할이 재판에 관한 것이었다고[64] 한 데 비추어 보면, 조선 후기에도 재판 업무가 군수 등 수령의 업무에서 차지하는 비중이 상당했을 것임을 알 수 있다.

그럼에도 불구하고 다음 지적에서 보듯이 조선 후기 이래 수령들은 재판업무에 대한 지식이 극히 부족하여 서리를 통해 업무를 처리하는 것이 기본이었다.

《대명률》 한 부部, 《속대전》·《세원록洗寃錄》 몇 권을 일찍이 보지도 못하고 겨우 6품직에 오르면 우선 군현 수령 자리를 구한다. 갑자기 큰 옥사를 만나게 되면 생사의 권한을 잡고서도 옥사를 심의할 때에는 서리의 입만 쳐다보며 판결의 번복이 총애하는 기생의 손에 달려 남을 억울하게 한 일이 이미 쌓이고 복록福祿이 꺾이니 심히 슬픈 일이다. 오늘날 청나라에서는 법을 세워 교관학정敎官學政 과목과 경의책문經義策問 과목 외에 형률 한 과목을 따로 두어 다같이 시험을 보이는데, 우리나라는 이 영향을 받지 못하여 인명을 지푸라기처럼 보고 국법을 울타리 밑에 버리면서 스스로 명사名士의 청풍淸風이라 생각하니 심히 슬픈 일이다.[65]

따라서 오늘날 민사재판에 해당하는 사송詞訟에서 소장의 접수와 심리, 법규 적용, 입안·제사의 작성에 이르기까지, 형사재판에 해당하는 옥송獄訟에서 죄인의 체포·수색·호송, 신문 과정에서의 문초 보좌와 공초 기록, 검험, 법규 적용, 보고서 작성 등 모든 실무를 형방

한국 근대 형사재판제도사

서리가 담당하였다.[66]

형사재판의 절차

1 - 고소·고발과 구금

조선시대의 재판은 지금과 같이 수사와 기소, 공판, 선고 등이 확연히 분리되어 있지 않았지만 수금囚禁, 고신拷訊, 추단推斷 등 오늘날의 구속, 수사·심문, 판결에 해당하는 절차로 구성되어 있었다. 수금에 앞서 범인을 체포해 오는 과정이 있는데, 이는 수령이나 지방의 이교 吏校 등이 직접 범행을 포착하지 않는 한 일반 민인의 고소 또는 고발에 의하여 이루어지게 마련이었다. 고소 고발을 할 경우에는 재판관할이나 신분·친속 관계에 따라 여러 가지 제한이 있었다.

① 무릇 군민軍民이 소송을 할 때에는 모두 모름지기 하급 관사로부터 차례로 상급 관사에 제소하여야 한다.…… 순서를 뛰어넘어 바로 상급 관사에 제소한 자는 태50에 처한다.[67]

② 원통함과 억울함을 호소하는 자는 서울에서는 주무 관청에 올리도록 하고 지방에서는 관찰사에게 올리도록 하되 그렇게 해도 원통하고 억울함이 있으면 사헌부에 고소하고 그래도 또 원통하고 억울함이 있으면 신문고를 치도록 한다. 종묘사직에 관계되거나 비법살인非法殺人에 관한 것 이외로 이전吏典이나 복예僕隷가 그 관원을 고발한 경우와 품관·서리·민인이 그의 관찰사나 수령을 고발한 경우에는 모두 접수하지 않

고 장100 도3년에 처한다(밑줄은 인용자).[68]

첫째, 위 자료 ①·②에서 알 수 있듯이 고소·고발은 오늘날처럼 하급 관사부터 상급 관사 순으로 제기하게 되어 있었다. 지방에서는 수령, 한성부에서는 5부[69]의 판결에 불복하면 지방에서는 관찰사, 한성에서는 형조·한성부로 상소하고 다음에는 사헌부, 최종적으로 신문고를 쳐서 국왕에게 상언하는 절차에 따라야 하며 이를 위반하면《대명률》규정대로 태50에 처하였다.

둘째, 고소 대상의 신분이나 고소자와의 친속 관계에 따른 제한이 있었다. 자료 ②에서 보듯이 중앙의 이전·복예가 그 관원을 고소하거나 지방의 품관·서리·민인이 그 관찰사·수령을 고소한 경우 종묘사직·비법살인에 관한 것 이외에는 모두 접수하지 않고 장100 도3년에 처하였다. 특히 후자의 경우를 〈부민고소금지법部民告訴禁止法〉이라고 하는데, 이 법령은 조선 전기에 지방 품관의 발호를 억제하고 수령의 권위를 보장함으로써 중앙 집권 체제를 확립하려는 목적 하에 제정되었다.[70]

고소 대상이 고소자와 친속 관계 또는 노주 관계에 있을 때는 아래 규정에 따라 고소 고발 자체를 처벌하였다.

① 자손이 조부모·부모를 고한 자와 처첩이 남편 및 남편의 조부모·부모를 고한 자는 장100 도3년에 처한다. 그러나 무고한 자는 교형에 처한다. 기년복친 존장·외조부모를 고한 자는 그것이 사실이라도 장100의 형에 처하며, 대공복 친속이면 장90, 소공복 친속이면 장80, 시마복 친

속이면 장70의 형에 처한다《大明律直解》刑律 訴訟編〈干名犯義〉).[71]

② 아들과 손자, 처첩, 노비 등이 부모나 가장을 고소 고발하면 모반과 반
역의 경우 이외에는 모두 교수하고 노의 처나 비부婢夫가 가장을 고소
고발하면 장100 유3천리에 처한다《經國大典》刑典〈告尊長〉).[72]

③ 무릇 아들과 손자가 그 조부모·부모를 고소하는 경우에는 곡직을 가리
지 않고 법에 따라 논죄하여 인륜을 밝힌다《續大典》刑典〈告尊長〉).

위의 규정들을 보면 가족 또는 친속 내의 구성원이 죄를 범했을 경
우 관에 고소·고발하기보다는 공동체 내부에서 해결하는 것이 바람
직하다는 원리를 읽을 수 있다. 이 역시 제1절에서 보았듯이 가부장
적 공동체의 연대책임제 원리가 관철되고 있었던 것이다.

관사에서는 고소·고발을 받으면 일단 위 여러 가지 사항에 저촉되
는지 여부를 분별하여 접수하였는데, 이 단계에는 오늘날의 제척除斥
내지 회피·기피에 해당하는 규정이 있었다. 소송 관계인 중 재판관의
친속, 인척, 스승, 혹은 전부터 원수 혐오 관계에 있는 자가 있으면 모
두 다른 관사로 사건을 이송하여 처리하게 하였다.[73] 또 원고와 피고
인의 거주지가 다른 고을일 경우에는 원고가 피고인의 주소지 관사에
고소하여 처결하게 하여 피고인 관할주의를 취하였다. 관사가 사고를
칭탁하면서 소장訴狀을 받아 처리하지 않을 경우 소장 내용의 죄질에
따라 담당 관리가 처벌을 받아야 했다.[74]

무죄한 사람을 고소한 경우는 무고죄로 엄중한 형벌을 과하였다.
태형에 해당하는 죄로 무고한 자는 해당 태형보다 2등급 가중 처벌하
며, 유형·도형·장형에 해당하는 죄로 무고한 경우는 해당 형벌보다 3

등급 가중 처벌하였다. 사형에 해당하는 죄로 무고하여 무고당한 사람이 이미 처형되었으면 무고인을 사형에 처하고 아직 처형되지 않았으면 무고인을 장100 유3천리형에 처하였다.[75]

피의자를 체포하여 수금할 때에도 여러 가지 제한이 있었다. 피의자가 70세 이상 15세 이하일 경우에는 강도·살인 범죄가 아니면 수금하지 않도록 하였다. 문무관 및 내시부·사족부녀·승려 등이 장형 이상의 범죄를 지었을 경우 국왕에게 계문한 후 수금하되 사형죄를 범한 자는 먼저 수금한 후 왕에게 계문하여야 했다. 사족부녀의 경우 아들·손자·사위·조카·노비를 대신 수금할 수 있었다. 그러나 아들 대신 부모, 동생 대신 형, 남편 대신 아내를 수금하는 것은 모두 엄금하였다.[76]

특히 문무관·팔의八議[77] 등 조선시대의 지배계급이라고 할 수 있는 층의 수금에 대해서는 조선 후기에 들어 특별히 상세한 규정을 두었다. 우선 의정議政은 직접 악역惡逆을 범한 외에는 체포하여 신문하지 못하며[78] 종친·의빈으로서 관계官階가 현록대부顯祿大夫·수록대부綏祿大夫에 이르는 자,[79] 문재文宰로서 문형文衡·보국輔國·이상貳相·기사耆社[80]를 거친 사람은 경죄輕罪로 구금하지 못하게 하였다.[81] 그리고 현직 관리가 죄를 범하면 형조·사헌부·사간원에서 신문하고, 수금해야 할 자는 모두 의금부로 이관한다고 하여 현직 관리의 수금은 의금부에서 통일적으로 관장하고 있었다. 단, 납속·군공으로 벼슬을 받은 자와 상천민 신분으로 무과에 급제한 자 등은 의금부로 이관하지 않고 형조에서 수금하도록 하였다.[82]

죄인의 신체를 구속하기 위하여 사용하는 옥구도 범죄자의 신분과 죄질에 따라 달랐다. 옥구로는 칼枷(목에 씌우는 목제 옥구), 추杻(손목에 채우는 목제 수갑), 항쇄項鎖(목에 채우는 쇠사슬), 족쇄足鎖(발에 채우는 쇠사슬) 등이 있었는데, 조선 후기에 들어서는 유형 이하 죄에는 추를 사용하지 않았다. 일반 민인의 경우 체포하여 연행할 때는 항쇄를 채웠고 당상관·사족부녀일 경우 사죄를 범한 자 외에는 옥구를 채우지 않았다.[83] 옥에 구금할 때에도 신분과 직위에 따라 채우는 옥구가 달랐는데 이를 도표화하면 다음 〈표 1-5〉와 같다.

2 - 추문과 고신

피의자를 체포·구금한 후 재판을 진행할 경우에 우선 몇 가지 제한이 있었다. 첫째, 죄인에 대해 고신을 가하거나 형벌을 집행할 수 없는 금형일禁刑日이 있었다. 이는 국왕·왕비·왕세자의 생신, 종묘·사직 등에 대한 대제일大祭日 및 그 직전에 정성드리는 재계일齋戒日, 초하루·보름날, 상현일上弦日·하현일下弦日, 조회와 시전을 정지하는 날 등이다.[84]

둘째, 결옥일한決獄日限이 있었다. 관련 문서들이 모두 납입되고 증거와 증인 등이 모두 도착한 날로부터 계산하기 시작하여 대사大事(사형죄 관련)는 30일, 중사中事(도형·유형죄 관련)는 20일, 소사小事(태형·장형죄 관련)는 10일 내에 재판이 종료되어야 했다. 단, 증거 등이 다른 곳에 있어 이를 참고해 구명해야 할 것은 거리의 원근에 따라 왕복 일수를 뺀 후 역시 결옥일한 내에 재판을 마쳐야 했는데 만일 재판 과정이 늘어져 부득이 기한을 지나면 사유를 갖추어 계문해야 했다.[85]

셋째, 정송停訟이라 하여 비교적 중대한 범죄가 아닌 한 농번기나 흉년을 만나면 지방의 재판을 정지하는 기간이 있었다. 즉 지방에서는 십악·간범奸犯·도범盜犯·살인과 도망노비를 붙잡아 관에 넘기는

옥구 이름	사죄			유형·도형죄	장형죄	
	상천인	의친·공신·당상관·사족부녀	당하관·서인부녀	상천인	상천인	당하관·서인부녀
枷 (길이 5척5촌, 머리 크기 1척2촌)	채움 (22근)	×	×	채움 (18근)	채움 (14근)	×
杻 (길이 1척6촌, 두께 1촌)	남자만 채움	×	×	×	×	×
項鎖 (길이 4척)	×	채움	채움	×	×	채움
足鎖 (길이 5척)	채움	×	채움	×	×	×

출전 :《大典會通》刑典〈囚禁〉,《秋官志》제2편 詳覆部〈訊杖〉,《六典條例》刑典 刑曹〈掌禁司〉에 의함. 단, 공신·의친·당상관·사족부녀 등이라도 종묘 사직에 관련된 범죄일 경우에는 상천인과 마찬가지로 취급하였다.

주 : 길이 단위는 營造尺을 사용하였으며 조선 후기 영조척 1척=30.5cm, 1촌=3.05cm, 1푼=0.305cm에 해당한다. 이에 대해서는 李宗峯, 2004〈조선후기 도량형제 연구〉《역사와 경계》53, 54~57쪽 참조. 무게 단위는 1근이 480g 정도라는 입장과 600g 내외라는 두 가지 견해가 있다. 이에 대해서는 박성래,〈한국도량형사〉국립민속박물관 편, 1977《한국의 도량형》, 177쪽 및 이종봉, 2001《한국중세도량형제연구》혜안, 216쪽 참조.

것, 남에게서 빼앗은 노비를 계속 부리거나 전지田地의 불법점거·도경盜耕·도매盜賣 등 풍속에 관계되거나 타인에게 침손당한 것을 제외하고 기타 안건의 경우에는 춘분(무정務停이라고 함)부터 추분(무개務開라고 함)까지 재판을 열지 않았다. 이밖에 흉년이 들면 형조에서 국왕의 지시를 받아 해당 도에 공문을 보내 노비 추쇄, 채무 징수 등에 관한 소송을 일체 정지하도록 하였다.[86]

재판 개정에 대한 위와 같은 각종 제한으로 인하여 형사재판을 할 수 있는 날은 상당히 제한되었다. 십악·간범·도범·살인 등 몇 가지 범죄를 제외하고는 범죄의 발생 빈도가 어떻든간에 가을과 겨울에만 형사재판을 시행할 수 있었던 데다가 금형일 등 재판 개정 자체를 할 수 없는 기간까지 있어 피의자에 대해 집중적으로 심리하여 판결을 신속하게 내릴 수 있는 여건이 원초적으로 제약되어 있었다.

조선시대의 재판은 오늘날과 같이 과학적인 수사 방법과 사실 인정의 기술이 발달해 있지 않았기 때문에 범죄사실을 증명하는 과정에서 물적 증거보다는 피의자의 자백을 가장 중요한 증거로 생각하였다. 죄인을 신문할 때 그 진술을 문서로 써내지 못하게 하고 구두로 받았던 것도 그러한 취지에서였다.[87]

피의자 또는 증인의 자백, 기타의 진술을 얻어 내기 위하여 일정한 법적 규제와 제한 하에 고신하는 것을 허용하고 있었으며,[88] 피의자의 범행 자백이 없는 한 판결을 선고하거나 집행할 수 없게 하고 있었다.

예를 들어 1760년 10월 27일 경상도 함창현咸昌縣의 점막店幕에서 행상 고필후高必厚가 칼에 목이 찔려 사망한 사건이 있었다. 초검·복검 등 검험을 담당한 함창 현감과 문경聞慶 현감은 사망 원인이 자살이라고 의견을 제시했으나, 관찰사는 자살 정황에 문제점이 많으니 용의자인 점막 여주인 김의절金儀節과 고공 김일원金日元을 계속 고신하도록 지시하였다. 이에 따라 함창 현감은 11월 9일, 11월 18일, 12월 4일, 12월 17일 네 차례에 걸쳐 두 용의자를 곤장 30대씩 치면서 추문했으나 이들은 계속 범행을 부인하였다. 범행을 증명할 만한 물적 증거가 없는 상태이고 다른 증인들의 증언도 확실하지 않았기 때문에 관찰사는 1761년 1월 23일자로 김의절과 김일원을 방송하고 사건을 종료할 수밖에 없었다.[89] 피의자의 자백을 얻기 위하여 3개월 이상 가두어 둔 채 장형을 30대씩 네 차례나 가했던 것이다.

이처럼 자백을 얻기 위하여 고신을 가하는 것은 당연하게 생각되고 있었다. 또 죄인을 처벌하는 데는 반드시 그의 자백이 있어야 하므로 다음 자료와 같이 결옥일한을 넘기더라도 반드시 죄인의 자백을 기다려야 한다는 점을 강조하고 있었다.

숙종22년 다음과 같이 전교하셨다.…… 의정대신議政大臣은 수금되어 있는 것을 염려하여 열흘을 넘기지 말아야 한다고 하나 모든 죄수는 반드시 그가 수정輸情(죄인이 범죄사실을 남김없이 실토하는 것—인용자)하기를 기다려 법으로 처리하는 것이다. 어찌 시일이 오래 걸리고 적게 걸리고 하는 것을 염려해야 할 것인가. 비록 모역죄 같이 중대한 것도 승관承款(죄인의 자백—인용자)하기 전에는 법으로 처리하지 못하는 것이 예이다. 다만 조종祖宗의 성법成法만 착실히 지켜나가야 하며 쉽사리 변경할 수 없다.[90]

여기서 '조종의 성법'이라고 하는 것은 《대명률직해》의 다음과 같은 규정이라고 볼 수 있다.

무릇 옥수가 도·류·사죄에 해당할 때에는 각각 그 죄수와 가속을 불러들여 판결된 죄명을 모두 알려주고 죄수에게서 이를 자복하거나 불복하는 말이나 문서를 받아야 한다. 불복하는 자가 있으면 그 스스로 생각하는 바를 듣고 다시 상세히 심리해야 한다. 이를 위반한 자는 도·류죄일 경우에는 태40, 사죄일 경우에는 장60에 처한다. 죄수의 가속이 3백리 밖에 있을 때에는 죄수의 자복 또는 불복의 문서만을 받고 가속에게 죄명을 알려주지 않아도 된다.[91]

즉 재판이 종결되고 피의자의 죄명을 확정하더라도 피의자가 이에 불복한다고 하면 승복할 때까지 다시 상세히 심리하여 결국은 자복하는 말이나 문서를 확보해야 한다는 것이다. 따라서 피의자의 자복을 받기 위해서 앞의 예와 같이 여러 차례 고신을 가할 수 있었고, 피의자는 오랜 기간 동안 미결수로 남게 되었다.

고신의 남용을 막기 위하여 고신하는 기구, 대상, 과정 등에 대해 엄격한 제한이 있었다. 우선 고신하는 과정에서 불용형아문不用刑衙門은 가죽채찍을 사용하여야 했고 나머지 용형아문用刑衙門은 신장訊杖을 사용하게 하였는데[92] 신장의 규격은 일반적인 옥송과 의금부에서 행하는 추국 등 재판의 종류에 따라 달라 〈표 1-6〉과 같다.

고신의 대상은 우선 유형 이상의 "중죄를 범하고 증거가 명백함에도 불구하고 문초에 자복하지 않는 자"로 제한되었지만 태형·장형에 해당하는 피의자에게도 고신을 시행하였다.[93] 실제 재판 과정에서는

〈표 1-6〉 신장의 규격

	전체 길이	상단		하단		
		길이	손잡이 지름	길이	타격부 폭	타격부 두께
일반 신장	3척 3촌 (100.7Cm)	1척3촌 (39.7Cm)	7푼 (2.1Cm)	2척 (61Cm)	8푼 (2.4Cm)	2푼 (0.6Cm)
추국 신장			7푼 (2.1Cm)		9푼 (2.7Cm)	4푼 (1.2Cm)
삼성 추국 신장			7푼 (2.1Cm)		6푼 (1.8Cm)	3푼 (0.9Cm)

출전: 《秋官志》 제2편 詳覆部 〈訊杖〉 및 《六典條例》 刑典 刑曹 掌禁司 形具條 참조.

주: 도량형 환산은 앞의 〈표 1-5〉와 같은 영조척에 의거하였다.

앞의 함창현 살인사건처럼 무죄로 방송될 피의자이건, 증인 또는 이웃집 주민이건 관련인들은 모두 살인사건 용의자라 하여 고신을 면할 수 없었다.

고신 대상에 포함되더라도 팔의八議 신분과 70세 이상 15세 이하의 노소자, 폐질자廢疾者 등은 고신하기 부적합하므로 여러 사람의 증언을 근거로 하여 죄를 결정하도록 했다.[94] 잉태한 부녀는 고신을 면제하고 그 대신 속전을 받도록 하였다.[95] 또 부녀로서 직접 대역죄를 범하고 스스로 계획을 주모하여 역모를 긴밀하게 도운 경우 외에는 추문하지 않도록 하였다.[96]

고신의 절차도 피의자의 신분과 거주 지역에 따라 달랐다. 상민 및 범도자犯盜者는 지역에 구애되지 않고 관리의 직권으로 고신할 수 있었으나 나머지 경우는 서울은 국왕에게, 지방은 관찰사에게 보고하고 재가를 받아야 고신할 수 있었다. 특히 지방의 문무관·내시부·사족 부녀·승인僧人은 관찰사가 계문하고 제주 3읍은 절제사가 관찰사에게 보고하여 계문하도록 하였다. 공신·의친일 경우에는 국왕에게 계문할 때 공신·의친에 해당된다는 사실을 기록하여야 하였다.[97]

조선 후기에는 양반 신분에 대해 고신할 때 더욱 상세한 규정이 추가되었다. 우선 현직 관원에 대한 심리는 각사에서 직접 공문으로 힐문하여 답변서를 받아서 법률을 적용하여 비로소 국왕에게 보고하도록 하여 일단 고신을 면제하는 것으로 바뀌었다. 그런데 추문하는 공문에 대한 회답을 중앙 관원이 세 번 거부한 후에는 직첩職牒을 회수하고 나와서 조사받게 하되 자백하지 않는 경우에 국왕의 재가를 받아 고신할 수 있었다. 지방 수령이 세 번 거부할 경우에도 국왕 재가

를 받아 고신하고 의금부로 이송하여 처리하도록 하였다.[98]

이처럼 현직 문무관에 대한 고신을 가능한 한 면제하고 고신할 때 반드시 국왕의 재가를 받게 하였던 것은 전술했던 '형벌은 대부에게 까지 올라가지 않는다刑不上大夫'는 원칙이 관철되고 있었기 때문이다. 이 원칙은 전직 문무관에게도 적용되었다. 종친, 문관으로서 사관·시종 이상을 거친 자, 무관으로서 전현직 내승內乘·선전관宣傳官·도총부 낭관都摠府郎官·절도사節度使 등을 거친 자, 음관蔭官으로서 돈녕부도정敦寧府都正 이상을 거친 자, 별군직別軍職·장번내시長番內侍·2품 이상 의관醫官 등으로서 의금부의 추문 과정에서 자백하면 살인 및 수뢰·횡령 이외의 범행에는 고신할 것을 청하지 못하고 왕명에 따라 법률 적용을 곧바로 청구해야 하는 것으로까지 확대되었다.[99]

그리고 종친·의빈·문관·음관·무관으로서 정1품인 자는 고신은 물론 위와 같이 공문을 보내는 서면 심리도 하지 않도록 하였다.[100] 공신의 아들과 손자는 비록 공상천예工商賤隷일지라도 고신할 때에는 국왕에게 주청해야 했으며 원종공신原從功臣을 고신할 때에도 마찬가지였다.[101]

고신은 신장으로 피의자의 무릎 아래 부분 중에서 정강이를 제외한 뒷부분과 옆부분을 타격하는 것이었다. 신장으로 타격하는 회수는 1차에 30대를 넘을 수 없었으며 3일 이내에 재차 고신을 행할 수 없었으며 고신한 지 10일 후에 판결대로 형벌을 집행한다고 하였다. 판결이 태형으로 내려질 경우는 고신할 때 타격한 태수笞數만큼 태형량을 감해 주었다.[102] 또 하루에 고신을 한 차례 가할 수 있었으며 국청에서의 추국이 비록 엄중하더라도 두 차례를 넘을 수 없었다. 그리고 앞에

서술한 금형일에는 고신을 할 수 없었다.[103]

그러나 고신의 차수에는 제한이 없었기 때문에 고신의 총 횟수가 몇 백 차례까지 이를 수 있었다. 1863년(철종 14) 7월 이후 3개월간 경상도내 각읍에서 죄인을 신문하고 처음 갇힌 연월일과 고신한 회수를 보고한 경상도 관찰사 장계에 의하면, 죄인 24명 중 30년 이상 갇혀 고신을 받은 자가 8명이었다. 그중 진주의 강성보姜成甫는 진조이陳召史를 목 졸라 죽인 혐의로 30년 동안 미결 상태로 612차의 고신을 받았으며, 양산梁山의 유동배柳東培는 안조이安召史를 갑자기 잡아당겨 죽게 한 죄로 47년간 280차의 고신을 받았다. 경주의 윤윤득尹允得은 이귀천李貴天을 자살刺殺했다 하여 775차의 고문을 받고 22년째 옥고를 치르고 있다고 보고되고 있다. 이들은 3개월 후인 그해 10월의 보고서 명단에서 모두 고신 횟수만 가산되어 그대로 보고된 점으로 볼 때 미결수 상태로 계속 감옥에 갇혀 있었던 것이다.[104]

3 - 사형죄의 신문 절차

사형죄에 해당하는 사건에 대해서는 대단히 신중하고 엄밀한 절차를 규정해 두고 사형 판결을 내리거나 집행할 때 반드시 국왕의 재가를 거치도록 하고 있었다. 이하에서는 사형죄 해당 사건을 살인사건과 대역·강상사건으로 나누어 살펴보기로 한다.

첫째, 살인사건의 경우에는 반드시 검험이라는 수사 과정을 거치게 되어 있었다.[105] 살인사건이 발생하여 관에 신고가 들어오면 사망 장소의 관할관(한성은 5부, 지방은 수령)이 초검관이 되어 오작인仵作人·행인行人·의생醫生·율생律生[106] 등 응참각인應參各人을 대동하여 직접 시체가 있는 곳에 도착하여 제일 먼저 응문각인應問各人으로부터 진술을 받는데 이를 초초初招라고 하였다. 응문각인에는 사망자의 가족이나 가까운 친속(시친屍親 또는 고주苦主라고 함), 범인(정범正犯과 간범干犯), 관련자와 목격자(간증干證·사련詞連 등), 이웃 사람(삼절린三切隣), 면임面任·이임里任 등이 포함되었다.

초검관은 관련인들의 공초를 받은 후 친속이나 삼절린으로 하여금 시체의 신원을 확인하게 하고 법규에 정해진 바대로 검시한 후 《무원록無寃錄》[107]의 규정에 따라 자살과 타살 여부를 비롯하여 익사溺死, 구타사毆打死, 중독사中毒死, 병사病死, 동사凍死, 아사餓死 등 사망 원인을 밝혀내야 한다. 검시 결과는 시장屍帳에 기록하되 3건을 작성하여 1건은 당해 관아에서 보관하고, 1건은 시친에게, 1건은 상급 관아에 보고하는 검안에 첨부하든지 따로 제출하여야 했다. 검시가 끝났더라도 바로 시체를 매장하지 않고 이임이나 아전들로 하여금 온전하게 지키게 하여 2차, 3차 검시가 있을 것에 대비하였다.

초검관은 검시를 끝낸 후 다시 응문각인을 신문하여 갱초更招(또는 재초再招)를 받는데 그 대상과 순서 및 요령은 초초의 경우와 동일하며 초초와 갱초가 일치하지 않으면 어느 한쪽 진술이 거짓인 것으로 보고 삼초·사초까지 진술을 받을 수 있었다.

초초와 검시, 시장의 작성, 갱초 등이 끝나면 살인사건에 대한 직단권이 없는 초검관은 검험하게 된 연유, 시친이 알려온 내용, 검관檢官의 질문 내용과 응문각인의 공초, 검시 결과, 그리고 마지막으로 발사跋辭(또는 결사結辭)를 기록한 검안檢案을 작성하여 지방은 관찰사, 서울은 한성부로 보고하였다. 발사에는 사망 원인, 응문각인에 대한 처리 결과, 범인 처벌의 방향에 대한 견해, 시신에 대한 사후 처리 상황, 복검覆檢 필요 여부 및 요청 등을 기록하게 되어 있었다.

초검 검안을 받은 후 지방에서는 관찰사가 인근 고을의 수령을, 서울에서는 한성부의 당하관을 복검관으로 차정하되 초검관과 복검관이 서로 검험 내용을 알게 하면 엄중히 형장을 친 후 정배하도록 하였다.[108] 복검관 역시 초검관과 동일한 방식으로 검험을 마치고 검안을 올렸다. 그 후에도 사망 실인에 의심스러운 점이 있으면 삼검三檢·사검四檢까지 할 수 있었다. 삼검관·사검관으로는 서울에서는 형조에서 임금에게 품의하여 형조의 낭관을, 지방에서는 관찰사가 인근 고을 수령이나 기타 관리를 차정하여 파견하였다.[109]

초검·복검 등 검험 절차가 끝나고 범인으로 지목된 피의자는 거의 대부분 사형 판결을 받기 때문에 사형을 신중하게 하기 위하여 피의자를 본격적으로 신문하는 절차가 남아 있었다. 우선 검험이 완료된 지 며칠 이내에 회추會推를 실시하였다. 서울의 경우에는 초검·복검 등 검험관과 형조의 당상관·낭관이 회동하여 정범正犯과 종범從犯을 추핵하고 기타 관련된 간증看證일지라도 실정을 자백하지 않는 경우 엄중하게 신문하여 의심스러운 점이 없어진 연후에야 비로소 추문을 완결하고 국왕에게 계문하였다. 지방의 경우에는 검험관들이 모여 죄인을 다시 추문하여 정상에 의심이 없으면 중앙으로 녹계錄啓하고 의심스러운 것은 의견을 갖추어 형조에 보고하면 형조에서는 사리를 따져서 회계回啓하였다. 이같이 중앙 또는 지방에서 회추 후 국왕에게 그 결과를 보고하는 것을 서울에서는 완결完決, 지방에서는 녹계錄啓라고 하였다.[110]

그러나 피의자에 대한 신문이 이것으로 완결된 것이 아니고 동추同
推라는 절차가 또 남아 있었다. 서울의 경우 형조를 거쳐 국왕에게 올
라간 완결 계목이 결재를 받아 다시 내려온 후 매월 6회 죄인을 고신
拷訊하여 계속 범행을 자백하게 하는 절차를 밟았다. 지방에서는 각
고을 수령이 관찰사가 지정한 이웃 고을 수령들과 함께 매월 3회 죄
인을 추문하여 자백을 계속 받는 지리한 과정이 반복되었다.[111]

둘째, 대역·강상사건은 국왕이 직접 주재하거나 국왕의 지시에 의
해 궁궐 내에서 열리는 친국·정국·추국·삼성추국 등의 특별재판부
를 설치하여 처리하였다.[112]

친국親鞫은 국왕이 친림하여 주재하는 재판으로서, 장소는 대체로
경희궁의 금상문金商門, 창덕궁의 숙장문肅章門, 창경궁 내의 사복시司
僕寺였고 참여하는 관원은 시원임대신時原任大臣과 의금부 당상관, 사
헌부·사간원의 대간들과 좌우 포도대장 등으로 구성되었다.

정국庭鞫 역시 궁궐 내에서 행하는 궁정재판이었다. 친국과 동일한
절차를 거쳐 진행하되 국왕이 친림하지 않는 점, 궁성 호위의 절차가
없다는 점, 의금부가 주관하여 재판을 진행한다는 점에서 차이가 있
었다.

추국推鞫은 위 친국·정국과 절차는 동일하지만 궁궐 내가 아니라
궁궐 밖 의금부에서 진행된다는 점, 의정부·의금부·양사(사헌부·사간
원) 등 삼성三省의 관원이 동시에 참여한다는 점에서 차이가 나는 것
이었다.[113] 추국 중에서 삼성추국은 부·모·조부·조모·구舅·고姑·부
夫·백숙부伯叔父·백숙모伯叔母·형兄·자姉를 죽인 자, 상전을 죽인 노
奴, 관장을 죽인 관노(이상은 이행已行·미행未行을 따지지 않고 처벌한다),

가장을 죽인 고공, 계모繼母와 간통한 자, 백모·숙모·고모·자·매·자부와 간음한 자, 여상전女上典을 간한 노奴, 적모嫡母를 방매한 자, 부모를 때리고 욕한 자, 부친의 시체를 불태운 자(이상 이행已行) 등 삼강오륜을 위배한 정도가 극심한 범죄자를 관할하는 재판이었다.[114]

이들 재판에서는 왕명에 의하여 수시로 죄인을 구속하여 같은 죄목으로 고신을 거듭할 수 있었을 뿐 아니라 일정한 기한과 한계가 없이 참여한 관원들의 논의와 보고에 따라 형을 가하는 것이 중첩되었고 판결은 국왕의 지시에 의하여 언제나 번복될 수 있었다.[115] 다만 추국 죄인을 잡아오거나 고신하거나 조사하는 것은 국에 참여한 대관臺官이 단독으로 계문하지 못하며 참여 관원 모두의 의견으로 계문하여야 했다. 또 신문하기 이전에 자백한 자 및 곧 죽을 우려가 있는 자, 혹은 가련한 정상이 있어 다시 신문해야 할 자 등에 대해서는 위관委官[116]이 국왕에게 의견을 올려 고신을 정지할 수 있었다.[117]

4 – 법률 적용과 판결

범죄인을 추문한 후 처벌 법률을 적용하는 과정이 있었는데 이를 조율照律이라고 하였다. 조율 과정에서는 오늘날의 죄형법정주의와 같은 원칙이 준수되고 있었다.

모든 죄인을 처단할 때는 반드시 율령의 조문을 구체적으로 인용하여야 하며 이를 위반한 자는 태30에 처한다. 만약 해당되는 율문이 여러 개이면 범한 행위에 적당한 조문만 인용하는 것을 허용한다. 왕의 특지로 죄인을 처단했을 때 그 특지가 임시로 조치한 것이고 일정한 형률로 정한 것이 아

니면 그 특지에 의한 처단 사례를 끌어와 율문으로 삼지 못한다.[118]

범행에 적실하게 부합하는 법조문이 없는 경우에 재판관으로서는 두 가지 선택이 가능하였다. 범죄 행위에 적용할 만한 다른 법조문을 끌어와 적용할 수 있었고(이를 '인율비부引律比附'라고 함), 또는 사리에 비추어 보아 해서는 안 될 일을 했다는 죄목(이를 '불응위不應爲'라고 함)을 적용할 수 있었다.

무릇 율령에 수록된 것이 사리事理를 다 규제할 수 없으므로 단죄斷罪할 때 정당한 조문이 없을 경우는 다른 율문 중에 가장 가까운 것을 끌어와 더할 것은 더하고 감할 것은 감하여 죄명을 의정擬定한 후 형조에 보고하면 형조에서 왕에게 주문奏聞한다.[119]

무릇 마땅히 해서는 안 될 행위를 한 자는 태40에 처한다(율령에 정해진 조항이 없으나 사리상 해서는 안 되는 행위를 말한다. 사리가 무거우면 태80에 처한다).[120]

이처럼 인율비부, 즉 유추 해석 규정과 포괄적 처벌 규정인 불응위 규정을 둔 것은 사회 변화에 따라 나타나는 신종 범죄 행위를 규율하는 입법이 즉각적으로 이루어지지 못하는 상황을 반영한 것일 수도 있다. 그러나 위 두 규정은 재판관이 피의자를 처벌하고자 하는 의지만 있으면 언제든지 자의적으로 법률을 적용하여 처벌할 수 있는 가능성을 열어 둔 것이 된다.

피의자의 범죄에 형량을 부과할 경우에 몇 가지 원칙이 준수되었다. 첫째, 형을 가중하거나 감경할 때의 원칙이 있었다. 가중하는 것은 앞의 〈표 1-1〉 형벌의 종류에 규정된 등급대로 형량을 가하는 것이다. 예를 들어 태40에 대하여 1등급을 가하면 태50, 장100에 대하여 1등급을 가하면 장60 도1년으로 하며, 장100 도3년에 대해 1등급을 가하면 장100 유2천리 등으로 되는 것이다. 형을 가중할 때는 반드시 법령에 규정된 원수原數에 차야 한다고 하였다. 예를 들어 장물의 양이 엽전 40관이 되어야 가중한다고 규정되었으면 장물의 양이 39관 999푼으로 40관에 대해 단 1푼이 부족하더라도 형을 가중하지 못한다는 것이다. 또 죄를 가중할 때 최고 장100 유3천리에 그치고 사형에 이르기까지 가중하지는 못하게 하였다.

형의 감경은 이와 반대 방향으로 이루어졌다. 태50에 대해 1등급을 감하면 태40, 장60 도1년에 대해 1등급을 감하면 장100, 장100 도3년에 대해 1등급을 감하면 장90 도2년반에 처하는 것이다. 그런데 사형의 두 종류(참형·교형)와 유형의 세 종류(유3천리·유2천5백리·유2천리)는 각각 한 등급으로 취급하여 감면하도록 하였다. 즉 사죄를 범한 자에게 1등급을 감한다고 하면 교형·참형을 구분하지 않고 곧 사형의 아래 단계인 유3천리형에 처하고, 2등급을 감하면 사형과 유형의 아래 단계인 도3년형에 처하고, 유3천리 죄에 대해 1등급을 감하면 유형의 아래 단계인 도3년형에 처하였다.[121]

둘째, 범죄자가 자수한 경우에는 형벌을 면제하거나 감경하도록 하였다. 범죄가 발각되기 전에 자수했을 경우에는 죄를 면제해 주었다. 경죄가 이미 발각된 후 중죄를 자수한 자에게는 중죄를 면제해 주었으며 피의자로 추문받는 중에 다른 죄를 고백하면 자수한 경우와 같이 처리하였다. 자기 죄를 타인이 고발하려는 것을 알고 자수한 자, 도망·배반하였다가 자수한 자, 도망·배반하였다가 비록 자수하지 않았더라도 본처本處로 돌아온 자는 모두 감2등하여 처벌하였다. 그러나 관진關津을 몰래 건너간 자, 범간犯姦한 자, 천문天文을 사습私習한 자 등은 자수하더라도 이 같은 규정을 적용받지 못하였다.[122]

셋째, 두 건 이상의 범죄가 동시에 발각되면 그중 무거운 죄로써 논죄하고 두 건 이상의 죄가 서로 형량이 같으면 그중 한 사건에 좇아 처벌하였다. 만약 한 건의 죄를 판결 받은 후 다른 죄가 발각되면 그 죄가 이미 판결 선고된 죄보다 가볍거나 동등한 것은 불문에 붙이고, 무거운 것은 다시 논죄하되 먼저 죄에서 선고된 형은 뒤의 죄의 형량에 포함시켰다.[123]

넷째, 죄를 범하고 함께 도망쳤다가 그중 경죄의 범인이 중죄의 범인을 잡아 관에 고한 자와, 죄의 경중이 동일한 자가 함께 도망한 자의 반수 이상을 잡아 고한 자는 그 본죄와 도망한 죄를 모두 면제해 주었다. 단, 사람을 상해하였거나 간음죄를 범한 경우에는 면죄하지 않고 법규대로 처벌하였다.

다섯째, 주범主犯·종범從犯의 구분을 두었다. 공동으로 범죄한 자들 중 발의하고 주모한 자를 주범으로 하고 그에 따른 자는 종범이라 하여 1등급을 감하였다. 같은 가족끼리 공범한 경우에는 가장만 처벌하되 만약 가장이 80세 이상의 노인이거나 독질자篤疾者이면 공동 범죄자들 중 그 다음의 존장尊長을 처벌하였다. 단, 가족끼리의 공범이라도 타인을 침해 손상한 자는 존장만 처벌하지 않고 일반 범죄와 마찬

한국 근대 형사재판제도사

가지로 주범·종범을 나누어 처벌하였다.[124]

법률 적용을 마치고 판결을 선고할 때에도 재판기관에 따라 판결 선고 과정이 상이하였다. 우선 수령 및 비용형아문인 경우는 태50 이하만 직단할 수 있었으므로, 장형 이상에 해당하는 범죄가 자기 관할 하에서 발생하면 관찰사 또는 형조에게 보고하고 그 지시에 따라 체포·구금·고신하거나 죄수를 상급 관아로 압송해 가야 했다. 그 외의 경우, 즉 태형에 해당하는 범죄는 수령이 형방의 도움을 받아 직접 판결을 내리고 형을 집행하였다.

관찰사는 형조·개성부·강화부·수원부·광주부와 함께 유형 이하, 즉 유형·도형·장형·태형죄에 해당하는 사건을 직접 판결할 수 있어 장형은 물론 도배와 유배, 충군정배, 원지정배 등에 해당하는 사건을 모두 직접 주관하여 죄인을 심리하고 검률의 조율에 따라 판결하여 형을 확정하였다. 그러나 앞서 보았듯이 범죄자의 품계가 2품 이상인 경우 추문을 마치고 나서 왕의 허가를 얻어야 조율할 수 있었으며, 3품 이하인 경우에는 비록 공신이나 의친일지라도 적용할 법규를 결정하여 계문하도록 규정되었다.[125]

살인·대역·강상범죄 등 사형죄에 대한 판결은 관찰사 관할이 아니라 형조·의금부를 거쳐 최종적으로 국왕이 내리게 되어 있었다. 관찰사는 다만 사건의 전말과 그동안 추문한 결과를 형조를 거쳐 국왕에게 보고하고 국왕의 지시대로 집행할 뿐이었다. 전술했듯이 관찰사는 검험·회추를 거친 후 형조에 녹계한다고 하였는데, 1729년(정조 3)에 만들어진 〈심리장계규식審理狀啓規式〉을 통해 그 개요를 알 수 있다.[126] 이에 의하면 장계는 다음과 같이 구성하였다.

1-1. 어느 고을 죄수 아무개는 구타, 또는 발로 차서, 또는 칼로 찔러서(그 범행에 따라 적음) 며칠째 되는 날 상대를 죽게 하였는데, 모년 모월 모일 수금되고 고신은 몇 차례 받았음.

1-2. 시친의 고소장 또는 면임이나 이임의 보고서[手本]

1-3. 초검에서 확인된 상처와 사망 실인, 초검한 일자

1-4. 시친·정범·간범·간련 등의 초사를 신문 항목을 빼고 적되 각인의 초사 중 긴요한 것만 쓰고 긴요하지 않은 것은 쓰지 않도록 하여 지리하고 번잡하지 않게 한다.

1-5. 초검관 어느 고을 수령 아무개 결사結辭

1-6. 관찰사 아무개 제사題辭

2-1. 복검에서 확인된 상처와 사망 실인, 복검한 일자

2-2. 각인 초사. 초검과 동일한 방식으로 기록함.

2-3. 복검관 어느 고을 수령 아무개 결사

3-1. 삼검·사검을 한 경우 상처와 사망 실인, 각인 초사, 검관의 결사를 초검·복검과 같은 방식으로 기록함.

4-1. 동추하였을 때의 초사는 자세히 쓸 필요없고 그중 특별히 긴요한 것이 있는 경우만 쓴다. 그렇지 않으면 첫 번째 동추의 초사만 쓴다.

4-2. 주추관主推官(동추를 주관한 관원) 어느 고을 수령 아무개 성명

5-1. 감영에서 의심스러운 바 있어 조사했을 때 조사관이 의견을 내어 보고했으면 모두 기록하되 관찰사와 조사관의 성명을 모두 기재한다.

6-1. 시친이나 정범의 가속家屬의 등문登聞[127]에 의하여 조사했을 때는 그 원정原情과 형조의 회계回啓, 관찰사의 발사, 형조의 복계 등을 연월일과 함께 상세히 기록한다.

6-2. 현임 관찰사의 발사

7-1. 보고서 중 모읍 죄인 아무개 이름 위에 큰 황색 첨지로 써붙이고, 고
　　을 이름과 인명, 상처와 실인 및 초사, 관찰사의 제사, 검관·추관의
　　결사 위에 모두 작은 황색 첨지를 써 붙인다.

이상의 내용을 담은 장계가 올라오면 형조는 이를 심리 결재하여
다시 관찰사에게 내려보냈으며 관찰사는 녹계 전후를 막론하고 월 3
회 동추를 하여 죄인의 자백을 받아낸 후 최종적인 사건 심리에 들어
가게 된다. 차사원을 정하여 그 읍의 수령과 함께 죄인을 추문하게 하
고 또 차사원 2명을 정하여 고복考覆하게 하고 다시 관찰사가 직접 추
문하고서야 일단 마무리하여 결안하였다.[128] 한성부 죄수의 경우에는
완결계목完結啓目을 올려 국왕의 결재를 받으면 형조가 주관하여 월 6
차씩 고신하여 죄수가 자백을 확실히 하면 결안하도록 하였다.[129]

이후 한성부 죄수의 경우 형조에서 죄인의 근각根脚(출생지·주소·용
모·생년월일 및 그의 조상을 기록한 사항)과 범죄사실에 대한 고음侤音('다
짐'이라고 발음하였음)을 받아 보고하고 이에 대한 국왕의 결재 서명을
승지가 형조에 내리면 형조에서는 검률로 하여금 율문을 참조하게 하
여 원안原案과 아울러 의정부에 보고하였다.[130] 지방의 죄수일 경우에
는 관찰사가 검률의 도움을 받아 결안을 작성하여 형조에 보고하였다.

결안 이후에는 상복詳覆이라는 과정이 있었다. 중앙과 지방의 모든
사형 범죄를 3개월 기한 안에 정부 관원들이 상세히 심리하여 국왕에
게 세 차례 반복하여 재가를 받는 과정이다.[131]

상복의 절차는 다음과 같다. 형조에서 결안을 다 갖추어 계하啓下한

후 형조 당상관·낭관들이 모여 죄명에 대해 신문 항목을 뽑고 결안과 근각을 받은 후 상복할 뜻으로 국왕에게 청하여 결재를 받으면 사건의 원안과 조율照律한 보고서를 의정부에 올렸다. 의정부에서는 우의정이 문안을 열람하고 나서 형조가 보고한 형률에 의하여 보장報狀을 만들고 초계抄啓하여 형조로 제송題送하면 마침내 형조에서 상복할 것을 계문하는 것이다. 이때 완성된 문안들은 모두 서류 상자에 넣어 계복啓覆(상복하도록 아뢰는 행위)하는 날 국왕에게 들이며 문안들은 계복하기 전날 대신들에게 회람시켰다.

계복일啓覆日은 승정원에서 국왕의 뜻을 받들어 택일하여 행하되 9월부터 동지 이전까지로 정하였다. 초복初覆과 삼복三覆은 국왕 앞에 입시하여 행하되 상복에 참여하는 인원은 의정부의 현임 대신과 6방 승지, 육조의 판서, 형조의 세 당상관들로서 예방승지가 가자加資 순위대로 도면을 그려 재가를 받아 좌석을 배치하였다. 참여 관원들은 사형 죄수의 문안을 한 건씩 지참하고 국왕 앞에 입시하여 죄인을 논단하고 이 과정에서 의심이 없으면 국왕이 당일로 형을 확정하였다. 이것이 초복初覆이다. 의심스러운 점이 있으면 재복再覆을 행하였는데 재복은 형조의 세 당상관이 개좌하여 심리하고 단지 죄인들의 문안만 다시 만들어 계문하도록 하였으며 이 과정에서도 의심스러운 점이 있으면 삼복三覆을 행하도록 하였다. 이처럼 삼복까지 마침으로써 비로소 죄수에 대한 사형 판결이 확정되었는데, 도중에 의심스러운 점이 있거나 심리 과정이나 법률 적용에 오류가 있음이 발견되었을 경우에는 형량을 감경 또는 면제하였다.

판결이 선고되면 후술하듯이 여러 가지 방식으로 상소를 거쳐 원 판결을 파기하게 되더라도 형 집행은 그대로 이루어졌다. 그런데 본 래 의미의 상향적 상소제도[132]는 아니지만 부자·적첩·양천을 분간해 야 하는 절박한 안건에 대해서는 다른 기관에도 상소할 수 있었다. 또 위의 사항들 이외의 안건일지라도 판결을 내린 당상관과 아전 등이 바뀌었을 경우 2년 이내에 한하여 억울함을 호소할 수 있었다.[133]

이처럼 다른 기관 또는 새로 부임한 관리 등에 대한 수평적인 상소 방식도 허용하고 있었으므로 일단 판결이 내려지더라도 다른 기관이 나 새로 부임한 관원이 원 판결에 반하는 판결을 내릴 수도 있었다. 이 경우 원 판결의 효력은 부정되고 신 판결에 효력이 부여되었으므 로 판결이 확정되기 어려운 구조적 문제점을 안고 있었다. 또 유배형 은 판결 확정이 유보되는 경우가 있었다. 이미 국왕의 결재에 의해 형 량이 확정되었더라도, 유배지로 출발하기 직전에 사헌부·사간원 등 의 관리들이 형량에 문제가 있다고 국왕에게 다투어 상소할 경우 유 배형을 일단 유보하고 죄수를 다시 심리하여 판결을 내리도록 하였 다.[134] 이 경우 최종적이고 최고의 재판관인 국왕의 판결도 번복될 가 능성이 있었으므로 판결의 확정력이 오늘날과 같지 않다는 점을 일단 유념해야 할 것이다.

판결의 집행은 재판기관의 관할에 따라 이루어졌다. 판결이 태형으 로 내려질 경우는 수령 및 비직수아문의 주관 하에 실시하고 장형 이 하는 관찰사가 주관하여 집행하였다. 이외에 군사 관련 범죄와 도적 에 대한 형 집행은 군문에서 곤형棍刑을 실시하였다.[135] 태·장·곤 역시 범죄의 경중에 따라 각각의 규격과 집행 방식, 사용 주체 등에 관하여 상세한 규정이 있었는데 〈표 1-7〉〈표 1-8〉과 같다.

도형·유형 등을 집행할 때 형조가 관장한 죄수는 명단을 장부에 기록해 두며, 다른 관청 및 지방에서 관장한 죄인은 형조로 공문을 보내고 장부에 기록하여 죄수가 도망쳤을 경우의 검거에 참고하도록 하였다. 죄인을 정배지로 압송할 때는 의금부의 천극죄인栫棘罪人 및 정2품 이상은 도사都事가, 그 외의 의금부 죄수는 서리와 나장羅將이 죄수의 품계에 따라 압송해 갔다. 형조의 죄인은 경역자京驛子가 압송해 가서 차례대로 유배 장소로 넘겨 주었다.[136] 지방에서 다른 도道로 죄수를 압송할 때는 관찰사가 수령·찰방察訪 중에서 따로 차사원을 정하여 압송해 가도록 하였다.[137]

죄수가 정배지에 도착하면 정배지 고을의 수령은 정배된 죄인과 그에 관한 공문을 접수한 후 공문에 기록된 죄상과 판결 내력, 도착한 일자, 죄인의 침식을 제공하고 감시할 보수인保守人의 역役·성명 등을 명기하여 감영에 보고하였다. 관찰사는 매월 도내에 도착한 정배 죄인을 수합하여 계문하되 한 고을에 정배 죄인이 10인이 넘게 되면 관찰사의 직권으로 도내의 다른 고을로 옮기고 그 사유를 계문하였다.[138]

사형 집행은 죄수에 대한 삼복이 완료된 후 반드시 늦겨울季冬(음력 12월)에 하되[139] 전술한 금형일과 국왕의 탄생일 하루 전날과 다음날, 24절기, 비가 개이지 않은 때, 그리고 밤이 새기 전에는 사형을 집행하지 못하였다.[140] 그리고 죄인에 대한 결안이 완료되기 전에 임금의 전지傳旨로 사형하거나 역률逆律을 적용하는 것, 사죄死罪 다음의 형벌(즉 유형)로 결안이 작성되었는데도 극형을 과하는 것 등이 모두 금지

〈표 1-7〉 태·장의 규격과 형 집행 방식

	길이	큰 쪽 직경	작은 쪽 직경	형 집행 방식
태	3척5촌 (106.8Cm)	2푼7리 (0.82Cm)	1푼7리 (0.52Cm)	작은 쪽으로 볼기를 타격
장	3척5촌 (106.8Cm)	3푼2리 (0.98Cm)	2푼2리 (0.67Cm)	태와 같음

출전 : 《秋官志》 제2편 詳覆部 〈釐正刑具〉. 도량형 환산은 李宗峯, 앞의 글에 의함.

〈표 1-8〉 곤의 규격과 사용 규정

	길이	넓이	등줄기 두께	사용 주체	타격 대상
중곤重棍	5척8촌 (176.9Cm)	5촌 (15.3m)	8푼 (2.4Cm)	병조판서, 군문의 대장, 유수, 관찰사, 병사·수사	사형 죄인의 볼기·넓적다리
행용대곤 行用大棍	5척6촌 (170.8Cm)	4촌4푼 (13.4Cm)	6푼 (1.8Cm)	군문의 도제조都提調, 병조판서, 군문의 대장·중군, 금군별장, 포도청, 유수, 관찰사, 통제사, 병사·수사, 토포사 등	범죄인의 볼기·넓적다리
행용중곤 行用中棍	5척4촌 (164.7Cm)	4촌1푼 (12.5Cm)	5푼 (1.5Cm)	내병조內兵曹, 도총부, 군문의 종사관·별장·천총, 금군장, 좌우순청, 영장, 겸영장, 우후, 중군, 변경의 수령, 변장, 사산참군四山參軍 등	위와 같음
행용소곤 行用小棍	5척1촌 (155.6Cm)	4촌 (12.2Cm)	4푼 (1.2Cm)	군문의 파총把摠·초관哨官·첨사僉使·별장	위와 같음
치도곤 治盜棍	5척7촌 (173.9Cm)	5촌3푼 (16.2Cm)	1촌 (3.1Cm)	포도청, 유수, 관찰사, 통제사, 병사·수사, 토포사, 변경의 수령, 변장	도적, 변경지방의 행정

출전 : 《秋官志》 제2편 詳覆部 〈釐正棍制〉. 도량형 환산은 李宗峯, 앞의 글에 의함.

되어 있었는데[141] 이 역시 사형을 극히 신중하게 처리하려는 정책적 소산이었다.

사형 집행 방식에는 공식적으로는 참형과 교형 두 가지만 있었지만 왕족 또는 사대부가 사죄를 범해 위 두 가지 방식을 택할 수 없을 경우 예외적으로 국왕이 독약을 내려 죽이는 이른바 사약賜藥도 있었다. 사약에 사용되는 독은 주로 비소砒素를 사용하였고 때로는 금이나 수은, 부자附子, 해란蟹卵 등을 혼합하여 만들기도 하였다. 사약은 유형에 처해진 자에게 시행되는 경우가 거의 대부분이었다. 즉 유배형을 당한 자를 살려 두어 후환이 있다고 판단했을 경우 유배가는 도중에 또는 유배지에 도착했을 때 독을 마시게 하거나 국왕의 사면이 있을 때 그보다 앞서 독을 마시게 하는 등이다.[142]

그밖의 사형 죄수는 공개리에 참형이나 교형으로 처형하였다. 참형 장소는 고종 초기에는 새남터(지금의 서울 용산구 이촌2동 앞 한강변 백사장)·당고개(새남터보다 조금 앞쪽에 있는 들판으로 지금의 용산 철도역 부근)·무교武橋(광화문우체국에서 태평로 사이 청계천 위의 다리)·서소문 밖(지금의 염천교 부근 공원지대) 등 4개소였다. 대시참待時斬을 해야 할 죄수는 새남터와 당고개에서 처형하고 부대시참不待時斬을 해야 할 죄수는 집행을 시급히 하기 위하여 무교 위에서 처형하였다. 대시참죄수라 할지라도 형편상 집행을 급히 해야 할 경우에는 새남터로 압송하는 도중 서소문 밖에서 처형하였다.

처형 방식도 대시참의 경우는 형틀에 상투를 달아매어 두고 몸과 머리를 완전히 절단하였으나 부대시참의 경우에는 형틀에 달아매지 않고 참하기 때문에 머리를 잘라내지 않아 몸과 머리가 붙어 있게 하는 차이가 있었다.

새남터와 당고개 두 곳은 특히 천주교도를 박해하던 시절 수많은 참형이 집행된 곳이었다. 참형 집행을 할 경우 먼저 죄인을 형장으로 압송하기 위하여 감옥에서 끌어내 소가 끄는 수레에 태웠다. 죄인의 양팔을 벌리고 양다리를 나란히 하여 발판 위에 서 있게 하고 수레 위의 상자에 묶어둔 채 처음에는 천천히 끌고 가다가 남대문을 지날 무렵 죄인이 밟고 서 있던 발판을 빼내면 죄인의 신체는 허공에 매달려 있는 꼴이 된다. 그때 소에게 채찍질을 가하여 질주하게 하면 차체의 동요로 인하여 죄인의 고통은 말할 나위도 없게 되어 형장에 도착할 쯤이면 거의 죽은 사람과 마찬가지 상태가 된다.

형장의 중앙에 세워 놓은 기둥 위에 붙어있는 쇠고리를 통하여 긴 밧줄을 늘어뜨려 죄인을 그대로 기둥 앞에 받쳐놓은 발판 위에 세우고 죄인의 상투를 풀어 밧줄의 한쪽 끝과 튼튼하게 묶어둔다. 그후 밧줄 다른 끝을 당겨서 죄인을 기둥에 기댄 채 달아 올리되 죄인이 발판 위에 겨우 서 있을 정도가 되면 잡아 당기기를 멈춤과 동시에 죄인이 서 있는 발판을 빼버린다. 죄인은 상투를 달아매 마치 목매 죽은 사람과 같은 상태로 늘어지게 되고 그때 망나니가 칼을 잡고 늘어져 있는 죄인의 목 부분을 잘라 내는 것이다. 잘라 낸 머리는 받침대에 담아 입회한 포장捕將 앞에 올려 검시를 받고 그 장소에 3일간 효시梟示한 후 동체胴體와 함께 가마니로 싸 가족이나 친속에게 돌려주거나 매장해버렸다.[143] 모반죄인이나 대역죄인에 대해서는 이 같은 방식으로 처형한 후 사지를 잘라 시체를 모두 여섯 토막으로 만드는 능지처참형이 시행되었다.[144]

참형이 항상 위에서 말한 방식대로만 시행된 것은 아니었다. 죄인을 뒤로 결박지운 채 풀 위에 엎드리게 한 후 목 뒤쪽에서부터 칼로 자른 경우도 있었으며, 감옥 구내 지상에 엎드리게 하고 참한 경우도 있었다.[145]

6 - 상소 및 사면

판결을 선고받은 죄인은 형 집행 이전이나 이후에 상급 재판기관에 상소하여 구제받을 수 있었다. 다음 자료 ①에서 보듯이 지방에서는 수령, 한성부에서는 5부의 판결에 불복하면 지방에서는 관찰사, 한성부에서는 형조·한성부로 상소하고 다음에는 사헌부, 그리고 최종적으로 신문고를 쳐서 국왕에게 상언하는 절차에 따라야 하였다. 신문고를 칠 경우 다른 사람의 사주를 받고 고소장을 내지 못하며 반드시 자신의 억울한 일에 한하도록 하였다.

① 원통함과 억울함을 호소하는 자는 한성에서는 주무 관청에 올리도록 하고 지방에서는 관찰사에게 올리도록 한다. 그렇게 해도 원통하고 억울함이 있으면 사헌부에 고소하고 그래도 또 원통하고 억울함이 있으면 신문고를 치도록 한다.[146]

② 신문고를 칠 수 있는 경우는 형륙刑戮이 자신에게 미칠 때, 아버지·아들 사이를 분간할 때, 적처와 첩 사이를 분간할 때, 양인과 천인을 분간할 때 등 네 가지 경우四件事 및 자손이 부조父祖를 위하여, 처가 남편을 위하여, 아우가 형을 위하여, 노가 주인을 위하여 기타 지극히 원통한 사정이 있는 것 등이다. 이 경우 장이나 태로 가볍게 치면서 문초하여

진술을 듣는다. 그밖의 일로 신문고를 치면 모두 엄중히 형장을 치고 임금에게 아뢰되 들어주지 않는다.[147]

③ 신문고는 지금은 없고 원통함을 호소하는 자가 차비문 밖에서 징을 치는 것은 허용하며 이를 격쟁擊錚이라 한다.[148]

④ 신문고를 경국대전에 따라 다시 설치한다.[149]

⑤ 격쟁한 것이 비록 사건사四件事가 아닐지라도 민폐에 관계되면 외람율을 시행할 것을 청구하지 못한다.[150]

⑥ 사안이 미세하여 해당 도 및 해당 중앙관청에 올려 처리할 수 있는데도 외람되이 임금에게 상언한 자는 월소율로 논죄하고 사리가 중한 경우에는 상서사불이실률上書詐不以實律로 논죄한다.[151]

조선 후기에는 신문고를 통한 상언 외에 ③·⑤와 같이 격쟁도 상소 수단으로 활용되기 시작하였다. 격쟁이란 민인들이 궁궐에 난입하거나 국왕이 거둥할 때 징이나 꽹가리 또는 북을 쳐서 이목을 집중시킨 다음 억울함을 국왕에게 직접 호소하는 것으로, 명쟁鳴錚·명금鳴金 또는 격금擊金·격고擊鼓라고도 하였다.

상언과 격쟁은 국왕에게 직소하는 합법적 수단이라는 점에서는 본질적으로 동일하지만 몇 가지 차이가 있었다. 첫째, 호소하는 방식이 달랐다. 상언은 반드시 한글이 아니라 한문으로 써서 올려야 하며 상언을 올리는 당사자가 그 내용을 직접 작성하고 직접 바쳐야 했다. 또 상언을 올린 후 상언인이 기한 내에 관사에 출두해야 하였다. 이에 반하여 격쟁은 고훤랑考喧郞이 현장에서 격쟁인을 체포하여 형조에서 관례에 따른 형신을 가한 후 원통하고 억울한 사항을 조사하되 구두로 초사를 받았다.

둘째, 접수·처리하는 과정이 달랐다. 상언은 상언인에게 어떠한 형벌도 가하지 않고 상언별감上言別監이 상언 사연을 접수하여 승정원에 바치고 승정원에서는 이를 내용에 따라 분류하여 해당되는 각방 승지에게 이관하였다. 격쟁은 형태별로 궐내격쟁闕內擊錚·위내衛內격쟁·위외衛外격쟁의 세 가지가 있는데, 궐내격쟁의 경우 대궐문 호위 책임을 맡은 병조에서 격쟁인을 체포하여 관례에 따라 형벌을 가한 후 조사하여 형조로 이부하였다. 국왕 거둥 시에 행하는 위내격쟁과 위외격쟁시에는 고훤랑이 격쟁인을 체포하여 관례에 따라 형을 가한 후 억울하다는 사정을 조사하여 형조로 이부하였다.

셋째, 국왕에게 계문하는 과정에서 상언은 승정원에서 내용이 외람된 것을 빼고 보고해야 했던 반면, 격쟁은 외람된 내용이라도 빠짐없이 보고해야 하였다.

이처럼 격쟁은 원억한 사항을 외람된 내용이라도 빠짐없이 국왕에게 곧바로 전달할 수 있었다는 점에서, 한문으로 작성하지 않고 구두로 내용을 진술할 수 있었다는 점에서 시일이 흐를수록 일반 민인들이 선호하는 수단이 되어 갔다.[152]

규정대로라면 상언·격쟁은 수령·5부 → 관찰사·형조(또는 한성부)의 심급 절차를 거친 후에 가능한 상소 수단이었지만 이러한 과정을 모두 거치지 않고 곧바로 상언·격쟁을 하는 경우가 많았다. 이는 물론 월소율에 의하여 태50에 처해져야 했지만, ①의 규정에 의하여 고소한 자 자신의 억울한 사정일 경우는 접수되었다. 18세기 후반에 이르면 ②에서와 같이 형륙이 자신에게 미치는 일, 부자 관계를 밝히는 일, 적첩을 가리는 일, 양천을 가리는 일과 자손이 부조를 위한 일, 처가 남편을 위한 일, 아우가 형을 위한 일, 노가 주인을 위한 일 등은 월소율로 처형하지 않고 접수하도록 하여 상언·격쟁의 주체와 내용이 확대되었다.

더 나아가 ⑤에서 보듯이 격쟁의 내용이 ②에서 규정한 여덟 가지 경우 이외일지라도 민폐에 관계되면 외람율로 처벌하지 않게 됨에 따라 상언·격쟁은 개인적 억울함이나 강상윤리의 문제를 호소하는 청원 수단에서 벗어나 민인들의 사회경제적 이익을 쟁취하기 위한 저항 수단으로 변모하였다. 즉, 18세기 후반 이후가 되면 민인들이 격쟁을 통해 "존장을 능욕하고 재물을 다투며 관장을 고소하며 사대부를 침탈 모욕하는 등 범분패속犯分敗俗을 자행한다"고 표현될 만큼 지배 질서를 위협하는 수준까지 올라갔다.[153]

상소제도를 죄인이 능동적으로 사용할 수 있는 법률적 구제 수단이라고 한다면, 사면제도는 국왕이 인정·덕치를 구현하는 통치자 입장에서 죄인을 구제해 주는 절차라고 할 수 있다.

판결 집행 전후 죄수의 형을 감경 혹은 면제하는 사면은 오로지 국왕의 권한이었다. 조선시대에는 사면을 사赦·사령赦令·사전赦典·사유赦宥·유宥 등으로 불렀는데, 석釋·소석疏釋·방석放釋·소방疏放 등도 명칭과 의미는 다소 차이가 있지만 내용적으로는 동일한 결과라 역시 사면의 일종이라고 할 수 있다.

조선시대에 사면을 행하는 때는 ① 개국, 국왕의 즉위, 입후立后, 입태자立太子, 태후太后에게 존호尊號를 올릴 때, 국왕 및 왕족의 탄신일, 궁궐·사찰의 완공 등 경사스러운 일이 있을 때, ② 국왕 및 왕족의 질환이나 사망, 재이災異·흉년·천재지변 등 불행한 일이 있을 때, ③ 국왕이 직접 제사나 기도를 행할 때, ④ 국왕 행행幸行 때, ⑤ 혹한기 또는 혹서기였다.

사면의 종류에는 대사大赦, 특사特赦, 사사肆赦, 곡사曲赦 등이 있었다. 대사大赦는 다시 그 효력이 널리 일반에 미치는 것과 그 범위를 한정한 것으로 나눌 수 있다. 범위를 한정한다고 하는 것은 예컨대 사죄를 제외하거나 경죄자에 한하거나 혹은 일정한 연령에 해당하는 자(70세 이상 및 15세 미만 등)로 제한하는 경우를 말한다. 특사特赦는 개인적으로 범행 정상 등을 감안할 사정이 있는 자들에 대해 특별히 사면의 특전을 주는 것이었다. 사사肆赦는 생재眚災(과실 또는 재난에 의하여 범한 죄)에 대해 사면을 하는 것을 말하며, 곡사曲赦는 전국적으로 행하는 은사가 아니고 일정한 지방 또는 여러 지방에 한하여 행하는 사면을 말하는 것이다.[154]

국왕의 사면령이 내리면 서울에서는 형조와 의금부가, 지방에서는 관찰사가 구금되어 있는 죄수를 방면할 자와 방면하지 않을 자로 나누어 국왕에게 녹계하도록 하였다.[155] 이때 죄수의 유배지 도착 여부에 관계없이, 또 아직 수금되지 않은 경우까지 모두 거론하도록 하였다. 또 유배지에 도착하지 못한 서울과 지방의 죄수로서 도형자나 유형자 명부에 모두 기록되어 있지 않은 경우에는 해당 관청에서 조사하여 별도 명단을 만들도록 하였다. 죄수의 형이 도형에 해당되면 죄의 경중을 막론하고 모두 방면하게 하였다.

사면령 반포 이전에 발생한 사건의 사면 여부는 국왕에게 재가를 청하되, 6개월 이전의 범죄와 6개월 이후에 발각된 범죄는 사면 대상에 포함시키지 않았다. 영구히 관직을 제수하지 않을 자(永不除職者)가 10년이 경과하거나 영구히 관원으로 등용하지 않을 자(永不敍用者)가 3년이 경과하였을 때 사면령이 반포되면 국왕에게 품의하여 지시를 받아 사면 대상에 포함시켰다. 또 같은 죄로 귀양갔다가 살아있는 자는 방면되어 다시 서임된 반면 죽은 자가 여전히 죄인 명단에 있으면 사면령이 있을 때마다 의금부에서 죄목을 갖추어 별단으로 임금에게 품의하여 지시받도록 하였다.

그러나 사면 대상에 포함시킬 수 없는 죄목이 있었다. 우선, 대사大赦가 있을 때에도 사면하지 않는 죄목으로 십악, 살인, 강도, 절도, 범간犯姦, 사위詐僞, 관물 도취官物 盜取, 방화, 발총發塚, 왕법장枉法贓, 불왕법장不枉法贓, 약인略人, 약매略賣, 사람들을 감언이설로 유인한 죄, 간당奸黨이나 참언讒言으로 타인을 사지死地에 빠뜨린 죄, 고의로 피의자의 죄를 증감增減한 죄, 정을 알면서 범인을 놓아주거나 숨겨준 죄, 서리가 남을 대신하여 상관에게 뇌물을 전달한 죄 등이 있었다.[156] 이 외에 탐장貪贓이 현저한 자는 비록 대사大赦나 심리를 할 때에도 사면 대상자로 국왕에게 보고하지 않았다. 무과나 문과시험에서 대리시험을 친 죄로 정배된 자는 대사가 있을 때는 사면될 수 있으나 그 외에는 10년 이내에 사면하지 않는다고 하였다.[157]

이 밖에 사면과는 다르지만, 국왕의 특별 지시에 의하여 죄수를 관대히 처벌하는 소결疏決이라는 제도가 있었다. 이는 소결하라는 국왕의 명에 의하여 의금부와 형조에서 대상 죄수 명단과 문건을 준비하여 국왕에게 보고하고 육방 승지와 현임 대신, 의금부와 형조의 당상관, 삼사의 관원들이 흑단령黑團領을 입고 심리한 후 죄수에 대한 감형

또는 사면을 하는 것이었다.[158]

조선시대에는 1년에도 몇 차례씩 사전이 행해졌고 지나치게 빈번하여 헤아릴 수도 없을 정도였다. 그 원인은 역대 왕이 사赦를 덕德으로 생각하고 행함으로써 모든 재액을 면할 수 있다고 믿었으며 "형벌은 규정해 두되 사용하지 않는 것"을 통치의 이상으로 삼아 감옥이 텅 빈 것을 인정仁政의 표징이라 믿었기 때문이다.[159]

그러나 사면이 남발되는 만큼 민인들은 사면에 익숙해져 특별한 혜택을 받는다고 느끼지 않게 되었다. 숙종 9년에 사령을 내릴 때 "지금 죄를 씻어 준다는 사면령은 실로 그 자기 쇄신하는 길을 열어줌으로써 관대한 형정을 보이는 뜻에서 나온 것이다. 그러나 저 어리석은 백성은 조정의 큰 뜻을 깨닫지 못한다. 오히려 악을 뉘우치지도 않고 국법을 범하니 경중을 물론하고 엄중히 처단하여 용서하지 말라"라고 하교하여 사면받은 자를 경계한 것도 모두 사면 남발로 인한 폐해를 우려하였기 때문이다.[160]

이상에서 보았듯이 조선시대의 형사재판은 국왕을 최고 재판기관으로 하여 범죄의 성격과 범죄인의 신분에 따라 위계적으로 설치된 재판기관이 담당하고 있었다. 재판 절차도 양반관료층 등 지배층 이하 일반 백성에 이르기까지 각각 달랐다. 사형죄 등 중죄를 재판하는 과정은 인명을 중시하는 사상으로 인하여 지리하다고 할 만큼 복잡하고 엄밀한 절차에 따르고 있었다.

그러나 조선 후기 이후 상품화폐경제의 발전을 바탕으로 부를 축적한 상민이나 노비의 범분 행위 등 신분제 질서를 위협하는 범죄 행위가 증가하고 있었다. 다른 한편에서는 기존의 신분적 특권을 이용하

한국 근대 형사재판제도사

여 지방관이 수탈을 자행하고 지방의 양반토호가 일반민을 침탈하는 행위가 늘어나고 있었다.

기존의 형사재판제도가 여러 가지 측면에서 개선되었지만, 신분제적 질서에 입각하여 재판이 이루어지는 한 일반 민인의 입장에서는 그들이 축적한 재산을 보호받거나 지방관·양반토호의 질곡으로부터 벗어날 수 없는 본질적인 한계를 안고 있었다.

3

개항과 재판제도
개혁론의 대두

개항과 영사재판권의 허용

1876년 개항과 일련의 불평등조약 체결 이후 여타 부문과 마찬가지로 조선의 재판제도에도 외압의 규정력이 작용하게 되었다. 이들 불평등조약의 특징은 자유무역을 핵심으로 한 항구 개방과 거류지 설치, 협정관세제도에 의한 무관세 또는 저율 관세, 최혜국 대우, 연안무역·해운권, 그리고 영사재판권의 인정 등을 핵심으로 한다.[161]

영사재판권은 다른 불평등 조항들과 함께 1876년 2월 2일 체결한 〈조일수호조규〉에 포함되었는데 구체적인 내용은 아래 제9관과 제10관에 담겨 있다.

제9관

양국이 이미 통교를 맺었으니 피차 인민은 각자 임의로 무역하게 한다. 양
국 관리는 조금도 이에 관계하지 못하며 또한 제한하거나 금지하지 못한
다. 만약 양국 상민이 기망欺罔·현매衒賣하거나 대차貸借한 것을 상환하지
않는 등의 일이 있으면 양국 관리는 해당 상민을 엄히 체포하여 부채負債
를 징수한다. 단, 양국 정부는 그 부채를 대신 상환할 수 없다.

제10관

일본국 인민이 조선국이 지정한 각 항구에 재류하던 중 죄를 범한 것이 조
선국 인민에게 관계되는 사건을 일으켰을 때는 모두 일본 관원이 심단審斷
할 것이다. 만약 조선국 인민이 죄를 범한 것이 일본국 인민과 교섭할 일이
생겼을 때에는 조선 관원이 사판査辦할 것이다. 단, 각각 그 나라 법률로
신문 판결하되 조금도 보호하거나 비호함이 없이 공평하고 마땅하도록 해
야 한다.[162]

제9관은 민사에 관한 것이고 제10관은 형사에 관한 것이다. 두 경
우 모두 피고인이 속한 국가의 관원이 재판하는 피고인 관할주의를
취하고 있음이 영사재판권의 특징이다.

영사재판권은 이후 조선 정부가 다른 외국과 체결한 일련의 조약에
빠짐없이 포함되었다. 1882년 4월 6일 미국과 체결한 〈조미수호통상
조규〉 제4관을 거쳐 1883년 10월 27일에 영국·독일과 체결한 〈조영
수호통상조약〉과 〈조덕수호조약〉에 이르러 완성된 형태로 규정되었
다.[163]

이들 조약 역시 모두 위 〈조일수호조규〉와 마찬가지로 조선 인민과 외국 인민 사이의 분쟁이나 형사사건이 발생하였을 때 피고인이 속한 국가의 관원이 재판하는 것으로 규정해 놓았다.

이와 아울러 〈조일수호조규〉에 없던 몇 가지 중요한 사항이 추가되었다. 첫째, 각 당사국 재판정에 조약 체결 상대국의 관리가 파견되어 재판 과정에 부분적으로 참여하거나 재판 결과에 대해 항의할 수 있었다. 둘째, 범죄자 인도 규정으로서, 조선국 민인이 본국 법률을 범하고 조약 체결 상대국의 점포·거주처·상선 등으로 피신한 경우 조약 체결국 영사관은 조선 지방관의 조회에 의하여 인도해야 한다는 것이고 그 반대의 경우도 마찬가지이다.

이와는 별도로, 임오군란 이후 청의 강압 하에 1882년 8월 22일 체결한 〈조청상민수륙무역장정〉의 제2관에서는 영사재판권이 조선측에 극히 불리한 형태로 규정되었다.[164] 첫째, 조선인의 범죄를 조선 관원이 독자적으로 심판하는 것이 아니라 반드시 청 상무위원과 함께 심판하는 것으로 되어 있어 일본·미국·영국 등과 체결한 조약 내용보다 조선의 사법권 침해가 더욱 극심하게 나타났다.

둘째, 조선 정부는 청국 영토 내에서 전혀 영사재판권을 행사할 수 없는 것으로 규정되었다. 조선인이 청국인과의 소송에서 원고가 되던 피고가 되던간에 모든 재판 관할은 청국 관리에게 속해 있으며 청국 관리의 재판에 불복할 경우의 항소도 당사자 개인이 아니라 조선 관리를 거쳐야 하는 간접적인 구조를 취하고 있다.[165]

이상을 통해서 볼 때, 영사재판권은 조선 국민이나 외국민이나 모두 각자 소속한 국가의 관원에게 재판받는 것으로 되어 있어 형식적으로는 호혜 평등한 것으로 볼 수 있다. 그러나 이는 조선의 사법 주권을 침탈함으로써 정치·경제·사회 각 부문에 심각한 악영향을 미치는 근본 원인으로 작용하게 되었다.

첫째, 외국인의 특정 행위가 조선 사회에서 범죄로 규정되어 있다 하더라도 그 행위가 해당 국가의 법률에 범죄로 규정되지 않는 경우에는 해당 외국인을 처벌할 수 없다.

둘째, 외국인의 행위가 범죄로 규정되어 자국 영사관에서 재판을 받는다 하더라도 조선인이 기대한 만큼의 처벌이나 보상이 제대로 이루어질 가능성이 낮다. 왜냐하면 일반적으로 영사는 무엇보다도 자국의 이익, 특히 조선에 있는 자국 거류민의 이해관계를 배려할 수밖에 없기 때문이다.

셋째, 조선인이 영사재판의 결과에 불복하여 항소하려 해도 항소심 재판소가 조선 국내에 있는 것이 아니기 때문에 막대한 시간과 경비를 들여 항소하려는 의지가 없는 한 항소심 자체가 원천적으로 불가능하다.

넷째, 범죄자 인도 규정이 포함되어 있지만, 외국인과 친밀한 조선인이 범죄 행위를 저지르고 외국인 거주지나 기타 처소로 피신한 경우 외국 영사관에 공식적 협조 요청을 하고 범죄자 인도를 받지 않는 한 조선인 처벌이 불가능한 것이다. 이 점은 특히 개항 이후 각종 정변에 참가했던 자들이 조선 관헌의 검거망으로부터 도피할 수 있는 근거로 작용하였다.

영사재판권은 조선 정부로 하여금 외국인 및 외국인과 결탁한 조선인을 여타 조선인과 동일한 사법적 통제 하에 둘 수 없게 만드는 제약

요인으로 작용하는 것이었다. 그리하여 외국 자본주의 국가들이 조선에 대한 정치·경제적 침투를 행하는 과정에서 조약의 위반, 또는 부당한 요구를 하게 하고 또 경제적으로 유리한 지위를 확보하게 해주었다.[166]

형사재판제도의 문제점과 개혁론의 대두

1 – 형사재판제도의 문제점

조선 후기 이래 형사재판제도는 점진적으로 개선되어 왔지만 구조적인 문제점들을 안고 있었다. 첫째, 인민의 범죄를 최일선에서 수사하고 재판하는 수령·이서배들의 탐학이 억울한 재판을 야기하고 있었다. 앞서 보았듯이 수령들은 전문적인 법률 지식이 부족하여 재판 과정을 이서배들에게 일임하는 경우가 대부분이었기 때문에 형방 아전 등 이서배들이 자의적으로 재판 과정과 판결을 좌우하고 있었다. 수령들은 자신들의 탐학과 비리를 국가로부터 부여받은 재판권과 형벌권에 의하여 유지하고 있었으며 다음과 같이 수사와 재판 과정에서 남형과 고문을 가하고 인민을 수탈하기가 일쑤였다.

근래 군현의 실정을 보면 수령은 이미 행정에 익숙지 못하고 아전 또한 무식하여 검장檢場에서 공초를 받을 때 엄연히 매질과 곤장질을 행하며 혹은 주장朱杖[167]으로 갈빗대를 치기도 하니 고통이 이미 극에 달하매 누가 능히 이것을 참아 내겠는가. 없는 것을 가리켜 있다고 하고 허위를 얽어서 사실

로 만들어 드디어 억울한 옥사를 이루니 이것이 이른바 단련성옥鍛鍊成獄이다.[168]

수령이 시행하는 형벌은 태50 이내에서 직단하는 정도이고 신장訊杖·군곤軍棍은 수령들이 감히 사용할 수 없는 것이다. 근래……태·장은 다 폐지되고 오직 곤만 사용한다.…… 아전과 군교들에게 곤을 사용하는 것도 이미 불법인데 하물며 그 나머지 사람들에게 있어서랴.…… 신장의 법은 반드시 상사에 보고하고 시행해야 하는데도 오늘날에는 아전·향승鄕丞은 고사하고 학궁學宮의 유생과 묘지 송사하는 사족까지도 한번 수령의 비위를 건드리기만 하면 곧 고문을 제멋대로 하니 어찌 나라에 법이 있다고 하겠는가.[169]

정부에서는 수령을 감독하는 관찰사들에게 지시하거나 직접 암행어사를 파견하여 그들의 비리를 규제하려 하였지만 수령의 선발이 중앙 권세가의 이익과 직결된 상황에서 거의 효과가 없었다. 수령을 감독하고 근무 성적을 평가하는 관찰사들은 이른바 '세가거족勢家巨族' 출신의 수령에 대해서는 별달리 손을 쓸 수 없다고 지적되는 형편이었고 설사 탐학한 수령이 처벌을 받아도 곧 풀려나는 것이 보통이었다. 오히려 근무 성적 평가 과정에서 탐학한 수령은 대부분 방면되고 죄없는 수령이 처벌을 받는다고 지적될 정도였다. 또 일부 암행어사들은 수령의 비리를 고의적으로 눈감아 주거나 아예 그들에게서 뇌물을 받고 함께 민에 대한 수탈에 나서기까지 하였다.[170]

둘째, 살인사건을 수사하고 재판하는 과정에서 나타나는 제도적 결함이 있었다.

살인의 옥사에 있어서는 그 정범으로 마땅히 죽어야 할 자는 응당 사형에 처해야 하나 간련·간증·인보[171] 등은 본래 죄를 범한 것이 없는데 일단 어떤 명목으로 기록부에 들어가면 반드시 재검을 받게 되고 혹시 운수가 나쁜 경우에는 3, 4차 내지 5, 6차의 검사를 받게 되어 형틀에 매여 감옥에 체류되기가 걸핏하면 몇 개월에 이른다. 혹 몇 년 후 다시 조사할 일이 생겼을 때 또 잡혀 들어가는데 사실대로 말하면 이웃과 원수를 맺어 스스로를 보존할 수 없게 되고 안면에 구애되어 숨기는 것이 있으면 관장이 죄를 얽어 억울하게 곤장질을 당하기도 한다.…… 때문에 백성들이 살인의 옥사를 두려워하는 것이 난리를 당한 것과 다를 바 없다.[172]

즉 살인사건이 발생하면 범인은 말할 것도 없고 사건에 관련된 거의 모든 사람들이 체포 구금됨은 물론 이웃집 사람과 향임·이임 등 마을 사람들도 구금되거나 형신을 받는 등 엄청난 고통을 겪어야 했다. 게다가 검험하는 수령을 따라온 아전과 군교들이 숙식하는 비용을 그 마을에서 감당함은 물론 강제적으로 약탈당함도 예사였다.

또 결옥일한 제도는 공문구에 불과하여 죄수가 미결 상태로 감옥에 갇혀 있는 경우가 다반사였다. 살인사건의 경우 결옥일한이 30일로 한정되어 있었으나 피의자의 자백을 받을 때까지 무제한으로 고신을 가할 수 있었기 때문에 미결 상태로 몇 년씩이나 감옥에 수감되어 있는 경우가 다반사였다. 앞서 예시했듯이 1863년 경상도 각읍의 사형 죄수 24명 중 8명이 평균 30년 이상 미결 상태로 고신을 받고 있었다.

한국 근대 형사재판제도사

셋째, 판결 확정력이 결여되어 있었던 점은 재판제도의 효율성이란 측면에서뿐만 아니라 인민의 재산과 생명을 항상 불안정하게 만들었다. 앞서 보았듯이 상소제도에 의하여 최종적으로 국왕의 판결이 내려지더라도 지방관이 그 명령을 실행하지 않는 경우가 다반사였고, 국왕이 내린 유배 판결이 정부 관원들의 집중적인 상소에 의하여 번복되는 경우도 있었다. 또 일단 지방관의 판결이 내려지더라도 암행어사나 안핵사 등 특파된 관원에게 호소하거나 중앙의 직수아문에 호소하는 경우도 많았다. 이 같은 판결의 불확정성을 우려하여 "경죄수를 석방한 지 얼마 후 도로 수감하면 당상관에게는 엄중히 죄를 조사하고 낭관은 먼저 해임한 후 잡아가며 아전은 형장을 친 후 귀양보낸다"[173]는 조항까지 제정되고 있었다.

넷째, 수령·관찰사·형조·의금부 이외에도 재판권을 가진 기관들이 병렬적으로 존재하고 있었다. 이는 판결 확정력의 결여를 낳는 근본 원인이었을 뿐 아니라, 동일한 범죄일지라도 각 기관마다 법률 적용 방식의 차이를 낳게 하여 법 집행의 일원성과 판결의 통일성을 갖추지 못하게 만들었다. 또 법적으로 규정된 재판기관 외에도 비용형 아문이 태형 이하의 범죄를 취급하고 지방 토호나 양반가에서 사적으로 인민을 잡아들여 형벌을 가하고 있었다.

다섯째, 개항 이후 설정된 영사재판권으로 인하여 구미의 자본주의 열강과 일본·청 등의 국민이 조선 인민의 재산권·생명권을 침해하는데 대하여 조선 정부가 거의 대응을 하지 못하고 있었다. 영사재판권을 폐지하기 위해서는 당시의 국제법상 논리로 자본주의 열강과 같은 성격의 민사·형사 법규와 재판제도, 감옥제도 등이 도입되어야 했다.

2 – 재판제도 개혁론의 대두

이상의 문제점을 낳은 배경에는 성리학적 사회질서가 있었다. 한편에는 국왕·양반·노비주奴婢主(고주雇主)·남성·존속을 두고 다른 한편에는 양인良人·노비奴婢(고공雇工)·여성·비속을 둔 상태에서 전자가 후자에 대해 범한 죄에 대해서는 죄로 간주하지도 않거나 관대하게 처벌한 반면, 후자가 전자에 대해 범한 죄는 사소한 행위라도 엄형에 처하는 등 신분·성·연령에 따라 차별적이었다.

그러나 조선 후기 이후 신분제적 사회질서가 붕괴해 가는 조짐들이 나타남과 함께 기존 지배질서에 대한 민인의 저항이 점차 격화되어 갔다. 특히 1862년 전국적 농민항쟁을 경험한 뒤 농민들의 향촌 사회에서의 역량은 크게 고양되었고 당시 지배층은 이에 대하여 "농민들은 조금이라도 여의치 않으면 무리를 지어 난리를 일으키고 기강과 분수를 어기고 넘보는 일을 호쾌한 일로 여기고 있어서 교화가 불가능할 정도"라고 말할 정도였다.[174]

이처럼 신분제적 사회질서가 동요하고 있는 상황임에도 불구하고 신분제 질서에 바탕을 둔 재판제도 자체에 대한 개혁론은 적어도 1880년대 이전까지 나타나지 않았으며 대체로 기존의 절차와 법규를 준수해야 한다는 논의에 그치고 있었다. 재판제도에 대한 근본적인 비판과 개혁 논의가 나타나지 않았다는 것은 곧 신분제적 사회질서가 여전히 유지되고 있다는 것의 반증인바 1880년대에 들어서면 재판제도를 보는 관점에 조금씩 변화가 발생하게 되었다.

변화의 조짐은 1881년 고종의 밀명을 받고 메이지 유신 이후 변화된 일본의 사회상을 보고 돌아온 신사유람단의 시찰기나 견문사건류 등 보고서에서 볼 수 있다.[175] 일본 사법성을 중심으로 사법제도 조사를 담당한 이는 승지 엄세영嚴世永인데[176] 그의 보고서는 〈일본사법시찰기〉와 이를 총괄적으로 요약 보고한 〈일본견문사건초日本見聞事件草〉로 이루어져 있다.

엄세영의 일본사법성 시찰보고는 총 7책으로 이루어져 있는데 사법성·대심원·상등재판소·지방재판소 등 재판기관과 형법·치죄법·소송법 등 사법제도 전반의 관제와 규칙, 법률 등을 한문으로 번역하여 실어 놓았다.[177] 이 보고서 앞에 첨부한 것이 〈일본견문사건초〉인데, 이는 위 사법기관들의 관제와 소송 절차, 형사법규들을 개략적으로 요약한 것이다. 여기서 그는 일본의 재판제도 변화에 대한 총평을 다음과 같이 기록하였다.

일본인이 구舊 장정章程을 변경한 것은 모두 새 것을 좇은 것으로 오로지 태서泰西를 모방하였습니다. 만국공법의 재판제도를 취하여 세세한 부분까지 짐작하여 진실로 마땅한 처분을 내린다는 것인데 처음에는 190개 조였으나 다시 변경하여 318개 조가 되었습니다. 대체로 고신을 폐지하고 징역을 실시하며 권리를 동등하게 하는 것이 법률 실시의 대강입니다.……고신을 폐지하는 것이 어찌 옛 사람의 생각이 이에 미치지 못해서였겠습니까. 봄에 만물이 자라고 가을에 만물이 숙살肅殺되며 양지에서 만물이 펴지고 음지에서 위축됨을 무시하고 편벽되이 폐지하려 하지 않았기 때문입니다. 또 (죄의) 경중과 (지위의) 고하를 따지지 않고 모두 징역을 실시하면 옛법에서 치세에는 경형輕刑을 쓰고 평세平世에는 중형中刑을 쓰며 난세에는 중형重刑을 쓴다는 것과 다른 것입니다. 옛법에서는 윤형閏刑을 화족·사족에게 실시하여 근신謹愼하고 폐문閉門하여 파렴치함을 다스렸는데 지금은 폐하여 지금 430개 조 형법에 실려있지 않으니 이는 곧 법률상 동등권이라는 큰 기준이라는 것입니다.…… 대개 그 주도면밀하게 (관제와 법규를) 설치한 것은 오히려 태서의 법보다 상세합니다. 그러나 아직 (개정된 형법을) 실시하지 않았은즉 그 법령 시행의 득실과 효과 여부는 미리 논할 수 없습니다(밑줄과 괄호 안은 인용자).[178]

엄세영은 일본 사법제도가 오로지 서양을 모방하여 만든 점에 대해서는 논평을 달지 않았으나 국민이 법률상 동등권을 가진다는 전제 하에 고신을 폐지하고 징역을 실시한 점에 대해 자연의 이치나 사회 상황에 알맞는 것이 아니라고 강한 비판의식을 표현하였다. 그리고 나머지 소송 절차의 변화나 재판기관의 신설 등에 대해서는 아직 실시되지 않았으므로 그 득실을 논할 수 없다고 하였다.[179]

이처럼 개항 이후에도 조선 관료들은 조선의 재판제도가 자연의 이치에 부합하고 옛 법의 정신을 계승했다는 의식을 가지고 있었다. 그러나 1882년 임오군란 뒤 박영효와 함께 일본에 수신사로 갔던 김옥균은 〈치도약론治道略論〉의 본론에 해당하는 〈치도약칙治道略則〉에서 조선의 재판제도에 대한 비판과 아울러 징역제도를 도입해야 한다는 단초적인 논의를 전개하였다.

대저 죄인이 붉은 옷을 입고 징역하는 법은 옛 법전에 기재되어 있고 지금 해외의 나라들이 모두 이를 행하며 일본도 최근에 행하고 있으나 유독 조선만이 옛 성인의 정치를 회복하지 않고 있다. 우리나라의 결함은 치도와 순검과 징역제도인데 이 세 가지는 정족지세鼎足之勢로 하나만 빠져도 안된다. 현재의 형정을 논하건대 법이 오래되어 문란해져 생명·재산을 겁탈하는 등 그 해가 전국에 걸쳐 있는데도 아무렇지도 않게 여겨 허물하지 않는다. 송곳 하나를 훔치거나 호강한 사람에게 욕을 하기만 해도 사형하는 것을 가볍게 여기니 인명의 가벼움이 초개와 같아 화기和氣를 손상함이 극에 달했다. 어진 군자의 마음이 어찌 통한스럽고 슬프지 않겠는가. 요순시대에 어떤 백성이 교화를 어겼기에 법관이 있으며 속전이 있었겠는가. 이것이 징역법의 유래이다. 마땅히 법률을 새로 정하여 대저 경죄를 범한 자는 모두 몰아 일을 시켜 스스로 속죄하게 하여야 하나 이는 반드시 국왕의 결재가 내려야 실효를 거둘 수 있을 것이며 법률학이 흥한 후에 모든 일이 실마리를 잡을 수 있을 것이다(밑줄은 인용자).[180]

김옥균은 조선의 형정이 지나치게 가혹하고 인명을 경시하는 점을 비판하기는 하였지만 전반적인 개혁안을 제시하지는 않았다. 다만 개혁의 한 방안으로 징역제도가 필요하다고 하였는데, 그것도 당장 실시하기는 어렵고 국왕의 결단이 내려지고 법률학의 발전이 있은 연후에야 가능하다는 단계론을 폈다. 그리고 중죄가 아니라 경죄에 한해서만 징역형을 집행하자는 것이므로 중죄에 대해서는 여전히 사형이나 유형·도형 등을 집행하는 것이 필요하다는 입장인 것으로 파악된다.[181]

재판제도에 대한 개혁론은 아니지만 1883년 설치된 박문국에서 간행한 《한성순보》와 《한성주보》에는 서양이나 일본·중국 등 외국의 사법제도를 소개하는 기사가 여러 차례 수록되었다. 1883년 12월 1일자 《한성순보》에는 〈태서법률〉이란 제목 하에 서양 법률의 종류와 동양

법률과의 차이, 영국의 배심원 제도, 프랑스의 상고제도를 소개한 후 일본의 재판기관과 형벌의 종류 및 재판제도 등을 소개하고 있다.[182]

이듬해인 1884년 1월 3일에는 서양의 입헌정치와 삼권분립 원리를 설명하는 속에서 사법관의 위상에 대해 "죄가 있는 자 및 소송하는 자가 모든 사법관의 관할을 받되, 사법관은 입법과 행정 양측 관리의 지시와 촉탁을 받지 않고 오직 법에 의해 형벌을 시행하고 의義에 의거해서 일을 처리하기 때문에 무고한 사람을 벌주려 하는 자가 감히 그 독毒을 부리지 못하니, 이는 실로 삼대권三大權 분립의 가장 큰 이익이다"라고 사법권의 독립에 의의를 부여하고 있다.[183]

또 서양의 법제가 우월하다는 관점 하에서 중국과 서양의 각종 법제의 차이점에 대한 설명도 수록되었다. 그중 재판제도에 대해서는

서양인의 예는 전과자가 아니면 비록 도적이라는 지목을 받았더라도 확증이 없을 경우는 형신을 가하지 않고 여러 심문관이 한 가운데 위치하여 나이많은 민간인 12명을 초빙해 앉히고서 그 원래 액수를 원고에게 상환하도록 한다. 무릇 금전 채무로 인해 싸워서 살상 사건이 일어났을 때는 원고와 피고를 대질시키지 않고 각기 변호사를 불러 그가 대신 시비를 공정하게 하고 곡직을 분명히 밝히도록 한 다음……(배심원의 판결에 따라-인용자) 판결을 내리므로 억울하게 벌을 받는 사람이 없다.[184]

라고 하여 피의자 무죄 추정 원칙과 변호사제도, 배심원에 의한 판결 과정 등을 소개하고 있다.

서양의 사법제도에 대한 설명은 갑신정변 실패 후 1886년 다시 발

한국 근대 형사재판제도사

간되기 시작한 《한성주보》에도 실렸다. 고대부터 16세기에 이르기까지 로마·아테네·독일·영국 등에서 발달해온 재판제도를 개략적으로 소개하고 있는데,[185] 주로 인민의 합의에 의한 재판 과정이나 합의법관 제도를 중심으로 설명하고 있어 조선의 재판제도에 대한 간접적인 비판 의도를 담고 있는 것으로 추측된다.

한편, 법률 자체에 대한 논의도 수록되었다. 법률이란 군왕이 국가를 유지하고 세상을 이끌어가는 하나의 큰 도구로서 마치 목수의 칼과 톱, 농부의 호미와 쟁기 등과 같은 것이라고 전제한 후

> 아, 우리 동양에 있는 국가는 몇 되지 않지만 그나마 대부분 권리를 상실하였고 겨우 국가를 보존하고 있는 나라라 하더라도 머지않은 장래에 서구인들에게 짓밟힐 것이다. 그러나 그 이유는 실로 우리 동양이 국가를 건립한 지 오래되어 태평스러움에 젖어 설립한 법률마저도 버리고 쓰지 않는 데서 연유한 것이다. 내가 살펴보건대 우리나라의 《대전회통》은 바로 국가를 경영하는 원대한 계획과 법이니, 만일 이 법을 준행하여 폐해진 것을 닦고 무너진 기강을 바로잡아 거행한다면, 진흥에 대하여 무슨 걱정이 있겠는가. 법령과 기강이 나날이 새로워지고 엄해져서 그것을……벼슬아치에게 사용하면 백성이 복종하여 형벌과 무기가 모두 전시하는 도구가 되어 형벌을 버리고 쓰지 않는 정치가 이룩되어……군신 상하가 함께 태평의 즐거움을 누릴 것이니(밑줄은 인용자)[186].

라고 하여 기존의 《대전회통》에 실린 법률만 제대로 준수하더라도 국가의 위기를 건질 수 있을 것이라고 낙관하고 있다.

이로써 볼 때 1880년대 중반까지 국내에서는 기존 재판제도를 근본적으로 비판하고 서구와 같이 개혁하려는 논의는 없었으며 기존의 법규와 제도를 올바로 준행해야 한다거나 징역제도를 도입하자는 등의 논의에 그치고 있었다.

재판제도 개혁론은 갑신정변 이후 일본에 망명가 있던 박영효가 1888년 1월 13일자로 고종에게 올린 상소문 속에 최초로 구체화되었다. 정치·법률·경제·사회 등 각 부문에 걸친 개혁안을 제출한 이 글에서 박영효는 총 8개 절 중 두 번째 〈흥법기안민국興法紀安民國〉이란 절에서 법률이란 것은 죄인의 귀천이나 노소에 관계없이 공평하게 적용해야 하며 인의로 형벌을 시행하고 신의로 법을 실시해야 한다고 한 후 아래 11개의 개혁 조항을 열거하였다.[187]

(1) 각종 민사소송과 대소 경중의 죄는 모두 오로지 판관이 재결하고 왕의 권력으로 임의 처단할 수 없다. (주)대저 인성은 희노애락과 두려움과 걱정으로 그 평상심을 잃어버리니 타인으로 하여금 처단하게 해야 한다.

(2) 혹형을 폐지하여 생명을 보전해야 한다. (주)법이 잔혹하여 나라의 주권을 외국에 잃게 된다.

(3) 범죄자의 처자까지 사형시키는 법을 폐지하고 원범原犯만 다스릴 것이며 부모·형제·처자에게까지 그 죄가 미치지 않게 해야 한다.

(4) 죄인을 고문하더라도 남형을 가하여 그 죄를 억지로 자복하게 해서는 안된다. (주)설사 죄인이 자복한다는 다짐을 받아 그 죄에 해당하는 법을 받아들인다고 해도 대체로 혹형으로 인하여 억지로 자백하는 것이다.

(5) 대소 경중의 죄는 반드시 증거를 밝혀 자복한 연후에 옥에 가두거나

한국 근대 형사재판제도사

처형할 수 있는 것이니 야만적이고 개화하지 못한 나라의 인민은 옥에 갇히거나 처형당하더라도 자기의 죄를 깨닫지 못하는 자가 많다.

(6) 포도청 등에서 형벌주다가 죽인 것을 은닉하는 일을 폐지해야 한다. 형살당한 자의 부모·형제·처자조차 옥에서 피살된 것을 모른다면 어찌 무법 잔인한 다스림이 아니겠는가

(7) 재판과 중죄 처단은 비밀리에 하면 안되고 여러 백성들이 입장하여 방청하게 하면 판관이 혹형을 쓰거나 사사로운 청탁을 받아들이는 일이 저절로 감소할 것이다.

(8) 징역법을 정하고 징역장을 설치하여 극히 중대한 죄가 아니면 죽이지 말고 모두 징역에 처해야 한다.

(9) 포도청을 폐하고 순청巡廳의 규례를 증보 또는 삭제하며 순경巡警하는 사졸 2만 명을 두면 족히 민심을 이끌고 민정을 살피며 강폭함을 제어하며 위급함을 구할 수 있다.

(10) 재상·사대부로부터 서민에 이르기까지 사사로이 형벌주는 것을 엄금하고 비록 자기의 자제나 노비라도 반드시 공적인 재판을 받아야 한다.

(11) 인민이 돈을 대출 상환하고 상품을 매매할 때 모든 약관이나 증서를 소상하게 기록하도록 힘쓰고 날인을 하게 하여 훗날의 송사에 대비하되 문서나 증빙이 모호한 것은 받아들이지 말아야 한다.

이들 개혁안을 정리해 보자면 제일 먼저 법관만이 재판권을 독립적으로 행사해야 하며 국왕 권력도 재판에 임의로 개입해서는 안 된다는 점을 개진하였다. 이어서 혹형과 고문 폐지, 증거 위주의 재판, 연좌제의 폐지, 재판의 공개 원칙, 징역형의 도입 등을 주장하였다. 폐단

많은 포도청을 폐지하고 경찰제도를 창설하여 치안을 유지하게 해야 한다는 주장도 제출하였는데, 이러한 개혁안들은 (1)(3)(7)(8)(9)(11)을 제외하면 조선 후기부터 계속 지적되어 온 문제이기도 하였다.

이처럼 1880년대에 들어서 메이지 유신 이후 변화된 일본의 재판제도, 서구의 재판제도에 대한 소개가 이루어지고 박영효에 의하여 개혁안이 구체적으로 제시되었지만 정부 차원에서 재판제도를 근본적으로 개혁한다는 문제는 거론되지 않았다. 앞서 보았듯이 정부 관료들은 일본이나 서구와 같이 국민이 법률상 동등권을 가지게 되고 고신이나 윤형을 폐지하는 등의 개혁은 자연의 이치나 조선의 사회 상황에 알맞는 것이 아니며, 기존의 제도만 올바로 시행해 나가면 될 것이라고 생각하고 있었던 것이다.

韓國

刑事

조선 왕조는 통치 이념으로 인정 덕치를 표방하고 형벌이나 법률은 이를 실현하는 데 필요한 보조수단으로 여기고 있었다. 그리하여 형벌 그 자체가 필요 없도록 하여 형법은 존재하되 쓰지 않는 예방과 계몽을 위한 법이 되어야 한다고 표방하였다.

1894년 동학농민전쟁을 진압해 달라는 조선 정부의 요청으로 원병을 보낸 청과 자국 영사관 및 거류민을 보호하려는 구실로 군대를 파견한 일본은 조선을 사이에 두고 대립 국면에 들어갔다. 5월 7일 농민군과 정부군 사이에 전주화약이 성립함에 따

近代

裁判

조선 정부는 조선 전기 이래의 조종성헌 존중주의에 입각하여 기존의 법을 바꾸지 않으려 했지만 조선 후기의 변화된 사회상으로 인하여 기존의 법을 개정 또는 폐지하거나 아예 새로운 법을 창설할 수밖에 없었다.

라 양국은 조선에 군사를 주둔할 명분이 없어지게 되었다. 조선을 보호국으로 삼으려는 의도에서 군

制度史

만민공동회 운동을 강제 해산시킨 후 황제권을 위
협하는 국내의 정치세력은 거의 소멸하였다. 민씨
척족은 1895년 명성황후 시해사건을 전후하여
위축되었고 흥선대원군도 1898년 사망한 데다가
독립협회세력은 거의 진압되었다.

1

갑오개혁~대한제국 초기
정치구조의 변동

갑오개혁과 군주권의 약화 (1894~1896)

1894년 동학농민전쟁을 진압해 달라는 조선 정부의 요청으로 원병을 보낸 청과 자국 영사관 및 거류민을 보호한다는 구실로 군대를 파견한 일본은 조선을 사이에 두고 대립 국면에 들어갔다. 5월 7일 농민군과 정부군 사이에 전주화약이 성립함에 따라 양국은 조선에 군사를 주둔할 명분이 없어지게 되었다.[1] 조선을 보호국으로 삼으려는 의도에서 군대를 출동시켰던 일본은 청과 공동으로 조선의 내정개혁을 지도하자는 제안을 내놓는 한편 6월 1일 조선 정부에 대해서 내정개혁안을 제시하였다.[2]

총 5개 조 26개 항목으로 구성된 내정개혁안 중 재판제도와 관련해서는 '제3조 법률을 정돈하고 재판법을 개정할 것'이라는 제하에 "구법 중 시의에 적절치 않은 것을 폐지하든가 개혁하고 혹은 신법을 제정할 것, 재판법을 개정하여 사법의 공정을 기할 것"이라는 요구 조항들이 있었다. 그런데 이 법률·재판제도의 개혁은 향후 2개년 이내에 결행해야 할 것으로 규정하고 있었다.[3]

조선 정부는 일본의 요구에 대처하는 비밀 궁정회의를 두 차례에 걸쳐 개최하여 고위 관료들의 의견을 종합한 다음, 6월 11일 민영준을 선혜청 당상에서 해임함과 동시에 시·원임대신을 총재관으로 받들고 15명의 당상관으로 구성된 교정청을 창설하여 내정개혁을 독자적으로 실행한다는 결의를 밝혔다. 이어서 일본의 내정개혁 요구를 정식으로 거부하면서 일본군의 철병을 요구하였다.

논리가 궁박하게 된 일본측은 내정개혁 문제는 더 이상 추궁하지 않는 대신, 조선으로부터 청군을 퇴거시키고 〈조청상민수륙무역장정〉도 폐기함으로써 조선이 '청의 속방'이 아니라는 것을 증명하라고 요구하였다. 조선 정부의 부정적인 회답을 받은 일본군은 이미 계획한 대로 6월 21일 새벽 경복궁을 기습 점령하고 흥선대원군을 섭정으로, 김홍집을 영의정으로 한 신정부를 수립하게 만들었다.[4] 6월 23일에는 수원부의 풍도豊島 앞바다에서 청군을 선제 공격하고 이어서 아산만과 평양 전투에서 승승장구함은 물론 12월경에는 중국 본토를 침략해 들어가는 첩보를 올렸다.[5]

이후 고종이 러시아공사관으로 피신하는 1896년 2월까지, 삼국간섭에 의한 일본 세력의 퇴조기가 있었지만, 대체로 친일적 개화파에 의하여 갑오개혁이 추진되었다. 일본군의 경복궁 점령 이후 흥선대원군과 개화파는 정부 개조에 착수하였다. 양자의 정치적 입장 차이는 현격하였지만 민씨 척족 세력의 추방이라는 점에서는 일치하고 있었다.[6] 6월 22일 민영준을 위시하여 강화유수 민응식閔應植, 통위사統衛使 민영익 등 민씨 척족 세력과 병조판서 심상훈沈相薰을 추방하고 그 후임 및 기타 관직에 김학진金鶴鎭·신정희申正熙·조희연趙義淵·안경수安駉壽·어윤중魚允中·김가진金嘉鎭·유길준兪吉濬 등 개화파를 임명하였다. 이와 동시에 김윤식金允植·이도재李道宰·신기선申箕善·윤웅렬尹雄烈 등 갑신정변과 관련하여 유배되었던 온건 개화파도 유배지에서 풀려났다.[7]

신정부는 6월 25일 군국기무처를 설치하고 26일 〈군국기무처장정〉, 28일 〈의정부관제〉를 각각 의안議案으로 발표하였다.[8] 이에 의하면 군국기무처는 의정부 산하 9개 기구 중 수위 부서로서 총재를 포함하여 21인 이하로 구성하였다. 흥선대원군 계열의 인물들도 있었으나 얼마 되지 않아 의원직을 박탈당하고 핵심 구성원은 김홍집·박정양朴定陽·김윤식·어윤중·김가진金嘉鎭·안경수·조희연·유길준·김학우金鶴羽·이윤용李允用·권재형權在衡 등 11명이었다.

이들은 갑신정변에 참여하지는 않았으나 1885~1894년간 조선의 내외 정치를 감찰했던 청의 위안스카이로부터 친일·친미·친러 개화파로 지목되어 관계에서의 출세가 정체되고 대체로 반청사상이 강한 인물들이었다. 또 전주 이씨, 안동 김씨, 풍양 조씨, 여흥 민씨 등 소위 세도가문과는 거리가 먼, 비교적 한미한 가문 출신이었다. 김홍집·박정양·김윤식·어윤중·조희연을 제외하고는 양반 가문의 서자 혹은 중인이거나 과거를 통하지 않고 외국 유학 경험 또는 전문지식을 가진 덕택에 주요 관직에 등용되고 조선 사회의 신분제도 내지 정치체제에 대해 불만이 많은 인물들이었다. 그리고 이들 대부분은

한국 근대 형사재판제도사

1894년 이전 수신사·신사유람단·영선사·보빙사 등 일본·청·미국 등 외국을 다녀온 경험이 있어서 근대적 문물을 선각하고 국내에서는 주로 외교·통상 전담기구나 기기국·전환국·연무공원鍊武公院 등과 같은 근대화 정책 추진 기관에 종사했던 경험을 가지고 있었다.[9]

이들이 제출한 개혁안들은 대부분 '의안'이라는 명칭으로 반포되었는데 의안은 "국왕의 시행 재가를 거치면 비로소 '국법邦憲'이 되며 위반자는 귀천을 불문하고 용서하지 않을 것"[10]이라고 하여 법률의 지위를 갖도록 규정되었다. 군국기무처는 설치 직후부터 일본의 '조선 보호국화' 정책에 의해 1894년 11월 20일 폐지될 때까지 총 210건의 의안을 반포하였다.

재판제도 개혁과 관련된 개혁조치들을 정리해보면 첫째, 공사문서公私文書에 개국기년開國紀年을 쓰도록 하고 한글 사용을 강조하여 국민 일반에게 정부의 각종 개혁 입법을 쉽게 해독할 수 있게 하였다.[11]

둘째, 궁내부를 설치하여 왕실과 의정부 사무를 분리하고 국왕의 인사권·재정권·군사권·사법권 등을 박탈 내지 축소하여 국왕은 사실상 입헌군주제 하의 '군림하되 통치하지 않는' 군주와 같이 그 지위·권한이 약화되었다. 이로써 최종적이자 최고의 사법관이었던 군주의 지위는 상실되었다.

셋째, 종래 유명무실했던 의정부를 중앙 통치의 중추 기구로 만들었으며 육조를 폐지하고 내무·외무·탁지·법무·학무·공무·군무·농상아문 등 8개 아문을 설치하여 이들 의정부와 8개 아문에 권력을 집중시켰다. 이들 기구의 원활한 운용을 기하기 위하여 일본에서 실시되는 근대적 관료제도를 도입하였는데 수백년간 내려오던 과거제도를 폐지하고 선거조례選擧條例·선무조례選武條例를 제정하여 각각 문관·무관을 임용하는 새로운 제도로 삼고자 하였다. 이는 사법권을 일원화함과 아울러 전문 법률지식을 갖춘 사법관 직제의 도입을 전망하는 조치였다.

넷째, 간언諫言과 상소上疏 등 국왕 및 정부에 대해 비판기능을 담당했던 대간제도를 폐지하였다. 대소 관원의 사직상소辭職上疏·헌책獻策 이외에 논핵論核하는 상소는 의정부 도찰원都察院이 그 상소 집필자를 불러 상소 내용의 사실 부합 여부를 확인한 후 국왕에게 품처하도록 함으로써 사실상 상소를 봉쇄하여 정부 관료들에 대한 탄핵을 재판제도를 통해서 하게끔 변화시켰다.

다섯째, 문벌·반상의 등급을 혁파하고 귀천을 불구하고 인재를 등용한다 하고 공사노비 법규를 일체 혁파하고 인신 판매를 금하였으며 역인驛人·창우倡優·피공皮工 등 천인 신분에 대한 대우를 개선한다고 하는 등 노비제 혁파와 신분제 폐지를 천명하였다. 이는 후술하듯이 농민군이 내걸었던 신분제 폐지론과 상통하는 것으로서 형사 법규와 형사재판제도 전반에 걸친 대대적인 개혁 조치를 수반하게 되었다.

그러나 군국기무처는 태생적 한계로 인하여 일본에 대해서 굴종적·의존적인 자세를 취할 수밖에 없었다. 조선 정부는 일본측과 7월 20일에 〈잠정합동조관〉을 체결하여 일본이 조선의 내정 개혁에 관여할 권리를 인정하고 경부·경인간 철도와 전신 이권을 일본측에게 양여하였으며 목포의 추가 개항을 약정함으로써 일본의 경제적 침략을 용이하게 해주었다. 또 7월 26일에 〈조일양국맹약〉을 체결하여 일본의 침략전쟁인 청일전쟁에 조선 군대를 동원하여 평양 전투에 참여시키거나 제2차 농민군 봉기를 진압하고 인부와 식량을 징발해줌으로써 일본군의 병참 지원 역할을 떠맡았다.[12]

9월 중순경까지 일본 정부는 청과의 전쟁에 조선 정부와 인민의 협조가 필요하다는 고려와 열강(특히 러시아)의 간섭을 회피하려는 의도하에서 조선 정부에 대해 강압적인 간섭을 되도록 삼가는 정책을 취하고 있었다.[13] 그러나 9월 중순 일본군이 평양 전투와 황해 해전에서 대승을 거두자 소극적 간섭 정책은 적극적인 조선 보호국화 정책으로 급변하였다. 일본은 조선 보호국화에 소극적이었던 오토리 게이스케大鳥圭介 공사를 소환하고 후임으로 일본 정부 내에서 중직을 두루 거치고 조선 문제에 정통한 이노우에 카오루井上馨를 임명하였다.

9월 28일 서울에 도착한 이노우에는 우선 자신의 활동에 대한 주한 러시아공사의 방해 내지 간섭을 배제하기 위하여 미국공사와 각별히 친밀한 협조관계를 맺어 두었다. 다음으로 일본의 조선 침략에 방해되는 항일운동과 반일 정치세력을 진압 또는 제거하는 작업을 하였다. 한편으로는 9월에 재봉기한 농민군에 대한 철저한 탄압을 벌여 1895년 초까지 완전 진압하였다. 다른 한편으로는 청군·농민군과 비밀 연락하여 일본군을 축출하고 김홍집·김학우·김가진 등 친일 개화파를 암살하려고 했던 흥선대원군과 그 손자 이준용李埈鎔 등 정부 내의 반일 세력을 제거하였다.

이노우에는 명성황후의 정치 간여를 배제하고 고종을 명목상의 주권자로 내세워 국왕의 신임을 얻은 후, 11월 21일 일본·미국에 망명했다가 일본의 주선으로 귀국한 박영효·서광범 등 갑신정변 세력을 이용하여 친일적인 내각을 구성하였다. 통상 김홍집·박영효 연립내각으로 불리우는 이 내각은 완전한 친일 내각이라기보다는 ① 김홍집·김윤식·어윤중 등 소위 온건 개화파, ② 박영효·서광범 등 급진 개화파, ③ 박정양·이윤용·안경수 등 친미·친러 개화파 등 세 정파의 연립내각이었다. 이와 함께 조선 정부 내에 일본인 고문관을 배치하는 작업을 서둘러 1894년 말부터 1895년 3월 중순경까지 거의 모든 주요 부서에 일본인 고문관을 배치하는 데 성공하였다.

이노우에는 김홍집·박영효 연립내각과 일본인 고문관들을 앞세워 조선의 정치·경제·군사·사회제도를 개혁하는 작업에 착수하였다. 이보다 앞서 그는 일본군·조선군 연합부대가 우금치 전투에서 농민군을 대패시킨 직후인 10월 23~24 양일간 고종에게 20개조의 내정 개혁안을 제의하였다.[14]

조선 정부는 위 20개 조항 중 필요없거나 이미 시행되고 있는 조항을 제외하여 14개 조항으로 만들었다. 고종은 12월 12일 친히 문무백관을 거느리고 종묘로 가서 〈독립서고문獨立誓告文〉과 〈홍범洪範 14조〉를 고하고 이 사실을 다음날 백성들에게 반포하여 청국으로부터의 자주 독립과 제반 제도의 근대적 개혁을 천명하였다.[15]

이 〈홍범 14조〉를 이노우에 카오루의 내정개혁안과 비교해 보면 다음 〈표 2-1〉에 보듯이 이노우에 카오루의 개혁안 중 여덟 가지가 제외되어 있다. 그러나 이들 여덟 가지는 〈홍범 14조〉 반포 전후 이미 실시되고 있었거나 굳이 〈홍범〉이란 명칭으로 발표할 필요가 없는 조항들이었다. 예를 들어 대원군의 정권 간여 금지, 경찰권 일원화, 관리 복무 규율, 공무아문 폐지, 군국기무처 폐지, 고문관 빙용 등이 이미 실시되고 있었거나 곧 실시될 예정이었다.

홍범 14조	이노우에의 내정개혁안
1. 청국에 의존하는 관념을 끊고 자주독립의 기초를 확실히 건설한다.	
2. 왕실전범을 제정함으로써 대위大位 계승과 종척宗戚의 명분과 의리를 명백히 한다	4. 왕실의 조직을 정할 것
3. 대군주는 정전正殿에 나와서 정사를 보고, 국정은 각 대신과 친히 논의하여 재결하며, 후빈종척后嬪宗戚이 간여하는 것을 허용하지 않는다	2. 대군주가 정무 친재권이 있음과 동시에 법령을 지킬 의무가 있을 것
4. 왕실 사무와 국정 사무는 반드시 분리하여 서로 혼합되는 것을 금한다.	3. 왕실 사무를 국정 사무와 분리할 것
5. 의정부와 각 아문의 직무 권한을 명백하게 제정한다.	5. 의정부 및 각 아문의 직무 권한을 정할 것
6. 인민의 조세는 모두 법령이 정한 율에 따르며, 망령되이 명목을 더하여 함부로 징수하는 것을 금한다.	6. 조세 기타 일체 공납 등은 탁지아문의 통일에 귀속시키고 인민에게 부과하는 조세는 일정한 비율로 하며 그밖에 어떠한 명의 방법으로도 이를 징수해서는 안 될 것
7. 조세의 부과 징수와 경비의 지출은 모두 탁지아문에서 관할한다.	7. 세입세출을 계획하여 재정의 기초를 정하고 왕실 및 각 아문에 요하는 비용액을 예정할 것
8. 왕실 비용을 솔선하여 절감하고 이로써 각 아문 및 지방관의 모범을 삼는다.	
9. 왕실비 및 각 관부 비용은 연간 예산을 작성하여 재정 기초를 확립한다.	9. 모든 일에 허식을 버리고 과대한 폐를 교정할 것
10. 지방관제를 시급히 개정하여 이로써 지방관리의 직권을 한정한다.	13. 지방관의 권력을 제한하여 중앙정부에 수렴시킬 것
11. 나라 안의 총명한 자제를 널리 외국에 파견하여 학술과 기예를 전습하게 한다.	19. 유학생을 일본에 파견할 것
12. 장관將官을 교육하고 징병법을 실시하여 군제의 기초를 확립한다.	8. 군제를 정할 것
13. 민법과 형법을 엄명하게 제정하여 함부로 감금 또는 징벌하는 것을 금하며 이로써 인민의 생명과 재산을 보전한다.	10. 형률을 제정할 것
14. 인물을 쓰는 데 문벌 및 지벌에 구애되지 말고, 선비를 구하는 데 조야에 골고루 미치게 하여 이로써 널리 인재를 등용한다.	14. 관리 등용 및 면출免黜 규칙을 세워 사의私意로 이를 진퇴시키지 못하게 할 것

〈홍범 14조〉는 일본의 조선 보호국화 정책 추진과정에서 제출된 국정개혁안이었지만 향후 제정 반포된 각종 개혁 법령은 모두 이 14개 조를 구체화한 것이라고 볼 수 있다. 박영효·김홍집 연립내각은 일본인 고문관들의 도움을 받아 통치조직·관료제도·사법제도·재정제도·교육제도·군사제도 등 전반적인 국정 개혁을 추진하였다.

첫째, 일본식 궁내부제도와 내각제를 도입하되 궁중과 정부의 행정을 분리하고 정부에 권력을 집중함으로써 종래의 전제적 왕권을 축소하는 반면 내각의 권한을 강화하였다.

둘째, 군사제도의 개편에 착수하여 종래의 군제를 폐지하고 훈련대訓練隊라고 하는 신식 근위대를 발족시켜 기간 군대로 육성하였다.

셋째, 조선 정부의 재정 실태를 파악하는 작업을 개시하여 재정 제도의 개혁에 착수하였다.

이외에도 중앙 각 기관의 재조직, 재판제도의 개혁, 지방제도의 개혁, 조세 및 회계출납제도의 개혁, 관리의 임용·복무규율의 제정, 각급 학교 설립 등 교육제도의 개혁이 계속 뒤이었다.[16]

그러나 1895년 3월 이후 국내외 정세가 급변하였다. 3월 29일 러시아·프랑스·독일의 삼국간섭을 비롯하여 4월 10일 서울 주재 러시아·미국·영국·독일 등 4개국 외교대표들이 일본의 배타적인 이권 독점 기도에 항의하는 등 국제정세가 일본에 불리하게 전개되었다. 일본 정부는 5월 12일 "조선에 대한 장래의 정략은 되도록 간섭을 그치고 조선으로 하여금 자립하게 하는 방침을 택하기로 결의한다. 그러므로 타동他動의 방침을 택하기로 결의한다. 이 결의의 결과 동국同國의 철도·전신 건은 강박적으로 실행하지 않도록 한다"라 하여 사실상 조선

보호국화 정책을 포기하는 결정을 내렸다.[17]

국제 정세의 변화는 조선 정계에 새로운 변화를 가져왔다. 박영효는 일본의 후원하에 국내에 복귀하여 일본의 대조선 침략에 많은 협력을 할 것으로 기대되었던 인물이었다. 그러나 그는 일본의 대조선 이권 획득—3백만원 차관에 부수한 가혹한 이권 침탈 조건, 일본의 철도 및 전신 부설권 독점, 서울시내 일본 상민 조계 확장안—을 저지하는 등 자주적 입장을 표명하여 일본과 대립 관계에 놓여 있었다.[18] 박영효는 조선에 대한 일본의 영향력이 쇠퇴한 틈을 타서 김홍집과 조희연을 내각에서 축출하고 5월 10일 박정양을 총리대신으로 하고 정동파를 대거 포함한 신내각을 조직하였다. 명성황후는 이 국면을 이용하여 정동파 인사들을 통해 미국·러시아와 접촉하면서 약화된 왕실 권력을 확대하고자 하였다.

박영효가 이를 저지하기 위해 왕궁을 호위하던 시위대侍衛隊를 자파 세력이 우세한 훈련대로 교체하려고 꾀하면서 궁중과 내각의 대립이 발생하게 되었고 박영효는 반역음모 사건의 주모자로 몰려 윤5월 15일 다시 망명길에 올랐다.

이후 고종과 명성황후는 실추된 왕권을 복구하기 시작하였다. 고종과 명성황후는 7월 3일 군국기무처 시기 유배되었던 민영준·민영주·민형식 등 민씨 척족을 사면하여 권력 기반을 공고히 하였다. 8월 10일에는 관료의 복식을 구 제도로 환원시키는 조치를 〈칙령 제1호〉로 반포하고 친일적 인물들의 영향 하에 있는 훈련대를 해산하려는 방침을 결정하는 등 일본의 영향 하에서 추진된 개혁 조치들을 부정하기 시작하였다.

그러나 일본이 조선에서의 세력 만회를 위하여 8월 20일 명성황후 살해 사건을 일으킴으로써 국면은 다시 반전되었다. 이완용·이윤용·이하영·이채연·현흥택 등은 미국공사관으로, 이범진·이학균은 러시아공사관으로 각각 피신함으로써 정동파 세력의 정치활동은 중단되었고 김홍집을 수반으로 하는 친일 내각이 다시 수립되었다. 정동파 세력은 미국·러시아 공사 및 아펜젤러, 언더우드 등 친왕파 미국인들의 협조 하에 10월 2일 고종을 러시아공사관으로 피신시키기 위해 춘생문사건을 계획하였으나 일본 측의 사전 탐지로 인하여 실패하고 말았다.[19]

대한제국의 수립과 군주권 회복(1896~1898)

1 - 국제적 세력균형과 군주권 회복

1894년 6월 이후 군주권은 입헌군주제적 정치체제를 수립하려는 개화파의 정책에 의하여 철저히 제한되었다. 1895년 명성황후 피살 이후 고종은 항상 생명과 지위의 위협에 불안해 하였으며 "사실상 봉급을 받아가며 포고문에 서명을 해주는 사람에 지나지 않게" 되었다.[20]

1895년 3월의 삼국간섭과 8월의 명성황후 살해사건 이후 일본의 영향력은 위축되기 시작하였다. 일본은 격렬한 국제적 비판을 받음과 동시에 한국민의 치열한 반일 감정에 맞닥뜨려야 했다. 정동파는 은밀히 입국한 이범진李範晉을 중심으로 정권을 재장악하려는 계획을 추진하여 러시아공사 베베르와 미국대리공사 알렌 등의 협조하에 1896년 2월 11일 고종을 러시아공사관으로 피신시킬 수 있었다. 일본 세력이 위축되고 친일적 개화파정권이 몰락하였으며, 박정양·이완용·이범진·윤치호·이윤용 등 친미·친러적인 내각이 성립하였다.

고종이 러시아공사관에 체류하는 동안 러시아를 비롯한 열강의 진출은 더욱 현저해져 철도·광산·전기·삼림 등의 이권 침탈이 그 이전보다 심해졌다. 그런데 러시아는 시베리아 철도가 완성되어 자국 세력이 강성해질 때까지는 조선 문제로 인한 일본과의 충돌을 피하고 균형을 유지하려는 정책을 취하고 있었다. 그 결과 두 나라 사이에는 조선 문제를 둘러싸고 1896년 5월의 베베르—고무라각서, 동년 6월의 로바노프—야마가타협정 등이 체결되었다. 조선에서 러시아의 정치적 우위를 인정한 가운데 러·일 양국의 동등한 권리를 상호 승인함과 아울러 조선을 양국의 세력 범위로 설정하는 비밀조항을 둠으로써 조선을 러·일 양국의 공동보호령과 유사한 위치로 규정한 것이었다.

러시아는 1897년 10월 한국에 재정고문과 군사교관을 파견하고 한러은행을 설치하는 등 적극적 정책으로 전환하였지만, 곧 자국 내 정치세력 간의 역관계에 의해 만주 집중 정책으로 전환하면서 1898년 3월 재정고문·군사교관·한러은행을 철수시켰다. 이어 4월 25일 일본과 로젠—니시협정을 체결하여 양국이 한국의 주권 및 완전한 독립을 확인하고 한국에서 상공업 면에서의 일본의 우위를 인정하였다. 이로써 양국 모두 한국에 대한 정치적 간섭을 배제하는 구조가 이루어져 1898년 이후 한국을 둘러싼 열강 사이에는 '잠정적'인 세력균형이 이루어졌다.[21]

국제적으로 한국을 둘러싼 러·일간의 세력균형이 이루어진 반면, 국내적으로는 일본인에 의한 명성황후 살해, 국왕의 러시아공사관 체류 등 치욕적 상황이 국가의 자주 독립과 군주권의 회복이라는 명제를 절대적인 것으로 만들고 있었다. 아관파천 직후부터 고종의 환궁을 요구하는 상소가 최익현을 비롯한 유생과 관료들에 의해 빗발치고 있었다. 그러나 고종으로서는 환궁 이후에 있을지 모르는 신변 불안 때문에 러시아 군사교관이 친위대를 훈련시켜 궁궐 경비를 감당할 수 있게 된 후에야 경운궁으로 환궁하였다.[22]

이러한 정세 하에서 군주권의 회복과 국가의 자주 독립을 확고히 하려는 제도적 정비 작업이 추진되었다. 우선 1896년 9월 내각을 폐지하고 의정부를 복설하였는데, 신 의정부관제에서 주목되는 점은 의정부 회의에서 부결된 의안이라도 국왕이 그에 개의치 않고 칙령으로 반포할 수 있게 한 점이다. 이는 갑오개혁기의 내각 체제와 비교해 볼 때, 법제적으로 군주권의 우위를 확고히 하여 전제군주권 회복의 방향을 명시한 것이었다.[23]

고종은 통치 체제의 정비를 위하여 1897년 3월 조칙을 내려 교전소校典所를 설치, 갑오개혁기에 제정된 수많은 법령과 개혁조치들을 '구본신참舊本新參'의 원칙 하에 정리하도록 하였다.[24] 그러나 '신구의 법규를 절충하여 제반 법규를 통일하려' 했던 교전소의 총재대원總裁大員은 김병시金炳始·조병세趙秉世·정범조鄭範朝·윤용선尹容善 등 원로대신과 박정양·이완용·서재필 등 친미 계열 개혁파 대신으로 이루어졌고 실무를 담당하는 지사원知事員은 김가진·권재형·이채연·성기운·윤치호·이상재 등 개화파 계열로 구성되어 있었다.

특히 서재필이 교전소를 주도하면서 제도와 법률의 대대적 개혁과 군주권에 대한 제한을 가하여 민권을 신장시키는 개혁을 시도함으로써 내부의 갈등을 불러 일으켰다. 원로 대신들은 거의 한 번도 회의에 참석하지 않고 고종 역시 이를 기피하여 교전소는 회의를 몇 차례 한 후 작업 중단 상태에 이르렀다.[25]

교전소를 통한 법제 개편이 고종의 의도대로 이루어지지 못한 채 중단되었지만, 그해 후반의 대한제국 수립은 군주권 강화에 획기적인 계기로 작용하였다. 고종이 환궁한 뒤 정부는 빗발치듯 올라오는 칭제 건의 상소와 고종의 의사에 따라 1897년 8월 연호를 '광무光武'로 확정 반포하고 동년 10월 12일 고종으로 하여금 황제로 즉위하게 하고 다음날 국호를 '대한大韓'으로 선포하여 자주 독립 국가임을 내외에 천명하였다.[26]

1898년 6월 반포된 〈의정부차대규칙議政府次對規則〉 역시 군주권 강화를 위한 제도적 정비작업이었다. 이를 통해 의정議政 이하 각부 대신이 국왕과 매주 1회 회동입대會同入對, 매일 2명씩 윤회입대輪回入對하도록 하여 국왕과 정부 대신 사이의 국정 논의가 빈번하게 이루어질 수 있었다. 이제 정국의 주도권은 국왕에게 돌아갔다.[27]

대한제국 선포와 의정부관제 개정 외에도 고종은 군주권을 회복하고 제국으로서의 위용을 갖추기 위하여 도시개량 사업에 착수하였다. 이미 1896년 10월 이후 경복궁 대신 경운궁을 본궁으로 삼기 위한 개축 공사를 주도하고 경운궁을 핵심으로 하는 방사선 도로와 환상도로環狀道路 및 그 외접 도로로 서울 시가지를 구성하는 계획을 추진하였다. 1898년 6월 29일에는 황제가 통수하는 원수부와 궁내부 건물을 경

운궁 대안문 앞 대로변에 나란히 세워 황제정의 중심기구로 삼았다.[28]

그러나 이러한 일련의 군주권 회복 작업은 아직 제도적으로만 완성되었을 뿐, 황제가 확고한 권력을 행사할 수 있는 단계까지는 이르지 못하였다. 황제가 확고부동한 권력을 행사하기까지는 국내외 여러 정치 세력의 군주권 제한 움직임을 제거해야 하는 작업이 선행되어야 했다.

2 – 군주권 위상을 둘러싼 정치투쟁

아관파천 직후 고종은 김홍집·조희연·정병하鄭秉夏·권형진權瀅鎭·이두황李斗璜·우범선禹範善·이범래李範來·이진호李軫鎬 등 친일적 인물에 대한 숙청과 처벌을 단행하고[29] 박정양·이완용·이범진·이윤용·윤치호 등 친미·친러적 인물로 내각을 구성함으로써 인적으로 갑오개혁과의 결별을 선언하였다.[30] 그러나 이들은 갑오개혁을 총체적으로 부정하기보다는 그 개혁 성과 중 상당 부분을 계승하는 입장에 서 있었다.[31] 이들은 군주정을 인정하되 절대적인 군주권이 아니라 민의의 수렴과 동의를 통해 권력을 행사하는 입헌군주정을 지향하고 있었다.[32]

따라서 절대군주권을 지향했던 고종으로서는 이들의 존재가 성가신 것이었다. 또 1898년 초반까지는 러시아의 압도적 영향력 하에 있었던 만큼 러시아세력에 의지하여 진출한 김홍륙金鴻陸 등 친러적 인물들에 의한 군주권 침탈 역시 심각한 문제로 등장하였다.[33]

고종은 군주권을 회복하기 위하여 비밀리에 측근 인물들을 동원하여 여러 차례 친위 쿠데타 또는 테러를 시도하였다. 이러한 친위 쿠데타로 처음 시작된 것이 이근택李根澤(친위연대 대대장)·서정규徐廷圭(친위연대 대대장)·이창렬李彰烈·김낙영金洛榮(전 의금부 도사)·한선회韓善會(전 중추원 참서관)·장윤선張允善(전 감찰)·김사찬金思燦(유학幼學)·이용호李容鎬(전 교리) 등의 정변 모의였다. 이들은 고종이 1896년 11월 19일 경운궁에 임하였을 때 경복궁으로 환어하게 하려 했다가 준비가 미흡하여 미루고, 11월 21일 독립협회 연회에서 박정양·이완용·이윤용·민영환·김홍륙 및 각부 협판을 죽이기로 하였다가 이근용·서정규가 먼저 체포되면서 모두 잡혀 들어갔다.[34]

고종이 경운궁으로 돌아온 이후에도 이러한 시도는 계속되었다. 1897년 5월 초 송진용宋鎭用(전 경무청 총순), 홍현철洪顯哲(전 홍문관 시독侍讀), 황학성黃鶴性(평민), 김진성金聲振(평민) 등이 친위 쿠데타를 음모하다가 체포되었다. 이들의 정변계획은 ① 일본과 러시아의 간섭을 막기 위하여 영국·미국·독일공사관의 지원을 요청하는 조치를 취한 후, ② 계획된 날 밤 경운궁에 들어가 4대문을 막고 대소 관료를 불문하고 외국에 의뢰하는 자는 모두 관직을 삭탈하며, ③ 신망 있고 충성스러운 자를 대소 관직에 발탁하여 정부를 구성하며, ④ 각국 사신을 모두 청하여 국가의 자주 확립을 약조하게 한다는 것이었다.[35]

1898년 2월 12일에는 이재순李載純(규장각 학사)과 송정섭宋廷燮(중추원 의관)이 김홍륙을 암살하려 했지만 실패하였다.[36] 이에 고종은 8월 23일 직접 조칙을 내렸다. 김홍륙이 교활한 성품으로 속이는 데 익숙하고 공적인 것을 빙자하여 사적으로 영위하며 못하는 짓이 없어 여론이 분노하고 있으니 법부로 하여금 재판하여 흑산도로 유배시키라고 하였다.[37]

이상에서 보았듯이 황제는 1898년 중반까지 박정양·이완용·이윤용·민영환·김홍륙 등 미국·러시아와 연결된 고위 관료들을 군주권 강화에 방해되는 인물로 지목하고 이들을 제거 또는 억압하려고 하였다.

이와 반대로 황제를 독살 또는 폐위시키거나 황제권을 제한하려는 움직임 또한 만만치 않았다. 우선 1898년 7월 26일 흑산도로 유배가 있던 김홍륙이 고종과 황태자를 독살하려 한 사건이 일어났다. 김홍륙은 유배지로 출발할 때 자신의 천거로 궁중의 서양 요리사에 임명된 공홍식孔洪植에게 아편 1봉을 주었다. 공홍식은 다시 이를 궁궐 내 보현당寶賢堂 창고지기 김종화金鐘和로 하여금 커피에 넣어 황제와 황태자에게 바치게 함으로써 황제는 구토하고 황태자는 인사불성 지경에 빠졌다. 김홍륙과 공홍식·김종화는 모두 사형에 처해졌는데,[38] 이 사건 수사·재판 과정에 대해서 러시아를 비롯하여 미국·프랑스·독일·영국·일본 등 각국 공사관으로부터 비리와 불법을 비난하는 조회가 빗발치듯 하였으나 고종은 김홍륙 처형을 강행하였다.[39]

같은 시기에 고종의 불안감을 더욱 고조시킨 사건이 발생하였다. 안경수는 6월 초순부터 몰래 김재풍金在豊(전 경무사)·김재은金在殷(친위 제1연대장)·이남희李南熙(친위 제3대대장)·이종림李鐘林(시위 제2대대장)·이용한李龍漢(전 시위 제2대대 중대장)·이충구李忠求(중추원 의관)·이조현李祖鉉(거제군수) 등과 쿠데타를 일으켜 황제를 위협하여 황태자가 대리하게 하려고 하였다. 그러나 이남희가 모의를 밀고함으로써 안경수는 진고개의 일본인 조계지로 도주하였다가 일본으로 망명하였다.[40]

1898년 후반에 들어 황제는 더욱 강력한 정치 세력과 맞닥뜨려야 했으니, 그것은 독립협회였다. 군주권 강화를 둘러싼 황제와 독립협회 사이의 대립은 1898년 중반부터 불거지기 시작하였다. 1898년 7

월부터 8월 사이에 독립협회가 황제에게 아부하여 독립협회를 혁파하려고 음모를 꾸민 조병식趙秉式을 면관당하게 하고 전환국장으로서 백동화를 남발하여 물가 폭등을 야기한 이용익李容翊을 고등재판소에 고발하여 체포하게 한 것[41]이 대립의 시초라고 할 수 있다. 황제는 이 무렵부터 독립협회에 대한 의구심을 더욱 깊이 갖게 되어 법부 민사국장 이기동李基東으로 하여금 황국협회를 조직하게 하여 전국 각지의 보부상 수천 명을 서울로 불러모아 독립협회에 대항할 수 있는 세력으로 조직하였다.

독립협회는 김홍륙 독차사건 처리 과정에서 악형과 고문이 자행된 것을 비판하고, 중추원에서 갑오개혁기에 폐지된 노륙법과 연좌율 등 악법과 악형을 부활시키려고 하는 데 대해 반대운동을 전개하였다. 이와 관련된 신기선·이인우李寅祐·심순택·윤용선·이재순·심상훈·민영기 등 일곱 명의 고위 관료와 의견을 발의한 중추원 의관을 축출하고자 치열한 상소운동을 전개하면서 독립협회와 황제 간의 대립은 심화되기 시작하였다. 독립협회가 수많은 대중을 동원하여 만민공동회를 개최하고 연일 시위를 주도함으로써 황제는 10월 중순경 이들 일곱 대신을 면직하거나 교체할 수밖에 없어 독립협회가 일단 승리를 거두었다.[42]

고종과 독립협회의 대립은 1898년 10월 29일의 관민공동회에서 결의한 헌의육조 실시와 중추원 설립 문제를 둘러싸고 최고조로 올라갔다. 그러나 1898년 12월 23일 황제가 일본·러시아·영국·미국 등 열강 공사들의 내락을 받고 군대를 동원하여 만민공동회를 강제로 해산시킴으로써 군주권을 위협할 만한 세력은 사실상 국내에서는 거의 소

멸되었다.[43]

이는 고종의 군주권을 강화하여 전제군주정을 수립하고자 하는 세력과 군주권을 가능한 한 제한하여 입헌군주정을 수립하고자 하는 세력 사이의 투쟁이었다.[44] 이 과정에서 전자로 분류될 수 있는 세력은 윤용선·심순택 등 원로급 대신과 조병식·민종묵·유기환·이기동·김정근·이용익·홍종우·길영수 등 측근 고위 관료, 그리고 황국협회로 대표되는 보부상세력, 1896년 이래 복수소청復讐疏廳·건의소청建議疏廳·도약소都約所 등을 설립하여 을미사변의 복수와 향약의 전국적 실시를 도모하던 기호 지방 유생세력이었다.[45]

반면 후자로 분류될 수 있는 세력은 독립협회를 설립하여 1898년까지 주도해 왔던 윤치호·고영근·정교·남궁억·이상재·방한덕·염중모·홍정후·현제창 등 중견 관리 또는 문명개화론에 입각한 신지식층, 그리고 서울 종로의 시전 상인 및 지방의 상인층 등이라고 할 수 있다.[46]

근대적 형사 정책의 수립과 형사 법규의 개혁

근대적 형사 정책의 수립

갑오개혁기에는 여타 부문과 마찬가지로 형사 정책과 재판제도 분야에서도 급격한 개혁이 이루어졌다. 이는 전술했던 1880년대 박영효 상소문의 조항들, 1894년 동학농민군의 〈폐정개혁안〉과 군국기무처의 의안, 그리고 동년 10월 하순 이노우에가 국왕에게 상주한 개혁 요항 중의 제10항 '형률을 제정할 것'을 수용하는 선에서 추진되었다.

1894년 동학농민군이 제기한 〈폐정개혁안〉 중 재판제도와 관련된 것으로는 다음 여섯 가지를 들 수 있다.[47]

① 인명을 거리낌없이 죽인 자는 벨 것
② 탐관오리는 그 죄목을 조사하여 일일이 엄징할 것

③ 횡포한 부호배는 엄징할 것

④ 불량한 유림과 양반배는 그 악습을 징벌할 것

⑤ 노비문서는 소각할 것

⑥ 칠반천인七班賤人의 대우는 개선하고 백정 머리의 패랭이는 벗게 할 것

⑦ 관리 채용은 지벌을 타파하고 인재를 등용할 것

위 ①·②·⑦은 지방에서 재판권을 지니고 있던 지방관들에 대한 것으로 해석할 수 있다. 이를 보면 인민을 거리낌없이 형벌하고 죽인 지방관 등 관료의 처단, 탐관오리에 대한 처벌, 나아가서 무능·탐학한 관리가 아니라 직무 수행 능력을 올바로 갖춘 관리의 선발을 요구하고 있다. ③·④는 신분 또는 부를 기반으로 하여 인민을 침탈하는 부민·유생·양반층에 대한 처벌 요구이며, ⑤·⑥은 노비제의 폐지와 천민에 대한 대우 개선 요구이다. 이들 요구안이 명시적인 형태로 제출된 재판제도 개혁 요구안은 아니지만, 재판제도의 불공정성이나 재판제도의 운영원리가 되고 있던 신분제적 원리로 인하여 고통당하고 있던 농민들의 입장이 반영되고 있는 것이다.

같은 시기 군국기무처에서 반포한 의안 중 재판제도 관련 의안을 보면 다음과 같은 것들을 들 수 있다.[48]

① 문벌·반상의 등급을 깨뜨리고 귀천에 불구하고 인재를 골라 등용할 것

② 문무·존비의 구별을 폐지하고 단지 품계에 따르되 별도로 상견 의례를 만들 것

③ 공·사노비의 법규는 일체 혁파하고 인신 판매를 엄금할 것

④ 죄인은 자기 이외에 연좌하는 율을 일체 시행하지 말 것(이상 6월 28일)

⑤ 각 부·아문·군문에서 함부로 체포·시형하는 것을 불허하되 군율 관계 범은 제외함(7월 2일). 각 궁宮 역시 이와 마찬가지임(9월 3일)

⑥ 대소 죄인은 사법관이 재판 확정하지 않고서는 함부로 죄벌을 가하지 못할 것(7월 8일)

①·②·③은 위의 농민군이 제기한 개혁안을 더욱 구체화한 내용을 담고 있다. 모든 민인들을 대함에 있어서 문벌·반상·문무·존비의 등급과 구별을 폐지하고 단지 관직 품계에 의해서만 사회적 지위를 인정하겠다는 원칙을 천명한 데다가 공·사노비 법규를 혁파한다고 함으로써 국민 동등권을 도입한 것이다. 이는 기존의 신분제적 사회윤리를 전면 폐지하는 효과를 갖는 것으로서 이를 바탕으로 하여 형사법규나 형사재판제도의 급격한 개혁이 이루어지게 되었다.

④는 연좌제를 폐지함으로써 형사 책임을 범인 이외의 관련자에 대해서는 묻지 않고 범인 일신에만 한정시키는 형벌개인주의 원칙을 수립한 것이다. ⑤·⑥은 사법관이 재판 확정하지 않고는 형벌을 과할 수 없으며 군율 관계 범죄 이외에는 사법관 이외의 각급 기관에서 함부로 체포하거나 처벌할 수 없다고 하여 행정권과 사법권의 분리를 선언한 것이었다.

이 같은 취지는 이노우에가 개혁조항 제10조에 대해 설명한 데서도 잘 나타난다. 그는 '형률을 제정할 것'이라는 제목 하에 형법·민법·상법 등의 개념을 설명하고 현하의 급무는 형법을 제정하는 것이라고 한 후 다음과 같이 위 군국기무처의 안을 보다 구체화하여 제안하였는데, 〈홍범14조〉의 제13항 역시 이 취지를 그대로 살려 제정되었다고 할 수 있다.

> 인민을 벌하는 데 항상 형률에 의거하고 이 형률 이외에는 가령 대군주라고 하더라도 함부로 인민을 감금 징벌하는 일은 모두 폐지하지 않으면 안됩니다. 이렇게 하여 인민이 각기 자기 일을 편안히 하면 국가 경영의 기초가 비로소 선 것입니다. 또 재판관의 독립이라고 하는 것은 재판의 공평을 지키는 데 가장 필요한 일이며 점차 적당한 인물을 얻음에 따라 재판관은 행정관으로부터 분리하여 하나의 공적 기관을 설치하여야 할 것입니다.[49]

이처럼 갑오개혁기 형사 정책의 기조는 일찍이 박영효가 상소문을 통해 제안했던 개혁안과 동학농민전쟁기 농민군의 〈폐정개혁안〉, 군국기무처 의안, 이노우에의 제안을 받아들여 제정된 〈홍범14조〉 등으로 이어졌다. 어느 개혁안에서든지 재판의 독립이 필요하다는 점, 각 기관에서 함부로 인민을 체포 처벌하는 것을 금지해야 한다는 점이 강조되고 있었다.

이러한 기본 원칙에 준하여 법부 및 각급 재판소와 법관양성소의 설립, 판사와 검사 등 새로운 직제의 설치, 민사·형사재판의 분리, 참형의 폐지, 유형의 징역형으로의 환치, 재판의 공개원칙 등 오늘날의 재판제도에 준하는 개혁법령들이 반포 시행되었다.

이들 변화에 대해서는 각론에서 후술하기로 하고 여기서는 위에 제시된 형사 정책이 실제로 어떻게 실시되고 있었던가를 검토함으로써 갑오개혁기 형사 정책의 역사적 성격을 검출해 보기로 하겠다.

우선 선현의 후예라고 하여 형을 감등하거나 면제해 왔던 구래의 규정이 무시된 점을 확인할 수 있다. 1896년 주택수朱澤洙가 주희朱熹의 영당影堂 근처에 매장한 타인의 분묘를 관의 허락도 받지 않고 임의로 파내면서 관곽棺槨에 많은 흠집을 내고 내다버린 사건이 발생하였다. 이 사건을 관할한 홍주부재판소에서는 《대명률직해》 규정에 의하여 장100 징역종신에 처하였다.[50]

이 사건이 징역종신 이상의 범죄이므로 홍주부재판소에서는 법부로 보고하였고 법부에서는 충청남도재판소(1896년 이후 홍주부재판소를 계승)에 대하여 범인이 선현의 영당을 지키고자 하는 마음에서 한 행위라는 정상을 감안하여 감1등하여 태100 징역15년에 처하도록 하였다.[51]

비록 감형은 되었지만 이 판결은 수많은 유생들의 공분을 불러 일으켰다. 개혁 이전이라면 문제도 되지 않았을 사건에 대하여 중형이 선고되었기 때문이다. 충청남도의 여러 유생들은 이 판결에 대하여 소장을 연이어 제출하고 판결을 번복할 것을 요구하였으나 이에 대한 법부의 입장은 단호하였다. 범죄의 질이 매우 무거운데 선현의 후예라고 하여 감등을 논할 수 없으며 또한 법률에도 선현 후예의 죄를 용서한다는 조문이 없다고 하면서 판결을 그대로 집행하라고 훈령하였다.[52] 법부의 이 같은 입장은 다음해 사면령이 내렸을 때에도 충청남도재판소가 주택수의 연령을 44세에서 72세로 고쳐 석방하려 한 데 대해 그 오류를 지적하고 여전히 사면을 해주지 않는 데서도 알 수 있다.[53]

다음에는 위 문제를 포함하여 더욱 중요한 측면, 즉 신분제 폐지가 형사 정책상 어떻게 구체화되고 있었던가를 검토하기로 하겠다. 앞의 군국기무처 의안 ①·②·③은 통상 '신분제 철폐' 법령으로 이해되고 있는 것인데, 이 신분제 철폐 의안들이 전국 각지에서 평민·천민층에 큰 반향을 일으키고 양반층으로부터 격렬한 반발을 받게 되자 개화파 정부는 8월 10일 전국 각지에 당초의 혁명적인 취지를 후퇴시키는 관문을 보냈다.[54]

문벌·반상의 등급을 벽파하고 귀천에 불구하고 인재를 골라 등용한다는 조항은 널리 인재를 모으려는 방책으로 양반과 문벌만 등용하지 않고 상민·천민이라도 재주만 있으면 불러 써 구애되지 않는다는 뜻이다. 공·사 노비의 법규를 혁파하고 인신 판매를 금지한다는 조항은 백성을 궁휼히 여기는 뜻에서 나온 것이다. 양인을 억눌러 천민으로 만드는 것과 대대로 천역 지는 것을 금지하는 것이지 이미 판매된 노비에게까지 적용하는 것이 아니다.[55]

기존의 연구에서는 이 관문이 아무런 효력이 없었던 것 또는 공문구에 불과했다고 간주하여 신분제도 폐지가 기정사실화된 것으로 보고 있다.[56] 그러나 '의안'은 앞서 보았듯이 '국법'의 지위를 갖는 법령이고 '관문'은 의안에 대한 '시행령' 또는 '유권 해석'의 지위를 갖는 것이기 때문에 '의안'이 실시될 때는 관문의 취지대로 시행되었다고 보아야 할 것이다. 즉, 현재의 노비 신분은 유지시키되 향후 불법적으로 양인을 노비로 만들거나 현재의 노비 신분을 세습시키는 행위를 금한다는 의미로 보아야 할 것이다.

그런데 이러한 방향은 이미 1880년대 사노비에 대한 정책에 구현되어 있었다. 고종은 1886년 1월 2일 순조대의 내수사內需司 노비 혁파 조치를 계승하여 사노비에 대한 개혁 조치를 마련할 것을 지시하였다. 이때의 취지는 바로 위 관문의 내용과 동일한 것으로 사노비의 역은 일신에 그치고 세습되지 않도록 하라는 것이었다.[57] 이러한 지시에 따라 형조에서 내무부 총리대신과 협의하여 작성한 것이 다음 〈사가노비절목私家奴婢節目〉이다.

一. 구활救活·자매自賣·세전世傳 노비는 그 일신에 그치고 세습될 수 없다.

一. 구활·자매 노비가 낳은 자식은 매매할 수 없다.

一. 세전 노비로 이미 부리는 자는 그 일신에 그친다. 그가 낳은 자식으로 의탁할 곳이 없어 사역을 자원하는 자는 새로 사들이는 예에 따라 급료를 지급한다.

一. 자매 노비는 하루를 사역했어도 명분이 이미 정해졌으므로 쉽게 면할 수 없다. 주인이 허가하기 전에는 속전을 내고 양인 신분됨을 요청할 수 없다.

一. 일신에만 그치고 세습하여 사역하지 못한다고 했은즉 매입 시의 비용은 자연히 불문에 부치며 (노비가) 죽은 후 그 소생에게 절대로 받아내지 못한다.

一. 과거 상당한 돈이나 쌀의 부채가 있어 압량위천하는 것은 일체 금한다.

一. 노비 소생이 스스로 천역을 면했다고 하여 분수를 무시하고 기강을 범하면 별도로 엄징한다.

一. 이 절목이 반포된 후 대소 민인을 물론하고 구태를 반복하고 조정의 령

을 위배한 자는 적발되는 대로 법에 따라 처단한다.[58]

위의 내용을 볼 때 갑오개혁기의 관문 내용은 1886년의 위 절목을 요약한 것과 다름없다. 1886년의 절목이나 1894년의 관문이나 모두 노비제를 완전히 폐지하고 인신 매매를 금지하는 것은 아니었다. 단지 압량위천이나 노비 신분의 세습을 금지한다는 점에서 동일한 것이다.

따라서 개화파정권의 위 관문은 당초 혁명적인 조치를 실시하였다가 격렬한 반발을 맞음으로써 이미 8년 전에 반포된 〈사가노비절목〉을 동원하여 반발을 무마하려 한 것이라고 볼 수 있다. 그리하여 노비제도 및 반상·상천간 차별이 완전히 폐지되지는 않았다. 위 의안이 반포된 지 1년이 안 된 1895년 3월의 〈각대신간규약조건〉에서도

각 대신 이하는 절약·근검을 지키기 위하여 자가에서 사역하는 노비 등을 감축하는 데 힘쓰고 또 이들을 사역할 때에도 그 법도를 지켜 일반 인민에게 좋은 선례를 보일 것[59]

이라고 하였다. 즉 예전보다 노비 수를 줄이고 이들을 부릴 때 예전처럼 혹사하지 말라고 했을 뿐, 노비제도를 폐지한다고 하지는 않았다.

또, 법부에서 1897년 10월 28일자로 반포하고 각급 재판소로 하여금 게시하게 한 고시문에 의하면 갑오개혁 이후에도 여전히 유효한 주요 구 형률들을 상당수 열거하고 있다. 그중에서 "사족 처녀를 겁탈한 자, 상천민 여자를 겁탈한 자, 노 및 고공이 가장家長의 처녀 및 기친期親의 처를 간음한 자, 노 및 고공이 가장의 시마친 이상 친속의 처

를 간음한 자, 노비가 가장을 구타한 자, 노비로 가장의 친속을 구타한 자" 등《대명률》과《대전회통》에 나오는 반상·상천간의 범죄 항목을 열거하고 있음을 보아도[60] 노비제도와 반상간의 차별 등 신분제가 완전히 폐지되지 않고 일정한 부분에서는 유지·보호되고 있음을 볼 수 있다.

이를 다음 두 가지 재판 사례에서 다시 한 번 확인해보기로 하자.

① 귀하의 제205호 질품서를 받아 상주군尙州郡 공동면功東面 소리素里에서 사망한 최조이의 검안을 살펴보니 최조이는 매번 그 남편 정씨의 신분이 천함을 한탄하여 시집간 후 지금까지 몇 해 동안 한번도 남편의 상전 집에 가지 않았으니 그 뜻이 고결한 것이라. 그러나 상전 처가 동행을 요청하는데 불손한 말을 많이 한 것이 바람직하지 않아 마땅히 크게 책망한 것이고 때린 것도 심하게 때리지 않았거늘 이로 말미암아 자살하니 참으로 허망하도다. 피고 강일형은 다만 노와 주의 도리만 생각하고 양인과 천인 사이의 차이는 분별하지 못했으니 어찌 그리 고루한가.[61]

② 귀하의 제50호 보고서를 보니 관하 거창군居昌郡 갈지면乫旨面 지내동枝內洞에서 사망한 정조이 초검안을 심리해 보니 피고 사노私奴 복돌이 양반과 상민의 구별이 있음을 알지 못하고 몰래 송추松楸를 베었다는 등의 말로 시비를 일으켜 이웃 양반을 범한 것도 이미 분수를 극도로 능멸한 것이거늘 늙고 쇠약한 부녀를 밀어제껴 이 같은 사건을 일으켰으니 어찌 명백한 혐의墻角之嫌를 면하겠는가.[62]

사건 ①의 내용을《사법품보》에 나오는 경북재판소의 질품서[63] 내용과 함께 재구성 해보면 다음과 같다. 양녀 최조이는 강일형姜日馨의 노奴 정인업鄭仁業의 처인데, 남편 상전 강일형의 처가 자기 사촌 집에서 돌아오는 길에 최조이를 불러 동행을 요구했으나 최조이가 이를 거절하였다. 강일형이 이 사실을 듣고는 다음날 인업의 집에 찾아가 최조이에게 폭행을 가하니 최조이가 임신 7개월의 몸으로 분을 못 이겨 목매어 자살한 사건이다. 위의 지령 ①은 이 사건의 피고 강일형에 대한 처분으로서, 강일형이 단지 노와 주의 관계만 생각하여 양녀인 최조이까지 자기 노와 같은 신분으로 간주하였다는 것이다.

②의 사건은《사법품보》에 연관된 기록이 없어 확실치 않지만 복돌이란 사노가 자기 선산의 송추를 몰래 베었다고 하여 이웃 양반을 폭행하고 그 집 노부인까지 밀어 사망하게 만든 사건이다. 이에 대해서도 역시 사노가 양반을 범한 것만 해도 분수를 범한 것이 극심한데 사람까지 죽게 만들었다고 하여 처벌한 건이다.

이처럼 갑오개혁 이후 국민 일반을 신분적 차별 없이 대한다는 원칙 하에 형사정책을 수립하였지만 신분제 질서가 완전히 폐기된 것은 아니고 부분적으로 보호되고 있었다.[64] 여기에는 물론 후술하듯이 근대적 형법이 제정되지 못한 데도 원인이 있으나, 보다 근원적으로는 신분제의 폐지를 주장했던 1894년 동학농민전쟁이 좌절된 점, 개화파의 신분제 폐지 입법이 사전 준비도 없이 급격하게 실시되었던 점, 이와 아울러 혁명적 입법을 마련하였으나 친일파 정권이라는 태생적 한계를 가진 개화파가 정권 기반의 취약함으로 인하여 1년 반만에 몰락하였던 점 등에서 원인을 찾을 수 있을 것이다.

형사 법규의 개혁

1 – 외국인 고문관과 법률기초기관

법률 제정 과정에서 가장 달라진 것은 군주권이 위축되어 군국기무처 및 개화파 내각에서 모든 입법을 관장했던 점, 그리고 외국인 고문관, 특히 일본인 고문관이 간여하고 있었다는 점이다. 외국인 고문관은 이미 1880년대 정부의 근대화 정책 추진과 함께 독일인 묄렌도르프 등 여러 명이 고빙되었다. 갑오개혁기에는 개화파 정부의 개혁 구상을 실현하는 데 필요한 전문적 지식의 획득이라는 입장과 일본의 조선 보호국화 의도가 맞아 떨어지면서 다수의 일본인이 고문관으로 고빙되었다.

이들 고문관은 각 관청의 활동과 중요 문서를 협판 또는 대신이 결재하기 전에 제출받아 검토 결재할 수 있었으며 필요에 따라 내각회의에 참석하여 발언할 수도 있었다. 명목은 '자문'이었지만 사실상 정부 각 부서의 실무를 장악함으로써 조선 정부의 정책 결정 과정을 실질적으로 좌우할 수 있었다.[65]

법부 고문관으로 부임하여 한국 정부의 형사 정책이나 입법 과정에 참여한 인물로는 일본인으로 호시 토루星亨와 노자와 게이치野澤鷄一, 미국인 그레이트하우스具禮(C. R. Greathouse) 등이 있었다. 1895년 이노우에 카오루 공사는 본국 정부에 보내는 기밀 문서에서 조선 정부 법부 고문관이 맡아야 할 역할을 "신형법·치죄법의 제정과 재판소제도의 설립 및 사법사무 처리 방법 교육"이라 규정하고 "일본의 근세 법률에 밝고 한문에 능하며 아울러 유럽의 법률에 능통한 인물"을 시

급히 선택해 달라고 의뢰하였다.[66]

이 같은 요청에 따라 1895년 3월 21일 일본의 자유민권 운동가로서 중의원 의장이었던 호시 토루가 법부 고문관으로 임명되었다.[67] 그는 후술하는 〈재판소구성법〉, 〈민형소송에 관한 규정〉 등 재판제도 관련 법규 제정과 법관양성소 개설, 재판 업무 전반에 걸쳐 깊숙이 관여하였다. 그러나 법부대신 서광범이 이러한 호시의 주도에 반발하여 1895년 5월 법부 고문의 관여를 법률 자문에만 한정한다는 훈령을 발하면서부터 개화파 정부와 호시 사이의 관계는 멀어지기 시작하였다.[68]

1895년 4월 이후 법부의 기안 문서를 보면 대신, 협판, 형사국장 또는 검사국장 외에 고문관의 결재란이 있고 거기에 '호시'를 의미하는 글자 '성星'이 날인되어 있다. 그러나 동년 후반기로 가면 고문관 결재란이 비어 있거나 결재란 자체가 없어지고 있는데, 이는 이러한 변화를 반영하는 것으로 보아야 할 것이다.[69]

호시는 동년 8월 21일 미우라 고로가 주도한 명성황후 시해사건 처리를 위하여 일본으로 돌아갔다가 병을 칭하여 1895년 11월 15일 고문관직을 사임하였다.[70] 후임으로 1896년 2월 초 일본인 노자와 게이치가 임명되어 1897년 1월까지 1년간 근무하였다.[71]

조선 정부는 이와 별도로 일본 정부의 추천으로 미국인 그레이트하우스를 1890년 9월 12일 외교·법률 고문으로 고빙한 바 있었다. 그는 1895년 5월 14일 재계약을 체결한 이래 1899년 사망할 때까지 법부 고문으로 근무하였다.[72]

노자와 게이치는 조선의 재판제도를 개혁하거나 일본의 침략정책을 구체화하는 역할을 하지는 않고 형법 초안을 작성하는 역할만 맡앉던 것 같다. 그는 임명 직후부터 1896년 6월까지 4개월 동안 총 300개 조의《형법초안》을 집필하고 이를 국한문으로 번역하여 조선측 법률기초위원 현영운玄暎運에게 교열시킨 후 1897년 1월에 완성시켰다.[73]《형법초안》은 대체로 일본의 1880년 형법을 참작하면서도 조선의 역사적·현실적 특수성을 고려하고 있는 것으로 분석된다.[74] 그러나 한국사상 최초의 근대적 형법이라 할 수 있는《형법초안》은 실시되지 못한 채 사장死藏되고 말았다.[75]

그레이트하우스는 주로 외국 법률과 국제법을 소개하고 외교에 관한 자문을 맡았다.[76] 1896년 2월 29일부터는 새로 설치된 고등재판소의 임시 고문관으로 임명되어[77] 명성황후 시해사건이나 고종의 환궁쿠데타 음모 등 각종 정치적 사건에 관련된 재판에 참여하고 직접 증인들을 심문하면서 사건의 진상을 조사하는 역할을 하였다.[78] 이외에도 그는 1898년 9월 고종의 명을 받고 독립협회 운동을 탄압하기 위하여 상해에서 30여 명의 외인부대를 데리고 오는 등[79] 대체로 군주권을 보호하는 역할을 했다.

외국인 고문관을 고빙하는 외에 조선 정부는 1895년 6월 15일 법부산하기관으로 법률기초위원회를 설치하였다. 동 위원회는 형법·민법·상법·치죄법·소송법 등을 조사하고 제정·개정하는 역할을 맡았는데, 위원장에 법부협판 이재정, 위원으로 민사국장 서주순徐冑淳, 형사국장 장박, 검사국장 신재영申載永, 한성재판소 판사 한창수韓昌洙, 법관양성소장 피상범皮相範, 5품 현영운이 임명되었다. 이 위원회는 1897년 2월까지 위원장 4명, 위원 29명의 인적 구성 변화를 보이면서 각종 법률의 제정과 개정을 담당하였는데, 가장 오랜 기간 재직한 위

원은 신재영·피상범·현영운이었다.[80]

그 후 1897년 3월 종합적인 법전 편찬을 위하여 교전소가 설치되었으나 앞서 언급한 바와 같이 신구 세력의 대립 속에서 거의 활동을 하지 못하였으므로 이 시기 법률의 제정 및 개정은 거의 대부분 법률기초위원회가 담당하였다고 할 수 있다.

2 - 형사 법규의 개혁과 그 성격

갑오개혁 이후 1905년에 이르기까지 제정 또는 개정된 형사 관련 법규는 상당히 많지만 근대적인 형법체계를 갖추지는 못하였다. 이는 전술한 《형법초안》이 정부에 수용되지 않았던 데도 원인이 있지만, 형법 제정 자체가 상당히 많은 시간과 노력이 필요했기 때문이기도 하다. 따라서 형사 법규는 조선시대와 마찬가지로 여전히 《대명률》을 일반법으로 하고 《대전회통》 형전과 그때그때 필요에 따라 제정된 신식 법령들을 특별법으로 하여 운용될 수밖에 없었다. 그렇지만 갑오개혁 직후에 제정된 형사 법규들은 이후의 형사재판제도 운영상 극히 중요한 의의를 지니는 것이 많았다. 이를 크게 보면 첫째, 형벌 체계의 개혁과 둘째, 신분제 폐지 등 급변하는 사회 정세에 따른 범죄 규정의 개혁으로 나눌 수 있다.

형벌체계의 변화는 능지형凌遲刑·처참형處斬刑을 폐기하고 민간인에게는 교수형, 군사 범죄에는 총살형을 실시하게 한 것,[81] 종래의 5형 중 유형·장형·도형을 폐지하고 징역형을 도입한 것이다.

유형 폐지 방침은 법무아문대신 서광범에 의하여 발의되었다. 1894년 12월 10일 절도·투구·간범干犯·사위詐僞 등의 죄에 한하여 종래

태·장·도·유로 처단하던 것을 모두 징역으로 등급을 나누어 처벌한다는 방침이 세워진 이래[82] 이듬해 3월 18일에는 이들 범죄까지 포함하여 모든 사죄私罪는 벌금·면직·감금·도배島配·징역·사형으로 처리한다는 방침으로 진전되었다.[83] 그러나 종래의 각종 형이 모두 즉시 징역형으로 바뀐 것은 아니었다. 일단, 1895년 4월 16일 거리를 기준으로 하던 유형제도를 기간 기준으로 변경하여 유3천리는 유종신流終身으로, 유2천5백리는 유15년으로, 유2천리는 유10년으로 환산하도록 하였다.[84]

4월 29일 법률 제6호 〈징역처단례〉로 도형·유형을 폐지하고 징역형을 도입하였다. 예를 들어 유15년은 징역15년, 유3년은 징역3년, 도2년은 징역2년으로 대치하는 것이었다. 단, 국사범의 경우에는 유형을 존치시키고 도형은 징역형으로 환산하되 취역은 면하게 하였다.[85] 관리의 사죄私罪에 대해서는 처음에는 국사범과 마찬가지로 유형 또는 노역 없는 징역형을 집행한다고 하였다가 이를 폐지함으로써 관리들도 사죄를 범했을 경우에는 일반 민인과 동일한 형벌을 받게 되었다.[86]

이러한 형벌체계 개혁은 1896년 4월 1일 반포된 〈적도처단례〉와 1896년 4월 4일 반포된 〈형률명례〉, 6월 17일의 〈형률명례 개정〉에 의하여 일단 완료되었다.[87] 개정안을 참작하여 개혁 이전과 이후의 형벌체계를 대조해 보면 다음 〈표 2-2〉와 같다.

유형 등급이 3개 등급에서 10개 등급으로, 유형·도형이 징역형으로 바뀌되 5개 등급에서 19개 등급으로 세분화되고, 장형이 태형으로 통폐합된 점이 눈에 띈다. 얼핏 보면 명목만 일신한 데 불과한 것 같으나 여기에는 중요한 변화가 있었다.

〈표 2-2〉 갑오개혁 전후 형벌체계의 비교

개혁 이전		개혁 이후		
형명	형량	형명	형량	비고
사형	참형	사형	교형	군률 관련은 총살형
	교형			
유형	유3천리(장100), 유2천5백리(장100), 유2천리(장100) 등 3개 등급	유형	종신, 15년, 10년, 7년, 5년, 3년, 2년반, 2년, 1년반, 1년 등 10개 등급	국사범, 칙지를 받은 죄인에만 적용
도형	도3년(장100), 도2년6개월(장90), 도2년(장80), 도1년6개월(장70), 도1년(장60) 등 5개 등급	역형	종신(태100), 15년(태90), 10년(태80), 7년(태70), 5년(태60), 3년(태50), 2년반(태40), 2년(태30), 1년반(태20), 1년(태10), 10개월, 8개월, 6개월, 4개월, 2개월, 1개월20일, 1개월10일, 1개월, 20일 등 19개 등급	① 일반인민 유죄자에 적용 ② 관리의 사죄私罪 ③ 역1일 속전 동전 1냥4전
장형	100, 90, 80, 70, 60	태형	100부터 10까지 10개 등급	태1대 속전 동전 1냥4전
태형	50, 40, 30, 20, 10			

출전:《육전조례》형전 율령조 ; 건양 원년 법률 제2호 〈적도처단례〉; 법률 제3호 〈형률명례〉; 법률 제5호 〈형률명례개정〉《한말근대법령자료집》II, 52~66쪽, 67~70쪽, 90~91쪽

개혁 이후의 역형은 〈징역처단례〉에 명시되었듯이 개혁 이전의 유형·도형을 통합한 형벌이다. 일반인민 범죄자와 사죄를 범한 관리가 과거에는 모두 유형 아니면 도형을 받아야 하던 것이 징역형으로 환치된 것이다. 이와 마찬가지로 개혁 이후의 유형은 개혁 이전의 유형·도형을 통합하되 국사범과 황제가 특정한 죄인에게만 적용되는 형벌이 된 것이다.

또 장형·태형이 통폐합되었다 하더라도 개혁 이후의 태형 60대 이상은 개혁 이전의 장형 60대처럼 장으로 집행하는 것이 아니라 태로 집행하는 것이므로 고통 강도가 완화되었다. 다만, 역형 1년 이상에 해당하는 죄수에게 태형을 함께 집행한다는 점(〈형률명례〉 제20조)은 구래의 형벌 체계를 답습하고 있는 점이라고 할 수 있다.

형벌체계 개혁과 아울러 신분제 폐지 등 급변하는 사회 정세를 통제하기 위한 몇 가지 중요한 형사 법규가 제정되었는데 가장 중요한 것은 앞서 본 〈적도처단례〉였다. 〈형률명례〉에서 형벌의 종류와 시행 방식 등 형벌체계에 대해 총론적으로 규정하고 있다고 하면, 〈적도처단례〉는 '적도賊盜'를 유형화하고 이들 각 범죄에 대하여 어떠한 형벌을 어떻게 적용할 것인지를 규정하였다.

〈적도처단례〉가 전적으로 새로운 개혁 입법은 아니었다. 첫째, 여러 조문 위에 《대명률직해》《대전회통》《대전통편》을 뜻하는 '明'·'會'·'增'이라는 글자가 있어 그 조문이 개혁 이전의 법전에서 인용된 점을 밝히고 있다. 둘째, 기존 법규와 같이 적도의 종류로 강도·절도·와주를 들고 있으며 범죄 내용이나 그에 대한 형량 규정 등은 기존 법전 내용을 거의 그대로 인용하고 있다. 셋째, 동일한 범죄라도

친속관계에 따라 형량이 체가 또는 체감될 수 있다고 규정한 점도 동일하다.[88]

그렇지만 〈적도처단례〉에는 몇 가지 중요한 변화가 있었다. 첫째, 《대명률직해》형률 적도편의 여러 가지 범죄 행위를 강도·절도·와주·준절도의 네 가지로 분류하여 정리해 놓았다. 특히 '준절도'라는 개념은 《대명률직해》에서 찾아볼 수 없는 개념으로 동법 제5조에 의하면 '대저 타인을 속여 재물을 취하는 범죄'를 말한다. 이에 해당하는 범죄로 《대명률직해》의 '도전야곡맥盜田野穀麥' '공혁취재恐嚇取財' '사기관사취재詐欺官私取財' 조항은 그대로 인용하였지만 1894년 전후부터 사회문제가 되고 있던 투전·골패·주사위놀이·윷놀이 등 도박 행위를 추가하고 《대명률직해》에 없던 범죄 행위들도 포함시켰다.

둘째, 기존 법전에 포함되어 있던 노비 관련 조항이 인용되지 않았으며, 이들 조항을 인용한 경우에도 '노비'라는 용어를 모두 '고용'으로 바꾸어 표현하였다. 즉 앞서 갑오개혁기 의안에서 선포한 대로 '노비에 관한 법'이 혁파된 것이다. 전후 법규를 대조해 보자.

① 무릇 계략을 써서 양인을 약취하거나 유인하며 양인을 약취하여 방매하여 노비를 삼게 한 자⋯⋯상호 합의에 의하여 양인을 유인하거나 유인하여 노비로 방매한 자⋯⋯타인의 노비를 약취하여 방매하거나 합의 유인한 자⋯⋯자손·제매弟妹·질손·외손·처첩·자부·손부 등 친속을 방매하여 노비가 되게 한 자(《大明律直解》刑律 盜賊篇 略人略賣人條).

② 방략을 놓아서 다른 집의 남녀를 유인하여 스스로 취하거나 다른 이에

게 방매하여 고용을 만든 자……서로 잘 어울리다 유인하여 스스로 취하거나 혹은 다른 이에게 방매하여 고용을 만든 자……다른 집 고용을 약취하여 방매하거나 유인한 자……친속을 속여 방매하여 고용을 만든 자(〈賊盜處斷例〉 제8조 제7항).

즉 ①의 《대명률직해》에서 '양인' '노비'로 표현된 부분은 ②의 〈적도처단례〉에서 모두 '다른 집의 남녀' '고용'으로 바뀌어 있다. 그리고 이 '고용'이라고 하는 존재는 기존 법전 체계에서 상전이 마음대로 구타해도 사망하지만 않으면 처벌받을 일이 없는 비천한 존재가 아니라 하나의 인격체로 법적 인정을 받는 존재로 보아야 할 것이다.

이로써 볼 때, 〈적도처단례〉는 구 법전 내용을 그대로 인용하고 있어 환골탈태한 것이라고 할 수 없지만, 앞의 〈형률명례〉와 함께 기존 법전 체계에서 규정된 복잡한 조항들을 근대적 체계로 정리함과 함께 노비제 폐지를 지향하는 형사정책을 구체화한 것이라고 할 수 있다.

그밖에 사회 변화상에 따라 제정된 단편적인 형사법규들이 있었다. 1894년 10월 법무아문고시로 반포된 〈아편연금계조례鴉片烟禁戒條例〉는 아편과 아편 흡연 도구를 수입·제조·판매하는 자, 아편을 흡연한 자 등에 대한 처벌 법규이다. 이 조례는 법무아문고시라는 예외적인 형식으로 반포되었지만 실제로 위반자를 처벌하는 데 적용된 것으로 확인되며[89] 1898년 8월 13일 정식 법률로 공포되었다.[90]

1896년 8월 7일과 1896년 9월 23일에는 〈전보사항범죄인처단례〉, 〈우체사항범죄인처단례〉가 제정 반포되고 〈우체사항범죄인처단례〉는 〈국내우체규칙〉이 3월 16일로 개정됨에 따라 1897년 7월 13일에 개정되었다.[91] 이들 두 법률은 1895년 이후 새로 도입된 근대적 우편 제도와 전보제도의 시행 과정에서 발생하는 각종 사고와 범죄를 예방하고 처벌하는 의도에서 제정된 것이다. 이들 법률의 특징은 범죄 행위의 등급을 형량의 순서대로 정리해 놓은 것이다.

예를 들어 태10 이하 벌금10냥 이하에 해당하는 범죄부터 순차적으로 태50 이하 또는 벌금50냥 이하까지, 이어서 역형 1개월 이상 1년 이하 또는 벌금60냥 이상 200냥 이하, 역형 3개월 이상 3년 이하와 벌금15냥 이상 150냥 이하 등을 적용할 범죄 행위까지 나열해 놓은 것이 특징적이다. 이같이 동일 범죄에 대해서 형벌의 하한과 상한을 규정한 것은 기존 형사법규나 〈적도처단례〉에서는 찾아볼 수 없는 체계로서 오늘날의 형법체계에 근접해가고 있었다고 할 수 있다.

하지만 이후에도 새로운 법령을 제정하거나 기존 법률을 개정할 필요성은 항상적으로 발생하고 있었다. 새로운 법률을 제정할 필요성이 가장 많이 제기되고 있던 사건은 산송山訟이었다. 조선 후기부터 산송이 빈번하게 일어나고 있었는데《대명률》이나《대전회통》체제 하에서는 대체로 형사재판으로 처리되는 것이 일반적이었다.

그러나 다음 자료들이 보여주는 바와 같이 산송 내용 중에는 민사와 형사의 성격이 혼합되어 있었고 개혁 이후 새로운 지침이 내려오지 않아 이를 어떻게 처리할 것인가에 대해서 여러 재판소로부터 많은 요청이 올라오고 있었다.

① 귀 보고서 제613호를 보니 "대저 산송을 처리할 때 거리의 원근을 비교해 보는 것도 있고 사굴私掘과 늑굴勒掘을 분별함도 있으며 혹 자기 산

과 타인 산에 허락 및 강제와 방매와 매입도 있습니다. 이치의 잘잘못을 분석하고 죄의 경중을 분별하여 처리할 때 신식으로 바뀐 이후 확정한 표식이 없는 까닭으로 이에 보고하오니 조사하시어 산송을 처리하는 표식 한 통을 만들어 보내주시기 바랍니다"라는 내용인 바, 산송 처판을 위한 조례는 제정한 신식 법규가 없으니 대전회통과 대명률을 근거로 견주어 판단함이 가할 것임.[92]

② 귀 질품서 제576호를 보니 "……민법과 형법의 구분이 정해지지 않아 심사하는 경우에 시간도 많이 걸리고 복잡합니다. 그 중에 산송은 인민들에게 항상 있는 사건인데 무덤 파는 범죄는 형사에 속함이 적확하지만 금장禁葬은 민사와 형사를 구분하기 어려워 이에 질품하오니……산송의 민사·형사 구분을 지령해주시어 그에 따라 처리하도록 해 주시기 바랍니다"라는 내용인 바, ……민법·형법 구분은 사건의 종류에 따라 분석할 것이오 금장의 민사·형사 구분은 고소자의 소송 내용을 그때그때 살펴 각각의 관할기관으로 보내 처리해야 할 것으로 이에 지령함.[93]

이 같은 요청들에 대해서 법부로서는 새로운 법률을 정할 여력이 없다는 구실 하에 여전히 《대명률》과 《대전회통》에 의거하여 재판관의 재량으로 처리하라는 지령밖에 내리지 못하고 있었으며 이 문제는 제3장에서 서술하듯이 1900년 전후 산송을 민사로 처리하는 방침으로 일단 정리가 되었다.

산송에 적용할 법률 외에도 변화하는 사회상은 다양한 범죄를 낳고 이에 적용해야 할 새로운 법률을 요구하고 있었다. 그러나 재판기관에서는 구래의 방식대로 '불응위율'로 처벌하거나 유사한 법조문을 끌어오는 '인율비부' 방식으로 처벌하는 경우가 많았다. 예를 들어 돈의문敦義門 밖 집으로 가기 위해 밤에 도성 성벽을 넘은 정삼용鄭三用이란 피고의 정상을 보건대 대명률 규정상의 중형을 적용할 수 없다는 한성재판소의 질품에 대해 불응위율로 태80에 처하라는 지령을 내렸다.[94] 또, 외국인에게 인천항의 토지를 매각한 김창건金昌鍵이란 범인을 처벌할 적당한 조문이 없어 다음과 같이 '인율비부'로 처벌하게 하고 있었다.

> 헤아려 보건대 그 범죄는 사형[一律]에 처해야 합니다. 삼가 살피건대 《대전회통》 금제조에는 단지 "외국인에게 금물禁物을 몰래 매각한 죄는 무거울 경우 교수형에 처한다"는 조문만 있을 뿐, 외국인에게 토지를 몰래 매각한 행위에 대해서는 처벌 조문이 없습니다. 우리 법부에서는 감히 멋대로 할 수 없어 어찌 하올지 국왕에게 삼가 아뢰었습니다. 같은 날 "외국인에게 금물을 몰래 매각한 죄를 다스리는 율"로 시행하라는 명이 내려왔습니다. 이를 받들어 동 범인 김창건은 교수형에 처하라고 해당 재판소에 훈칙하온바[95]

즉 《대전회통》에는 단지 외국인에게 금지된 물품을 몰래 매각한 죄가 무거울 경우 교수형에 처한다는 조문만 있을 뿐, 외국인에게 토지를 몰래 매각한 행위에 대한 조문이 없어 조치를 바란다는 법부의 상주에 대하여 황제는 위 《대전회통》의 조문을 그대로 끌어와 교수형에 처하도록 하고 있는 것이다.

한편, 형사 법규를 포함하여 각 부문에서 무수히 많은 법률들이 제정 반포되고 있었는데 과연 이들 법률은 관리나 민인들에게 모두 받아들여져 시행되고 있었던가?

최근 우리 한국의 법령이 아침 저녁으로 공포되어 한성 각 방坊의 거리벽에 잔뜩 붙었다. 그 수많은 법령 건들이 백성과 나라에 편리하고 유익하지 않은 것은 아니지만 하나의 법령도 실행되지 않아 인민들이 길거리의 벽을 보고 웃으면서 지나치며 말하길 "이 법령이 3일이나 행해질까? 공연히 백성들만 어지럽게 한다"고 한다. 이처럼 백성이 법령을 따르지 않는 데 거리낌이 없으며 그 후에는 마침내 그치고 묻지 않으니 이 어찌 백성의 잘못이겠는가. 실로 법령을 만든 자가 신뢰를 받지 못하는 까닭이라.[96]

위 논설에 다소 과장이 섞였겠지만 허다한 법령들이 제정 반포되고 길거리 벽에 나붙어도 인민들은 곧 실행되지 않을 것으로 생각하고 아예 불문에 부치기까지 한다는 것이다. 따라서 위와 같이 새로운 형사 법규가 제정되더라도 일반 인민들이 이에 큰 관심을 기울였으리라고는 보기 어렵다는 점을 주목하여야 할 것이다.

그러나 지방에 따라서는 지방관의 탐학에 대한 대책으로 신식 법률을 공부하는 양상이 나타나고 있었다. 예를 들어 1899년경 황해도 재령군 민인이 상경했다가 몇 년 전 정부에서 발간한 《법규유편》을 읽어보고 즉시 구입하여 돌아가 마을 사람들과 함께 계를 만들어 법률을 공부하고 환난상구患難相救할 것을 맹약하였다. 그 후 군수의 탐학에 대해 그 불법성을 법률로 따지면서 힐책한 후부터 군수의 침학이 사라진 예가 있었다고 한다.[97] 같은 시기에 황해도 장연군민들도《법규유편》《대명률》《대전회통》을 구매하여 법률 공부를 하여 관리의 탐학에 법적으로 항거하는 움직임을 보이고 있었다.[98]

사법권의 일원화와 각급 재판소의 설립

사법권의 독립과 법부로의 사법권 일원화

형사 법규가 개혁되고 있는 한편에서는 재판 절차의 개혁 작업이 진행되고 있었다. 핵심적인 사항은 지방관의 권한 속에 포함되어 있던 사법권을 분리하여 독립한 재판기관에 귀속시키는 것이었다. 제1장에서 언급했듯이 수많은 직수아문이 병렬적으로 인민에 대한 재판권을 임의로 행사하고 있었을 뿐만 아니라 서울과 지방의 권세가나 양반토호 등이 사사롭게 형을 가하고 있었기 때문이다.

사법권의 독립과 민사·형사 등 사법정책을 총괄할 기관으로서 1894년 6월 28일 형조를 폐지하고 법무아문을 설치하였다.[99] 법무아문은 사법행정과 경찰, 사면 등을 관장하며 고등법원 이하 각 지방재판을 감독하며 총무국·민사국·형사국·회계국을 두고 사법 인사와 민사·형사 재판사무를 담당하는 것으로 규정되었다. 이 안에 의하면 아직 재판소가 설립되지 않았지만 차후 고등법원 이하 각급 재판소를 창설할 일정이 계획되고 있었다.

법무아문의 설치에 이어 7월 2일의 의안에서는 군율 관계범을 제외하고 각 아문, 각 군문, 각 부에서 마구 체포하고 구금하고 재판하고 처벌하던 것을 일절 금지시켰다. 그리고 7월 8일 의안으로 모든 죄인은 사법관이 재판 확정하지 않고서는 함부로 죄벌을 줄 수 없게 하여 사법권의 독립을 선언하였다. 비록 법령에 불과하기는 하지만 이로써 역사상 최초로 행정과 사법을 분리하는 첫 발걸음을 내딛었다.

7월 12일에는 의금부를 의금사로 개칭, 법무아문에 소속시키되 장관은 의금사 판사判事로 칭하여 법무대신이 겸임하며 대소 관원의 공무 집행 중 범죄를 왕명을 받아 처리하게 하였으며 그들의 사적인 범죄는 일반 인민과 마찬가지로 법무아문에서 처리하게 하였다.[100] 따라서 개혁 초기의 법무아문은 사법행정을 총괄하면서도 재판기관의 역할까지 맡았다.

'재판소'라는 기관은 다음해 3월 25일 〈재판소구성법〉 반포 이후에 설립되었기 때문에 중앙에서의 재판은 당분간 법무아문과 의금사가 담당할 수밖에 없었다. 그 후 1894년 하반기부터 일본군과 정부군에 의해 체포된 동학 농민군에 대한 재판이 폭증함에 따라 근대적 재판형식을 갖추어야 할 필요가 시급히 제기되었다. 이에 1894년 12월 16일 법무아문대신의 상주에 의해 의금사를 법무아문권설재판소權設裁判所로 개칭하여 지방재판 이외에 법무아문이 맡았던 제반 재판을 모두 처리하게 하고 법무아문에서는 재판 및 형벌사무를 시행하지 않도

록 변화되었다.[101]

이 시기의 재판은 판사·검사 등의 사법관 직제가 마련되기 이전인지라 개혁 이전 형조의 재판과 마찬가지로 법부대신이나 협판·참의 등이 담당하고 있었는데 고등죄의 심리는 대신 혹은 협판이, 경죄의 재판은 참의가 각각 나누어 맡았다.[102] 법무아문권설재판소 판결의 대부분은 일본군·정부군에게 체포된 동학 농민군들에 대한 것이었다. 이들에 대한 판결 선고서에는 모두 '법무아문권설재판소' 또는 '법부'(1895년 3월 이후)라는 재판기관 명칭과 재판을 담당한 대신·협판·참의·주사 등의 성명이 자필로 기록되어 있다. 그뿐만 아니라 회심관會審官이라고 하여 경성주재 일본영사관 우치다 사다쓰지內田定槌의 자필 서명도 있어 일본측이 재판 과정까지 깊이 간여했음을 알게 해준다.[103]

법무아문은 1895년 3월 25일 칙령 제45호 〈법부관제〉에 의하여 법부로 개칭하고 상세한 업무 규정을 갖추었다. 법부대신이 사법행정과 사면 및 복권에 관한 사무를 관리하고 검찰사무를 지휘하며 특별법원·고등재판소 이하 각 지방재판소를 감독하는 점은 대체로 〈법무아문관제〉와 유사하였다. 새로 추가된 규정들은 법부대신관방을 신설하여 사법관의 자격 전형 및 고시에 관한 사항을 관장하게 한 점, 검사국을 신설하여 전국의 검찰 및 변호에 관한 사무를 관장하게 한 점, 법관양성소를 설치한 점 등이었다.[104]

이 시기부터 법부는 사법행정을 총괄할 뿐 아니라 같은 시기에 설치된 각급 재판소의 민사·형사 재판 과정에서 법률의 적용이나 죄수의 처분 등에까지 일일이 지령을 내리면서 깊숙이 관여하기 시작하였다.

이는 첫째, 판사·검사 등 새로 마련한 직제에 걸맞는 법률 소양을 갖춘 사법관을 단시일에 양성하지 못하여 각 지방에서의 재판을 여전히 관찰사·군수 등이 담당하게 하고 있었기 때문이다. 둘째, 구래의 법령과 신규 입법이 서로 뒤엉켜 법령 적용에 혼선을 빚고 있어 법부가 상급기관으로서 법률 적용을 조정하고 통일시키는 과정이 필요하였기 때문이다.

법부에서는 재판 과정을 통제하고 일원화하기 위하여 1895년 윤5월 28일 법부령 제6호로 다음 세 가지 사안일 경우에는 모든 관련 문서를 첨부하고 법부에 지령을 청하여 결행하라는 지시를 한성재판소·개항장재판소·지방재판소에 내렸다.[105]

① 심리한 형사사건에서 유종신·징역종신 이상의 형에 해당한다고 판단될 때
② 심리한 형사사건에서 범죄의 정상情狀이 작량 경감할 만하다고 판단될 때
③ 민사·형사를 불문하고 법률 법례 적용상 의문이 생길 때

이는 종신유형 또는 종신징역이 사형 다음의 무거운 형벌이므로 신중을 기하는 의미이며, 법률 지식이 의심스러운 각급 재판소 판사들이 법정 형벌에 의하지 않고 자의로 또는 사사로운 정에 이끌려 형을 경감하거나 법률을 잘못 적용할 우려가 있었기 때문이다. 1895년 10월 9일자로 기안하여 전국 22개 부府에 보낸 다음 훈령은 이 같은 우려가 기우가 아니었음을 알려준다.

개국 504년(1895년—인용자) 윤5월 28일 본부령 제6호를 관보에 반포하여

만 30일 지난 후 준수하라는 기한이 이미 지났거늘 각 지방재판소에서 위부령을 지키지 않는다. 사형죄 해당 사건[命案]은 그 관계가 더욱 무거운데 마음대로 죽이는 일이 잦고 사후에 보고해오니 죽음을 신중히 다루라는 본의가 없을 뿐 아니라 부령을 위배함이 극히 놀라운지라. 사후에도 이런 관행을 계속한다는 풍문이 들려오면 용서하기 어려우니 후회를 낳지 말도록 이에 훈령하니 이에 따라 시행하기 바람 / 재再; 어떠한 죄를 막론하고 범인을 체포하면 진술을 받은 후, 지령을 청할 사건이 아니거든 권한 내에서 법률을 적용하여 재판하고, 부령에 의하여 질품할 사건이거든 진술서를 먼저 보내 의견서와 함께 소상히 보고할 것이다. 체포 후 먼저 보고하는 것은 시간만 허비하고 서류만 복잡하게 하니 지금 이후로는 이에 따라 거행하여 최대한 편의있게 일할 것[106](밑줄은 인용자).

이 훈령에서 특히 강조한 것은 명안命案, 즉 사형죄에 해당하는 사건이다. 제1장에서 보았듯이 사형죄 사건은 피의자에 대한 회추·결안·동추·상복 등 복잡하고 엄밀한 과정을 거친 후에야 처벌하게 되어 있었는데, 개혁 이후 혼란한 와중에서 상급기관에 보고하지 않고 피의자를 임의로 사형에 처하는 사례가 왕왕 나타나고 있었던 것이다.

법부가 사법권을 일원적으로 통제하고자 하는 시도는 초기에 상당한 어려움을 겪을 수밖에 없었다. 특히 군부와의 관계에서 많은 갈등이 나타나고 있었다.

해주부 보고서를 보니 "군부 제5호 훈령을 받들어 장수산성長壽山城 도적들의 괴수 윤덕여尹德汝를 대로에서 총살하고 같은 무리인 김운성金云成은 백주창탈죄로 1등을 감하여 도형 2년을 적용하고 맹소회盟所回는 그 수종隨從으로 2등을 감하여 도형 1년을 적용하여 신식에 의하여 역에 처하였습니다. 나머지 2명은 각기 붙잡아 일단 보방保放하였습니다"라고 한 바, 이를 살펴보니 군율 이외에 모든 법률 적용은 우리 부(법부)에서 처리할 일이며 귀 부(군부)의 소관이 아니므로 이러한 사항은 우리 부에 조회하여 처리하게 하는 것이 마땅한데 귀 부에서 독단하여 인명을 마음대로 죽이기에 이르렀으니 사리에 타당하지 못합니다. 각 관찰사도 마음대로 행동한 죄과가 없지 않으나 귀 부(군부) 훈령을 받들어 거행하였다 하므로 사후에는 이러한 일이 있으면 우리 부에 조회해 줄 것을 요구하며 이에 조회합니다.[107]

즉 군율 이외의 모든 재판과 법률 적용은 법부 소관이라는 원칙을 강력하게 천명한 것이다. 이에 대해 군부에서는 이와 유사한 사항이 생기면 법부로 조회하고 독단 처리하지 않겠으며 군율 이외의 일체 법 적용은 법부에서 관장하는 것이 마땅하다고 인정하면서 지방의 각 관찰부에 사형은 법부에 보고하여 지휘를 받아 처리하라고 훈령하였다는 회답을 보내왔다.[108]

그러나 군부는 그 후에도 여전히 재판을 거치지 않고 죄인들을 처벌했을 뿐 아니라 법부에서 이미 징역형으로 판결한 죄인을 총살하는 경우까지 있었다. 예를 들어 1895년 9월 청주군에서 비도匪徒로 체포된 오일상吳一相을 법부에서 징역에 처하였는데 군부의 훈령으로 청주군에 주둔한 친위대에서 1896년 1월 9일 총살하였다.[109] 4월에는 전주부 경무관이 친위대 대대장 겸 사령관의 훈령을 받고 동학 농민군 중 11명을 전주부 남문 밖 시장에서 정형正刑에 처하고 10명에게 장형을 집행하였다. 법부에서는 이에 대해 법부 훈령도 기다리지 않고 처형한 점, 이미 폐지한 정형과 장형을 집행한 점 등을 들어 역시 군부에 항의 공문을 보내어 조속한 해결을 촉구하였다.[110] 1896년 중반 이후에는 이러한 갈등이 공문 상에 나타나지 않는 것으로 보아 법부의 사법권 관장과 일원적 통제는 이 시기에 이르러 뿌리를 내린 것으로 판단된다.

군부와의 갈등은 점차 해결되었지만 법부와 지방의 재판소 사이에는 명령 지휘 계통이 확립되지 않는 문제가 여전히 남아 있었다. 첫째, 재판제도 개혁이 이루어진 지 2~3년이 지났음에도 그 내용을 지방관들이 잘 몰라서 민사·형사 등 재판 관련 사건들을 법부로 보고하지 않고 내부로 보고하고 있었다.

무릇 민형사상의 재판 안건은 우리 부에서 관할하는 것이라. 이러한 안건으로 질보質報 사항이 있을 때는 마땅히 먼저 우리 부에 보고하여 처리를 기다릴 것이지 다른 부에 질문할 것이 아니다. 그런데 어찌하여 최근 각 부군이 왕왕 민형사 안건을 내부에 질보하여 그 부의 회답은 먼저 도착하였으나 우리 부에 대한 질보는 있어도 조금 늦거나 오랫동안 보고가 없는 경우도 있다. 지방제도 법규에 의하면 이러한 안건 중 중요한 것은 내부에 보고할 수도 있겠지만 질문하는 건은 우리 부가 존재하거늘 무슨 까닭으로 관할 밖에 보고하여 매번 다른 부가 회답하는 것인지 사무의 착란함과 법식에 어두움이 이보다 심한 바가 없으니 이제부터 이러한 사안을 질보할 경우에는 먼저 우리 부에 보고하여 법식을 따를 것.[111]

법부에서는 이러한 혼란이 발생하고 각급 재판소의 보고가 제대로
올라오지 않는 것이 지방관과 주고받는 훈령·보고서 등이 제대로 전
달되지 않는 폐해 때문이라고 판단하였다. 법부는 1896년 10월 보고
서 양식을 마련하여 1895년 4월 이후 법부에서 내린 훈령·지령의 내
용과 도착한 일자를 모두 초록하여 매월 말 다시 보고하게끔 하는 훈
령을 내림으로써 명령 지휘 계통을 확립해 나갔다.[112]

각급 재판소의 설립

〈법부관제〉가 반포된 1895년 3월 25일 법률 제1호로 〈재판소구성
법〉이 반포되면서 근대적 재판기관이 설립되기 시작하였다.[113] 1896
년 8월 15일에 개정된 내용까지 포함하여 정리하면 재판소의 종류는
지방재판소, 한성재판소 및 개항장재판소, 순회재판소, 고등재판소,
특별법원의 5종으로 구성되었다.[114]

지방재판소는 일체의 민형사 재판을 관할하고 단독 재판을 원칙으
로 하되 예외적으로 합의 재판을 둔다고 하였으며 지방 형편에 따라
지방재판소지청을 둔다고 하였다. 한성재판소 및 개항장재판소는 일
체의 민형사 재판을 관할하는 외에 외국인과 조선인 사이에 관련된
민형사 재판을 관할하게 하였다. 순회재판소는 매년 3월에서 9월 사
이에 법부대신이 정하는 장소에서 임시 개정하되 개항장재판소 및 각
지방재판소의 상소를 관할하였다. 고등재판소는 재판장 1인, 판사 2
인의 합의 재판제를 취하며 한성 및 인천항재판소의 상소만 수리한다

고 하였다.

특별법원은 왕족의 범죄만 다스리는 형사재판소로서 재판장 1인, 판사 4명의 합의 재판제를 취하며 법부대신의 상주에 의해 국왕의 결재를 받아 개정하는 임시기구인데 당초 〈재판소구성법〉 초안에는 없었던 것이다. 1895년 1월 하순경 대원군의 손자 이준용이 개화파 내각의 주요 인물을 암살하고 국왕을 폐한 후 왕위에 오르려 한 쿠데타 사건이 발각되었다. 법무아문에서는 이준용이 왕족인지라 일반 법원에서 재판하기에 어려워 고심하게 되었다. 그 결과 당시 입안 중이던 〈재판소구성법〉에 특별법원 규정을 두게 된 것이다.[115]

〈재판소구성법〉이 공포되었으나 즉시 재판소가 개설된 것은 아니었다. 우선 순회재판소는 규정만 있었을 뿐 실제로 판사·검사를 임명하거나 개청한 적도 없었다. 개항장재판소와 지방재판소도 같은 시기에 진행되던 지방제도 개혁 작업이 완료되어야 재판 관할구역이 확정되기 때문에 1895년 5월 26일 감영·안무영·유수부 및 인천·부산·원산의 감리서를 폐지하고 전국을 23개 부로 재편하는[116] 등 지방제도를 개정한 이후에야 설치되었다.

〈재판소구성법〉에 의해 즉시 설치된 것은 고등재판소와 한성재판소뿐이었다. 그러나 고등재판소도 독립된 별도의 건물에 설립된 것이 아니라 '법부 내에 임시로 개정한다'(동법 제22조)라고 하여 법부 건물 내에 설립되었다. 고등재판소는 한성재판소·인천항재판소에서 행한 판결에 불복하는 상소를 수리한다고 했으나 순회재판소를 개시할 때까지는 각 개항장재판소 및 지방재판소의 판결에 불복하는 상소를 수리 심판하는 것으로 바뀌었다.[117] 이로써 고등재판소는 한성재판소를 비롯하여 개항장재판소·지방재판소의 판결에 불복하는 상소를 수리 심판하는 최고재판소로서의 지위를 갖게 되었다.

고등재판소는 각급 재판소 판결에 대한 상소심뿐만 아니라 1895년 5월 20일 칙임관·주임관의 범죄를 재판하게 되었으며[118] 1896년 4월 4일 반포된 〈형률명례〉에 의하여 국사범國事犯에 관한 재판도 담당하게 되었다(제29조). 이는 고등재판소가 최고재판소이기도 하지만 구 제도 하의 의금부가 담당했던 국왕재판소로서의 기능까지 겸하게 된 것이라 할 수 있다.

이처럼 칙·주임관과 국사범의 재판을 고등재판소에서 단심單審으로 처리함으로써 그 판결에 불복하는 당사자는 더 이상 상소할 기회를 얻지 못하고 오로지 국왕의 사면이나 감형을 기대할 수밖에 없게 되었다. 이는 국민 일반을 차별없이 재판하려 한 개혁 초기의 의지가 후퇴한 것이라고 할 수 있다. 후퇴의 징후는 이미 특별법원을 따로 설립한 데서 나타나기 시작했지만, 고등재판소에서 고급·중급 관료 및 국사범의 범죄를 수리 심판한다고 함에 따라 본격화된 것이다.

고등재판소가 법부 내에 임시 개정되는 데다가 과거의 의금부와 같은 지위까지 겸한 데 반하여 한성재판소는 독립 건물을 가진 독자적인 재판기관으로 출발하였다. 한성재판소는 1895년 4월 15일 법부령 제1호에 의해 법무아문권설재판소가 있던 자리인 한성부 중부 등천 방登天坊 혜정교惠政橋 부근(현 종로2가 사거리 제일은행 본점 자리)에 설치되고 그때까지 한성부에서 수리한 민사·형사소송으로 아직 판결을 거치지 않은 사건을 모두 이관시켰다.[119]

개항장재판소, 지방재판소는 1895년 윤5월10일 칙령 제114호에 의해 전국 22개 부에 윤5월15일부터 점차로 개설하고 관할구역은 각 부의 관할구역과 동일하게 하였다. 따라서 종래 감영·유수영 및 기타 지방관아에서 행하던 재판사무는 이들 지역을 관할하는 재판소에 귀속하게 하였다.[120] 이 칙령에 의한 재판소가 실제로 창설된 것은 1896년 1월 20일 법부고시 제2호에 의해서였다. 1896년 1월 20일 이후 30일 이내에 설치하기로 한 재판소와 위치는 그간 추가 설치된 함흥재판소를 포함하여[121] 전국에 총 23개소였다.[122]

1896년 2월 고종이 러시아공사관으로 피신하고 새로운 내각이 들어선 후 지방제도는 다시 개편되었다. 한성에는 특별히 1부를 그대로 두되 전국 23부를 13도로 개정하고 각도에 관찰사를 둠으로써 개혁 이전과 유사한 제도로 바뀌었다.[123] 23부제로 개혁될 때 각 개항장 소재 관찰부로 흡수되었던 감리서도 다시 설치되었다.[124]

지방제도가 재차 개정됨에 따라 각급 재판소 설치 역시 상응하는 변화를 겪었다. 1896년 8월 15일 23부제에 근거하여 설치한 개항장재판소·지방재판소를 모두 폐지하고 새로 개항장재판소·지방재판소를 개설하여 기존 재판소에서 수리하던 문부 및 죄수와 일체 기구를 각기 부근의 신설 지방재판소로 이속시키도록 하고 곧이어 8월 27일 각 개항장재판소 및 지방재판소의 위치와 관할구역을 개정하였다.[125] 그리고 무안·삼화항이 개방됨에 따라 1897년 10월 5일 무안·삼화항에도 개항장재판소를 설치하고[126] 후술하듯이 경기재판소 설치까지 포함하여 1897년 말 현재 전국의 재판소 위치 및 관할구역은 다음 〈표 2-3〉과 같이 확정되었다.

〈표 2-3〉 1897년말 개항(시)장재판소·지방재판소의 위치·관할구역

재판소 명칭	위치	관할구역
인천항재판소	인천	인천항
부산항재판소	부산	동래항
원산항재판소	원산	덕원항
경흥항재판소	경흥	경흥항
무안항재판소	무안	무안항
삼화항재판소	삼화	삼화항
한성재판소	한성	한성 5署
경기재판소	한성	광주 개성 강화 인천 수원 여주 양주 장단 통진 파주 이천 부평 남양 풍덕 포천 죽산 양근 안산 삭녕 안성 고양 김포 영평 마전 교하 가평 용인 음죽 진위 양천 시흥 지평 적성 과천 연천 양지 양성 교동 (3府35郡)
충청북도재판소	충주	충주 청주 옥천 진천 청풍 괴산 보은 단양 제천 회인 청안 영춘 영동 황간 청산 연풍 음성 (17군)
충청남도재판소	공주	공주 홍주 한산 서천 면천 서산 덕산 임천 홍산 은진 태안 온양 대흥 평택 정산 청양 회덕 진잠 연산 노성 부여 석성 비인 남포 결성 보령 해미 당진 신창 예산 전의 연기 아산 직산 천안 문의 목천 (37군)
전라북도재판소	전주	전주 남원 고부 김제 태인 여산 익산 금산 임피 금구 함열 부안 무주 순창 임실 진안 진산 만경 용안 고산 옥구 정읍 용담 운봉 장수 구례 (26군)
전라남도재판소	광주	광주 순천 나주 영암 영광 보성 흥양 장흥 함평 강진 해남 무장 담양 능주 낙안 무안 남평 진도 흥덕 장성 창평 광양 동복 화순 고창 옥과 곡성 완도 지도 돌산 (30군)
경상북도재판소	대구	상주 경주 대구 성주 의성 영천 안동 예천 금산 선산 청도 청송 인동 영해 순흥 칠곡 풍기 영덕 용궁 하양 영천 봉화 청하 진보 군위 의흥 신령 연일 예안 개령 문경 지례 함창 영양 흥해 경산 자인 비안 현풍 고령 장기 (41군)
경상남도재판소	진주	진주 김해 밀양 울산 의령 창령 창원 하동 합천 함안 함양 고성 양산 언양 영산 기장 거제 초계 곤양 삼가 칠원 진해 안의 산청 단성 남해 사천 웅천 (29군)

황해도재판소	해주	황주 안악 해주 평산 봉산 연안 곡산 서흥 장단 재령 수안 백천 신천 금천 문화 풍천 신계 장연 송화 은율 토산 옹진 강령 (23군)
평안남도재판소	평양	평양 중화 용강 성천 함종 삼화 순천 상원 영유 강서 안주 자산 숙천 개천 덕천 영원 은산 양덕 강동 맹산 삼등 증산 순안 (23군)
평안북도재판소	정주 영변	의주 강계 정주 영변 선천 초산 창성 구성 용천 철산 삭주 위원 벽동 가산 곽산 희천 운산 박천 태천 자성 후창 (21군)
강원도재판소	춘천	춘천 원주 강릉 회양 양양 철원 이천 삼척 영월 평해 통천 정선 고성 간성 평창 금성 울진 흡곡 평강 금화 낭천 홍천 양구 인제 횡성 안협 (26군)
함경남도재판소	함흥	함흥 단천 영흥 북청 안변 정평 삼수 갑산 장진 이원 문천 고원 홍원 (13군)
함경북도재판소	경성	길주 회령 종성 경성 경원 온성 부령 명천 무산 (9군)
제주목재판소	제주	제주 대정 정의 (1목2군)

출전; 주 125, 126의 자료. 단, 평안북도는 1897년 3월 7일 칙령 제15호에 의해 관찰부가 정주에서 영변으로 옮겨져서 병기하였다(《한말근대법령자료집》 II, 213쪽).

그런데 한성재판소가 한성 전역뿐만 아니라 경기도 3부 34군에서 올라오는 사건 모두를 담당함에 따라 사법행정상으로도 많은 혼란이 따르고 업무가 폭주하였다.

> 한성재판소 판사가 그전에 둘이 될 때에 민형사가 늘 밀렸는데 요새는 하나뿐이라 민형사 소송이 적여구산하고 재판소 대문 밖에 송민 몇십 명이 열입을 하였으니 법부에서 속히 판사를 내여 민형사가 밀리지 않게 함이 좋을 듯하더라.[127]

정부는 1897년 9월 12일 경기재판소를 따로 설치하여 한성부를 제외한 경기도 3부 34군의 판결에 불복하는 상소사건을 담당하게 하였다. 재판부는 수반판사 1인(민사 담당), 판사 1인(형사 담당), 서기 4인으로 구성하고 수반판사는 칙임관 또는 주임관, 판사는 주임관으로 법부대신이 추천하여 임명하는 것으로 하였다.[128] 같은해 11월 1일에는 경기재판소의 위치를 한성 중서 전 평시서 자리로 정하였다.[129]

이와 동시에 한성재판소의 토지 및 사물 관할도 변화되었다. 종전에는 경기도 3부 34군까지 관할했으나 이제는 한성 5서 내의 민형사 사건에 한정하였다. 형사재판은 한성 5서 내의 사건 중 고등재판소에서 심리하는 모역, 국사범, 주임관 이상의 범죄, 판임관 이하라도 왕명에 의해 특별 심의하는 안건 등을 제외한 모든 사건을 관장하게 되었다. 민사재판은 한성 5서 내에 거주하는 자의 사건 중 수반판사의 보고에 의해 고등재판소가 다른 재판소로 이관시킨 사건을 제외한 사건들을 관할하게 되었다. 재판소 구성은 수반판사 1인, 판사 2인(민사

1, 형사 1), 부판사 1인, 서기 8인, 정리 8인을 두었다.[130]

이처럼 한성재판소와 경기재판소는 당시로서는 유일하게 행정권으로부터 독립된 재판기관이었다. 건물을 독자적으로 사용함은 물론, 후술하듯이 고등재판소 이하 여타 개항장재판소·지방재판소 등의 판사·검사가 모두 법부 관리 또는 관찰사·감리 등인 데 반하여 이들 두 재판소에는 전임 사법관이 임명되어 행정권으로부터 독립하여 재판을 진행할 수 있는 여건이 마련되었다. 그러나 이러한 분리도 잠시뿐이었다. 3개월도 지나지 않아 경기재판소와 한성재판소가 독립적인 사법기관으로 존재하는 것을 근본적으로 부정하는 움직임이 시작되었다. 1898년 1월 25일 법부대신 이유인이 올린 상소 내용을 통해 이를 확인할 수 있다.

대저 법관이 맡은 바는 민사·형사뿐인데 밖으로는 13부 관찰사가 있고 안으로는 한성판윤이 있습니다. 옛날 방백이 맡은 바는 오직 이 두 가지뿐으로 이를 버리면 일이 없는 것입니다. 지금 도성 안에 두 기관이 있으니 하나는 경기재판소로 35군 민형사를 관장하고 하나는 한성재판소로 5부 민형사를 관장합니다. 이러한즉 관찰사와 판윤이 맡은 일이 무엇입니까. 민사이건 형사이건 하나도 묻지 못하고 백치·귀머거리같이 헛되이 월봉만 받고 있으니 장차 이들을 어디에 쓰겠습니까. 관찰사·판윤은 민형사 임무를 감당하지 못하고 오직 소위 수반판사만이 그 직을 감당할 수 있다고 하겠습니까. 관찰사와 판윤은 폐하께서 신중히 선발한 바인데 어찌 서관庶官과 하료下僚로 칙임관에 오른 자(양 재판소의 판사)만큼도 믿지 않으십니까. 듣건대 두 재판소에 관원 둔 것이 번다하고 허비가 많습니다. 만일 그 신하들이 사사로운 은혜를 문하생과 연고있는 아전에게 생업을 마련해 주기 위해서라면 모르겠거니와 전국 민형사에 보탬이 있다고 한다면 신은 조금도 이익됨을 보지 못했습니다. ……생각컨대 경기에 관찰사가 있고 한성에 판윤이 있어 폐지할 것이 아니라면 경기의 재판은 관찰사에게 한성의 재판은 판윤에게 맡김이 마땅합니다. 만일 양 재판소가 중요하기 때문에 감할 수 없다면 관찰사와 판윤을 역시 양 재판소에 합부하는 것이 법을 시행하는 권한이 통일되는 것입니다[131](밑줄과 괄호 안은 인용자).

즉, 관찰사가 하는 일은 민형사 관련 재판밖에 없는데 경기도와 한성부는 그 일을 별도의 재판소를 두어 판사·검사 등 벼락 출세한 자들로 하여금 담당하게 하니 비용이 많이 들 뿐 아니라 민형사 사건 해결에 조금도 유익함이 없으며 경기관찰사와 한성판윤은 월봉만 축내게 되었다는 것이다. 따라서 양 재판소를 폐지하여 관찰부와 한성부에 합치든지, 아니면 관찰사와 판윤을 양 재판소에 포함하든지 하라는 내용이다.

법부대신 이유인은 사법권의 독립이라든지 전문 법률 지식을 가진 사법관의 필요성을 부정하고 개혁 이전처럼 관찰사나 군수 등 지방관이 행정·사법권을 모두 관장하는 것이 올바른 방향이라고 주장한 것이다. 이는 개혁의 결과 탄생한 사법행정의 최고 책임자가 스스로 개혁의 성과를 부정한 셈이 된다.[132]

그의 상소는 곧바로 받아들여져 1898년 2월 9일 한성재판소·경기재판소를 독립 설치한 위의 법령들을 폐지하고 경기재판소를 경기관찰부에 합설하도록 하고 판사는 관찰사가 겸임하게 하였으며 한성재판소 역시 폐지하고 그 대신 한성부재판소를 설치하였다.[133] 9월 3일에는 재판소 역시 한성부 건물 내에 합설하였다.[134]

한성부재판소가 한성부에 합설되었을 뿐 아니라 재판소의 위상도 하락하였다. 한성부재판소의 관할과 인적 구성은 종전과 다름없었지만, 한성판윤이 수반판사, 한성소윤이 판사를 겸임하도록 되어 행정관이 사법관을 겸하였다. 또 한 가지 주목되는 점은 한성부재판소의 운영을 법부대신이 수시로 감시하고 파원을 보내 순시하게 하며 재판소 사무가 바쁠 때에는 법부 직원을 파견하여 판사 등 직무를 대행할 수 있게 한 점이다.[135] 이 조항은 각급 재판소의 재판이나 판결에 대한 법부의 직접 간섭을 최초로 명시한 규정이라고 할 수 있다.

한편 특별법원은 법부대신의 요청에 의해 임시 개설되며, 재판에 회부할 사건과 개정할 장소는 법부대신의 지시에 따르게 되어 있었다. 첫 번째 특별법원은 전술한 이준용 등의 쿠데타 음모사건을 재판하기 위하여 1895년 4월 15일부터 전 법무아문권설재판소 자리에서 개정되었다.[136] 두 번째 특별법원은 이재순의 형사 피고사건 재판을 위하여 고등재판소에서 1895년 11월 1일부터 개정되어 이듬해 1월 20일에 철파되었다.[137] 세 번째 특별법원 역시 이재순의 형사 피고사건을 재판하기 위하여 1898년 3월 13일부터 4월 11일까지 개정되었다.[138]

사법관 직제 도입과 사법관 양성

1 – 법부 관리 임용제도와 인사 운영

동일한 형사사건이라도 판사·검사 등 사법관의 법률 운용에 따라 수사·심리·판결이 얼마든지 달라질 수 있는 것이 재판이다. 따라서 재판의 공정성과 양형의 통일성을 기하는 것은 필수적인 일인데, 개혁 이후에는 행정관으로부터 독립된 사법관 직제를 도입하고 이에 필요한 인원을 시급히 양성 임명하는 것이 급선무였다.

또 한 가지 중요한 문제는 사법 정책을 총괄하는 법부의 대신 및 각 국장 이하 관리의 임용 문제였다. 법부에서 고등재판소 이하 각급 재판소의 질품 보고를 받고 지시하고 있었으며, 후술하듯이 고등재판소·특별법원의 재판장 이하 판사는 법부대신이나 법부의 칙·주임관이 겸임하고 있었으므로 어떠한 인물이 임용되는가에 따라 재판제도 운영 방향이 달라질 수 있었다.

법부에는 법부대신과 협판, 민사국·형사국·검사국·회계국장 각 1명씩, 그리고 전임 참서관 7인과 법부 검사 3인, 주사 28인을 두었다.[139] 대신과 협판은 칙임관이며 국장은 칙임관 또는 주임관이고 참서관은 주임관이며 주사 이하는 판임관에 속한다.[140]

국왕이 직접 임명하게 되어 있는 칙임관(대신 및 협판)은 정국의 동향에 따라 빈번히 교체되었고 국장 등 주임관 역시 대신이 교체됨에 따라 새로운 인물로 임명되는 추세였다. 이를 《구한국관보》의 인사기록을 통해 검토해보면 다음 〈표 2–4〉와 같다.

정국 변동이 극심하거나 각종 쿠데타 음모사건이 일어나던 1896년

〈표 2-4〉 1895~1898년 법부 주요 관리 명단

	대신	협판	형사국장	민사국장	검사국장
1895년	徐光範 張博	李在正	張博 趙重應	徐胄淳	李宗植 申載永
1896년	趙秉稷 李範晉 韓圭卨 趙秉式	鄭寅興 權在衡	李秉輝 李明翔	李熹翼 金基龍	
1897년	韓圭卨 趙秉式	李寅祐	李世稙 朱錫冕 俞箕煥 李忠求 金基龍	金基龍 李忠求	皮相範
1898년	李裕寅 趙秉稷 申箕善 徐正淳 韓圭卨	朱錫冕 李寅祐 李基東 李萬敦 尹雄烈 李根澔		趙秉甲 李基東 朴齊昜	

출전;《구한국관보》해당 일자

과 1898년에는 법부대신이나 협판이 빈번하게 교체되었고, 실무를 관장한 국장급도 그 정도는 아니지만 연평균 2회 이상 교체되었다. 따라서 법부의 실무는 물론 정책 추진에 있어서 일관성과 전문성이 결여될 가능성은 이 인사 변동안을 통해서도 충분히 추측할 수 있다. 이는 다른 부서도 예외가 아니었다.

건양 원년 1월 1일부터 시작하야 금년 4월 19일까지 달수로 이십칠삭 십구일 동안에 각부 대신 변개된 것을 볼진대 세계 각국에 대한 같이 내각이 자주 변개된 데는 도무지 없고 훗일에 이것을 보거드면 대한 인민도 이 일을 이상하게 여길 듯하더라. 후생들이 보기를 위하야 각부 대신이 이십칠삭 사이에 개체된 것을 좌에 기재하노라 …… 매인이 평균하야 삼삭 반이 못되고…… 이걸 보거드면 <u>농상공부와 내부 외에는 대신 하나이 넉달을 평균하야 한 마을에 있어 보지 못하였슨즉 그 마을에 가서 무삼 사업하기는</u> 새로히 그 마을 속 일 알 여가도 없었는지라[141](밑줄은 인용자).

법부대신·협판을 역임한 인물 면면을 보더라도 서광범·장박·한규설·권재형을 제외하고는 대체로 보수적 경향이거나 황제의 측근파로서 법률 지식에 밝다고 할 수 없는 사람들이었다. 다만 각 국장에는 신재영·피상범·김기룡 등 몇몇 법률 전문가들이 눈에 띄고 이들의 재임 기간 역시 상대적으로 길어 법부의 실무를 이들이 관장했으리라고 생각된다.

한국 근대 형사재판제도사

2 - 각급 재판소 사법관 직제와 인사 운영

판사·검사 직제는 앞서 한성재판소·경기재판소를 서술할 때 언급했듯이 중앙권력이나 지방관의 통제로부터 독립하여 오로지 법에 준거하여 민사·형사 사건을 처리하기 위하여 도입된 것이었다. 1895년 6월 25일 법률 제12호로 재판소에 판사시보·검사시보를 두는 규정을 반포하여 판검사를 보조하고 그 사무를 서리署理하게 하였으며 인원 수와 배치는 사무의 번한繁閑·경중輕重에 따라 법부대신이 정하게 하고 7월 1일부터 시행하였다. 8월 10일에는 각 관찰부에도 판·검사 시보를 두도록 하는 조치가 이어졌다.[142]

이들 판사·검사·판사시보·검사시보 등 사법관의 관등은 칙임관 또는 주임관으로 하여 정부 내 여타 기관의 관리와 대등한 지위를 부여하여 직무 수행의 독립성을 갖도록 하였는데, 이를 도표화하고 다른 기관의 관직과 대조하여 보면 다음 〈표 2-5〉와 같다.

판사와 검사의 관계官階를 보면 판사는 최저 주임관 4등부터 최고 칙임관 1등까지 있는 데 비해 검사는 최저 주임관 4등에서부터 칙임관 2등에 그치고 있어 전체적으로 보면 판사가 1등급 위로 나타나고 있다. 그리고 다른 기관과 비교해 볼 때 판사·검사의 봉급은 다소 낮지만 관등상으로는 거의 동등한 대우를 받고 있음을 알 수 있다.

이처럼 관등 면에서 다른 관원과 대등한 지위를 부여하여 사법관의 독립적 지위를 보장하였지만 인사 운영 측면에서는 행정권으로부터 독립하지 못하였다.

우선, 고등재판소의 사법관은 재판장 1인과 판사 2인, 검사 2인, 예비판사 2인, 판사시보·검사시보 등이다. 재판장은 법부대신 또는 법

〈표 2-5〉 판사·검사와 각부 관리의 관등·연봉 대조표 　(단위: 元)

관등		관직	봉급		각부관직	봉급	
			일급봉	이급봉		일급봉	이급봉
칙임관	1등	판사	3,500	3,000	총리대신		5,000
			3,500	3,000	각부 대신		4,000
	2등	판사 검사	2,800	2,500	중추원의장 각부 협판 경무사		3,000
	3등	판사 검사	2,300	2,100	중추원 1등의관 각부 협판 경무사	2,500	2,200
	4등	판사 검사	1,900	1,700	중추원 1등의관 각부 1등국장	2,000	1,800
주임관	1등	판사 검사	1,400	1,300	각부 1등국장 각부 참서관 경무관		1,600
	2등	판사 검사	1,200	1,100	각부 1~2등국장 각부 참서관 경무관		1,400
	3등	판사 검사	1,000	900	각부 2등국장 각부 참서관 경무관		1,200
	4등	판사 검사	750	650	각부 3등국장 각부 참서관 경무관		1,000
	5등	판사시보 검사시보	500	450	각부 3등국장 각부 참서관 경무관		800
	6등	판사시보 검사시보	400	350	각부 참서관 경무관		600

출전: 칙령 제57호 〈관등봉급령〉 및 칙령 제134호 〈판사·검사·판사시보·검사시보 관등봉급령〉
　　《구한국관보》 개국 504년 3월 26일 및 동련 6월 27일
주; 1894년 현재 미米 1석의 시가는 엽전 22냥 5전, 신식화폐로는 22.5÷5=4.5원, 즉 4원 50전이
　　었다(《結戶貨法細則》(규고 5127-10)).

부협판이 겸임하며 판사는 법부 칙임관·주임관 또는 한성재판소 판사 중 국왕이 임명하고 검사는 법부 검사국장 또는 검사국 소속 검사 중 법부대신이 임명하게 되어 있었다. 예비판사는 법부 칙임관·주임관 중 임명하도록 하며 직무 권한과 임명 절차는 다른 판사의 예와 같게 하였다.[143]

그런데 다음 〈표 2–6〉에서 보듯이 고등재판소의 판사·검사는 모두 법부 칙임관·주임관 중에서 임명되었을 뿐, 한성재판소 판사 중에서 임명된 인물은 한 명도 없다. 따라서 고등재판소는 곧 법부, 법부는 곧 고등재판소라고 보아도 무방하며 고등재판소가 법부의 방침을 어기거나 행정권이나 통치권력으로부터 독립하여 판결을 행할 수 있는 가능성은 거의 없다고 보아도 무방하다.

다만 법부 관직을 겸임한 판사·검사·예비판사들 중에는 전문적 법률 지식을 가진 인물들이 소수 포함되었다. 신재영·피상범·김기룡·김낙헌 등은 개혁 이전 형조 관리였고 함태영·윤성보 등은 후술하는 법관양성소에서 전문 법률 교육을 받은 인물들이었다. 또 위 표에는 포함되지 않았지만 고등재판소 검사시보로 임명된 인물들 중 유학근柳學根·이선재李璿在(이준李儁으로 개명) 등도 법관양성소 졸업생들이었다. 비록 법부 관리가 고등재판소 사법관을 겸임하고 있지만 그중 상당수는 법률 전문가로 점차 충원되고 있음을 확인할 수 있다.

순회재판소 판사는 고등재판소 판사, 한성재판소 판사, 법부의 칙임관·주임관, 사법관시험으로 임명된 판사 중 법부대신 추천으로 국왕이 임시로 임명하게 되어 있었으나 1898년까지 순회재판소가 개설된 적이 없기 때문에 임명 기록도 없다.

<표 2-6> 1895~1898년 고등재판소 사법관 명단　( )안은 겸직

	裁判長	判事	檢事	豫備判事
1895년	徐光範(대신) 張博(협판)	李在正(협판) 洪鍾檍(참서관)	李宗植(검사국장) 安寗洙(법부검사) 吳容黙(법부검사) 金基肇(법부검사)	鄭寅興(민사국장)
1896년	趙秉稷(대신) 韓圭卨(대신) 趙秉式(대신)	李熹翼(민사국장) 徐廷圭(민사국장)	吳容黙(법부검사) 徐九淳(법부검사) 李會九(법부검사) 李世稙(주사) 李徽善(법부검사) 李明翔(형사국장)	洪鍾檍(참서관) 朴熙鎭(참서관) 金敎性(참서관) 金基肇(참서관) 李熙悳(참서관) 金基龍(민사국장)
1897년	韓圭卨(대신) 權在衡(협판) 韓圭卨(대신) 趙秉式(대신)	李世稙(형사국장) 金基龍(민사국장) 俞箕煥(형사국장) 李寅祐(협판) 李忠求(형사국장) 金基龍(형사국장)	太明軾(법부검사) 金義濟(법부검사) 金正穆(법부검사)	馬駿榮(참서관) 金基龍(민사국장) 李熙悳(참서관) 金基龍(민사국장) 朴熙鎭(참서관) 權在運(참서관) 金義濟(참서관)
1898년	李裕寅(대신) 趙秉稷(대신) 申箕善(대신) 徐正淳(대신) 李基東(협판) 韓圭卨(대신) 尹雄烈(대신)	閔泳瓚(협판) 趙秉甲(민사국장) 李寅祐(협판) 李基東(민사국장) 朴鄭陽(민사국장) 尹雄烈(협판) 李根澔(협판)	朱錫冕(협판) 尹性普(법부검사) 太明軾(법부검사) 咸台永(법부검사) 尹泌(법부검사) 太明軾(법부검사) 金洛憲(법부검사)	趙秉甲(민사국장) 金澤(참서관) 朴慶陽(참서관) 朴齊璿(참서관) 皮相範(참서관) 申載永(참서관)

출전: 《舊韓國官報》 각 해당 일자

한성재판소의 구성은 1895년 〈재판소구성법〉에는 단독(1인) 판사를 원칙으로 하고 있었고 2인 이상 판사를 두는 경우 수반판사가 선고를 하게 되어 있었다(제12조). 그 후 1897년 9월 12일 〈한성재판소관제·규정〉에서 수반판사 1인, 판사 2인(민사·형사 각 1인씩), 부판사 1인으로 판사의 정원이 규정되었는데(제3조) 검사에 대한 규정이 없고 검사 역할은 부판사가 행하게 되어 있었다. 즉 형사사건을 부판사가 먼저 심리하되 벌금5원 이하, 태20도 이하, 감금30일 이하의 사건은 부판사가 판결을 내리고 기타 중죄사건은 형사 판사에게 이송하게 되어 있었다. 이에 대하여 한성재판소에서는 다음과 같은 문제점을 지적하고 있다.

귀 질품서 제1023호를 보니 "본소(한성재판소)의 관제가 이미 변통되어 종전에 검사가 먼저 수리하여 조사하던 안건은 금년 법률 제2호 제6조 '형사 각 사안은 부판사가 먼저 심리한다'고 하오나……관제 변경 이전에는 검사가 판사에 대하여 공소公訴하는 규정이 있어 사건 이첩[移案]이 편하더니 지금 부판사의 직권이 종전 검사의 사무를 집행하오나 사건 이첩은 이전과 같이 그대로 시행하라는 규정이 없은즉 어떻게 업무를 시행할지 모르겠습니다. 지금 본소의 사무가 이로 인하여 지체됨이 많아 이에 질품합니다"고 한 바, 이를 살펴보니 부판사가 비록 이전의 검사 사무를 행하나 신관제에 관련 규정이 없으니 공소를 제기하지 않음이 마땅하다. 이후에는 심리한 안건을 죄의 경중에 따라 형량을 논한 후 통첩 형식으로 형사 판사에게 이첩함이 마땅하므로 이에 지령함[144](밑줄은 인용자).

즉 이 관제에 따를 경우 부판사가 중죄사건을 판사에게 이송하라는 규정만 있고 이전의 검사가 하듯이 공소를 제기하라는 규정이 없어 재판이 지체되고 있다는 한성재판소의 질품이 제기된 것이다. 이에 대해 법부에서는 공소를 제기할 필요 없이 무조건 형사 판사에게 이송하라는 지령을 내리고 있다. 이는 경죄이건 중죄이건 모두 검사의 공소 절차 없이 부판사가 죄의 형량을 논한 다음 형사 판사가 담당 처리하게 하는 것으로 재판 절차상 상당한 혼란이 야기되는 것이었다. 이 같은 혼란을 인정한 듯 다음해 1898년 2월 9일의 〈한성부재판소관제·규정〉에서는 판검사의 구성이 수반판사 1인(한성부판윤 겸임), 판사 2인(1인은 한성부소윤이 겸임), 검사 1인으로 개정되었다. 즉 1년 전의 부판사 규정을 없애고 검사를 배치한 것이다.

우여곡절을 겪었지만 한성재판소에는 법부 관리나 지방 관리가 아닌 전임 판사·검사가 상당수 임명되고 있어 원래 의미에서 사법관의 독립이 이루어지고 있었다. 우선 법규상으로 한성재판소 판사·검사는 별도로 정하는 사법관시험규칙에 의하여 시험을 거친 자 중에서 내각총리대신을 거쳐 법부대신이 주천奏薦하여 국왕이 임명하게 되어 있었다(〈재판소구성법〉 제14조).

〈표 2-7〉에서 보듯이 한성재판소 구성원은 대체로 개혁 이전 사헌부·사간원·형조 등에서 재판 관련 실무를 담당하거나 개항 이후 통상·외교관계 등 새로 설치된 기관의 관직을 역임하거나 법관양성소를 졸업한 인물들이 다수를 점하고 있다.

이에 비해 개항장재판소·지방재판소의 사법관 임용은 개혁 이전과 다름이 없었다. 〈재판소구성법〉에 의하면 개항장재판소·지방재판소

<표 2-7> 1895~1898년 한성재판소 사법관 명단

	판사	검사
1895년	韓昌洙 任大準 李根敎 趙漢復 李度翼 金甲洙 金基龍 崔俊植	李度翼 金基肇 吳容默 崔文鉉
1896년	李應翼 李度翼 尹庚圭 尹悳 洪鍾檍 金基肇 徐相世 姜華錫	李瑢在 咸台永 (모두 검사시보)
1897년	尹履炳(首班) 朴世煥 李會九 張錫運 太明軾 李喜楨(副判事)	韓鏞敎
1898년	李采淵 李鎬翼 鄭益鎔 尹致昊(이상 首班) 李啓弼 太明軾 金義濟 尹泌 尹性普 李豊儀	咸台永 太明軾 尹泌

출전:《舊韓國官報》〈敍任及辭令〉란의 해당 임명기사에 의함

의 판사·검사도 한성재판소와 마찬가지로 별도로 정하는 사법관시험 규칙에 의하여 시험에 합격한 자 중 법부대신이 추천, 내각총리대신을 거쳐 국왕이 임명하도록 하였으나(제14조) 당분간은 지방관이 판사·검사를 겸임하도록 하고(제56조), 점차 시험을 거친 전임 법관으로 다시 부임하게 한다고 하였다(제60조). 즉 후술하듯이 법관양성소에서 새로운 법률 전문가들을 시급히 양성하고 이들을 시험을 거쳐 전임 법관으로 임명할 계획이었던 것이다. 그러나 법관양성소가 정국의 변동 등으로 인하여 부진하게 됨에 따라 사법관시험규칙 등 근대적 관료 선발 규정은 제정되지 않았고 관찰사·군수 등 지방관이 사법 업무를 관장하는 구래의 제도가 그대로 유지되었다.

즉, 1895년 6월 1일 법부훈령 제2호로 당분간 관찰사가 재판소 판사, 참서관이 재판소 검사를 겸임하도록 하고 지방재판소지소가 설치될 때까지 군수가 관내 재판사무를 겸임하도록 하되 불복할 경우 관찰사에 상소하도록 하였다.[145] 이 제도는 여러 차례 개정을 거쳐 지방재판소지소를 설치한다는 규정은 삭제되고 광주·개성·강화 부윤 및 각 군수로 하여금 관내 일체 소송을 청리하도록 하되 민형사를 막론하고 의문이 생기는 사건이나 역형 이상 범죄에 해당하는 사건은 반드시 관할 지방재판소 수반판사에게 질품하여 처리하도록 하였다.[146]

또 개항장재판소에서는 부윤과 참서관이 판사·검사를 겸임하고 있었는데 1896년 8월 7일 개항장 감리서가 복설되고 감리직이 다시 설치되었다. 이에 따라 각항 감리가 개항장 부윤을 겸임하고 외국인 거류민의 인명 재산과 본국인에 관한 일체 민형사 사건을 각국 영사와 상호 심사하는 권한을 갖게 되었다.[147]

이는 사실상 개혁 이전의 제도, 즉 수령은 태형 이하의 죄만 직접 처단하고 장형 이상의 죄는 반드시 관찰사에게 보고하고 그 지시를 받아 처단하는 방식으로 돌아간 것이라고 할 수 있다. 다만 개혁 이후 장형이 태형으로 흡수되어 군수 관할이 보다 확대되었다는 점, 모든 민사·형사상 사건 심리 과정에 의문스러운 점이 생기면 관찰사에게 보고하여 처리한다는 차이가 있었다.

따라서 지방재판소판사를 겸하고 있는 각도 관찰사와 그 산하의 군수는 구래의 방식으로 사법업무를 담당하게 되었다. 다만 신식제도에 의하여 관찰사·군수·감리(부윤 겸임)의 임용 절차, 관등과 봉급에 대한 규정이 달라졌다. 우선 다음 〈표 2-8〉의 관등·봉급을 〈표 2-5〉의 각부 관리의 그것과 비교해 보면 관찰사는 각부 칙임관 4등, 군수는 각부 주임관 4등 이하, 감리는 각부 칙임관 2급봉에 해당한다. 관찰사와 군수의 지위가 상대적으로 낮은 반면 감리는 높은 대우를 받고 있음을 알 수 있다.

이들 지방관은 어떻게 임용되고 있었던가? 과거제를 통해 문관이나 무관을 선발하여 일정 기간 후 임용하는 제도는 없어지고 천거에 의한 방식만 남았다. 개혁 초기에는 총리대신이 각 아문(부) 대신·찬성·도헌과 회동하여 협의 추천하되 2품 이상은 삼망三望을 올려 낙점을 받아 임용하고 3품 이하는 단망單望하되, 서경署經은 총리대신·찬성·도헌·아문대신이 하는 것 외에는 모두 혁파한다고 하여 의정부 또는 내각에서 천거에 의하여 임용하고 있었다.[148]

그 후 이를 구체화하여 1896년 4월 각 관서의 칙임관이 보증 추천하게 하되 관찰사는 각 대신이 1인씩, 군수는 각 대신이 3인씩 및 대

〈표 2-8〉 관찰사·군수·감리 관등 및 연봉

	관등	연봉
관찰사	칙임관 3등 이하	2,000원
군수	주임관	1등군 이하 5등군까지 각 1,000원, 900원, 800원, 700원, 600원
감리(부윤 겸임)	주임관	1,800원(경흥감리만 1,200원)

출전: 건양 원년 8월 4일 칙령 제36호 〈地方制度·官制·俸給·經費 改正〉; 건양 원년 8월 7일 칙령
　　제50호 〈各開港場 監理署 復設官制 및 規則〉《韓末近代法令資料集》II, 115~124쪽,
　　141~145쪽.

신 이외의 칙임관이 2인씩 보증 추천하여 내부로 이송하면 내부대신이 취사선택하는 것으로 확정되었다.[149] 단, 관찰사의 경우 종2품 이상과 전임 칙임관과 각 지방에서 특별히 명예가 현저한 인물을 임명할 때에는 보증 추천이 필요없다고 하였다.[150]

1898년 12월 8일에 지방관 임용규칙이 보완되었다. 지방관은 행동이 단정하고 학식이 통달하여 중망衆望에 부합하는 자로 임명하되 반드시 정부회의를 거친 후 상주하고 임명한 후에(제1조) 각 부부府部의 서경을 거치도록 하고 현행 장정규칙과 각국 수호조규를 면강面講 시험하도록 하였다(제2조).[151]

시험을 거친 후 '통通'과 '불不'을 나누어 정부에 통첩하면 정부에서 회의하여 처리하되 '통'이 많은 자는 부임하도록 하고 '불'이 많은 자는 상주하여 면임하게 하였다. 예를 들어 법부에서는 신임 군수가 서경을 받기 위해 법부로 왔을 때 소송 관련 법규 등을 면강하게 하였다. 1899년 5월 법부에서는 신임 평해군수 홍일섭洪馹燮과 통진군수 이규중李糾重에게 각각 〈민형소송규정〉 제6조와 〈재판소구성법〉 제5조를 강講하게 한 후 모두 '통'을 부여하여 의정부로 결과를 통보하는 식이었다.[152]

그러나 시행 초기부터 서경제도가 제대로 준수되지 않아 지방관의 자질이 올바로 검증되지 않은 채 부임하는 경우가 많았다. 담당 대신이 없을 때를 골라 해당 부에 가서 서경을 피하기도 하고, 장정을 면강한 결과 '불통不通'이 많은데도 아무 탈 없이 부임하는가 하면, 관련 법규 말미의 '본령은 반포일로부터 시행한다'는 단 한 줄만 면강하게 하여 무능한 지방관의 부임을 방조하기도 하였다.[153]

이처럼 시행 초기부터 사법관의 독립이나 전임 법관의 임용제도는 형해화되기 시작하여 고등재판소·한성재판소를 제외하고는 구래의 인사제도와 유사한 형식에 의해 사법관이 임용되었다. 그 원인은 우선 후술하듯이 전임 법관을 양성하기 위해 설치했던 법관양성소가 시행 2년만에 무위로 돌아간 데 있을 것이다. 그러나 좀 더 중요한 원인으로는 징세기구를 지방관으로부터 분리하려 했던 시도가 군수·이서배 등 기존 지방관리의 저항으로 인하여 실패로 돌아간 것과 마찬가지로,[154] 전임 법관의 임용으로 인하여 지방에서의 전제적 지위를 상실할 것을 두려워한 기존 지방관들의 저항을 지적하여야 할 것이다.

3 – 법관양성소의 설치와 운영

새로운 사법제도가 올바로 실시되기 위해서는 전임 법관의 양성이 급선무였다. 법부에서는 1894년 12월 16일 법률학교 설치를 건의하였는데 이에 의하면 새로 인재를 배양할 뿐 아니라 기존 지방관도 모두 법률학교에서 공부하고 법률을 집행하게 할 구상이었다.[155] 이에 따라 〈재판소구성법〉과 함께 1895년 3월 25일 칙령 제49호로 〈법관양성소규정〉이 반포되었다.

소장은 법부 참서관으로 임명하고 교수는 수시로 약간 명을 모집하였으며, 생도는 연령 20세 이상 35세 이하로 한문작문·국문작문·조선역사·조선지지地誌 등 4개 과목의 시험에 합격한 자 및 현재 관직에 봉직하는 자로 한정하였다. 생도는 매 2개월마다 모집하여 졸업 기한은 6개월로 정하고 졸업시험에 합격한 자를 사법관에 채용한다고 하였다. 학과목과 시간표, 교수 등을 보면 다음 표와 같다.[156]

<표 2-9> 법관양성소 학과시간표

	오전				오후	
	10시~11시		11시~12시		1시~2시	
	과목	담당교수	과목	담당교수	과목	담당교수
월	민법	高田	민사소송법	高田	법학통론	目下部
화	형법	堀口	형법	堀口	민사소송법	高田
수	형법	堀口	민법	高田	법학통론	目下部
목	민법	高田	민사소송법	高田	형사소송법	高田
금	형사소송법	高田	형사소송법	高田	법학통론	目下部
토	현행 법률	皮相範	소송연습	堀口·目下部·高田		

출전: 《法官養成所細則》 (규 21683)

위 〈표 2-9〉에서 보듯이 법관양성소의 교수는 소장인 피상범을 제외하고 모두 일본인이었다. 학습과목은 법학통론과 민법·형법·민사소송법·형사소송법, 그리고 현행 법률로 구성되었다. 현행 법률인 《대명률》, 《대전회통》 등 구 법전은 이미 숙지되어 시간 배정이 매우 적은 반면, 형법·민법·소송법 등은 전혀 새로운 법규이기에 시간이 많이 배당되었다. 물론 이 시기에는 형법·민법·소송법 등이 제정되기 전이었으므로 이들이 학습한 형법·민법은 일본의 현행 형법·민법이었을 것이다.

과목의 방대함에 비하여 1일 학습 시간은 매우 짧고 졸업 기한도 6개월밖에 되지 않아 이들 양성소 생도들이 단기간에 전임 법관으로서의 소양을 충분히 갖추었으리라고는 생각하기 어렵다. 그렇지만 1895년 11월 10일 제1회 졸업생으로 함태영 외 47명이 배출되고 다음해 4월 22일 제2회 졸업생 39명이 배출되었는데 임관한 졸업생만 정리하여 보면 다음과 같다.[157]

검사시보: 咸台永·李璿載

법부주사: 李麟相·李容成·尹性普·李豊儀·洪龍杓·林炳應·韓鏞敎·俞鶴柱·曹世煥·李源國·黃鎭菊·金鍾應·徐廷佐·金世鶴·鄭齊賢·韓止淵

의정부주사: 李道相 / 탁지부주사: 吳致吉 / 학부주사: 洪肯燮 / 전보사주사: 徐丙星 / 위관尉官: 張然昌·張潤圭·金相參 / 교원: 李康浩 / 군수: 柳志淵 / 함흥부주사: 金勉弼 / 공주부주사: 李用冕

총 86명의 졸업생 중 29명이 임관한 것인데, 법부의 검사시보로 2

명, 법부 이하 각급 재판소의 주사로 임명된 것이 16명이다. 이들 검사시보와 법부주사는 이후 한성재판소 또는 고등재판소의 판사 또는 검사로까지 승진하였음을 확인할 수 있다.

　초창기 법관양성소의 졸업생들이 원래 구상대로 법부의 실무진과 기타 정부 각 부서의 주사급 직원으로 임명된 것은 개혁 이래 최초의 성과였다. 졸업생 전원이 사법관으로 임용된 것은 아니지만 이 같은 추세가 계속되었더라면 전임 법관 또는 법률 전문가가 다수 배출되었으리라고 예상할 수 있다. 그러나 법관양성소는 제2회 졸업생을 낸 이후 1903년까지 신입생을 받지 않았다. 이는 제3장에서 후술하듯이 1898년 이후 정부 방침이 관찰사·군수가 사법관을 겸임하도록 하는 방향으로 선회하였기 때문이다.

4
재판 절차의
개혁

재판 절차 전반의 변화

1895년 3월 이후 사법권은 법부와 그 산하 각급 재판소가 일원적으로 관장하고 재판을 민사와 형사로 구분하여 처리한다는 원칙이 수립되었다. 그러나 국민 모두를 차별없이 동등한 자격으로 재판하는 것은 아니었다.

우선 재판의 원고 또는 피고의 사회적 신분에 따라 재판소 관할을 달리 하던 구래의 제도가 여전히 영향을 남기고 있었다.

일반 민인이나 하급 관리의 경우에는 군수 재판 → 지방재판소 → 고등재판소의 단계를 거치거나 한성재판소 또는 개항장재판소 → 고등재판소의 단계를 거쳐 판결이 확정되었다.

이에 반하여 칙임관·주임관 등 고급 관리와 국사범은 고등재판소,

한국 근대 형사재판제도사

왕족은 고등재판소에서 개정되는 특별법원에서 각각 단심제가 적용되었다.

이러한 심급제의 차별적 적용은 조선 후기까지 상민의 경우 군수·한성5부 → 관찰사·형조·한성부 → 사헌부 → 국왕의 심급제가 적용되고 양반·관리·왕족 및 유교적 신분질서를 어지럽힌 강상범죄 등에 대해 의금부의 단심제가 적용된 것과 거의 동일하다. 다만 신분의 차이 대신 관직 유무의 구별이 적용되고 강상범죄 중 모반 대역 등 국사범 재판만 따로 분리된 점, 형조·한성부·사헌부·의금부 등 여러 기관에 분산되어 있던 재판 업무를 재판소라는 기구로 일원화한 점에서 다소 합리화된 것이라고 볼 수 있다.

심급제의 차별적 적용이라는 한계는 남기고 있었지만, 재판제도 일반에는 많은 변화가 나타났다. 우선 판사·검사의 직제와 임무가 1895년 3월 25일 법률 제1호 〈재판소구성법〉(이하 〈구성법〉)과 칙령 제50호 〈재판소처무규정통칙〉(이하 〈통칙〉), 1895년 4월 15일 법부령 제2호 〈검사직제〉(이하 〈검직〉) 등을 통해 규정되었다.[158] 이들 법령에 의하면 판사는 모든 민형사사건을 판결하며 범죄의 죄질에 따라 초사初査가 필요하다고 생각할 때에는 직접 조사하거나 혹은 다른 판사나 경찰관에게 조사를 명할 수 있었으며, 재판선고서 등 기타 중요한 문서의 원본은 판사가 직접 작성해야 했다(〈구성법〉 제37조, 〈통칙〉 제5조).

재판의 종류를 단석재판單席裁判·합의재판合意裁判·합석재판合席裁判으로 나누었다. 합의재판은 고등재판소와 특별법원에서 하는 것으로, 판결을 평의할 때는 관등이 가장 낮은 자부터 의견을 개진하기 시작하여 재판장이 마지막으로 개진하되 과반수의 의견에 따라 판결을 내리는 것으로 하였다(〈구성법〉 제53조 및 제54조). 합석재판은 판사 2인 이상이 동석同席하여 수반판사가 판결을 선고하되 판사간에 의견이 다를 때는 수반판사의 의견으로 결정한다고 하였다(〈구성법〉 제6조 및 제12조).

검사는 범죄를 수색하고 이를 기소하며 법률의 올바른 적용을 감시하고 형벌의 집행을 청구하며 그 집행을 임검臨檢 감시하도록 하여 사형 판결이 확정되었을 때 그 집행을 책임지게 되어 있었다. 또 범죄의 고소 고발을 수리하며 관리의 부정부당한 행위가 있을 때 증거를 수집하여 징계 처분을 구하고 공소를 제기해야 하였다. 또 민인이 죄없이 체포 또는 구류되지 않도록 하며 피고인이 오랫동안 구류되지 않도록 유의하여야 했다. 또 범죄의 증거를 수집하면서 증인을 신문하고 범죄사건 현장에 임하여 관계인 및 현장에 있던 자를 신문할 뿐 아니라 사법경찰관에게 명하여 범죄의 수색을 보조하게 하고 영장을 집행하게 하고 피고인을 인치할 수 있는 등 범죄의 포착과 수사, 형의 집행에 이르기까지 광범위한 임무를 부여받았다(〈검직〉 각조). 특히 주목할 만한 것은 "검사는 재판소에 대해 독립하여 그 사무를 행하여야한다"(〈검직〉 제18조)인데, 이는 오늘날의 '기소편의주의'를 연상케 하는 대목이다.

이처럼 독립한 검사 직무는 구 제도 하에서 사헌부·의금부·사간원 등 기관에서 양반 또는 관리의 규찰과 탄핵, 추단을 행하던 것과 기타 직수아문에서 행하던 죄수 심리 과정까지 포괄하는 것이라고 할 수 있다. 즉 각 직수아문에 포괄적으로 부여되어 있던 죄인의 체포와 수금, 신문·검험 등의 수사, 그리고 판결의 집행까지 검사의 직무사항으로 규정된 것이다. 이에 비하여 판사의 직무는 재판의 개정, 기소된 죄인에 대한 심리, 법률 적용 및 판결에 한정되었다.

판사·검사의 직무가 규정된 데 이어 재판 절차와 재판정 운영에 관한 규정들이 마련되었다. 모든 민사·형사 재판은 공개하여 방청이 허락되었으며 재판장은 재판 진행을 방해하는 자 및 기타 부당한 행위를 하는 자를 법정 퇴장시키거나 별정 법칙에 의해 처벌할 수 있는 권한을 가지고 있었다(〈구성법〉 제46조, 제48조). 재판에 사용하는 용지는 백지 반절 크기에 10행의 인찰지를 만들고 1행당 20자씩 기입 등서하도록 규격을 통일하였다.[159]

재판 절차 전반에 대한 규정은 1895년 4월 29일의 법부령 제3호 〈민형소송에 관한 규정〉(이하 〈민형소송규정〉으로 약칭)에 의하여 마련되었다.[160] 이 법규는 민사소송과 형사소송의 절차를 고소 단계부터 상소 단계에 이르기까지 각 절차를 상세하게 규정하고 각 절차마다 필요한 고소장·고발장·공소장公訴狀·사소장私訴狀·판결 선고서·상소서上訴書 등의 공문 양식까지 수록하고 있는데 여기서는 형사재판제도에 한해서만 정리해두기로 한다.

우선 고소와 고발을 구별하여 고소는 피해자가, 고발은 관리 또는 피해자 이외의 자가 하며, 사소는 피해자가 피고의 행위로 인하여 입은 손해를 변상받기 위하여 검사에게 제기하는 것이라고 규정하였다. 검사는 고소·고발을 받고 유죄로 생각할 때 공소장을 만들고 증거물을 첨부하여 당해 재판소에 심판을 청구하는데, 재판소는 이를 받고 사건 번호를 붙여 그 순서대로 공판을 열고 심판해야 한다고 하였다.

공판정에서는 재판장 또는 판사가 피고인의 성명·연령·직업·거주지·생장지生長地를 묻고 검사가 사건의 개요를 진술하여 증거를 제출하고 법률 적용에 대한 의견을 진술하면 재판장이나 판사는 범죄에 관하여 피고인을 신문하며 피고인은 무죄 증거를 제출하고 변론을 할 수 있었다. 특이한 것은 오늘날과 달리 공소의 논고가 끝난 후 피해자가 피해 사실을 증명하고 피고인은 이에 대해 답변할 수 있다는 규정이 있다는 점이다.

재판장 또는 판사는 범죄 증거가 충분할 때에는 법률에 비추어 형벌을 적용하고 유죄 선고를 하되, 증거가 충분치 않거나 죄가 될 만한 것이 아닐 때에는 무죄를 선고하고 피고인의 방면을 선고해야 한다. 이 같은 판결은 모든 변론이 끝나고 결심結審한 후 즉시 내리거나 혹은 기일을 정하여 내리되 결심한 날로부터 7일을 경과할 수 없다고 규정하였다. 판결 선고서는 당해 판사가 직접 작성하는 것이 원칙이었으며 검사는 사형을 제한 외에는 상소 기한이 경과한 후 곧 형벌의 집행을 명하고 이에 입회한다고 하였다. 위 판결에 불복할 경우 검사·피고·피해자 등이 상소를 할 수 있었는데 상소 기한은 판결일로부터 3일 내로 규정되어 있었다.

〈민형소송규정〉에 이어 1896년 12월 26일 법부에서는 〈재판소세칙細則〉을 반포하여 부족한 부분을 보완하였다.[161] 재판의 공정을 확보하기 위하여 외부인 및 사적인 편지의 왕래를 일체 금지하였다. 각부 관리가 공무로 인하여 재판소 관리를 방문할 경우에는 별도의 장소로 영접하여 잠시 만나되 결코 판사·검사실로 들어가지 못하도록 하였다. 같은 재판소 관원이라도 집무 시간에는 다른 판사·검사실 출입을 금

한국 근대 형사재판제도사

하였다. 민사·형사 재판정에는 재판소 관원이라도 직무 관련이 아니고는 참관할 수 없게 하였다. 만일 민사·형사상 원고·피고 중 미리 재판 관리에게 청탁하였다가 발각된 자는 즉시 형사로 이송하여 촉탁한 죄를 엄징한다고 하였다. 그리고 구 제도의 '결옥일한'과 유사한 것으로서, 민·형사 소송안은 접수한 날로부터 30일 이내에 판결해야 하며 지체될 경우에는 매월 말 해명 서류를 갖추어 보고하도록 하였다.

이러한 재판제도의 도입은 구래의 재판제도에 익숙해 있던 당시 사회로서는 급격한 변화였다고 할 수 있다. 따라서 수백 년 이상 내려온 구체제의 관행과 영향력이 개혁된 재판제도의 온전한 실행을 가로막고 있었다. 재판제도 개혁 이후 4년이 지난 1898년경 한국의 각 분야에 대해 세밀하게 조사해온 러시아측의 총평과 민권운동을 주도하던 《독립신문》의 논설을 보자.

① 앞에서 기술한 한국의 소송 절차와 형벌에 관한 모든 것은 최근의 정보 자료에 의거하여 평가한다면 아직도 그것의 반 이상은 공문空文에 불과한 것이다. 재판사업 분야에서 이를 개정하는 법률이 공포되었음에도 불구하고 현재 이루어지고 있는 모든 재판은 아직도 개혁 전의 조선에 존재하였던 제도와 방법에 의존하고 있었다. 이와 같은 현상은 한국에서 최근에 채택된 새로운 규칙들을 실효성 있는 것이 되게 하고 형사사건 분야에서 이루어진 인도주의적 입법 조치들을 실현에 옮기기에는 의에 부응할 만큼의 법률 지식을 갖고 있는 인물들이 무엇보다도 부족한 데서 비롯된 것이라고 할 수 있다. 이외에도 새로운 법률 전서의 편찬에 따르는 사업이 이제 막 시작한 데 불과하다는 점과 여태까지 채택된 적지않

은 법령들이 법률과 지시에만 한정되어 있어 날마다 발전하는 생활의 모든 구체적인 경우를 충족시키기에는 미력했다는 점이 구 제도를 그대로 지속시키게 하는 요인으로 작용하였다. 여하튼 실제에 있어서 한국의 사법기관의 사업 분야에서는 당분간 옛 왕조시대의 법률로 복귀하고 있는 경향을 보이고 있으며, 특히 명확히 밝혀지거나 공개되기를 꺼려하는 사업 분야에서 더욱 두드러지게 나타나고 있다.[162](밑줄은 인용자)

② 오늘날 정부에서 시급히 고칠 일 몇 가지를 말하노니……첫째는 13도 백성들이 살 수 없는 일은 법률이 글러 그런 것도 아니요 장정 규칙이 글러 그런 것이 아니라 그 법률과 그 장정을 시행 아니한 연고인즉 지금 정부에서 급히 할 일이 새 법률을 만드는 것도 아니요 새 장정을 기초할 것도 아니라. 다만 있는 장정과 법률을 시행만 하게 하거드면 우선 살 수 없는 일이 얼마큼 폐일 터이니 제2조는……관원들이……무죄한 인민들을 무법하게 잡아다가 재판없이 다스리되 만일 피고가 돈이 있으면 번번히 죄의 유무는 고사하고 송사 결처한 뒤에는 탕패가산이 되니……혹 이야기하는 말들을 들은즉 지방관하여 가는 사람들이 그 벼슬 할 때에 출물 쓴 것이 그 관황보다 몇 배씩이 더 되게 쓰고 관찰사와 원을 한 사람들이 있다니[163](밑줄은 인용자)

두 자료 모두 개혁 이후 제정 반포된 각종 법령과 규칙이 인도주의적 원칙에 입각해 있고 진보적 측면이 있다는 점을 인정하고 있다. 다만 문제는 그것을 실행할 주체가 결여되어 있다는 것이다. 재판제도와 관련하여 보면 법령과 규칙을 실현시킬 만큼 전문적 지식을 가진 법관이 부족하고, 뇌물로 지방관 자리를 매득한 관찰사·군수 등이 그 원금보다 몇 배 더 많은 재산을 축적하기 위하여 법령과 규칙을 무시하고 재판함으로써 인민을 수탈한다는 것이다. 다음으로는 이 같은 측면들이 재판제도의 각 단계마다 어떻게 나타나고 있었는지를 보기로 한다.

고소·고발권 확대와 피의자 체포시의 차별 폐지

1 ─ 대서소 공인과 고소·고발권 확대

형사재판의 출발점은 고소·고발 또는 검사가 범죄를 인지하고 직접 수사에 착수하는 것이다. 앞서 보았듯이 〈민형소송규정〉에 의하여 고소장·고발장·사소장 양식을 갖추어 고소·고발하게 되어 있었다. 각 지방재판소에서 고소·고발을 받을 때 재판소명이 기재된 인찰지를 사용하게 하였지만 아직 개혁된 제도에 무지한 인민들은 인찰지를 사용하지 않았고 이로 인해 소장을 퇴각당하는 사례가 다수 나타났다.

이전에는 무슨 정장할 일이 있으면 소지를 모두 흰 종이에 써서 정하더니 갑오 이후 신식 마련한 뒤에는 백성들의 소지도 또한 공문과 같이 해관 지방의 인찰지로 쓰는 규칙이어늘 일전에 대흥군 사는 김병도라는 사람이 산송 일로 경기 진위 사람을 걸어 경기재판소에 소지하는데 그 밑장인즉 흰 종이에 써서 정한 것이라. 그 밑장에 비록 인적은 있으나 신식에 어긴

고로 재판관이 그 소장을 퇴하였다니……[164]

이처럼 규정된 양식에 의거하지 않은 소장이나 군수 또는 지방재판소의 판결을 거치지 않고 고등재판소에 직소한 소장은 당해 재판소에 의해 퇴각당하는 사례가 비일비재하였다. 민인들은 무엇 때문에 소장이 퇴각당했는지 그 사유를 모르는 경우가 많았으므로 법부에서는 다시 소장 퇴각하는 절차를 만들어 각급 재판소에 훈령하였다.

무릇 민형사 소장을 퇴각할 때 이유를 설명하지 않고 무조건 각하하면 민심의 의혹이 없지 않을 것이다. 그러한 경우에는 해당 관원이 소장낸 백성을 불러들여 그 각하하는 사유를 상세히 설명하고 그러한 뜻으로 해당 소장 위쪽 여백에 제사를 쓰고 관인을 찍어 외부에서 조종하는 폐단을 막고 후일 증빙할 때 편하게 할 것으로 이에 훈령하니 이에 의하여 시행함이 마땅함.[165]

즉, 담당 관원은 소장 제출한 장민을 불러들여 퇴각 사유를 설명하고 소장 상단 여백에 그 내용을 기록하고 위조를 방지하기 위하여 관인을 찍어 내주라는 것이다.

한성에서는 소장을 직접 쓰지 못하는 민인들에게 돈을 받고 영업하는 대서소가 생기기 시작하였다. 이들 대서소는 법부의 관허를 받았다고 하면서 소장 써준 대가를 과다하게 받는 행태가 빈번하였다.

경향간 사는 인민들이 명원할 일이 있어 소지를 정하려면 각기 소회를 스스로 써서 정하면 좋을터인데 어찌하여서 서울서는 소장 쓰는 대서소라고 법부 관허를 맡아 가지고 고등재판소와 한성재판소에 소장을 정하려고 하는 인민들에게 소장들을 써주고 소장 써준 서가라 칭하고 돈을 많이 토색질들을 하는지 고등재판소에서 소지 대서소가 큰 폐단되는 줄을 알고 대서소들을 일병 혁파하리라고 말한다더라.[166]

고등재판소에서는 폐단을 일으키는 대서소를 모두 혁파하려는 방침을 가지고 있었던 반면, 법부에서는 새로 제정된 소송규칙을 민인들이 잘 모르므로 이들 대서소를 양성화하는 정책을 취하였다. 법부는 대서소 중 관허를 받지도 않았으면서 받은 척하는 경우, 능력도 없이 영업하는 경우 등을 문제로 삼고 이들에 대한 통제 규정을 만들고 적합한 인물에게 인가해 줌으로써 이 문제를 해결하고자 하였다.[167]

1897년 9월 4일 법부는 다음과 같은 취지로 〈대서소세칙〉을 반포하였다.[168]

각 재판소에 민형사상 정소하는 규칙을 반포한 지 이미 오래 되었는데 각처 민인이 해당 규례에 어두워 형식을 어기는 일이 매번 많아 <u>사건 하나에 고소장이 5~6차 또는 7~8차 퇴각할 지경에 이르러</u> 멀리서 온 소송인들이 왕왕 이로 인하여 객지에 머무르며 쓰는 돈이 과다한지라. 우매한 백성의 마음을 생각하여 대서소를 개설하게 하여 소송인들로 하여금 법식에 어두워 오래 머무르는 폐단을 없게 함.(밑줄은 인용자)

위 세칙의 취지는 민인들이 규칙을 몰라 고소·고발장을 내더라도 여러 차례 각하되어 과다한 체류 비용을 부담하는 폐해를 막기 위한 것이다. 대서업을 하려는 자는 법부에 신청하여 대서소세칙을 받은 후 개업하도록 하며 고소 원장原狀은 국한문 혼용으로 하되 한 줄에 20자 이상 쓰도록 하였는데, 대서전代書錢은 매 장당 동전 2푼씩 받도록 하였다.

고소·고발제도의 시행은 일반 민인의 권리의식 신장에 상당한 기여를 하였다. 개혁 이전부터 상언·격쟁이나 상소에 의하여 지방관 또는 중앙관리의 비리를 고발하는 예가 점차 확대되고 있었는데 재판제도가 개혁된 이후에는 상언·격쟁보다 고소·고발 절차에 따라 지방관이나 중앙정부의 대신들까지 고소하는 사례가 점차 나타나기 시작하였다.

1896년 11월 14일 태100 징역종신에 처해진 경기도 삭녕군수 이정석李貞錫 사건이 좋은 예이다. 삭녕군민 김치구金致九가 과부 형수인 이소사를 보쌈하러 온 다른 마을 전원국全元國에게 구타당하여 군수에게 고소했으나 군수는 전원국의 말만 믿고 원고 김치구를 잡아가둔 후 뇌물 3백 냥을 받은 후에야 석방하였다. 이에 김치구가 한성까지 와서 법부대신이 지나가는 길에 소지所志를 제출하여 이정석을 재판정에 서게 하였다. 신문한 결과 이정석은 재판을 올바로 하지 않고 김치구를 토색한 죄 외에도 수많은 부정 행위가 드러나 중형에 처해졌다.[169]

고소장이 아니라 구래의 방식인 상소上疏에 의한 것이지만 1896년 7월 진사 정성우가 박정양·조병직·이윤용·이완용·안경수·김가진·서재필 등 개화파 대신들을 비판하는 상소를 올렸다. 비판을 받은 여러 대신들은 정성우를 피고로 하여 고등재판소에 민사소송을 제기하였다. 고등재판소는 정성우가 확실치 못한 일로 원고들을 무고하여 그 명예를 손상시켰다 하여 이들 각인에게 명예 회복금으로 1천 원씩 보상하라는 판결을 내리고 다시 정성우를 형사재판하여 태100 징역 3년에 처하였다.[170]

뒤에 밝혀진 바에 의하면 정성우는 남의 여자를 인신매매한 죄로 경무청에 잡혀간 적도 있는 협잡꾼이었다.[171] 정성우에 대한 처벌로 사건은 일단락되었지만, 이 사건은 정부 대신이라도 일반 민인이 고소·고발할 수 있는 가능성을 보여준 셈이었기 때문에 《독립신문》에서는 정성우의 상소 소식을 처음 접하고 다음과 같이 환영과 지지의 논설을 게재하였다.

이전 같으면 이런 인언이 있으면 재판할 생각들이 없고 처의한다 하고 사직 상소를 한다든지 그렇지 않으면 상소한 사람을 재판 없이 몰래 정배를 보낸다든지 죽인다든지 할 터인데 이번에는 이일을 법률로 공평히 재판을 한 뒤에 만일 그 사람이 한 말이 다 증거가 있어 분명할진대 비록 높은 관원들이라도 형벌을 법률을 좇아 입을 터이요……우리 생각에 이번 이 재판하는 것을 보니 대조선 오백년 사기에 제일가는 경사라. 시원임 국무대신들이 일개 평민의 말을 어렵게 여겨 재판소에 와 재판하기를 청하고 그 평민이나 시원임대신이나 일체로 법관 앞에 앉아 이치와 도리와 경계와 법률을 가지고 옳고 그른 것을 대질하여 공평되게 분석하려고 하니 이것을 보면 조선도 차차 법률이 중하고 두렵고 공변되고 명백히 시비 곡직을 사실하여 죄 있으면 누구든지 벌을 입을 양으로 비준하고 죄 없으면 누구든지 벌 입을 묘리가 없는 줄을 깨달은 것이라.[172] (밑줄은 인용자)

이어서 독립협회 운동기에는 정부 대신들을 직접 피고로 고발하는 사례가 빈번하게 나타났다. 독립협회는 1898년 6월 앞서 언급한 법부대신 겸 고등재판소재판장 이유인의 민사소송을 담당했던 고등재판소 예비판사 마준영馬駿榮이 불공정한 재판을 한다고 형사고발하여 그를 면직시키는 데 성공하였다. 8월에는 황제 측근 인물인 이용익을 백동화 남발, 삼포蔘圃 늑탈과 잡세 징수, 금광 불법 채굴 등의 혐의로 고등재판소에 고발하였다. 1898년 9월 김홍륙 독차사건의 피의자 공홍식이 감옥 안에서 칼에 찔려 죽은 사건이 일어나자 법부대신 신기선과 법부협판 이인우를 죄수 관리를 잘못한 혐의로 고등재판소에 고발하기까지 하였다.[173]

이들 고발은 황제의 비호로 인하여 형사재판으로까지 연결되지는 못했다. 그렇지만 독립협회가 개혁된 재판제도를 이용하여 중앙의 고관들을 형사재판에 회부하려고 한 움직임은 《독립신문》 등을 통해 전국 각지의 민인들에게 큰 자극이 되었다. 후술하듯이 1899년 이후 여러 지방에서 군수나 관찰사의 부정부패 탐학상을 고발하는 사례가 빈번하게 나타난 것도 이러한 맥락에서 이해할 수 있는 것이다.

2 - 체포영장제 도입과 피의자 체포시의 차별 폐지

고소·고발제도의 개혁과 함께 피의자 체포 과정에도 여러 가지 개선이 이루어졌다. 가장 두드러진 변화는 영장제도의 도입으로서, 검사가 영장을 발부하여 경무청으로 보내면 경무청의 순검이 이를 가지고 피의자를 잡아오는 방식이었다.[174] 이때의 영장은 구속 영장이 아니라 체포 영장으로 판단되는데, 피의자를 체포할 때 공문서를 제시하는 것은 최초의 일이었다. 피의자를 체포해 오면 최초의 신문은 순검이 담당하게 되어 있었다.

피의자를 체포할 때 영장을 제시하는 제도는 단기간에 정착되었던 것같다. 1895년 8월 동학의 임실접任實接에 가담한 적 있는 임형규林馨奎, 전주 천주교당의 여자 사환인 김장순金長順, 전직 필상筆商인 박성삼朴成三 등 3명이 남원부에서 체포되었다. 이때 김장순은 최초 심문을 담당한 남원부 경무관보에게 "경찰관들이 들어와 영장도 안 보이고 잡아가려 하여 경찰관의 왼쪽 어깨를 치고 손가락을 깨무는 등의 저항을 하였다"고 진술하고 있다.[175] 이를 보더라도 일반 민인 중 체포 영장제도가 존재한다는 사실을 알고 있는 사람이 많았으리라고 추측할 수 있다.

법관이 아니면 피의자를 체포하고 신문하지 못한다는 인식도 확대되고 있었다. 1898년 음력 7월경 종목과種牧課 주사 최만섭崔萬燮이 이전 전생서典牲署 목장답牧場畓을 경작하던 김동규金東奎가 도조賭租를 기한 내에 납부하지 않는다고 사사로이 태형을 가하고 그 삼촌 김운경金雲景까지 힐난하였다. 이에 대해 김운경은 "당신이 법관도 아니고 동규가 죄도 없거늘 어찌 이같이 해괴한 짓을 하는가"라고 항의하는 데서도[176] 재판제도 개혁이 일반 민에게 점차 인식되고 있었음을 알 수 있다.

그런데 영장제도 실시에 따른 부작용도 없지 않았다. 1896년 4월 법부에서 경무청에 보낸 훈령을 보면

한성재판소 판사 이응익의 질품서를 보니 "본소에서 형사 심문건이 매일

수십 건인데 검사가 영장을 경무청에 발송하면 범죄인이 도피하는 자가 많으니 영장을 보낼 때 그 기미를 알려주는 폐단이 없지 않으며 혹 영장을 발한 후 십수일이 지나도록 통보가 없다. 이때문에 판결이 지연될뿐더러 1안 1건에 증인이 많을 경우에는 즉시 소환하여 잠시만 신문하면 될 것을 (재판을) 개정한 후 불러와 그들을 밤새 구류하니 공무에 방해됨과 백성 마음이 편치 않음이 이보다 더한 것이 없사오며.[177] (밑줄은 인용자)

즉 영장을 경무청에 발송하면 그 기미를 미리 알고 도망치는 자들이 많고 영장을 발한 후에도 체포 여부의 결과 보고가 십여 일이 지나도 올라오지 않는다는 것이다.

한성재판소에서는 피고인 체포를 원활하게 하기 위하여 경무청에서 한성재판소에 파견하는 순검의 수를 2명에서 8명으로 증원시켜 달라고 법부에 요청하였다. 그렇지만 법부에서는 형사사건의 증인을 불러올 때라면 재판소 파견 순검을 동원할 수 있으나 범인을 체포할 때는 반드시 경무청에 명령하여 행하는 원래의 방침을 준수하도록 지령하고 있다.[178]

피의자 체포 규정에도 몇 가지 변화가 나타났다. 첫째, 신분제가 폐지되어 문무관 및 양반에 대한 체포 규정이 달라진 점이다. 제1장에서 언급했듯이 피의자를 수금할 때는 그 신분에 따라 차별적으로 대우했으나 개혁 이후에는 이러한 차별이 거의 폐지되었다. 1895년 5월 칙령으로 "범죄한 문무 관원에 관한 사항을 지금부터 의친과 공죄公罪 외에는 주청하는 예를 폐지함"[179]이라고 하여 의친의 범죄 및 문무관원의 공죄 이외에는 모두 국왕의 재결을 받지 않고 체포한다고 함으

한국 근대 형사재판제도사

로써 죄를 범했을 경우 누구나 법 앞에 동등하게 처리하도록 하였다.

이 칙령은 1년 반 이상 시행되다가 1896년 4월에 반포된 〈형률명례〉에서 "관원 범죄자가 칙임관이면 먼저 상주한 후 잡아들이고(先奏後拿) 주임관이면 먼저 잡아들인 후 상주할 것"(제30조)으로 다소 완화되었다. 이는 위의 칙령이 담고 있는 정신을 퇴색시킨 것으로 피의자가 칙임관·주임관 등 고급·중급 관리일 경우 각각 국왕의 사전 허가 또는 사후 승인을 얻어야 함을 의미하는 것이다. 이들 칙임관·주임관 관련 사건은 심리와 재판 결과까지 국왕에게 보고하여 재가를 받도록 하라는 훈령이 이들 범죄를 관할하는 고등재판소에 하달되었다.

무릇 체포하고 일단 재가를 거친 것은 그 사안의 처리 여하를 또한 상주하는 것이 아마도 이치에 합당한 것이다. 지금까지 체포하고 상주한 범인에 대해 다시 상주하기도 하고 하지 않기도 하여 규칙이 통일되지 않았으니 일의 이치가 매우 편하지 않다. 지금부터는 무릇 체포하고 나서 상주한 사안은 그 처결을 기다려 다시 아뢰는 것으로 정하였으니 이러한 사안들은 석방했건 처벌했건 관계없이 그때마다 보고하여 상주하는 데 편의롭게 하도록 훈령하니 이에 의거하여 시행함이 마땅함.[180](밑줄은 인용자)

이같이 피의자 체포시 신분·직위에 따른 차별적 처리 규정은 1896년 아관파천 이후 군주권이 회복되는 과정에서 마련되었다. 그리하여 개혁 이전과 마찬가지로 고급 관료의 형사재판에 국왕이 초기 단계부터 관여할 수 있게 되었다. 즉, 국왕은 이러한 규정에 의거하여 칙·주임관 등의 범죄 처리 과정을 정치적 판단에 따라 승인 또는 거부할 수 있게 됨으로써 형사재판 절차상에서 군주권을 회복한 것이다. 그러나, 재판제도의 관점에서 볼 때 이는 사법권에 대한 통치권력의 간섭을 용인하는 제도적 후퇴를 의미하는 것이었다. 그리하여 이들 규정은 이후 칙임관·주임관의 범죄를 처리하려고 할 때마다 재판소의 권한을 위축시키는 기능을 하게 되었다.

수사 과정의 개선과 검험제도의 존속

피의자 체포 후에는 경무청에서 일단 재판소 검사에게 보고하고 그 지시를 받아 1차 신문을 하고 재판소로 압송하였다. 이어서 검사가 다시 신문하고 기소 여부를 결정하게 되어 있었다. 피의자를 신문하고 재판이 종결되기까지 피의자는 감옥의 미결감에 구류하도록 규정되었다.[181]

구금제도에서 주목되는 점은 형구·옥구 사용을 이전에 비해 제한한 점이다. 즉, 피의자 또는 죄수가 성품이 사나와 도주할 우려가 있을 때는 칼[枷]이나 족쇄를 채우지만, 노약자와 부녀자에게는 채우지 못하게 하였다.[182] 추[杻]나 항쇄[項鎖]는 사용을 금지하고 옥수의 신분에 따라 옥구 사용에 차별을 두던 점도 폐지되었다.

그러나 1899년 3월 종신징역 죄수들이 《독립신문》에 기고한 글을 보면 미결수에 대한 감옥 내에서의 대우는 종래와 같이 기결수와 큰 차이가 없었다. 이들은 감옥제도가 개혁된 후 죄수에 대한 대우가 상당히 개선된 점을 감사해 하면서도

정초에 불쌍한 광경은 징정 둘과 미결수 한 명 합 세 명이 닷새 안에 죽었는지라. 외국서는 미결수가 죽으면 법사에서 배상금을 문다는데 우리나라에서는 미결수 생사를 별로 관계없이 안다. 재판 처결 없이 몇 해씩 가두어두는 옥정에 하루 콩나물 삶은 소금국 두 그릇에 뉘와 돌반직이 한 흰밥 피주발에 칠홉 그릇씩 두 때 주는 것 바라고 긴긴 해를 보내니 넉넉한 사람이라도 해포 달포를 저당하여 이로 돈 냥 밥그릇 해다가 먹기 어렵든 하물며 없는 사람이야 어떠하리요.……얼굴이 누렇고 다리가 틀리는 중 볕 기운도 못 쐬고 행기 못하니 마르고 어지러운데 땅에서 습한 기운은 오르고 옆에서 대소변 냄새와 못된 악취에 악질이 아니 생길 수 없고 벼룩 빈대는 이로 잡지 못하매 잠조차 못 자니 이 중에 병 안 들 자 몇이뇨. 병 곧 나면 고칠 길 망연하다.[183](밑줄은 인용자)

라 하여, 미결수·기결수의 차이가 없이 굶주려 병들기 쉽고 자칫하면 사망에 이른다는 것을 호소하고 있다.

한편 경무청이나 재판소에서 피의자를 신문할 때는 여전히 고신이 합법적인 증거 확보 수단으로 허용되고 있었다. 즉,

신식법률이 반포되기 앞서서 대저 법관들이 대소 죄인을 신문할 때에는 단지 《대전회통》 형전에 의거하여 시행할 것이요 망녕되이 고형拷刑을 가하지 말 것[184]

이라 하여 신식법률이 반포되기 전까지는 신문할 때 《대전회통》 형전 규정에 의거하여 신문하되 고신을 함부로 가하지 말라고 하였다.

즉 '함부로 가하지 말라'고 하였을 뿐, 고신은 합법적으로 인정되고 있었다. 고신을 폐지하는 법령은 1907년 통감부의 내정 간섭 이후에야 제정되었으므로[185] 피의자 신문 과정은 개혁 이전과 하등 다를 바가 없었다.

다만 고신할 때 사용하는 형구가 장杖·태笞에서 편鞭·추箠로 바뀌고 고신의 한도가 새로 규정되었다.

> 편과 추는 민형사상 신문할 때 버티고 미루어 범행을 이실직고하지 않는 자에게 사용하되 반드시 재판장(각 지방재판소와 개항장재판소는 수반판사, 경무청은 경무사)의 명령을 받아 때에 따라 사용할 수 있음.[186]

이라고 하여 신문할 때는 각급 재판소와 경무청에서 관장官長의 명을 받아 편(가죽채찍)이나 추(작은 태)를 사용하되 경죄는 10도, 중죄는 20도를 넘을 수 없고 편·추 사용은 하루에 1회를 넘을 수 없고 피의자 1명에 대해 세 차례 이상 할 수 없도록 하였다. 그리고 노약자와 부녀자에게는 집행할 수 없게 하였다.[187]

형구를 개선하고 집행 횟수와 대상을 제한하였음에도 불구하고 실제 신문하는 장에서는 준수되지 않는 경우가 다반사였다. 몇 가지 사례를 들어 보자.

① 한성재판소는 백성의 시비를 법률을 가지고 재판을 아니하고 백성의 가죽을 벗기는 데니……산 사람을 때려 종아리를 안팎 없이 가죽을 벗겨 가죽과 살이 다 없어지고 뼈가 드러나도록 때려 감옥소에 가두어 놓

고 또 잡아올려 더 때려주려고 하다가 외국사람들이 마침 감옥서에서 이 죽어가는 사람을 약으로 구완하다가 또 잡아오란 말을 듣고 잡혀 보내지는 아니 하엿으나⋯⋯이렇게 맞은 사람의 성명은 정기호라 하는 사람인데 죄인즉 자기 선산에 어떤 사람이 투장한 것을 굴총한 죄요 지금 이렇게 때린 것은 이왕에 이 사람이 비도라고 그리한다니 이 일에 곡직은 모르거니와 만일 죄가 있으면 그 죄대로 징역을 시킨다든지 죽인다든지 하는 것은 가하거니와[188](밑줄은 인용자)

② 귀 보고서 제5호를 보니 "⋯⋯해군민 이명록李命祿 소장에 '저의 애비 추규樞奎가 본군민 문시정文時貞의 무고를 당하여 순찰하던 중대장에게 난장亂杖을 맞고 본군수에게 연달아 장을 맞아 비명에 돌아가셨으니'⋯⋯피고 문시정은 군에 엄히 가두고⋯⋯살펴 처판해주시기 바랍니다"라고 하였다. 이를 살펴보니 죽은 이추규가 계를 설립하고 무리를 끌어모아 깃발을 세우고 총을 쏘며 사람을 구타하고 집을 허무는 것이 극히 옳지 못하여 그 죄가 중하니 순찰하던 중대장이 엄히 금함은 마땅하고 태로 징치하지 않을 수 없었고 군수가 장10을 가함도 역시 손해 소송으로 인한 것이라 훈령을 준수하여 집행한 것이다. <u>그런즉 그의 죽음은 실로 스스로 취한 것이며 법규대로 고신하다가 죽음에 이르게 된 것은 죄로 논하지 않는다는 등의 구절이 법률서에 기재되어 있거늘 어찌 남을 탓할 일이 있어 문시정을 피고로 기록하였는가.</u>[189](밑줄은 인용자)

①의 사건은 정기호鄭基好란 사람이 자기 선산에 타인이 몰래 매장한 것을 굴총掘塚하여 분쟁이 일어났고, 분쟁 끝에 정기호가 이전에

비도匪徒였다고 고발당하고 한성재판소에 형사 피의자로 체포되어 신문을 받으면서 자백을 하지 않는다고 하여 엄청난 고문을 받은 사안이다.

②는 평안북도 용천군 민요民擾 관련자로 무고당하여 순초 중대장에게 난장을 맞고 다시 군수에게 중장重杖을 받아 장독杖毒으로 치사한 이추규의 사례이다. 법부에서는 이추규의 죽음은 스스로 자초한 것이며 그에게 가한 고문도 모두 법적 한도 내에서의 형이라고 하면서 남형한 혐의가 있는 군수와 순초 중대장을 무혐의 처리한 데 이어서 이추규를 무고한 문시정文時貞은 무고 살인의 죄가 아니라 관부에 사사로이 출입한 죄로 태100에 처하였다.

이처럼 신문 과정에서 사망하는 사람이 발생하는 등 고신은 개혁 이전에 비해 크게 달라지지 않았다. 고신의 폐단에 대해 당시 신문 논설에서는

우리나라 청국에서는 어떤 사람이 범죄의 확증도 없이 익명으로 타인을 모함해도 덮어놓고 체포해서 여러 가지 형벌로 문초한다. 형벌에 못 이겨 없는 죄도 있다고 자백하면 사형이나 귀양을 보내니 직접 당한 사람의 마음이 어떠할 것인지[190]

라고 하여 고문과 자백 강요의 폐단을 지적하고 있다.

범죄를 확증할 만한 증거나 증인도 없이 피의자를 체포해 와서 미결수로 구금해 두고 고신으로 자백을 강요하다 보니 미결수가 늘어날 수밖에 없었다. 다음 자료를 보자.

한국 근대 형사재판제도사

소송의 본뜻은 민사 형사를 막론하고 처결할 때 힘써 공정함을 기할 것이며 또 신속하게 함이 좋은 것이다. 이 때문에 결옥일한이 법전에 있거늘 요즘 들어 각 재판소에서 사건을 수리할 때 무슨 특별한 처판 방식인지 오로지 낡은 방식을 고집하여 징역 1개월로 판결할 자를 몇 개월씩 가두어두고 1백 냥 가액의 소송을 식비로만 1천 냥을 쓰게 하여 백성의 억울하다는 비명이 곳곳에서 들리니 이 어찌 놀랍지 않은가.[191](밑줄은 인용자)

각 재판소가 오로지 구습에 따라 재판을 지연함으로써 1개월 징역에 해당하는 사건의 범죄자도 미결 상태로 몇 달씩 가두어 두고 1백 냥 가액價額의 소송 판결을 기다리느라 1천 냥이나 식비로 소비하게 하는 등 민원이 자자하다는 것이다. 1898년 8월 초 법부대신이 감옥서의 죄수들을 조사하여 보니 그중 죄명도 모르고 증거도 없는데 재판도 못 받고 갇힌 지 1년 이상 지난 자가 십여 명이나 될 정도였다.[192]

한편, 살인사건이 일어났을 때 소재지 군수가 초검을 담당하고 이어서 인근 군수들이 복검·삼검 등 연이어 검험하여 지방재판소 판사를 겸임한 관찰사에게 보고하고 그 지휘를 받는 점은 개혁 이전과 비교하여 달라지지 않았다. 따라서 여러 차례의 검험 결과가 일치하면 곧 재판에 회부되어 심리가 시작되지만, 각 검험 결과가 상이할 경우 피의자는 검험 결과가 일치할 때까지 또는 자백을 할 때까지 무한정 감옥에 구금되어 있어야 하는 점도 개혁 이전과 마찬가지였다.

이하에서는 두 가지 사망 사건에 대한 처리 과정을 살펴보자. 먼저 전북의 오영숙 사망 사건이다.

귀(전북재판소) 질품서 제13호를 보니 "부안군 사망한 남자 오영숙吳永淑 사건에 초검관 부안군수 조용하趙庸夏와 복검관 고부군수 윤병尹秉과 삼검관 홍덕군수 안길수安吉壽가 전 관찰사 이병휘李秉輝에게 보고한 문안을 열람하니 그 사망 실인을 모두 '발로 걷어차임[被踢]'으로 적었습니다. 그러나 발로 차인 상흔은 없고 병환 증거가 분명합니다. 시체는 이미 매장하였기에 태인군수 이경익李庚翼을 따로 조사관으로 정하여 다시 조사하게 하였더니 실인을 비로소 '병환 치사'로 기록하여 보고하였습니다. 중대한 사망 사건을 급히 판단하기 어려워 검사관 4명의 군수를 다시 불러모아 의견을 통일하여 보고하라는 취지로 훈령하였습니다.……실인이 병환임은 다시 논의할 필요가 없기에 초검·복검·삼검안과 회사안會査案을 굳게 봉하여 올려보내며 질품하오니 살펴보시고 지령하시기 바랍니다"라고 하였다. 이를 보니……<u>재조사에서 뚜렷이 밝히지 않았다면 무죄한 사람이 누명을 썼을 것이다. 세 번 검험하고 또 한 번 조사하는 동안 끝까지 애쓰지 않고 오로지 구습만 따르려 함이 극히 개탄스럽다.</u> 간증·절린들이 거짓 진술함은 협박 탓으로 돌릴 수 있겠지만 시친·사련詞連 등의 허다한 거짓 진술은 죄가 장차 어디까지 갈 것인가. 거행한 서기와 위의 여러 범인들을 마땅히 엄히 징벌하되……<u>최사명崔士明을 즉시 방송하고 사사로이 들어간 돈 8백 냥을 상세히 조사하여 돌려준 후 그 상황을 즉시 보고할 것.</u>[193] (밑줄은 인용자)

전북관찰사의 보고에 의하면, 이 사건은 삼검까지의 결론이 '발로 차여 사망함'인데 관찰사가 의심스러워 4검을 하게 한즉 '병환 치사'라는 의견이 제출되었다. 이에 다시 검험을 관장했던 4명의 군수가 회동하여 조사하게 한 결과 검험관들의 의견이 '병환 치사'로 일치되었다. 이에 관찰사는 검험관들이 사망 실인을 제대로 밝혀내도록 돕지 못한 3개 군 서기들을 문책해야 한다고 보고하고 있다.[194]

검험관들의 일치된 의견을 담은 이 보고서는 사건 발생 4개월만에 1896년 1월 19일자로 상달되었는데 법부에서는 5개월이 지난 6월 28일에야 무고하게 갇힌 피고 최사명을 석방하였다. 그리고 사망자가 발로 차여 사망했다고 진술한 시친들과 관련 증인 및 서기 등을 처벌하게 하고 시친들이 피고에게서 뺏아낸 보상금 8백 냥을 추징하여 지급하라고 명령하고 있는 것이다. 이로써 피고 최사명은 무고로부터 풀려나왔지만, 검험관들의 잘못으로 인하여 근 9개월 이상 미결수로 감옥에 갇혀 있어야 했다.

1897년 개성부 창릉포昌陵浦에서 발생한 유영구劉英九 사망사건은 재판에 이르기까지 총 여섯 차례의 검험 또는 재조사를 거쳤다. 복검에 이르기까지 사망 원인이 확정되지 않았는데 시친 유성천劉聖天의 청원서로 인하여 삼검에 착수하여 사망자가 피살되었다는 증거를 확보하였다. 다시 사검관四檢官을 정하여 조사한 결과 사망 원인이 '피척被踢'으로 규정되고 피의자도 확정되었으나 신중을 기하기 위해 다시 명사관明査官을 정하여 조사한 결과 사망 원인이 '경하토사驚諕吐瀉(급성 토사)'로 보고되었다. 사건을 관할한 한성재판소는 유영구의 죽음은 순교 차흥대車興大와 김명근金明根이 유영구의 손을 묶고 등을 때리면서 금전을 토색하는 과정에서 발생한 것이라고 결론을 맺었다.[195]

이를 보고받은 법부에서는 그럼에도 불구하고 재조사를 명하였다. 재조사관 부평군수의 보고에 의거한 한성재판소의 질품서를 받은 후에도, 확실한 증거가 없어 범죄를 확정하기 어려우니 시친과 간증, 피고, 각 검험관과 명사관 및 검험시 수행한 각군 수서기 등을 한성재판소로 압송하여 수사하라는 지시를 내렸다. 한성재판소는 다시 이들 피고의 유죄를 인정하여 차홍대에게는 태100 징역종신, 김명근에게는 태100 징역3년을 선고하려 하였다.[196] 그러나 이 사건은 1897년 9월 경기재판소가 새로 설치되면서 이관되고, 경기재판소는 이들 피고에게 태80의 가벼운 형벌을 선고하였다. 피고들은 이에 불복하여 고등재판소에 상소하였지만 고등재판소는 1898년 4월 이를 기각하여 원심을 확정지었다.[197]

판결 과정과 형 집행의 변화

1 - 법률 적용상 차별 폐지와 국왕의 사법 회복

피고에 대한 수사가 완료되면 검사가 공소를 제기하고 판사는 피고를 공소장에 의거하여 심리하고 법률 적용 과정에 들어가게 된다. 재판제도는 개혁되었으나 새로 제정된 형법은 〈형률명례〉와 〈적도처단례〉 등 단편적인 법령밖에 없었기 때문에 거의 모든 범죄는 일단 《대명률직해》와 《대전회통》에 준하여 법률을 적용하고 이를 새로 제정된 〈형률명례〉상의 형벌로 환치하는 식으로 이루어졌다.

예를 들어 앞의 개성부 창릉포 유영구 옥사 사건을 맡았던 한성재판소에서는 다음 자료와 같이 ① 《대명률》 적용) → ② 《대전회통》 죄범준계(罪犯準計)條로 환산) → ③ 《형률명례》의 형벌로 환치)라는 복잡한 과정을 거쳐 적용할 법규와 형량을 정하였다.

피고 차홍대는 ①대명률 부례附例 인명편 위핍인치사조威逼人致死條의 '무릇 강하게 구타하고 위협하여 사망에 이르게 한 자는 비록 죄를 자수하더라도 매장 비용을 추급케 하고 변경의 수비병졸로 배치한다'는 율을 적용한다. 그리고 ②대전회통 죄범준계조 변원충군자邊遠充軍者 조항에 준하여 장100 유 3천리에 처하되 ③신식으로 바꾸어 태100 역종신에 처한다. 피고 김명근은 차홍대에게 적용한 형벌에 대명률 부례편 '공범죄는 수범首犯과 종범從犯을 나눈다'는 조항의 '수종자隨從者는 한 등급을 감한다'와 형벌가감조의 '유형 3종은 모두 한 등급으로 처리하여 감한다(三流同爲一減律)'는 구절을 적용하여 태100에 징역 3년에 처할 수 있고.[198] (밑줄은 인용자)

법률 적용 과정에 나타난 또 하나의 변화는 형벌 적용시 피고인의 정상을 참작하여 해당 범죄에 대한 형량을 가감한다는 규정이 제정된 점이다. 이는 앞서 언급했던 이준용의 1895년 정변음모 사건 처리 과정에서 나타났다. 이준용의 정변 음모는 대명률 모반죄로서 당연히 사형에 해당하며 감형할 수 있는 규정이 전혀 없었다. 이준용 정변음모 사건 처리를 위해 개설된 특별법원의 판결 선고 하루 전날인 4월 16일 내각회의에서는 〈유형분등과 가감례에 관한 건〉 및 〈특별법원에서 형벌을 작감하는 건〉을 각각 법률 제4호와 제5호로 제정 반포하였다. 이에 의하여 4월 16일 피고 이준용·한기석韓祈錫·김국선金國善은 모반죄이지만 정상을 참작하여 감1등하여 종신유형에 처하고 다음날 이준용만 특사로 다시 감2등해 10년 유형에 처하였다.[199]

우여곡절 끝에 만들어진 형의 가감에 관한 규정은 윤5월 20일 법률 제11호로 각급 재판소에도 준용하는 것으로 확대되었다.[200] 이전까지 형량을 감등하려면 제1장에서 언급했듯이 몇 가지 조건이 달려 있었으나 이제 아무 조건이 부가되지 않고 다만 "정상을 작량하야 본형本刑에 1등 혹 2등을 경감할 수 있다"고 한 것이다.

따라서 지방관 등 각급 재판소에서 임의로 형을 경감할 가능성이 농후해졌다. 법부에서는 이를 방지하기 위하여 같은 해 윤5월 28일 법부령 제6호 〈한성·개항장·지방재판소의 민형사사건 심리 중 지령을 청하여 행하는 건〉을 반포하여 형사범죄 사건으로 정상을 참작하여 경감할 여지가 있을 때는 반드시 상급기관인 법부의 지령을 청하여 행하도록 하였다.[201] 그러나 형량을 경감할 때 법부 지령을 청하라고 하는 명령이 제대로 준수되지 않자 법부에서는 각급 재판소에 대해 재차 훈령을 내렸다.

> 개국 504년 본부령 제6호……제1항과 제3항은 각 재판소에서 주어진 법식대로 실시하고 있으나 제2항의 경우는 혹 지령을 청하지 않고 자체적으로 경감하는 사례가 있으니 이는 법식에 어긋날뿐더러 사리에도 맞지 않는다. 지금부터는 죄수의 정상을 작량 경감할 때에는 (죄의) 경중을 막론하고 그 이유를 소상히 설명하고 아울러 모든 서류를 첨부하여 질품 후 처판할 것.[202]

즉 법부령 제6호 중 유종신 징역종신 이상의 형에 해당하는 사건이나 법률 적용상 의의가 있을 때는 각급 재판소가 법부에 대한 보고를 착실히 하는 반면(제1항과 제3항), 작량 감경할 만한 정상이 있는 사건은 제대로 보고하지 않는다고 하여 차후로는 모든 서류를 첨부하여 질품

한국 근대 형사재판제도사

후 처리함은 물론 판결 선고서에 그 감경 사유를 상세히 기재하라는 것이다.

　법률 적용과 판결 선고 과정에서 이루어진 변화 중 가장 주목할 만한 점은 문무관원의 범죄에 대한 특별 대우 규정을 폐지한 점과 국왕의 최고 사법권을 회복한 점이었다. 우선 특별 대우 규정 폐지에 관해서는 다음 몇 가지 자료를 보자.

① 모든 대소 관원의 공죄는 의금사에 가두고 공초를 받아 임금에게 올려 의처議處(처벌 논의)하라는 처분을 받은 후 비로소 의처함이 예규였다. 그러나 죄의 경중은 공초에 곧 드러나므로 의처하면 저절로 마땅한 적용 법규가 있게 마련이다. 그런데 마땅히 행하는 절차라 하여 여러 번 번거롭게 국왕의 마음을 어지럽히니 극히 황송스러우며 감옥의 죄수 처결이 지체됨도 유념하여야 할 것이다. 그러니 지금부터 공초를 받으면 곧바로 의처해 들일 것.[203]

② 범죄 관원을 조율할 때에는 공功과 의議에 따르도록 특별히 조정에서 염려해왔습니다. 그러나 조상의 공의功議로 죄범을 경감하는 것이 공법에 흠결이 되오니 지금부터는 공죄 이외에는 공의功議라고 하여 경감하는 예를 폐지함이 어떠하올지. "그리 하라"는 명을 받음.[204]

③ 모든 관리가 직권상 비법적인 일을 하여 사죄私罪를 범한 자는 본년 법률 제6호 징역처단례 제2조에 준하야 처판할 것[205]

④ 본년 윤5월 28일 법부훈령 제1호를 폐지함[206]

①에 의하면 과거 대소 관원이 공무 집행 중 범죄로 체포되었을 때

에는 공초를 받아 국왕에게 올려 의처하라는 처분이 있은 후에야 죄목과 적용할 법률을 논의할 수 있었으나 이제는 공초를 올림과 동시에 의처하여 재판의 신속함을 기하는 한편 국왕의 번거로움을 덜겠다는 것이다.

②는 범죄한 관원에게 적용할 법률을 아뢸 때 공신이나 의친의 후손인 경우 성명 밑에 '모공某功' '모의某議' 등 표식을 붙이는 예를 공죄 외에는 모두 폐지한다는 것이다.

③은 관리의 사죄에 대해서는 국사범의 경우와 마찬가지로 유형이나 징역형을 집행한다고 하였다가 ④로 이를 폐지함으로써 관리도 사죄를 범했을 경우에는 일반 인민과 동일한 형벌을 받게 한 것이다. 이처럼 관리나 공신·의친 등 지배계층의 사죄에 대해서도 일반 인민의 범죄와 마찬가지로 법률을 적용하게 된 점은 개혁의 가장 큰 성과 중 하나라고 할 수 있을 것이다.

법률 적용시에는 국민 일반을 동등하게 대하는 변화가 나타났지만 판결 확정 과정에는 국왕의 최고 재판권이 회복되면서 구래의 제도가 부활되었다. 1896년 이전까지는 고등재판소에서 판결을 내리면 그것으로 형이 확정되고 집행되었는데, 아관파천으로 군주권이 회복되면서 중요한 범죄에 대한 판결은 법부대신 또는 최종적으로 국왕의 재가를 받아야 형이 확정되는 것으로 바뀌었다.

1896년 4월 반포된 《형률명례》에 의하면 우선 각 재판소에서는 역형종신 이상에 해당하는 죄인은 반드시 법부대신의 지령을 받아 판결을 선고해야 하였다(제17조). 그리고 국사범을 유형에 처할 때, 특별법원에서 범죄자에게 역형 이상을 선고했을 때, 사형에 처할 자를 판결

선고한 후에는 반드시 국왕에게 상주한 후 그 재가를 거쳐야 집행할 수 있었다(제7조·제11조·제18조).

이에 의하여 1896년 이후에는 국왕이 자신에게 상주된 각종 판결에 대해 감형하는 일이 비일비재하였다. 1896년 1월 홍주 의병 사례를 보자. 명성황후 복수를 위해 봉기한 의병장 김복한金福漢 이하 이설李偰·홍건洪楗·송병직宋秉稷·이상린李相麟·안병찬安炳瓚 등에 대해 고등 재판소는 김복한은 정상을 작량하여 유10년, 홍건·이상린·송병직·안병찬은 징역 3년, 이설은 태80으로 선고하였다.[207] 법부는 이들이 국사범이므로 규정에 따라 고종에게 판결문을 상주하였다. 고종은

> 김복한 이설 홍건 송병직 이상린 안병찬 등이 때를 헤아리지 못하고 힘으로 관리를 억누르고 민중을 선동하여 지방을 시끄럽게 하였으니 어찌 죄 없다고 하겠는가. 그러나 그 뜻은 곧 복수에 있고 그 속셈은 곧 역적 토벌이었다. 하물며 이들 사건은 본년 2월 11일과 18일에 조칙을 내리기 이전이었다. 그러니 이들을 최근 의를 빙자하여 난을 일으키는 무리와 똑같이 논단하면 안 된다. 특별히 방송하여 용서하는 뜻을 보일 것.[208]

이라고 하여 무죄라고는 할 수 없으나 그 뜻이 복수와 역적 토벌에 있는 것이고 사건이 아관파천 이전에 발생한 것이니 모두 특별 석방하라는 지시를 내렸다.

고종은 또 앞서 언급한 1896년 11월 한선회·이근용 등의 친위 쿠데 타에 대한 판결에 대해서도 감형 조치를 내렸다. 이용호·장윤선은 자수했으므로 특별히 감2등하고 한선회·김사찬·이근용의 죄는 원래

용서할 수 없으나 작량하지 않을 수 없으므로 역시 특별히 감1등한다 하여 전자는 태100 유15년에서 태80 유7년으로, 후자는 태100 유15 년에서 태90 징역 10년으로 감경하였다.[209]

백동화 남발과 관련하여 1896년 이후 사주私鑄 죄인들이 상당히 많이 체포되고 있었다. 원래 사주죄는 사형에 처해야 하는데도 고종은 특별한 사유도 제시하지 않고 감형하라는 특지를 여러 차례 발하고 있다.

귀소에서 판결한 사주죄인 기만수奇萬守의 조율건으로 상주하였더니 <u>특별히 살생을 꺼리는 마음으로 감2등하라고 하신 성지聖旨</u>를 봉한 내각 지령이 도착하였기에 다음과 같이 보내니 기만수를 법정에 불러들여 이 같은 성지를 알려준 후 원래의 양형에 감2등하여 태100 징역15년에 처하도록 이에 훈령하니 이대로 시행할 것.[210] (밑줄은 인용자)

한성재판소에서 사형 대상으로 판정한 사주죄인에 대해 감2등하라는 특지를 내린 데 이어 1896년 6월 해주재판소에 체포되어 역시 사형 판결을 받은 사주죄인 이상섭李祥燮·이익순李益順에 대해서도 감2등하여 태100 징역15년에 처하게 하였다.[211]

국왕의 재판소 판결에 대한 최종 재가권은 전술한 칙주임관 체포시 국왕의 승인을 얻어야 했던 점, 후술하듯이 상언上言의 부활, 사면령의 빈발과 함께 군주권을 강화시키는 중요한 요소가 되고 있었다.

2 – 판결 집행의 변화

재판의 판결이나 국왕의 최종 결재에 의하여 형이 확정되면 검사가 이를 집행하게 규정되어 있었다. 검사는 형벌과 부가형의 집행을 청구하고 그 집행에 임하여 감시하며 사형 판결이 확정될 때에는 속히 소송기록을 법부대신에게 올려 그 지휘를 받아 사형을 집행한다고 하였다.[212]

형 집행에 앞서 각 재판소에서는 판결을 선고한 후 형명부刑名簿를 만들어 본소에 두고 등본 2통을 따로 만들어 법부 및 범인 거주지 지방재판소에 보고하고 지방재판소는 이를 다시 범인이 거주하는 지소 (군郡)에 이첩하여 죄수 관리에 만전을 기하도록 하였다.[213] 형명부 표식은 다음과 같다.

거주지 직업 신분 성명 연령

범죄 종류

형명 및 형기

형기 만한滿限

초범 혹 재범

집행경과 년월일

사고事故

그러나 형명부를 작성 보관하고 등본 2통을 따로 만들어 법부와 범인 거주지 지방재판소에 송부하라는 지침은 다음 자료에서 보듯이 1896년 후반에 이르기까지 제대로 준수되지 못하였으며 1897년 이후

에 가서야 이루어졌다.[214]

개국 504년 11월 12일 본부령 제10호 형명부 표식을 관보에 게재하고 등본을 각 재판소에게 송교하되……지방재판소에서는 다시 이를 범인이 거주하는 지소에 이첩하라 하였거늘 귀 재판소에서 법령을 지키지 않아 시행이 지체되니 사리에 소홀함이 극심하도다. 이 훈령 반포일 이후부터 처판한 죄인에 대해 일일이 형명부를 만들어 올려보내고 지금부터는 특별히 주의하여 매월말 법식대로 보고하되[215]……

태형은 구제도의 장형과 태형을 통합한 형이므로 집행방식이나 태의 규격은 변함이 없었다. 부녀자에게 태형을 실시할 경우 간통한 여자는 옷을 벗긴 채 집행하고 그 외의 범죄에 대해서는 홑옷만 입힌 채 집행하는 점도 마찬가지였다.[216]

그렇지만 태형 집행시 신분적 차별은 폐지되었다. 개혁 이전에는 문무관 및 유음자손, 생원·진사, 공신의 자손 등 양반층에게는 십악·도적·비법살인·왕법수장 외에는 모두 속전을 내고 태형·장형을 당하지 않는 특혜를 주었다. 개혁 이후에는 윤리·풍속 관련 범죄를 제외하고 누구나 형편을 참작받아 속전을 내고 태형을 면제받을 수 있었다.[217] 이로써 양반이든 상민이든 죄를 범하면 동일하게 태형을 당하거나 속전을 낼 수 있게 되었다. 이때 태형 속전의 액수는 태1대당 동전 1냥 4전으로 규정되었는데, 개혁 이전 태10대의 속전이 7전, 즉 태1대의 속전이 7푼인 것에 비하면 20배로 증액되었다.

태형은 개혁 이전에는 판결이 내려짐과 동시에 집행하였지만 개혁 이후 상소제도가 허용되었기 때문에 형사판결 상소 기한인 3일이 지나도록 죄수가 상소를 하지 않았을 때 집행하게 되어 있었다. 즉 죄수가 태형 판결에 불복하여 상소를 할 경우는 일단 미결 상태이므로 형 집행을 하지 않는다는 것이다.

그러나 죄수가 상소를 원하지 않을 경우에는 3일이 지날 때까지 기다려야 했으므로 죄수 측이나 태형을 집행해야 하는 재판소 측이나 불편하였다. 그리하여 한성재판소에서는 태형 실시 규정을 개정할 것을 요청하였다.[218] 이 요청이 곧바로 받아들여져 법부에서는 1896년 4월 25일 법부령 제2호로 〈민형소송규정〉을 개정하여 한성재판소의 의견대로 '태형에 해당할 죄인이 상소를 청원치 아니하는 경우에는 기간을 기다리지 말고 집행한 후에 방송함'이란 내용을 상소기한 규정 뒤에 첨가하였다. 이로써 태형을 선고받은 죄인이 상소를 하지 않을 경우는 곧바로 태형을 실시하게 되었다.

징역형은 개혁에 의해 처음 도입된 형벌이었기 때문에 정착하는 데 상당한 기간이 걸렸다. 징역형을 집행하려면 각급 재판소에 감옥 설비가 갖추어지고 죄수의 피복비·식비가 마련되어야 할 뿐 아니라 죄수를 노역시킬 수 있는 작업장이나 작업 여건이 확보되어야 했다. 그러나 감옥 설비나 기타 여건들이 정부 재정 궁핍으로 인하여 올바로 갖추어지지 못한 상태에서 징역형을 집행해야 했기 때문에 각급 재판소와 법부 사이에 많은 갈등이 발생하고 있었다.

우선 징역형을 실시해야 함에도 불구하고 예전과 마찬가지로 유형·도형을 실시하는 사례가 1897년에 이르기까지 빈번하게 나타나고 있었다.

함흥부관찰사 보고서 제1호를 보니 "공주부 금산군에서 유배보내온 방자하게 사술邪術을 부려 촌민을 현혹한 죄인 갈이범葛已凡을 태100 유3천리형에 맞추어 영흥군에 을미 11월 11일 도배하였습니다"라고 하였다. 이를 살펴보니 <u>귀 판사가 종전 감영·유수영에서 유형 이하를 직단하던 구습을 개정하지 않음으로 그런 것인지</u>, 도형 유형은 폐지하고 징역으로 바꾸라고 한 개국 504년 법률 제6호와 유·징역 종신 이상의 형에 처할 죄인은 일체 문서를 첨부하여 본부 지령을 청하여 결행하라는 동년 본부령 제6호를 모두 준수하지 않고 임의로 처단하여 이러한 착오를 일으켰으니 극히 소홀하도다. 귀 재판소에서 함흥부에 조회하여 영흥군에 도배한 죄인 갈이범을 다시 압래해 와서 본율에 의해 징역으로 바꾸되 법률 제6호 징역처단례에 따라 처판할 것.[219](밑줄은 인용자)

<u>징역처단례를 반포한 지 2년이 되어 가는데 잡범 죄수가 아직도 배소에 있다는 것이 진실로 개탄스럽다.</u> 이 문서 도착 즉시 해도 내 창평군 여리침어죄閭里侵漁罪 유3천리 도배죄인 김상오金相五 등을 본율에 의하여 징역으로 바꾸어 처판하되 본월 2일에 내린 모반·강도·절도·살인·통간·편재 외에는 모두 각 감1등하라는 성지聖旨를 알린 후 감1등하여 징역15년에 처하되[220](밑줄은 인용자)

위 각 사례에서 알 수 있듯이 유형·도형을 징역형으로 바꾼 지 2년이 지났음에도 불구하고 대부분의 지방재판소에서 구제도하의 형벌인 유배형을 집행하고 있었다. 이러한 착오는 1898년 이후가 되면 거의 사라졌다.

징역형의 경우 노역으로 어떤 작업을 하는지에 대해서는 법정 규칙이 없어 확인할 수 없다. 다만, 재감자가 식량을 스스로 마련하기 위하여 자기가 소지한 돈 또는 압뢰押牢에게 빌린 돈으로 볏짚을 구매하여 감방 안에서 짚신을 삼아 이를 순검 또는 압뢰에게 위탁 매매하거나 순검 등의 감호하에 시장에 가져가 팔았다고 한다.[221] 이러한 사실은 배재학당 학원 노병선이 《독립신문》에 기고한 내용에서도 확인된다.

> 우리나라 징역군들은 일한다 하는 것이 물 긷기와 땅 쓸기와 몇 가지밖에 안 시키고 징역군 중에도 이전에 소위 진신이라 하던 이들은 점잖다 하고 그 몇 가지 일도 안 시키니 징계가 고르지 못할뿐더러 징역군이 몇 해를 하다가 놓이면 이전에 여간하던 생애도 잊어 버리고 친척과 붕우 간에도 소활해서 왕래와 여수가 자연 막혀 그 사람이 죄밖에 지을 것이 더 없어 다시 죄에 범하니 어찌 불쌍치 않으리요. 당초 징역을 시키는 것은 아무쪼록 그 죄인이 회과하여 다시 죄를 범치 말고 착한 사람이 되라 한 뜻이오 다른 사람을 징계되게 하는 것이어늘 징역하는 죄인이 교에 처하는 죄인보다 더 심하고[222]

즉 징역죄수들에게 시키는 작업은 물 긷기와 땅 쓸기 등 몇 가지밖에 안 되며 그나마 전임 관리 또는 양반층인 진신들은 그러한 일도 시키지 않는다고 하였다. 또 징역죄수가 몇 해 동안 갇혀 있다가 나오면 생활할 능력을 잃게 되어 다시 죄를 범하게 되니 징역형이 교수형보다 더 심하다는 평가를 내리고 있다.

그러나 다음 종신징역 죄수들의 기고문을 보면 징역제도는 개혁 이전에 비하여 죄수의 인권을 신장시킨 것이라고 할 수 있다.

> 우리는 종신징역하는 죄인들이라……혹 죽을 목숨을 산 자도 있고 몇 번
> 씩 감등하여 몇 해 안에 나갈 자도 있으니 실로……개명 진보하는 법률을
> 본받아 인명을 아끼는 본의니 전대에 없는 좋은 법이라. 우연히 죽을 죄를
> 범한 제 천은을 입어 목숨을 보전하여 전과를 고치고 어진 백성이 되니 어
> 찌 잔혹하여 유무죄간 걸리는 대로 살해하던 때와 비하면 종신징역에 매
> 여 꿈같은 백년을 푸른 의복 쇠사슬과 하루 콩나물 국 두 그릇 간식 두 그
> 릇에 목숨을 매달고 풍한 서습을 마루 바닥 거적 자리에 불도 없이 지옥 같
> 은 간 속에서 장장하일 주린 배와 동지설상 떠는 몸이 병들고 마른 중에 기
> 거 동작을 임의로 못하고 몸이나 든든하면 일이나 잠시 나가 담배대 술잔
> 이나 간신히 맛을 보고……이렇게 죽을 인생 국가에 경사 만나 뜻밖에 천
> 은으로 몇 해씩 감등되어 옥문을 벗어나니[223]

유죄든 무죄든 자칫하면 살해당하던 죄수들이 징역제도 이후에는
그래도 의복과 음식을 제공받으며 몸이 건강하면 잠시 노역을 하여
담배나 술을 맛볼 수 있다는 것이다. 게다가 황제의 사면령이 여러 차
례 내리게 되면 계속 감등되어 자유로운 세상을 다시 볼 수도 있다는
것이다. 이처럼 징역제도는 종신징역 죄수의 입장에서 볼 때 이전보
다는 진보된 것으로 인정되고 있었다.

태형이나 징역형의 경우에는 정상에 따라 속전을 납부하고 실형 집
행을 면할 수 있었는데 이는 앞서 언급했듯이 신분적 차별 없이 어느
계층에게나 마찬가지로 적용되었다. 다음 자료에서 그 예를 보자.

징역죄수 송성관宋星寬 아들의 정소를 보니 그의 노모 병세가 위중한데 그 아비 보기를 원하여 날수를 계산하여 속전을 받고 특별히 방송하기를 원하여 그 100일 징역에 3월 17일부터 이달 28일까지 남아있는 일자가 29일이므로 계산하여 속전 40냥 6전을 받았으니 즉시 방송하시기 바랍니다.[224]

즉 남은 징역기한이 29일이라 1일당 1냥 4전으로 계산하여 40냥 6전을 다 납부했으니 징역정 송성관을 방송하라는 내용의 공문을 법부에서 감옥을 관장하고 있던 경무청으로 보낸 것이다.

그런데 부녀자의 경우에는 태형·역형을 속전으로 대신 받을 때 죄수가 빈궁하여 속전을 낼 수 없는 경우가 많았다. 부녀자가 징역형에 해당하는 범죄를 지었을 경우 병과並科한 태형은 100대까지 집행하되 징역형은 집행하지 않고 징역 기간에 해당하는 속전을 납부하게 하고 있었다.

귀(충북재판소) 제76호 보고서를 보니 "옥천군 사굴죄인 강과부는 정상을 참작하여 본율에서 감2등하여 태100 징역10년에 처하되 부인 범죄는 속전을 받는다는 율을 다시 적용해……속전 140냥을 내도록 계속 독촉했으나……가산을 모조리 탕진해도 속전을 납부할 도리가 없으니 상부에 보고하여 몸으로 대신 때우게 해달라 하옵기에 다시 지령을 기다려 거행하려고 이에 보고합니다"라고 하였다. 이를 살펴보니 강과부가 연로하고 가난하여 속전 마련이 어려우니 그 사정은 불쌍하다. 이 문서 도착 즉시 착실한 친속에게 보증을 세워 맡기고 그로 하여금 속전을 내게 하고 옥천군 보고 중 140냥은 단지 태형에 대한 속전이니 징역10년에 해당하는 속전도 아울

러 징수하여 납부하게 할 것.[225]

위 사굴죄인 강과부는 나이가 60여 세의 노인으로 가산을 다 팔아도 속전을 다 낼 길이 없으므로 속전 대신 태형을 집행해 달라고 요청하였다. 법부는 원래 규정대로 당분간 친속이 보증하여 친속의 집에 머물게 하고 어찌 되었든 속전을 징수하되 원래의 140냥은 단지 태형에 대한 속전이므로 징역10년에 해당하는 속전까지 함께 징수하라는 것이다. 그러나 징역10년에 해당하는 속전은 엄청난 금액이었다. 징역 1일당 속전이 1냥 4전이므로 1년을 360일로 계산하더라도 징역 10년에 해당하는 속전은 5,040냥이라는 거액이 되므로 이 속전을 다 낼 능력이 없었을 것이다.

이처럼 속전을 내면 태형·역형을 면할 수 있음에도 불구하고 가난으로 인하여 속전을 내지 못하는 경우가 많았다. 다음 자료는 공죄公罪에도 속전을 받게 되어 있었지만 피고인이 이를 내지 못할 경우 자원해서 태형을 받았음을 보여준다.

귀(한성재판소) 질품서 제112호를 보니 "피고 신광희申光熙의 처판 사유는 이미 보고하였습니다. 피고의 범행이 공죄인즉 법례에 따라 속전을 받아야 하는데 피고가 속전을 마련하여 납부할 수 없어 형벌 받기를 자원하니 이에 질품합니다"라고 하였다. 이를 살피니 공죄에 태형을 실시함이 법례에 어긋나지만 속전 납부가 어려워 형벌 받기를 자원했은즉 마땅한 형을 전폐할 수는 없으니 이 문서 도착 즉시 그의 원대로 집행한 후 방송할 것으로 이에 지령함.[226](밑줄은 인용자)

이처럼 태형·역형 대신 속전을 내는 규정은 개혁 이전과 마찬가지로 존재했으나, 수속 기회가 양반 등 지배층과 부녀자로부터 일반 민인까지 확대되고 속전의 액수가 20배로 늘어난 것이 달라진 점이라고 할 수 있다.

유형은 징역 1년 이상에 해당하는 국사범, 국사범이 아니라도 황제의 유형 실시 칙지를 받은 범죄자에게 집행하였다.[227] 유형의 집행은 법부에서 관장하다가 1896년 4월 25일 이후 고등재판소에서 관장하는 것으로 바뀌었다.

> 귀소(고등재판소) 설치 이전에는 본부 형사국에서 죄인 발배發配 등의 업무를 관장하여 행했지만 지금부터는 귀소에서 관장하여 행함이 타당하므로 이에 훈령하니 이에 따라 시행함이 마땅함.[228]

유형 집행 절차는 대단히 번쇄하였다. 이를 1896년 초 춘생문사건 관련범 이민굉·이충구·전우기·노흥규 등의 유형 집행 관련 문서들을 통해 정리해 보면 다음과 같다. 이들은 모두 종신유형을 선고받아 제주군으로 유배지가 결정되었다. 법부에서는 우선 내부에 대하여 죄수를 압송해 갈 순검과 청사廳使의 왕래 여비와 죄수 4명의 여비 중 일부가 지방 사무이므로 여비를 처리해 달라고 요청하였다. 탁지부에 대해서도 한성에서 인천항, 인천항에서 제주군까지 여비와 기선비를 청구하였다.

경무청에 대해서는 죄인을 한성부까지 압송할 순검 3명, 제주군까지 압송할 순검과 청사의 파송을 요청하고 한성부에는 경무청에서 압송해온 죄인을 인천부까지 호송할 순검을 택정하여 보내라고 훈령하였다. 이어서 인천부에는 죄수가 도착한 후 감옥에 가두고 기선에 탑승할 때까지 단속해 줄 것을, 제주부에는 이들 죄인이 외부인과 만나거나 편지를 왕래하지 못하게 일체 엄금하고 임의로 출입하지 못하게 감시하며 이들이 도착한 일시와 집행 상황을 보고하라는 훈령을 내렸다. 이와 아울러 인천부와 제주부로 보내는 훈령에는 위 죄수 4명의 연령·신장·얼굴색·수염 길이·흉터 등 5개 항목을 상세히 적고 그림으로 그려 죄수 신병 확인에 참고하게 하였다.[229]

유형은 국사범 또는 황제의 칙지로 집행하는 만큼 정치 상황의 변동에 따라 형기를 다 마치지 않고도 언제든지 황제의 조칙에 의하여 감등 또는 석방될 수 있었다. 따라서 정치권력의 주변에 있던 인물들에 대해서는 유배지 지방관들도 많은 예우를 해주었다. 다음 자료를 보면 당시 유형 집행의 사정을 대략 파악할 수 있다.

귀양 보내는 죄인을 말하더라도 재산이 있는 이는 그 첩과 다솔 하인하고 배소로 가서 수령과 같이 있다가 그 세력대로 15년 귀양일 지경이면 15일 만에나 혹 15삭만에 놓이려고 하며 그렇지 못한 귀양 죄인은 기갈이 심하여 죽도록 고생하다가 혹 도망질도 하며 혹 죽기도 하니 어찌 법률 본의가 이 같으리오. 종신 징역이나 종신 귀양이 죽이는 죄보다 더 경하여 그 몸이 세상에 있을 때에는 고초를 과히 받지 않게 하여야 정부에서 백성을 사랑하는 뜻이 나타나리로다.[230]

즉 재산이 있는 자는 유형을 가더라도 식솔과 하인들을 다 거느리고 가서 지방관의 예우를 받다가 형기 만료가 한참 멀었음에도 풀려나올 가능성이 있었으며, 재산이 없는 유형수는 죽도록 고생만 하는 형편이라는 것이다.

사형 집행은 반드시 법부에서 상주하여 국왕의 재가를 거친 후 처형하도록 하였다. 다만, 죄인이 도주하거나 외부로부터의 파옥破獄 우려가 있을 때에는 이 절차를 거치지 않아도 된다고 하였다.[231]

개혁 이전 사형 집행을 신중히 한다는 의미에서 실시되던 상복詳覆 절차는 폐지되었다. 사형을 반드시 음력 12월에만 실시하던 규정도 사문화되었다. 물론 많은 경우 양력 12월 이후 집행하였지만, 사형 집행 관련 자료를 살펴보면 1년 중 언제든지 집행하는 것을 확인할 수 있다. 예를 들어 이준용 모반사건 관련범인 박준양朴準陽·이태용李泰容·전동석田東錫·최형식崔亨植·고종주高宗柱 등은 1895년 4월 19일에 처형되었다.[232] 1897년 7월 20일에는 체포한 적당을 교수형에 처하겠다는 상주안의 재가를 받았으니 곧 시행하라는 훈령이 전라북도 이하 충남·충북·전남·경남·황해도 등지에 하달되었다.[233] 역시 1899년 5월에도 사족 과부를 강제로 끌고갔다가 미수범으로 체포된 죄수 김길이金吉伊를 교수형에 처하겠다는 상주안이 재가되었다.[234]

이처럼 개혁 이전과 비교할 때 사형 집행까지의 절차가 훨씬 간략하게 바뀌었고 군인을 제외하고는 모두 교수형에 처하게 되었다. 이에 대해 한국을 방문한 한 외국인은 1897년 서울의 정치적 상황을 기술하면서 사형제도의 개선에 대하여 다음과 같이 긍정적인 표현을 하고 있다.

참혹하게 잘려진 머리와 몸체가 야만적으로 민중들에게 보여진다든지, 너무 심하게 고문해서 거의 죽기 직전까지 몰고가는 광경은……거의 볼 수 없게 되었다. 2년 전(1895년—인용자)에 나는 사람의 잘린 머리가 사람들이 많은 서울거리의 부지 위에 널려있는 것을 보았다. 그리고 머리가 없는 몸통들이 동대문 밖 거리에 피가 배어있는 채로 널려져 있음을 보았다.[235]

3 – 상소제도 개혁과 사면 대상의 확대

a. 상소제도의 개혁 | 재판제도의 개혁 중 매우 긍정적인 부분은 재판 과정에 심급제를 도입한 점이다. 앞서 언급했듯이 대부분의 민형사 소송은 원고·피고가 불복할 경우 군수 → 각 개항장·지방재판소 → 고등재판소라는 단계를 거쳐 판결을 받게 되고 고등재판소가 최종적으로 당해 소송을 확정 판결하도록 개혁되었다. 따라서 상소를 하지 않을 경우에는 원심 판결이 그대로 확정력을 부여받고 집행되었다. 이로써, 판결이 일단 내려지더라도 이에 불복하는 민인들이 수십 년에 걸쳐 동일한 사안으로 여러 차례 소송을 제기하는 '비리건송非理健訟'의 폐해를 제거하려 하였다.

상소제도에 관한 상세한 규정은 1896년 6월 25일 칙령 제29호 〈각 군 군수의 해 관내소송 청리하는 건 개정〉에 의하여 마련되었다.[236] 이에 의하면 군수의 판결에 불복하는 민인은 각 해당 개항장재판소나 지방재판소에 상소하되 반드시 원장原狀을 첨부하여야 하며(제3조), 개항장재판소와 지방재판소 판결에 불복하는 자는 순회재판소를 개설하기 전에는 고등재판소에 상소한다고 하였다(제4조).

상소기한은 민사 15일과 형사 3일인데 기한이 지나더라도 부군 관리나 소송 상대방의 협박과 방해를 받았을 때, 상소를 수리할 재판소가 폐정 또는 휴일일 때, 사망하거나 질병을 앓아 위임할 사람이 없을 때, 기소하는 도중 질병에 걸리거나 적도의 피해를 받았을 때, 홍수나 적설로 도로가 막혔을 때 등은 그 확증을 소장 내에 상세히 기재하거나 증거물을 첨부한 후 유고 일자를 계산하여 기간을 연장할 수 있었다(제7조). 그리고 부군 관리의 방해를 받을 때, 개항장·지방재판소에서 소장을 접수하고도 은닉 또는 지체하여 즉시 소송 절차를 개시하지 않을 때, 소송 당사자 쌍방의 세력이 현저히 차이가 나 방해 또는 위협을 받을 때는 개항장·지방재판소에 상고하지 않고 곧장 고등재판소로 상소할 수 있다고 하였다(제5조).

구제도하에서 최종적 호소수단으로 사용되던 상언上言도 군주권 회복 이후 조금씩 나타나기 시작하였는데. 다음 자료에서 보듯이 주로 산송에서 많이 이용되고 있었다.

비서원랑秘書院郎 이중태李中泰의 통첩을 보니 "국왕께 상주했던 상언 5통이 귀부(법부—인용자) 소관인 고로 내역을 적어 송교하니 살펴보고 밝혀주시기 바랍니다"라고 한 바, 이 사안이 귀소(고등재판소—인용자)와 관련되므로 상주했던 상언 5통을 보내니 즉시 심사하고 보고하여 (비서원에서—인용자) 다시 아뢸 수 있도록 이에 훈령하니 이에 따라 시행할 것 / 내역; 영흥군 유학 박응준 등 산송 / 하동군 유학 정환모 원옥寃獄 / 적성군 유학 백홍수 등 산송 / 초계군 유학 유형식 산송 / 남포군 유학 임용백 등 산송[237]

상언이 올라오면 위에서 보듯이 비서원秘書院에서 접수하여 황제에게 올리고 황제가 처분을 내리면 비서원에서는 상언 내용과 관련된 각 기관으로 상언을 등송謄送하고 이를 받은 부에서는 처리 결과를 상주하였다. 위 사건 중 적성군 백홍수 등의 상언과 남포군 임용백 등의 상언은 두 가문 간에 1839년부터 시작된 산송으로서 이 사건은 다음 해인 1899년 1월 21일 고등재판소가 처리하여 황제에게 주본으로 보고하였다.[238]

상소上疏도 상언과 같은 역할을 하였다. 1898년 음력 1월 전라도 담양군에서 국재봉鞠在奉·국재준鞠在俊 형제가 비도 김형순金亨順을 시켜 자기 아버지를 죽이게 교사한 정인악鄭寅岳을 할복하고 참수한 살인 사건이 발생하였다. 고등재판소에서는 법부의 지령을 받아 국재봉은 태100 징역종신에 처하고 국재준은 태100 징역15년에 처한다고 선고하였다. 그러나 1899년 1월 2일 국재남鞠在南이 상소하여 황제는 법부에 재심을 명하였다. 법부에서는 형량을 다시 감하여 국재봉을 징역 10년으로 감하고 국재준 역시 그에 준하는 징역형으로 감형하였으나 두 아들을 모두 징역에 처하는 것이므로 더욱 작량 감경해야 할 것이라고 상주하니 황제는 국재준을 특별히 방송하라는 지시를 내렸다.[239]

이처럼 재판소에서 판결이 선고되더라도 최종적인 판결은 황제가 확정하는 사안들이 발생하기 시작하였다. 이러한 사례는 예외적인 것이었지만, 재판소의 판결이 확정력을 갖지 못하게 만드는 원인 중의 하나로 작용하게 되었다. 그러나 판결 확정력이 발생하지 않는 보다 중요한 원인은 각급 재판소의 판결 과정에도 있었다. 최종심 재판소인 고등재판소가 판결을 스스로 번복하는 경우, 고등재판소에서 내린 판결을 하급재판소가 번복하는 경우, 동일한 재판기관이라도 관장官

長이 달라짐으로써 이전 판결이 번복되는 등 개혁 이전과 같은 '비리 건송' 사례들이 빈번하게 나타나고 있었다.

법부에서는 1896년 10월 13일 고등재판소와 각급 재판소에 각각 다음과 같은 훈령을 내려 고등재판소가 처리한 안건을 각급 재판소에서 다시 수리하지 못하게 하였다.

어떠한 사건이든지 일단 판결을 거치면 번복이 불가할뿐더러 지방재판소에서는 고등재판소 판결을 좇아 시행하여 다시 수리하여 번복하지 못하는 규제가 명백하다. 그런데 최근 각 군민들이 고등재판소에서 결안한 후에도 원고·피고가 무조건 관찰부에 다시 고소하고 고등재판소에 상소하여 서로 엉클어져 치고 받게 된다. 이런즉 상소재판소를 설치한 취지가 어디 있으며 권한이 있겠는가. ……사후에는 고등재판소에서 판결한 사건이면 영원히 수리하지 말고 어떤 사건이든지 다음 법식에 의하여 수리 처판한 후 기록을 모두 보존하여 원피고가 무리하게 싸우는 폐를 적발하여 그치게 하며 관하 각군에도 이러한 내용으로 다시 훈령하여 이 법례를 좇아 시행하게 할 것.[240]

그러나 법부 훈령이 곧바로 준수되지는 못하였다. 함경남도 안변군 구영보具永甫는 전신 감독관으로 역부 6명을 거느리고 전신 공사를 마치고 돌아오는 도중에 역군들끼리 싸우다 살인 사건이 발생, 처음에는 무죄로 석방되었으나 관찰사가 교체되고 나서 감독 소홀죄로 평남 영변군으로 도배되었다가 1894년 6월에 특지로 풀려나왔다. 그러나 4년이나 지난 1898년 7월 그가 외국에 나가 있던 중 안변군에서 다시

동일한 죄목으로 그를 체포하러 와서 그 아들을 대신 잡아갔다.[241]

이 같은 판결 번복은 상소제도가 정착하지 못하게 하는 요소로 작용하였다. 이외에도 다음 자료와 같이 군수와 관찰사의 재판을 거쳐 고등재판소에 상소할 때 부주의나 고의로 원심 판결서를 첨부하지 않는 경우, 민인들이 군수와 관찰사의 재판을 거치지 않고 고등재판소나 법부에 곧바로 고소하는 경우가 빈번하게 나타나 상소제도가 정착하지 못하게 하는 요소로 작용하였다.

요사이 고등재판소에서 각도 각군 인민의 정소하는 것들을 본즉 모두 해도와 해군의 판결서는 첨련한 것이 없을뿐더러 백성들의 말이 본도 재판소와 본군에서는 판결서 하여 주는 법이 없다고들 하더라 하며 다만 몇 장만 첨련하여 정소들을 하니 그 소장을 퇴각하랴 한즉 백성들이 억울하다 하겠고 고등재판소에서는 법을 시행할 곳이 없으니 답답하다고 한다더라[242]

이로 인하여 고등재판소에서는 1898년 11월 3일 각 도의 지방재판소에 훈령을 보내, 다음과 같이 지정한 날짜 이후부터는 각 재판소 판결서를 첨부하지 않으면 상소를 수리하지 않겠다는 훈령을 보냈다.[243]

고등재판소에서 장정을 밝혀 좌개한 날짜를 지난 후에는 민소에 대하여 해도 재판소의 판결서를 점련치 않으면 받지 않겠다고 각도 재판소에 훈령하였다는데 경기재판소 11월 15일, 경북 11월 15일……경흥항 12월 25일, 인천항 11월 5일……원산항 11월 17일, 제주목 명년 1월 30일[244]

원심 판결서를 첨부하지 않고 고등재판소로 상소하는 문제는 이러

한국 근대 형사재판제도사

한 훈령으로 일단 해결의 실마리를 찾았으나 개항장·지방재판소의 재판을 거치지 않고 고등재판소로 직소하는 문제는 쉽게 해결되지 않은 듯하다.

개혁 초기에 법부에서는 이러한 문제가 군수·관찰사 등 재판을 맡은 관리들이 뇌물을 받고 불공정하게 재판하거나 소송 당사자들이 '비리건송'하기 때문이라고 하여 다시금 상소제도의 원칙을 천명하고 고등재판소 직소를 엄금하였다.

> 민형소송 처판하는 재판 규례는 칙령안과 부령에 밝혀져 있는즉 이를 좇아 시행함이 마땅하다. 그런데 심리할 때에 해도 혹은 해군 관리가 부탁을 받고 뇌물을 받아 부정한 판결이 있으면 해당 판사와 군수는 경중을 나누어 엄벌할 것이다. 소송민이 비리건송하여 법례를 준수하지 않고 다투어 서로 상소하는 자는 비리건송율에 따라 엄단할 것이다. 어느 지역을 막론하고 본년 칙령 제29호에 제시된 경우를 제외하고 군과 도의 판결을 거치지 않고 고등재판소에 직소하는 자는 절대로 수리하지 않을 것이니 차후 관하 각군에 다시 훈칙하고 방곡에 게시하여 한 사람도 모르는 폐가 없게 할 것.[245]

그러나 고등재판소에 직소하는 문제는 쉽게 해결되지 않았다. 이는 구조적으로 군수·관찰사 등 지방에서는 물론 고등재판소에서까지 재판관이 뇌물을 받거나 청탁을 받아 재판 자체가 불공정하게 이루어지고 있었던 데 가장 큰 원인이 있었다. 형사재판 중 이러한 사례를 한두 가지만 확인해 보자.

공주관찰사가 팔월십이일 법부에 살옥 검안을 올렸는데 목천 한우석이가 전답 일로 장기영이를 정소하야 목천에 잡혀 갇혔더니 장가의 처 심씨가 송사 그만둠을 애걸한즉 한가가 심씨를 휘욕하며 때리니 심씨가 분함을 이기지 못하야 감나무에 목매어 스스로 죽었다고 하였는데 장가가 8월 21일 법부대신이 길에 지나갈 때 소지를 정하였는데 무원록 법문에 목 매어 죽은 자는 눈과 혀가 나오거늘 이제 죽은 자는 눈과 혀가 나오지 않았으니 법문에 틀린지라. <u>한가가 돈도 있고 세도 있어 관속들에게 청촉을 하니 관속들이 때려죽인 옥사를 검시도 아니하고 목매여 스스로 죽은 양으로 문서를 꾸며 법부에 올렸다고 하니</u>[246](밑줄은 인용자)

자살하지 않은 사건을 자살했다고 하여 형사피고 한우석을 무죄로 처리하려고 한 이 사건은 법부의 훈령으로 인하여 재심에 들어가게 되었다. 그러나 재심을 담당한 관리도 뇌물을 먹었던지

장석인張錫仁의 소장을 보니 "고소인의 아비 장기영이가 지난달 피고인 등이 고소인의 어미 심조이를 꾸짖고 욕하여 그녀가 목매 죽은 일로 고등재판소에 호소하였습니다. 처분으로 '해부에 훈령을 내릴 것이니 돌아가 기다릴 것'이라고 하시기에 고소인의 아비가 처분을 기다렸더니 직산군수가 명사관으로 고소인의 아비와 피고인 한우석韓瑀錫을 대질시켰습니다. 피고인이 부와 권세가 있어 피고인 말만 듣고 고소인의 아비와 협호로 동거하는 장치원張致遠을 잡아 가두고 악형을 가하여 사경에 이르게 하였습니다. <u>피고인은 잡아 가두었다고 칭하나 쉽게 출입하며 고소인은 본 감옥에 엄히 가두었으니 세상에 어찌 이같이 원통한 일이 있겠습니까.</u>[247](밑줄은

라고 장기영의 아들이 법부에 호소하는 글을 올린 것이다. 법부에서 다시 충남재판소에 훈령하여 그 때에 이르러서야 피고 한우석 등이 처벌되었다.[248]

재판제도의 총지휘자라고 할 수 있는 법부대신 조병식조차 다음 자료에 나오듯이 뇌물이나 청탁에 의하여 불공정한 재판을 하고 있었다.

충청도 공주군 오현근이가 전 공주감영 영리 서재달로 더불어 사사 원수가 있는데 조병식이 년전 충청감사로 있을 때에 서가의 무망으로 하는 말을 듣고……오현근의 온 집안과 일문을 졸지에 도륙을 시키는데……오현근 3형제가 그 화란을 피하여 서울 시골로 원수를 갚으러 다니다가 한규설 법부대신 때 고등재판소에 정소한즉 고등재판소에서 서가를 잡아 여러 번 재판하여 오현근의 탕패 가산한 것을 엽전으로 오만냥을 물어주라고 고등재판소에서 귀결하엿더니 서가가 그때 서울에 갇혔다가 옥을 넘어 도망하매 고등재판소에서 집행법을 의지하여 서가의 전토로 엽전 오만 냥을 찾아서 오현근을 주라고 공주 관찰부에 훈령하기에 오현근이 서가의 전토로 고등재판소 훈령을 의지하여 찾았더니 도망하였던 서가가 조병식씨 법부대신 때에 또 가만히 청촉한즉 조씨가 공주관찰부에 비밀훈령하여 이왕 고등재판소에서 귀결하여 서가의 전토로 찾아서 오현근이 준 것을 도로 빼앗고 오현근 3형제를 옥에 가두고 식음을 끊게 하여 주려 죽을 지경인데 법정에서 이렇게 처결하는 법이 어디 있으리요 하고 그 곳에서 누가 편지를 신문사에 하였으니 참 그러한지……[249]

뇌물과 청탁에 의해 불공정한 재판이 이루어지고 있음을 법부·고등 재판소도 잘 알고 있었다. 법부에서는 여러 차례 뇌물이나 청탁을 받고 재판하는 것을 엄벌한다는 훈령을 내렸고[250] 고등재판소에서도 이 같은 내용을 종합하여 1899년 1월 소송장정을 각 지방에 내려보냈다.

이 소송장정은 1896년 6월 25일의 칙령 제29호 〈각군 군수의 해 관내소송 청리하는 건 개정〉의 내용과 앞서 법부에서 내린 뇌물·청탁 관련 훈령들을 모두 포함하고 있는데 새로 추가된 조항들은 다음과 같다.

一. 소송 용지를 군에서는 해군 인찰지를 쓰고 도에서는 해도 인찰지를 쓰되 2통을 만들어 한 통을 보존하게 함.

一. 소송 식례를 지키지 않고 기한이 지나 상소하거나 불복함을 핑계로 계속 고소하다가 재판에서 진 자는 비리건송율로 처벌함.

一. 재판에 진 자가 재판관이 뇌물을 받고 사사 촉탁을 받아 부정한 판결을 내렸다고 판단할 때에는 그 뇌물 받고 사사 촉탁 받은 증거를 명확하게 찾아 군에서 부정한 판결을 내렸으면 해도에 가서 상소하며 도에서 부정 판결을 내렸으면 고등재판소에 상소한다. 해당 재판관은 관리수재율로 액수를 따져 논죄하여 송민으로 하여금 억울함이 없게 하고 또 송민이 자신이 재판에서 진 점만 원통해 하고 관장을 무함하여 수촉受囑 혹 납뢰納賂라고 대략 상소하는 자는 조사하는 마당에 탄로되면 관장 무고율로 논죄함

一. 재판관의 수뢰와 사사 촉탁을 고발하기 위하여 상소하는 송민의 왕래 체재 비용은 뇌물받고 사사 촉탁 받은 재판관에게 받아내 해당 송민에

게 교부함.[251]

즉 군의 불공정한 재판을 도의 재판소로, 도의 불공정한 재판을 고등재판소로 상소하는 규정을 둔 것 외에도 재판관의 부정이 드러나면 이를 발고한 송민의 왕래 체재 비용을 재판관에게서 받아 지급하는 보상 규정까지 두었다. 이와 반대로 민인이 관장을 무고한 경우에 대해서도 처벌 규정을 두어 형평성을 기하고 있고, 재판 관련 문서의 공식성을 확보하기 위하야 규정된 인찰지를 쓰게 한 점은 재판 사무상의 개선이라고 할 수 있을 것이다.

이처럼 상소제도를 정착시키기 위하여 법부·고등재판소가 많은 노력을 기울이고 있었으나 법부·고등재판소의 관리나 판사들조차 뇌물·청탁으로부터 자유로운 것은 아니었다.[252] 이러한 상황이었기 때문에 당시 신문에 실린 다음과 같은 논설은 고등재판소 재판의 실상을 잘 말해주는 것이라고 할 수 있다.

고등재판소에서 몇 가지 한 일은 이왕 조선 형조라든지 포청에서 하던 일을 또 하는 것 같으나……이 재판소에서 하는 일이 이왕에 형조 한성부 양사에서 하던 일 같을 지경이면 조선 인민에게 위태함이 있는 것은 둘째어니와 위선 외국에서들 고등재판소란 말을 웃을 터이라. 들은즉 고등재판소에서 송사를 결처할 때 청 편지가 내왕을 하고 청전이 여수가 된다니……지금 경계는 죄있는 사람으로 세력이 있다던지 돈이 있으면 고등재판소를 사는 권리가 있고 간난하고 무세한 사람은 죄가 없어도 원통한 일을 당하여도 호소할 데가 없이 되었으니 그 백성들이 누구를 믿고 살기에 이렇게 억울히 대접을 하며 또 이런 협잡하는 사람들은 무엇을 믿고 살 량으로 이런 일들을 하는지 진실로 애석하고 민망해 보이더라.[253]

b. **사면 대상의 확대** | 판결이 확정되어도 국왕이 조칙으로 사면령을 반포하면 형 집행이 보류되거나 감형 또는 방송되었다. 미결수로 재판이 진행 중인 경우에도 사면령에 의하여 석방되었다. 사면령을 반포하는 시기는 개혁 이전과 다름이 없었지만, 사면 대상에 포함되지 않는 죄목이 많이 감소되어 결과적으로 사면 대상 범죄가 늘어났다.

먼저 개혁 이전 통상적인 사면을 행할 때 포함시키지 않는 죄목은 매우 다양했다. 십악, 살인, 강도, 절도, 범간犯姦, 사위詐僞, 관물 도취盜取, 방화, 발총, 왕법장, 불왕법장, 약인略人, 약매略賣, 감언이설로 사람을 유인한 죄, 간당·참언으로 남을 사지死地로 모함한 죄, 고의로 피의자의 죄를 증감시킨 죄, 범인인 줄 알면서 도망치게 하거나 숨겨준 죄, 서리로서 남을 대신하여 상관에게 뇌물을 전달한 죄 등이었다.[254]

갑오개혁 이전인 1887년에 반포된 사면령을 보더라도

본월 1일 새벽 이전부터 모반謀反, 대역, 모반謀叛, 자손으로 조부모·부모를 모살하거나 구타 모욕한 자, 처첩으로 남편을 모살한 자, 노비로서 상전을 모살한 자, 계획 살인자, 귀신이나 고독蠱毒을 부린 자, 국가 강상綱常 범죄, 수뢰·횡령죄, 강도·절도 등을 제외한 잡범으로 사형죄 이하 도徒·류流·부처付處·안치安置·충군充軍의 형을 받아 이미 배소에 도착했건 안 했건, 발각되었건 안 되었건, 기결이건 미결이건 모두 사면한다.[255]

이라고 하여 그 이전까지의 각 죄목 중에서 서리胥吏·약인약매略人略賣·감언이설죄와 범인을 놓아주거나 숨겨준 죄 등이 제외된 반면, 귀신을 희롱하여 타인을 해코지하거나 독충 등을 기른 죄 등이 포함되어 있어 대체적인 죄목은 거의 비슷하다.

그러나 개혁 이후에는 사면 제외 대상이 매우 단순화되었다. 즉 1895년 6월 27일 고종이 반포한 사면령에는

> 본년 6월 27일 칙령을 받자온즉 "짐이 경장한 때를 맞아 정치를 유신維新함에 작량함이 없을 수 없으니 개국 504년 4월 1일 이전 죄범 중 모반謀反 살인 절도 강도 통간通奸 편재騙財를 범한 자를 제외하고는 모두 석방하여 넓고 큰 덕을 보이라"고 하신 바[256]

라고 하여 사면 대상에서 제외하고 있는 죄목을 모반·살인·절도·강도·통간·편재 등 여섯 가지 죄목(이하, '육범六犯'이라고 함)으로 한정하였다. 그만큼 사면 대상에 포함되는 범죄는 확대되었다. 이후 1910년 일제강점기까지 반포된 모든 사면령에서 제외되고 있는 죄목은 대체로 위 육범에 한정되었다.

사면령은 매우 빈번하게 반포되었다. 다음 〈표 2-9〉는 1895년부터 1899년 상반기까지 조칙으로 반포된 사면령의 일자와 사면 내역에 대해 조사 정리한 것이다. 정치적 변동이나 신년 초, 황태자의 쾌유와 탄신일 등이 사면의 주요한 계기가 되고 있음을 알 수 있다.

그런데 위 표는 일반 사면, 즉 대사大赦만 정리한 것이다. 이외에도

〈표 2-10〉 1895~1899년 상반기 반포된 사면령

반포일	사면 대상과 내용	사면 계기	출전
1895.6.27	1895.4.1 이전 육범 외 일체 방석		《詔勅》(규 17708) 제1책
1896.2.11	좌우 감옥서 죄인 모두 방석	아관파천	《詔勅》 제2책
1897.1.3	육범 외 나이 70이상 15이하, 폐질인 모두 특별방송	정초	《詔勅》 제4책
1897.3.2	육범 외 각 감1등 미결수도 판결 후 감1등	국왕 경운궁 환어	《起案》 2 제16책 〈訓令 高等漢城各道各港濟州牧裁判所件〉(1897.3.5)
1897.8.16	육범 외 각 감1등 나이70이상 15이하 및 폐질인 특별방송 미결수도 판결 후 감1등	광무 연호 제정	《詔勅》 제4책
1897.10.13	육범 외 각 감1등 육범 중 감등할 만한 자 감등 미결수도 판결 이후 방송 혹 감등 유배 죄인 일체 심판	대한제국 수립	《詔勅》 제4책
1897.11.6	육범 외 각 감1등	왕후 민씨 명성황후 책봉	《舊韓國官報》 광무 원년 11월 7일 호외 《起案》 2 제24책 〈訓令 高漢13道6港1牧裁判所件〉 (1897.11.7)
1898.1.27	미결수 신속히 관대히 판결. 나이 70이상 15이하 및 폐질인, 정상이 용서할 만한 자 특별 석방	음력 정초	《詔勅》 제5책
1898.10.23	육범 외 각 감1등	황태자 쾌유	《舊韓國官報》 광무 2년 10월 23일 호외; 《起案》 2 제35책 〈訓令 高等漢城府裁判所件〉(1898.10.24)
1898.11.26	경죄수 방석 중범 각 감1등 육범 외 각 감1등 미결수도 판결 후 감1등 육범 중 감등할 만한 자 감등	만민공동회 진정	《詔勅》 제6책; 《起案》 2 제36책 〈訓令 高等漢城裁判所件〉(1898.11.29)
1899.3.19	육범 외 감등할 만한 자 감등	황태자 탄신	《詔勅》 제7책 ; 《起案》 2 제40책 〈訓令 高等漢城各道各港一牧裁判所件〉 (1899.3.2)

註: 《起案》 2란, 법부 형사국, 《起案》(규 17277의 2)를 말함

국왕이 조칙으로 특정한 죄목이나 특정한 인물들에 대하여 사면령을 발하는 경우가 많았다. 예를 들어 이준용이나 춘생문사건에 관련된 안경수 등 정치적 필요에 따라 형 집행 중인 인물들을 특별히 석방하는 경우가 상당수에 이르고 있다.[257] 이는 특히 독립협회운동이 고조에 올랐던 1898년 하반기와 1899년 초에 빈번하게 나타나는데 그만큼 정치적 변동이 극심하였음을 알려주는 것이다.

제1장에서 언급했듯이 잦은 사면령은 죄가 있으면 형벌로 다스린다는 원칙을 붕괴시킬 위험이 농후한 것이었다. 기결수에 대한 사면령은 차치하고라도 미결수도 판결을 내린 후 감일등 또는 석방한다는 것은 재판소의 위상을 그만큼 하락시키는 결과를 낳고 석방된 죄수들의 재범 가능성을 높이는 것이었다. 그 반면 국왕은 잦은 사면령을 내림으로써 그만큼 왕권의 위상을 높이는 정치적 효과를 거둘 수 있었다.

5
영사재판권 하의
재판제도

    1894년 이후에는 조선에 거주하는 일본·청·미국·영국·프랑스 등 외국인과의 사이에 민형사상 분쟁이 다수 발생하고 있었다. 개항장재판소가 이들 외국인과 한국인 사이에 벌어진 민사·형사소송을 담당하였지만 앞서 제1장에서 언급한 영사재판권 규정에 의하여 한국의 사법권은 불구의 모습을 보이고 있었다. 즉 외국인이 소송의 증인 또는 피고일 경우에는 한국의 재판소가 심리·판결하지 못하고 반드시 외국영사에게 조회하여 증인을 출석하게 하거나 외국영사관으로 하여금 재판한 후 그 결과를 통보받을 수 있을 뿐이었다.[258]

    1897년 1월 경상북도 칠곡군에서 프랑스인 신부 하경조河敬朝[259]가 세운 천주교당에 입도하여 그 교당의 물건을 여러 차례 훔친 김돈이金豚伊란 자가 있었다. 그는 그 죄로 징역을 살고 나와서도 또 교당의 물건을 훔쳐 교당에 갇혔다가 밤중에 도주하였다. 체포 명령을 받은 교도 김오권金五權 등이 김돈이를 추적하다가 하경조가 준 총으로 쏘아 죽였다. 이 사건에 대한 법부의 처리 방식은 외부에 보낸 다음의 조회 문안에서 찾아 볼 수 있다.

이 사안은 당연히 해당 도 재판소에서 심리하여 판결해야 하지만 이 사건의 핵심은 외국인 하경조에 있습니다. 그러므로 해국 공사관에 조회하기 전에는 불러서 신문하기 어렵기에 그 사람이 어느 나라 사람인지 경북 관찰사에게 전보로 알아보았더니 답신에 프랑스인이라 합니다. 이에 알려드리니 살펴보시고 해국 공사에게 이 건을 조회하여 하경조에게 전보로 지시하여 경북재판소에 나아가 답변하게 하도록 밝혀주시기 바랍니다.[260]

즉 이 사건은 발생지역인 경북재판소가 심리 판결할 사안이지만 사건이 프랑스인 하경조와 관련되어 있는 만큼 우선 프랑스 공사에게 조회하여 하경조를 경북재판소에 출석하게 해달라는 것이다. 그 후 법부에서는 총을 발사한 원범原犯은 잡지 못한 채 고등재판소에서 프랑스관원과 회심하는 형식으로 재판을 할 것이니 하경조 등 프랑스인은 간증인看證人으로 출석하게끔 해 달라고 외부에 요청하고 있다.[261]

이처럼 외국인과 관련된 사건은 민사재판이건 형사재판이건 일단 법부에서 외부를 거쳐 해당 외국 공사관에 조회하였다. 외국 공사관의 회답이 도착한 후 피고가 한국인이면 한국 재판소에서, 외국인이면 외국 영사관 또는 공사관에서 재판을 열되 양국 관원이 장소와 일시를 정해 공동으로 참여할 수 있었다. 그렇지만, 외국인이 피고가 될 경우 앞서 언급했듯이 한국 법률이 아니라 외국 법률에 의하여 외국 영사관원에 의하여 심판이 이루어지는 만큼 한국 측이 만족할 만한 판결이 나올 수 없었다.

1890년대 후반 이후에는 이 같은 영사재판권을 악용하여 외래 종교, 예컨대 천주교나 개신교, 러시아정교 등에 입도한 후 이를 배경으로 하여 일반 민인의 재산을 약탈하거나 행패를 부리는 예가 비일비재하였다. 다음 자료는 이러한 사태의 심각성을 법부에서 깨닫고 1898년 4월 전국 각 재판소에 내린 훈령이다.

최근 지방의 무뢰배가 서교에 투입하여 교도라고 빙자하고 마을에서 행패 부리는 데 거리낌이 없다. 무리를 모아 당을 이끌고 굴총하거나 채무 받기를 너무나 당연시해도 관에서 징치하지 못하니 이 어찌 말이 되겠는가. 외국인이 이 같은 행패를 부려도 해국 공사에게 조회하여 징치함이 마땅한데 하물며 아국인이랴. 저 행패부리는 자는 배우는 바는 비록 서교이지만 사람은 우리 백성이다. 그가 범한 죄과를 무엇을 꺼려 징치하지 않으며 또 서교가 비록 우리 교와 다르다고 하나 선을 좋다고 하고 악을 나쁘다고 하는 것은 마찬가지이다. 진실로 교도라면 행패할 리가 없다. 이들 무리는 곧 법을 어지럽히는 백성이다. 그 교사敎師라는 자에게 들어도 마땅히 배척해야 하거늘 하물며 백성을 다스리는 관리임에랴. <u>이들 무리를 징벌하는 것은 외국 교사도 달가와하는 바라. 양국간 교제함에 조금도 손상을 끼치지 않을 것이다.</u> 앞으로 이들 패류를 각군 각항에서 눈에 띄는 대로 잡아가두고 관찰부에 보고하고 본부로 다시 보고하여 지령을 기다려 처분하되 [262](밑줄은 인용자)

즉 서교에 투입하여 행패를 부리는 무뢰배들이 진정한 교도라면 이같은 행패를 부릴 리가 없을 것인즉 이들은 모두 난민이라고 규정하였다. 신부나 목사 등도 이들을 배척하고 이들이 처벌되는 것을 달가와할 것이니 이들 무리를 모두 체포하여 법부의 지령을 기다려 처벌하라는 것이다.

엄한 훈령을 내렸음에도 불구하고 서교에 투탁한 민인들의 행패와 약탈 등은 멈추지 않았다. 이처럼 서교에 투입하는 민인들이 많아지고 행패를 자행하는 배경에는 민인들이 외국 열강에 대해 저자세 외교를 취하는 한국정부의 나약함을 이용하려는 교활함도 있었지만 근원적으로는 한국관리의 탐학과 무능함도 있었다.

교도라 칭탁하고 관장과 인민을 위협으로 협박 공갈하는 폐습이 나날이 심해져 여러 가지 소식이 글이나 신문에 올라옴으로⋯⋯이 폐의 근원을 막고자 생각해 본다. 대저 근래에 관리된 자가 행여 다칠세라 국왕의 적자를 보호하려는 마음은 조금도 없고 탐욕으로 백성 껍질을 벗길 독만 부려서 무죄한 생민들이 재산을 탕패하고 처자와 헤어져 떠돌게 한다. 지극히 원통하고 궁한 백성들이 탐학과 폭정의 위협이 압제함을 간신히 참아내고⋯⋯정부가 있다고 하나 고소할 길이 없고 타군으로 이사해도 세상이 모두 똑같아 드넓은 천지 사이에 의지할 곳이 없으니⋯⋯<u>부득불 생명재산의 보호를 위하여 믿고 의지할 방책을 구한즉 서교가 있어 그 세력이 족히 관리의 탐학 불꽃을 받지 않을 만하므로 분분히 투입하는 것이고</u> 실제로 서교를 위하는 것은 아니다. ⋯⋯백성을 몰아 교도로 들어가게 한 자는 곧 탐관오리이거늘 저 관리가 자기 허물은 모르고 도리어 교민을 일러 다스리기 어렵다 하니 어찌 통탄치 않으리오. 지금 정부에서 관리의 탐학은 막을 생각은 하지 않고 오로지 교민의 폐만 우려하다가 전국 인민이 다 교도라 칭하면 장차 무슨 법으로 조처할는지 참으로 개탄스럽다.[263](밑줄은 인용자)

이에 의하면 천주교·기독교 등 서양 종교나 선교사 등은 한국 탐관오리의 탐학에 시달리는 인민들의 도피처라는 것이다. 따라서 정부는 교민들의 행패를 막으려면 먼저 관리의 탐학을 막을 방도를 생각해야 한다는 것이다.

그러나 한국정부가 자국민 또는 한국 거류 외국인에 대한 사법권을 갖지 못한 점은 명백한 주권 상실이라고 할 수 있다. 한국정부는 그럼에도 불구하고 영사재판권을 폐지하고 사법 주권을 온전히 회복할 구상은 갖지 못하고 있었다. 이는 청국과의 관계에서도 확인할 수 있다.

1894년 청일전쟁에서 청의 패배는 조선정부로 하여금 청과 대등한 외교를 펼칠 수 있는 좋은 기회를 제공하였다. 개화파 정부는 갑오개혁을 추진하면서 청국과의 종주국—속방국 관계를 청산하는 조치를 시행하였다. 1894년 6월 28일의 군국기무처 의안 〈지금 이후 국내외 공사 문건에는 모두 개국기년을 쓸 것〉[264]은 그때까지 모든 문서에 사용해오던 중국의 연호 대신 조선왕조 개국기년을 사용하겠다는 것이다.

같은 날 의안 〈청국과 조약을 개정한 후 여러 나라에 특명전권대사를 파견할 것〉[265]은 1882년 이후 청이 종주국으로 조선과 체결한 불평등조약들인 〈조청상민수륙무역장정〉〈봉천여조선변민교역장정奉天與朝鮮邊民交易章程〉〈길림여조선상민수시무역장정吉林與朝鮮商民隨時貿易章

程〉 등을 개정하고 1887년 이후 청의 방해로 좌절되었던 타국과의 외교관계를 부활 실현시키겠다는 것으로, 두 의안 모두 청으로부터 독립하려는 강력한 의지의 표현이었다.

같은 해 12월 12일 고종이 종묘에서 서고한 독립서고문과 〈홍범14조〉 제1조 "청국에 의존하는 관념을 끊고 자주독립의 기초를 확실히 건설한다"는 조항과 나흘 뒤인 12월 16일 〈보호청상규칙〉을 제정하여 청국인이 그동안 조선에서 향유했던 영사재판권 등 모든 특권을 폐지한 것도 이러한 의지의 발로였다.[266]

위 〈보호청상규칙〉에 의하면 "무릇 (조선−인용자) 경내에 있는 청국민은 모두 조선정부에서 통할하며 청국민의 범죄는 마땅히 조선정부에서 재단 처분한다. 청국민 사이의 고소나 조선·청 양국민의 고소도 조선정부에서 수리하여 재판할 권리를 갖는다"(제9조)라고 하였다. 이는 1882년 〈조청상민수륙무역장정〉에서 규정된 극도로 불평등한 영사재판권을 완전히 부정하고 청국인이 피고이든 원고이든 모두 조선재판소에서 관할하겠다는 의지를 공표한 것이다.

그러나 이 같은 의지는 청정부의 위탁으로 청국민을 보호하는 영국의 개입에 의하여 약화되고 말았다. 1895년 10월 청상 동순태同順泰와 연지호聯知號가 한국민 이흥선李興善·안학주安學柱 등을 고소하는 서류를 영국 영사관에 제출하고 영국 영사관에서는 한성재판소에 신속한 처리를 요청해왔다. 한성재판소는 청국과는 현재 조약을 체결하지 않았으므로 영국 영사가 청상을 보호하는 조약은 있으나 재판권은 없으니 어떻게 처리할 것인지 법부에 질품하였다. 이에 대해 법부에서는 외부에 조회를 보내 영국 영사가 조선재판소에 피고에 대한 재판을 재촉하는 것은 소송 법규에 어긋날 뿐 아니라 외교상 권한의 침해이므로 다음과 같이 약규 3조를 만들어 영국 영사관의 승인을 얻어 달라고 요청하였다.

一. 조선국에 있는 청국 상민이 조선국 민인에게 대하여 소장이나 고소를 할 일이 있으면 민형사를 막론하고 조선국 재판소에 소를 제기하되 그 소장과 고소장은 조선국 소송규칙에 의함.
一. 조선국 민인이 국내에 있는 청국 민인에게 대하여 소장이나 고소를 할 일이 있으면 조선국 재판소에 소를 제기하고 재판소에서는 곧 초첩招帖을 발하여 잡아들인 후에 영국 영사에게 조회하여야 함.
一. 어떠한 사건을 막론하고 청국 민인을 신문할 일이 있으면 영국 영사에게 조회하여 회심할 약속을 정해야 함.[267]

사건의 피고가 조선인이건 청국인이건 모두 조선 재판소에서 관할하되 피고가 조선인이면 조선 소송규칙에 의하여 심리 판결하고 피고가 청국인이면 일단 조선 재판소에서 청국인을 잡아온 후 영국 영사에게 조회한다는 것인데, 두 경우 모두 청국인을 신문할 일이 있으면 영국 영사와 함께 심리한다는 규정을 두고 있다. 이는 청국에 대해서는 사법 주권을 회복하였지만 재판 과정에서 청국인을 보호하는 임무를 띠고 있는 영국 영사의 제약을 받으므로 완전한 회복은 아니라고 할 수 있다.

이처럼 청국에 대하여 사법권을 회복할 수 있는 좋은 기회가 도래하였지만 사법권은 완전히 회복되지 못하였다. 이에 대해《독립신문》

에서는 "조선과 청국이 피차간에 약조가 없으므로 약조 없는 청국 인민들이 조선 법률에 범하면 조선 법률대로 다스리는 것이 마땅하거늘 왜 그렇게 하지 못하는가" 하면서 정부의 의지를 비판하고 있다.[268]

한국정부는 1899년 9월 11일 청과 역사상 최초로 대등한 입장에서 〈한청통상조약〉을 체결했지만 이 조약에 다른 자본주의 열강과 체결한 조약과 비슷한 정도의 영사재판권을 다시금 허용하고 말았다.[269] 이후 열강을 비롯하여 일본·청 등 외국의 영사재판권을 폐지하려는 시도는 불가능하게 되었다.

韓國

조선 왕조는 통치 이념으로 인정·덕치를 표방하고 형벌이나 법률은 이를 실현하는 데 필요한 보조수단으로 여기고 있었다 그리하여 형벌 그 자체가 필요 없도록 하여 형법은 존재하되 쓰지 않는 게망과 계몽을 위한 법이 되어야 한다고 표방하였다

近代

조선 정부는 조선 전기 이래의 조종성헌 존중주의에 입각하여 기존의 법을 바꾸지 않으려 했지만 조선 후기의 변화된 사회실정으로 인하여 기존의 법을 개정하거나 폐지하거나 아예 새로운 법을 창설할 수밖에 없었다

刑事裁判

1894년 동학농민전쟁을 진압해 달라는 조선 정부의 요청으로 원병을 보내 청과 자국 영사관 및 거류민을 보호한다는 구실로 군대를 파견한 일본은 조선을 사이에 두고 대립 국면에 들어갔다 5월 7일 농민군과 정부군 사이에 전주화약이 성립함에 따

라 양국은 조선에 군사를 주둔할 명분이 없어지게 되었다 조선을 보호국으로 삼으려는 의도에서 군

制度史

만민공동회 운동을 강제 해산시킨 후 황제권을 위
협하는 국내의 정치세력은 거의 소멸하였다. 민씨
척족은 1895년 명성황후 시해사건을 전후하여
위축되었고 흥선대원군도 1898년 사망한 데다가
독립협회세력은 거의 진압되었다.

1

전제군주제의 수립
(1899~1905)

황제 중심의 정치구조 수립

만민공동회 운동을 강제 해산시킨 후 황제권을 위협하는 국내의 정치세력은 거의 소멸하였다. 민씨 척족은 1895년 명성황후 시해사건을 전후하여 위축되었고 홍선대원군도 1898년 사망한 데다가 독립협회세력은 거의 진압되었다.

일본에 망명해 있는 박영효와 유길준, 이준용 등의 세력만이 주요한 경계 대상으로 남았다. 독립협회운동이 전개되던 중인 1898년 12월 16일 중추원에서는 정부 대신 후보로 박영효를 추천하여 논란을 일으켰다.[1] 황제 역시 박영효나 이준용이 이 운동을 이용하여 자기를 폐위시킬지 모른다는 불안감에 휩싸였다.[2]

이들 해외 망명자와 연관된 세력의 움직임은 1898년 말부터 1903

년경까지 여러 차례 나타났다.[3] 일본으로 망명했었던 이규완李圭完·황철黃鐵이 1898년 10월 말부터 박영효의 지시에 따라 비밀리에 입국하여 독립협회운동의 정황을 정탐하였다. 이들은 이규완의 매부인 강성형姜盛馨과 강호선姜浩善, 위관尉官 신창희申昌熙·이민직李敏稷 등을 규합, 경운궁을 습격하여 황제를 경복궁으로 옮기고 윤치호·민영환·민영준·한규설 등을 대신으로 임명하려는 계획을 추진하였다. 같은 시기에 박영효의 지시를 받고 일본 유학생 윤세용尹世鏞과 망명자 이규승李珪承 등이 입국하여 독립협회운동의 전개 상황을 암호로 통지하다가 체포되었다.[4]

1899년 6월에는 만민공동회 회장이던 고영근과 임병길林炳吉·최정덕崔廷德·강인필姜仁必·김창제金昌濟·권용집權溶集·조병선趙秉璿 등이 폭탄을 제조하여 조병식·신기선·이종건 등 독립협회를 탄압한 관리의 집에 투척하거나 구 선혜청 창고에 방화하는 등의 테러를 행하였으나 관련자 일부가 체포됨으로써 실패하고 말았다.[5]

1900년 1월에는 하원홍河元泓이 일본에서 박영효의 지시를 받고 귀국하여 역시 박영효의 지시를 받고 대기 중이었던 엄주봉嚴柱鳳·최채붕崔采鵬·최완붕崔完鵬 등 활빈당 27명과 함께 영남 일대의 부호 집을 털어 거사 자금을 마련하다가 체포되기도 하였다.[6] 같은 해 9월경에도 일본에 가서 박영효의 지시를 받은 이조현李祖鉉(전 거제군수)·이승린李承麟·김창한金彰漢·이겸제李謙濟 등이 국내에 들어와 박영효의 귀국 및 쿠데타 준비 자금을 구하러 한규설 등에게 박영효의 편지를 전하다 체포되었다.[7]

박영효와 별도로 유길준도 쿠데타를 준비하고 있었다. 1900년 6월

경 일본 육군사관학교를 졸업한 유학생들 중 장호익張浩翼·조택현趙宅顯·김형섭金亨燮·김희선金羲善·김교선金敎先·방영주方泳柱·김홍진金鴻鎭·권승록權承祿·이기옥李基鈺·김봉석金鳳錫 등 15명이 혁명일심회라는 조직을 만들었다. 이들은 황제와 황태자를 폐하고 의친왕으로 그 자리를 대신하게 하고 망명 정치범들로 정부를 조직한다는 혁명혈약서를 만들었다. 유길준은 자신이 계획하던 쿠데타 준비에 이들을 가담시켜 국내의 천장욱千章郁·오세창吳世昌·최린崔麟·김영소金永韶·유동근柳東根·홍정섭洪正燮 등과 연결시키고 1901년 12월 인천의 거부 서상집徐相潗에게 거액의 자금을 마련해 달라는 부탁을 했다. 그러나 서상집과 김봉석이 이 사실을 밀고함으로써 대부분 체포당하고 이 사건이 한·일 양국의 외교 문제로 번지자 일본정부는 1902년 5월 유길준을 태평양의 오가사와라시마小笠原島, 하치죠시마八丈島 등지로 유배하였다.[8]

연이은 정변 음모와 테러 등으로 인하여 국내에는 계엄을 방불케 하는 분위기가 조성되면서 전제군주적 정치체제가 성립되어 갔다. 황제는 1899년 초부터 독립협회 간부들을 체포하게 하고 독립협회와 연결된 중추원 의관들을 대폭 면관시켜 불안의 소지를 사전에 없애버렸다. 다른 한편으로는 독립협회의 규탄을 받고 처벌되었던 측근 세력들을 사면하고 고위 관리로 임명하기 시작하였다. 1898년 12월 백령도로 유배되었던 유기환·이기동을 특별방송하고 1899년 1월 이용익·조병식·민종묵 등의 체포령을 취소하고 체포된 김정근도 석방하였다.

독립협회의 탄핵을 받고 면관되었던 인물들도 다시 등용하기 시작하였다. 심상훈이 의정부참정, 유기환이 법부대신, 민영기가 탁지부대신, 신기선이 학부대신, 민병한이 내부대신서리, 민병석이 군부대신에 임명되었고 독립협회 해산에 주도적 역할을 한 황국협회의 홍종우·이기동·길영수 등도 각각 의정부 총무국장, 시위대 제1연대 대대장, 참위 등에 임명되었다.[9]

이로써 1899년 이후에는 국외의 망명자 세력을 제외하고 국내에서 황제 권력에 도전할 만한 정치세력이 존재할 수 없었다. 고종은 이후 대외적으로 각 열강에 대해 '세력균형 정책'을 취함으로써 국가의 독립을 유지하는 한편, 국내적으로는 각 열강과 관련하여 형성된 친미파·친러파·친일파·측근파 등 정치세력들을 조종하고 상호견제시키면서 전제적 권력을 구축할 수 있었다.

당시 정치세력은 친러파로 조병식·민종묵·주석면·정낙용, 친미파로 민상호·이채연·민영환, 친일파로 민영기·유기환·이재완·이지용, 황제측근파로 이용익·이근택·강석호·김영준 등이 분류되고 있었다. 이와 다른 측면에서 1900년 이후에는 황태자 이척李坧(순종)을 옹위하는 친미파와 엄순비가 낳은 이은李垠(영친왕)을 옹위하는 엄순비파로 대립구도가 형성되기도 하였다.[10]

1899년부터 정부 내에서 전개된 여러 정치세력 사이의 상호 대립과 알력은 열강에 대한 항구 추가 개방과 개항장 부근 토지 할양, 화폐제도 개혁을 위한 외국차관 교섭, 경의철도 부설권, 한국 중립화안 등 각종 정치·경제·외교적인 현안을 둘러싸고 나타나고 있었다. 황제는 대내외적으로 '세력균형 정책'을 취하면서 이러한 현안의 중심에서 최종 결정권을 행사하고 있었다. 따라서 정치세력 사이의 대립투쟁은 정책의 대립보다는 고종의 신임을 둘러싼 이해관계의 대립에 의해 이루어졌고, 정황에 따라 각 파는 다른 파와 제휴하기도 하였다.

이러한 정치세력의 변동을 시기별로 정리하자면, 1899~1900년에는 친러파·친미파의 압력에 의하여 친일파가 실각하고 있다. 이러한 정세를 반영하여 친일파로 분류되는 신석린申錫麟·민영기 등이 관련된 정변 음모가 발생하였다. 즉 군부협판 겸 경무사 김영준은 황제의 총애를 받고 있던 시종원 시종 신석린에게 정부 대신들을 죽이고 정권을 전단하여 부귀를 함께 하자고 유혹하였으나 거절당하였다. 그러자 김영준은 신석린이 일본으로 망명한 안경수·윤효정과 몰래 서신을 왕래했다고 1899년 10월 중순경 그를 체포하여 유3년형에 처하게 만들었다. 민영기 역시 이 사건에 연루되어 체포되었으나 태80의 가벼운 처벌에 그쳤다.[11]

민영기는 동년 10월 정변 음모를 꾸민 죄로 또 다시 체포되었다. 그는 1898년 3월부터 의령원懿寧園 참봉 김필제金必濟와 모의하여 황제가 홍릉으로 행행幸行하고 환어할 때 창덕궁으로 모시고 망명 정객들을 불러들여 정부를 재편하려고 하였다. 민영기는 그 후 5월경 김필제와의 관계를 끊었으나 이때 와서 그 죄상이 탄로나 태100 종신유형에 처해졌다.[12] 민영기와 결별한 김필제는 그해 5월경 윤제보尹濟普·조우식趙宇植 등과 모의하여 독립협회 잔여세력이나 기타 내외국인을 고용하여 종묘·사직 근처에 방화하고 경비가 소홀한 틈을 타 황제를 경운궁에서 경복궁으로 옮기게 한 후 정권을 잡으려고 하였다가 역시 사전에 체포되었다.[13]

1900년 후반기에는 친미파와 반친미파 연합의 대립구도가 이루어졌다. 당시 친미파는 미국인 궁내부 고문관 샌즈와 함께 미국으로부터 차관 교섭을 진행하고 있었는데, 이로 인하여 세력을 잃을 것을 두려워한 친러파·친일파는 물론 이용익 등 황제측근파가 모두 반대하고 나서 이를 좌절시켰다.[14]

또 김영준은 내부 협판 민경식閔景植으로 하여금 러시아 공사관에 테러를 가하게 하고 이를 심상훈과 민영환·민병석·강석호 4인이 사주한 것으로 무고하여 친미파의 입지를 좁히려고 하였다. 이로 인하여 주석면(원수부 검사국 총장)·이재순·이지용(궁내부 협판)·김규필(한성재판소 판사)·민영준·윤덕영(경기관찰사)·민영선(철도원 감독) 등 고위 관료들이 연루되었으나 수사 과정에서 모두 가벼운 처벌을 받거나 무죄방면되었고 오히려 김영준이 무고죄로 사형당하고 말았다.[15]

1902년 1월 영일동맹이 체결됨에 따라 정치세력의 편제는 다시 변화하였다. 먼저 이지용·박제순 등 친일파 및 측근파 이근택의 세력이 신장되고 민종묵·주석면·조병식 등 친러파와 측근파 이용익의 세력이 감퇴하였다. 특히 이 시기에는 경의철도 부설과 화폐제도 개혁의 주도권을 둘러싸고 이용익과 반이용익파로 정치세력이 양분되었다.[16] 1902년 11월 말 이용익에 대한 정부 대신들의 집단적인 비판과 성토는 이러한 배경에서 나온 것이었다. 이용익이 황제가 총애하는 엄순비에 대해 불경한 말을 했다고 하여 윤용선·김성근·민영소·조병식·민종묵·윤정구·권재형·이재극·김도현·이근택·이용태 등 의정부 구성원 모두가 이용익을 대역죄인으로 처벌할 것을 상주한 데 이어 원로 대신인 심순택·조병세 등 많은 전현직 고위 관료들의 상소가 빗발쳤다. 그러나 황제의 이용익에 대한 신뢰는 거의 절대적이었다. 빗발치는 상소 속에서도 이용익의 탁지부대신 임시서리직을 면관했을 뿐,

그를 러시아를 경유하여 청국으로 보내 미곡 무역을 하게끔 비호하였다.[17]

이 사건으로 인하여 이용익과 그의 측근이라고 할 수 있는 이기동·길영수 등은 정권으로부터 소외되기 시작하였다. 이기동·길영수 등은 1903년 2월 이를 만회하기 위하여 이용익과 자신들의 집에 폭약이 터지게 한 후 그 범죄를 이근택 등이 사주한 것인 양 조작함으로써 세력을 회복하려고 하였다. 그러나 3월 초에 모의가 탄로나 체포되고 이기동은 교수형 선고를 받았으나 다음 해 모두 사면받았다.[18]

이처럼 1899년 이후 황제는 전제권을 굳히고 '세력균형 정책'을 펴면서 각 정치세력을 상호 견제시켰다. 정변 모의나 정치적 파쟁의 경우에도 자신의 전제권에 도전하지 않는 한 그들을 완전히 숙청하지 않고 사면권 등을 행사하면서 존속시켰으며, 필요한 경우에는 다시 전면에 등장시켜 전제권력을 확립해 갔다.[19]

법전 편찬 시도와 황제권 신성화

1 – 법전 편찬 시도와 〈대한국국제〉 반포

정치세력의 재편 과정 한편에서는 군주권을 강화하기 위한 각종 법률·제도의 제정 및 개편이 이루어지고 황제의 지위를 신성시하기 위한 상징 조작이 이루어졌다. 우선 법부대신 신기선이 갑오개혁 이후 제정 실시된 모든 법령에 대한 정리를 시도하였다. 그는 1898년 9월 《대명률》과 《대전회통》과 새로 마련한 법률이 모두 시무에 합당치 않아 쓰지 못하겠다 하고 새로 현행 법률을 기초하기 위하여 이중하·김정근·신재영·최문현·정교·이운재·윤헌섭·피상범 등을 기초위원으로 임명하고[20] 법률 기초 작업을 추진하기 시작하였다. 그는 학부대신으로 직을 옮긴 이후에도 1899년 2월 22일 구제도를 기준으로 하여 그간 제정 실시된 법률을 정리 재편하여야 한다는 청의서를 올렸다.

우리 왕조 5백년의 평안하고 문명한 통치는 진실로 이전에 정한 양법을 바탕으로 가능했습니다. 그런데 법이 오래 되어 폐단이 생기고 옛날과 지금이 달라 바야흐로 개혁해야 할 때를 맞았습니다. 그런데 <u>갑오경장 이후 구법전은 거의 파괴되고 신식은 아직 확정되지 않아 임의로 행정하고 환롱幻弄이 무상하여 무법 상태와 다를 바 없으니 장차 무엇으로 다스리겠습니까.</u> 광무 원년 조직에 의해 설치한 교전소는 고금을 참작하여 일대 법전을 만들려고 하다가 지금까지 거행하지 못하고 있으니 실로 개탄스럽습니다. 저는 구 법전이 육전을 나눈 것에 비추어 정부·궁내부는 이전을, 내부·탁지부는 호전을, 학부·외부·장례원은 예전을, 군부는 병전을, 법부는 형전을, 농상공부는 공전을 각각 교정하여 신구 법식과 시세의 편부便否를 참작하여 각각 편집하고 모두 중추원에 모여 교정을 본 후 법전으로 간행하여 만만세 준수하여 바꾸지 않고 쓰는 것이 타당하겠기에 회의에 제출합니다.[21] (밑줄은 인용자)

신기선은 갑오개혁 이후 구래의 법제는 모두 파괴되고 신규 제정된 개혁 입법들은 아직 확정되지 않아 모든 관리들이 임의로 행정하여 무법 천지와 다름없다고 한 후 그간의 신구 법률을 모두 구래의 6전

체제에 맞추어 교정하여 새로 법전을 편찬하자고 제안한 것이다. 이 제안은 3개월 후인 5월 6일이 되어서야 의정부회의 의제로 수리되어 통과되었고 의정부에서는 다음과 같이 법률 교정 방침을 결정하여 법부 등 각부로 전달하였다.

> <u>구법이라도 시의에 맞지 않아 폐지된 건은 다시 논할 필요가 없으며 신식이라도 혹시 실시에 장애가 있으면 구법에 의하여 개정함이 마땅합니다.</u> 작년에 이미 본부(의정부─인용자) 참정의 의견서가 회의를 거쳐 재가받았으나 아직도 실시가 안 되고 있습니다. 그러니 이번에 재가받은 안건이야 오죽하겠습니까. 귀부(법부─인용자) 법률을 참작 의정하여 순한문으로 간명히 찬술하되 범례를 《경국대전》 체제를 모방하여 완전히 편집을 마친 후 송교하시는 것이 타당하옵기.[22](밑줄은 인용자)

여기서 알 수 있듯이 법률 정리의 방침은 폐지된 구법은 그대로 두고 신식 법률 중 실시에 지장있는 것은 구법에 의하여 개정하라는 것이며, 법률을 제정할 때는 순한문으로 작성하되 구래의 《경국대전》 체제를 기준으로 하라는 것이었다. 그러나 법부에서는 이에 대해

> 순한문으로 제정하면 문리文理가 트이지 못한 사람이 깨달아 알기도 어려울 뿐 아니라 문장에 능한 사람도 이해할 때 구절을 나누기 어려워 의혹이 없지 않을 것입니다. 국한문을 혼용하면 낮고 어리석은 자질을 가진 사람도 한 번 읽고 깨달을 수 있으며 법률을 적용할 때도 자연히 조금도 변통할 수 없어 형량이 늘거나 주는 폐단에 빠질 일이 전혀 없을 것입니다. 그러니

한국 근대 형사재판제도사

국한문을 혼용하고 외국법률 중에도 중요하고 시의에 적합한 구절은 적용함이 타당하다는 쪽으로 부(법부—인용자)의 의견이 통일되었기에[23]

라고 하여 국한문 혼용이 통치 행정에 보다 효율적이며 신식 법률 제도 중 필요한 것은 유지해야 한다는 점 등을 주장하였다.

이렇게 추진되어 가던 의정부 차원에서의 법률 정리 작업은 고종의 개입에 의하여 일단 중단되었다. 1899년 6월 23일에 내린 다음 조칙에 의하면 고종은 의정부에서 회의하여 법률을 정리하는 것이 아니라 근본적인 법률 대개편을 원하고 있었음을 알 수 있다.

짐은 근년 이래 오로지 다스리는 데 전념하여 시의에 적합한 것을 구하려고 하였다. 부지런히 애쓰지 않은 적이 없건만 전장典章 법도가 아직도 꼭 알맞은 것이 없어 어떤 것 하나라고 하기 어렵다. 이는 정령과 제도가 미진하기 때문에 그런 것인가. 아니면 일을 맡은 신하가 각자 그 직을 다하지 못하기 때문에 그런 것인가. 위태로운 상태임을 생각하니 시급히 대경장을 해야 한다. 정부로 하여금 임시로 교정소를 설치하고 법률에 밝고 사물 이치에 통달한 자를 별도로 뽑아 그들로 하여금 논의하여 일정한 법규를 세워 백성들에게 신의를 세우는 데 힘쓰게 한 후 법으로 삼고자 한다.[24](밑줄은 인용자)

즉, 고종은 당시가 대경장을 해야 할 시기라는 판단하에 법률의 정리 또는 개정 차원이 아니라 별도로 교정소라는 기구를 만들어 새로운 법전을 만들겠다는 구상이었다.[25] 7월 2일에는 교정소를 법규교정소로 개칭하고[26] 7월 10일 법규교정소에 대한 제반 규정들을 제정하였다.

법규교정소는 사무소를 경운궁 포덕문布德門 안의 양옥에 임시로 정하고 여기서 정하는 모든 법률·규칙 개정안은 의정부회의를 거치지 않고 직접 고종에게 상주하도록 하였다.[27] 따라서 앞서 의정부 중심으로 육전 체제를 기준으로 신구 법률을 정리하려던 작업은 중단되었다.[28] 아울러 1897년에 임명되었던 교전소 관원으로 아직 면관 조치를 받지 않은 자들도 모두 해임하고[29] 법규교정소 관원을 새로 임명하였다.

이처럼 의정부 중심으로 법률을 정리하던 방침이 폐기되고 법규교정소라는 별도의 기구를 만든 것은 이 시기 여타 제도 개정과 마찬가지로 황제가 직접 통제하는 범위 안에서 법률을 개편하려는 의도의 발로라고 할 수 있다. 다음 〈표 3-1〉에서 법규교정소의 총재 이하 의정관에 의정·참정·찬정 이하 각부 대신 외에 궁내부 관원과 외국인 고문들이 많이 임명되고 있는 점을 보더라도 고종은 법규교정소를 자신이 직접 통제할 수 있는 기관으로 운영하려고 했던 것 같다. 총재 이하 의정관으로 윤용선·조병식·이재순 등 독립협회에 의해 탄핵당하거나 고등재판소에 고발되었던 인물들, 주석면·김영준·이근명·이근택·이지용·이재극 등 황제 측근 및 황실 인물들이 임명된 점 역시 이러한 추측을 가능하게 한다.

그런데 법규교정소는 7월 15일의 회의에서 "구법은 다시 사용하기 어려우니 신제新制를 많이 채용하여 장법章法을 정하기로" 원칙을 정하였다.[30] 앞서 신기선이 주도할 때에는 구법, 즉 《대전회통》이나 《대

<표 3-1> 법규교정소 관원 명단

직책	임명 일자	성명(직전 관직)
총재	1899. 7. 2	尹容善(의정부 의정)
부총재	1900. 1.15	金聲根(의정부 참정) 李鐘健(궁내부 특진관) W. F. Sands(궁내부 찬의관)
	1900.11. 7	趙秉式(궁내부 특진관)
의정관	1899. 7. 2	徐正淳(중추원 부의장) 李載純(궁내부대신) 趙秉鎬(궁내부 특진관) 尹容求(궁내부 특진관) 閔丙奭(학부대신) 權在衡(의정부 찬정) 朱錫冕(군부 협판) 成岐運(특명전권공사) 金永準(한성부 판윤)
	1899. 7.13	李鐘健(궁내부 특진관) 李允用(의정부 찬정) 李根命(중추원 의관) 朴鏞大(비서원경)
	1899. 8. 1	C. W. Legendre(의정부찬무) J. M. Brown(철도감독) C. R. Greathouse(종2품)
	1899. 9.19	李載克(의정부 참찬)
	1900. 6. 4	李采淵(한성부 판윤)
	1900. 9. 8	金奎弘(학부대신) 權在衡(법부대신) 朴齊純(외부대신) 金永準(평리원 재판장)
	1900. 9.15	李乾夏(내부대신) 閔景植(내부 협판) L. Crémazy(법부 법률교사)
	1900. 9.18	尹定求(궁내부 협판)
	1901. 1.19	李址鎔(궁내부 협판)
	1901. 8.21	李根澤(경부 협판)
	1901.11.17	H. J. Muelensteth(정3품)
위원	1899. 7.10	申載永(법부 법무국장) 金益昇(중추원 의관) 韓鎭昌(군부대신 관방장) 韓永福(중추원 의관)
	1899. 8. 1	高羲敬(주차영덕의공사관 참서관), 玄尙健(궁내부 물품사장)

출전: 《구한국관보》 해당 임명 기사. 단, 외국인의 경우 한자 이름으로 나온 것은 영어로 고쳐 표
기하였음

명률》 체제를 기본으로 하여 법률을 개정한다는 방침이었으나 법규교정소에서는 오히려 신법을 가능한 한 많이 채용한다는 방침을 세운 것이다.

이 같은 방침은 1896년 아관파천 이래 법규 교정의 방침으로 채택된 '구본신참' 논리에서 '신참' 쪽으로 기울어진 것이었다고 할 수 있다. 그러나 이후 법규교정소의 입법 활동은 〈대한국국제〉 제정을 제외하고는 매우 부진하여 '신참'의 논리는 퇴색하였다.

1899년 8월 17일 공포된 〈대한국국제〉는 법규교정소의 입법 활동에서 유일한 성과라고 할 수 있다. 이는 한국 역사상 최초의 근대적 헌법이라고 할 수 있지만, 독립협회로 대표되는 민권운동 세력과 황실로 대표되는 전제적 정치세력 사이의 투쟁에서 후자가 승리한 것을 법적으로 천명한 것이었다.

전문 9개조로 이루어진 〈대한국국제〉는 황제의 권력이 무한한 자주정체自主政體임을 선언하고, 황제의 신성불가침, 육해군의 통솔권과 계엄권, 법률의 제정권·공포권·집행권·사면권, 행정 각부 관제 제정권 및 문무관 봉급 규정권, 행정명령 발포권, 문무관 임면권과 영전수여권, 조약 체결권과 선전·강화권, 외교사절 파견권 등 국가의 모든 권한이 황제에 속함을 밝히고 있다.[31]

그러나 〈대한국국제〉 제정 이후에는 법규교정소에서 법률을 제정한 것이 없었다. 고종이 〈성균관관제〉의 제정과 〈주판임관시험 및 임명규칙〉의 개정을 조칙으로 지시했음에도 불구하고[32] 1905년에 이르기까지 이들 법률이 제정되거나 개정된 적이 없다. 또 관원의 의복제도를 개정하거나 칙주판임관 상견례를 의정하는 등의 작업을 한다고

하였지만 역시 성과를 산출하지 못하였다.[33]

1901년 후반 이후 법규교정소의 입법 활동은 축소 경향을 보이고 1902년 3월 16일 의정부에 폐합되었으며 1904년 1월 11일에는 한만한 관사로 분류되어 총재 이하 전원이 감축되었다.[34] 법규교정소의 역할은 사실상 〈대한국국제〉를 제정한 것에 그쳐 '신참'의 이념이 강조된 새로운 법전 구성 작업은 중도에 그치고 말았다. 따라서 이후 각종 법률의 제정이나 개정은 '구본신참'의 원칙하에 의정부에서 의정 이하 각부 대신들이 논의 결정하고 황제에게 상주하여 재가받는 방식으로 이루어졌다.

2 – 황제권 신성화

고종은 〈대한국국제〉를 통하여 국가의 모든 통치권을 장악하는 한편 황제권을 신성화하기 시작하였다. 그 첫 작업은 자신의 직계 왕통인 사도세자로부터 내려오는 왕실에 대한 추숭 추존이었다. 그런데 사도세자를 추숭하는 일은 백여 년 전인 영조대부터 금지한 사항이었기 때문에 정치적 여론 동원이 필요하였다.

고종은 1899년 8월 3일 궁내부 특진관 서상조徐相祖로 하여금 사도세자를 추숭할 것을 청하는 상소를 올리게 하고 이에 대해 종친 문음무文蔭武 2품 이상과 시원임대신·유현儒賢 등의 의견을 널리 받아들이게 한 후 심순택으로 하여금 여론을 대변하게 하였다.[35] 영남 유생들은 사도세자 죽음 이래 누차 그를 추숭하자고 간청해온 터라 이를 전폭 지지했으나 봉조하奉朝賀 김병국·송근수宋近洙, 궁내부 특진관 신응조·조병세·송병선 등은 발언하기 어렵다고 하면서 신병을 칭하여 의견을 말하지 않았으나 황제는 이를 과단성 있게 추진해 나갔다.

1899년 9월 1일 사도세자를 장종대왕으로 추존하고 시호는 신문환무장헌광효神文桓武莊獻廣孝, 능호는 융릉隆陵, 전호는 경모전景慕殿이라 하였으며, 헌경혜빈獻敬惠嬪의 시호는 인철계성仁哲啓聖, 정종대왕正宗大王의 존호는 경천명도홍덕현모敬天明道洪德顯謨, 효의왕후孝懿王后의 존호는 장휘莊徽로 결정하고 헌경왕후의 부모인 영의정 홍봉한洪鳳漢과 정경부인 이씨도 부원군府院君과 부부인府夫人으로 봉작封爵하였다.[36]

경모전을 추숭한 후 황제는 각국 황실의 규범을 참고하여 사친私親들을 군君으로 봉하고 행정 관직은 주지 않되 과거의 직첩職牒은 그대로 주도록 하였다.[37] 이재원李載元은 완림군完林君, 이재긍李載兢은 완영군完永君, 이재완李載完은 완순군完順君, 이재순은 청안군淸安君, 이재근李載覲은 인양도정仁陽都正, 李載惠이재덕은 덕안정德安正, 이재각李載覺은 의양도정義陽都正, 이재성李載星은 경은도정景恩都正, 이재규李載規는 예양부정禮陽副正 등에 봉하였다.[38]

12월 19일에는 태조를 태조고황제太祖高皇帝, 장조를 장조의황제莊祖懿皇帝, 정조를 정조선황제正祖宣皇帝, 순조를 순조숙황제純祖肅皇帝, 익종翼宗을 문조익황제文祖翼皇帝로 추존하고 각 왕후들도 그에 상응한 황후 명칭으로 추존하였다.[39]

황실의 위엄을 갖추고자 한 것은 '제국'으로서의 외양을 갖추고자 하는 의도에서 나온 것이었다. 1900년 8월에는 둘째 황태자 의화군 이강을 의친왕, 셋째 황태자 이은을 영친왕으로 봉하였고[40], 황제 자신의 존호도 통천융운조극돈윤정성광의명공대덕요준순휘우모탕경응명입기지화신열統天隆運肇極敦倫正聖光義明功大德堯峻舜輝禹謨湯敬應命立

한국 근대 형사재판제도사

紀至化神烈로 정하였다가 1900년 2월 17일 외훈홍업계기선력巍勳洪業啓 基宣曆을 추가하고 1902년 2월 25일에 또 건행곤정영의홍휴乾行坤定英 毅洪休를 더하였다.[41]

1902년 8월에는 국가國歌를 정하고[42] 1895년에 정한 국기[43] 외에 어 기御旗·예기睿旗·친왕기親王旗·군기軍旗를 정하는 등의 상징화 작업을 추진하였다.[44] 제국으로서의 면모를 갖추기 위한 작업은 1902년 2월 이후 평양을 서경으로, 경주와 남원을 동경과 남경으로 개칭하면서 각각의 지역에 행궁을 건축하는 사업으로도 전개되었다.[45] 1903년 3 월 23일에는 황제가 천하 명산대천에 제례를 올리기 위해서는 오악五 岳·오진五鎭·사해四海·사독四瀆을 봉해야 한다고 하여 삼각산·금강 산·지리산·묘향산·백두산을 오악으로, 백악산·오대산·속리산·구월 산·장백산을 오진으로, 양양군·나주군·풍천군·경성군을 사해로, 낙 동강·한강·패강·용흥강을 사독으로 봉하였다.[46]

이 같은 황실 신성화와 제국의 상징화 작업 이외에 대한제국 정부 가 통치 이념을 창출해 내려고 한 노력은 발견하기 어렵다. 앞서 법규 교정소가 법률 제정이념으로 '신참'의 측면을 좀 더 강조하는 변화가 나타났지만, 이를 실행할 주체세력이 존재하지 않음으로써 무위로 돌 아갔다. 따라서 대한제국기에 법률 개정·제정과 통치의 기본 원칙으 로 삼았던 것은 기본적으로 '구본신참'의 원칙이었다.

그렇지만 황제는 보수적인 유생들이 주장하는 과거 질서로의 복귀, 즉 공맹의 도를 숭상하고 과거를 복설하는 등의 완전한 복고는 받아 들이지 않았다. 황제는 통치이념으로 유교이념을 받아들이기를 거부 하는 입장이었다. 황제는 비록 1899년 3월 조서를 내려 사교邪敎가 만연하여 유술儒術이 점차 쇠퇴하므로 공맹의 학설을 숭상한다는 취지 하에 성균관 관제를 개편하게 하고 초현당招賢堂을 신설하여 고명한 선비들을 맞기 위해 성균관에 박사 10명을 두었으나 당대인들에게 유교이념의 부활로 받아들여지지 못했다.[47] 또 1900년 윤 8월 영남 유생들이 과거를 부활하되 경의經義·시무時務 양과를 설치하여 과별로 선비를 기용하자고 간청하였으나 허락하지 않았다.[48]

황제는 유교이념을 통치이념으로 사용했다기보다는 대한제국의 외양을 구성하고 유지하는 형식적 장치로 사용한 것으로 판단된다. 대한제국기 전반에 걸쳐 각종 의전 관련 절차나 예식은 유교적 관념과 형식에 의해서 이루어지고 그 기획과 실무는 주로 윤용선·심순택 등 원로급 대신이 담당하였다. 그러나 이들은 통치능력이 있어서라기보다는 문장을 꾸미고 각종 황실 전례에 밝았다는 점 등으로 인하여 계속 의정·참정 등 의정부 요직을 차지했을 뿐이다.[49] 또 국제정세가 점차 러일전쟁의 분위기로 치달아가던 1903년경부터 황제는 곽종석, 최익현 등 명망있는 유생들을 요직에 임명하였지만 유교적 왕도정치론에 입각한 이들의 개혁안을 전혀 수용하지 않고 정권의 장식품 정도로 취급하고 있었다.[50]

결국 황제가 추구한 통치이념은 유교를 바탕으로 한 것이 아니었다. 열강 간의 세력균형에 입각한 자주독립, 상업을 통한 부국과 이를 바탕으로 한 식산흥업 등의 정책 위에서 〈대한국국제〉에서 천명한 전제정치를 실현하겠다는 것이었다.

형사 정책의 강경화와 〈형법대전〉의 반포

형사 정책의 강경화

독립협회운동과 각종 정변 미수 사건을 겪으면서 정부의 형사 정책
은 민권운동을 탄압하면서 전제군주제를 확립하는 방향으로 전개되
어 갔다. 이러한 방향은 1898년 초부터 예견되고 있었다. 1898년 2월
법부에서 각급 재판소로 보낸 훈령을 보자.

대개 개화란 성인聖人의 일이다. 역易에서 말하기를 하늘은 존귀하고 땅은
비속하며 건곤은 정해져 있는 것이다. 높고 낮은 것이 펼쳐져 귀천이 자기
자리가 있는 것이다. 존비의 차서次序와 귀천의 분수가 천지의 도리이며
이것이 바로 개화이다. 어찌 범분·난상亂常·멸륜·패리를 개화라 하겠는
가. 지금부터 아랫사람이 윗사람을 범하고 천한 자가 귀한 신분을 방애妨

礙하며 젊은이가 어른을 능멸하는 것은 모두 법을 어지럽히고 덕을 어그러
뜨리는 백성이니 잘못이 큰 자는 주살하며 작은 자는 징역살려 결코 용서
하지 말 것이다.[51]

개화라는 것이 대세임을 인정하지만 진정한 개화는 존비의 질서,
귀천의 분수가 준수되는 것이며 이것이 곧 천지의 도리라는 것이다.
그럼에도 불구하고 민인들이 범분·난상·멸륜·패리를 개화로 알고
아랫사람이 윗사람을 범하고 천한 신분이 귀한 신분을 방애하며 나이
어린 자가 나이 많은 자를 능멸하고 있으니 이러한 죄를 범한 자는 조
금도 용서하지 말고 엄형에 처하라는 내용이다.

이러한 방침은 〈신문조례〉·〈집회급협회규례〉·〈보안조례〉를 입법
화하려는 움직임으로도 나타났다. 정권의 입장에서 보았을 때 가장
위협적인 것은 1898년 전후 독립협회를 비롯한 민권운동이 활발하게
전개되고 《독립신문》《황성신문》《제국신문》 등이 인민의 법의식을
급속하게 신장시키고 있는 상황이었다. 따라서 법률·제도의 제정 및
개편의 촛점은 민권운동에 대한 억압과 통제에 두어졌다.

1898년 10월 29일의 관민공동회에서 올린 헌의육조를 수락하면서
황제는 현하의 급무로 다섯 가지를 제시하였다. 그중 하나가 집회규
칙과 신문조례의 제정이었는데 이는 한국사상 최초의 언론·집회에
관한 법률 제정 시도라고 할 수 있다.

각항 규칙은 이미 정해졌으니 각 회와 신문 역시 방한防限이 없을 수 없다.
회규는 의정부와 중추원으로 하여금 시의를 참작하여 제정하게 하였고 신

문조례는 내부·농상공부에 명하여 각국 사례를 모방하여 제정 시행할 것[52]

황제의 지시에 따라 신문조례는 내부에서, 협회규례·보안규례는 내부와 법부에서 공동 기초하였다. 그러나 이들 법률은 모두 《독립신문》의 반대 여론과 법률 제정시 승인권을 가지고 있던 중추원 의관들의 반대로 인하여 초안 상태에서 폐기되고 말았다. 내부와 법부에서 작성한 〈집회급협회규례〉와 〈보안조례〉 칙령안을 의정부를 통해 접수한 중추원에서는 이에 대해 반대 의견을 제출하고 이들 법규를 입안한 관원을 중추원에 출석시켜 설명하도록 요구하였다. 그러나 법부에서는 관원을 파송하지 않고 법률 시행 여부를 의정부 참정의 책임으로 미루어 버렸다.[53]

〈신문조례〉에 대해서는 초안의 조항들이 언론에 대한 구속이 심하다 하여 개명한 각국에서 공통으로 시행하는 신문조례를 모방하여 중추원에서 수정안을 꾸며 정부에 이송하기로 하고 수정안 기초위원으로 남궁억·이시우·박승조 3명을 선출하기도 하였다.[54]

중추원의 이 같은 반대 움직임은 새로 제정한 신문조례가 일본에서 몇십 년 전에 만들었다가 폐기된 것이라는 《독립신문》의 기사에서 그 취지를 읽을 수 있다.

신문조례를 반포한다는데 들은즉 일본서 몇십 년 전에 처음으로 신문조례를 만들었더니 그 나라가 차차 개명에 나아가려 한즉 그 신문조례가 너무 속박이 과하여 국민에게 도로 크게 손해가 되겠는 고로 정부에서 그 합용치 못할 것인 줄을 깨닫고서 그 이왕 만들었던 조례는 즉시 내버리고 시행치 아니한 까닭에 일본이 동양에 제일등 개명이 되어 국부 병강하여 동서양 세계에 높은 대접을 지금 받는 줄은 대한정부 제공도 응당 거울 속 보듯 하겠는데, 대한 정부에서는 하필 남의 나라 좋은 것은 본 받지 않고 구타여 남의 나라에서 국민을 위하여 쓰지 않고 내버린 신문조례라는 것을 어디 가서 궁수멱득하여 본국 국민의 개명을 기어코 손해하려 하는지.[55]

결국 〈신문조례〉〈집회급협회규례〉〈보안조례〉 등의 제정과 실시는 중추원이나 《독립신문》의 여론을 억압하지 못한 상태였던 정권으로서 더 이상 강행할 수 없었다. 그 대신 정부는 1898년 11월 22일 법률 제2호로 〈의뢰외국치손국체자처단례依賴外國致損國體者處斷例〉를 제정, 외국 열강에 의존하여 민권운동을 전개하는 세력에 대한 통제로, 나아가서 1899년 이후 참형·노륙법·연좌제를 부활시키고자 하였다.

특히 1900년 5월 28일 일본으로 망명했다가 특사를 기대하고 입국한 안경수·권형진을 고종의 밀지를 받은 평리원재판장서리 이유인이 재판도 거치지 않고 사형에 처한 사건은 이러한 추세를 돌이킬 수 없게 만들었다. 안경수·권형진을 불법 처형한 재판장 이유인과 판사 장봉환, 검사 이인영이 유형에 처해지고 법부대신 권재형도 면관되었지만, 정부 대신들은 오히려 이들의 처사가 올바른 것이었다고 하며 유배령을 거둘 것을 청하였다. 이어서 부상들이 상소 대열에 가담하였고, 5월 31일에는 참정 김성근 이하 각부 대신과 찬정·참찬 등 의정부 구성원 모두 정변 음모를 꾸민 이준용을 비롯하여 1895년 명성황후 시해사건에 관여하였던 조희연·유길준·이두황·조희문·권동진 등 일본에 망명한 국사범들까지 모두 잡아들일 것을 상주하였다.[56]

한국 근대 형사재판제도사

6월 9일에는 경상남북도 신사 유교영柳敎榮 등 98인이 중추원에 헌의하였다. 모역 범죄에 대해서는 교수형에 그쳐서는 안 되며 박준양·안경수·권형진 등은 시신을 능지처참해야 한다고 하였으며, 폐지되었던 참형을 부활시킬 것을 주장하였다. 처형 대상을 더욱 확대해야 된다는 상소도 올라오기 시작하였다. 명성황후 살해사건 당시 고유문을 제술했거나 고유할 때 묘관廟官·사관社官·전관殿官·궁제관宮祭官을 맡았던 인물들, 그중에서도 당시 궁내부대신 이재극과 외부대신 김윤식 등을 처형해야 한다는 상소가 연달아 올라왔다. 6월 24일에는 전 군수 유진만兪鎭萬, 유생 조성훈趙性薰 등이 통문을 발하여 기로소에 복수청을 설치하고 전 판서 이정로李正魯를 소수疏首로 삼아 위와 같은 상소를 올렸다.[57] 이러한 여론을 바탕으로 하여 1900년 상반기 이후 형사 정책은 점차 강경화되어 갔다.

형사 정책의 강경화를 확인할 수 있는 또 다른 분야는 조세금 상납을 건체愆滯한 지방관·이서들에 대한 처벌이었다. 갑오개혁 이전까지 법규에 의하면 조세금 포탈을 발견하지 못한 지방관은 포탈액의 3분의 1 또는 4분의 1을 추징한 후 유배하여 금고형에 처하며 포탈한 이서는 1천 석 이상일 경우 효시한다고 하였다. 또 조세금 포탈 지방관은 즉시 그 지방에 정배하고 포탈한 공전을 일일이 추징한 후 국왕에게 상주한 후 방송한다고 하였다.[58]

갑오개혁 이후에도 조세금 상납을 건체한 지방관·이서에 대해서는 이러한 규정에 따라 처벌하고 있었다.[59] 그런데, 조세 대전납이 전면화된 것을 이용하여 지방관이 대량의 조세금을 상업자본으로 전용하는 추세가 더욱 확대되고 이로 인하여 조세금 상납이 건체되는 일이 비일비재하게 되자 기존의 규정보다 더욱 엄하게 처벌하여야 한다는 논의가 나오게 되었다.

탁지부에서는 1898년 이전만 해도 공전을 포탈한 지방관·이서에 대해서는 각각 개별 사건으로 법부에 조회하여 체포와 조세금 추징을 요청하였다. 그러나 1898년 이후 체포 독징督徵해야 할 지방관·이서의 숫자가 대폭 증가하기 시작함에 따라 해당 관찰사·군수·이서의 명단을 일괄하여 법부로 보내고 처리 요청을 하였다.

공납이라는 것은 모두 장사 밑천으로 돌아가고 상납된 것도 일단 폭리를 본 후에야 비로서 정부에 와서 납부합니다. 이 때문에 독촉 훈령도 예사로 보고 조금도 반응이 없어 몇 해가 지나도록 납부하지 않는 것이 보통이니……어느 도 어느 군을 막론하고 전임 시찰사와 군수가 포탈한 액수와 차인에게 출급한 액수와 군리郡吏가 포탈한 액을 철저히 조사하여 찾아낼 때마다 법부로 이송하여 기한 내에 포탈액을 충납하게끔 크게 징치하는 것이 타당합니다.……의정부 지령을 받아 공전을 포탈한 해당 관찰사와 군수와 군리를 다음과 같이 보내니 살피신 후 잡아가두고 (포탈액을) 징수하여 시급히 보내주어 공납을 완료하게 하시기 바랍니다.[60](밑줄은 인용자)

법부에서는 위 조회에 의거하여 각급 재판소에 명단을 송부하여 범인을 체포해오게 하였지만,[61] 범인들에 대한 처리는 극히 지지부진하였다. 법부와 탁지부에서는 1900년 10월 공전 포탈죄에 대한 형량을 대폭 강화하여 하리下吏는 1만 냥, 군수는 4만 냥, 관찰사는 5만 냥을 포탈하면《속대전》에 규정된 감수자도율監守自盜律에 의하여 교수형에

한국 근대 형사재판제도사

처하기로 하였다.[62] 이듬해 12월에는 탁지부에서 공전 5만 냥 이상 건납한 관찰사·어사·시찰·군수 등을 교수형에 처할 뜻으로 상주하여 재가를 받았는데 대상 인원이 전 경남관찰사 조시영曺始永 등 모두 83명이나 되었다.[63]

교수형에까지 처한다고 하는 등 형량을 강화하였음에도 불구하고 형이 집행되기는커녕 재판소에서 이들 죄인을 보방하는 경우가 비일비재하였다. 대부분의 경우 본인이 직접 공전을 포탈한 것이 아니라 상인이나 이서를 차인으로 정하여 상납하게 했으므로 이들 상인·이서를 잡아와야 처리가 가능했기 때문이다. 또 세력있는 관원이나 뇌물을 쓴 관원 등도 보방하기 일쑤였다. 교수형 대상이 되었던 위의 전 경남관찰사 조시영의 경우 1901년 6월 이전에도 공전 포탈죄로 여러 차례 평리원에서 재판받았으나 그때마다 방면되었다.[64]

다음 신문 논설은 이러한 상황을 여실히 보여주고 있다.

탁지부에서 공전 포탈한 각 관찰과 군수와 시찰 등을 독쇄한다고 평리원에 가둔 자가 전후 약 8백여 명인데 그중에 필납하고 석방된 자도 있거니와 혹 수십만 냥이나 포탈하고도 상납은 한 푼도 않은 자도 있으며 서로 책임을 미루는 자도 있다. 포탈액의 다과를 막론하고 세력이 크거나 권세자와 긴밀한 연줄이 있으면 포탈을 숨기고 책임을 묻지 않는 자도 있으며 포탈이 탄로나도 관직을 유지하는 자도 있으며 갇힌 지 며칠만에 보방되는 자도 있어 각자 세력있는 만큼 처벌을 면하는 자가 10분의 8, 9다. 현재 포탈로 갇혀있는 자는 불과 군수 4명과 시찰 1명이라는데 이 군수와 시찰들은 모두 힘없고 권세없는 자들로 갇힌 지 2~3년 혹 5~6년씩 되지만 얼마

안 되는 재산은 옥바라지에 탕진하고 처자식과 가솔은 추위와 굶주림에 울어대니 옥중 죄수에게 공급할 길이 없다.[65] (밑줄은 인용자)

위 자료에서 보듯이 실제로 감옥에 갇혀 미결수로 체수되는 것은 수백 명의 피의자 중 5~6명에 불과한 실정이었다.

문제는 법을 집행하는 평리원의 판사·검사들에게 있었던 것이다. 이처럼 공전을 체납한 군수를 평리원으로 이송하면 모두 보방되므로 탁지부에서는 공전 미납한 관리를 경무서 중서中署에 구류해두고 공전을 완납할 때까지 매일 탁지부로 압상하여 신문하고 독쇄하는 방침을 취하기도 하였다.[66] 1903년 이후에는 사면령을 반포할 때 사면에서 제외하는 대상으로 종래의 6범 외에 이들 '공납건체자' '공포죄인公逋罪人'을 포함시키는 조치까지 취하였다.[67]

한편 그밖의 범죄들에 대해서도 엄벌로 처하고자 하는 형사 정책을 취하기는 마찬가지였다. 이러한 정책은 기존 형사 법규를 개정하여 형량을 강화하는 것으로 나타나기도 하고 엄한 형사 법규를 신규 제정하는 것으로도 나타났다.

형사 법규의 제정·개정 및 〈형법대전〉 반포

1 – 법률고문의 고빙과 법률 기초 기관

제2장에서 정리하였듯이 1895년 전후부터 단편적이기는 하지만 새로운 형사 법규들이 계속 제정 실시되어 왔다. 이로 인하여 구래의

《대명률》《대전회통》과 신규 법령이 혼재하게 되어 법을 집행하는 사법관이나 정부 관료들이 대단히 혼란스러워 했다. 이에 법부 참서관 신재영과 진사 경훈慶勳은 이들 세 가지 법원法源을 하나로 통합하여 실행하는 데 편리하게끔 《법규유취法規類聚》라는 법전을 편찬하였으나 정부에서 이를 간행하는 단계까지는 이르지 못하였다.

> 법부 참서관 신재영과 진사 경훈 등의 청원서를 보니 "청원인 등이 엎드려 생각하니 <u>아국 법률에 대전회통 대명률 신식법률이 있는데 존폐가 혼란스럽고 편집이 크고 번거로워 선비와 백성들이 참고하기 어려울 뿐 아니라 법사에서 이들 법률을 적용할 때 번번이 어지럽기 짝이 없어 항상 개탄스러웠습니다.</u> 지금 모든 것에 편리함을 요하여 대명률강해와 향부례鄕附例와 당부례唐附例 합 3질과 대전회통을 참고하여 각기 성질에 따라 같은 부류를 모아 편집하고 성질이 현격히 다른 것은 따로 항목을 만들며 신식법률과 재판소구성법 소송규정 등도 엮어넣되 이미 폐지된 것과 지금 쓰지 않는 것 또는 중요치 않은 것들을 모두 옮겨쓰지 않고 본 목록 아래 각각 제 몇 편 제 몇 장을 주로 달아 참고하기에 편이하게 하였습니다.[68](밑줄은 인용자)

이처럼 구식과 신식 형사 법규가 충돌하고 혼란스러운 점 외에도 제2장에서 서술하였듯이 외국인과 한국민 사이에 분쟁이 끊이지 않고 일어나 이를 처리하는 데도 어려움을 겪고 있었다.

정부는 법부에 외국인 고문관을 고빙하여 법률의 신규 제정이나 외국인과의 분쟁 처리에 자문을 구해 왔는데, 1899년 10월 21일 그동안 법률고문을 맡아 왔던 그레이트하우스가 사망함으로써 그 후임을 물색하게 되었다. 일본측은 당초 그레이트하우스를 한국정부에 추천하여 고빙하게 했던 만큼 후임자로 일본인을 추천하고자 하는 움직임을 보였다. 그러나 한반도를 둘러싸고 일본과 러시아가 상호 견제하고 있던 상황이라 한국정부는 어느 쪽도 선택할 수 없는 입장이었다. 이 간극을 뚫고 프랑스공사 플랑시는 법부대신 권재형을 만나 후임 법률고문으로 프랑스인 크레마지Laurent Crémazy(1837~?)를 적극 추천하여 1899년 11월 29일자로 고빙계약을 체결하였다.[69]

크레마지는 파리법대에서 변호사 자격 및 박사학위를 취득하고 1875년까지 프랑스의 여러 지방에서 판사·법원장을 지냈으며 1879년 프랑스 식민지인 라 레위니옹 섬에서 총독의 법률고문을 역임하였다. 1896년에는 사이공 공소원장에 취임하였고 1899년 말 정년퇴직하여 파리공소원의 명예원장 및 마르세이유의 루렝지방법원 명예법원장 등에 임명되었다. 특히 그는 1873년부터 1895년까지 22년간 일본 정부의 법률고문으로 활동하면서 일본의 형법·민법 등을 기초해 준 보아소나드Gustave-Emil Boissonade de Fontarabie(1825~1910)의 제자임과 동시에 친구이기도 하였다.[70]

크레마지는 1900년 5월 10일 한국에 도착하여 1905년 8월 29일까지 법부의 법률교사로 근무하였다. 1900년 5월 12일의 고빙계약서에 의하면 법부 대신·협판의 지휘를 받는 칙임관으로서 법부의 사무를 처리하되 평리원·특별법원 및 각 재판소에 필요한 사무가 있을 때 임시로 파견되어 시무하며 고등법관과 동일한 직권을 가지고 주임관 이하 관리를 지휘할 수 있었다.[71]

크레마지는 임명된 후 한국 사법 업무에 많은 도움을 주었다. 우선 외국인과 한국인 사이에 관련된 각종 분쟁을 국제법적으로 해결하였다. 예를 들어 동해안에서 불법으로 고래잡이한 혐의로 벌금 4천원을 물은 러시아인 케설능의 건으로 1900년 6월 말 러시아 공사가 한국 정부에 항의한 안건을 조사한 후 한국 해관의 처결이 국제법적으로 타당하다는 판결을 내려 러시아 공사와 타결지었다.[72] 또 1901년 제주민요濟州民擾 사건으로 평리원에 압송된 죄수들의 재판에 어려움이 많다는 평리원의 요청에 따라 평리원 재판에 회심관으로 파견되어 심리 과정에 도움을 주기도 하였다.[73]

가장 큰 업적은 각종 법률, 특히 형사 법규를 개정하거나 신규 제정하는 데 기초 작업을 한 점이다. 크레마지는 법부대신의 명령에 의하여 황실범·국사범에 대한 참형 법안, 살인강도는 신분에 관계없이 교수형에 처한다는 법안, 외국에 입적한 한국인에 대한 처리 법안 등 몇 가지 법률안을 기초하였다.[74] 1901년 5월부터는 법부대신 유기환의 명에 의하여 법부에서 기초 완료한 〈형법대전〉 초안을 프랑스어로 번역하고 8개조의 〈개정 제의〉를 붙였다.[75]

이외에 그는 1901년 3월부터 프랑스어와 국한문에 모두 능한 관립 법어학교 학생 10명을 추천받아 프랑스 법률을 가르쳤다.[76] 그중 방승헌方承憲·김정식金廷植·정기학鄭基學·최병옥崔炳玉·이신우李信宇 등이 나중에 법관양성소 교관으로 임명되었다.[77] 이로 인하여 법관양성소의 교수 과목에는 프랑스 법률도 추가되었다.[78] 그렇지만 그는 보아소나드가 일본에서 했던 것처럼 한국의 형법 작성에 주도적으로 참여하지는 않았기 때문에 이 시기 형사 법규나 민사 법규 제정에 프랑스 법률의 영향을 파급시키지는 못하였다.

한편 각종 법률을 기초하는 기관으로 전술한 법규교정소와 1895년 이래의 법률기초위원회가 있었다. 법규교정소는 곧 활동이 중단되었으므로 법률 기초 실무는 거의 대부분 후자인 법률기초위원회가 담당하였다고 볼 수 있다. 다음 〈표 3-2〉는 1899년 5월 22일부터 1905년 말에 이르기까지 법률기초위원장·위원에 임명된 인물을 순서대로 정리한 것이다.

물론 이들 모두가 같은 시기에 법률기초위원으로 활동했던 것은 아니다. 법률기초위원회는 위원장 1인, 위원 8인으로 구성되는데 1900년 이후 4명은 법부 고등관으로, 4명은 법률에 밝은 인물로 법부대신이 임명하게 되어 있으므로 임명 기사가 많은 해는 위원의 변동이 극히 심한 시기라고 할 수 있다.[79] 예를 들어 1902년의 인사기록을 확인해보면 임명한 지 하루 또는 이틀, 길어야 한 달 이내에 자원 면직 또는 해임하고 새로 임명하는 식이었다.

이러한 현상이 일어난 이유는 법률기초위원으로 신학문을 배운 청년층들이 대거 임명되고 있었기 때문이다. 1900년까지는 제2장에서 보았던 1895년 이래의 인물들이 법률 기초를 담당하고 있음을 확인할 수 있지만, 그 이후에는 관직 경력이 전혀 없거나 품계가 낮은 인물들로 임명되고 있다.

《대한제국관원이력서》에서 확인 가능한 인물들만 모아 만든 다음 〈표 3-3〉을 보면 이들은 거의 대부분 갑오개혁 이후 설립된 신식학교 졸업생 또는 일본·미국 유학 경력이 있는 20~30대의 청년들임을 알 수 있다. 즉 국내에서는 중교의숙中橋義塾 또는 관립일어학교·한어

〈표 3-2〉 1899~1905년 법률기초위원장·위원 명단

연도	위원장	법률기초위원
1899	李根澔(협판)	皮相範(검사국장) 申載永(참서관) 權在運(참서관) 李徽善(한성부재판소판사) 太應柱(9품) 慶勳 金澤(한성부재판소판사) 楊孝健(6품) 俞學濬(주사) 尹東翰(6품) 金義濟(한성부재판소판사)
1900	李載崑(협판) 李根澔(협판) 金錫圭(사리국장)	尹德榮(법무국장) 李康夏(참서관) 朴勝鳳(정3품) 趙昌鎬(4품) 尹喜求(주사) 金炳郁(6품) 朴齊璿(참서관) 徐相龍(법무국장) 尹宗求(6품) 李昌溥(6품) 趙經九(참서관) 皮相範(정3품)
1901	李載崑(협판)	金正穆(정3품) 柳遠聲(6품) 張錫運(6품) 趙昌鎬(4품) 金鎭夏(정3품) 金一黙(정3품) 李龍在 裵相賢(9품) 朴象鉉 林成圭 金德璐(9품) 李賢駿 金弼周 金錫禹 朴東周(정3품) 洪秉柱 金雲植(9품) 金炳珏 金尙顯(9품) 沈萬澤 鄭樞 禹瓚東 慶勳(위원) 尹喜求(6품) 徐廷喆(법무국장) 金珏鉉(사리국장) 朴齊璿(참서관) 尹性普(참서관)
1902	金錫圭(사리국장)	趙經九(참서관) 俞鎭贊(사리국장) 金基肇(참서관) 丁明燮(6품) 劉漢國(6품) 李完夏 嚴昌鎔 李肯在 申鍾善 徐起淳 安元中 金瓚圭 俞夏濬 李容憙 李建漢 朴五陽 咸東燮 劉漢杓(6품) 曹鳳煥 申昇均 張和慶 金大玉(정3품) 李圭哲(6품) 蔡奎喆 申學達 朴遇吉 邊命夏 李學秊 李時逸 劉弼相(9품) 白華鎭 金奎煥(정3품) 洪文杓 李碩源 金敎承 玄東喜 孫政赫 宋演 洪鍾聲 李範韶 俞鎭珏 趙秉元 申錫五 李喜轍 李宜淵 李慶鎬 高中鉉 李舜應 林瑩述 宋龜老 柳海旭 韓國聖(정3품) 任胤宰 金炳林 文其燮 俞致一 金商乙 林學承(정3품) 李善榮(정3품) 吳南根 劉演 李漢鍾 朴基鵬 沈宜麟 全聖旭 李熙昇 全喆曾 朴鏞和(6품) 金鳳齊 鄭運萬 李枝英 高亨錫(6품) 韓啓勳 林在升(6품) 李一榮 洪敬觀 林應鍾 李完相(6품) 鄭斗燮 皮昌淳(6품) 全仁鎬 鄭基命 崔在建 宋泰顯 趙載成 李彬九 李俸 崔敬在 李鳳植 徐丙七(9품) 李培弘 李晃在 全尙權 李秉玉 趙正璧 柳冀周 吳淵達 魏福源 朴匡三 朱炳雲 黃源博 李麟和 魏龍源 洪世載 俞致衡 洪性大(6품) 李容相(9품)
1903		尹性普(참서관) 閔忠植(참서관) 俞鎭夔 尹邦鉉(정3품) 高翊相(6품) 金貞鉉(정3품) 朴承根 權大植 金根培 南龜植 金思杓 金猷鎭 申佐永 朴基朝 趙亮夏 朴興秀 張煜 申奭雨 金永弼 金元福 柳明煥 金澤東
1904	沈相翊(협판)	李漢英(협판) 金澤東 孫元奎 金敬植 金洛憲(참서관) 李種聖(참서관) 李錫九 李載說(회계국장) 申位均 洪淳珏 金奎熙(협판)
1905	李根湘(협판) 李相卨(협판) 閔衡植(협판)	尹邦鉉(정3품) 韓東履(정3품) 鄭永澤(6품) 金澈龜(6품) 石鎭衡(9품) 嚴柱日(9품) 洪在祺(9품) 柳東作(9품) 張熹(평리원검사) 李晃宇(참서관)

출전: 《舊韓國官報》 각 해당 일자의 〈敍任及辭令〉란.

주: 괄호 안은 임명 당시의 법부내 관직 또는 관계官階임. 괄호가 없는 사람은 관직 경력이 거의 없다고 보아도 무방함.

<표 3-3> 신진 법률기초위원 학력·경력

성명	임명일자	학력·경력	출생년도
李完夏	1902. 8. 23	중교의숙 중퇴	1873
李肯在	1902. 8.25	관립일어학교 입학, 전환국 통역	1880
徐起淳	1902. 8.25	文學工課	1868
俞夏濬	1902. 8.26	중교의숙 재학	1880
申昇均	1902. 9.28	중교의숙 졸업	1879
俞致衡	1902. 9.12	일본 게이오의숙 및 쥬오대학 졸업	1877
李錫九	1904. 4. 9	탁지부주사	미상
鄭永澤	1905. 7.25	법관양성소·한어학교 졸업, 법관양성소교관	31세
金澈龜	1905. 7.25	관립일어학교 졸업, 철도원기사 등	1877
石鎭衡	1905. 7.25	일본 법정대학 법률과 졸업, 군부주사	1877
嚴柱日	1905. 7.25	일본 게이오의숙 및 메이지대학 졸업	1872
洪在祺	1905. 8. 4	일본 동경법학원 졸업, 미국 L.A.학교 수료	1870
柳東作	1905. 8.22	일본 메이지대학 법률과 졸업	1878

출전:《大韓帝國官員履歷書》(국사편찬위원회 영인본) 해당 인물 기사. 단, 이 자료에는 거의 대부분 1907년 순종 즉위 이후 현직 관원들의 이력서만 정리되어 있으므로 그 이전 관원의 이력은 찾아볼 수 없었다.

학교, 일본에서는 게이오의숙慶應義塾이나 쥬오대학中央大學 등의 법률과를 졸업한 인물들이다. 따라서 자료의 제약상 확인하지 못한 신진 법률기초위원들 역시 대부분 이와 유사한 학력을 갖추었을 것이라 추측할 수 있다.

따라서 법률의 제정·개정 과정에는 구래의 법률가 및 개항 이후 외국 문물에 접하거나 직접 외국 유학했던 법률 전문가, 그리고 이들 신진 법률학도들이 관여한 셈이다. 그렇지만 후술하듯이 가장 방대한 작업이었던 형법대전 기초 작업이 1901년경 거의 완료되었기 때문에 이들 신진 법률학도가 많은 역할을 하기는 어려웠다고 할 수 있다.

〈표 3-2〉에서 또 한 가지 주목할 점은 1905년 전후부터 석진형·홍재기·유동작·장도·이면우 등 일제강점 이후에도 한국의 대표적인 법률가·변호사로 활동한 인물들이 법률기초위원으로 임명되고 있는 점이다.[80] 〈표 3-3〉에서 보듯이 이들은 근대적 법률 소양을 풍부히 갖추고 법관양성소 교관을 역임하거나 1905년 이후 변호사로 활동하는 등 한국 재판제도의 변화에 큰 영향을 미칠 수 있는 인물들이었지만, 일제의 통감부 설치 이후 국권을 박탈당함으로써 그 능력을 발휘할 수 없었다.

2 – 형사 법규의 제정·개정

전술했듯이 1899년 전후부터 정부는 언론·집회 등 민권운동을 억압하거나 조세금을 포탈한 지방관을 처벌하기 위하여 강경한 형사 정책으로 선회하였다. 1898년 11월 22일 〈의뢰외국치손국체자처단례〉를 제정하였는데, 이 법은 전문 3개 조로 구성된 단편 법률로서 1900

년 4월 28일과 9월 29일 두 차례 개정되었다. 이 법에서는 ① 외국 정부에 본국의 보호를 비밀리에 청한 자 ② 본국의 비밀 정형을 외국인에게 누설한 자 ③ 외국인에게 고병雇兵 및 공용 차관借款·임선賃船과 광산·철도·전토·삼림·어채·제염 등의 인허와 군함 및 공용물품·기기의 위탁 제조·구입과 고문관 및 보좌관의 고빙 등과 기타 일체 계약 합동을 정부의 회의 준허를 거치지 않고 했거나 이를 거간·통변한 자 ④ 외국인의 소개로 관직을 얻으려 한 자 ⑤ 외국 사정을 가지고 본국민에게 겁주거나 이로써 협잡한 자 ⑥ 각국과의 조약에서 허가한 토지 이외의 전토·삼림·천택川澤을 외국인에게 잠매하거나 혹 외국인에게 이름을 빌려주거나 혹 이름을 빌려준 자에게 사실을 알면서도 판매한 자 ⑦ 본국 정부의 특준제적特准除籍을 거치지 않고 외국에 입적했다고 빙자한 자[81] 등은 기수·미수를 막론하고 모두 《대명률》 적도편 모반조謀叛條에 의하여 처단한다고 하였다(제2조).[82]

따라서 이 법률은 신식 법률이라기보다는 《대명률》 적도편 모반조의 시행령에 가까운 것이라고 할 수 있다. 그런데 《대명률》 모반죄의 경우 기수자는 참형, 처첩자녀와 부모·조손·형제까지 노비를 삼거나 유형에 처하며 미수자일지라도 교수형 또는 장100 유3천리에 처하게 되어 있으므로 이러한 형벌 규정은 갑오개혁기에 참형과 연좌제를 폐지했던 법령과 저촉되는 것이다.

이 같은 저촉을 피하기 위하여 정부는 동 법률을 제정하면서 갑오개혁기에 폐지했던 참형과 노륙법[83]·연좌법 등 악법을 부활시킬 것을 구상하고 있었다. 이 구상은 김홍륙 독차사건 직후 역적에 대한 처단을 엄하게 해야 한다는 논의로부터 시작되어 1898년 9월 24일 법부대신 겸 중추원의장이던 신기선 등의 입법론으로 이어졌으나 독립협회의 저항으로 인하여 1898년 10월 12일경 일단 저지되었다.

〈의뢰외국치손국체자처단례〉가 제정된 1898년 11월 22일은 보부상 단체인 황국협회가 만민공동회를 습격하여 폭력적으로 진압한 바로 다음날이었다. 즉 만민공동회에 참여했던 민인들이 외국인 보호하로 도피하여 그들과 연대하여 반정부운동을 전개할 가능성이 높은 시점이었다.[84] 정부가 참형과 연좌제 처벌이 규정된 이 법률을 제정한 것은 여전히 위의 여러 악법 부활 의도를 포기하지 않았던 것을 의미하는 것이었다.

이러한 의도는 독립협회 운동을 완전히 진압한 이후인 1899년 6월 신기선에 의해 다시 표면화되었다.

요즘 들으니 대한 정부에서 목베는 형벌과 연좌하는 법을 다시 사용하기로 회의하였다는데 어떤 대신 한 분이 그 일에 매우 힘을 써서 주도하고 장차 대황제 폐하께 품달하려 한다고 하니……옛 법을 좋아하는 사람들은 흔히 말하기를 법이 너무 가벼워 신민간에 법을 범하기 쉽다고 하지만……법률을 공평하게 하면 이는 덕화로 사람의 마음을 감복함이요 법률을 혹독히 하면 이는 위력으로 사람의 마음을 압제함이로다.[85]

《독립신문》에서 여전히 반대함에도 불구하고 신기선은 연좌법 의안을 정부회의에 제출하였다. 그러나 이번에는 외국 공사들이 이 법안의 제정을 반대하는 움직임을 보임으로써 부활 의도는 다시 좌절하였다.[86]

1900년 6월 이후 악법 부활이 본격화하였다. 이번에는 외국인 고문관들로 하여금 법안을 작성하게 만들었다.[87] 그렇지만 이들도 역시 참형이나 노륙법·연좌제 부활에 대해서는 반대 입장이었다. 궁내부 고문관이었던 미국인 샌즈의 안은 반역죄인은 재판을 거쳐 증거가 분명하면 교수형에 처한 후 가산을 국고로 몰수하고 그 적장자嫡長者는 관리에 등용하지 못하게 한다는 것이었다.[88] 크레마지의 안은 황실범·국사범으로 사직을 위태롭게 한 자는 참형에 처하고 재산을 몰수하여 백성에게 나누어주어 산업을 돕게 할 것, 살인강도 증거가 명확한 자는 대신부터 민인에 이르기까지 차별없이 모두 교수형에 처할 것, 인민이 정부의 특허를 얻지 않고 외국 국적을 얻지 못하게 할 것 등이었다.[89]

미국인·프랑스인 고문관의 의견을 제출하게 함으로써 외국 공사들의 반대 움직임을 예방한 후 정부는 신규 입법이 아니라 기존의 〈형률명례〉를 개정하는 형식으로 1900년 9월 29일 참형을 부활시켰다. 사형의 종류에 참형을 추가하되 황실범·국사범에게만 집행하고 재산몰수형을 병과하였다. 여타 사형에 해당하는 범죄에는 이전과 같이 교수형을 집행한다고 하였다.[90]

이어서 범죄에 대한 형량을 전체적으로 가중하는 개정 작업이 이루어졌다. 1900년 1월 11일과 1901년 12월 12일 두 차례에 걸쳐 〈적도처단례〉가 개정되어, 절도범에 대한 형량이 대폭 가중되었다.[91] 다음 〈표 3–4〉에서 보다시피 역2월에 처하던 10냥 이하 절도범은 태60 징역1년으로 대폭 가중되었다. 역10월에 그쳤던 400~500냥 절도범을 종신 징역에 처하고, 역1~15년 처하던 500~1200냥 절도범을 교수형에 처하게끔 되었다. 절도 재범자는 태100 역종신형, 절도 삼범자는 교수형에 처했던 데 비해, 절도 재범만 해도 절도액의 다소에 관계 없

<표 3-4> <적도처단례> 개정으로 인한 절도 관련 형량 변화

범행 횟수	절도 액수	개정 이전		개정 이후		
		태형	징역	절도 액수	태형	징역
초범	10냥 이하		2월		60	1년
	10~200냥		4월	10~50냥	70	1년반
				50~100냥	80	2년
				100~150냥	90	2년반
				150~200냥	100	3년
	200~300냥		6월	200~250냥	100	5년
				250~300냥	100	7년
	300~400냥		8월	300~350냥	100	10년
				350~400냥	100	15년
	400~500냥		10월	400~500냥	100	종신
	500~600냥	60	1년	500냥 이상		교수형
	600~700냥	70	1년반			
	700~800냥	80	2년			
	800~900냥	90	2년반			
	900~1000냥	100	3년			
	1000~1100냥	100	10년			
	1100~1200냥	100	15년			
	1200냥 이상		종신			
	재물 얻지 못한 범행	50		재물 얻지 못한 범행		10월
재범		100	종신			교수형
삼범			교수형			교수형

출전:《한말근대법령자료집》Ⅱ, 52~65쪽;《한말근대법령자료집》Ⅲ, 7~9쪽 및 344쪽.

이 교수형에 처하는 것으로 바뀌었다. 재물을 취득하지 못한 절도범 형량도 태50에서 역10월로 가중되었다.

그동안 적용 법규가 없던 인삼 절도 채취에 대한 처벌 조항도 신설하였다. 〈적도처단례〉에는 "땔감이나 나무·돌 등을 타인이 작벌 또는 적취하여 산야에 있는 것을 자의로 취한 자"는 준절도범으로 처벌하는 규정이 있었는데(제10조 제1항), 개정 법률에서는 이 조항 다음에 "인삼 또는 홍삼을 몰래 채취한 자는 삼뿌리를 캤거나 못 캤거나 사기 등의 방법으로 재물을 얻었든 못 얻었든 모두 강도죄로 재물을 얻은 자로 처단한다"고 하여 기존의 준절도범 처벌보다 가중 처벌하도록 하였다.

공전을 건납한 지방관에 대한 처벌 법규도 제정하려는 노력을 기울였는데, 이에 대한 입법 요구는 그 이전부터 탁지부·평리원 등에서 올라오고 있었다.[92] 1902년 11월 22일 평리원재판장사무에 임명된 이용익은 공전을 포탈한 관찰사·군수를 모두 잡아들여 전 어사 이승욱李承旭, 전 군수 서민순徐敏淳 등에게 태형을 가하고 나머지 군수들에게도 차례대로 형을 가하려고 하였다. 당시 법부 관료 김낙헌은 관찰사·군수들에게 품계를 무시하고 형을 가하는 것은 조정의 체모를 상할 뿐 아니라 장정이 아직 만들어지지 않았으니 규정을 만들기 전에는 형을 내릴 수 없다고 하였다. 이용익이 이에 대노하여 고종에게 상주하여 법부로 하여금 〈공화수쇄장정公貨收刷章程〉을 기초하게 하였는데,[93] 2년 반 후인 1905년 4월 29일 〈공화흠포인처단례〉로 제정 공포되었다.

이에 의하면 포탈한 공전 액수가 1백 원(5백 냥) 이하인 자는 징역 1

년형부터 시작하여 2천 원(1만 냥) 이상인 자는 교수형에 처하며, 공전을 포탈한 자가 주임관일 경우는 체포한 후 황제에게 상주한다는 규정을 적용하지 않고 법부대신에게만 보고하고 지령을 기다려 처단한다고 하였다. 단, 징역형에 처한 자가 형기 내에 공전 납부를 완료하면 즉시 면죄 방송하되 형기에 따라 임관할 수 없게 하였다.[94]

이 밖에 경인철도가 개통되고 철도 관련 사업이 진전됨에 따라 1900년 1월 23일 〈철도사항범죄인처단례〉가 제정되었다.[95] 그리고 법률기초위원회가 가장 큰 입법사업으로 추진해온 형법 기초작업이 이 시기 내내 진행되어 1905년 4월 29일자로 반포되었다.

3 – 〈형법대전〉의 제정

제2장에서 보았듯이 일본인 법부고문 노자와 게이치에 의하여 형법이 기초되었지만, 정부는 이 형법안을 채택하지 않았다. 정부에서 형법 기초에 착수한 것은 다음 자료에서 보듯이 1898년 8월 31일 이후로 추정된다.

귀(의정부–인용자) 조회 제60호를 보니 "……본 참정이 별도 청의한 바 경장 이래로 법률이 정해지지 못하여 법관이 빈번하게 바뀌고 전임 법관이 결정한 안을 현임 법관이 번번이 뒤집으니 이는 한 나라 사법의 법이 아니고 법관 한 사람의 법입니다. 무릇 고등재판소에서 결정한 것은 철안鐵案을 이루어 영원히 흔들리거나 개정됨이 없어야 하며 혹 법관이 오결誤決하면 그 법관을 죄주어야 할 뿐, 그 결정된 안을 뒤집지 않게 된 연후에야 백성들이 법을 믿고 법이 행해질 수 있습니다. 법률기초위원을 따로 뽑아 군주제 국가의 현행 법률을 번역하고 참작하여 법률을 정하여 바꾸지 못하는 법전을 만들고"[96](밑줄은 인용자)

즉 고등재판소의 판결이 자주 번복되는 것은 법관의 오결 탓도 있지만 법률이 미비한 탓도 있으므로 법률기초위원을 새로 뽑고 여러 군주제 국가의 현행 법률을 번역 모방하여 항구적인 법전을 만들어야 한다는 것이다.

이에 따라 형법 기초는 법부의 법률기초위원회가 담당하였다. 이들은 1900년 6월 초 형법 초안을 정부회의에 올렸고[97] 정부에서는 그해 12월 외부대신 박제순을 형법교정총재, 평리원재판장 김영준을 부총재, 김낙헌(법부주사)·김응준(법부주사)·민영적閔泳迪(법부사리국장)·한진창韓鎭昌(군부관방장)·구희서具羲書(법부참서관)·이계필李啓弼(한성부소윤)·이휘선李徽善(평리원판사)·김윤수金允秀(법부참서관)·하규일河圭一(법부참서관) 등을 형법교정관으로 임명하여 12월 말부터 형법 초안 교정 작업에 착수하게 하였다.[98]

이들은 1901년 3월부터 매주 1회씩 교정 작업을 진행하여 1902년 1월 초순경 완료하고 곧 정부회의에 올려 간행 반포하기로 하였으나[99] 무슨 사정이 있었는지 돌연 중지되었다. 한편 이 작업에 직접 참여하지는 않았지만 법부 법률교사 크레마지는 법부대신의 명령에 의하여 1901년 5월부터 이 형법 초안을 번역하기 시작하여 1902년 5월에 완료, 의정부에 상정하였다.

크레마지는 이때 형법 초안에 대하여 수정 제안을 8개조 첨부하였다. 그것은 ① 관리가 공무상 저지른 범죄, 즉 공죄公罪에 대해서는 태형을 실시하지 말 것 ② 형사사건 또는 민사사건의 원고와 증인들을 예비 감금하는 것을 폐지할 것 ③ 형사소송 피의자가 붙잡히지 않고 도주했을 때 궐석 재판을 할 수 있도록 할 것 ④ 피해자가 가해자에게 민사상 손해배상 소송권을 갖게 할 것 ⑤ 재판관에게 수속收贖을 허가하지 않을 권한을 부여할 것 ⑥ 모든 판결 선고에서 형량 선고의 근거가 되는 법전을 인용하고 낭독한 후 형을 집행하게 할 것 ⑦ 전재산 몰수형은 형벌개인주의 원칙에 어긋나므로 참형에 수반되는 전재산 몰수는 폐지할 것 ⑧ 불응위율은 너무 보편적인 용어로 표현되어 있어 이 조항 하나만으로 다른 모든 형법 규정들을 불필요하게 하므로 폐기할 것 등이었다.[100]

이 같은 제안을 받아들여 정부가 즉각적으로 다시 교정 작업에 착수하지는 않았다. 재교정 작업은 러일전쟁 와중인 1904년 10월에 들어서야 시작되었다. 정부는 10월 14일자로 기존의 형법 교정관들을 모두 해임하고 이재곤李載崐(회계원경)·김석규金錫圭(궁내부특진관)·이상설李相卨(종이품)·윤성보(법부참서관)·조경구趙經九(법부참서관)·김낙헌(법부참서관)·정명섭丁明燮(법관양성소교관)·조창호趙昌鎬(법률기초위원) 등을 새로 임명하였다.[101]

크레마지는 여기서도 몇 가지 제안을 하고 형법 교정관들과 협의한 끝에 합동으로 ① 전재산 몰수형의 폐지 ② 참형의 삭제와 아울러 대역죄 또는 국사범에 대해서도 교수형을 실시할 것 ③ 몇몇 형벌, 예를 들어 아편 수입·흡연·매매에 대한 형량을 가중시킬 것 등을 관철시켰다. 그리고 크레마지의 개인적 건의에 의하여 몇 가지 조항이 추가되었다. 즉, 배 위에 전염병이 돌 때 취해야 할 예방조치 규정(제663

조), 어린이 유기遺棄 행위에 대한 처벌 규정(제664조), 산업상 파업 행위에 대한 처벌 규정(제676조) 등인데, 이들은 1881년에 공포된 일본 메이지형법의 246조, 336조, 270조를 그대로 옮겨온 것이었다.[102]

이러한 개정 제안을 둘러싸고 형법 교정관들 사이에는 의견이 대립 상충한 점이 많았던 듯하다.[103] 이 같은 의견 대립이 모두 조정되고 나서 1905년 4월 29일에 재가를 받고 한 달 후인 5월 29일 법률 제2호 《형법대전》이라는 명칭으로 반포 시행되었다.[104]

크레마지가 제안한 개정안들의 수용 여부를 알아보면 1902년 5월에 제안한 8개항 중 채택된 것은 오로지 ⑦항 전재산 몰수형의 폐지 건의뿐인데 이는 1904년 10월 이후에 제안한 안에도 포함되어 있다. 따라서 그의 1902년 수정 제의안은 거부되고 단지 1904년 10월의 제안만이 모두 수용되었음을 알 수 있다. 그렇지만 1900년 전후 황제 측근 세력이 집요하게 부활시켰던 참형과 그에 수반한 몰수형의 폐지, 아편 흡연에 대한 형량 가중, 전염병 예방조치, 아동 유기 행위에 대한 처벌, 파업 처벌 규정 등이 포함된 것은 상대적으로 진일보한 측면이라고 하지 않을 수 없다.

《형법대전》은 총 5편 17장에 부칙 2개조까지 전문 680개조에 달하는 방대한 법전으로서 《대명률》과 《대전회통》 및 갑오개혁 이래의 신식법률을 집대성한 것이고 이로써 이전까지 시행하던 형률은 모두 폐지하였다(제679조). 《형법대전》은 〈표 3-4〉에서 보듯이 종래의 법전 편찬 방식이던 6전 체제를 탈피하여 근대법 이론상의 편찬 형식, 즉 단일 법전 내에 적용 범위, 범죄 구성 요건, 형벌의 종류에 관하여 총칙 규정을 두고 그 아래 대명률 체계와 유사하게 각 범죄의 종류를 나

<표 3-4> 형법대전·대명률·신식법률의 관련 체계

형법대전 목차		대명률의 관련 부분	포함된 신식법률
제1편 法例	제1장 用法範圍	五刑圖·喪服圖·八議·名例律	〈민형소송에 관한 규정〉
제2편 罪例	제1장 犯罪分析	名例律	〈적도처단례〉
제3편 刑例	제1장 刑罰通則	五刑名義·獄具圖·名例律	〈형률명례〉
제4편 律例 上	제1장 反亂所干律	刑律 盜賊篇 謀反大逆·謀叛條	〈의뢰외국치손 국체자처단례〉
	제2장 職權所干律	吏律 職制·公式篇, 兵律 郵驛篇	〈우체사항범죄 인처단례〉·〈전 보사항범죄인처 단례〉
	제3장 斷獄及訴訟所干律	刑律 訴訟·斷獄·捕亡篇	
	제4장 詐僞所干律	刑律 詐僞篇, 盜賊篇 造妖書妖言條, 戶律 戶役·田宅·市廛篇	
	제5장 神明所干律	禮律 祭祀篇	
	제6장 棄毀所干律	禮律 祭祀篇	
	제7장 閨禁所干律	兵律 宮衛篇	
	제8장 喪葬及墳墓所干律	禮律 儀制篇, 刑律 盜賊篇 發塚條	
제5편 律例 下	제9장 殺傷所干律	刑律 人命·鬪毆篇	
	제10장 姦淫所干律	刑律 犯奸篇	
	제11장 婚姻及立嗣所干律	戶律 婚姻篇, 戶役篇 立嫡子違法條	
	제12장 賊盜所干律	刑律 盜賊篇	〈적도처단례〉
	제13장 財産所干律	刑律 受贓篇	
	제14장 雜犯律	刑律 罵詈·雜犯篇	〈아편연금 계조례〉

출전: 《大明律直解》《韓末近代法令資料集》 I II III IV

열하였다.[105] 그리고 각 범죄 종류의 내용에는《대명률직해》《대전회통》의 형사법규와 갑오개혁 이후 제정된 형사법규들을 망라하고 있다. 이를 편별로 정리하고 각 편에 포함된《대명률직해》및 신식 법률들과 비교해 보면 다음 〈표 3-4〉와 같다.

이처럼《형법대전》은 체제 면에서 구래의 법 체제가 근대법 체제로 접근하는 형태를 띠고 있을 뿐 아니라 내용 면에서도 그러하다. 첫째, 신분·친속·노유 관계에 따라 범죄에 대한 형량이 가감되는 점은 그대로 유지되고 있으나 갑오개혁기에 이루어진 신분제 폐지의 영향이 나타나고 있다. 즉 구래의 체제에서는 양반·상민·노비 사이에 형벌의 체가·체감이 규정되고 있었지만 동법에서는 그러한 규정이 완전히 폐지되었다. 단지, 관인을 칙임관·주임관·판임관의 3개 등급으로 나누어 이에 따라 형벌을 체가·체감한다고 규정하였다(제63조). 양반 신분 위주의 구 형법 체제는 완전히 사라진 것이다. 아울러 고공 개념도 아예 없어지고 이를 친속親屬의 비유卑幼에 준하여 적용하는 정도로 고공의 법적 신분도 일정하게 상승하였다(제65조).

둘째, 형벌의 종류를 근대 형법과 마찬가지로 주형과 부가형으로 나누고 주형은 사형·유형·역형·금옥형·태형으로, 부가형은 면관·면역과 몰입형을 두었고 사형은 앞서 부활되었던 참형을 다시 폐지하고 교수형만 남겼다(제92·93·94·99조). 역형 1년 이상 죄인에게 부가하던 태형도 폐지되었다. 역형 1일과 태형 1도의 속전이 동일 액수이던 불합리함도 개선되어 금옥·유형·역형 1일은 1냥 4전 그대로 유지하되 태형 1도는 3전 5푼으로 대폭 인하되었다(제182조).

셋째, 자본-노동관계가 전면화되지는 않았지만, 노동운동 성격의 행위를 규제하는 법률을 두고 있다. 즉 "공역公役이나 사역私役에 공장工匠 혹 역부가 공전工錢이나 고전雇錢을 증가할 셈으로 다른 공장이나 역부를 선동하여 공역을 정지하거나 폐하게 한 자는 태30에 처함이라"라고 하여 파업을 일으킨 행위는 태형 30에 처한다고 하였다(제676조).

그러나《형법대전》은 내용 면에서 여전히 구래의 형법 체제와 조항들을 상당 부분 유지하고 있었다. 첫째, 위 〈표 3-4〉에서 보듯이 새로운 조항을 제정한 부분은 소수에 불과하고 《대명률직해》《대전회통》에 담겨있던 조항과 율문들을 거의 그대로 전재하고 있는 경우가 다수 발견된다.

둘째, 친속관계를 상복제에 의거하여 참최친斬衰親·제최친齊衰親·기친期親·대공친大功親·소공친小功親·시마친緦思麻親·무복친無服親으로 나누어 규정하고 이를 범죄 행위에 대한 형량 체감·체가의 일차적 기준으로 삼고 있었다(제64조).

셋째, 법률에 정해진 조항이 없어도 그와 유사한 조문을 끌어다 처단할 수 있게 하는 인율비부 규정을 두고(제2조), 상식적으로 옳지 못한 일을 한 자에 대해 그 행위가 죄의 성립은 안 된다 하더라도 재판관이 조리에 의해 태40 또는 80에 처할 수 있게 한 불응위조를 그대로 유지하여(제678조) 죄형법정주의를 부정할 수 있는 근거를 남겨 두었다.

넷째, 동행이나 동거한 사람이 타인을 상해하려 함을 알고도 막지 않거나 홍수·화재나 도적의 위급함이 있는데 구호하지 않은 자에 대한 처벌규정을 두어(제675조) 윤리적 규범을 강조하고 있다.

이 같은 몇 가지 한계에도 불구하고《형법대전》의 간행은 산만하게 흩어져 있던 형사 법규들을 통합하였다는 점, 독자적 형법전을 갖춤

으로써 자주 국가로서의 면모를 갖추게 되었다는 점에서 법전 편찬사
상에 한 획을 긋는 것이었다. 정부는 이를 관보로 반포한 데 이어 이
듬해 2월 책자로 대량 인쇄하여 각급 재판소마다 2권씩, 각군에 1권
씩 배포하여 모든 형사재판에 준용하도록 훈령하였다.[106]

나아가서 정부는 민법 제정 작업에 착수하였다. 《형법대전》을 반포
한 이틀 후인 1905년 5월 31일 올린 상주문에 의하면

의정부참정대신 심상훈 법부대신 이근호가 삼가 아룁니다. 법률이 불비하
면 정치가 흥하지 않습니다. 형법대전은 이미 반포하였지만 민법은 아직
껏 일정한 조규가 없어 사법관이 재판할 때 좌우의 말에 현혹되니 일반 백
성들의 어둡고 답답함은 얼마나 더 하겠습니까. 생명·재산의 보호에 제한
이 없고 비리건송과 억울한 소송에 대한 판결에 마땅함을 얻지 못함은 참
으로 이로 말미암은 것입니다. 민법 제정은 조금도 늦추어서는 안 되니 법
부로 하여금 법률기초위원회를 설치하고 법률에 밝은 인물로 위원을 선정
하여 내외의 신구 법규를 아우르고 장단점을 따져 신속히 기초함이 어떨
지 재가를 바랍니다.[107]

라고 하여 민법이 없는 까닭에 사법관이 재판할 때 혼란스럽고 민
인의 답답함도 더욱 극심하다고 하였다. 이로 인하여 생명·재산의 보
호를 하는 데 일정한 제한도 없으며 걸핏하면 소송을 일으키고 억울
한 호소를 해도 법부 판결이 제대로 해결해 주지 못하였다는 것이다.

그해 7월 18일자로 법부령 제2호 〈법률기초위원회규정〉을 반포한
것은 민법을 제정하기 위한 첫 단계였다. 위원회의 구성은 이전과 동

　　　　　　　　　한국 근대 형사재판제도사

일하지만, 몇 가지 달라진 점이 있었다. 위원회는 법률 기초상 필요한 사항이 있을 경우에는 내외 각 관청에 조회하여 탐문하고 위원을 파견하여 조사할 수 있는 권한을 부여받았다. 그리고 법률은 법부 주임관을 겸하지 않은 전임위원이 기초하여 위원장에게 제출하면 법부 주임관을 겸한 겸임위원들이 회동 토론하여 가결한 후 위원장이 대신에게 제출하는 형식을 갖추었다.[108]

그러나 을사늑약에 의하여 통감부가 설치되고 초대통감 이토 히로부미의 추천에 의해 일본 민법전 기초위원이며 동경제대 법학부 교수인 우메 겐지로梅謙次郎가 한국정부의 법률고문으로 고빙됨에 따라 이러한 시도는 좌절하고 말았다. 우메 겐지로는 1906년 7월 한국정부 초청 형식으로 서울에 도착한 즉시 의정부 참정대신 직속의 부동산법조사회를 구성한 이래 매년 2~3개월씩 한국에 머물며 많은 법안들을 기초하였다.[109]

3
법부 위상의 강화와 사법권
독립의 좌절

법부의 감독권 강화와 직단권 설정

　재판제도 개혁에 의하여 각급 재판소가 독립적인 재판권을 갖는 것으로 되었으나 제2장에서 보았듯이 법부가 강력한 감독권을 행사하고 있었다. 1899년에 들어서면 〈법부관제〉와 〈재판소구성법〉이 개정되면서 이 같은 감독권이 더욱 강화되었다.

　원래 〈법부관제〉와 〈재판소구성법〉을 개정하려고 한 이유는 제2장에서도 언급하였듯이 고등재판소 이하 각급 재판소의 재판 과정에서 수많은 혼란과 부정부패가 발생하고 있어 이를 정부 차원에서 통제할 필요가 있었기 때문이다. 정부는 다음 1898년 8월 자료에서 보듯이 처음에는 사법권 독립을 강화하는 방향으로 재판제도를 개정하고자 하였다.

귀(의정부—인용자) 조회 제60호를 보니 "고등재판장은 특별히 설치한 관직인데 법부대신으로 겸하게 함은 당시 사정이 구차하였기 때문이었습니다. 이 직책을 위하여 정직하고 중망 있는 사람을 골라 본부 회의에서 마땅한 자들을 추천하여 상주한 후 황제께서 선택하게 하고, 그로 하여금 전적으로 책임지고 일하되 나이 70세 이전에는 교체하지 않게 합니다. 법률이 완숙하기 이전에는 외국에서 법률학에 고명한 선비를 고빙하고 그에게 자문하여 법령을 통일시켜 영구히 준수하도록 할 사안으로……상주하여 성지聖旨를 받았기에 이에 조회하오니 참조하여 준행하시기 바랍니다"라고 한 바, 고등재판소 경장 청의서를 지금 제출하겠으니 살펴보시기 바랍니다.[110](밑줄은 인용자)

즉, 의정부에서는 고등재판소 재판장을 법부대신이 겸임하는 것은 불합리하니 이제는 전임 법관으로 정해야 한다는 의견을 제시하였고 이에 따라 법부에서는 고등재판소관제 개정안을 만들게 되었다. 법부는 이때 고등재판소 명칭을 대리원大理院으로 고치되 법부로부터 독립한 아문으로 만들겠다는 개정안을 작성하여 의정부로 이송하였다.[111] 그러나 다음 자료에서 알 수 있듯이 정부에서는 1899년 5월에 이르기까지 이 개정안에 대해 아무런 논의를 하지 않았다.

본부(법부—인용자) 소관 고등재판소관제 경장청의서를 작년 8월 30일에 올려 회의를 거쳤다고 하는데 아직까지 어떻게 하라는 회답이 없습니다. 정무가 바빠서 이처럼 황망한 것인지 (모르겠지만) 이 사안은 개정안이며 이미 회의를 거쳤은즉 보존하고만 있으면 안됩니다. 다시 상의하여 곧바로 상주하시기 바라며 또 별지 칙령안에 고등재판소를 대리원이라 개칭하였으나 대심원大審院으로 개정함이 타당하기에 이에 조회합니다.[112]

법부에서는 1년이 지나도록 고등재판소관제 개정안 청의서에 대한 회답이 없어 의정부에 조속한 결과 통보를 요구하는 한편, 당초 고등재판소를 대리원大理院으로 개칭했다가 다시 대심원大審院으로 바꾸겠다는 수정안을 제시한 것이다.[113] 그런데 며칠 후 법부에서 5월 23일자로 대심원관제 개정 외에 법부관제까지 개정하는 청의서를 다시 올린 것을 볼 때,[114] 5월 15일에서 5월 23일 사이에 법부관제까지 개정한 것으로 추정할 수 있다.

그 결과 1899년 5월 31일자로 〈법부관제 개정에 관한 건〉과 〈재판소구성법 개정안〉이 제정되고 1899년 6월 5일자 관보에 법률 제3호와 칙령 제26호로 각각 반포되고 6월 15일 〈법부분과규정〉이 반포되었다.[115] 개정 법부관제에서 주목되는 점은 종래 민사국·형사국·검사국·회계국 4국 체제에서 사리국司理局·법무국·회계국의 3국 체제로 바뀌고 사리국 내에 민사과와 형사과, 법무국 안에 검사과와 법제과를 둔 점이다.

사리국 산하의 민사과는 민사재판 집행의 감독, 재판소 설립 및 그 관할구역, 민사상 일체 공문 기안에 관한 건을 관장하고 형사과는 은사·특사·복권 및 형사 상주안 기초, 형사 피고인 처단, 형사재판 비용, 형사상 일체 공문 기안에 관한 건을 관장하였다.

법무국 산하의 검사과는 민사·형사 초심 안건에 대하여 각 재판소 질품에 응하는 공문과 검찰 사무, 사법관의 자격 전형 및 고시考試, 형사 피고인 처치에 관한 사항을 관장하였다. 법제과에서는 민법·민사소송 및 형법·형사소송과 그 집행에 적당한 세칙 제정, 법관양성소, 법률생도의 외국 파견, 단행 법률의 제정 등 업무를 관장하는 것으로 되었다. 종전 체제와 업무 면에서만 비교하면 민사국·형사국·검사국 외에 법률을 제정하는 분과가 추가된 셈이라고 할 수 있다.

그런데, 이러한 업무상의 분화 발전보다 주목되는 점은 법부가 지령·훈령을 통하여 각급 재판소의 재판업무를 감독하는 데서 더 나아가 직접 재판권까지 갖추게 된 점이다. 즉, 특별법원 및 평리원(고등재판소의 개칭)에서 모반대역 범인을 사핵한 안건을 질의 보고했을 때 의심스러운 점이 있을 경우에는 법부대신이 직접 심판할 수 있다는 규정을 둔 것이다(제10조).

이 칙령안이 실린 주본의 해당 부분을 찾아 보면 위의 제10조 "평리원 및 각재판소 민형사 소송에 호원呼寃이 생길 때는 법부 칙주임관을 파견 심사하거나 해당 서류 일체를 법부로 옮겨와 사열査閱하여 귀정歸正할 수 있다"는 규정이 첨지로 붙어있고 이 첨지 내용은 1년 후인 1900년 5월 1일자 《관보》의 〈정오〉란에 수록되었다.[116] 이로써 법부는 각급 재판소의 판결에 대하여 민인들의 호소가 있으면 언제라도 직접 칙주임관을 파견하거나 해당 소송서류를 가져와 재판할 수 있게 된 것이다.

이로써 볼 때 1898년 9월 전후 사법권 독립을 강화하고 평리원을 독립 아문으로 만들고자 했던 정부와 법부의 원래 구상은 폐기되었다고 할 수 있다. 법부가 각급 재판소의 재판 과정에 관여하거나 직접 재판할 수 있게 되었기 때문에 평리원의 최종심 담당은 의미가 없게

<표 3-5> 1899~1905년 법부 주요 관원 명단

年度	대신	협판	사리국장	법무국장
1899	趙秉式* 權在衡	李載崐 李根澔 具永祖 趙民熙	閔泳璇 洪鐘宇	申載永 李寅榮
1900	申箕善 權在衡 閔種黙* 金永準*	金禎根	洪鐘宇 金錫圭 閔泳璇 閔泳迪	尹德榮 徐相龍 徐廷喆
1901	趙秉式 申箕善 金聲根*	李載崐	金珏鉉	
1902	李根澤* 韓圭卨 李址鎔* 成岐運* 李載克 李基東* 李載克	李基東	俞鎭贊 金容岳	金錫圭
1903	李漢英*	李漢英	金思濬	李根湘 李璣鍾
1904	李址鎔 李載克* 朴齊純 金嘉鎭 權重顯(권재형의 改名)	尹澤榮 申泰休 沈相翊 金奎熙	金思濬	
1905	朴齊純 李址鎔 李根澔 朴齊純 閔泳綺 李根澤 權重顯 朴容大 李夏榮	李根湘 高永喜 李準榮 李相卨	李圭桓	

출전: 《舊韓國官報》 해당 일자. 한 해에 두 차례 임명된 경우는 한번으로 처리하였고, 임시서리로 임명된 것은 이름 옆에 *표를 붙임

한국 근대 형사재판제도사

된 것이다. 이는 재판과정에 대한 법부의 권한, 나아가서 황제의 권한을 강화시킨 것이다. 법부대신 및 협판에 임명된 인물들의 성향을 통해서도 상황을 짐작할 수 있다. 다음 〈표 3–5〉는 법부 고위 관원을 임명된 순으로 정리한 것이다.

위 표에서 보듯이 법부대신이나 협판의 경우 신기선·조병식·이근택·이근호·이기동 등 황제 측근파와 김영준·구영조·김정근·신태휴 등 경찰·군부 출신, 그리고 이지용·이재극·이재곤 등 황실계 인물이 임명되고 있음을 볼 수 있다. 따라서 이들은 법부의 제반 사무를 관장하면서 황제권을 신장하는 방향으로 형사정책을 추진해 나갈 경향이 높은 것이었다.

법부의 평리원 재판에 대한 관여는 관제 개정 직후부터 시작되었다. 1899년 8월 초 법부서리대신 조병식은 이미 재판을 마친 국사범 김필제사건(제1절 참조)에 대하여 직접 평리원으로 가서 심사를 하고 사건과 관련된 박제칠朴齊七·박정빈朴正彬·백낙정白樂正 등 3명을 방면한 것이 잘못이라며 다시 체포하여 심판하겠다고 하였다. 이에 평리원 판사·검사들이 불복하여 청원서를 제출하고 법부 사리국장 홍종우洪鐘宇도 사직 상소를 제출하는 일이 벌어졌다.[117] 이 사건은 김필제사건에 연루된 민영기와 조병식 사이의 갈등으로 연결되었으나 민영기가 태100 종신유형 판결을 받음으로써 법부의 승리로 귀결되었다.

법부와 평리원 사이의 갈등은 앞서 언급한 바 1900년 5월 1일자 관보에 "평리원 및 각 재판소 민형사 소송에 호원이 생길 때는 법부 칙주임관을 파견 심사하거나 해당 서류 일체를 법부로 옮겨와 사열하여 귀정할 수 있다"는 규정을 〈정오〉란에 싣는 형식으로 법부관제가 또

한 차례 개정되면서 재연되었다.

평리원재판장 조윤승曹潤承과 판사 이인영李寅榮이 불복의 뜻으로 사직 상소를 올렸고 평리원은 업무를 정지하였다.[118] 소송 당사자들은 정소할 곳이 없게 되었다. 평리원에 정소하면 법부로 가라 하고 법부에 정소하면 평리원으로 가서 정소하라고 하기 때문이었다.[119]

평리원재판장과 판검사들은 법부가 개정한 소송규칙을 다시 개정하기 전에는 재판 업무를 보지 않겠다고 집단 반발하였으며 법부대신 역시 집무하러 나오지 않는 것으로 대응하였다.[120] 이 와중에 5월 28일 조윤승 대신 평리원재판장서리로 임명된 이유인이 국사범으로 망명했다가 귀국한 안경수·권형진을 재판도 거치지 않고 사형에 처한 사건이 발생하였다. 그런데 이유인의 불법 조치에 대해 비난이 쏟아지기는커녕 앞서 보았듯이(제2절 참조) 의정부 대신 및 재야 유생들로부터 지지 상소가 빗발치기 시작하였고 이에 따라 법부에 대한 평리원의 반발도 위축되었다. 평리원재판장이 법규를 지키지 않은 상황이었으므로 평리원 사법관들로서도 더 이상 명분을 찾을 수 없게 되었다.

평리원은 최종심 재판소로서의 지위를 상실하였고 다음 자료에서 보듯이 평리원에서 판결이 선고된 사건을 법부에서 다시 직접 심리 판결하게 되는 경우가 많아졌다.

본부(법부-인용자) 주사 이용성에게 도착한 귀원(평리원-인용자) 주사 홍용표의 통첩을 보니 "경기재판소에서 심리한 포천군 함석술 옥사에 대한 이규신李圭信 유도석俞道石의 상소 안건을 심사한즉……"이라고 한 바, 이를 살펴보니 유도석이 처음에 도망쳤다가 재판을 열 때 체포되어 사건 전말을 모두 시인하고 또 경기재판소에서도 자복하였습니다. 귀원(평리원-인용자)에서 심사할 때 그의 형 진술이 의심스러울뿐더러 입과 눈이 열려 있고 머리가 단정하며 손이 곧바로 늘어져있는 등 형증形證이 이순복 공초에 있거늘 마지막 공초만 가지고 급히 재판을 끝내고 방송하였으니 재판이 사리에 맞지 않음이 참으로 개탄스럽습니다. 마땅히 관원을 보내 심사하겠으니 이 문서가 도착하는 즉시 이규신 유도석 이정석 이억근과 시친 함호성 간증 이순복을 모두 귀 평리원으로 잡아올린 후 상황을 빨리 알려주기 바랍니다.[121](밑줄은 인용자)

평리원이 담당한 함석술 사망사건의 상소심 심리 과정에 문제가 많으므로 법부에서 평리원에 관원을 파견, 직접 재심하겠다는 것이다. 그러나 이처럼 법부가 평리원 이하 한성재판소 등 각급 재판소에 관원을 파견하여 직접 심리 판결하는 것은 법부 인원이나 업무의 규모상 애초부터 한계가 있는 것이었다.

귀(한성부재판소-인용자) 질품서 제37호를 보니 "작년 10월 14일 (법부-인용자) 사리국 공함을 받들어 사주범인 김복신 김득주 김응환 김진엽 김익선 백관규 김보현 등을 역종신에 처하라고 한 지령을 돌려드렸는데 이 안건이 7개월간 미결 상태인즉 이러한 중범들을 급히 처판하기는 어렵겠지만 역에 처한 지 며칠 안 되어 금새 정지시키고 한 해를 넘겼으니 장기간 미결 상태가 극히 민망합니다. 이에 질품하오니 살펴보고 지령하시기 바랍니다"라고 한바, 안건을 돌려받고 해를 넘긴 이유가 다시 논의하기 위한 것이었는데 귀 질품이 이와 같기에 원래 지령을 다시 내려보내며 이에 지령

함.[122](밑줄은 인용자)

위 자료는 한성재판소에서 사주죄인 김복신·김득주 등을 법부 지령에 따라 징역종신에 처했었는데, 법부에서 다시 심리한다고 징역종신 지령을 다시 거두어 들인 후 7개월이 지나도록 법부에서 후속 지령을 내리지 않는 사정을 말해 준다. 법부에서는 그동안 업무의 폭주나 기타 사정 등으로 이 안건을 보류해 두고 있다가 이 같은 한성재판소의 독촉을 받고 나서 별다른 논의 없이 원래대로 판결을 확정하라고 한 것이다.

이처럼 법부와 평리원 사이에 재판권 독립을 둘러싸고 갈등이 생긴 것은, 평리원은 재판을 공정하게 하고 있는데 법부가 공연히 이에 관여하고자 했기 때문만은 아니다. 오히려 그 반대인 경우가 많았다. 즉 평리원이 법제상 최종심 재판소로서 상고심을 맡고 있었던 만큼 평리원 사법관들의 부정의 소지는 상당히 높았다. 특히 청탁이나 뇌물을 받고 불공정한 재판을 하는 일이 비일비재했으므로 법부의 직단권 설정은 불공정 재판의 소지를 줄이는 데 조금은 역할을 했다고 할 수 있다.

그럼에도 불구하고 재판제도의 원칙에서 볼 때 법부의 감독권 강화와 직단권 획득은, 구제도 하에서 형조가 전국의 모든 중죄사건에 대한 보고를 받고 이에 대해 지시를 내리는 방식으로 되돌아 간 것과 다를 바 없는 결과를 낳게 되었다. 따라서 평리원 이하 지방재판소에 이르기까지 모두 법부의 통제 하에 놓이게 되고 사법권의 독립이라는 개혁 초기의 구상은 좌절되었다.

사법권 독립의 좌절과 사법관 양성의 부진

1 - 평리원의 인사 운영과 위상 저하

개정된 〈재판소구성법〉에 의하면 재판소는 지방재판소, 한성부재판소 및 개항(시)장재판소, 순회재판소, 평리원, 특별법원의 다섯 종류로 규정되었다. 고등재판소의 명칭이 평리원으로 바뀌었을 뿐, 개정 이전과 크게 다를 바 없는 것처럼 보이지만 우선 명칭의 변화가 갖는 정치적 의미에 주목할 필요가 있다.

앞서 법부의 개정안에서는 고등재판소 명칭을 '대리원'에서 '대심원'으로 고친다고 하였는데 정식 법안에서는 '평리원'으로 바뀌었다. 주본의 해당 부분을 찾아보면 칼로 종이면을 긁어내고 '평리平理'라고 덧씌워 놓았는데 '대심大審'이란 글자를 긁어낸 흔적을 확인할 수 있다.[123]

'대심원'이란 명칭이 일본의 〈재판소구성법〉에서 유래했음에 주목한다면 이 같은 수정이 이루어진 배경에 황제의 의향이 개입되었을 가능성이 높다. 우선, 고종이 사면령을 내릴 때나 법부에서 각급 재판소에 훈령할 때 '평윤平允(차별을 두지 않고 성실함)'이란 단어가 빈번하게 사용되고 있었다.

본년 1월 27일 조칙을 내리길 "……미결수들은 법부대신과 여러 판사가 회의하여 조속히 관대히 판결하여 평윤平允하게 하라. 모반 강도 살인 통간 편재 절도 6범을 제외하고 나이 70이상 15이하와 병폐病斃한 자로서 정상이 용서할 만한 자는 특별히 방석하라."[124](밑줄은 인용자)

소송의 본래 취지는 민사 형사를 막론하고 판결을 내릴 때 <u>평윤함을 따르</u><u>는 데 힘쓰고</u> 또 신속하게 처리함을 중시한다.[125](밑줄은 인용자)

고종으로서는 일본의 〈재판소구성법〉을 그대로 모방한 듯한 명칭을 달가와하지 않았을 것이다. 이에 '평윤'의 '평'자와 당초 법부안에 있던 '대리원'의 '리'자를 합하여 '평리원'으로 개칭하여 최고재판소의 명칭이나마 자주적인 모습을 견지하려고 했던 것 같다.

명칭 변화 외에 달라진 점은 첫째, 국사범과 칙주임관 외에 황제가 특별히 재판에 회부한 죄인을 심리하게 된 점, 둘째, 평리원 재판에 법부의 감독 및 개입이 규정된 점, 셋째, 판사와 검사가 각각 2인에서 4인, 2인에서 3인으로 늘어나 업무 처리 능력을 제고시킨 점, 넷째, 평리원재판장은 법부대신을 제외하고 정부 중앙기관의 장관과 상호 대등한 관계에서 업무 협의할 수 있고 경무사에게 지령을 행할 수 있게 한 점 등이다. 이로써 평리원의 위상은 정부 각 부와 대등하게 되어 1898년 9월 초 고등재판소를 독립 아문으로 만들려고 했던 구상이 부분적이나마 실현되었다고 볼 수 있다.

그러나 평리원재판장 이하 판검사 임명 규정이 별도로 제정되지 않아 이들의 임명은 오로지 황제의 권한에 속하는 것으로 추정된다. 다음 〈표 3-6〉에서 보듯이 평리원재판장에 임명된 인물과 판검사에 임명된 인물들은 다소 대조적이었다.

평리원재판장에 임명된 인물을 출신 계열로 보자면 군부 출신이 김영준·백성기·구영조·김정근·이남희·이근택 등으로 압도적으로 많다. 그밖에 지방관 출신(이성렬·조윤승), 경무사 출신(신태휴), 궁내부 출신(이지용·이재극)이거나 대체로 황제 측근파로 불리던 인물들이다. 이들이 평리원재판장에 임명되기 전후 맡은 관직은 황제권 강화에 핵심적인 기관들의 고위직이었으며 홍종우·박제순 등을 제외하면 대체로 법률적 소양이 거의 없다는 점이 특징적이다.

반면 평리원 판사·검사에 임명된 인물들은 총 60여 명인데, 그중 30여 명 정도가 법관양성소 출신 또는 외국유학 경험, 법부 또는 각급 재판소의 주사 출신으로 법률 소양을 어느 정도 갖추고 있다고 분석된다. 나머지는 대체로 궁내부나 황제 측근 인물인 경우이고 부분적으로는 외부나 내부, 탁지부 등의 실무관료로 활동한 경력을 지니고 있다.[126] 즉, 평리원재판장의 인사가 정치적 고려 위에서 이루어진 반면 평리원판사·검사의 임명은 어느 정도 전문성과 실무 능력을 고려한 위에서 이루어지고 있었다.

그리고 평리원의 재판장 이하 판사·검사는 1903년까지 이근택을 제외하고는 겸직이 없어 〈재판소구성법〉 개정 단계에 전임 사법관을 두려고 했던 구상이 관철되었다고 볼 수 있다. 1904년 1월 13일 한만한 관사를 혁파한다는 차원에서 평리원관제가 개정되어 재판장은 법부대신 또는 협판이 겸임하고 판사 4명 중 1명은 법부 칙주임관 중에서 겸임하는 것으로 되었지만,[127] 4개월이 지난 5월 28일 황제는 이 법률을 폐지하고 다시 전임 사법관을 두는 제도로 돌려놓았다.

전임 사법관으로 평리원이 구성되었지만 앞서 보았듯이 1900년 5월 1일 이후 법부가 재판에 직접 개입할 수 있게 됨으로써 평리원의 위상은 저하되었다. 이는 1년이 지난 1901년 8월 법부와 평리원 사이에 오간 공문을 통해 볼 수 있다. 번거로움을 피하기 위해 직접 인용

年度	평리원재판장	평리원판사	평리원검사
1899	李聖烈(종2품) 洪鐘宇(평리원판사) 白性基(평리원검사) 李容泰(중추원의관) 曹潤承(평리원검사)	洪鐘宇 (의정부총무국장) 曹潤承(정2품) 尹泌(평리원검사) 李徽善(6품) 李庸稙(종3품) 朴慶陽(4품)	尹泌(법부참서관) 太明軾(법부주사) 白性基(종2품 참장) 李宗植(중추원의관) 具完喜(전군수) 鄭錫圭(9품) 韓東履(평리원주사) 曹潤承(정3품) 李鶴圭(종3품)
1900	李裕寅(경무사)* 洪鐘宇(법부사리국장) 金永準(종2품육군참장)	李寅榮(철도국장) 金敎鴻(법부주사) 李熙昇	張鳳煥(종2품) 金商直(한성부주사) 太明軾(정3품)
1901	具永祖(육군부령) 金禎根(법부협판) 李根澤(경부협판) 韓馨鎬(평리원검사)	趙經九 (한성재판소검사시보) 申慶均(한성재판소판사) 尹性普(법부참서관)	金正穆(정3품) 李敎奭(중추원의관) 金洛憲(법부주사) 柳遠聲(법부주사) 金正穆(법률기초위원) 李徽善(평리원판사) 皮相範(법률기초위원) 安鍾悳(정3품) 韓馨鎬(내부회계국장) 吳相奎(평리원판사)
1902	李容泰*(의정부참찬) 李容翊*(내장원경) 尹雄烈*(궁내부특진관)	朴慶陽(평리원판사) 李敎奭(종2품) 朴齊璿(정3품) 金洛憲(평리원검사) 安基鉉(중추원의관) 嚴柱承(정3품) 金基肇(법부참서관) 太明軾(탁지부재무관) 朴承祖(법부참서관)	皮相範(평리원검사) 金思默(중추원참서관) 皮相範(정3품) 丁明燮(한성부재판소검사) 洪鍾檍(정3품) 洪龍杓(평리원주사) 金洛憲(평리원판사) 金正穆(한성부재판소검사)

1903	李南熙(육군참령)	朴鏞和(외부협판) 宋寅會(내부시찰관) 尹邦鉉(법부법률기초위원) 李圭桓(서북철도국감독) 尹鎭佑(탁지부협판)	
1904	李載克(법부대신) 李址鎔^(법부대신) 申泰休^(법부협판) 朴齊純* (법부대신임시서리) 尹德榮^(의정부참찬) 許蔿*(평리원판사)	李秉和(종2품판사) 金錫圭*(법부협판) 沈相翊*(법부협판) 沈憲澤(정3품) 許蔿(정삼품) 李相天(정3품) 金在珣(정3품)	洪鍾檍(정3품) 金鍾應(평리원주사) 李徽善(정3품) 玄東健(6품)
1905	閔景植(한성부판윤) 高永喜(법부협판) 李明翔(종2품) 李漢英(종2품) 嚴柱益(육군참장) 李允用(육군부장)	李圭桓(판리공사) 李建鎬(정3품) 嚴柱日(법부법률기초위원) 李建鎬(평리원판사) 李種聖(종2품) 鄭錫圭(전검사)	李根洪(김해군수) 曹世煥(법관양성소교관) 洪鍾檍(정3품) 李冕宇 (한성재판소검사시보) 曹喜永(법부참서관) 崔文鉉(정3품) 張燾(6품) 李圭桓(평리원판사)

출전:《舊韓國官報》해당일자 〈敍任及辭令〉란. 단, 괄호 안은 직전 관직이며 *표는 임시서리, ^표는 겸임을 뜻함.

을 피하고 요약하면 다음과 같은 주장들이 제기되었다.

우선 평리원은 다음과 같이 주장하였다. 법부관제 개정 이후 민인들이 이결·미결을 막론하고 시험삼아 법부로 상소하는 탓에 평리원은 하급 재판소만도 못하게 된 데다가 법부에 상소하는 기한이 정해져 있지 않은 탓으로 소송이 끊일 날이 없고 같은 재판서류를 두세 번씩 법부로 올리니 민인들이 평리원 재판을 경시한다. 게다가 법부에서 상소한 안건을 직접 판결하지 않고 평리원으로 환송하여 다시 판결하게 하니 이는 〈재판소구성법〉에 없던 규정인 데다가 민인들에게 판결 번복하는 이유를 설득할 방법이 없다는 불만이다.

이에 대해 법부에서는 평리원의 판결이 불공정하여 바로잡아야 할 것이 많지만 평리원 하급기관인 지방재판소나 개항장재판소에 직접 판결을 뒤집어 훈칙하면 평리원의 체면이 손상될 우려가 있어서 평리원으로 환송했다는 것이다. 그리고 평리원의 문제를 네 가지로 비판하였다. 첫째, 판결이 공정하다면 민인들이 법부로 상소할 이유가 없으며, 둘째, 다른 하급재판소는 상소제도가 있어도 능히 재판하는데 귀 평리원만은 또 상소할 길이 있어 민인이 평리원 재판을 하찮게 본다는 이유를 알 수 없다. 셋째, 형사 법규에 착오가 있어 법부에서 고쳐주면 판결선고서를 다시 쓰는 데 반해 유독 민사 판결을 고쳐주면 민인에게 설명할 수 없다고 항의한다. 넷째, 법부의 판결 환송이 잘못되었으면 사리에 맞게 반박할 기회가 있는데 왜 법부 지령을 기피하는지 알 수 없다고 하였다.[128]

평리원은 이에 대해 향후 모든 법부로의 상소는 평리원으로 내려보내지 말고 법부에서 직단해 달라고 하였다. 이에 법부는 직단할 것은

직단하고 다시 조사를 시작할 것은 다시 조사하겠다고 응답하였다.[129]

종합적으로 판단해 보자면, 법부는 일본을 통해 도입된 유럽의 근대적 재판제도 중 상소제도의 역할을 사실상 부정한 셈이다. 다른 하급 재판소에서는 상소제도가 있더라도 능히 재판하는데 평리원만은 상소제도가 있어서 불편하다고 반발하는 것을 이해할 수 없다고 지적하고 있는 점에서 이를 알 수 있다. 따라서 관제상 평리원이 최고 재판소로 규정되어 있지만 법부 입장에서 볼 때 평리원은 법부라는 최종심 재판소의 하급재판소에 불과한 것이다. 게다가, 법부의 판결이 잘못되어 평리원에서 그 오류를 지적해도 좋다고 했으므로 법부 판결도 번복될 개연성이 있어 최종 확정력을 갖기 어렵게 되었다. 이는 결국 개혁 이전의 재판제도와 유사한 구조로 되돌아간 것을 의미한다.

2 - 순회재판소

순회재판소는 1899년까지 규정만 있었을 뿐, 설치된 적이 없었다. 개정된 〈재판소구성법〉에서도 순회재판소에 대한 규정을 두었는데 순회재판소가 각 개항시장재판소 및 지방재판소 판결에 불복하는 상소를 재판한다는 규정, 매년 3월부터 9월까지 개정한다는 규정은 그대로 존치되었다(제15·16조). 순회재판소 판사·검사는 각 개항시장재판소 및 지방재판소의 재판 및 검찰사무를 감독하며 그 재판 및 검찰상에 법률의 오해와 적용의 착오가 있음을 발견했을 때는 언제라도 개정할 수 있도록 하였다(제18조). 필요한 경우에는 동재판소 판사가 각 개항시장재판소와 지방재판소의 판사 직무도 행할 수 있도록 하는 등 강력한 권한을 부여하였다(제19조).

혼란스러운 점은, 평리원과 순회재판소가 동일하게 각 개항시장재판소와 지방재판소의 판결에 불복한 상소를 관할한다는 점(제16조·제22조), 순회재판소 판결에 불복했을 때의 상소는 다른 순회재판소판사가 접수한다는 점(제19조) 등이다. 따라서 각 개항시장재판소·지방재판소의 판결에 대한 상소는 순회재판소와 평리원에 동시에 할 수 있으며 순회재판소 판결에 불복하는 상소를 계속하여 다른 순회재판소 판사에게 제기할 수 있으므로, 판결의 확정력을 획득하기 어렵게 되어 있었다.

이러한 제도상 모순은 그대로 둔 채 조칙에 의하여 1900년 12월 27일 〈순회재판소세칙〉이 제정되고 12월 31일자로 반포되었다. 동 세칙에 의하면 순회재판소를 13도에 각각 설치하여 도내 재판소에서 불복한 민형사 상소를 수리하되, 당분간 판사 1인만 두어 판사·검사 직무를 겸하게 하며 그 지위는 관찰사·감리와 대등하고 목사·부윤·군수에게는 훈령·지령을 내릴 수 있도록 규정하였다(세칙 제1항 및 제3항).[130]

법부에서는 1901년 1월 23일 각 순회재판소 판사에게 다시금 훈령을 내려 직무와 권한을 명백히 해주었다.

一. 관찰부에 불복하는 소송을 심리함은 본소의 의무이되 혹 관리의 수뢰·세금포탈 등의 사건으로 인민이 부군府郡을 꺼려하여 고발하지 못하다가 본소에 고소할 경우에는 곧바로 심사할 것.

一. 부군에서 인민의 상소를 혐오하여 소장을 빼앗거나 재판을 하지 않고 백지로 퇴각하여 민정을 막는 경우에는 원심 재판 서류가 없어도 곧바로 수리할 것.

一. 인민이 혹 6범 10악의 죄가 있는데도 부군에서 엄호하면서 처리하지 않으면 훈령으로 힐문한 후 별도로 심사할 것.

一. 형사재판을 조율하여 먼저 선고를 내리는 것은 본소의 직권이지만, 중대한 사건은 여론 진정을 위하여 사유를 갖추어 질품하여 법부 결정에 따라 행할 것.

一. 본소 관할 지방에 칙주임관이 있어 재판에 관련된 인물이 칙임관이면 사유를 갖추어 법부로 보고하고 주임관이면 먼저 잡아들인 후 법부에 보고할 것.

一. 본소에서 징역에 처한 죄수는 관찰부로 이송하여 옷과 족쇄를 채우고 노역에 처하게 할 것.[131]

이러한 규정은 과거 암행어사에게 부여되던 직무·권한과 거의 유사하다고 할 수 있다. 다만 암행어사의 직무와 권한이 행정·사법·군사 등 포괄적으로 부여되었던 데 반하여 순회재판소 판사에게는 오로지 사법권만 부여된 것이다.

개정된 〈재판소구성법〉에 의하면 순회재판소 판사·검사는 법부대신이 평리원·한성부재판소의 판사·검사와 법부의 칙·주임관 및 사법관시험규칙에 의하여 판사·검사에 임명된 자 중에서 선발하여 재가를 얻게 되어 있었다(제22조). 그러나 1901년 1월 19일자로 임명된 순회재판소 판사는 모두 이러한 규정에 부적합한 인물들이었다. 다음 〈표 3-7〉을 보자.

즉, 같은 도내의 군수로 하여금 겸임하게 하거나 전직 군수 또는 판

<표 3-7> 순회재판소 판사 명단

도명	판사명	(직전)관직	관할구역
황해도	尹胄榮	해주군수 겸임	해주 연안 배천 금천
경상남도	權相文	밀양군수 겸임	밀양 양산 기장 언양
경상북도	李紹榮	예천군수 겸임	예천 봉화 영천 청송
평안남도	金鼎植	전 군수	중화 평양 순안 숙천 안주 순천 자산 개천 덕천 영원
함경남도	李東植	법부주사	안변 덕원 문천 고원 영흥 정평 함흥
강원도	李圭晋	법부주사	춘천 원주 홍천 낭천 김화 회양 평창 영월 횡성 양구
전라북도	鄭準民	육품	전주 임실 남원 운봉 구례 순창 정읍 고부 부안 태인
경상북도	閔一鎬	전 부사	문경 함창 상주 선산 용궁 인동 칠곡 풍기 안동 순흥

출전: 法部 司理局, 《起案》(奎 17277의3) 제13책 광무 5년 1월 24일 〈訓令 黃海慶南 慶北巡廻裁判所件〉 및 〈訓令 平南咸南江原全北慶北巡廻裁判所件〉

한국 근대 형사재판제도사

임관에 불과한 법부 주사를 임명한 것이다. 법부에서는 이들 순회재판소 판사를 파견한 효과가 좋으면 관할구역을 전국으로 확대하고 5명을 추가로 임명할 계획이었으나[132] 이후 순회재판소 판사를 임명한 적이 없다.

이들 임명된 판사들도 임지에 도착하여 실제로 순회재판을 하지 못하였다. 두 달도 되지 않은 3월 말 법부 스스로 순회재판소를 폐지하는 주본을 올렸으며, 그 이전에 임지에 도착한 함경남도 순회재판소 판사 이동식에 대해서는 법부에서 재판소 개정을 중지하라는 훈령이 내려가고 그를 체포하라는 훈령이 함경남도 관찰부로 하달되었다.[133]

게다가 지방민들도 순회재판소 판사에 대하여 달갑게 생각지 않았던 것같다. 예를 들어 평안북도 구성군수 오일영吳一永이 후임 순회재판소 판사로 임명된다는 소문이 돌자 구성군민들은 그가 구성군 내에서 토색한 장전만 해도 10만 냥이 넘는데 판사가 되면 평북도민들에 대한 수탈이 극심할 것이니 구성군수로만 머물게 해 달라고 내부에 호소할 정도였다.[134]

그렇지만 법부로서도 사안에 따라 순회재판소의 필요성은 인식하고 있었던 듯하다. 1904년 11월 황해도 해주에 상륙하여 상행위를 하던 청국 상인에 대해 지방관이 납세를 강요하는 과정에서 청국 상인이 구타당하여 사망하는 사건이 일어났다. 외부에서 이 사건 해결을 위하여 법부에 관원 파견을 요청함에 따라 법부에서는 참서관 윤성보를 겸임 황해도 순회재판소 판사로 임명하여 이 사건 처리를 일임하였다.[135] 이때의 임무는 앞서 규정된 임무가 아니라 외국인과의 재판 사건이 있을 때 본국인의 이해관계를 살피는 회심관으로서의 임무였다. 이상에서 보았듯이 순회재판소는 법규상으로만 존재했을 뿐, 실제로 운영된 적이 없다고 보아야 할 것이다.

3 – 한성(부)재판소·지방재판소·개항(시)장재판소

한성재판소는 1898년 2월 9일 칙령 제5호로 관제 개정되고 '한성부재판소'로 개칭된 이래 한성판윤이 수반판사, 한성소윤이 판사 2인 중 1인을 겸임한다고 되어 있었다. 1900년 5월 한성부재판소는 새 관제대로 시행한 이후의 불편함을 다음과 같이 지적하면서 관제 개정을 요청하였다.

> 시의에 따라 한성재판소를 한성부에 합설하였더니 5서 내의 민형 소송이 갈수록 불어나 직원이 진실로 어려워하여 사무가 적체하니 해소該所 관제를 이전과 같이 나누어 설치함이 형편에 알맞겠기로 칙령안을 별지에 갖추어 회의에 올립니다.[136]

이 개정안은 별 이의 없이 그대로 수용되어 6개월 후인 11월 3일 칙령 제48호 〈한성재판소관제개정건〉으로 반포되었다.[137] 개정 취지는 위 자료에서 알 수 있듯이 한성부에 합설함으로써 한정된 직원으로 증가하는 소송을 다 처리하지 못하기 때문에 전임 사법관을 둔다는 것이었다. 그리하여 수반판사와 판사를 모두 전임으로 바꾸고 검사시보를 한 명 두는 것으로 바꾸었는데, 1901년 3월 11일자로 다시 예비판사를 한 명 더 두고 경무 칙임관이 겸임하게 하여 도적을 처단하는 임무를 부여하였다.[138]

그러나 관제가 개정된 지 반 년도 안 된 1901년 7월 24일 한성부와 한성재판소가 다시 합설되었다.

연전에 한성부와 한성재판소를 나누어 설립하였으나 전임 법관을 둔 효과
는 나타나지 않고 사무실은 협소하여 집무하기가 실로 어려우니 이전과
같이 합설하여 한성부재판소라 칭하고 수반판사는 판윤이 예겸케 하고 주
사를 증액하며 정리廷吏를 복구하는 것이 일의 형편상 적절하겠기에 칙령
안을 별지에 갖추어 회의에 제출합니다.[139]

이 제안도 그대로 수용되어 다시금 한성판윤이 수반판사, 한성소윤
이 판사 3인 중 1인을 예겸하는 것으로 바뀌었다. 다음해 3월 18일 검
사를 1인 더 두어 2인으로 하되 1인은 경무사가 예겸하여 앞서 예비판
사가 하던 것과 유사하게 사주私鑄 및 도적 처단을 담당하게 하였다.[140]
한성재판소관제는 1904년 4월 2일 다시 바뀌었다. 역시 수반판사와
판사를 전임 법관으로 임명한다고 하였다. 그리고 1905년 7월 8일 수
반판사의 관계官階를 칙임 3~4등관에서 주임 1등관으로 격하시켰다.[141]
이처럼 한성재판소관제는 1898년부터 1904년까지 여섯 차례나 개정
되는 운명을 겪었고 재판소 명칭도 한성부재판소(1898), 한성재판소
(1900), 한성부재판소(1901), 한성재판소(1904)로 바뀌면서 판사의 예
겸제와 전임제를 반복하였다.[142]
반면 지방재판소와 개항(시)장재판소의 관직 체계와 운영 원리는 재
판소구성법 개정 이후에도 거의 변화를 겪지 않았다. 다만 개항(시)장
의 증설에 따라 개항(시)장재판소가 창원·성진·옥구항과 평양시, 용

천항과 의주시에 설치되었었는데, 1905년 초 현재 각 지방재판소·개항(시)장재판소의 명칭, 위치, 관할구역은 〈표 3-8〉과 같다.

한성재판소를 포함하여 이들 재판소의 판사·검사는 별도로 정한 사법관시험규칙에 의하여 시험을 거친 자 중에서 칙임관은 법부대신이 황제의 칙지를 받고 임명하며 주임관은 법부대신이 주천奏薦하여 임명한다고 하였다(개정 〈재판소구성법〉 제14조). 단, 당분간 각 지방재판소는 각 관찰부에, 각 개항시장재판소는 각 개항장과 개시장 감리서에 임시 설치 또는 합설하고 판사는 관찰사 및 감리가 겸임하게 하여(제59·60조) 시험규칙이 제정되고 나서부터 전임 법관을 충원해 나갈 계획이었다(제63조).

전년도인 1898년 12월 8일의 〈주판임관시험급임명규칙〉에는 사법관을 "법률학 졸업인 중에서 법부시험을 거친 후 곧바로 상주하여 임명한다"(제6조)고 하여 사법관 시험 규정이 포함되어 있었다. 그런데 1899년 7월 18일 법규교정소로 하여금 동 법령의 제5조·제6조만 제외하고 나머지를 모두 개정하라는 황제의 조칙이 내렸다.[143] 이에 법부에서는 이 제5조와 제6조를 따로 분리하여 1900년 3월 27일 칙령 제12호 〈무관급사법관임명규칙〉으로 반포하였다.

이는 전문 4개조의 간단한 법령인데, 위 법령의 제6조를 그대로 인용하여 사법관 임명은 법률학 졸업인 중 법부시험을 거친 후 임명하되(제2조) 사법 업무에 난숙한 자는 졸업증서가 없더라도 임명할 수 있다는 예외 규정을 두었다(제3조).[144] 그리고 국내 사립학교의 법률학 생도를 위하여 같은해 9월 15일 국내 사립학교 중 법률학 전문과를 졸업한 자는 법부의 인허를 얻은 후 1898년 12월 8일의 〈주판임관시

험급임명규칙〉 제6조에 의하여 임명한다고 하였다.[145]

즉 1898년 12월 8일 이래 사법관은 법률학 졸업인 중 법부의 시험을 거쳐 임명하게 된 것인데, 다만 사법 업무에 익숙하면 법률학을 졸업하지 않아도 사법관에 임명할 수 있다는 예외 규정을 둔 점만이 새로운 변화였다고 할 수 있다. 이들 법률학교 또는 법률학 졸업자는 곧바로 판사·검사에 임명되기보다는 대체로 법부 또는 평리원·한성(부)재판소의 주사로 일정 기간 근무하고 난 뒤에 평리원·한성(부)재판소의 신임 판사·검사로 임명되었다.

따라서 법부·평리원·한성(부)재판소를 제외하고 각 지방재판소·개항시장재판소의 판사는 여전히 관찰사·감리가 겸임하고 있었으며, 관제상 검사를 두게 되어 있지만 이들 재판소에 검사가 별도로 임명된 사례는 발견되지 않는다. 즉, 관찰사·감리 또는 군수 1인이 재판을 전적으로 담당하는 체제가 여전히 유지되었다.

이전 시기에도 그러하였지만 관찰사와 군수가 담당한 재판의 대부분은 불공정한 판결로 인하여 수많은 민인들이 한성으로 올라와 평리원 또는 법부에 상소하는 형편이었다. 몇 가지 사례를 통하여 관찰사 재판과 군수 재판의 문제점들을 정리해 보기로 하겠다.

1903년 경남 산청군 민상현閔相顯이 자기 아들 민치백閔致伯의 병사病死 건으로 법부에 올린 고소장에 의하면, 수서기 최태호崔台昊가 백성을 학대하기에 민치백 등이 평리원에 호소한 결과 평리원에서 관찰부에 최태호를 압상하라고 내린 훈칙이 20여 회에 이르고 순검을 파송하여 압상하라는 훈령이 2~3회에 이르렀다. 그런데 관찰사는 뇌물을 받아 평리원 훈령을 무시하고 최태호를 압상하지 않았으며 도리어

<표 3-8> 1905년 개항(시)장재판소·지방재판소의 위치·관할구역

재판소 명칭	위치	관할구역
한성재판소	한성	한성 5서내
인천항재판소	인천항	인천항 장내
부산항재판소	부산항	부산항 장내
원산항재판소	원산항	원산항 장내
경흥항재판소	경흥항	경흥항 장내
무안항재판소	무안항	무안항 장내
삼화항재판소	삼화항	삼화항 장내
창원항재판소	창원항	창원항 장내
성진항재판소	성진항	성진항 장내
옥구항재판소	옥구항	옥구항 장내
평양부재판소	평양시장 내	평양시 장내
용천항재판소	용천항	용천항 장내
의주시재판소	의주시	의주시 장내
경기재판소	수원	광주 개성 강화 수원 여주 양주 장단 통진 파주 이천 부평 남양 풍덕 포천 죽산 양근 안산 삭녕 안성 고양 김포 영평 마전 교하 가평 용인 음죽 진위 양천 시흥 지평 적성 과천 연천 양지 양성 교동 인천 (3부35군)
충청북도재판소	충주	충주 청주 옥천 진천 청풍 괴산 보은 단양 제천 회인 청안 영춘 영동 황간 청산 연풍 음성 (17군)
충청남도재판소	공주	공주 홍주 한산 서천 汚川 서산 덕산 임천 홍산 은진 태안 온양 대흥 평택 정산 청양 회덕 진잠 연산 노성 부여 석성 비인 남포 결성 보령 해미 당진 신창 예산 전의 연기 아산 직산 천안 문의 목천 鰲川 (37군)
전라북도재판소	전주	전주 남원 고부 김제 태인 여산 익산 금산 임피 금구 함열 부안 무주 순창 임실 진안 진산 만경 용안 고산 옥구 정읍 용담 운봉 장수 구례 (26군)
전라남도재판소	광주	광주 순천 나주 영암 영광 보성 흥양 장흥 함평 강진 해남 무장 담양 능주 낙안 남평 진도 흥덕 장성 무안 창평 광양 동복 화순 고창 옥과 곡성 완도 지도 돌산 여수 (30군)

경상북도재판소	대구	상주 경주 대구 성주 의성 영천 안동 예천 금산 선산 청도 청송 인동 영해 순흥 칠곡 풍기 영덕 용궁 하양 영천 봉화 청하 진보 군위 의흥 신령 연일 예안 개령 문경 지례 함창 영양 흥해 경산 비안 현풍 고령 장기 자인(41군)
경상남도재판소	진주	진주 김해 밀양 울산 의령 창령 거창 하동 합천 함양 고성 동래 창원 양산 언양 영산 기장 거제 초계 곤양 삼가 칠원 진해 안의 산청 단성 남해 사천 웅천 함안 진남(31군)
황해도재판소	해주	황주 안악 해주 평산 봉산 연안 곡산 서흥 장단 재령 수안 백천 신천 금천 문화 풍천 신계 장연 송화 은율 토산 옹진 강령(23군)
평안남도재판소	평양	중화 용강 성천 함종 삼화 순천 상원 영유 강서 안주 자산 숙천 개천 덕천 영원 은산 양덕 강동 맹산 삼등 증산 순안 평양(23군)
평안북도재판소	영변	의주 강계 정주 영변 선천 초산 창성 구성 용천 철산 삭주 위원 벽동 가산 곽산 희천 운산 박천 태천 자성 후창(21군)
강원도재판소	춘천	춘천 원주 강릉 회양 양양 철원 이천 삼척 영월 평해 통천 정선 고성 간성 평창 금성 울진 흡곡 평강 금화 화천 홍천 양구 인제 횡성 안협 울도(27군)
함경남도재판소	함흥	함흥 단천 영흥 북청 안변 정평 덕원 삼수 갑산 장진 이원 문천 고원 홍원(14군)
함경북도재판소	경성鏡城	길주 회령 종성 경흥 성진 경성 경원 온성 부령 명천 무산(11군)
제주목재판소	제주	제주 대정 정의(3군)

출전: 광무8년 4월 29일 법부령 제1호 〈각개항시장재판소·각지방재판소 위치〉, 법부령 제2호 〈각 개항시장재판소·각지방재판소 관할구역〉; 동년 10월 21일 칙령 제29호 〈개항시장재판소설 치건〉; 동년 11월 4일 법부령 제3호 〈용천항·의주시재판소 위치〉, 법부령 제4호 〈용천항·의 주시재판소 관할구역〉《한말근대법령자료집》III, 595~599쪽, 699~700쪽.

민치백을 관찰부 감옥으로 잡아들여 장형을 여러 차례 가하고 수개월 감옥에 가두어 옥중에서 사망하게 하였다.[146]

1904년 11월경 경북 사핵관 안동군수 송종면宋鍾冕이 내부에 보고한 바에 의하면, 전임 관찰사 윤헌의 장전贓錢은 15만 7632냥 5전 6푼이나 되고 관찰부 재판 업무를 담당한 사송과詞訟課 주사 김승원·서병현은 재판 문서를 진귀한 보배와 같이 여겨 죄수를 잡아들이고 방송함을 제멋대로 하여 민인들의 분노가 사무쳤다고 한다.[147]

그런데, 관찰사 재판보다 더욱 심각한 폐해로 지적되던 것이 군수 재판이었다. 제2장에서 언급하였듯이 군수가 되려면 각부 대신의 추천을 받아 내부대신이 최종적으로 선택하여 황제의 재가를 받게 되어 있었으므로 각부 대신 특히 내부대신의 영향력이 절대적이었다.

사오년 전 법률 장정을 크게 경장하고 대소 관인을 극히 택용할 때에는 사람마다 말하기를 지금은 정부에서 세의도 불계하고 문벌도 불계하고 논색도 불계하고 비록 미천한 사람이라도 인재만 택용한즉 무재무능한 사람은 암만 날마다 출입하여도 선 바람만 쏘였지 소용없다 하여 남북촌 재상의 집 문전이 냉락할 뿐 아니라 풍설이라도 누가 돈 가지고 원을 도득하려다가 <u>갇히였다는 말을 도모지 듣지 못하였더니 근래에는 어떤 까닭인지 각 대신의 집에 날로 거마가 영문하여 청촉이 무쌍할뿐더러 원 주본할 때면 당임한 고관들이 간혹 면관당하거나 유배를 가거나 탈이 자주 일어나고</u>[148] (밑줄은 인용자)

이에 의하면, 이전과 달리 1899년 전후부터 군수 자리를 매매하는 움직임이 활발해졌다는 것이다. 이처럼 군수직을 매득한 후 임지에 부임한 군수들이 자신이 가진 재판권을 이용하여 민인들로부터 각종 수탈을 하는 예는 이루 열거하기 힘들 정도로 많았다.

1899년 경남 곤양군 정기영鄭箕榮 등이 군수 민기호閔箕鎬의 탐학을 견디지 못하여 군수에게 정소呈訴하니 두민頭民을 잡아 가두므로 법부에 누차 정소하여 법부가 조사관을 파견하였다. 그러나 조사관으로 내려온 관리가 오히려 고소장에 연명한 50여 명의 백성을 관찰부 감옥에 가둔 후 관장을 무고했다고 자백하면 방송해 주겠노라고 협박하였다. 게다가 법부에 정소했다고 하여 정택종鄭宅宗의 처를 가두고 가산을 몰취했으며 허정균의 노부를 잡아 가두고 나머지 식구는 지경 밖으로 축출하여 조사관도 군수와 다를 바 없었다. 다시 법부에 호소하여 재조사 훈령이 내렸으나 군수의 농간으로 아무 소용이 없었다.[149]

황해도 문화군수 강교석姜敎錫의 사례는 군수가 재판권을 이용하여 민인을 수탈하는 예를 적나라하게 보여주고 있다. 그는 부임한 후 향임·아전과 결탁하여 민인이 별로 죄가 없어도 재물이 다소 있는 농민이면 조사할 일이 있다 하여 불러들인 후 형장을 가하고는 죄를 신문하지도 않고 몇 개월 동안 옥에 가두어 두어 죄가 있든 없든간에 뇌물을 바쳐야 방송해 주는 일이 비일비재하였다.[150]

이처럼 관찰사·군수의 탐학과 축재는 모두 이들이 가진 사법권에 의하여 이루어지고 있었다. 법부로서도 이를 모르는 바는 아니어서 평리원에 훈령하여 탐학한 지방관들을 재판 처단하게 하고 있었다. 그러나 앞서 공전 포탈 지방관에 대한 처벌 사례에서 보았듯이 평리원에서 이들 탐관을 처벌하는 것은 요원한 일이었다. 따라서 이들 지방관으로부터 사법권을 분리하여 전임 사법관이 재판소를 장악해야 했으나 사법관 양성을 위하여 설립된 법관양성소는 당초의 계획대로 운영되지 못하고 있었다.

4 – 법관양성소

법관양성소는 1896년 4월 22일 제2회 졸업생 39명을 배출한 후 학생을 신규 모집하지 못하고 있었다. 학생을 다시 모집하기 시작한 것은 1903년 초부터였다. 1903년 1월 22일 개정된 〈법관양성소규정〉은 과거 참서관이었던 법관양성소장의 지위를 칙임관 또는 주임관으로 격상하고 법부 칙·주임관이나 각 부부원府部院 칙·주임관 중 법률에 밝은 인물이 겸임하도록 하였으며 수업 연한도 이전의 6개월을 3개년으로 연장하여 법률 교육의 충실을 기하도록 한 것이 주요 변경 사항이었다.[151]

같은해 9월 4일에는 교수를 교관으로 개칭하고 법률에 밝은 주임관·판임관을 각각 3인, 9인 임명한다고 하고 교관 아래 박사 4인을 두는 것으로 직원을 늘렸다. 박사는 법관양성소 졸업생으로 순서에 따라 서임하였다가 차후 사법관으로 수용한다고 함으로써 졸업생들의 불만을 어느 정도 무마할 수 있었다.[152]

1904년 7월 6일에는 동소의 지위를 한층 격상시키고 직원도 늘리는 조치가 이루어졌다. 소장은 칙임 1등관 또는 2등관이나 전임 법관 중 1인을 임명하고 부장을 새로 두어 칙임 3등관 이상 또는 전임 법관 중 1인을 임명하는 것으로 하였다. 그밖에 교관의 수도 주임관 5인, 판임관 12인 총 17명으로, 박사도 8명으로 대폭 늘렸다. 위 교관과 박

사는 본소 졸업생이나 법률에 밝은 인물로 임명한다고 하였다.[153]

이 개정에서 주목할 것은 수업 연한을 3개년에서 다시 6개월로 단축하고 졸업생을 사법관으로 채용하되 소장과 부장이 협의한 후 법부대신에게 보고하여 순차적으로 자리가 날 때마다 임명한다는 것이다. 이는 그만큼 법관양성소에서 배출하는 전문 법률인력이 시급히 요청되고 있었음을 의미하는 듯하다.

학과목도 몇 가지가 더 추가되었다. 이전까지는 법학통론·민법·형법·형사소송법·민사소송법·현행법률 등 6개 과목이었으나 이때부터 헌법·행정법·국제법·상법·산술·작문·외국율례 등 7개 과목이 더 추가되어 총 13개 과목이 되었다.[154]

법관양성소에 관한 규정은 이후에도 1904년 10월 10일과 1905년 2월 26일 등 두 차례나 개정되었다.[155] 1905년에는 1895년 단계의 지위로 격하되었다. 우선 부장과 박사 직제가 삭제되었고 소장의 지위도 격하되어 법부 참서관 중에서 겸임하며 교관도 6명(주임관 1인, 판임관 5인)으로 대폭 삭감되었다. 다만 수업 연한은 다시 6개월에서 3개년으로 증가되어 법률교육의 충실화를 꾀할 수 있게 된 점이 눈에 띈다.[156]

법관양성소의 학사 운영을 보면 1904년 말 현재 총 95명을 4개 반으로 편제하였다.[157] 이는 아마도 매년 춘추기로 학생을 모집하였기 때문에 이에 따라 반을 편성했을 가능성이 높다. 이들이 공부한 학과목은 시험과목을 통해 확인할 수 있다. 제1반의 경우 20명에 시험과목은 명률면강明律面講, 명률문대明律問對, (공법)회통문대(公法)會通問對, (각국)약장문대(各國)約章問對, 법학문대法學問對, 강설문대講說問對, 외율문대外律問對, 공소公訴, 산술이었다. 제2반의 경우 15인으로 과목은 위 제1반 과목에서 강설문대만 제외되었고, 제3반과 제4반은 각각 29인, 28인으로 두 반 모두 제1반 과목에서 회통문대·약장문대·강설문대가 제외되어 있다. 제3반과 제4반이 공법이나 약장 같은 국제법 과목을 수강하지 않는 것으로 보아 1·2반이 상급반이고 3·4반이 하급반임을 알 수 있다.

이를 보면 1904년 말까지도 《대명률》 등 구법이 중요하게 취급되고 있음을 알 수 있는데, 1905년 들어서는 수업과목에 한 두 가지 변화가 나타났다. 1905년 하기시험 과목이 명률·형법·외율·법학·작문·산술 등 6개 과목으로 된 것을 보아 새로 반포된 《형법대전》이 포함되었음을 알 수 있다.[158] 또 그해 말 졸업시험 과목이 법학통론·산술·명률·무원록·법국률法國律·일본어 등 6개 과목으로 되어 있어 그간 외율이라 한 것이 다름 아닌 프랑스 법률임을 알 수 있는 반면, 세태의 변화를 반영하여 일본어가 학과목으로 신규 지정되었다.[159]

법관양성소가 학생을 모집한 것은 1903년 2월 17일, 1904년 9월 2일, 1905년 7월 18일, 1905년 12월 28일 네 차례였는데, 1905년 말까지 졸업생은 1904년 7월 25명, 1906년 1월 20명에 불과하였다. 이들 졸업생 명단을 적시하면 다음과 같다.[160]

1904년: 尹泰榮 任冕淳 金鍾濩 安廷夔 尹光普(이상 5인 優等) 　　　尹憲求 洪冕憙 洪祐夔 沈鍾大 盧鍾彬 具升會 成夔永 朴準性 柳龍均 　　　尹達永 裵瑛均 李漢吉 權泰珽 申正植 鄭雨興 南輔元 金正學 趙東肅 　　　權重瑾 李漢求
1905년: 金哲鉉 金洛純 尹忠秀 權赫采 沈學根 沈在根 鄭奎昇 卞榮晩 具滋景 　　　宋泰顯 趙箕衍 洪淳瑢 睦源容 宋錫會 金奭鎬 南晟祐 李文世 李源禧 　　　徐丙高 李載榮

앞서 언급했듯이 법관양성소를 졸업하고 곧바로 사법관에 임명된 예는 매우 적었다. 1900년 7월 말 법부대신서리 민종묵은 황제에게 상주하여 13부9항1목 재판소에 검사시보를 각각 한 명씩 총 25명이나 임명하였다. 그러나 이 인사 조치에 대하여 법관양성소 졸업생은 물론 법부 법무국장 서상룡, 평리원장 홍종우 등이 격렬한 비판을 가하였다.

서상룡은 검사시보는 법관양성소 졸업생에게 시험을 치르게 하여 우등한 자를 선발하게 되어 있는데 민종묵이 자기 친한 인물만 서임하여 공평하지 못하다고 사직 상소를 올렸다. 법관양성소 졸업생 구건서具健書 등 16명은 당초 장정에 법관양성소 학도를 경외京外 판검사시보로 선임한다 하기에 지금까지 5~6년을 기다렸건만 이번에 법관양성소 졸업생은 불과 몇 명에 불과하니 억울하다는 호소를 법부에 올렸다.[161]

평리원장 홍종우의 비판은 초점이 다른 데 있었다. 이전까지 평리원에서 근무하던 직원들을 7명이나 지방재판소 검사시보로 전출하였으니 평리원 사무는 어떻게 처리할 것인가 하는 것이었다.[162] 평리원 주사 이인상李麟相·홍용표洪龍杓·서정좌徐廷佐·정언조鄭彦朝·윤병일尹炳一 외에 평리원판사 김기조金基肇·이휘선李徽善까지 검사시보로 전출되었기 때문이다.[163]

홍종우는 법부대신서리 민종묵의 불공평한 인사 행정과 기타 부정행위를 들어 탄핵상소를 올렸고, 법관양성소 졸업생들은 신문광고를 통하여 7월 30일 오전 12시 훈련원 앞에 모여 민종묵의 위법 행위를 의정부에 호소하였다. 민종묵에 의해 검사시보로 임명된 사람들도 대신에게 청원하기를 자기들이 명목은 법관이지만 공문 왕래에 글자나 썼을 뿐 당초 법률학을 졸업한 적이 없으니 모두 의원면직하고 원직으로 돌아가겠다고 하였다.[164] 민종묵도 사직상소를 올리고 8월 4일자로 면관되었다.[165]

민종묵의 각 재판소 검사시보 임명 인사는 모두 철회되었다. 그렇다고 해서 법관양성소 졸업생들이 각 재판소 판사시보나 검사시보로 임명되지는 않았다. 이로 인하여 졸업생들은 같은해 8월 14일 다시금 훈련원 앞 집회 광고를 게재하고[166] 법부에 호소하였으나 성과를 얻지 못하였다.

이들의 호소는 앞서 보았듯이 1903년 9월 〈법관양성소관제〉를 개정하여 교관과 박사 직제를 둠으로써 다소 수용되었다. 이때부터 1906년 초까지 고은상高殷相 공면주孔冕周 구건서具健書 권봉수權鳳洙 김익희金翼熙 박빈병朴斌秉 원용설元容卨 윤병순尹秉純 윤일영尹馹榮 윤형중尹衡重 이면용李冕容 이봉李俸 이철승李徹承 이행선李行善 정낙헌鄭樂憲 정섭조鄭燮朝 정영택鄭永澤 최창래崔昌來 허식許植 홍종준洪鐘駿 등 20여 명의 졸업생이 법관양성소 박사로 임명되었다.[167] 그러나 이들은 1905년 말까지 판사·검사는 물론 시보직에도 임명되지 못하였다.

재판 절차의 외형적 근대성과 내용적 보수화

재판 운영의 문제점과 변호사제도의 도입

1899년 5월에 개정된 〈재판소구성법〉은 제2절에서 언급했듯이 고등재판소가 평리원으로 개칭되고 사물관할이 달라졌을 뿐, 각급 재판소의 구성이나 운영 규정은 크게 바뀌지 않았다. 또한 제도상으로는 근대적 외양을 갖추고 있었지만 실제 운영과정에서는 1899년 이전부터 많은 문제점을 보이고 있었다.

1899년 10월경 《독립신문》의 한 논자는 재판제도의 문제점을 다음과 같이 정리하였다. ① 빈부귀천에 따라 사람을 차별대우하며 ② 재판하기도 전에 각종 옥구를 채워 악형을 가하며 ③ 일사부재리의 원칙이 무시되며 ④ 공개재판 원칙이 무시되며 ⑤ 죄형법정주의를 무시하는 등 재판 법규가 무시되는 일이 비일비재하여 ⑥ 민인들이 형법

을 무시하고 악평한다는 것이다.[168]

이 같은 문제점을 해결하기 위해서는 무엇보다도 재판의 주체인 판사·검사 등 사법관이 행정권으로부터 독립하여 법률에 의거하여 재판을 담당해야 했다. 그러나 앞서 검토하였듯이 평리원·한성(부)재판소를 제외하고는 법률교육을 받은 전임 사법관이 전무함은 물론, 재판을 담당한 관찰사 이하 군수에 이르기까지 재판권을 수탈 수단으로 생각하고 있었다. 전임 사법관으로 구성된 평리원·한성(부)재판소 역시 뇌물과 청탁에 의하여 불공정 재판이 이루어지기는 마찬가지였다.

이처럼 전반적인 문제점이 있는 가운데 재판제도 자체에는 몇 가지 새로운 개혁이 이루어졌다. 첫째는 산송의 관할 문제로서, 1900년 4월 28일 그동안 모든 산송사건을 형사사건으로 취급하던 방식을 개정하여 피고의 행위가 범죄로 공소될 만한 것을 제외하고는 모두 민사사건으로 처리하게 한다는 방침이 선포되었다.

> 검사의 직권은 단지 형사소송을 심사하는 것뿐인데, 경장 이후 산송사건은 그 성질이 민사건 형사건 따지지 않고 모두 검사가 맡도록 위임한 지 오래 되어 잘못된 관례가 되었다. 이는 판사와 검사 업무를 분장하게 한 본뜻이 아니다. 지금부터 산송 안건은 죄인이 공소를 제기하기에 적합한 것을 제외하고는 모두 민사로 재판하라는 뜻으로 삼가 상주합니다. 같은날 그렇게 하라고 명하신바[169]

이는 그동안 산송을 사안에 따라 민사 또는 형사로 구분하지 않아 민사적 성격을 띤 사안도 형사로 취급하여 피고가 구류를 당하는 등

많은 폐단이 있었기 때문이다.

두 번째 변화는 변호사제도가 뒤늦게나마 1905년 11월에 도입되었다는 점이다. 조선 후기까지는 양반가 부녀자의 소송에 관하여 본인 대신 자손이나 조카, 노비가 대신할 수 있었으나 이는 민사적 성격을 띤 소송에 한한 것이었다.[170] 갑오개혁 이후에도 역시 민사소송에 한하여 자기가 소송할 수 없는 경우 재판소의 허가를 얻어 제3자에게 위임장을 작성해 주고 소송을 대리하게 할 수 있었는데 이를 대인代人이라고 하였다.[171] 대인은 통상 대언인代言人이라고 불리기도 하였고 다음 자료들과 같이 집안의 노복奴僕이 맡는 경우도 있고 그렇지 않은 경우도 있었다.

남양군 보고서를 보니……서울 안동安洞 민승지 집 대언인 성렬成列과 초동 사는 권시어權侍御 집 대언인 엇쇠㫈釗가 본군 궁평동 사는 정중필에게 받을 돈을 추급할 것이 있어 정소하거늘[172]

귀 관하 해주부 사는 전 중군中軍 유선효 대언인 오문선이 평양 사는 피고 이경주에 대한 소장을 받아 보니[173]

한성 사는 보국報國 조병식 대언인 전 주사 노병완이 석성군 이준보 강성화 등에 대한 답송사건으로 귀원 판결에 불복하여 신소申訴하기에[174]

그러나 형사소송에서는 제3자가 피고인을 변론하는 것을 허용하지 않았다. 따라서 법률에 무지한 일반 민인들로서는 스스로 변론하지 못할 경우 죄를 자복하거나 고신을 당하면서도 끝까지 죄를 부인하는 수밖에 없었다.

변호사제도는 근대적 재판제도가 도입된 것보다 10년이나 늦게 도입되었다. 변호사제도에 대한 논의가 거의 없다가 이 시기에 와서 급거 마련된 것은 일본인 변호사들이 다수 한국으로 진출하여 영업하기 시작했기 때문으로 판단된다. 1905년 2월 경무청에서 각서에 대하여 한국 잡류배가 일본인 변호사와 부동하여 소송을 제기하는 자가 많으니 이들을 보는 대로 체포하라는 훈령을 내리고 있음을 보면[175] 이미 1904년 러일전쟁 이후부터 일본인 변호사들이 한국에서 사무를 개시하고 있었음을 알 수 있다.

일본인 변호사들이 진출한 상황은 신문 광고에서 뽑은 다음 〈표 3-9〉를 통해 볼 수 있다. 이들은 한국 사법관의 부정과 불공정한 재판으로 인하여 한국민들이 고통당하고 있는 점, 일본인 변호사의 영업에 대한 금지 규정이 없는 점을 이용하여 한국민의 민사소송 및 형사소송에 관여하기 시작하였다.[176]

1904년 12월 26일 공진회 회장 이준李儁, 총무 나유석羅裕錫, 평의장 윤효정尹孝定 등이 체포되자 일본인 변호사 나가이永井高忠는 평리원에 가서 이준 이하 3인의 심판안을 한 번 열람한 후 자신이 변호하겠노라고 하였다.[177] 충남 아산군에서는 임철재任喆宰가 자기 친족 임치재任穉宰가 이미 30년 전에 갚은 빚을 갚지 않았다 하고 흉계를 꾸며 1905년 말 일본인 변호사 가메 시게오龜繁雄와 통역 이명선, 병정 1인, 내장원주사 유창렬·노성구 등과 함께 임치재 집에 가서 보상하라고 공갈하기도 하였다.[178]

<표 3-9> 1905년 전후 일본인 변호사 개업상황

성명	자격	업무	개업 위치	출전
桑原信雄	明法學士 辯護士		南署 苧洞 番外 29番 天主教會堂 門前	《황성신문》 1904.10.4
高橋章之助	辯護士 明法學士 前代議士	민사·상사 소송 대리, 형사 변호 및 감정 고 문과 문안 기초	京城 鑄洞 75號地 (전화 124)	《황성신문》 1905.9.1
秀島浩一	辯護士 正六位 勳六等 前判事	민사 및 형사	일본영사관 앞	《황성신문》 1905.9.19
岩田仙宗	前判事 辯護士 日本法律學士	민·형·상사 기타 제 반 쟁송 사건의 대리· 보좌·감정·중재	京城 本町 1町目 (理事廳 前 橫町)	《황성신문》 1906.6.16

일본인 변호사들은 1905년 8월 12일 한성 정문루井門樓에서 간친회를 열고 재한 일본변호사 단체를 조직하는 건과 한국 법제를 연구하기 위하여 일한인의 유지단체有志團體를 조직하는 건과 한국에서 일한日韓 인민의 생명·신체·명예·재산의 보호 방법을 강구하는 건 등을 결정하고 본격적인 활동을 전개하기 시작하였다.[179]

이러한 상황이었기 때문에 정부로서는 시급히 한국인 변호사를 인가하고 재판에서의 변론은 오로지 이들로만 한정하려고 한 것이다. 〈변호사법〉〈변호사시험규칙〉에서 변호사 자격을 대한제국 남자 25세 이상으로 한정한 것도 이러한 연유였다. 변호사제도에 관한 규정은 1905년 11월 〈변호사법〉〈변호사시험규칙〉〈변호사명부기록규칙〉 등으로 제정 반포되었다.[180] 〈변호사법〉에 의하면 변호사는 민사 당사자나 형사 피고인의 위임을 받아 재판소에서 대인의 행위와 변호권을 행한다(제1조)고 하여 형사재판 변론을 포함하였다.

변호사는 법부대신의 인가를 받아야 하는데 ① 법관 전고銓考에 합격한 자와 시험에 급제한 자 ② 변호사 시험에 급제한 자 ③ 변호사 시험위원을 거친 자 ④ 평리원·한성재판소·법관양성소에 만 1개년 반 이상 계속하여 판사·검사·교관의 직무를 행한 자 등 4가지 조건 중의 하나를 갖추어야 했다(제2조).

국선변호인 제도도 있었다. 즉 형사사건으로 역형 5년 이상의 죄에 상당한 경우 형사 피고인이 변호사를 선정하지 않았을 때는 재판소가 직권으로 변호사를 선정할 수 있었다(제15조).

변호사 시험은 매년 1회씩 행하며 응시자격은 만 25세 이상의 남자로서 ① 본국이나 외국의 법률 또는 정치 전문학교 졸업자 ② 각 재판소의 전임판사 또는 검사로 1개년 이상 재직한 자 ③ 평리원·한성재판소의 주사로 4개년 이상 재직한 자로 규정하였다(〈변호사시험규칙〉제1조, 제2조). 시험과목은 필기와 구술 2종이며 필기시험은 민법·민사소송법·형법·형사소송법·상법·행정법·국제공법·국제사법, 구술시험은 민법·민사소송법·형법·형사소송법이었다.

변호사제도 실시 소식은 당시 법률학교를 졸업했거나 안 했거나 많은 지식인들의 환영을 받았다. 변호사 시험 준비를 위한 변호사 준비강습사무소가 설립되어 회원을 모집하였고[181] 여론의 환영을 받기도 하였다.

> 근일 유지신사 몇 명이 남서南署 이동履洞 근처에 변호사 준비 강습회를 발기하고 법부에 승인을 청원하여……변호사 응시를 준비한다고 한다. 한국이 시들고 떨치지 못한 근본 원인은 인민이 법률이 어떤 물건인지 몰라 국가 정치를 돕지 못할 뿐 아니라 혹 법망에 걸려들어 몸을 곤고困苦하게 하는 자도 있고 관리가 법을 이용해 압제하는 데 항변하지 못해 패망하게 된 자도 있기 때문이다. 지금 이 <u>변호사 강습회가 일반 동포에게 법률을 교수하야 전날 우둔한 상태를 변혁하며 간활한 관리의 침학을 막아 국가문명의 기초를 공고하게 함이</u> 실로 대단히 훌륭한 일이기에 유지인사들이 열심히 찬성한다더라.[182](밑줄은 인용자)

이로써 변호사제도가 뿌리를 내리기 시작하였는데, 한국인으로 변호사가 된 최초의 인물들은 홍재기·이면우·정명섭 등이었다.[183]

고소·고발의 폭증과 전직 관리에 대한 예우

1 - 지방관에 대한 고소·고발의 폭증

고소·고발은 1899년 이후 양적으로 폭증하였다. 독립협회 운동과 정에서 정부대신들을 고소하여 처벌받게 하는 등 여러 차례 승리를 거둔 이후 재판제도를 이용하여 억울함을 해결하려는 민인들의 고소가 폭증하기 시작하였다. 특히 두드러진 것은 지방관에 대한 고소·고발로서, 지방관이 주임관·칙임관이었기 때문에 그 관할기관인 평리원과 법부로 집중되었다. 이를 당시 신문기사에 의거하여 각 연도별로 정리해 보면 다음 〈표3-10〉과 같다.

당시 신문에 보도되지 않은 사건도 있을 것이기 때문에 위 표에 정리된 것이 전부는 아니었을 것이다. 대체적인 추세만 보더라도 지방관의 탐학·수탈과 불공정 재판에 대한 고소가 전국적으로 거의 매달 발생하고 있는 것을 알 수 있다.

민인들이 고소·고발한다고 하여 그 대상이 모두 처벌된 것은 아니었다. 권세있는 가문 출신의 지방관인 경우에는 무혐의 처리되거나 오히려 고소한 민인들이 무고죄로 처벌받았다. 고소당한 지방관이 고소한 민인의 친족을 직접 체포하여 악형을 가하거나 고소인을 평리원에 맞고소하는 예도 많았다.

예를 들어 위 표의 ①번 민태식은 평리원에 정소한 군민들의 친족을 잡아가두고 군민들에게 위협을 가하였으며,[184] 법부와 평리원에 정소한 지 1년이 다 되어 가도록 아무런 조치가 없어 이들 민인이 평리원 검사에게 호소하다가 언행이 불공하다고 잡혀 곤욕을 치르기도

〈표 3-10〉1899~1905년 민인의 고소를 당한 지방관

직위·성명	고소·고발 내용	처리 경과·결과	출전
시흥군수 文鳳梧	탐학으로 민요 발생	탐학 군수는 풀어주고 鄕民만 잡아들임	《皇》1899.2.27 잡
대정군수 愼栽祐	탐학 극심		《皇》1899.3.4 잡
북청군수 尹滋卨	남형, 민재 늑탈		《皇》1899.3.23 잡
① 연안군수 閔泰植	토색전 10만 냥	압상하여 재판	《皇》1899.10.7 잡 《독》1899.10.25 논 설 《皇》1899.11.6 잡
함흥군수 金宅洙	탐학, 賣鄕	재판차 압상	《皇》1899.10.31 잡
울진군수 金容圭	탐학, 부임초 공전 외획 시 태가 강탈	법부에서 관민을 압상하 여 대질 재판	《皇》1899.11.3 잡 《皇》1899.11.17 잡 《皇》1900.9.6 잡
② 곤양군수 閔箕鎬	잡세늑탈, 조세 현물 징수 등		《皇》1899.11.23 잡
가산군수 金鼎植	탐학, 간음	관찰부에 조사 훈령	《皇》1900.2.24 잡
함남관찰사 朴鳳彬	嚴子一의 親山에 투장한 朱某 편을 들어 嚴을 굴 총죄로 역3년형에 처함	평리원에 자수하여 갇힘	《皇》1900.3.31 잡 《皇》1900.6.27 잡
문화군수 姜教錫	토색	면관된 후 구속됨	《皇》1900.6.29 잡
평남관찰사 鄭世源	탐학	방면되고 고소인이 구금됨	《皇》1900.8.28 잡 《皇》1900.10.4 잡
황해관찰사 閔亨植	탐학		《皇》1900.8.31 잡
강원관찰사 鄭日永	탐학	유배 2년	《皇》1900.9.18 잡 《皇》1901.1.7 잡
함안군수 李秉翊	탐학		《皇》1900.9.19 잡

③ 고성군수 許鎬	탐학	평리원에서 구속 심판	《皇》1900.9.27 잡 《皇》1901.9.26 잡 《皇》1901.12.24 잡
보성군수 閔泳奭	탐학		《皇》1900.10.10 잡
성천군수 李寅鍾	탐학	무고로 판명됨	《皇》1900.10.16 잡
과천군수 姜相驥	민간 부녀자 강간	태40을 받고 환임	《皇》1900.11.12 잡 《皇》1900.11.29 잡
안의군수 金演禧	탐장	면관 후 재판	《皇》1900.11.28 잡
이천군수 鄭鳳時	도주한 죄수 부모를 代 囚하여 濫刑 치사		《皇》1900.12.29 잡
은율군수 閔載德	만인계 허가후 관찰부 상납전 포탈하고 재징수		《皇》1901.1.9 잡
영덕군수 黃觀秀	탐학	토색전 환납 후 관찰부에 호소한 민인 濫殺	《皇》1901.1.18 잡
산청군수 金興濟	탐학	贓錢은 추환, 고소인 閔 佑爀 등 엄징	《皇》1901.1.30 잡 《皇》1901.8.8 잡
예천군수	宰設軍들을 官隸로 편입 하고 금전 늑탈		《皇》1901.2.8 잡
의령군수 朴基昌	탐학		《皇》1901.2.13 잡
영원군수 李圭相	학정·토색	구속	《皇》1901.2.28 잡 《皇》1901.8.26 잡
울릉군수 裴季周	1만 5천 냥을 排徵	태40 받음	《皇》1901.5.3 잡 《皇》1902.5.20 잡
안동군수 姜濩	탐학		《皇》1901.5.7 잡
진보 겸관 영양군수	무죄인 가두고 토색		《皇》1901.7.9 잡
④ 안주군수 尹吉善	부임 초부터 악형과 위 협으로 수만 냥 토색	평리원으로 압상중 도주	《皇》1901.9.16 잡 《皇》1901.12.16 잡

영암군수 朴源明	무죄인 악형, 토색	전남관찰사에 처리 훈령	《皇》1901.9.30 잡 《皇》1901.11.2 잡
서산군수 李夏燮	탐학		《皇》1901.10.1 잡
옥과군수 姜斗欽	무죄인 악형, 전답 늑탈	관찰부에 조사 처리 훈령	《皇》1901.10.25 잡
부녕군수 楊麟郁	탐학과 불법		《皇》1901.10.31 잡
칠원군수 玄暎運	虐民奪財	평리원에 압송	《皇》1902.1.14.잡 《皇》1902.2.21.잡
정주군수 李義悳	악형치사		《皇》1902.3.24 잡
⑤ 황해관찰사 尹德榮	탐학	태40 선고	《皇》1902.3.25 잡 《奏本》(규 17276) 18책 1903.1.28 주 본 제15호
의주군수 金有鉉	탐학과 불법	관찰부에 조사 훈령	《皇》1902.5.19 잡
양산군수 尹相勳	공전 포탈	압상	《皇》1902.5.22 잡
영흥군수서리 金裕秀	탐학		《皇》1902.6.2 잡
선천군수	탐학	수탈전을 환급하라는 관찰부 지령을 받고도 소장을 올린 백성을 잡아들임	《皇》1902.6.5 잡
양지군수 南啓述		압상	《皇》1902.6.6 잡
임실군수 林鏞炫	濫杖 致死	유죄선고 후 保放되어 관직에 복귀	《皇》1902.6.7 잡
서흥군수 柳錫膺		평리원 재판 결과 무고 처리	《皇》1902.7.19 잡
순흥군수 權在重	무죄인을 남형하여 사경에 빠뜨림		《皇》1902.7.31 잡
보은군수 李丙珪	탐장		《皇》1902.8.14 잡

경북관찰사 趙夔夏	전 주사 徐丙五의 노부를 잡아가두고 재물 늑탈	평리원에 자수	《皇》1902.11.29 잡 《皇》1903.3.21 잡
⑥ 경주군수 金允蘭	탐장		《皇》1903.2.26 잡
선천군수 洪健	늑굴당한 곽산군민이 관찰부에 호소했으나 도리어 해를 입음	평북관찰부에 훈령 대질 재판하게 함	《皇》1903.3.21 잡
북청군수	탐장		《皇》1903.6.27 잡 《皇》1903.11.18 잡
함흥관찰사 金宗漢		평리원에 자진출두하여 태100 선고받음	《皇》1903.8.11 잡
곽산군수	평민을 침학하고 남살		《皇》1903.9.18 잡
철산군수	公穀 50여 석을 잠식하고 민에게서 排斂		《皇》1903.9.19 잡
개천군수 仝孝舜	탐학	평리원에서 대질 심문 결과 무고처리	《皇》1904.1.12 잡 《皇》1904.1.20 잡 《皇》1904.3.23 잡 《皇》1904.5.10 잡
제주목사 洪鍾宇	무죄인 濫刑		《皇》1904.1.18 잡
용강군수	학정		《皇》1904.4.8 잡
삼척군수 崔允鼎	불법 탐학		《皇》1904.4.15 잡
풍기군수 金鍾仁	탐학, 무죄인 체포		《皇》1904.4.15 잡
회양군수 李在淵	불법탐학		《皇》1904.4.19 잡
지도군수 宋祥熙	탐학		《皇》1904.4.25 잡
흡곡군수 徐在淳	탐학	평리원에서 대질 재판	《皇》1904.5.4 잡
단천군수 李賢在	탐학		《皇》1904.5.17 잡

경주군수 朴炳翊	탐학	평리원으로 압상	《皇》1904.6.28 잡
제천군수	탐학	수탈전 환급하라는 평리 원 훈령 무시	《皇》1904.7.6 잡
함열군수 崔壽昌	탐학, 濫刑	관찰부에 조사 훈령	《皇》1904.8.3 잡 《皇》1904.8.9 잡
⑦ 평양군수 팽한주	각종 명목으로 거둔 돈 130여만 냥 중 50만 냥 횡령		《每》1904.9.2 잡
철산군수 이두연 평안도심찰사 이순하	탐장	평리원에서 체포	《每》1905.2.28 잡

주; 《皇》은 《皇城新聞》, 《독》은 《독립신문》, 《每》는 《大韓每日申報》이고 '잡'은 '雜報'를 의미함

하였다.[185]

③번 고성군수 허호는 평리원의 훈령을 받고 내려온 조사관에게 다시는 탐학하지 않겠다고 애걸하고는 다음해 다시 인민에게 죄명을 뒤집어씌워 탐학하였으며, 군민들을 위협하여 늑탈당한 돈이 없다고 진술하게끔 하는 등 갖은 수단을 동원하였다.[186]

②번 민기호는 그 아들이 군민 정기영 등의 고소에 대항하기 위하여 법부에 맞고소하였으며[187] ④번 안주군수 윤길선은 대질 재판을 하기 위하여 고소인 안성천을 잡아가면서 족채전足債錢이라 하여 250냥이나 수탈하여 갔다.[188] ⑦번 팽한주는 자신의 탐학을 고소한 김국보를 구타한 후 그가 러시아 통역이라고 일본군 사령부에 무고하여 압송당하게 하기도 하였다.[189]

이보다 더 상징적인 것은 의정議政 윤용선의 손자 윤덕영과 경주의 탐관오리 김윤란의 경우였다. ⑤번 윤덕영은 황해도관찰사로 재임하면서 단기간에 엄청난 재물을 수탈하여 1902년 3월 황해도민 이석무李錫茂 등 27명이 상경하여 고소하였다. 그러나 경위원에서 이들을 대관大官 무고죄로 체포해갔고, 그해 12월이 되기까지 윤덕영은 아무런 조사도 받지 않았다.[190] 1902년 12월 중순 이용익이 정치적으로 실세할 때 윤용선도 같이 탄핵받음에 이르러 그의 손자 윤덕영의 탐학도 같이 거론되었다. 그제서야 황제의 조칙에 의하여 윤덕영이 평리원에 자진 출두하여 조사를 받고 위 표에서 보는 바와 같이 태40에 그치는 처벌을 받았다.[191]

⑥번 김윤란은 1903년 1월 관하 군민들이 민요를 일으킬 정도로 탐학한 관리였으나 평리원 재판에서 무죄판결을 받았고, 분노한 군민들

이 재차 법부에 청원하였어도 재판이 지지부진하였다.[192] 1904년 10월 김윤란을 다시 체포하여 재판하라는 훈령이 하달되었다가 갑자기 체포령이 취소되었다.[193] 근 2년이나 지속된 김윤란 사건은 경주군민들이 일본 공사관에 가서 억울함을 호소하고 일본 공사가 한국정부에 조회해옴으로써 해결의 실마리를 보게 되었다. 법부에서는 내부의 조회를 받아 1905년 2월에 가서야 김윤란을 다시 체포해 오라는 훈령을 경무청에 하달하였다.[194]

정부에서는 민인들의 지방관 고소·고발이 폭증하자 위 〈표 3-10〉의 몇몇 사례에서처럼 민인들을 무고죄로 처리하는 한편, 이를《대명률》과《대전회통》의 소관조항에 의거하여 처벌하고 패소자는 승소자에게 소송 비용을 지급하게 하라는 훈령을 각 재판소에 내려보냈다.

근래 민습이 해이하여 이미 자복하고도 혹시나 하는 마음에 상소도 하며 혹 원심 재판한 관리를 사실을 날조 무고하여 수많은 폐단을 낳아도 처벌하지 않고 있다. 소송비용만 해도 장정에 이미 기재되어 있는데 무의미하게 보고 (패소자에게) 받아 지급하지 않으니 어찌 놀랍고 개탄스럽지 않은가. 향후로는 다음 3개 조를 실시하겠기로 이에 훈령함 / 다음 /

대명률 무고조: 죄수가 죄를 자복하고 억울함이 없다고 하는데도 그 친속이 망녕되이 고소할 경우는 죄수의 죄에서 3등급을 감하여 처벌하되 장100을 한도로 한다. 만일 죄수가 이미 유배가 결정된 것을 스스로 억울하다고 거짓 호소하여 처음 문초한 관리를 무고한 자는 무고한 죄에 3등을 가중 처벌하되 장100 유3천리를 한도로 한다.(무고율—인용자)

대전회통 청리조: 재판관을 무고한 자는 장80에 처하고 그것이 지나친 경

우는 장100에 처하며 죄질이 무거울 경우에는 도3년에 처한다.(구무송관율 構誣訟官律-인용자)

민형소송규정 제6조: 소송비용은 본인, 대인 또는 증인이 출두한 일비와 재판소에 올린 서류 인지료 및 잡비용을 패소자가 승소자에게 지급함이 마땅함.[195](밑줄은 인용자)

위 훈령 내용에서와 같이 실제로 지방관과 사사로운 혐의가 있거나 원판결이 번복되는 요행을 바라고 무고하는 민인도 없지 않았다.[196] 그러나 대부분의 민인들이 법부나 평리원에 지방관의 비리나 탐학을 폭로하기 위해서는 여러 명이 서울까지 올라와 몇 개월씩 유숙하면서 상소운동을 해야 하므로 탐학한 죄가 없는 지방관을 무고하는 경우는 드문 예에 속하는 것이었다.

법부가 이처럼 민인의 지방관 고소를 〈무고율〉 또는 〈구무송관율〉에 의하여 처벌하라는 훈령을 하달하고 민소에 대한 처리를 불공정하게 함에 따라 1902년 이후에는 민인들의 지방관 고소가 거의 효과를 볼 수 없게 되었다. 다음 1904년도 논설을 보자.

342개 군 수령을 논하면 탐학하지 않고 불법한 행정을 하지 않는 자가 거의 몇 안 될 것이다.……그러니 탐학한 정치 아래 있는 인민이 불법한 침탈을 받고 도탄에 빠져 살아가기 힘들면 그 원망하고 미워하는 마음과 원통한 생각이 과연 어떠하겠는가. 관찰에게 호소하니 관찰사가 조사하지 않고 고등재판소에 호소해도 수리하지 않으며 각 부에 호소하고 의정부에 호소해도 무익하다. 무익뿐이랴 도리어 그 앙화를 받는다. 군수라는 자가 고소한 자를 찍어내서 직접 간접으로 그 세력의 정도에 따라 죄를 만들어 참담한 독을 더욱 가한다. 이러하니 아무리 침학을 받아도 호소할 곳이 없고 맺힌 원한이 하늘에 사무칠 뿐이다. 누구를 향해서 사정을 털어놓겠는가. 부득이 한 마디로 대신 폭로해주는 자는 겨우 신문사의 붓끝이다. 그나마 이 역시 명백히 밝혀 게재하면 고소한 자와 똑같은 죄로 반드시 무한한 화독을 입기 때문에 명백히 밝히지 못하고 이름을 가명으로 하거나 익명으로 투서하여 우표 한 장 붙여 신문사에 기고하여 그 사실이 공포됨으로써 억울함을 폭로해주길 바란다.[197](밑줄은 인용자)

지방관의 탐학을 관찰부·평리원·법부 또는 정부 각부에 아무리 호소하여도 올바로 조사하고 처리해 주지 않아 마지막으로 신문사에 투서하지만 이름이 드러나면 화를 입으므로 가명 또는 익명으로 편지를 써서 신문사에 편지를 보낸다는 것이다.

2 − 수사 절차상의 변화와 검험비 폐지

피의자를 체포할 때 현직 칙임관·주임관 외 모든 국민을 동등한 절차에 의하여 체포하게 되어 있던 규정도 부분적으로 의미를 상실하기 시작하였다. '상주上奏 후 체포'와 '체포 후 상주' 규정은 현직 칙임관·주임관의 지위를 존중하는 의미에서 1896년에 마련되었는데, 1899년부터는 이 규정을 전직 칙임관·주임관 및 갑오개혁 이전 문관·음관·무관 3품 이상과 당하관 수령에게도 확대 적용하는 것으로 바뀌었다.

개국504년 관제 경장 이후에 전임 칙주임관을 체포할 때는 제정한 법률을 준수하여 위배됨이 없습니다. 그런데 잡기관雜技官 이외에 전직 문관·음관·무관 정3품 이상과 전직 당하관 수령으로 관제 경장한 이후 칙주임관을 서임받지 못하고 범죄가 있어 체포할 경우 상주하는 법례가 없어 관직과 품계를 귀하게 대우하기 위해서는 조치를 취해야 할 것입니다. 지금부터는 전직 문관·음관·무관 종2품 이상이면 체포할 때 칙임관 대우로 하고 전직 당상관 정3품 및 당하관 수령이면 주임관 대우로 함이 형편에 적절하겠기에 본 법률 개정안을 별지 첨부하여 회의에 제출함.[198](밑줄은 인용자)

법부는 이러한 청의서 뒤에 전직 문관·무관·음관으로 종2품 이상이면 칙임관 대우로 상주한 후 체포하고, 전직 정3품 및 당하관 수령이면 주임관 대우로 체포한 후 상주하도록 〈형률명례〉 개정안을 올렸고 이 안이 그대로 채택되어 같은해 5월 22일 법률 제2호 〈형률명례개정〉으로 반포되었다.[199]

한편 경무청에서 피의자를 체포하면 24시간 이내에 신문을 마치고 재판소로 압송하게 되어 있었지만[200] 이 규정은 거의 지켜지지 않았다. 예를 들어 1899년 2월 소송 대서하는 홍대섭洪大燮은 죄목도 모른 채 별순검에 의해 경무청에 구류된 후 신문도 받지 않고 16~7일간이나 있다가 방면되었다.[201]

경무청에서 피의자 체포 후 24시간 이내에 재판소로 이송하지 않는 일이 빈번함은 다음 자료를 보면 쉽게 알 수 있다.

대저 죄를 찾아 체포하는 일은 경무 소관이고 심리하여 판결함은 재판 소관으로 각각 직에 따라 규정이 갖추어 있다. 그런데 최근 귀 청(경무청-인용

자)에서 규찰한다고 체포하며 혹은 재판에 관련된다고 구류하여 몇 달이
지나고 1년까지 이른다고 하니 과연 그렇다면 참으로 개탄할 일이라. 며칠
전 본대신이 경연에 들어가 경무청이 범인을 체포할 때 24시간 이전에 재
판소로 넘기도록 법규에 밝힐 일로 (폐하의) 뜻을 직접 받았으니 이를 준수
하여 거행하여 위배하지 말 것.[202] (밑줄은 인용자)

경무청이나 재판소에서 피의자를 신문할 때도 고신이 예사로 행하
여졌다. 고신은 〈형률명례〉 제27조에 보듯이 채찍이나 태를 사용하는
것이었는데 민사 피고에게도 가해졌다. 그러나 다음 자료들에서 보듯
이 지방에서는 규정된 형구 외에도 과거의 곤이나 장 등을 사용하는
일이 빈번하였다.

① 대구의 이근영李根泳이 각 부부원청府部院廳에 청원하되 "본인의 부친
　전군수 이현수李玄樹가 본래 충의로운 선비로 저명했는데 갑자기 금년 6
　월 영남 선비 5~6인과 함께 경무청에 갇혔습니다. 죄명이 없는데도 형
　을 가하여 억지 진술을 받아내고 살을 벗기고 뼈를 뒤틀어 혼비백산하
　니 아무 근거없는 진술이 꿈인 듯 생시인 듯 나오니 세상에 어찌 이런
　무고한 일이 있습니까"……하고 경무청에 조회하여 재판을 신속히 하여
　공정히 판결하게 해달라고 하였더라.[203]
② 청주군 아전 최동규崔東奎가 형을 받다가 사망한 건으로 해도 보고에 의
　하여 맞은 도수와 태형 차수와 상처의 경중을 다시 조사 보고하라고 해
　도에 훈칙했다. 지금 그 조사 보고를 보니 해 군수의 태형이 포탈한 세
　금을 환추하기 위한 것이었으나 곤으로 치고 주뢰형을 가하며 장으로

때려 제반 수단이 법외의 것일뿐더러 사안이 사망 사건인 만큼 별도 조사하여 처판해야 하니 해군 전 군수 이희복李熙復을 잡아 엄히 조사하여 그 진술을 보고할 것.[204]

③ 귀소에 갇혀있는 조준식趙俊植의 처 신소사의 청원서를 보니 "제 남편 조준식은 원래 못나고 좀스런 인물인데, 정월에 일보러 덕산에 갔다가 점막에서 쉬고 있던 중 갑자기 부상들이 쳐들어와 도적이라고 트집잡고 묶고 주리 틀고 수많은 악형을 가하였습니다. 당장 혼자 몸으로 다중과 맞설 수 없어 사경에 이르렀는데 또 본군으로 압송해간즉 사또가 진짜 도적으로 알고 관찰부로 압송하니 공초를 받을 때 나약한 성품에 엄형을 못이겨 죄가 없음을 밝히지 못하였습니다. 그런 고로 관찰부에서는 자백했다고 보고하니……세상에 어찌 이런 지극히 원통한 일이 있습니까."[205](밑줄은 인용자)

자료 ①은 경무청에서 24시간 내에 재판소로 압송하지 않음은 물론 근 6개월 이상 경무청에 잡아두고 고신을 가한다는 호소이며, ②는 피의자를 신문하면서 곤과 장은 물론 이미 금지된 주뢰형까지 가하여 치사致死하게 만든 사건이다. ③은 죄없는 행인을 보부상들이 악형을 가하여 도적으로 몰아 잡아간 데다가 이를 관할한 관찰부에서도 엄형을 가하여 도적으로 법부에 보고한 경우이다.

이처럼 고신이 횡행하는 이유는 앞서도 언급하였듯이 과학적 수사 기법이 발달하지 않아 물적 증거가 확실치 않으면 피의자의 자백이 유일한 증거가 되기 때문이다. 따라서 피의자에 따라서는 실제 범인 이면서도 고신을 당하면서 한사코 범행을 부인하거나, 경무청에서 자백하고 검사 앞에서는 자백을 번복하는 경우도 많았다. 이 경우 검사나 판사 입장에서는 피의자의 자백이 없는 한 계속 고신을 가하거나 피의자를 방면할 수밖에 없었다.

① 경무청 통첩 제449호를 보니 "지난달 23일 신문 밖에 사는 원동준元東俊이란 놈이 법부 대청에 걸린 자명종을 훔쳤다가 잡혀왔기에 압교합니다"라고 한 바, 해 범인을 다시 심사하는데 <u>오로지 범행을 부인하고 자백을 하지 않으니 원동준이 훔칠 때 부하 중 현재 추가로 잡아들여 증인으로 대질할 만한 자를 본소로 즉시 보내주기 바라며</u> 이에 통첩함.[206]

② 귀(한성재판소-인용자) 질품서를 보니 "피고 이영근李永根 박선길朴善吉을 적도처단례 제7조 제7항에 조율함이 어떠합니까"라고 한 바, 이를 살펴보니 해 범인들이 곤봉을 지니고 있었다 하나 그 행적은 매일 절도했다 하며 소지한 곤봉을 사용하여 위협하거나 죽이거나 상하게 한 사정을 명확히 진술하지 않았다. 그러니 그 조항으로 선고함이 큰 차질이 될 뿐더러 <u>귀소에서의 진술이 경무청에서의 진술과 전혀 상반되니 도착 즉시 이영근 박선길을 다시 엄히 신문하여 곤봉 사용한 사정과 절도와 위협 중 한 가지로 자백하게 한 후 적용 법률을 갖추어 보고할 것</u>.[207]

③ 경무사 정기택鄭騏澤의 보고를 보니 "……음력 윤5월 15일 적당 이용한 박창득 이봉은 김용학 정교선 박진원 등 6명을 동시에 체포한 바……"라고 한 바, 해 범인들을 면죄 방송한 근거가 무엇인지 동 사건 심사한 검사 성명을 상세히 밝혀 보고하라고 한성재판소에 훈령하였더니 현재 그 수반판사 길영수의 보고를 접해 보니 "김용학과 그 무리 5인은 모두 김용학의 진술에서 나왔는데 동 <u>김용학이 경무청에서는 자백하고 본소</u>

에 와서는 오로지 부인할뿐더러 원래 간질병이 있어 심문할 때 그 증세가 발병하였습니다. 검사 생각에 병폐한 사람이 혹형에 겁먹고 이처럼 진술이 오락가락하는가 하여 마침내 방면한즉"[208](이상, 밑줄은 인용자)

위 자료 ①은 재판과정에서 피고인이 계속 범행을 부인하므로 범행을 입증할 수 있는 공범을 다시 잡아 보내라고 경무청에 통첩한 것이다. ②는 한성재판소의 법률 적용에 문제가 있음은 물론 경무청에서의 자백과 한성재판소에서의 자백이 상반되므로 재심하라는 훈령이다. ③은 피의자가 경무청에서 진술한 자백과 한성재판소에서의 자백이 상반됨은 물론 고신을 가하던 중 간질병이 도져서 피의자를 석방할 수밖에 없었던 상황을 보여준다.

한편 살인사건의 수사과정에서 검험은 여전히 개혁 이전의 방식대로 실시되고 있었는데, 이전과 마찬가지로 검험 부실이 항상적인 문제로 지적되고 있었다. 다만 이 시기에 들어서는 검험 비용이 살인사건 현장 민인들에 부과되는 데 대한 저항이 나타나기 시작하였다.

우선 검험 부실 문제에 대해 검토하여 보자. 검험을 부실하게 할 경우 정부에서는 대단히 중대한 사건으로 취급하여 검험을 잘못한 지방관들을 모두 처벌하였다. 충북 충주군에서 발생한 김성업金聖業 피살 사건의 경우 4검까지 거친 후 다시 세 차례 조사를 더 거쳤다. 4명의 검험관과 3명의 조사관은 모두 사망 실인을 '병으로 사망' 또는 '매맞은 후 병으로 사망'으로, 정범인 정성보鄭成甫를 간증 또는 간련으로 보고하는 잘못을 저질렀다. 사건의 실상이 밝혀지고 나서 법부에서는 검험·조사를 담당했던 일곱 군수를 모두 체포하여 평리원 재판에 회

부, 태100 또는 태60에 처하였다.[209]

검험관들의 조사 결과 사망 원인이 모두 일치하더라도 사망자의 친족이 사망 원인을 상반되게 주장하여 대질 재판하는 경우도 많았다. 1904년 경남 산청군 김조이金召史 피살사건의 경우 검험과 조사에 참여한 군수 5명이 모두 사망 원인을 '목매어 자살'로 보고한 반면 사망자의 친족들은 사망 원인이 '매맞아 사망'이라고 주장하며 평리원에 호소하였다. 이로 인하여 군수 5명은 평리원에서 공개 재판을 받게 되었으나 재판 결과에 대해 군수와 시친들 모두 불복함으로써 재판은 무기한 연기되었다. 이에 법부에서는 관할관인 경남관찰사를 구속하고 이들 군수를 엄벌해야 한다는 건의를 올렸다.[210]

검험관들 내부에서 의견이 다른 경우에는 사망 원인을 잘못 파악한 검험관이 처벌을 받았다. 다음 자료는 4검 1사까지 진행된 살인사건 수사인데, 그중 복검관·삼검관이 징계받은 경우이다.

초검·사검과 초사안初查案이 서로 부합하고 복검·삼검이 서로 비슷합니다. 저희 법부에서 적용 법률을 결단하려 할 때 의혹이 없지 않아 다시 조사한즉 초검 사검 초사 결과와 똑같이 사인은 '목매어 자살'이며 이수겸李洙謙이 피고임이 여지없이 드러났기에 해도 보고에 의해 처판하였습니다. 그러니 복검관 의주군수 구완희와 삼검관 곽산군수 윤영승이 검관직을 맡아 김상문金尚文을 정범으로 지목함과 '목졸려 죽음'으로 실인을 기록함은 착오가 심하옵니다. 검험을 신중하게 하고 법을 중히 여겨야 하는데 경고하지 않을 수 없은즉 두 군수를 중벌로 징계하시기 바라며[211](밑줄은 인용자)

검험에서 또 다른 문제는 지방관들이 검험을 한 두 차례만 하는 데 그치는 경향이었다. 법부에서는 이러한 문제를 총괄하여 1905년 12월 말 전국 각 재판소에 검험을 반드시 두 차례 이상 실시하라는 훈령을 내렸다.

단검單檢에 그치면 범인의 진술과 제반 증인의 진술이 모두 똑같고 실인과 맥록脈錄(시신의 상흔에 대한 기록)이 법의학서와 꼭 들어맞아 재검이 불필요하다고 한다. 복검覆檢에 그친 보고서에서는 실인이 부합하며 범인 진술과 증언에서 모두 자백했으니 재차 궁구할 필요가 없다고 하여 급히 결안하고 보고서 마치기에 힘쓴다. 그러나 단검에 그친 사안은 자백이 상식 밖의 이야기가 많고 피고와 증인의 진술도 공포에 질려 나온 바가 없지 않다. 복검에 그친 사안은 실인과 범인은 부합되는데 맥록이 서로 달라 문서를 살펴봄에 의혹을 일으킨다.……무릇 사망사건에서 <u>실인과 범인, 증좌가 단검에서 상세히 밝혀졌더라도 규례대로 복검하여 헤아려 보며 복검을 마친 사안은 맥록과 실인, 정범과 관련 증인의 진술들을 세밀하게 살피는 데 힘써……죽은 자가 억울하게 되지 않도록 하되</u>[212](밑줄은 인용자)

위 훈령에서 지적한 문제점은 단검에 그칠 경우 피의자의 진술이 상식적으로 생각해도 불합리하고 피의자·증인의 진술도 위협을 받아 허위일 가능성이 있다는 것이다. 복검까지 했을 경우에는 사망 실인과 범인은 부합하더라도 초검·복검의 맥록이 상이할 수 있어 검안에 의심스러운 점이 많게 된다는 것이다. 따라서 사후로는 단검單檢에서 사망 실인과 범인, 증거가 확실하게 밝혀지더라도 반드시 복검 이상 실시하고 이미 복검까지 한 사건은 맥록과 사망 실인, 범인과 관련 증인들의 진술을 정밀하게 분석하라는 것이다.

한편, 이 시기 들어 새로 부각된 문제는 검험으로 인하여 사망사건이 발생한 지역의 민인들이 겪는 고통과 부담해야 했던 비용이었다. 개혁 이전까지는 검험관이 검험을 실시하면서 숙식 등 제반 비용을 토색했어도 민인들이 별 저항을 하지 않았으나 민인들의 권리의식이 높아짐에 따라 당초 법규에 없던 검험비용 부담에 대한 저항이 나타나기 시작하였다.

> 각 지방 수령이 사망사건 검험 조사할 때 비용이 많이 드는데 이를 민간에서 과다하게 징수하여 사망사건이 일어나면 정범의 집안뿐만 아니라 당해 마을이 거의 파산하여 호소가 잇달으니……사검관査檢官이 부하들을 많이 끌고가 소위 예채例債며 마세馬貰며 술과 밥을 강제로 토색해서 그러는 것인가. 공용 기구 및 여비는 해군 예산에 있으니 민인에게 폐를 주어서는 안 되며 예채라는 것은 잘못 내려온 관례이다. <u>경장 이후 마땅히 혁파했어야 했거늘 아직도 답습되고 있으니 근거가 전혀 없는 것이다.</u> 향후로는 사검관을 맡은 자는 말 한 필과 관노 몇 명에 아전과 군교 한두 명만 대동하되 더욱 조심하여 소위 예채와 마세 및 주식비 등을 절대로 민간에 침탈하지 말라고 정식을 보이겠다. 만일 또 이전의 잘못된 관례를 반복하면 눈에 띄는 대로 엄벌하고 그 비용은 추징할 것이다.[213] (밑줄은 인용자)

이 훈령에서 보이듯 검험으로 인하여 한 마을의 재물이 모두 탕진되는 것은 개혁 이전부터 항상적인 일이었고 이미 갑오개혁 시기에 마땅히 개혁해야 했던 문제라는 것이다. 따라서 지금부터 검험관은 꼭 필요한 수행 인원만 데리고 가되 예채例債·마세馬貰·주식비酒食費 등을 민간에서 일체 걷지 못하게 명령할 것이며 차후에 그런 일이 있을 경우에는 엄벌하고 징수한 검험비용은 모두 추징하여 환급하겠다고 하였다. 이 훈령은 다음 자료들에서 보듯이 결코 공문구로 돌아가지 않았다.

① 죄수 식비가 예산 항목에 없으면 소관 아문에 보고하여 구획할 방법을 청해야 하거늘 해당 마을에 훈칙하여 납부하게 함은 어떤 법규인가. 검험 결과가 나오기 전 10명과 검험 결과 이후 오랫동안 가둔 4명의 4개월 식비 중 송일삼末日三 자신이 먹은 비용을 그의 토지를 팔아 갚는 것도 공적으로 위배되는 행위이다. 하물며 다른 죄수가 쓴 비용을 왜 송가의 토지로 갚으며 귀부 검험비도 송가에게 책징하면 안 되거늘 과천군 검험비가 귀부와 무슨 관계가 있어 송가의 토지를 팔아 갚으려 하는가. 귀부의 처사가 온당치 못하며……송일삼 전답 방매한 것을 즉시 해 집강에 훈칙하여 다시 물리게 하고 액수대로 내주며 관 입지立늘는 무효 처리할 것.[214]

② 귀 (해주재판소) 관하 신천군 이상래李相來 소장을 보니 "……초검 때 비용이 당오전으로 7천 냥이고 재검시 3천여 냥이오 삼검시 2천여 냥 합 1만2천여 냥을 형제 가산을 모두 팔아 댔습니다. 또 제 동생이 관찰부까지 110리 가는 여비로 밥솥 2개를 팔아 1백 냥을 주니 부족하다면서 제 처를 잡아가므로 부득이하여 남아있는 수저와 밥그릇까지 모두 팔아 40냥을 더 마련하여 150냥 출급한 연유를 다시 읍소하오니 통촉한 후 검

비와 여비건을 엄히 분부하여 법규에 있는 대로 모두 도로 받아주시기 바랍니다"라고 한 바, 이를 살펴보니 검험비는 원래 금지된 것이다. 해당 검관이 검약하고 조심했으면 어찌 이렇게 많은 비용이 나오겠는가. 여비 토색은 관찰부와 군 사이에 어느 관예가 침탈했는가. 여비는 마땅히 규례대로 지급하게 되어 있거늘 법외의 재물을 지나치게 토색하니 극히 놀랍다. 검비는 검험한 각군에서 받아내고 여비는 토색한 관예를 찾아서 받아낸 후 두 가지를 재판정에서 모두 청원인에게 내준 후 영수증을 부쳐 보낼 것.[215](밑줄은 인용자)

위 자료 ①은 광주부廣州府에서 발생한 살인사건으로 피고·간련·사련·절린 등 10여 명을 광주부까지 압송하여 갔다가 법부 지령을 받아 6명을 석방하고 4명을 구금해 두는 동안 발생한 식비를 해결하는 문제를 둘러싸고 발생한 것이다. 광주부는 사건 발생 지역의 집강에게 식비를 해결하라고 훈령하였고 집강은 피고 송일삼의 전토를 팔아 그 돈으로 식비를 해결하고 과천군수의 검험비용까지 지급하였다. 이에 대해 송일삼의 친족인 송영수가 법부에 억울하다는 호소를 제기하였다. 법부는 죄수 식비는 소관아문인 내부에 보고하여 해결하는 것이 마땅한데 사건 발생지역 민인으로 하여금 납부하게 한 것부터 잘못이라고 지적하였다. 게다가 사건 관련인들의 식비와 검험비용을 모두 피고인 송일삼의 전토를 팔아 마련한 것은 더욱 잘못된 것이니 전답 방매한 것을 무효화하고 원 소유주인 송일삼에게 돌려 주라고 훈령한 것이다.

자료 ②는 검험비용을 살인사건 피의자 집안에 모두 전가하는 전형적인 사례이다. 피의자 이상래·이흥래 형제는 자기들 가산을 모두 탕진하여 검험비용만 해도 당오전으로 1만 2천여 냥(당일전으로 2천 4백여 냥)을 마련했을 뿐 아니라 자신들이 해주부까지 압송될 때 소요된 숙식비까지 마련하느라 남아 있는 솥과 수저, 밥그릇까지 모두 팔았다고 하였다. 피의자 이상래의 호소를 접수한 법부에서는 검험비용은 사건이 발생한 군郡에서 받고 여비는 이를 토색한 관예에게서 받아내 모두 피의자 집안에 돌려준 후 영수증을 받으라고 하였다.

이외에도 유사한 사례가 많이 있는바, 개혁 이전부터 끊임없이 문제시되어 왔던 검험비용의 과다함과 이를 부담해야 했던 사건 발생 지역 민인의 고통은 이에 이르러 해결의 실마리가 풀리기 시작하였다.

재판의 지체와 판결 확정력의 결여

1 - 판결시 난점과 재판의 지체

피의자에 대한 수사과정이 종료되고 나면 제2장에서 본 바와 같은 절차에 의하여 재판이 개정되었는데, 이 시기에도 여전히 피의자에게 적용할 확실한 법률이 없을 경우 인율비부가 허용되고 있었다. 다음 두 가지 자료를 보자.

① 귀 (한성재판소) 제26호 질품서를 보니 "계啓'라는 글자 위조는 율례에 명확히 규정된 조항이 없으니 《대명률》 사위편 사위제서조詐僞制書條 '거짓으로 조서詔書를 만들었으나 시행하지 못한 자'율에 비추어 적용함

이 좋을 듯하나 '계'자가 조서와는 달라 적용상 의혹이 생기기에 질품합니다"라고 한 바, 이를 살펴보니 '계'자가 조서와는 다르지만 정조正條가 없고 인율비부 규례가 있으니 귀소에서 판단한 대로 비부하여 처판할 것.[216]

② 귀 (한성재판소) 질품서를 보니 "수중포水中砲를 금광에서 돌을 깨뜨리는 용도로 팔다가 잡힌 일이 있는데 수중포가 일명 폭발약인즉 마땅히 금물이지만 금제 조항에 없은즉 이 사안을 대전회통 금제조 '금물을 불법판매한 자는 사형을 감하여 정배한다'는 조문에 비부하여 태100 징역종신으로 바꾸어 처판할 만하지만 임의로 처리하기 어려워 질품합니다"라고 한 바, 폭약이 본조에는 기재되어 있지 않지만 마땅히 금해야 할 물건인즉 귀소에서 판단한 대로 처판함이 좋겠음.[217](밑줄은 인용자)

①은 고종 황제가 일반인에게 백동화 주조 허가를 내줄 때 발급했던 '계啓'라는 글자가 찍힌 문서를 위조한 범행에 관한 논의이다. 처벌 규정이 적실한 것이 없어 한성재판소에서 질품한 대로 동 범행을《대명률》조항을 인용하여 처벌하라는 지령이다. ②는 수중포라는 폭발물을 거래하다가 붙잡힌 피의자에 대한 법률 적용 과정이다. 역시 적실한 법조문이 없음으로 인하여 대전회통의 금물 잠매범 규정을 끌어와 처벌하고 있음을 보여준다.

한편, 황제의 사면 조칙이 빈발하면서 죄인에 대한 법률 적용에서 새로운 문제가 제기되었다. 사면으로 석방된 자들이 다시 동일 범죄로 재판에 회부된 경우 법률 적용을 어떻게 할 것인가의 문제였다. 초범과 재범은 형량 적용에서 상당한 차이가 나기 때문이었다. 이 문제는 다음 자료에서 보듯이 1903년 7월 한성재판소에서 제기하여 법부에서는 초범初犯으로 논하라는 지침을 하달하였으나 8개월이 지난 1904년 3월 법부 내의 의견을 종합한 후 이를 번복하여 재범으로 논한다는 입장으로 변화되었다.

작년 7월 17일 귀소 검사 홍용표 제37호 질품서를 보니 "금번에 본소에서 심사한 형사피고인 등이 선고를 받은 후……본년 3월 6일 사면 조치 때 석방된 자가 많습니다. 사면 이전 죄명은 초범이든 재범이든 모두 깨끗이 씻어냈기에 이번에 법률 적용할 때 초범으로 논함이 어떨지 적용상 의혹이 생겨 질품합니다"라고 하였다. 이에 동월 21일 본부가 지령하기를 "귀 검사의 논의가 참으로 적절하니 초범으로 논함이 좋다"고 하였다. 이를 살펴보니 <u>형사 피고인으로 선고를 받은 자는 집행 미집행을 막론하고 죄명을 판단한 후 사면 석방된 것인즉 당시 죄명과 형기는 깨끗이 지워졌지만 범죄한 행적은 소멸될 리가 없고 특사로 방송된 자가 재범할 때 초범으로 논하라는 법조항이 전혀 없다.</u> 그러니 차후로는 사면 방송된 자가 선고를 받은 자이면 무조건 재범으로 논단해야 할 것이다.[218](밑줄은 인용자)

그런데 더욱 큰 문제는 재판의 지체였다. 〈민형소송규정〉에 의하면 형사재판은 결심結審한 날로부터 7일 이내에 판결을 선고하게 되어 있었는데 이러한 기준은 거의 지켜지지 않았다.

1899년 9월 황제의 조칙에 의하여 각 지방재판소·개항장재판소의 장기 미결수를 조사한 결과에 의하면 경기재판소 9명, 충남재판소 4명, 충북재판소 3명, 전남재판소 3명, 전북재판소 8명, 경남재판소 4

명, 경북재판소 8명, 황해도재판소 8명, 강원도재판소 4명, 평남재판소 8명, 평북재판소 5명, 함남재판소 10명, 인천항재판소 1명, 무안항재판소 1명 등 총 76명이나 되었다.[219]

장기 미결수의 기준은 확실하지 않지만 보고서의 해당일자를 보면 대체로 3개월 이상 입감된 죄수를 지칭하는 것으로 보인다. 위 76명 중 대부분은 1898년에 구금되어 1년 이상 재판을 받지 못하고 있는 죄수들이었으며, 1895~1896년 입감된 죄수도 6명이나 되고 있다.

법부는 이같이 재판이 지체되는 원인을 뇌물·청탁, 민인의 비리건송, 법관의 원고에 대한 훈칙 부족 등으로 파악하고 있었다.

① 최근 들으니 민형사 재판시에 뇌물이나 청탁으로 인하여 빨리 끝낼 것을 늦추며 곧게 할 것을 구부려 민사에서는 억울한 자가 풀지 못하고 이치에 맞지 않는 자가 승소하며 형사에서는 유죄자가 죄를 면하고 무고한 자가 죄를 뒤집어쓰는 폐가 세상을 시끄럽게 하니 듣기에 놀랍도다.[220]

② 민형사상에 소장이 계속 올라와 매일매일 번잡한데 재판 속결을 요구하거나 억울하게 패소했다고 하니 이것이 재판이 지체되어 그런 것인지 아니면 민인들이 재판하기 좋아해서 그런 것인지 알 수 없도다. <u>소장을 수리할 때 불러서 물어보고 잘 훈칙하고 조사하면 다소 지체되는 폐는 없지 않더라도 어찌 몇 달이 지나고 해가 지날 지경에 이르렀겠는가.</u> 경죄로 갇힌 자가 재판이 지연되어 먹을 것이 없어 질병으로 죽은 자도 있고, 멀리서 온 백성이 소장을 한 번 제출하는 데 세월을 허비하여 돈주머니가 비고 도로에서 방황하다가 판결받으러 와서 마침내 빈 손으로 돌아가니 그 책임이 누구에게 있는가.[221] (밑줄은 인용자)

①에 의하면 민형사상 재판에 뇌물과 청탁이 만연하여 재판이 신속히 끝날 것도 지체되고 승소해야 할 자가 패소하는 경우가 비일비재하며, 유죄자는 풀려나고 무고한 자가 징역에 처해지고 있다는 것이다. ②에서는 소송을 수리할 때 법관이 원고를 불러 자세히 훈칙하고 조사하면 소송이 폭주하고 지체되는 일이 없을 것이라는 점, 소송이 지체됨으로 인하여 감옥에 갇힌 피고들의 식비 마련이 어려울 뿐 아니라 질병도 발생하고 많은 민인들이 농사철을 놓치고 서울에서 판결을 기다리며 많은 비용을 허비한다는 것이다.

이처럼 소송 지체의 폐를 지적하며 재판 속결의 훈령을 수없이 하달하여도 이 문제는 결코 해결되지 못하였다. 법부에서는 뇌물과 청탁, 민인의 비리건송 탓으로 원인을 돌리고 있지만 선고된 판결이 확정될 수 없는 제도 자체의 문제도 있었다.

2 – 판결의 불확정성

재판 지체를 조금이나마 해결하려는 구상에서 1900년 들어 판결 선고 절차에 부분적인 개선이 이루어졌다. 앞서 정리한 바와 같이 역형 종신 이상에 해당하는 사건은 반드시 법부에 보고하여 그 지령을 기다려야 선고를 내릴 수 있었으므로 문서가 번다하게 왕복해야 하는 문제가 있었다. 1900년 1월 11일 〈형률명례〉를 개정한 것은 이 때문이었다. 즉 역형 종신 이상에 해당할 만한 죄인은 판결을 선고하고 상소기간 3일이 지난 후 법부대신에게 질품하여 그 지령을 기다려 집행하라고 개정한 것이다.[222]

선고하기 이전에 질품하는 것이 아니라 선고하고 나서 피고인이 상소를 하지 않을 경우 질품서를 올려 법부의 승인 지령이 내려오면 판결이 확정된다는 것이다. 반면 피고인이 3일 이내에 상소를 하면 이 판결에 대해서는 법부에 질품할 필요가 없어지므로 재판 지체의 폐단도 감소할 수 있는 것이었다.

이처럼 다소나마 판결에 확정력을 부여하는 제도적 개선이 이루어졌지만 법부에서 공포한 다음 〈고시〉에 지적되고 있듯이 각급 재판소가 일단 내려진 판결을 다시 번복하는 사례가 빈번하였다.

> 무릇 판결은 사후 전거로 삼아 위배하지 않을 만큼 믿음직해야 하거늘 최근에는 그렇지 않아 재판관이 바뀌면 판결은 돌아보지 않고 갑자기 그 소송을 번복하여 어지럽기 그지없으며 곡직이 뒤섞이니 진실로 이러하면 이는 백성을 속이는 것이다. ……만일 백성이 크게 억울하여 부득이 번복해야 하면 사실을 법부에 보고하여 지령을 기다려 처판하며 당시 오결한 재판관은 논죄하지 않을 수 없다. 지금 훈칙한 이후 잘못이 또 반복되면 해당 재판관은 중벌을 면키 어려울 것이다. 이로써 평리원에 훈칙하여 유념하여 거행하게 했으니 앞으로 재판 상대방이 판결을 번복하면 반드시 판결 서류를 점련하여 법부로 와서 정소할 것으로 고시하니 대소 민인은 모두 각자 알고 있을 것.[223](밑줄은 인용자)

재판관이 바뀌면 과거의 판결을 돌아보지도 않고 동일 사건에 대한 판결을 번복한다는 것이다. 따라서 사안의 성격상 백성이 크게 억울하게 되어 부득이 판결을 번복해야 할 경우에는 법부로 보고한 후 지령을 기다려 처판하라고 평리원에 훈칙하였으니 일반 민인들도 이를 유념하라는 것이다. 평리원에서도 기존의 판결이 번복되어 일사부재리의 원칙이 지켜지지 않았음을 알 수 있다. 이는 물론 앞서 언급한 바 평리원 재판장 이하 판사·검사에 이르기까지 뇌물과 청탁을 받았기 때문이었다.

그러나 판결이 확정되지 못하는 배경에는 사법관의 부정 외에도 재판제도의 구조적인 문제가 있었다. 즉 전술했듯이 〈재판소구성법〉 개정 이후 법부가 또 하나의 상급 재판기관으로서 평리원 판결에 대한 소송인들의 불복이 있을 경우 평리원에 대한 지령이나 직접 재판에 의하여 원심 판결을 번복할 수 있었다.

> 귀 강화부 석모도 사는 조원회의 소장을 보니 "피고 계성중이 검험비를 늑징하기에 작년 겨울 법부에 고소하여 '다시는 침탈하지 말라'는 엄한 훈령을 받고 본 강화부에서 대질 심판하여 피고가 다시는 침탈하지 않겠다고 직접 확인서[侤音]를 제출하여 깨끗이 타결되었습니다. 그런데 피고가 잘못을 뉘우치지 않고 평리원에 호소하여 강화 부윤서리에게 훈령이 도착하게 하여 원고의 당숙질 조흥원 조원회 두 사람에게 장형을 가하고 가둔 후 돈을 추징하려 하오니 세상 천하에 어찌 이런 일이 있습니까. ……"라고 한 바, 이를 살펴보니 계성중은 법부 훈령 아래 조용히 그칠 줄 모르고 경향으로 무소誣訴하여 감히 또 사건을 일으키니 이처럼 완패한 무리는 법이 아니면 징치하기 어렵다. 본도 재판소에 보고하여 법률에 비추어 처판하게 하라. 또 귀 강화부도 이미 법부 훈령이 엄하고 계성중의 확인서가 있거늘 평리원의 잘못된 지령만 믿고 불법적인 검험비를 징수하니 이 무슨 일인가.[224](밑줄은 인용자)

위 사건은 원고 조원회가 법부 훈령을 받아 내려옴에 따라 검험비를 불법으로 징수한 계성중이 다시는 검험비용을 토색하지 않겠다고 다짐하는 문서를 법부에 올린 후에도 다시 평리원에 소장을 올려 원고의 당숙과 원고를 형신하고 구금한 건이다. 법부의 훈령이 엄연히 존재함에도 불구하고 평리원에서는 그 사정을 모르고 계성중의 호소에만 의거하여 검험비를 받아내라는 훈령을 내려주고 이러한 사정을 알 리 없는 강화부윤서리 역시 평리원 훈령대로 따른 것이다. 법부의 이 재훈령에 의하여 다시 최초 훈령대로 시행되었을 것이지만 사안에 따라서는 지방에서 법부 훈령이 언제든지 무시될 수 있음을 보여준다.

다음 자료는 한성부재판소에서 징역 15년 판결 선고를 받은 피고 이인서李仁西가 평리원에 상소한 사건이다. 평리원에서는 이인서를 무죄 방면하려고 한 데 반하여 법부는 재심을 명하고 있다.

귀(평리원-인용자) 질품서 제6호를 보니 "한성부재판소 징역15년 죄인 이인서의 상소 안건을 심사하오니 유죄로 인정할 만한 내용이 없어 마땅히 즉시 방면해야 하되 당시 한성부재판소에서 본부 지령을 받아 처판한 자이기에 마음대로 하지 못하고 해 안건 서류 모두를 첨부하여 이에 질품하오니 살펴보고 지령하시기 바랍니다"라고 하였다. 이를 살펴보니 이인서가 닭을 삶으려고 장작을 주워가 아무 생각없이 던졌는데 우연히 불타는 전차로 들어갔다는 등으로 한성재판소에서 자백했고 안무쇠의 증언 또한 확실하다. 그런데 귀 평리원에서 심사할 때 두 사람의 진술이 전혀 모순되거늘 어찌 상세히 조사하지 않고 먼저 질보하는지 즉시 안무쇠를 불러 이인서와 대질 조사한 후 보고할 것.(밑줄은 인용자)[225]

즉 평리원에서는 유죄 증거가 없어서 무죄 판결로 방면하려고 했으나 이 사건이 법부의 지시에 의하여 한성부재판소가 담당한 사건이라 법부에 질품하였다. 이에 법부에서는 평리원 심리 과정에서 피고 이인서와 관련 증인 안무쇠의 진술이 상호 모순되니 두 사람을 대질시켜 재수사하여 보고하라는 훈령을 내린 것이다.

그런데 평리원 판결이든 법부 판결이든 불확정적이기는 마찬가지였다. 이를 보여주는 대표적인 예는 1899년부터 1906년까지 근 7년 여에 걸친 이완용李完用-이승욱李承旭 재판이었다. 전 시종 이승욱이 1898년경 전라도 어사로 임명되어 전라도 각군 공전(결세)을 관찰사 대신 징수하였는데 그중 탁지부로 상납되지 않은 액수가 약 20만 냥이었다. 탁지부에서는 이승욱을 고등재판소로 잡아들여 공전 납부를 독촉하니 이승욱은 20만 냥의 공전은 모두 당시 관찰사 이완용이 포탈하고 허위보고하여 착오을 일으킨 것이지 자기 소관이 아니라고 하였다.[226] 이로부터 공전 20만 냥을 납부하지 않은 책임이 누구에게 있는가를 둘러싸고 7년 여에 걸친 재판이 진행되었다.

이승욱은 1899년 10월경 고등재판소에 구금되고 이완용 역시 이승욱의 고소에 의하여 1901년 6월경 구금되었다.[227] 조사 결과 1903년 3월 이완용은 무혐의로 방면되고 이승욱이 공전을 외획해준 차인 9명을 잡아들여야 사건이 해결된다고 하여 이승욱은 구금해둔 채 위 차인들을 체포하라는 훈령이 전북관찰사에 하달되었다.[228]

이에 이승욱의 제자 수십 명은 이완용이 관찰사 재직시에 공전을 포탈했음은 누구나 알고 있는 사실인데 이완용은 방송하고 스승만 잡아두니 억울하다고 하소연하였다.[229] 종2품 이면주李冕宙는 평리원재

376

판장 이남희李南熙가 원래 죄있는 자가 뇌물을 주면 풀어주고 뇌물을 받지 못하면 죄없는 자라도 억지로 죄를 꾸며 법부에 보고한 자로서, 이번 이승욱-이완용 재판도 역시 그러하다는 취지의 상소를 올렸다.[230]

평리원에서는 1903년 6월 말 두 사람을 대질하여 공개재판을 열었으나[231] 판결을 내리지 못하고 재판은 다시 지체되었다. 1904년 들어서는 법부에서 사리국장을 평리원에 보내 직접 재판을 하였는데 이번에도 역시 이완용은 증거 불충분으로 무죄 방면되었다.[232] 1904년 8월 평리원재판장서리에 임명된 허위許蔿는 검사들의 반대에도 불구하고 8월 초에 이승욱을 일단 보방하였다.[233] 이승욱의 보방을 놓고 법부와 평리원은 또 한 차례 갈등을 겪었으나[234] 1905년 1월 법부대신은 이승욱의 청원서에 의거하여 이승욱을 방면하는 상주안을 올려 재가를 얻었다.[235]

그러나 이 사건은 1905년 4월 이승욱을 다시 잡아들이라는 법부의 훈령으로 인하여 다시 재판정에 오르게 되었다. 법부에서는 이 사건 심판을 위하여 평리원검사 홍종억·함태영과 판사 태명식을 심사관으로 정하고 이승욱을 체포하여 공전을 외획해준 전말과 탁지부에 상납하기까지의 전 과정을 재조사하게 하였는데,[236] 조사 과정은 다음 해까지 이어졌다.

그후 1905년 12월 평리원재판장으로 이윤용李允用이 임명되면서부터 판도가 달라지게 되었다. 당시 신문에서 군부대신인 이윤용이 평리원재판장이 된 것은 좌천에 해당하는 인사인데 그가 이를 받아들인 것은 자기 동생 이완용이 포탈한 공전을 이승욱에게 전가하여 추징하려는 속셈이라고 비판적인 기사를 싣고 있는 점,[237] 1904년 러일전쟁 이후 이완용·이윤용 형제가 친일로 기울면서 정부 요직에 등용되기 시작했다는 점[238] 등을 고려하면 이 재판은 이승욱의 처벌로 끝날 것이 명백한 것이었다.

이상에서 보듯이 이완용은 평리원에서 무죄 판결을 받아 방면되었다가 다시 구금되어 법부의 재판을 받고 다시 무죄 방면되었다. 이승욱은 1899년부터 1904년까지 계속 구금되어 있다가 평리원재판장서리 허위許蔿의 도움으로 간신히 보방되고 그후 법부대신의 상주에 의하여 무죄 방면되었는데, 1905년 4월 다시 구금된 것이다. 이처럼 평리원의 판결이나 법부의 판결이나 모두 불확정적인 것은 마찬가지였다.

상소제도의 다단계화와 사면령의 빈발

1 – 상소제도의 다단계화

제3절에서 정리한 바와 같이 〈재판소구성법〉 개정 이후 법부가 최종적인 상소심 관할까지 겸하게 됨으로써 일반 민인이 관련된 재판의 심급단계는 (군수재판 → 지방재판소·개항장재판소·한성재판소 → 평리원 → 법부)의 4단계를 밟게 되었다. 여기에 최종적인 수단으로 황제에게 올리는 상언이나 격쟁까지 합치면 5단계가 되는 셈이었다. 반면 칙임관·주임관, 국사범, 황제가 특별히 재판에 회부한 피의자 등의 재판은 (평리원 → 법부)의 2단계를 밟아 판결이 확정되고 있었다. 물론 이 경우에도 최종적인 구제수단으로 황제에게 청원하는 것

까지 합치면 3단계가 되었다.

게다가 평리원까지 이르는 상소 절차도 준수되지 않는 경우가 많았다. 하급심 재판소에서 상소에 필요한 원심 판결서를 작성해 주지 않거나 상소 절차를 상세히 알려 주지 않아 무지한 민인들은 서류와 격식도 갖추지 않은 채 곧바로 상경하여 평리원이나 법부에 호소하는 일이 비일비재하였다.

법부에서는 상소제도가 올바로 준수되지 않는 점을 바로잡기 위하여 1901년 각급 재판소에 상세한 소송규칙을 다시 하달하여 각 방곡에 한문과 한글로 번역하여 게시하라 하였는데 이중 형사재판 관련부분만 정리하여 보면 다음과 같다.

각 지방관과 각 판사가 재판에 승소한 백성에게 판결서를 만들어주지 않고 패소하여 불복하는 백성에게도 판결 이유를 써주지 않아 상소할 때 판결서 첨부한 것이 10개 중 2~3개도 안된다. 그러니 재판 법규에 어찌 흠결이 아니겠는가. 이에 재판장정과 관민 필수 사항을 별도 세칙으로 만들어 다음에 나열하니……백성들은 어지럽게 소송하지 말고 관은 재판하는 법으로 삼을 것.

1. 민사판결서와 형사선고서는 〈재판소구성법〉에 따라 피차 곡직을 상세히 설명할 것
1. 각 지방 군수가 형사에 심사한 후 피고의 진술서를 첨부하여 관할 재판소에 보고할 것
1. 각 재판소 판사가 형사에 관하 각군 보고를 접수하면 해 피고인을 압상하여 법률에 의해 선고한 후 해 판결에 불복하거든 3일 이내(왕복 일정 매

일 80리씩 계산하여 제함) 평리원에 상소하는 격식을 일러주되 선고서를 역시 등서하여 날인하여 줄 것.

1. 각 군수와 각 판사가 민형사에 사사로움에 얽매이거나 뇌물 청탁으로 소장을 퇴각시키거나 재판을 지체하여 형사에 원래 기한을 넘기고 민사를 어지럽게 만들어 판결서와 선고서를 즉시 만들어주지 않다가 민소로 인하여 발각되면 체포하여 엄벌할 것.

1. 위의 경우에 해를 입은 백성이 상소할 때는 설명서를 첨부할 것.

1. 소송인이 본군을 거치지 않고 곧장 지방재판소에 고소하거나 지방재판소를 거치지 않고 곧장 평리원에 고소할 때는 월소율越訴律로 처벌할 것.[239](밑줄은 인용자)

위 훈령은 앞서 1896년 이래 계속 하달된 훈령들을 종합했다고 할 수 있다. 특히 강조한 것은 상소할 때 원심 판결서를 반드시 첨부하라는 점, 각 지방 군수는 형사판결을 내린 후 상급심 기관인 지방재판소·개항장재판소에 피고의 진술서를 반드시 보고하라는 점 등이다. 위 두 가지가 없으면 상급심 재판소는 사건의 진상을 알 수 없기 때문이다.

한편 재판제도가 개혁되고 4~5년이 지났음에도 불구하고 여전히 상언이나 격쟁·거화擧火 등이 억울한 민인들의 마지막 호소 수단으로 이용되고 있었다. 이전과 같이 산송 안건도 많지만, 지방관의 탐학비리를 고발하는 사례들도 다수 나타나고 있는 점이 특징적이다.

1899년 11월 10일에 상주된 안동군 유학 이건상李建相의 상언,[240] 1900년 2월 8일 상주된 금산군 유학 이은화李殷和·이채화李彩和의 상언,[241] 1900년 5월 11일 상주된 참령 구영조具永祖 등의 상언,[242] 1900년 9월 11일에 상주된 유학 조성후趙性厚의 상언[243] 등은 모두 산송으로 인한 상언이었다.

민인의 고통을 호소하는 경우도 적지 않았다. 앞서 보았던 황해도 연안군수 민태식의 탐학상을 법부에 호소해도 효과를 보지 못한 군민들이 1899년 10월 20일 오전 6시 황제가 홍릉으로 행행할 때 상언을 한 경우,[244] 1900년 6월 광주군 신팔성申八成이 굶주림을 못 이겨 군대에 자원 입대하려고 남산에서 거화한 경우도 있다.[245] 또 1903년 7월에는 앞서 언급한 경주군수 김윤란의 탐학을 고발하기 위하여 김낙선金洛善이 남산에서 거화하였다.[246] 1904년 2월에는 상주군의 박명하朴明夏가 남산에서 거화하다가 부상들에게 잡혀 상무사로부터 경무청으로 압치되어 왔는데, 거화한 이유인즉 영남 각군에 부세가 과중하여 백성이 안도할 수 없다는 사정을 황제에게 알리기 위해서였다.[247]

법부는 이 같은 상언을 부정적으로 보거나 폐지하겠다는 것이 아니라 다음 훈령에 보듯이 조선 후기 이래의 규정을 준수하겠다는 입장이었다.

대저 상언이란 군왕에게 고하는 말이다. 만일 <u>사건사四件事 및 사리가 올바른 것이 아니면 법이 허하지 않는 바</u>이거늘 최근 지방의 무지한 무리가 불경스러운 언어로 억울하다 칭하면서 요행을 바라면서 번번이 거화하여 폐하의 귀를 어지럽히고 있다. ……사후 이들 죄범은 따로 엄벌을 가하여 백성들로 하여금 항상적인 법규가 있음을 알게 하여 범죄를 무릅쓰지 않게 해야 하겠기로 이에 훈령하니[248] (밑줄은 인용자)

즉 상언이 4건사이거나 사리가 올바른 것이면 허용하지만, 최근 무지한 민인들이 불경스러운 언어로 억울하다면서 요행을 바라고 거화를 하니 이를 그대로 두면 외람된 상언이 없는 날이 없을 것이라면서 법외의 상언에 대해서는 엄벌에 처하겠다는 훈령을 상언 관할기관인 평리원에 하달하고 있다.

2 – 사면령의 빈발과 사면대상의 변화

황제의 전제권이 확립된 이후에는 사면 조칙이 더욱 빈번하게 반포되어 재판기관의 존재를 무색하게 할 정도가 되었다. 1899년 5월 이후 1906년 초까지 반포된 사면 조칙을 정리하여 보면 다음 〈표 3–11〉과 같다.

위 표를 보면 1899년 황제 전제권이 확립된 이후 사면 조치가 그 이전에 비하여 더욱 빈번하게 이루어졌음을 알 수 있다. 이들 사면 조치는 앞 시기와 유사하게 정월 초하루, 혹서기와 혹한기, 황제 탄신일 등을 만나면 어김없이 행하여졌지만 그 외에도 황실을 추숭하는 제사나 시호·묘호를 올리는 행사, 황제의 제위 등극기념일에 행해진 것이 특징적이다. 이와 아울러 1905년에 들어서면 정변음모로 유배된 인물들이 유배지에서 방면 또는 향리로 방축되는 것도 정치적 변동과 관련하여 주목할 만하다.

또 한 가지 주목되는 점은 사면시 제외되는 대상이 부분적으로 달라진 점이다. 1905년 이전까지 육범六犯이라고 하면 모반·살인·강도·절도·통간·편재 등 범죄를 지칭하였으나 1905년 이후에는 '편재'가 제외되고 '부동외인정리절해자符同外人情理切害者', 즉 '외국인과 부동하

<表 3-11> 1899년 하반기~1905년 반포된 사면령

조칙 반포일	내용	출전 자료
1899.10.11(陰) 1899.11.13	육범 외 각 감일등	《起案》(奎 17277의3) 제5책 〈訓 令 平理院漢城各道各港一牧裁判 所件〉(1899.11.18)
1899.11. 4(陰) 1899.12. 6	육범 외 각 감일등	제6책 〈訓令 平理院漢城各道各 港一牧裁判所건〉(1899.12.9)
1899.11.11(陰) 1899.12.13	육범 외 각 감일등	제6책 〈上奏案件〉(1899.12.13)
1899.11.21(陰) 1899.12.23	육범 외 각 감일등	제6책 〈訓令 平理院漢城各道各 港一牧裁判所件〉(1899.12.26)
1899.11.25	육범 내외 정상 참작할 만한 경우 방송 또는 감등 미결수는 판결 이후 시행	제7책 〈訓令 平理院漢城各道各 港一牧件〉(1900.1.2)
1899.12.23	육범 외 징역수 모두 방송 육범 내 징역수 및 육범 내외 유배 인 방송 또는 감등 미결수는 판결 이후 시행	제7책 〈訓令 平院漢裁各道各港 一牧件〉(1900.1.6)
1900. 1. 1(陰)	육범 외 각 감일등	제7책 〈訓令 平漢各道各港一牧 裁判所건〉(1900.2.24)
1900. 1.20(陰) 1900. 2.19	육범 외 각 감일등	제7책 〈訓令 平漢各道各港一牧 裁判所件〉(1900.2.24)
1900. 2.20	육범 외 정상 참작할 만한 경우 방송 또는 감등	제8책 〈訓令 平漢各道各港一牧 件〉(1900.3.6)
1900. 7.28	방석할 만한 자 즉방 미결수 밤새워 판결 방송 심사하지 못한 자는 보방	《訓旨起案》(奎 17277의5) 제4책 〈訓令 平理院漢城府裁判所〉 (1900.7.28)
1900. 8.18	70이상 15세 이하 및 육범 내외 정상 참작할 만한 경우 방송 미결수는 판결 이후 시행	제10책 〈訓令 平理院漢城各道各 港一牧裁判所件〉(1900.8.23)
1901. 1. 1(陰) 1901. 1.31	육범 외 각 감일등	제13책 〈訓令 平理院漢城各道各 港市牧裁判所件〉(1901.2.23)
1901. 2.19	육범 외 정상 참작할 만한 경우 방송 또는 감등	제14책 〈訓令 平理院漢城各道各 港市場一牧裁判所件〉(1901.4.7)

1901. 6.20	육범 외 정상 참작할 만한 경우 방송 또는 감등	제15책 〈訓令 平院及各裁判所件〉 (1901.6.24)
1901. 9. 7	70이상 15세 이하 및 육범 내외 정 상 참작할 만한 경우 방송 및 감등 미결수는 판결 이후 시행	제17책 〈訓令 平院及各裁判所件〉 (1901.9.16) 및 〈訓令 各裁判所件〉 (1901.9.20)
1901. 8.29(陰) 1901.10.11	육범 외 각 감일등	제17책 〈訓令 平院及各裁判所件〉 (1901.1.1)
1902. 1. 1(陰)	육범 외 각 감일등	제19책 〈訓令 平院及各裁判所件〉 (1902.2.21)
1902. 1.26(陰) 1902. 3. 5	육범 외 각 감일등	제19책 〈訓令 平院及各裁判所件〉 (1902.3.7)
1902. 3.28(陰) 1902. 5. 5	육범 외 각 감일등	제20책 〈訓令 平院及各裁判所件〉 (1902.5.8)
1902. 5.31	육범 외 각 감일등	제20책 〈訓令 平院漢裁各道各港 濟州牧裁判所件〉(1902.6.2)
1902. 9.18(陰) 1902.10.19	육범 외 각 감일등	제21책 〈訓令 平院及各裁件〉 (1902.10.21)
1903. 1. 1(陰) 1903. 1.29	육범 외 각 감일등	제22책 〈訓 平漢及各道一市各港 一牧裁判所件〉(1903.2.3)
1903. 3. 6	사형죄 이하 석방, 미결수 일체 석 방(단, 干犯絕悖有關倫常 및 공납 포탈자 제외)	제22책 〈訓 平院漢城府各道各港 一市一牧裁判所件〉(1903.3.10)
1903. 4.24	육범 외 석방 육범 내 정상 참작할 만한 경우 방송 또는 감등	제22책 〈訓 平院各裁各港一牧一 市件〉(1903.4.27)
1903. 9.16	육범 내외 감등할 만한 자 감등 70이상 15세이하 석방	제23책 〈訓令 平院各裁判所件〉 (1903.9.19)
1903.11. 8	육범 외 석방 육범 내 감등·석방할 만한 자 감등·석방	제24책 〈訓令 平院及各裁判所件〉 (1903.11.10)
1903.11.12	육범 내외 이결수 및 노약자 중 석방 및 감등	제24책 〈訓令 平院漢裁十三道九 港一牧一市裁判所件〉(1903.11.17)
1904. 7. 8	사죄 이하 석방, 미결수 일체 석방 하되 일부 감등(단, 강상범·공납 포탈자는 제외)	제27책 〈訓 平院漢裁各道各港一 市一牧裁判所件〉(1904.7.11)

1904. 9. 3	경죄수 및 70이상 15세 이하 석방	제28책 〈訓令 平院漢裁十三道九港一牧一市裁判所件〉(1904.9.6)
1904.11. 1	미결수·이결수 방석 및 감등 노약자는 육범 내외 모두 석방	제28책 〈訓令 平院漢裁各道各港市牧裁判所件〉(1904.11.4)
1904.11.10(陰) 1904.12.16	육범 외 각 감일등	제28책 〈訓 平院漢裁及十三道十二港二市一牧裁判所件〉(1904.12.24)
1905. 3.13	징역수 중 육범 내외 및 70이상 15세 이하 석방 및 감등	제29책 〈訓 平院漢城十三道十港二市一牧裁判所件〉(1905.3.16)
1905. 5.15	유길준 정변음모 관련 인물들을 유배지에서 방면 또는 향리로 방축	제30책 〈訓令 海裁件〉 〈訓令 全南裁判所件〉(1905.5.15)
1905. 9.23	'신 육범' 및 공전포탈죄인 외 이결수 미결수 모두 석방	《訓指起案》(규 17277의6) 제1책 〈訓令 平院漢裁十三道十港二市一牧件〉(1905.9.11)
1905.10.22	정상 참작하여 감등 및 석방 노약자는 모두 방석	위의 책 〈訓令 平院漢裁十三道十港二市一牧件〉(1905.10.26)
1905.12.19(陰) 1906. 1.13	'신 육범' 및 공전포탈죄인 외 이미결수 모두 석방	《起案》(규 17277의9) 제1책 〈訓 平漢十三道十港二市一牧件〉(1906.1.18)

출전: 출전자료 중 자료명 없이 책수만 있는 것은 모두 《起案》(규 17277의3)임.

주: '신 육범'이란 기존의 '육범'에서 '편재' 대신 '符同外人情理切害者'가 포함된 것을 말한다.

여 본국의 이익을 침해한 정도가 심한 자가 포함되어 열강 특히 일본 세력의 침투를 경계하고 있음을 보여준다. 이와 아울러 1903년 이후에는 간혹 사면 대상에 포함하지 않는 범죄 행위로 간범干犯·절패絕孛 및 인륜을 어지럽힌 행위, 조세금 포탈 행위 등이 포함되고 있다.

그리고 위 〈표 3-11〉에서 보듯이 사면이 1년에 평균 5회 정도나 행해짐으로써 각급 재판소에서는 죄수를 여러 차례 감형하다가 형기가 만료되어 석방해야 되는 것도 모르고 지나치는 경우까지 있었다.

귀소(충남재판소) 소관 징역죄인 신문일申文一이 작년 5월 5일 징역을 시작하여 그 사이에 여러 차례 사면을 받고 감등되어 징역10개월이 되어 마땅히 방송해야 했다. 그런데 지난달 15일 보고한 올해 음력 3월 28일 사전성책赦典成册에 신문일을 또 명단에 올렸으니 아직도 방송하지 않음이 무슨 까닭인지[249]

즉 위 신문일申文一이란 징역죄수의 경우 여러 차례 사면을 받아 형량이 징역 10개월까지 감등되어 3월 5일로 형기가 만료되었음에도 불구하고 충남재판소에서는 5월 15일까지 이를 모른 채 또 사면 대상으로 포함시킨 것이다.

민인의 영사재판권 의존과
일본의 사법권 침탈

영사재판권에 대한 민인의 의존

정부는 1899년 11월 22일 〈의뢰외국치손국체자처단례〉를 제정하여 민인이 외국인과 부동하여 저지르는 각종 범죄 행위를 처단하려고 하였으나 피의자가 외국인의 보호 하에 있거나 외국인 거주지 내에 있을 경우 이 법령을 제대로 적용할 수 없었다. 따라서 범죄를 저지른 자 또는 지방관이나 정부의 탄압을 견디지 못한 자가 외국인의 보호 하로 도피하는 경우가 빈번하였으며, 이 경우 한국정부는 영사재판권 조항 때문에 이를 직접 처단할 수 없었다.

1899년 2월 충남 강경포에서 일어난 사건을 예로 들어보자. 강경포 소금장사 조흥도趙興道가 천주교민 김치문金致文에게 소금을 팔고 약속 기한이 지나도록 대금을 받지 못하여 분쟁이 일었다. 김치문은 프랑스 천주교사가 대질 심판차 부른다고 조흥도를 교당 밖 주점으로 불러내 교민들로 하여금 구타하게 하여 거의 사경에 이르게 만들었다. 이를 알고 분노한 마을 청년들이 프랑스 천주교당에 난입하여 교당 문을 부수고 천주교사의 의복을 찢어 피해액이 1백 원에 이르렀다.[250]

이 사건은 원인 제공자가 프랑스 천주교사의 비호를 받은 김치문임에도 불구하고 피고인이 강경포민들이므로 한국 재판정에서 처리하게 되었다.[251] 법부에서는 20여 명의 강경포민을 서울로 압송해 한성재판소에서 처리하게 하였다. 한성재판소는 모두 종신징역에 처하려고 하다가 정상을 작량하여 그중 3명만 징역15년에 처하였고 평리원의 상소심에서도 원심이 확정되었다.[252] 이 과정에서 천주교도들을 대질한다고 하였음에도 불구하고 천주교도들은 계속 대질 심문에 응하러 오지 않았다. 사건의 배후 인물이라고 할 수 있는 천주교사도 프랑스인이었기 때문에 외부를 통하여 프랑스 공사관에 처리를 요청하는 정도에 그치고 말았다.[253]

1903년 충남 임천군·온양군민과 천주교도 사이의 분쟁은 천주교 신부가 인근 지역의 재판권까지 침해한 상황을 보여준다. 임천군의 천주교도 윤순경尹順京은 성교소聖教所 회장會長을 자칭하면서 휘하 교민의 애로 사항을 들어준다는 명목 하에 묵패墨牌를 가지고 무고한 백효기白孝基를 잡아가 그의 매부가 다른 사람에게 차용한 돈을 대신 갚으라고 협박하였다. 군수가 순교를 보내 윤순경을 관찰부로 압송하는 도중에 홍산군 프랑스인 천주교사 공안록孔安祿의 지시로 교도 수십 명이 윤순경을 탈취해 갔다. 임천군수가 홍산군수에게 조회하여 윤순경을 다시 잡아들이니 공안록은 자기 휘하에 있는 교도라 자기가 이

한국 근대 형사재판제도사

미 벌하였으므로 한국 관원이 처벌할 필요가 없노라고 하면서 억지로 윤을 다시 데려갔고 사건은 이로써 종결되었다.[254]

온양군에서는 천주교도 정영선鄭永先·정이서鄭而瑞 등이 현영달玄永達의 부총父塚을 늑굴勒掘하고도 오히려 현영달을 아산군 공서지貢西池 천주교당에 잡아다놓고 억지로 사화私和하자고 위협한 사건이 있었다. 천안군수가 이들을 체포하기 위하여 천주교사에게 협조를 부탁하였으나 천주교사의 복사服事로 있던 강두영姜斗永은 오히려 이미 현영달이 고소를 취하했으니 먼저 붙잡혀 간 정민호鄭民好·정성교鄭聖敎를 속히 석방할 것을 요구하면서 협조를 거부하였다.[255]

강두영 등 범인들은 교당으로 도피했다가 천주교사 성일론成一論과 함께 상경하고 아산군민들의 고소에 의하여 이들은 1903년 7월 하순 한성재판소에서 재판을 받게 되었다. 외부에서 프랑스 공관에 강력히 항의하여 이들을 피고로 불러 재판이 시작되었으나 한성재판소에서는 판결을 내리지 못한 채 시일만 끌었고 강두영 등은 다시 아산으로 돌아갔다. 고소한 장민狀民들은, 시기가 농번기이고 피고 강두영 등은 다시 아산 교당으로 돌아갔으니 이 사건의 관할을 충남재판소로 바꾸어 달라고 법부에 호소하였다. 법부에서는 이를 받아들여 한성재판소에 사건 관련 일체 서류를 충남재판소로 이송하라는 훈령을 내렸으나 사건은 여전히 미해결 상태로 남았다.[256]

외국인 또는 외국세력에 편승하여 민인들을 침학한 사례가 비일비재하였지만 반대로 지방관의 학정과 탄압을 피하여 천주교·기독교에 귀의하거나 외국 영사관에 호소하는 경우도 있었다. 1899년 황해도 관찰사 이은용李垠鎔(1900년 9월 이지용李址鎔으로 개명)이 죄가 있든 없

든 백성을 잡아 가두었다가 돈을 가져와야 풀어주는 등 학정을 행하
자 인민들이 천주교 신부를 찾아가 호소하였다. 천주교 신부가 이은
용을 찾아가 이치를 따져 책망하니 이은용은 답변이 궁하여 빼앗은
돈을 돌려주었다.[257]

다음 자료는 황해도·평안도 지방에 천주교도가 급증하고 있는 이
유가 다름아닌 관찰사·군수의 탐학과 이를 견디다 못한 인민의 투탁
에 있음을 보여준다.

> 관찰사는 탐학의 장수요 군수는 탐학의 졸개이니 졸개의 주선이 아니고서
> 야 장수가 어찌 그 호령을 발하여 탐학한 정치를 펼치겠는가. ……이 학정
> 도 감히 행하지 못하게 하는 백성들이 있으니 곧 교민이라. 서도에 천주교
> 가 퍼졌는데 이 백성을 다른 백성들과 같은 줄로 알고 여간 전냥을 침탈하
> 려다가 선교사에게 큰 곤경을 당한 후로는 교민이라면 감히 범접하지 못
> 하는 고로 지금은 서도민이 천석꾼부터 쌀 한 되 농민에 이르기까지 돈푼
> 이라도 있는 자는 거의 서교에 들어갈 지경이다.[258] (밑줄은 인용자)

이처럼 한국 재판소의 사법관들이 외국인과 관련된 사건을 올바로
처리하지 못하는 데 대하여 어떤 논자는 다음과 같이 비판하였다.

> 외국인들은 대소사를 막론하고 우리를 멸시·조롱·호령하며 어린애 보듯
> 이 하고 노복처럼 천히 여겨 거리낌없이 경계에 없는 일도 다반사로 행해
> 도 우리 인민은 순순히 받을 뿐 호소할 곳이 없다. 설사 우리 법관에 호소
> 해도 우리 법관이 외국인을 기세등등한 호랑이처럼 무서워하니 그 머리털

하나라도 움직일 수 있겠는가. 법이란 천하의 공공물이라 법관이 아니라면 모르겠지만 진실로 법관이라면 천하의 공공물이 내게 있거늘 내게 있는 공공물로 저들의 경계없는 행위를 묶으면 저들 역시 자신의 잘못을 알고 우리 법관을 두려워할 것이다. 설사 자신들의 강함을 믿고 구습을 고치지 않아도 우리 법관이 분연히 화를 내며 말하길 "내가 법관됨에 법대로 행할 뿐이오 내 몸이 묶이고 뼈가 으스러져도 내가 저들을 두려워하여 나의 공법을 굽힐 수 있겠는가"라고 하면 저들은 당연히 머리를 흔들며 다시는 경계없는 일을 우리 백성에게 하지 않을 것이다. 그렇지만 우리 법관은 전혀 그렇지 않아 외국인이 웃으면 기쁘고 다행이라 생각하고 외국인이 화내면 엎드려 기어갈 뿐 스스로를 주재 못하고 그들 하는 대로 맡긴다.[259](밑줄은 인용자)

한국 법관들이 외국인을 호랑이처럼 무서워하여 머리털 하나도 못 건드리고 있으니 우리의 법대로 그들의 무책임한 행동을 구속해야 그들이 우리 법관을 두려워할 것이건만, 한국 법관들은 겁이 나서 그렇게 하지 못한다는 것이다. 그리하여 외국인이 웃으면 다행이라 생각하고 화를 내면 벌벌 기면서 외국인들이 하는 대로 맡긴다는 것이다.

일본의 한국 사법권 침탈

일본의 한국 사법권 침탈은 영사재판권이라는 불평등조약상의 특권에 편승한 것이었지만, 한국 재판제도의 많은 문제점들, 특히 군수·관찰사의 탐학과 각급 재판소의 불공정한 판결 등에 편승한 것이 기도 하였다.

1903년 8월 일본공사 하야시 곤스케林權助가 외부에 조회한 바에 따르면, 경남관찰사 이재현의 탐학이 심하여 경남도민들이 부산항 일본 영사관에 호소하는 일이 파다하니 이로 인하여 일본인 등 외국인의 상황商況에 영향이 크다고 하였다. 비록 한국의 내정 문제이지만 한국민의 편의를 생각하여 이재현을 압상하여 처벌하라고 요청한 것이다.[260]

러일전쟁 이후에는 평안도에서 일본 영사관이나 병참소에 억울함을 호소하는 사례가 늘어나고 있었다.

> 평안도 각 지방에는 인민이 원통한 사정이 있어서 본 군수에게 정소한 즉……재판의 곡직은 상관하지 않고 요로로 청탁하고 거액으로 납뢰하는 자가 으레 승소하고 그밖에도 탐학한 일이 허다하다. <u>백성이 본군에 제소하였다가 옳아도 패소했다고 관찰부 평리원에 상소해도 뇌물 없이는 승소하지 못한다</u>고 많은 소송민들이 근처에 있는 일본 영사나 병참소에 호소하여 재판을 뒤집는다고 하니 그 책망은 관장에게 있는지 백성에게 있는지 알 수 없다고들 하더라.[261](밑줄은 인용자)

일본은 러일전쟁에서 확실히 승세를 굳힘에 따라 1905년에 들어서는 소위 '시정 개선'이란 명목 하에 한국 사법권을 침탈하는 행동에 나서기 시작하였다. 1905년 1월 초 일본 공사 하야시는 다음과 같은 훈령을 한국 내 각 일본 영사관에 하달하였다.

한국 중앙과 지방정부의 시정 개선은 일한의정서에 의하여 일본 정부에서 극력 실행할 필요한 사항은 바야흐로 착수하는 중이라. 이때에 한국 내에 안녕 질서를 유지함도 역시 일본 정부의 담당인 고로 자금 이후로는 한국 인민이 지방과 중앙 정부의 학대하며 토색함을 말미암아 무슨 <u>억울한 사정이 있거든 편리한 수단으로 영사관에 정소하며 혹 영사관을 경유하여 본 공사에게 고소하는 것이 좋다. 어떤 모임이든간에 일로 인하여 모임을 설시하고 뭇사람을 모으거나 대표자를 경성에 파송함은 단연코 실효가 없을뿐더러</u> 귀중한 시간과 날짜와 재산만 허비하고 필경에는 정부의 안정을 뒤흔드는 어리석은 행동이니 지방 양민은 이 뜻을 몸받아 분을 지키며 업을 편안히 하고 기어이 죄에 미치지 않게 하라 하였는지라.[262](밑줄은 인용자)

일본은 1904년 러일전쟁 개시 이후 한국정부를 강요하여 체결한 2월 23일의 〈한일의정서〉와 8월 22일의 〈한일 외국인고문 용빙에 관한 협정서〉에 의거하여 이처럼 본격적인 행동에 나선 것이었다.[263] 위에서 볼 수 있듯이 일본측은 인민들이 억울한 사정을 호소한다고 단체를 구성하고 대표를 뽑는 등 집회하는 행위는 못하게 하고 억울한 일이 있으면 인근 일본 영사관 또는 공사관으로 호소하라고 하였다.

이는 이보다 앞서 1904년 초부터 러일전쟁 발발을 틈타 각 지방에서 동학 잔여세력이 진보회란 이름으로 집회하고 지방관의 탐학을 규탄하는 등 수많은 봉기가 발생하고 있었기 때문이다.[264] 진보회는 1904년 12월 송병준宋秉畯이 조직한 일진회측의 제의에 의하여 일진회로 합동하였는데, 당시까지 일본군이나 일본헌병은 이들 단체가 한국 침략에 도움이 된다고 보아 한국 관헌으로부터 이들을 보호해주었다. 그러나 1904년 말이 되면서 다음 자료에 보는 바와 같이 가능한 한 일진회 등과 같은 대규모 집단 시위나 봉기를 금지하는 방침을 취하게 되었다.

한국 일반의 민심을 가능한 한 우리 쪽으로 끌어들여 두는 것은 원래 득책이지만 다수의 인민당을 이루는 등은 결국 해만 있고 이익이 있을 수 없다. 생각건대 <u>일진회의 경우도 만일 이대로 방기해 팽창하게 될 때는 마침내절제를 잃고 각 지방에서 계속 소요를 양성할 우려가 극히 적지 않다.</u> 다만 일진회라는 것은 이미 다대한 세력을 가지고 표면상 주의는 우리에게 동정을 품는 것이므로 과격한 수단으로 지금 즉시 이를 박멸하는 수단을 취함은 불가할 것이나 상당한 단속을 하여 장래의 화근을 예방함이 가장 긴요할 것으로 생각함.[265](밑줄은 인용자)

이에 따라 한국주차 일본군 사령부는 한국 정부와 사전 협의도 거치지 않고 군사 작전상의 필요라는 명목 하에 1905년 1월 8일 한성 및 그 부근에서 치안에 관한 경찰은 한국 경찰기관 대신 일본군 헌병대가 담당하며 모든 집회 및 결사는 사전에 일본군 헌병대에 신고해 인가를 받아야 한다는 훈령을 한성과 인근 지방의 주요 지점에 고시하였다.[266]

같은 날 일본군은 '군사 행동상의 이익과 작전군 배후에서 공안질서를 유지할 필요상' 서울 및 그 부근에서 군사경찰을 시행한다고 하면서 한국 인민에게 군령을 발포하고 한국 정부에 통고하였으며[267] 7

월 중순 이를 개정하였다. 이에 의하면 군령 위반시 형벌은 사형, 감금형, 추방형, 태형, 과료형을 부과하되 사형에 처할 행위로 간첩 행위, 군기 누설, 포로 겁탈, 군에 대한 반항, 군용물 훼손·절도, 군에 불리한 보도 전설 유포, 군사상의 통신·교통·수송 방해, 징발 거부 등을 규정하였다. 이상 각항 외에 일본군 행동을 방해하고 군사경찰과 군정에 관한 명령을 위배한 자, 본 군령 위반자를 은닉하거나 탈취하거나 도주하게 하는 자, 증거 인멸을 도모한 자, 알면서도 고하지 않은 자 등까지 모두 사형에 처한다고 하였다.[268]

이를 집행할 시행지침도 하달하였다. 군사경찰 시행지역 내에서는 신문·잡지·광고 등 치안에 방해가 있는 것으로 인정되는 것은 정지 또는 금지하며, 총포·탄약 기타 위험한 물품을 소유한 자가 있을 때는 이를 검사하고 몰수할 것이며 보안상 필요시에는 그 누구를 불문하고 구류 혹은 퇴거를 명할 수 있다고 하였다. 군령 위반자를 처분할 때의 절차도 규정하여 모든 군령 위반자는 군사령부에 보고한 후 지급을 요하는 것 외에는 모두 심문 판결을 거쳐 처벌하라고 하였으며 사형·감금형·태형·과료 집행 등에 대하여 간단한 시행규정을 두었다.[269]

이로써 한성과 인근 지역에서는 집회·결사·언론의 자유가 제한되었으며 이를 위반하는 행위는 한국 경찰과 재판기관이 아니라 일본군 헌병대가 관장하여 처벌하게 되었다. 일본은 한성 일대에서 군사경찰 제도를 실시함과 더불어 각 지방 경찰권까지 장악하기 위하여 1905년 2월 23일 한국 정부와 〈경무고문용빙계약〉을 체결하였다.

경무고문으로 부임한 마루야마 시게토시丸山重俊는 계약상으로는 "경찰 사무를 협찬 정리하고 경찰 사무상 제반 설비에 관하여 성실하게 심의 기안하는 책임을 갖는다"고 하였으나 "경찰에 관한 모든 사무는 마루야마의 동의를 거친 후 시행할 것"이라고 하여 사실상 경찰권을 장악하였다.[270] 일본은 경무고문을 파견한 데서 더 나아가 한국정부로 하여금 관찰사 소재지를 비롯하여 각 군에 일본인 경찰관을 고빙하게 함으로써 지방 경찰권까지 장악하였다.[271]

일본인 경찰관은 1905년 6월 이후 각도에 경무보좌관이란 명칭으로 파견되었고,[272] 내부에서는 9월 초 각도에 훈령하기를 다음 제반 사항을 경무보좌관과 협의하여 처리하라고 하였다. 즉, (1) 국사범 (2) 흉도 소취(의병 봉기를 말함) (3) 살인·강도 (4) 대규모 절도 (5) 요언으로 인심을 미혹하고 이익을 도모하는 행위 (6) 행정상 신시설 (7) 외국인 (8) 재해 (9) 왕래·통신 방해 (10) 토지·삼림의 처분 및 개간 (11) 어로·수렵·채취 (12) 전염병 등이었다.[273]

이로써 1905년 후반경 중앙과 지방의 경찰권은 일본인 경무고문·보좌관 및 일본군 헌병대 등이 장악하게 되었다. 이에 따라 그동안 한국 재판기관에서 억울하게 처분받았던 사건을 호소하는 경우가 빈번하게 나타나기 시작하였다. 대표적인 예로 앞서 들었던 경주군수 김윤란사건을 들 수 있다. 경주군수 김윤란은 1903년 1월부터 군민들에 의하여 고발된 이래 평리원에 체포되어 누차 심리를 받았지만 1905년에 이르도록 처벌을 받지 않았다. 경주군민들은 앞의 일본 공사의 고시에 자극받아 다음과 같은 고소장을 일본 공사에게 보냈다.

본도 관찰사 이헌영씨가 민정을 궁휼히 여겨 명사관을 보내 조사하니 억울한 장전贓錢이 엽전 1만 7천 6백 6십 냥이었습니다. 경부에 보고하니 경성 법부에서 김윤란을 면관하고 압상해갔습니다. 그런데 윤란이 죄인으로 권세가 집에 숨어 뇌물과 청탁으로 평리원으로 하여금 도리어 군민을 가두게 하고 전후 문서들을 늑탈해가니 세상에 어찌 이런 이치가 있습니까. 군민이 억울함을 못 참아 다시 법부에 호소하고 평리원 재판이 불공정하다는 지령을 받아 다시 또 호소한즉 지령내에 "김윤란을 시급히 압상하라는 취지로 경무청에 훈령하였으니 물러가 기다리라"고 하여 물러갔습니다. 그런데 저 윤란이 어떻게 권세를 농락하였는지 법부에서는 처결하지 않고 평리원에서 군민을 잡아가두니 윤란의 돈 권세는 법으로도 어쩌지 못하고 군민의 억울함은 씻어낼 길이 없었습니다. 그런데 귀 공관에서 공명한 법률과 교린의 대의로 비천한 생령에게 은혜를 베풀어 탐관오리를 징치하고 백성의 억울함을 펴준다는 고시를 했다고 하니……위의 장전과 각종 비용을 일일이 받아내주어 한편으로는 불쌍한 생명을 보전해주고 탐관오리들로 하여금 개명한 법이 있음을 알게 해주시면 천만 다행이겠습니다.[274](밑줄은 인용자)

일본 공사가 이 고소장에 의거하여 한국 내부를 거쳐 법부로 김윤란을 처벌할 것을 조회함에 따라 법부에서는 다시 김윤란을 체포하라는 훈령을 내릴 수밖에 없게 되었다.[275]

1906년 사례이지만 평북 초산군에서 발생한 김원서金元西 치사사건에서는 김원서의 동생이 일본인 경무보좌관에게 호소하여 억울함을 해결하였다. 김원서의 사망 원인에 대해 초검·복검관은 모두 '병으로 사망'한 것이므로 피고인 이군강李君康 등에게는 구타죄만 적용하여 태80 정도의 가벼운 판결을 내려야 한다고 평북관찰사에게 보고하였다. 그러나 김원서의 동생은 형의 온몸에 상처가 11개소나 있고 구타 당하고 돌아온 지 이틀만에 사망했으므로 초검·복검을 한 초산군수 와 위원군수가 허위보고한 것이라고 관찰사에게 호소하는 한편 평북 관찰부 주재 일본인 경무보좌관에게도 호소하였다. 일본인 경무보좌 관이 일본군 군의 등과 함께 검시하고 관찰부 총순과 서기도 역시 검 시하였는데 그 결과 이 사건은 초검·복검을 맡은 두 군수의 허위 보 고로 결론이 내려졌다.[276]

이처럼, 일본군이 전쟁 수행을 위해 전국 각지에 주둔하고 각도마 다 일본인 경무보좌관이 배치된 상황 속에서 일본은 한국 재판제도의 취약점을 이용하여 사법권에 대한 침탈에 착수하였다. 나아가서, 1906년 통감부 설치 이후 초대통감 이토 히로부미가 '시정 개선'이라 는 명목 하에 한국 재판제도의 개혁을 중대한 급무로 설정하고 추진 한 것도 바로 이러한 문제점을 이용한 것이었다.

韓國 刑事 近代 裁判

조선 왕조는 통치 이념으로 인정·덕치를 표방하고 형벌이나 법률은 이를 실현하는 데 필요한 보조수단으로 여기고 있었다. 그리하여 형벌과 그 체계가 필요 없도록 하여 형법은 존재하되 쓰지 않는 예방과 계몽을 위한 법이 되어야 한다고 표방하였다.

1894년 동학농민전쟁을 진압해 달라는 조선 정부의 요청으로 원병을 보낸 청과 자국 영사관 및 거류민을 보호한다는 구실로 군대를 파견한 일본은 조선을 사이에 두고 대립 국면에 들어갔다. 5월 7일 농민군과 정부군 사이에 전주화약이 성립함에 따

조선 정부는 조선 전기 이래의 조종성헌 존중주의에 입각하여 기존의 법을 바꾸지 않으려 했지만, 조선 후기의 변화된 사회상으로 인하여 기존의 법을 개정 또는 폐지하거나 아예 새로운 법을 창설할 수밖에 없었다.

라 양국은 조선에 군사를 주둔할 명분이 없어지게 되었다. 조선을 보호국으로 삼으려는 의도에서 군대를 출동시켰던 일본은 청과 공동으로 조선의 내

制度史

만민공동회 운동을 강제 해산시킨 후 황제권을 위
협하는 국내의 정치세력은 거의 소멸하였다. 민씨
척족은 1895년 명성황후 시해사건을 전후하여
위축되었고 흥선대원군도 1898년 사망한 데다가
독립협회세력은 거의 진압되었다.

1

일본의
한국 통치권 장악

대내적 이중권력기(1905~1907)

일본은 군사적 위협과 협박 등을 통하여 1905년 11월 17일 '을사조약'을 강압적으로 체결한 후 이에 의거하여 1905년 12월 20일 〈통감부 및 이사청관제〉를 공포하였다. 그 직후 한국의 외부가 폐지되고 한국에서 일본 외교 사무를 담당하고 있던 일본 공사관과 영사관도 폐지되었다. 그 대신 1906년 2월 1일자로 한성에 통감부를, 영사관 및 분관 소재지에는 이사청을 개청하였다. 통감부는 통감 휘하에 경무부·농상공부·총무부의 3부 체제로 출발하고 1907년 4월 외무부를 추가하여 4부 체제로 구성하였으며 통신관리국, 권업모범장勸業模範場, 법무원, 철도관리국 등을 외청外廳으로 설치하였다.[1]

통감의 직무는 한국에서 일본 정부를 대표하며, 한국에서 외국 영사관 및 외국인에 관한 사무를 통할함과 아울러 한국의 시정 사무로 외국인에 관계되는 것을 감독하고, 조약에 기초하여 한국에서 일본 관헌 및 관서가 시행해야 할 제반 정무를 감독하고 기타 종래 일본 관헌에 속한 일체의 감독 사무를 실행하는 것으로 규정되었다.[2]

이 같은 직무를 수행하기 위해 통감의 지위는 친임관으로서 일본 천황에 직속하고 외교에 관해서는 외무대신을 거쳐서 내각총리대신을 경유하며, 기타 사무에 관해서는 내각총리대신을 거쳐 상주하고 재가받는다고 하여 사실상 일본 정부로부터 독립된 지위를 부여받았다.[3] 이와 더불어 ① 한국의 안녕질서를 보지하기 위하여 필요하다고 인정할 때는 한국수비군 사령관에 대하여 병력 사용을 명령할 수 있었고, ② 한국의 시정 사무로서 조약에 기초한 의무 이행을 위하여 필요한 것은 통감이 한국 정부에 이첩하여 그 집행을 요구할 수 있을 뿐 아니라, ③ 일본인 관리 등 한국 정부의 용빙에 속한 자를 감독하며 ④ 통감부령을 발하고 금고 1년 이하 또는 벌금 2백 원 이내의 벌칙을 부가할 수 있는 등 광범위한 권한을 부여받았다.

관제상으로만 보면, 통감은 외교 문제와 관련하여 또는 조약에 기초한 시정 개선 사업 이행을 위하여 필요한 부분에 대해서만 한국 정부를 감독하고 한국 정부에 고용된 일본인 등 각급 고문관·교관 등을 감독할 수 있었다. 그러나 이후의 추이를 보면 시정 개선 사업이 외교에 관련되거나 조약에 기초한 사업이 아니더라도 다양한 방식으로 개입 감독함으로써 통감은 사실상 한국 정부의 통치 행위 전반을 감독할 수 있는 지위를 가지게 되었다.

다만, 통감의 감독 행위는 항상 필요한 사항을 한국 정부에 조회하여 그 집행을 요구하는 방식이기 때문에 직접적으로 한국 통치를 할 수 없다는 본질적인 한계를 지니고 있었다. 이 점에서 통감의 권력은 황제의 주권과 병렬적으로 존립하면서 이중권력 구조를 구성하였다.

한성에 통감부가 설치된 것과 같이, 일본 영사관 및 분관이 있던 한성·인천·부산·원산·마산·군산·목포·평양·진남포·성진·대구·신의주 등 개항(시)장에 이사청과 이사청지청이 설치되었다. 이들 이사청은 이사관, 부이사관, 경시, 경부, 통역생 등으로 조직되었으며 임무와 권한은 자기 관할 구역 내에 한하여 위의 통감이 가진 것과 동일하게 규정되었다. 즉, 이사관은 통감의 지휘 감독을 받아 종래 한국 주재 영사에 속한 사무 및 조약·법령에 기초하여 집행해야 할 사무를 관장하도록 하며, 나아가서 외국인에 관한 사무에 관하여 통감의 명을 받아 한국 지방 관헌을 지휘 감독할 수도 있었다.

초대 통감에 부임한 이토 히로부미는 통감부 설치 이전 한국에 주둔했던 일본군 사령부의 치안정책과 재정고문 메가다 다네타로目賀田種太郎의 재정정책을 계승함과 동시에 한국민의 저항을 완화시킬 목적으로 일련의 정책을 실시하였다. 일본으로부터 기업자금 1천만 엔을 차관으로 들여와 학교를 신축·개조·정비하여 보통교육을 진흥하고, 도로 개수와 수도 신설에 의해 산업 기반을 정비하며, 농공은행 등의 보조에 의해 금융 핍박을 구제하고 식산흥업을 장려한다고 하였다.[4]

이토가 통감으로서 취한 대한정책의 기조는, 다소 뒤의 자료이지만, 그가 1907년 5월 28일 이완용 내각을 발족시킨 후 통감부 관리에게 행한 연설 중에 잘 드러나 있다.

적어도 수천년의 역사와 문명을 가진 국민은 결코 이를 짐승처럼 지배해서는 안 된다. 또 지배할 수도 없다. 일본의 식자는 결코 이러한 폭력적 논리에 좌우되지 않는다. 또 우리 폐하의 예려叡慮도 결코 이에 있지 않다. 그러므로 직을 통감부에 둔 자는 모모 신문들과 같은 폭언을 입에 올리는 것은 매우 삼가지 않으면 안된다. 종래 취해온 정략을 일변하는 데는 일본 내각의 논의를 바꾸고 다시 폐하의 성단聖斷을 바랄 것을 요한다. 그때까지는 통감이라 하더라도 이를 변경할 수 없다. 군인 역시 그렇다. 이는 역시 모두 제국의 관리이므로 그 행동은 제국의 정책에 준거해야 한다. 그리고 금일 일본이 취하고 있는 정책은 한국에 대한 약정을 성실히 실행하는 데 있다.[5](밑줄은 인용자)

이토는 한국의 역사와 문명이 대단히 유구하기 때문에 폭력으로 쉽게 지배할 수 없다는 것을 인식하고 최소한 한국에 대해 약속한 것을 성실히 실행하는 것이 기본 정책이 되어야 한다고 생각한 것이다. 설사 방침을 강제 병탄 정책으로 바꾸려고 하더라도 이를 위해서는 일본 정부의 논의와 천황의 재가를 거친 후에야 가능하다는 입장이었다.

물론 이 같은 정책들은 이토가 한국에 배치된 일본인 관리들 앞에서 "한국의 정치 개선은 곧 한국에서의 일본의 세력 확장이다. 시정 개선과 세력 확장은 그 명의는 틀리지만 사실은 하나이다……서서히 개량을 하여 한국인으로 하여금 스스로 열복悅服하도록 노력해야 한다"[6]라고 하듯이 이중의 목적을 지닌 것이었다. 즉 한편으로는 일본의 세력을 한국에서 공고히 하는 한편, 구래의 통치 행태를 개선해 줌으로써 통감부 통치에 대한 한국인의 환심을 사기 위한 것이었다. 이처럼 통감부 초기 정책의 기조는 즉각적인 한국 병탄이 아니라 점진적으로 시정 개선을 해 나가면서 한국인의 거부감과 저항을 무마함으로써 궁극적으로 한국을 병탄한다는 선상에 놓여 있었다.

이와 더불어 이토는 최고 통치기구인 황제의 권력을 제한하고자 하였다. 황제권 또는 궁중 권력 제한의 문제는 이미 을사조약 이전부터 제기되고 있었다.[7] 1904년 10월부터 하야시 공사와 메가다 재정고문, 가토 마사오加藤增雄 궁내부고문 등은 황제권을 제한하는 데 착수하였다. 1905년 10월 24일 의정부 회의 표결 결과에 관계없이 황제가 임의로 의안을 재가할 수 있었던 전제적 규정을 삭제하고 "안건에 대한 토론이 황제의 의향과 맞지 않으면 재가하지 않을 권리가 있다"는 정도까지 황제권을 제한하는 데 일단 성공하였다.[8]

이토는 1906년 3월 초 황제 알현시 시정 개선의 주도권을 자신이 가져야 한다는 것을 인정하게 하였다. 이후 한국 국정의 주요 안건은 통감 관저에서 통감과 정부 각 대신 및 일본인 고문관으로 구성된 시정개선협의회를 통해 처리되었다. 즉, 시정개선협의회에서 결정된 안건을 의정부에서 무조건 통과시키고 황제에게 상주하여 재가를 받는 구조로 바뀜으로써 의정부는 명목상 통치기관이 되고, 황제 역시 상주된 안건을 재가만 하는 존재로 전락하고 말았다.

의정부 각부 대신은 통감부 설치 이전부터 일본 세력의 영향 하에서 임면되고 있었다. 을사조약 강제 체결 직전의 의정부는 황제가 친임한 참정 한규설이 조각組閣에 실패함으로써 일본 공사의 조종에 의하여 내부대신 이지용, 외부대신 박제순, 법부대신 이하영, 학부대신 이완용, 농상공부대신 이근택, 군부대신 권중현 등 친일적 인물로 구성되었다.[9] 을사조약 이후에도 의정부 각부 대신의 인적 구성은 참정 한규설이 사임하고 박제순이 임명된 것을 제외하고는 거의 변동 없이 유지되었으므로 이들이 일제의 통치정책에 극력 반대한다는 것은 상상할 수 없는 일이었다.

그러나 이들 의정부 대신은 '을사오적'이란 이름 하에 끊임없이 여론의 비난 공격과 테러·암살 등 생명의 위협에 시달리게 되었다.[10] 결국 심약한 박제순이 여러 차례 참정대신 사직 요청을 한 끝에 1907년 5월 22일 이완용을 참정대신으로 하여 임선준任善準 내부대신, 고영희高永喜 탁지부대신, 이병무李秉武 군부대신, 조중응趙重應 법부대신, 이재곤李載崑 학부대신, 송병준宋秉畯 농상공부대신으로 구성된 새로운 친일적 의정부가 구성되었다. 이들은 대부분 이완용의 인척이거나 [任善準] 이완용 또는 이토와 밀접한 관련을 맺고 있던 인물들이었다.[11] 특히 일진회원 송병준의 입각은 1904년 이후 격렬하게 대정부 비판과 친일적 개화운동을 전개하고 있던 일진회 세력을 흡수하여 한국 통치기구로 활용하려 한 이토의 정치적 고려 하에서 이루어진 것이었다.[12]

이토의 본국 정부에 대한 보고에 의하면 이들은 모두 소장 관료로서 '의지도 강고한 자'들이었다. 이완용 참정은 먼저 이들 각각에게 ① 일본과 한국의 지위를 알고 일한간의 제휴를 현실적으로 만들 것, ② 시정 개선의 실효를 거두는 데 열심히 노력할 것, ③ 어떠한 곤란을 만나도 위의 목적을 달성하는 데 강고한 의지를 발휘하여 중도에 그만두지 않을 것 등 세 가지 사항을 실행할 수 있는 용기가 있는지 확인하고 임명하였다.[13] 즉, 황제의 뜻을 거스르더라도 일본의 통치에 충실히 협력할 수 있는 인물들을 뽑았다는 것이다.

　이들은 1907년 6월 14일 칙령으로 의정부를 폐지하고 〈내각관제〉를 반포하여 황제 중심의 통치체제를 내각 중심으로 바꾸게 만들었다. 동 관제에 의하면 내각총리대신은 국무대신들의 수반으로서 중요 사항을 상주하고 알리며 황제의 뜻을 받들며 행정 각부의 통일을 기한다고 하였다. 또 각령閣令을 발할 수 있으며, 필요할 경우에는 각부의 처분이나 명령을 중지하고 황제의 재가를 요청할 수도 있는 막강한 권력을 가지게 되었다.[14] 이로써 황제는 제도상으로 최고 권력 기관일 뿐, 유명무실한 상태가 되었다.

　관제상으로나 인물 구성상으로나 일본의 침략정책에 부응할 수 있는 내각이 구성됨으로써 통감부는 한국에서 식민 통치기구를 용이하게 구축해 나갈 수 있게 되었다. 이들을 주요 구성원으로 하는 시정개선협의회는 이전보다 더욱 밀도있게 매주 화요일마다 빠짐없이 열렸고, 여기서 논의되는 사항은 곧바로 새로운 법령으로 제정 반포되었다.

일본의 한국 병탄(1907~1910)

　1907년 중반까지 통감부는 한국의 통치권을 완전히 장악하지 못한 상태에서 감독하는 수준에 머물고 있었다. 일본 정부는 한국의 병탄을 장래 요망 사항으로 생각하고 있었지만, 단기적으로 추구할 목표가 아니라 보호통치의 성과가 상당히 달성된 후로 미루고 있었다.

　이 같은 상황에서 1907년 6월 헤이그 특사사건이 발생하였다. 일본의 정책은 강경 선회하였다. 이토는 특사 파견 행위가 일본에 대해 공연히 적의를 발표하고 협약을 위반한 것이므로 일본은 한국에 대해 선전포고할 권리가 있다고 총리대신을 통해 협박하였다. 일본 정부에 대해서는 이 기회를 이용하여 한국과 한층 더 진전된 조약을 체결하여 일본이 한국 내정상의 어떤 권리를 양여받도록 하는 정책을 결정해 주기 바란다고 의견을 제시하였다.[15]

이에 대하여 일본 정부는 ① 이 기회를 놓치지 말고 한국 내정에 관한 전권을 장악할 것을 희망하며 그 실행은 통감에게 일임할 것, ② 설사 이를 완전히 달성할 수 없는 사정이 있더라도 내각대신 이하 중요 관헌의 임명은 통감의 동의로 행할 것, ③ 통감이 추천하는 일본인을 내각대신 이하 중요 관헌으로 임명하게끔 할 것, ④ 이상의 사항은 한국 황제의 칙령으로가 아니라 한국 정부와의 협약 체결에 의하여 집행하게 할 것, ⑤ 사안이 중대하므로 일본 외무대신을 직접 파견할 것 등의 결정을 내렸다.

이와 함께 집행할 사항으로 ① 한국 정부를 동원하여 한국 황제가 황태자에게 양위하게 할 것, ② 한국 황제 및 정부는 통감의 부서副署 없이 정무를 실행할 수 없게 할 것(통감은 부왕副王 또는 섭정의 권한을 갖게 할 것), ③ 한국 정부의 주요한 부部에는 일본 정부가 파견한 관료가 대신 또는 차관의 직무를 실행하게 할 것 등을 결정하였다.[16]

이상에서 보듯이, 일본 정부는 한국을 보호통치 상태로 유지한다는 방침은 유지하고 있었다.[17] 그렇지만 위 결정 사항대로 조약을 체결할 경우 황제를 비롯한 한국의 통치기구는 형식상 존재할 뿐, 일본에 병탄된 상태와 크게 다를 바 없는 상황이 되는 것이었다. 이완용 등 내각 대신들은 일본 외무대신이 파견된다는 보도를 접하고 7월 16일 오랜 시간 비밀히 협의한 후 고종을 알현하고 ① 을사조약에 옥새를 찍을 것, ② 고종 대신 섭정할 자를 추천할 것, ③ 고종이 직접 일본에 가서 일본 황제에게 사과할 것 등 세 가지 수습 방안을 상주하였지만 고종은 이를 거부하였다.

그러나 하야시 타다스林董 일본 외무대신이 경성에 도착한 7월 18일에 사태가 일단락되었다. 이완용 등은 오후 4시부터 입궐하였다가 하야시 타다스가 7시에 알현하고 물러난 후 밤새도록 고종에게 제위를 물려줄 것을 강요하였다. 결국 고종은 7월 19일 새벽 3시 양위가 아니라 황태자로 하여금 자신을 대리하게 한다는 조칙을 내렸다.[18] 그러나 7월 21일 밤 이완용과 송병준 등 일곱 대신이 불손한 언사로 고종을 협박하여 황태자에게 제위를 물려주게끔 함으로써 고종의 의도는 무산되고 말았다.[19]

양위 과정 전후 일본의 정책은 한층 더 강경해졌다. 당초 정책에 없었던 한국 군부 해산 방침이 세워졌다. 이는 7월 18일 밤에 고종이 병력으로 내각 대신들을 억압하고 여차하면 살육하게 하려고 시위대 한국 근위병을 궁중으로 불렀던 점,[20] 7월 19일 밤 시위대 중 일부 병력이 병영을 이탈하여 무력 시위를 벌이다가 일본 경찰과 총격전을 벌인 점,[21] 7월 21일 군부대신 이병무가 황제 양위에 분노한 민인의 시위를 진압하고 군부를 보호하기 위하여 일본군 파견을 요청하라고 지시한 데 대해 군부 참모국장 조성근趙性根이 저항한 점[22] 등의 사건에서 직접적으로 연유한 듯하다.

7월 24일의 〈정미칠조약〉은 사실상 한국 정부를 유명무실화하는 내용이었다. 첫째, 한국 정부는 시정 개선에 관하여 통감의 지도를 받으며 한국 정부의 법령 제정 및 중요한 행정상의 처분은 미리 통감의 승인을 거쳐야 한다고 함으로써 통감이 한국 최고의 통치기관이 되었다. 둘째, 한국 고등 관리의 임면은 통감의 동의 하에 행하며 한국 정부는 통감이 추천하는 일본인을 한국 관리로 임명하게 되었으며, 통감의 동의 없이 외국인을 빙용하지 못하게 되었다. 셋째, 한국의 사법 사무를 보통행정 사무와 구분하여 처리하도록 하였다.

그리고 이와 함께 위 조약 내용을 구체화하는 이면 각서에 의하여 다수의 일본인이 한국 관리로 임명되었다.[23] 각부 차관, 내부 경무국장·경무사·부경무사, 각부 서기관 및 서기랑, 각도 사무관, 각도 경무관, 각도 주사 등을 일본인 중에서 임용하기로 했다. 그리고 한일 양국 법관으로 구성되는 재판소와 간수장 이하 관리의 반수를 일본인으로 임용하는 감옥을 신설하기로 하였다. 황궁 수비대를 제외한 한국 군대 해산 등이 예정되어 있었으며, 종래 통감부, 재정고문부, 경무고문부, 법무고문부에 소속되어 있던 일본인 관리는 모두 한국 정부 소속 관리로 신분이 바뀌었다.

통감부 관제도 개정하여 통감은 외교 업무 대행 외에 한국의 내정을 총괄하는 한국 국정의 최고 통치자가 되었다. 조직상으로는 총무부·경무부·농상공부를 폐지한 대신 통감관방과 외무부·감사부·지방부를 설치하였는데, 외무부는 종래 한국 외부의 업무, 감사부는 통감부 법령과 한국 정부가 제정한 법령 및 처분 심사 업무, 지방부는 지방행정·식산·금융·종교·교육·사법·경찰에 관한 사항을 관장하였다. 이렇게 보면 통감부는 조직상으로는 소규모이지만, 직제상 한국

정부의 각부 실무를 관장하는 일본인 차관들이 자동적으로 통감부 참여관을 겸하기 때문에 한국 최고의 통치기구가 되었다.[24]

이로써 종래 통감부와 한국 정부가 병존하면서 상호간의 갈등을 공문 이첩에 의하여 조정하던 이중권력 구조는 종식되었다. 모든 중요 사항은 통감 관저에서 열리는 시정개선협의회에서 논의 결정하게 되었다. 법률 칙령은 모두 내각 또는 각부 대신이 초안을 잡고 각의를 거친 후 내각총리대신으로부터 통감의 승인을 거쳐 이를 상주하고, 황제가 친히 서명한 후 어새를 찍고 내각총리대신이 연월일을 기입하고 관계 대신과 함께 부서하여 관보로 공포하게 되었다.

또 각령閣令 및 부령部令은 법률 칙령의 범위 내에서 그 직권 또는 특별 위임에 의하여 법률 칙령을 집행하고 또는 안녕질서를 보지하기 위하여 내각총리대신 또는 각부대신이 통감의 승인을 거쳐 이를 발하는 것으로 되었다. 각령은 연월일을 기록하여 내각총리대신이 서명하고, 부령은 연월일을 기록하여 주무대신이 서명하고 관보로 공포하게 되었다.[25]

그러나 〈정미칠조약〉 체결과 한국 군대 해산 이후 통감부는 내외적으로 크게 두 가지 문제와 부닥치게 되었다. 첫째는 의병투쟁의 열기가 1907년 후반에 들어 더욱 치열하게 치솟아 지방행정을 마비시킬 정도까지 되었던 점이다. 이에 대해 통감부는 일본에 요청하여 1907년 7월과 9월, 1908년 5월 세 차례에 걸쳐 총 7천 5백여 명의 일본군을 증파함과[26] 아울러 헌병대와 한국인 헌병보조원을 동원하는 폭압적 진압 작전을 전개하여 1909년 후반기까지 어느 정도 성과를 거둘 수 있었다.[27]

한국 근대 형사재판제도사

둘째는 흑룡회 등 일본의 대한 강경론자들의 통감정치에 대한 비판과 한국 병탄 주장이었다. 흑룡회 회장 우치다 료헤이內田良平는 1906년 3월 이토가 한국 통감으로 부임할 때 개인 참모로 따라와 송병준·이용구 등이 조직한 일진회를 은밀히 도와주면서 일찍부터 한국 병탄을 구상하고 있었다. 그러나 그는 1906년 말 이후 이토 통감의 통치정책이 지나치게 회유적이고 실현 가능성이 없을 뿐 아니라 한국 사정에 적합하지도 않으므로 자신이 생각하는 문제의 근본적 해결책, 즉 한국 병탄에는 한 발도 나아가지 못하고 있다고 비판하기 시작하였다.

우치다는 일본 정부의 실력자였던 야마가타 아리토모山懸有朋, 가쓰라 타로桂太郎, 데라우치 마사타케寺內正毅 등에게 수차례에 걸쳐 이토의 통치정책을 비판하고 통감 경질의 필요성을 강조하였다. 그러나 야마가타 등은 자파 세력의 확장을 위해서 이토가 한국 통감직에서 물러나 일본으로 돌아오는 것을 원하지 않았기 때문에 여전히 이토를 통감직에 머물게 하였다.[28]

일본 정부가 위 두 가지 문제를 고려하면서 한국 병탄 방침을 구체화하기 시작한 것은 1909년에 들어서부터였다. 이때까지 한국 병탄을 유예하고 있었던 것은 한국 의병투쟁의 치열함 때문이 아니었다. 미국·영국·러시아 등 제국주의 열강으로부터 완전한 승인을 얻지 못한 상태에서 한국을 섣불리 병탄할 경우 불러올 수 있는 외교적 압력을 우려했기 때문이었다.

일본 정부 수뇌부는 1909년 3월경 한국을 병탄하기로 확정하고 이를 '병탄'도 '합방'도 아닌 '병합'이라는 새로운 단어로 표현했다. 그들은 '병탄'은 강한 나라가 약한 나라를 침략하는 의미, '합방'은 두 나라가 대등한 자격으로 합동·연합한다는 의미이므로 두 개념 모두 부적합하다고 보았다. 그리하여 한국 영토를 일본 영토의 일부로 삼는다는 의미를 포함하지만 '병탄'보다 침략적 의미가 약한 '병합'이란 말을 만들어냈다. 이들은 4월 초 일본에 잠시 귀국한 이토를 만나 병탄 방침에 대해 동의를 얻었다.[29] 이어서 6월 14일 이토를 경질하고, 소네 아라스케曾禰荒助를 후임 통감으로 임명했다.[30]

공식적인 병탄 방침 결정은 같은해 7월 6일 내각회의에서 이루어졌다. 그러나 이때는 시기를 확정하지 않고 막연히 '적당한 시기에 한국의 병합을 단행할 것'이라고만 규정해 두고 위 방침에 바탕을 두고 충분히 준비하여 세력을 늘려나가기를 꾀한다고 하였다.[31] 아직까지 구미 열강이 일본에 대해 어떠한 태도를 취할 것인지 불명확했기 때문이다.[32]

병탄을 위한 준비는 1909년 상반기부터 착실히 진행되었다. 이토는 통감직을 사임하고 나서 오히려 병탄 준비를 충실히 할 수 있는 정책적 협력을 아끼지 않았다. 대표적인 것이 한국의 사법·감옥 사무 위탁 및 법부·군부 폐지 건이다. 이토는 통감직 사임 이후인 1909년 7월 3일 한국을 잠시 방문하기 전 일본 정부에 이와 관련한 정책을 제안하고 재가를 받았다.

그는 한국의 현재 재정 형편상 이전과 같은 점진적인 방식으로 한국의 시정을 개선하려면 상당한 세월을 요한다고 판단되므로 시급히 한국의 사법·감옥 사무 및 군사 업무를 폐지시켜 일본 정부에 위탁시켜야 한다는 의견을 피력하였다.[33] 이는 점진적인 방식으로 한국에서 일본의 실권을 확장하는 것은 국제적인 정세를 살펴건대 이제 필요없다는 판단이 개재된 것으로서, 시급히 한국 통치기관 모두를 장악하고 마지막으로 병탄 시기만 기다리자는 판단으로 해석된다. 이로써 1909년 7월 이후 일본의 대한정책은 전적으로 병탄을 위한 준비로 선회하였다.

위 방침에서 결정한 '적당한 시기'는 이토가 1909년 10월 26일 만주 하얼빈 역에서 안중근에 의해 살해됨으로써 다가왔다. 우치다 료헤이는 이 기회를 틈타 흑룡회를 통해 한국을 병탄해야 한다는 논조로 일본 여론을 유도해 나가기 시작했다. 또 한국에서는 12월 4일 일진회를 사주하여 〈합방상주문〉〈합방청원서〉를 작성하여 각각 한국 황제와 총리, 통감에게 제출하고 〈합방성명서〉를 신문 지상에 발표하게 하였다.

일진회의 합방 성명이 전국민의 분노를 사고 무력항쟁으로 발전할 것을 우려한 소네 통감은 일본의 한국정책은 변함이 없으므로 일진회의 합방 청원은 불필요하다는 성명을 발표하였다. 그러나 이는 일본 정부가 이미 결정한 대한정책과 모순되는 것이었다. 당시 일본 외교 정책을 주도하고 있었던 고무라 쥬타로小村壽太郎 외무대신은 소네의 병탄에 대한 소극적 태도가 '병합의 기운'을 정확히 판단하지 못하고 병탄을 '불요불급不要不急'하고 '지고지난至高至難한 사업'으로 믿고 있었기 때문이라고 평가하였다.[34]

일본은 최종적으로 1910년 4월 러시아로부터, 5월에 영국으로부터 한국 병탄에 대한 승인을 받았다.[35] 이로써 병탄에 필요한 국제적 조건이 충족되었다. 일본 정부는 1910년 5월 30일 소네를 통감직에서 물러나게 하고 일본 육군대신 데라우치 마사타케를 한국 통감으로 임

명하고 같은 날 야마가타 아리토모의 양자인 야마가타 이사부로山縣
伊三郎를 부통감으로 임명하였다.[36]

이어서 6월 3일 〈병합 후 한국에 대한 통치방침〉이 내각회의에서
결정되었다. 이에 의하면

① 조선에는 당분간 헌법을 시행하지 않고 대권大權에 의하여 통치할 것.

② 총독은 천황에게 직접 예속되고 조선에서 모든 정무를 통괄하는 권한
을 가질 것.

③ 총독에게는 대권의 위임에 의하여 법률사항에 관한 명령을 발할 권한을
줄 것. 단, 본 명령은 별도로 법령 또는 율령 등 적당한 명칭을 붙일 것.

④ 조선의 정치는 최대한 간명하고 쉽게 해 나갈 것. 정치기관도 이 방침에
따라 남겨두거나 폐지할 것.

⑤ 총독부의 회계는 특별회계로 할 것.

⑥ 총독부의 정무 비용은 조선의 세입으로 충당하는 것을 원칙으로 하되,
당분간 일정한 금액을 정하여 본국 정부로부터 보충할 것.

⑦ 철도 및 통신에 관한 예산은 총독부 관할 하로 편입할 것.

⑧ 관세는 당분간 현행대로 둘 것.

⑨ 관세 수입은 총독부 특별회계에 속하게 할 것.

⑪ 한국은행은 당분간 현행 조직을 고치지 말 것.

⑫ 병합을 실행하기 위해 필요한 경비는 금액을 정하여 예비금으로부터
지출할 것.

⑬ 통감부 및 한국 정부에 재직하는 일본 제국 관리 중 불필요한 자는 귀환
또는 휴직을 명할 것.

한국 근대 형사재판제도사

⑭ 조선의 관리는 그 계급에 따라 가능한 한 많은 조선인을 채용할 방침을 채택할 것.[37]

위의 방침에서 알 수 있듯이 일본은 한국을 통치 영역으로 편입하면서도 자국 헌법을 실시하지 않는 영역으로 남겨 두고 조선총독에게 법률과 동일한 효력을 가진 독자적인 명령 제정권을 주었다. 조선총독부 회계 역시 특별회계로 하여 식민지 조선의 재정을 식민지 자체에서 운영하게 하는 독자적 재정 체계를 취하여 본국의 재정 부담을 회피하였다. 또 기존의 정치단체는 모두 해산시키고, 의병투쟁 등 한국민의 격렬한 저항을 억누르기 위하여 후술하듯이 총독을 문관이 아닌 무관으로 임명하고 조선주차군과 헌병대에 의한 군사통치 체제를 취한다는 방침을 취하였다.

1910년 7월 23일 서울에 도착한 데라우치는 8월 16일 한국 총리대신 이완용을 통감 관저로 불러 병합 조약 체결을 위한 담판을 시작하였다. 이완용은 일본측이 제시한 병합조약안에 대부분 동의하되 '한국' 국호를 폐지하는 문제와 고종, 순종, 영친왕 등의 존칭을 태공전하(고종·순종), 공전하(영친왕)로 격하시키는 문제에 대해서만은 이의를 제기하였다. 일본측은 국호를 폐하지 않는 대신 '조선'으로 개칭하고, 황실 존칭은 한국 민중의 저항을 야기할 수 있다는 의견을 받아들여 이태왕전하(고종), 이왕전하(순종), 왕세자전하(영친왕)로 바꾸었다. 이로써 '한국'이라는 국가는 소멸하여 '조선'이라는 명칭으로 불리게 되었고, 조선에서는 일본 천황에 직예한 조선총독부가 최고 통치기관이 되었다.[38]

이후 1910년 8월 22일 병합조약이 체결되고 8월 29일 칙령 〈조선총독부 설치에 관한 건〉, 9월 30일 칙령으로 〈조선총독부관제〉와 기타 소속관서 관제들이 반포되었다. 조선총독부의 조직은 통감부 조직을 거의 그대로 계승하고 한국 정부의 각부 및 소속관서를 적당히 흡수하여 급격한 변화를 피하는 성격을 띠었다. 즉, 내각·표훈원 및 회계검사국 등은 폐지하고 학부를 내부 학무국으로 폐합한 것 외에는 내부(내무부로 개칭)·탁지부·농상공부·법부(사법부로 개칭) 및 기타 소속관서들도 대부분 존속시켰다.[39]

그러나 총독에게는 통감보다 더욱 강력한 권한을 부여하였다. 총독이 친임관으로서 천황에 직예하고 조선의 제반 정무를 관할하며 내각 총리대신을 거쳐 상주하고 재가를 받는다는 점, 조선총독부령을 발하여 1년 이하의 징역·금고·구류형이나 2백원 이하의 벌금·과료의 벌칙을 부가할 수 있다는 점은 통감과 마찬가지였지만, 몇 가지 달라진 점이 있었다.

첫째, 통감이 문관으로서 필요한 경우 한국수비군 사령관에게 육해군 병력의 사용을 명령할 수 있었던 데 비하여, 총독은 무관, 즉 육해군대장으로 임명하며 위임된 범위 내에서 육해군을 통솔한다고 하여 군대 통수권까지 부여하였다. 둘째, 조선총독부령 외에 그 상위 법령으로서 법률과 동일한 효력을 지닌 명령인 제령制令을 발할 수 있는 입법권을 부여하였다.[40] 이로써 조선총독은 일본 천황에게 직예하는 점을 제외하고는 일본으로부터 독립된 전제군주와 같은 통치권력을 보유하게 되었다.

2
형사재판제도 개혁론과
형사법규의 개혁

형사재판제도 개혁론의 비등

러일전쟁에서 일본군이 승기를 잡으면서부터 그동안 억눌렸던 민중의 수많은 요구가 터져 나오기 시작하였다. 많은 개화 지식인들이 러일전쟁을 '백인종과 황인종의 전쟁'으로 생각하고 있었고, 일본이 승리하면 국정 개혁이 이루어질 가능성이 높다고 전망하였다.

민중의 요구를 대변하는 민권운동 단체들도 나타났는데, 초기에 나타난 단체가 10여년간 은밀히 세력을 유지해 오고 있었던 동학세력으로 구성된 진보회였다. 진보회는 일본에 망명가 있던 손병희가 국내에 있던 이용구로 하여금 조직하게 한 것으로 4대 강령을 내세웠다. ① 황실을 존중하고 독립의 기초를 공고히 할 것, ② 정부를 개선할 것, ③ 군정·재정을 정리할 것, ④ 인민의 생명 재산을 보호할 것 등의 강령은 6년 전 독립협회 운동기에 제기되었던 헌의육조와 유사한 것이었다. 진보회는 전국 각 지역의 동학 조직을 동원하고 중앙·지방 관리들의 부정·부패·탐학을 공격하기 시작하였다.[41]

진보회는 대한제국 군대의 탄압을 받다가 이보다 앞서 일본군 통역으로 한국에 들어온 송병준 등이 조직한 일진회와 1904년 12월 통합하여 (통합) 일진회란 이름으로 활동하기 시작하였다. 이들 뒤에는 간야 다쿠오神谷卓男·모찌쓰키 류타로望月龍太郎 등 일진회 고문들, 그리고 일본인 사이에 제법 신망이 있던 간무치 도모쓰네神鞭知常 등이 암약하고 있었다.

일진회가 일본 민간인들의 조종을 받으며 활동하고 있어 지방 유생과 의병, 일부 지식인들은 배척하고 있었지만, 일반 민인들로서는 지방관들로부터 억울하게 수탈당하거나 박해받은 데 대해 호소할 수 있는 좋은 기회가 온 것이었다. 이미 1904년 10월경 "갑오 전후 이래로 각 군수와 관찰사한테 탐학하여 돈을 빼앗긴 자들이 근일에 상경하여 일진회에 들었다 칭하고 세력에 의지하여 도로 찾으려 한다는데 전직 관찰사와 군수들이 많이 욕을 본다"는 상황이 나타나고 있었다.[42]

재판제도에 대한 개혁 요구도 일진회 활동 중의 하나였다. 1906년 이후 일진회는 법부대신·내부대신에게 계속 항의문서를 전달하여 불공정한 재판을 한 사법관과 탐학한 관찰사·군수에 대한 면관 및 처벌을 요구하기 시작하였다. 1906년 2월 27일에는 재판에 오결誤決을 많이 한 평리원판사 이건호李建鎬, 백성을 학대하고 재물을 토색한 전주 군수 권직상權直相을 면관하라는 공함을 정부에 보냈다.[43] 6월 12일에는 평리원 판사 이규환李圭桓과 검사 이건호의 비리를 공개하고 이들이 면관될 때까지 민형사 소송 제기를 중지하자는 광고를 각 신문에 싣고 한성부 거리에도 벽보를 붙였으며,[44] 한성재판소 수반판사 이병 휘에 대해서도 재판을 거부하기 시작하였다.[45]

이로 인하여 평리원과 한성재판소 업무가 정지될 지경에 이르렀다. 정부에서 이에 대한 대책을 논의하기 위하여 임시회의를 개최하였으 나 대신들의 불참으로 인하여 회의는 유산되고 말았다.[46] 결국 이들 세 판사가 사직 청원을 제출함으로써 사태는 일단 마무리되었다.

재판제도 개혁 문제를 더욱 크게 여론화한 계기는 1907년 2월 초 평리원검사 이준李儁이 법부 형사국장 김낙헌金洛憲을 기소한 사건이 었다. 이준이 김낙헌을 기소한 죄목은 황제의 대사면 조치를 그대로 실시하지 않고 석방할 대상과 석방하지 않아야 할 사람을 임의로 선 정하는 불법을 저질렀다는 것이다.[47] 그러나 법부에서는 평리원에 명 하여 이준을 상관을 고소했다는 죄목으로 체포하여 태100도의 선고 를 내리게 했다.[48]

이준의 체포와 재판이 진행됨에 따라 일진회, 대한자강회 등 사회단 체들은 동년 2월 25일 이를 비판하는 연합 연설회를 국민연설대[49]에서 개최하였다. 이 집회에는 만여 명의 군중이 운집하였으며, 연제와 연 사들은 다음과 같다. 〈인권은 불가불존중〉(윤효정) 〈민불신법民不信法의 원인〉(염중모) 〈검사의 직권〉(이면우) 〈민부지법民不知法의 폐해〉(홍재기) 〈법률과 여론〉(유승겸) 〈법관의 지심持心〉(정운복) 〈법률은 치안의 기관 〉(전덕기) 〈은택은 가균불가편可均不可偏〉(김명준) 〈생명재산의 여하보호 如何保護〉(강윤희) 〈부패한 사법은 문명의 수적讐賊〉(오세창) 등.[50]

이어서 정호면鄭鎬冕 서병철徐丙轍 이민경李敏卿 등은 각 사회단체에 공문을 보내 이준 사건을 법률적으로 자세히 연구하기 위하여 3월 2일에 법안연구연합회를 임시 설립하자고 하였다.[51] 이렇게 구성된 법안연구연합회는 법부대신 이하영에게 사건의 발단이 된 사면 실시상의 불공정성을 따지고 사직을 권고하였다.[52] 일진회장 이용구도 대표를 파견하여 평리원재판장 이윤용에게 사직 권고를 하였고[53] 임시연합회는 3월 29일 다시금 국민연설대에서 연설회를 개최하였다.[54]

각 사회단체들이 연일 집회와 연설회를 개최하고 법부대신·평리원재판장 사직 권고를 함에 따라 정부는 상당한 곤경에 처하게 되었다. 사태를 조기 진정시킨 것은 고종이었다. 고종은 특지를 내려 이준의 형을 태70도로 감경, 속전을 내고 석방되게 한 후[55] 헤이그 만국평화회의에 밀파함으로써 동 사건을 마무리지었다.

여러 사회단체의 비판과 저항을 받았음에도 불구하고 평리원 등 재판기관 관리들의 행태는 크게 바뀌지 않았다. 1907년 4월 초 평리원에서 경무관 박승훈과 평양민 간의 대질재판이 있었는데, 검사 박유관朴有觀의 다음과 같은 발언은 사법관의 법의식 수준을 잘 보여주고 있다.

검사 박유관이 박씨를 편호하여 법에 의해 재판하지 않고 호도하면서 말하길 "관이 비록 불법이라도 민은 당연히 순종할 것이오 무죄 인민을 엄중한 감옥에 잡아가둔 것은 순검의 소행이라 하여 이미 파면하였다. 그런즉 죄는 순검에 있지 경관에 있지 않다. 경관이 불법 행위하였기로 너희들과 더불어 지금 재판하니 이 역시 죄를 따진 것인즉 가중 처벌할 수 없다. 폐일언하고 즉시 돌아가 안업安業하여 서로 갈등하지 말라"라고 하매 평양민들이 경관의 범한 죄와 법률 제정을 조목조목 설명한즉 검사가 답할 말이 없어 큰 소리로 질책하기를 "여기는 연설장이 아니니 왜 그리 말이 많으며 아국에는 법률이 아직 미비한데 어찌 문명국 법률을 쓰겠는가" 하고 고원 雇員에 지시하여 위협 축출하는지라. 해민 등이 분을 못 이겨 서로 모여 말하길 이같은 무법천지에 신원할 곳이 없다 하여 이를 갈며 분해 하고 돌아가기로 결심하였다더라.[56]

여기서 파악할 수 있는 사법관의 법의식은 ① 관리가 불법을 했더라도 민은 순종해야 한다, ② 경무사가 불법 행위를 했더라도 일단 재판에 회부되었으니 그것만으로도 이미 죄를 처벌한 것이나 마찬가지다, ③ 법률이 미비하니 일본이나 유럽 등 문명 국가와 같은 수준의 재판을 할 수 없다는 것이다.

박유관은 그나마 여러 재판에서 공정한 판결로 신망을 얻고 있던 인물이었다.[57] 그러한 인물이 이러한 수준의 법의식을 지니고 있었다면 여타 사법관 역시 그와 크게 다르지 않았을 것이다.

한국 정부의 〈형법대전〉 개정 작업

통감부가 아직 한국 내정을 완전히 장악하지 못한 1906년 2월 2일, 한국 정부는 전년 5월부터 시행한 〈형법대전〉을 부분 개정하여 공포하였다. 이 1차 개정작업은 새로 제정된 친임관 관등을 법조항에 반영한 점, 몇몇 형사절차에 대한 개정, 뜻이 불명확하거나 입법상 불비

한 규정들에 대한 개정, 기타 몇몇 범죄의 구성 요건과 처벌 조항을 수정하는 데 그쳤다.[58]

이어서 1906년 8월경부터 형법 개정 2단계에 들어갔다. 이는 제1차 개정 작업의 결과가 미흡하다는 인식이 널리 퍼져 있었던 까닭인 것으로 짐작된다.[59] 동년 8월 형법 개정의 방향은 1896년의 〈형법초안〉과 현행 〈일본형법〉 및 〈일본형법개정초안〉을 참작하는 선에서 이루어졌고,[60] 동년 10월 초순경 일단 개정이 완료되었다.

그러나 정부는 이를 곧바로 반포하지 않고 각부 대신과 통감부 관원에게 한 부씩 송교하고,[61] 법관양성소 학도, 일진회에 초안을 보내 의견을 제출하도록 하였다. 법관양성소 학도들의 토론에서는 태형 폐지 여부의 논쟁이 주를 이루었고, 일진회의 법부에 대한 답신 의견에서는 세 가지가 거론되었다. 즉, 신문할 때의 태형, 승려의 황성 출입 금지, 경성 10리 안에 범장犯葬 금지 등의 조항을 모두 폐지해야 한다고 하였다.[62]

정부는 동년 12월 17일 법부대신 이하영을 형법 교정 총재로 임명하고 의정부 참찬 한창수韓昌洙, 법부 협판 이원긍李源兢, 법부 형사국장 김낙헌, 의정부 참서관 홍운표洪運杓, 법부 참서관 윤성보尹性普·장도張燾, 평리원 판사 박만서朴晩緖, 법부 참여관 노자와 다케노스케野澤武之助, 법부 참여관이며 촉탁관인 마쓰데라 다케오松寺竹雄를 형법 교정관으로 임명하였다. 이는 각 단체나 정부·통감부 관료가 보내온 의견서에 개정해야 할 사항이 많아서 본격적인 개정 작업이 필요해서였을 것이다.

법부에서는 1907년 3월 하순 그동안 작업한 〈형법대전〉 개정안을

한국 근대 형사재판제도사

각 부부府部와 평리원·한성재판소 및 법관양성소, 각 도부道府와 통감부 법무보좌관에게 보내 4월 말까지 각기 의견서를 제출하도록 하고[63] 6월 중순경 개정을 완료, 황제에게 상주할 계획이었다.[64]

그러나, 이 제2차 개정 결과인 〈형법대전개정초안〉은 반포되지 못하고 후술하듯이 1년 후인 1908년 7월 통감부가 주도하여 새로 개정한 〈형법대전〉이 반포되었다. 그렇다면 반포되지 못한 〈형법대전개정초안〉은 기존의 〈형법대전〉에 비해 어떠한 변화를 가져왔는가? 이를 파악하는 작업은 한국 정부가 주도한 형법 개정과 통감부가 주도한 개정 작업의 차이를 볼 수 있다는 점에서 매우 중요하다.

우선, 〈형법대전개정초안〉은 〈형법대전〉이 총 680개 조인 데 비하여 552개 조로 대폭 줄어들고 각 조의 내용도 가능한 한 간략하게 축소되었으며, 이와 함께 오늘날의 형사소송법에 해당하는 〈형법시행법〉이 함께 제정되었다.[65] 이로써 범죄의 개념과 종류, 형량 등을 규정한 실체법규와 인신의 고발부터 구속, 공판 등을 규정한 절차법규가 각각 별도로 편제되어 있다는 점에서 〈형법대전〉의 복잡다단함에서 진일보한 모습을 갖추었다. 또, 〈형법대전〉의 조항들이 순차적으로 개정된 상태가 아니라, 새로운 체제 하에서 〈형법대전〉의 각 장 절의 법조문들이 수정 또는 대폭 간략화된 내용으로 여러 군데 분산되어 있어, 〈형법대전〉으로부터 환골탈태하려 한 흔적을 볼 수 있다.

법조문 내용도 더욱 진일보하였다. 몇 가지 주목되는 점을 중심으로 정리해 보자. 첫째, 적용 대상을 근대적 국민으로 설정하려는 노력이 나타나고 있다. 예를 들어 법률 적용 범위를 국내에서 발생한 한국인의 범죄는 물론 한국이 치외법권을 지닌 외국에서 한국인이 범한

죄, 외국에서 한국인이 한국인에게 범한 죄까지 설정하고 있다(제3·4
조). 또, 형벌 중 부가형의 종류로 공권 박탈·정지를 두고 공권의 종류
로 관직이나 공직 취임권, 훈장·품계 향유권, 군인에 드는 권, 입증立
證하는 권, 학교장·교감·학감·교사 피임권, 회사의 중임重任 피임권
등을 들고 있다(제27조 및 제46~48조). 이러한 예는 법 적용 대상의 국
내외적 확정과 국민의 권리 도입이라는 측면에서 획기적인 변화라 할
수 있다.

둘째, 태형을 폐지하고 벌금형을 도입한 점(제26조), 피고인 구금시
옥구 중 칼[枷]이 삭제된 점(〈형법시행법〉 제29조) 등 신체형 대신 자유
형을 전면 도입하고 있다.

셋째, 국민동등권 원리가 더욱 확대되었는데, 이는 크게 관민간 차
별의 폐지, 가부장제적 차별의 완화 등 두 측면으로 나누어 볼 수 있
다. 우선 살사관원율殺死官員律·구상관원율毆傷官員律 등 민인과 관리
사이의 범죄에 대해 복잡하게 규정한 조항들, 민인의 지방관에 대한
고소·고발 금지 조항, 관인에 대해 범죄했을 때 형벌을 체가하는 조항
등을 삭제하여 공무 집행시 외에는 관인과 민인 사이의 범죄에 대해
체감·체가 처벌 규정을 두지 않았다. 친속간 살상 범죄시 처벌을 가감
하는 규정은 완전 삭제하지 않았지만, 복잡한 친속관계를 유복친有服
親·무복친無服親으로 단순 구분하고 1등 가감하는 수준으로 하되 피해
자 친고죄로 규정해 두었다(제417~418조 및 〈형법시행법〉 제126조). 한
편 고공과 고주간의 범죄에 대한 조항은 완전히 삭제되었다.

넷째, 근대 국가의 사회 통제와 관련한 법규들이 신설 또는 확대되
었다. 신설된 죄목으로는 폭동죄(187~189조), 군용 총포·탄약 사조私

造 및 사유죄(190~192조), 왕래·통신 방해죄(193~201조), 외설죄(274조), 음료수·음식물에 관한 죄(232~235조), 약품 및 위험물 제조 판매 위배죄(240~242조) 등이 있다. 처벌 내용이 확대된 범죄로는 아편연 관련죄(227~231조), 전염병 예방에 관한 죄(236~239조), 도박 및 부첨 죄富籤罪(247~248조), 화폐 위조에 관한 죄(299~307조) 등이 있다.

다섯째, 개인의 독립성을 침해하는 행위에 대해 죄목을 신설하거나 구 형사법규를 흡수 개편하여 조항을 확대하였다. 〈형법대전〉상의 매 리율罵詈律을 비훼죄誹毁罪(332~336조)로 신규 제정하여 개인의 명예 훼손에 관련된 범죄를 규정하였으며, 위핍인치사율威逼人致死律을 제 박급감금죄制縛及監禁罪와 협박죄脅迫罪로 분리하여 내용도 각각 확대 하였다(337~345조). 사주율使酒律·견급불구율見急不救律 삭제, 자살죄 신설(366~388조) 등도 그러한 예이다.

여섯째, 형법 조항을 적용할 때 죄형법정주의에 위배되는 규정으로 지목되었던 인율비부 조항과 불응위율을 모두 폐지하여 사법관의 자 의적 판결 여지를 제거하였다.

일곱째, 새로운 재판절차로 예심제도를 도입하고 있다(〈형법시행법〉 제17조와 제39조). 그러나 이들 조항은 예심을 구체적으로 누가 어떤 방식으로 하는가에 대한 규정은 없고 단지 '필요한 경우 예심을 할 수 있다'는 정도로 규정하고 있어 예심제도 도입은 구상 단계에 있었음을 알 수 있을 뿐이다.

종합해 볼 때, 〈형법대전개정초안〉(이하, 〈법부개정안〉)은 국민의 공 권, 치외법권의 적용, 관민간 범죄시의 형벌 가감 조항 폐지, 친속간 범죄시의 형벌 완화, 근대적 사회통제와 개인의 독립성 보장, 죄형법

정주의 등 국민국가적 통치를 위한 요소들을 법조항에 대거 도입하고 있다. 이는 그동안 축적되어 온 개혁 요구를 형사법 체계 내로 흡수하고 있는 것으로 볼 수 있다.

물론, 몇몇 규정들은 여전히 구 형사법 체계를 준수하고 있다. 피의자 신문시 태씀와 가죽채찍을 사용하여 자백을 강요한다는 규정을 존치시킨 점(제31~32조), 친임관·칙임관과 현직 주임관의 범죄와 황실에 대한 죄 및 반란죄를 평리원에서 담당하는 규정(〈형법시행법〉 제2조), 피의자를 체포할 때 황제에게 상주한 안건과 황제의 특지로 재판에 회부된 안건은 판결을 확정하고 나서 법부대신이 상주하여 재가를 거친 후 그 형을 집행하는 규정(〈형법시행법〉 제64조) 등이 그러한 예이다.

이상과 같이 〈법부개정안〉은 몇몇 특례를 제외하고는 한국 정부의 주관 하에 〈형법대전〉을 대폭 개정하고 상대적으로 근대법 체계에 근접한 구조를 취하고 있음을 볼 수 있다. 그러나 이 개정안은 반포 실시되지 못했으며 통감부가 한국 내정을 장악한 이후 일본인 사법관들에 의해 재차 개정되는 운명을 맞이하였다.

통감부에 의한 형사재판 법규의 개편

앞서 보았듯이, 통감부 초기 통치정책의 기조는 한국을 즉각적으로 병탄하는 것이 아니라 점진적으로 '시정 개선'을 해 나가면서 한국인의 거부감과 저항을 무마함으로써 궁극적으로 한국을 병탄한다는 것이었다. 사법 정책이나 형사 입법도 대체로 이와 같은 방향으로 운영되었다.

  통감부 정책에서 중요한 위치를 차지하고 있었던 것은 경찰기관 장악과 함께 재판제도의 개혁이었다. 이는 크게 보면 두 가지 이유에서였다. 첫째는 제3장에서 서술했듯이 한국 재판제도의 운영이 극히 문란하고 불공정하여 한국민들로부터 원성의 대상이 되고 있어 이를 개선하는 것이 곧 일본에 대한 한국민의 적개심이나 저항감을 불식시켜주는 좋은 기제가 되기 때문이었다. 둘째는 한국에 들어와 있는 여타 제국주의 열강 국민들이 누리고 있는 치외법권을 철폐하는 것이 중요하였기 때문이다.

  일본 정부는 한국을 완전한 식민지로 병탄하려면 미국·영국 등 제국주의 열강 국민들의 한국 내에서의 치외법권을 철폐해야 한다는 점을 염두에 두면서, 한국 재판제도의 개선에 착수하였다. 즉, 일본 정부는 1905년 4월 8일 한국 보호국화 방침을 결정하면서 그것만으로는 한국과 열강간에 존재하는 조약, 특히 외국인의 치외법권과 협정관세를 폐지할 수 없다는 점을 인식하고 있었다.

  보호권의 확립은 그에 의하여 즉시 한국과 열국간에 존재하는 조약을 폐지하는 효과를 갖지 못한다. 따라서 치외법권 및 협정세율에 관해서는 열국은 여전히 종전의 지위를 보유할 것이니 그에 대해서는 자연히 선후책이 있어야 할 것이다. 즉 치외법권에 관해서는 제국은 마땅히 어느 시기에 적당한 사법제도를 한국에 베품으로써 외국인에 대한 법권을 장악하는 것으로 하고 또 세율에 관해서는 장래 제국과 열국간에 있어 조약 개정 시기를 기다려 필요한 협정을 함을 득책이라고 믿는다.[66]

이토 통감은 치외법권을 그대로 둘 경우 한국에서 통치를 행할 수 없다는 것이 확실하므로 이를 속히 철회시켜야 한다고 하였다. 즉 외국인의 치외법권이 그대로 존속하면 한국인들이 일본에 적대적인 범죄를 저지르고 외국인의 집이나 종교기관에 도피하더라도 이를 체포 처벌할 수 없기 때문이다.

치외법권을 철폐하려면 외국인이 보기에 한국의 재판제도가 문명적 개선 상태까지 개선되지 않으면 안 되었다. 즉, 한국의 법제가 서구와 마찬가지로 민법·형법·민사소송법·형사소송법 등 재판 관련 법령들이 갖추어지고, 감옥제도 등이 개선되어야 가능한 것이었다. 이토 통감은 재판제도의 개선을 통감부 통치정책 중 초미의 급무사항으로 놓았지만, 이를 일본 재판제도와 동일하게 통일할 것인지 아니면 일본과 다른 독자적인 재판제도를 창설할 것인지에 대해서는 확고한 정책을 갖고 있지 않았다.[67]

통감부는 우선 재판제도 개혁을 위한 사전 조사에 착수하였다. 이토는 일본 민법전 기초위원이며 동경제대 법학부 교수인 법학박사 우메 겐지로梅謙次郎를 한국 정부의 법률고문으로 삼고 재판제도·토지제도 등을 조사하여 응급적인 법전을 기초하게 하였다. 우메 겐지로는 1906년 7월 한국 정부 초청 형식으로 서울에 도착한 즉시 의정부 참정대신 박제순 직속으로 부동산법조사회를 구성한 이래 매년 2~3개월간 한국에 머물러 법안 기초에 종사하였다.[68]

이토는 또 재판제도 개혁을 명분으로 재판 사무를 감독하고 간섭할 수 있도록 일본인 판검사 29명을 참여관과 법무보좌관이란 직책에 임명하여 한국의 법부와 평리원, 한성재판소 이하 각도 재판소에 1907

년 1월 중 배치 완료하였다.[69]

이토는 1907년 6월 초 이들이 각지의 한국 재판소에서 파악한 재판 실태를 종합하고[70] 이에 의거해서 개혁해야 할 사항을 매주 통감 관저에서 개최하는 시정개선협의회에서 한국 대신들과 논의하여 결정해 나갔다. 이 연속된 회의 내용 중 재판제도와 관련된 것만 정리하자면 다음과 같다. 첫째, 고문의 폐지에 관한 것이다. 1907년 4월의 논의에서 주목할 점은 이토가 고문의 폐지를 주장한 반면, 법부대신 이하영은 "가혹한 고문을 쓰는 것은 안 되지만 관대한 취조로는 쉽게 자백하지 않기 때문에 둔부를 때리는 것은 괜찮으리라 믿는다"고 반대한 점이다. 그는 특히 정부를 전복하려는 국사범의 경우에는 고문이 불가피하며 이들을 단속하기 위한 법률을 제정해야 한다고까지 주장하였다.[71] 그러나 6월 18일의 회의에서는 결국 이토가 고문 폐지 방침을 관철시키고 말았다.[72]

1주일 뒤의 회의에서는 재판제도의 문제점들이 집중적으로 논의되고 잠정적인 개혁 방침이 확정되었다.[73] 이날 회의는 이보다 나흘 전 통감 관저에서 참여관·법무보좌관들이 논의하여 확정한 재판제도 개혁 방안을 이토가 제기하고 약간의 논의와 수정을 거쳐 거의 그대로 관철시키는 방식이었다.[74] 이때 결정된 사항들이 1907년 6월 27일 〈민사형사의 소송에 관한 건〉 〈신문형에 관한 건〉으로 반포되었다.[75]

전자의 내용은 첫째, 군수는 모든 민사 사건과 태형에 해당할 범죄의 제1심을 담당하고 군수 재판에 불복하는 자는 지방재판소에 신소申訴할 수 있으며(제1조, 제2조), 소송 절차와 재판 집행에 이의가 있을 때 상급재판소로 항고할 수 있다는 구제 조치를 두었다(제4조). 이는 갑오개혁 이후 반포된 법령들을 재확인하는 수준이라고 할 수 있다.

둘째, 이전까지 군수가 담당했던 시신 검험과 가택 수색, 물건 압류와 기타 수색 처분 권한을 박탈하고 경찰관이 그 역할을 담당하도록 하였다(제3조). 이들 업무는 검사가 담당해야 할 업무이므로 재판을 관장하는 군수가 맡는 것이 사리에 맞지 않으며, 검사가 충분히 양성되지 못한 현실을 반영하여 경찰관에게 맡긴다는 취지였다.

셋째, 칙임관 주임관 등 고급관리의 범죄는 각도의 지방재판소와 한성재판소에서 제1심 재판을 하도록 하였는데(제5조), 여기에는 두 가지 취지가 있었다. 하나는 평리원에서 단심으로 칙주임관 범죄를 관할하던 것을 폐지하여 하급 재판소부터 거치게 함으로써 재판에 불복할 경우 상소할 여지를 남긴 점, 또 하나는 칙주임관 범죄에 대한 신분적 우대 조항을 폐지하고 일반 국민과 다를 바 없이 취급하겠다는 방침을 관철한 것이다.[76]

후자의 법률 〈신문형에 관한 건〉은 "민사와 형사사건을 막론하고 소송 관계인을 고신할 수 없다"는 단 한 문장의 법령으로서, 부칙에 "기존 법령 내용 중 본 법률에 저촉되는 부분은 폐지한다"고 하였다. 통감부로서는 이 법률의 신규 제정을 통해 당시 재판 과정에서 가장 심각한 폐해로 지목되던 범죄인 또는 민사 사건 관련인에 대한 고문을 폐지하여 한국민의 개혁 요구에 어느 정도 부응했다는 자위를 하게 되었다.

통감부는 이처럼 재판제도를 '개선'하였지만, 일련의 치안 관련 법령을 제정 반포하게 하여 한국민의 언론·집회·결사 등 기본적 자유권을 억압하였다. 대표적인 것이 1907년 7월 18일 고종의 강제 퇴위 이후 사태에 대비하기 위하여 한국 정부로 하여금 동년 7월 25일과 7월 27일 각각 제정 반포하게 한 〈신문지법〉 〈보안법〉이었다.[77] 특히 후자 보안법 위반범은 신분 여하를 불문하고 지방재판소 혹은 개항시장재판소가 관할한다고 하여(제9조), 2심제를 취하고 있는 점이 주목된다.

한편, 통감부는 한국 법부가 개정한 〈형법대전〉을 곧바로 반포하지 못하게 하였다. 1907년 6월 헤이그 특사사건과 고종의 강제 퇴위, 〈정미칠조약〉 체결 등 연이은 정치적 격변으로 인하여 통감부가 사실상 한국의 최고 통치기관이 되었기 때문이다. 통감부는 법부의 기존 작업을 보류하고 재판 관련 법규를 신규 제정 또는 개정하기 위한 작업에 착수하였다.

이를 주관할 기구로 1908년 1월 1일부터 종전의 부동산법조사회를 법전조사국으로 확대 개편한 후 우메 겐지로를 고문으로, 법부차관 구라토미 유자부로倉富勇三郎를 위원장으로, 법부 서기관 마츠데라 다케오松寺竹雄·아즈미 도키타로安住時太郎, 그리고 한국인 김낙헌·유성준兪星濬 등을 위원으로 임명하였다.[78] 이 기구는 부동산법조사회의 구관습 조사 업무를 인수하여 계속하고 다른 한편으로는 새로운 재판소 운영에 필요한 민법·형법·민사소송법·형사소송법 등 기본 법전 편찬에 착수하여 약 3년 후에 완료할 예정이었다.[79]

기본 법전 편찬 작업을 완료하기 전에 이들은 임시 조치로 1908년 7월 13일과 7월 23일 〈민형소송규칙〉과 〈형법대전 개정〉을 반포하여 각각 8월 1일부터 시행한다고 하였다.

총 177개 조로 구성된 〈민형소송규칙〉은 부칙에 있다시피 1895년의 〈민형소송규정〉을 폐지하지는 않고 이 법의 규정과 저촉하거나 중복되는 조항만 폐지한다고 하였다.[80] 〈민형소송규칙〉 중 형사재판절차상 새로운 측면만 정리해 보면 다음과 같다.

첫째, 형사 피고인이 심문 기일에 출정하지 않을 때는 결석 재판을 할 수 있다는 규정을 두어 형사재판을 촉진시켰다(제24·25조).

둘째, 공소控訴(오늘날의 항소) 및 상고에 대하여 더욱 상세한 규정을 갖추고 항고抗告 제도를 도입하였다. 공소와 상고 기간을 판결 선고한 날로부터 3일에서 5일로 늘렸으며, 상고는 법령 위반을 이유로 할 때에만 허용하도록 하였다(제31조, 제34조, 제42조). 항고는 본 법에서 특별히 허용할 때에만 할 수 있고 그 기간은 3일로 하였다(제43·44조).

셋째, 확정 판결에 대한 재심제도를 도입하였다. 앞서 보았듯이 대한제국기 재판의 판결에 확정력이 없었기 때문에 재심이 수시로 이루어져 왔다. 그러나 본 법에서는 ① 재판 관여 판사가 당해 재판에 관해 유죄 판결을 받았을 때, ② 판결의 증거로 삼은 증서, 증언, 감정, 통역 등이 허위로 증명되었을 때 등 몇 가지 경우에 한해서만 재심을 허용하였다(제53조).

넷째, 공소 시효 제도를 도입하여 장기간의 도피 생활로 인하여 처벌받은 것과 유사한 정신적 고통을 받았을 형사범에 대한 국가의 형사 소추를 면제하였다. 예컨대 구류·태형죄는 1년, 벌금·금옥이나 5년 이하의 유형·역형죄는 3년, 종신 유·역형죄는 7년, 사형죄는 10년의 시효를 두었다(제148조).

다섯째, 피의자 인권을 보호하는 몇 가지 제도가 도입되었다. 검사의 허가가 없으면 피의자를 10일 이상 경찰서에 구류할 수 없게 하였고(제153조), 체포·구류할 경우에 영장을 발하게 하였다(제158조). 또한 가석방 제도(제160조), 심문시 변호인의 조력 허용(제162조) 등의 조항을 두었다.

한편 〈형법대전 개정〉(이하, 〈통감부개정안〉이라 함)은 기존의 총 680개 조에서 290여개 조가 삭제되고 70여 개 조항이 수정되어 개정 폭이 1907년의 〈법부개정안〉보다 더 컸다.[81] 그러나 〈형법대전〉 원래의 구조와 체계를 그대로 둔 상태에서 근대적 법체계에 위배된다고 생각되는 조항들을 대폭 삭제하고 부분적으로 수정하는 정도에 그치고 있어, 체계면에서는 오히려 〈법부개정안〉에 비해 답보적인 모습을 보여준다.

〈통감부개정안〉은 〈법부개정안〉과 비교할 때 다음과 같은 차이를 볼 수 있다. 첫째, 법률 적용 대상을 근대적 국민으로 설정하려는 노력으로 볼 수 있는 개정 사항은 존재하지 않는다. 즉 〈법부개정안〉에서와 같은 치외법권이나 공권 규정은 도입되지 않았다.

둘째, 태형을 폐지하지 않았을 뿐 아니라, 신문시 추篷와 가죽채찍을 사용하여 자백을 강요한다는 규정도 그대로 유지하고 있다.

셋째, 국민동등권 원리가 관민간의 범죄 처벌 규정에서는 〈법부개정안〉보다 더욱 철저하게 관철된 반면, 친속간 범죄 처벌 규정은 〈법부개정안〉보다 후퇴하고 있다. 우선 관리에 대한 범죄에 대해 체가 처벌하는 규정(63조)이 삭제되고, 살사관원율·구상관원율 등 민인과 관리 사이의 범죄에 대해 복잡하게 규정한 조문(제502조, 제522~525조), 민인의 지방관에 대한 고소·고발 금지 조항(279조) 등이 삭제되었다. 뿐만 아니라, 〈법부개정안〉에서 유지되었던 신분적 특례, 즉 친임·칙임관과 현직 주임관·지방주임관의 재임시 범죄와 황실에 대한 죄 및 반란죄를 평리원에서 담당하는 규정, 피의자 체포시 상주를 거친 안건과 특지로 하부된 안건은 판결 확정 후 법부대신이 상주하여 재가를 거친 후 그 형을 집행하는 규정 등이 모두 삭제되었다. 그러나, 가부장제적 질서를 해치는 범죄 및 친속간 범죄에 대해서는 〈형법대전〉의 규정을 거의 그대로 유지하고 있다. 친속간의 범죄 처벌시 가감 규정(제64조), 인간살사율因姦殺死律·친속살사율親屬殺死律(제495~501조)·구상친속율毆傷親屬律(제526~532조)·친속상도율親屬相盜律(제609조)·천살수인율擅殺囚人律(제493조) 등을 거의 그대로 존치시키되, 부분적으로 개정하였다.

넷째, 근대국가의 사회 통제와 관련한 법규들은 신설 또는 개정 확대하지 않고 원안을 거의 그대로 존치시켰다.

다섯째, 개인의 독립성에 관련해서도 〈법부개정안〉을 받아들여 사주율使酒律·견급불구율見急不救律을 삭제했을 뿐, 신설하거나 확대규정한 조항이 없다.

여섯째, 죄형법정주의에 위배되는 규정으로 지목되었던 불응위율과 인율비부 중 불응위율은 삭제하였지만, 인율비부 조항은 그대로 존치시켜 여전히 사법관의 자의적 판결 여지를 남겨 두고 있다.

일곱째, 〈법부개정안〉에 새로운 재판 절차로 도입된 예심제도는 삭제되었다.

〈통감부개정안〉은 일본의 대한정책이 급선회한 1907년 8월 이후 한국인·일본인 양국인으로 구성된 재판소를 1908년 8월 1일부터 개청한다는 목표 하에 시급히 개정되었다. 그로 인하여 주로 시행이 지

한국 근대 형사재판제도사

극히 곤란한 조항을 삭제하고 법조항대로 행하기 어려운 조항들은 약간 수정하여 일시 사용하자는 방침으로 결정된 것이었다.[82] 따라서 새로운 조항을 신설하거나 법체계를 재구성하는 일은 애초부터 불가능했다고 할 수 있다. 그러나 이미 완성되어 있던 〈법부개정안〉 중 태형 폐지와 벌금형 도입, 친속간 범죄에 대한 처벌 완화, 인율비부 폐지 등의 내용을 수용하지 않은 점은 문제로 지적할 수 있을 것이다.[83]

3

일본의 재판기관 장악과 재판기관의
식민지적 근대화

일본인 법무보좌관 배치 전후 한국재판 상황

전술했듯이 1907년 1월 통감부에서 일본인 판검사들이 참여관·법무보좌관으로 법부와 각급 재판소에 파견되었다. 그 이전에는 경무고문부에서 각지에 파견한 일본인 경무보좌관과 그 위세를 등에 업은 한국인 경찰들이 재판 업무에 간여하였다.

통감부 설치 이전인 1905년 9월 경에 이미 지방에 파견된 일본인 경부가 "경무만 보좌하는 것이 아니라 인민 소송과 단옥斷獄 집형執刑에도 고문 보좌가 내 직권 안이라" 하면서 재판권에 개입하는 모습이 나타났다.[84] 그 실상은 다음과 같은 함경남도 영흥군민의 청원서에 잘 나타나 있다.

한국 근대 형사재판제도사

작년(1906년-필자) 가을 관제 개정 이래로 각도에 경무관 참서 검사를 가설하고 각군에 또 경서警署를 분설하니 그 본의가 지극할진대 각도 각군에 대해서는 민형사 권리를 정부에서 확정하지 않았는지 제반 민송民訟에 군수가 이미 판결한 사항을 경서警署가 다시 판결하고 경서가 판결한 사안을 군수가 다시 판결하여 여러 사람의 억울함이 들끓고, ……순녕면順寧面 주가녀女 옥사에 총순 김영수씨가 군수가 알기 전에 순검 권임을 파견하여 시친을 위협하여 군에 고하지 못하게 하고 땅에 파묻으라고 억지 명령을 하니 시친들이 억울함을 못 이겨 군아에 고발한즉 군수가 늦게 고한 이유를 물은즉 해민이 총순의 소행이라 하였더니 군수가 놀라 그 총순의 불의함을 꾸짖고 굴검掘檢하라는 지령을 받아 검험하고 공초를 받을 때 순검배가 5백 원 토색한 일이 탄로난지라. 총순 김씨가 정적이 불안하여 이시카와(石川) 보좌관에게 무고하여 공해公廨 사건을 빙자하고 수서기 고형규와 군주사 임시영을 경서로 묶어와 50여 대나 맹장猛杖을 치니 사생미분死生未分이라.[85](밑줄은 인용자)

이에 의하면, 군수와 한국 경찰관이 동일한 사안을 놓고 두 번 이상 재판을 했다. 살인사건이 발생했는데도 한국인 총순이 검험도 하지 않고 피살인의 친족들을 위협 토색하였을 뿐 아니라, 죄가 탄로나자 일본인 경무보좌관에게 다른 사람의 소행이라 무고하고 있는 것이다.

중앙에서도 경찰관들의 행패가 다수 발생하였다. 1906년 4월 초 평리원 검사 최문현이 감옥을 순시하던 중 순검이 불공한 언사로 대하자 최검사는 언어가 공손치 않은 죄로 순검을 잡아 가두려고 하였다. 그러나 순검이 도리어 최검사에게 항의하고 체포를 거부하였다. 이로 인하

여 최문현·장도 등 두 검사가 면직을 청원하고 업무를 거부하였다.[86]

비슷한 시기 한성재판소에서도 술에 취해 행패를 부리던 순검 2명을 금옥 1개월 선고로 감금하였는데, 일본인 경부가 와서 임의로 석방해간 사태가 일어났다. 이로 인하여 수반판사 이병휘, 검사 안치윤, 검사시보 이원국, 판사 이용상·홍재기 등 5명이 법부에 면직을 청원하였으나 내부와 법부 사이의 상호 양보에 의하여 사태가 일단 타결되었다.[87]

1907년 1월 한국의 재판제도 개혁을 위해 각급 재판소에 일본인 법무보좌관이 배치되었다. 통감부에서는 이들의 전문적인 법률 지식과 재판 경험으로 한국 재판의 문제점이 어느 정도 해결될 것으로 기대하였으나 재판의 전체적 상황은 크게 달라지지 않았다.

최고 재판소인 평리원에서는 법정 심문할 때 행하던 고문을 하지 않는다고 공표했으나, 법무보좌관이 퇴근한 야간에 여전히 고문을 행하였다. 또, 일단 판결이 선고된 사건이 국왕의 특지에 의하여 감형되는 행태도 여전하였다.[88]

사실, 평리원 이하 각급 재판소에서는 고문을 금지한 후 판검사 등이 재판 업무를 처리하는 데 대단한 곤란을 겪게 되었다. 조선 왕조 이래 증거 조사를 충분히 한 후 죄의 유무를 명백히 하는 재판 절차가 없었고 법제상으로나 사회적으로나 필요한 기관이 구비되지 않았다. 따라서 가장 손쉬운 범죄 증거는 자백이었는데, 고문이 폐지됨으로써 자백을 얻어내는 데 가장 간단하고 손쉬운 수단을 상실한 것이다. 이처럼 고문 금지가 어느 정도 효과를 거두었지만, 그 이외에는 각급 재판소의 재판 절차가 크게 개선되지 못하였다.[89]

법부에서는 재판제도 개선을 위해 1907년 7월 초 평리원 이하 각급 재판소에 사법에 관한 문서는 그 접수와 발송을 막론하고 모두 법무보좌관의 결재를 받도록 훈령하였다.[90] 그러나 사태는 크게 달라지지 않았고, 일본인 판검사들도 '법무보좌관 제도로는 이(한국 재판—필자)를 구제할 수가 없었다'고 판단하는 상황이었다.[91] 따라서, 재판제도의 개혁은 일본이 한국 통치의 실권을 장악한 1907년 8월 이후를 기다려야 했다.

재판기관의 식민지적 근대화

일본 정부는 헤이그특사 사건을 빌미로 고종을 강제 퇴위시키고 〈정미칠조약〉 체결 이후 일본인 관리와 판검사를 법부와 각급 재판소 및 감옥의 정식 관리로 임용하여 직접 사법권을 장악하는 정책으로 전환하였다. 1907년 7월 하순 후루야 통감비서관이 고니시 외무대신 비서에게 보낸 다음 글에 보듯이, 한국을 완전히 장악하기 위해서는 외국인이 누려오던 영사재판권의 철폐가 무엇보다 시급한 문제로 부각되고 있었기 때문이다.

만일 현재 상태로 진행하면 영사재판제도의 특전을 누리는 외국인이 속속 내지로 진입 거주하고 각종 업무에 종사해도 한국의 법권은 이들 인민에게 미칠 수 없을 것입니다. 따라서 그들은 한국에 대한 의무를 부담하지 않고 그 권리를 행사하게 될 것입니다. 이로써 보건대 금일의 급무는 한시라도 빨리 법률의 제정, 재판의 개량을 도모하고 최종 목적하는 영사재판권 철거의 방법을 강구하지 않을 수 없습니다. 그러나 법률의 제정, 법관의 양성은 일조에 기할 수 없는 고로 <u>응급 수단으로 한편으로는 한국민의 신명身命 재산을 보호하고 다른 한편으로는 한인으로 하여금 재판사무를 실지 연습시킬 목적으로 일한 양국인으로 조직하는 재판소를 신설하려고 합니다.</u>[92](강조는 필자)

즉, 영사재판권 철폐를 위해서는 문명국의 재판제도가 한국에 실시되어야 하는데, 민법·형법·민사소송법·형사소송법 등 제반 법률을 제정하고 한국인 법관을 양성하는 데에는 1~2년 이상이 걸리므로 일단 재판기관만이라도 먼저 개편하고 이를 일본인과 한국인 판검사로 구성하겠다는 것이었다.

이에 따라 1907년 12월 23일 통감부는 한국 정부로 하여금 〈재판소구성법〉, 〈재판소구성법시행법〉, 〈재판소설치법〉을 제정하게 하였다. 종전에 군수, 지방재판소·한성부재판소·개항장재판소, 순회재판소, 평리원, 특별법원 등 5급 3심제로 구성되어 있던 것을 구재판소(112개소), 지방재판소(경성·공주·함흥·평양·해주·대구·진주·광주 등 8개소), 공소원控訴院(경성·평양·대구 등 3개소), 대심원大審院(경성 1개소) 등 4급 3심제로 구성하였는데[93] 이는 당시 일본의 재판소 구성을 그대로 모방한 형식이었다.[94]

이 같은 재판소 구성을 기존의 재판제도와 비교하면 다음과 같은 차이가 있다. 첫째, 심급제도를 3심제도로 확정하였다. 종래의 군수재판을 구재판소로 공식화하여 경미한 민형사 사건의 제1심을 맡게 하였다. 지방재판소·한성부재판소·개항장재판소를 모두 지방재판소로 통합하되 구재판소의 판결에 대한 공소控訴 및 항고, 구재판소와 대심원의 권한에 속하지 않은 소송의 제1심을 맡게 하였다. 순회재판소 대신 설치된 공소원은 지방재판소의 판결에 대한 항소 및 공소를 맡게 하였다. 평리원과 특별법원을 통합하여 설치한 대심원은 지방재판소·공소원에서 처리한 제2심 판결에 대한 상고 및 공소원의 재판에 대한 항고, 황족 범죄의 제1심이자 종심終審을 맡았다. 이는 평리원에서 칙주임관, 황제 지정 죄인, 국사범 재판을 제1심이자 종심으로 재판하되 법부를 통해 질품서를 상주하고 국왕의 지시를 받던 종전 제도에 비하면 신분적 차별을 폐지하고 재판의 독립성을 확보했다는 점, 법부에서 평리원의 판결을 번복할 수 있었던 판결제도의 불확정성을 제거했다는 점에서 의미 있는 개혁이었다.

둘째, 각급 재판소의 판검사 등 사법관을 관찰사·군수·한성판윤·감리 등 행정관이 겸임하던 제도를 완전히 폐지하고 전임 사법관들로 임명하게 하였다. 이를 위해 일본에서 고등고시 사법과에 합격하고 현직 판검사로 재직하고 있던 일본인들을 한국의 판검사로 임명하였다. 다만 한국인 중 종전 재판소에서 비교적 오랫동안 재판 경험을 쌓은 자, 일본에 유학하여 법학을 전공하고 귀국한 자, 변호사 시험에 합격한 자, 법관양성소 졸업생 중 재판 사무 경력이 있는 자는 특별히 판검사로 임명하였다. 이로써 사법권과 행정권이 제도상으로 완전히 분리될 수 있었다.

이 새로운 재판소제도는 1908년 1월 1일부터 시행될 예정이었으나, 일본인 판검사를 충원하고 재판소 건물을 개축 또는 신축하는 시간적

여유가 충분하지 않았던 탓에 7개월 뒤인 1908년 8월 1일부터 시행되었다. 즉, 3월 말까지 도쿄공소원 검사장 구라토미 유자부로倉富勇三郎, 도쿄지방재판소 소장 와타나베 도루渡邊暢, 오사카지방재판소의 검사정檢事正 고쿠분 산가이國分三亥가 각각 한국의 법부 차관, 대심원장, 검사총장에 내정된 상태로 한국에 도착하였다. 이들은 한국의 주요 재판소장, 법부 서기관·사무관·번역관으로 내정된 일본인 판검사들과 함께 새로운 재판소를 창설하는 작업을 개시하였다.[95]

3월에서 5월까지 일본인 판검사가 임명되고, 6월에서 7월까지 한국인 판검사가 임명되었다. 1908년 8월부터 1910년까지의 임명 상황을 보면 다음 〈표 4–1〉과 같이 판사는 일본인이 2배, 검사는 일본인이 3~9배 정도를 차지하게 되었다.

일본인 판검사가 한국의 재판기관을 장악해 감에도 불구하고, 군수·관찰사의 불공정한 재판에 피해를 받아왔던 지방민들과 중앙의 상급재판소의 폐해를 목도해 왔던 지식인들은 신재판소 개청, 민형사 재판 관련 신규 법령 실시에 대하여 많은 기대를 표명하고 통감부의 '시정 개선' 사업 중 괄목할 만한 것으로 받아들이고 있었다.[96]

〈정미칠조약〉이 반포된 1907년 7월 말의 논설에서도 조약에 내포된 예속적 성격을 지적하면서도 사법사무를 행정과 구분한다는 제3조에 대해서만은 상당한 기대를 하고 있음을 볼 수 있다.

실로 희망하는 하나의 개량은 제3조에 사법사무를 행정과 구분한 것이로다. 금일까지 한 명의 관찰사가 무관과 행정관 및 재판관과 기타 각양을 겸한 자가 매우 많았던 바 이는 부패의 원인이라. 개량이 확실히 필요하니 금

	1908년 8월			1909년			1910년		
	일본인	한국인	계	일본인	한국인	계	일본인	한국인	계
판사	81	42	123	192	87	279	183	71	254
검사	35	13	48	57	7	64	54	6	60
계	116	55	171	249	94	343	237	77	314

출전: 田鳳德, 1975 〈近代司法制度史〉(8) 《대한변호사협회지》 제15호, 27쪽 ; 문준영, 앞의 책, 391쪽

번 이 규칙을 적절하게 진행하면 여러 사람에게 유익하리로다.[97]

또 위 개혁 법률들이 시행되고 한 달 정도 지난 1908년 9월에는 "일반 인민은 재판권이 독립됨을 아는 자가 거의 없되, 그 중에는 구재판所區裁判所가 설치되어 군수에게 재판권이 없는 고로 사법권이 독립되었다 칭하고 인민이 문명한 판결을 받아 권리가 보호되겠다고 환영한다더라"[98]고 하는 기사가 나올 정도였다.

개혁에 대한 기대감으로 인하여 대한협회는 1908년 9월 12일 "대한법계大韓法界의 신일월新日月이 비추니 장래 인민 행복은 모두 알 바"라고 찬사를 표하였으며, 개혁된 재판제도 하에서 전국민의 억울한 사정을 대표하고 생명 재산의 보호를 담보하기 위하여 신리강구소伸理講究所라는 기구를 만들기도 하였다.[99]

이토 역시 통감직을 사임하기 직전인 1909년 4월 11일 일본 사법성 주최 만찬회 석상에서 "각 사법관은 각각 임지에 나아가 앞서 내가 내렸던 훈시를 충분히 받아들였기에 경찰관, 재무관 혹은 다른 지방행정관에 비하여 한국 인민들이 사법을 신뢰하는 의향이 나타났다. 그리하여 제도는 가장 새로운 것인데도 불구하고 그 성적은 가장 양호함을 보여주었다."[100]라고 재판제도 개혁의 성과를 자화자찬할 정도였다.

그러나 일본의 한국 병탄 정책이 구체화된 1909년 상반기 이후 재판기관은 군대·경찰에 이어 최종적으로 폐지되고 식민지적 개편의 운명을 맞이하였다. 1909년 7월 초순 한국을 방문한 이토는 한국 정부 대신들에게 사법·감옥제도의 위탁과 군부 폐지 건이 필요함을 설득하였다. 고영희 법부대신과 이병무 군부대신이 반대하여 의견 일치를 보지 못했으나 이토가 이 안건 통과를 위해서 개각까지 불사하겠다고 위협하여 7월 12일 밤 중에 의견 일치를 보았다.[101]

당일 〈한국 사법 및 감옥 사무 위탁에 관한 한일각서〉가 조인되고[102] 통감부는 1909년 11월 1일 한국의 내각고시 형태로 일본천황의 칙령 〈통감부재판소령〉, 〈통감부재판소사법사무취급령〉, 〈한국인에 계(係)한 사법에 관한 건〉, 〈한국에 재(在)한 범죄즉결령〉 등 일련의 재판기관 관련 법규를 반포하고 당일부터 실시한다고 하였다.[103] 한국 법부의 업무는 모두 통감부 사법청에 이관되고 각급 재판소 사무 역시 통감부재판소에 인계되었다.[104]

이는 일본의 재판제도를 거의 그대로 이식하되, 한국에 한하여 몇 가지 특례를 두는 구조로 이루어졌다. 첫째, 재판기관은 구재판소·지방재판소·공소원·고등법원으로 구성하여 1908년부터 실시한 4급3심제를 유지하였으나 최고법원의 명칭만 대심원에서 고등법원으로 바꾸었다. 이 같은 명칭 격하는 일본 최고재판소인 대심원과 동일한 명칭의 기관을 곧 병탄할 대상인 한국에 둘 필요가 없다는 정책에 기인한 것이다. 이들 4개 부류의 재판소는 각각 일본의 〈재판소구성법〉에서 규정된 직무를 수행하되, 구재판소만은 별도로 한국인에 대한 특례를 두었다. 즉, 구재판소는 한국인의 범죄 중 ① 한국 법규에 의하여 1년 이하의 징역, 벌금, 태형 또는 구류 형에 해당하는 죄, ② 〈형법대전〉에 규정된 절도와 절도와주, 장물취득 등 비교적 가벼운 범죄를 관할하도록 하였다.

둘째, 재판 관할상 민족적 차별을 두어 한국인 판사는 민사사건에서 원고·피고가 모두 한국인인 경우에 한하여, 형사사건에서 피고인이 한국인인 경우에만 담당할 수 있게 되었다. 일본인이 피고인인 형사 사건은 일본인 판사만 담당할 수 있었다(〈통감부재판소령〉 제25조).

셋째, 일본의 예심제도를 변용된 형태로 실시하였다. 예심은 통감이 지방재판소·지방재판소 지부의 재판권에 속한 형사사건에 대해 명할 수 있었다. 그런데, 필요한 경우에는 경부·경시 등 사법경찰관에게 검증, 수색, 물건 집류, 증인 신문 등 예심을 실시할 수 있게 하였다. 그간 예심제도는 〈조선형사령〉이 반포된 1912년 이후 실시된 것으로 인식되어 왔으나,[105] 이미 1909년 말부터 실시되기 시작한 것이다.

예심제도는 사건을 공판에 회부할 것인가 아닌가를 결정하게 함으로써 피고인을 보호한다는 목적과 공판에 필요한 자료를 수집 보전한다는 목적을 지니고 있었다. 일본의 명치형사소송법에서는 현행범 및 준현행범이 아닌 한 예심권한은 모두 예심판사가 갖고 있었다. 그러나, 한국에서는 사법경찰관도 이를 실시할 수 있게 함으로써 한국인에 대한 인권 유린을 광범위하게 자행할 수 있게 만들었다.[106]

넷째, 경찰관의 사법권을 광범위하게 인정하였다. 한국의 경찰서장 또는 분서장을 맡은 통감부 경시·경부 등은 구류 또는 과료형에 처할 만한 죄, 한국법규에 의하여 태형·구류 또는 30원 이하의 벌금형에 처할 만한 죄에 대해 정식재판을 하지 않고 피고인의 진술과 증빙을 조사한 후 즉결 선고를 할 수 있게 하였다.[107] 이는 전국 각지에 분산 배치되어 있는 일본인 헌병경찰에게 광범위한 범위에서 형사재판권을 부여한 것으로, 역시 일본에 없는 특례조항이다. 한국 법규, 즉 〈형법대전〉에서 태형에 처할 범죄 행위로 백 수십여 개가 나열되어 있는 점에 비추어 보면,[108] 일본 헌병경찰이 한국인의 광범위한 생활 영역에 개입하여 재판권을 행사하게 된 것이다.

이처럼 1909년 11월 이후 재판기관은 일본 재판기관의 구조를 그대로 이식하되 운용 면에서 한국적 특례, 다시 말해 곧 현실화된 식민지적 특례에 의해 운영되었다. 이러한 특례는 식민지화 이후인 1910년 10월 1일 〈조선총독부재판소령〉이 반포된 이후 '통감부재판소'가 '총독부재판소'로 명칭만 바뀌었을 뿐, 대체로 그대로 유지되었다. 이로써 한국의 형사재판제도는 식민지적 근대화의 길을 밟게 되었다.

결론

갑오개혁기에 개혁된 형사재판제도는 정치적 상황에 따라 부침을 겪었다. 조선 왕조 내내 사법권은 통치권의 한 부분이었기 때문에 사법권을 통치권력으로부터 분리시켜 전임 사법관이 담당하게 하는 근대적 사법제도의 이념은 전제군주정을 지향했던 황제와 전통적 형벌권에 익숙했던 관료들로서는 받아들이기 어려운 충격이었다. 형사재판제도의 개혁이 실패한 근본 원인은 여기에 있다고 보인다. 이하에서는 본론에서 분석한 내용을 1894년부터 1898년 말까지, 1899년부터 1905년까지, 1906년 통감부 설치 이후 1910년 일본의 한국 병탄까지 세 시기로 나누어 정리하도록 한다.

조선 후기 이래 통치 권력을 일신에 구현하고 있었던 군주권은 갑오개혁기 개화파 정권의 입헌군주제 구상에 의하여 극히 약화되었다. 아관파천으로 친일 개화파 정권이 몰락하고 1897년 대한제국이 수립된 이후에도 군주권은 입헌군주제적 틀 내에 머물고 있었다. 독립협회운동으로 대표되는 개화파세력과 이를 지지하는 민권운동세력들이 진압된 1899년 이후에 가서야 전제적 군주권이 성립하였다.

갑오개혁 기간 동안 형사재판제도는 급격한 변화를 겪었다. 조선왕조 형사 법규는 동일한 범죄 행위라도 가해자에 대한 피해자의 친소관계, 관직의 고저, 신분의 귀천에 따라 형량이 체가 또는 체감되는 가부장제적·신분제적·관료제적 성격을 띠고 있었다. 형사 정책상 이러한 원리는 부정되고 몇몇 예외(칙·주임관의 범죄, 국사범, 황족의 범죄 등)를 제외하고는 국민동등권적 원리가 등장하였다. 연좌제가 폐지되고 신분 차별적인 재판 절차가 거의 부정되었다. 사법관이 재판 확정하지 않고는 형벌을 과할 수 없으며 군율 관계 범죄 이외에는 모든 범죄를 사법관만이 처벌할 수 있다고 하여 사법권이 분리 독립하였다.

형사법규는 여전히 《대명률》을 일반법으로 하고 《대전회통》형전을 특별법으로 사용하였지만 신규 형사 법규들에 의해 매우 중요한 변화가 나타났다. 가장 큰 변화는 능지형·처참형을 폐기하고 민간인에게는 교수형, 군사 범죄에는 총살형을 실시하게 한 점, 종래의 5형 중 장형·도형을 폐지하고 징역형을 도입한 점, 그리고 이들 형벌은 국사범을 제외하고는 모든 국민에게 동일하게 적용되었다는 점이다.

재판기관의 관할 구조와 사법관 임명 방식도 변화를 보이기 시작했다. 조선 사회의 재판기관은 국왕을 정점으로 하여 범죄의 경중에 따라 직수아문과 비직수아문의 구별이 있었고, 직수아문은 다시 양반층 범죄, 대역죄·강상범죄를 다루는 의금부와 일반 상민의 범죄를 다루는 형조 이하 관찰사·수령에 이르는 위계를 이루고 있었다.

이 같은 재판기관의 위계 구조는 갑오개혁기에 제도상으로는 변혁되었지만 개화파 정부의 단명과 정부 재정의 부족으로 인해 아관파천 이후 다시 과거와 유사한 구조로 돌아갔다. 즉, 고등재판소에서 칙임관·주임관 등 고급 관료의 범죄, 국사범에 대한 단심 재판 및 일반민이 제기한 상소심을 관장하고 개항장재판소·지방재판소에서는 일반민인의 재판을 담당하는 관할구조가 형성되었다. 그리고 이들 재판소의 재판업무를 감독하고 총괄하는 기관으로서 법부가 사법권을 일원적으로 장악하고 있었으므로 이 점 역시 구래의 재판제도 구조에서 형조가 전국의 재판을 일원적으로 총괄하고 있었던 점과 유사하다고 할 수 있다. 따라서 갑오개혁기에 사법권이 독립되었다고 하지만 행정권력으로부터 완전히 독립한 것은 아니었다.

각 재판소에 전임 사법관을 두고자 했던 원칙도 거의 실현되지 못하였다. 고등재판소의 경우 재판장은 법부대신 또는 협판이 겸임하였으며 판사·검사 역시 법부 칙임관·주임관 중에서 임명하여 고등재판소가 곧 법부인 셈이 되었다. 다만 몇몇 법률 전문가, 법관양성소 졸업생 등이 판사·검사 등에 임명되었을 뿐이다. 한성재판소 사법관만은 수반판사를 제외하고 대체로 개혁 이전 사헌부·사간원·형조 등에서 사법 관련 실무를 담당하거나 개항 이후 통상·외교관계 등 새로 설치된 기관의 관직을 역임한 자 또는 법관양성소를 졸업한 인물들이 임명되어 재판기관으로서의 실질을 갖추기 시작하였다. 개항장재판소·지방재판소의 사법관 임용은 개혁 이전과 다름이 없었다. 사법관 교육기관인 법관양성소가 제2회 졸업생까지 배출한 이후 부진함으로써 관찰사·군수 등 지방관이 사법 업무를 관장하는 구래의 제도가 그대로 유지되었다.

조선 왕조에서는 피의자를 수금할 때 문무관·내시부·사족부녀·승려 등을 체포하거나 고신할 때 국왕의 재가를 받아야 했다. 그리고 사형죄에 해당하는 범죄는 다른 죄와 달리 국왕의 주재 하에 대단히 엄격하고 까다로운 과정을 거쳐 신중히 처리하고 있었다. 예컨대, 살인사건의 경우는 초검·복검·삼검하고 의심스러운 경우에는 재차 명사관을 파견하였으며 그 후에도 검험을 담당한 검험관들이 모여 피의자를 본격적으로 신문하는 회추, 그 결과를 보고하는 완결 또는 녹계, 그리고 국왕의 판결이 내려올 때까지 재차 피의자를 신문하는 동추 등의 절차가 진행되었다. 또, 대역·강상범죄는 국왕이 직접 주재하거나 국왕의 지시에 의해 열리는 재판정에서 취급하였다. 또, 이들 사형죄에 해당하는 사건에 대한 판결은 관찰사가 아니라 형조·의금부를 거쳐 최종적으로 국왕이 내리게 되어 있었다. 국왕의 판결이 사형으로 내려지면 세 차례의 상복詳覆 과정을 거쳐야 판결이 최종 확정되고 사형 집행이 이루어질 수 있었다.

판결을 선고받은 죄인은 형이 집행되기 전이나 집행된 이후에 상급 관할기관에 상소하여 구제받을 수 있었지만 역시 최종적인 상소는 국왕에게 하는 상언·격쟁과 같은 제도였다. 이 같은 상언·격쟁은 1700년대 후반 이후 상언·격쟁할 수 있는 사안의 종류가 점차 확대되면서 강상윤리의 문제를 호소하는 청원 수단에서 벗어나 민인들의 사회경제적 이익을 쟁취하기 위한 저항 수단으로 변모하였다.

이같이 재판과정의 최종적인 심리와 결재가 국왕에 의해 이루어진 것이 조선 후기까지의 재판절차였으나 갑오개혁기에는 국왕의 재판관으로서의 지위가 모두 박탈당하였다. 그러나 아관파천 이후 군주권이 점차 회복되면서 칙·주임관을 체포할 때, 국사범을 유형에 처할 때, 사형에 처할 자를 판결 선고한 후에는 반드시 국왕에게 상주하고 그 재가를 받아야 집행할 수 있었다. 즉 중요한 범죄에 대한 판결은 최종적으로 국왕이 재가하게 하는 규정을 둠으로써 국왕의 재판관으로서의 지위가 복구된 것이다.

이외에는 모두 재판소 또는 법부의 관할하에 재판이 이루어졌다. 민사와 형사의 구분이 이루어지고 신분에 따라 관할을 달리 하던 원칙이 폐기되었다. 대부분의 민인들은 군수재판 → 지방재판소(서울·개항장의 경우 한성재판소·개항장재판소) → 고등재판소를 거치는 심급 구조 하에 있었다. 단, 칙·주임관과 국사범은 고등재판소, 왕족은 고등재판소에서 개정되는 특별법원에서 각각 단심제가 적용되는 예외 사항이 존재하였다.

피의자 체포과정에 체포 영장이 도입되었고 죄인의 신분에 따른 제한도 무시되어 누구나 법 앞에서 동등한 재판을 받게 되었다. 다만, 칙임관·주임관을 체포할 경우 국왕의 사전 승인 또는 사후 재가를 받아야 하는 예외적 조치를 인정하였다.

형벌을 적용할 때는 이전과 달리 피고인의 정상을 참작하여 해당 법규의 형량을 가감한다는 법규가 새로 제정되어 판사의 재량권을 폭넓게 인정해 주었다. 관리들도 사죄私罪를 범했을 경우에는 일반 인민과 동일한 형벌을 받게 되었다.

각급 재판소에서 판결을 선고할 때 역형 종신 이상에 해당하는 중죄인은 반드시 법부대신의 지령을 받아 판결을 선고하게 하여 법부의 재판 감독권을 설정해 두었다.

상소제도는 군수 → 각 개항장·지방재판소 → 고등재판소라는 심급을 준수하도록 하여 과거에 비해 단순해졌지만 항상 문제가 된 것은 군수 또는 관찰사의 재판에 불복한 경우의 상소였다. 상소하려 해도 부·군 관리가 방해하거나 개항장·지방재판소에서 소장을 접수하고도 즉시 심리하지 않는 등의 문제가 있었다. 법부에서는 이 경우 개항장·지방재판소에 상고하지 않고도 곧장 고등재판소로 상소할 수 있다는 규정을 새로 만들었다. 한편 구제도 하에서 최종 상소수단으로 사용되던 상언·상소上疏·격쟁도 군주권 회복 이후 조금씩 나타나기 시작하였다.

그러나 판결이 번복되는 일이 잦아 판결이 확정될 수 없는 구조적 한계가 나타났다. 국왕이 상언이나 상소에 의하여 이미 재판소에서 선고한 판결을 번복하는 경우 외에도 고등재판소 스스로 이미 내린 판결을 번복하는 경우, 고등재판소에서 내린 판결을 하급재판소가 번복하는 경우, 동일한 재판기관이라도 관장이 달라짐으로써 판결이 번복되는 경우, 위의 심급제를 준수하지 않고 고등재판소로 곧장 고소·고발하는 경우가 많았다.

이는 군수·관찰사 등 지방에서는 물론 고등재판소에서까지 재판관이 뇌물·청탁을 받아 재판 자체가 불공정하게 이루어지고 있었던 데 가장 큰 원인이 있었다. 뇌물과 청탁에 의하여 불공정한 재판이 이루어지고 있음을 법부·고등재판소도 잘 알고 있었고 엄벌한다는 훈령을 누차 내렸음에도 불구하고 뇌물과 청탁은 쉽게 근절되지 않았다.

한편, 개항 이후 열강과의 조약을 체결할 때 삽입된 영사재판권은 피고인 관할주의를 취하여 형식적으로는 호혜평등한 것으로 볼 수 있으나 조선정부로 하여금 외국인 및 외국인과 결탁한 조선인을 여타 조선인과 동일한 사법적 통제 하에 둘 수 없게 만드는 제약 요인으로 작용하였다. 그리하여 자본주의 열강이 조선에 대한 정치·경제적 침투를 행하는 과정에서 조약의 위반, 또는 부당한 요구를 하게 하고 또 경제적으로 유리한 지위를 확보하게 만드는 교두보 역할을 하게 되었다.

갑오개혁 이후에는 한국에 거주하는 외국인과 관련된 민형사상 분쟁이 대폭 증가하였다. 그러나 이전과 마찬가지로 외국인이 증인 또는 피고일 경우에는 한국 재판소가 심리·판결하지 못하고 반드시 외국 영사에게 조회하여 증인을 출석하게 하거나 외국 영사관에서 재판하게 한 후 그 결과를 통보받을 수 있을 뿐이었다. 1890년대 후반 이후에는 일부 한국민이 영사재판권을 악용하여 외국의 종교, 예컨대 천주교나 개신교, 러시아정교 등에 입도한 후 이를 배경으로 하여 일반 민인의 재산을 약탈하거나 행패를 부리는 예가 비일비재하였다.

일부 한국민이 외국 종교에 투입하여 행패를 자행한 것은 열강에 대해 저자세 외교를 취하는 한국 정부의 나약함을 이용하려는 민인들의 교활함, 그리고 근원적으로는 한국 관리의 탐학과 비리 때문이었다. 그러나 한국 정부가 자국민 또는 한국 거류 외국인에 대한 사법권을 갖지 못한 점은 주권의 불완전성을 의미하는 것이었다.

1899년 이후 고종은 대외적으로 각 열강에 대하여 '세력균형 정책'을 취함으로써 자주독립을 유지하는 한편, 국내적으로는 측근세력 및 각 열강과 관련하여 형성된 친미파·친러파·친일파 등을 조종하여 상호 견제시키면서 전제적 권력을 유지하여 나갔다.

이와 동시에 고종은 전제군주권을 강화하기 위한 각종 법률·제도의 제정 및 개편을 기존의 의정부가 아니라 별도로 설치한 법규교정소를 통하여 추진하였다. 법규교정소는 '구본신참'의 원칙에서 '신참新參'의 측면을 더욱 강조하는 방침을 정하고 첫 작업으로 1899년 8월 17일 황제의 전제적 권력을 규정한 〈대한국국제〉를 반포하였다. 그러나 그 이상의 활동을 보이지 못함으로써 법규교정소를 통하여 통일적 법전 체계를 마련하려는 고종의 시도는 일단 좌절되었다.

고종은 '제국'으로서의 외양을 갖추기 위한 각종 상징화 작업을 추진하였지만 그것이 곧 복고는 아니었다. 고종은 보수 유생들이 주장하는 과거 질서로의 복귀를 받아들이지 않았고, 유교를 통치 이념으로 사용했다기보다 대한제국의 외양을 구성하고 유지하는 형식적 통치 이념으로 사용하였다. 황제가 추구한 통치 이념은 열강간의 세력균형에 입각한 자주독립, 상업을 통한 부국과 이를 바탕으로 한 식산흥업 등의 정책을 추구하되 그 주도권은 황제가 갖는다는 것이었다. 이 같은 근대국가 지향성은 이미 갑오개혁 이래 계속 견지되어 온 이념이었고 고종은 이 이념을 전제군주권을 중심에 두고 구체화하려고 했던 것이다.

독립협회운동과 각종 정변 미수사건을 겪으면서 정부의 형사정책은 민권운동을 탄압하면서 점차 엄형주의를 지향해 나갔다. 비록 독립협회운동과 열강 외교관들의 저지로 무산되었지만, 〈신문조례〉〈집회급협회규례〉〈보안조례〉를 입법화하려는 움직임이 나타났다. 정부는 동년 11월 22일 법률 제2호로 〈의뢰외국치손국체자처단례〉를 제정, 민권운동을 전개하는 세력에 대한 통제를 강화하였으며, 1899년 이후 참형·노륙법·연좌제 등을 부활시키고자 하였다.

1900년 전후부터는 형법 제정에 착수하였는데, 형사법규 제정과 기타 법률 자문을 위하여 프랑스인 크레마지를 고빙하였다. 크레마지와 형법 교정관들은 1904년 10월 이후 〈형법대전〉 초안에 대한 최종적인 교정 작업에 착수하였는데 크레마지의 제안으로 이 단계에서 참형·몰수형 폐지 등 몇 가지 중요한 교정이 이루어졌다. 이 과정을 거쳐 1905년 5월 29일 역사상 최초로 근대적 형법 체제를 갖춘 〈형법대전〉이 반포되었다.

〈형법대전〉은 '구본신참'의 정신을 반영하여 근대적 형법체계 내에 갑오개혁 이래 반포된 신식 형사 법규들을 포함하면서도 《대명률직해》와 《대전회통》 등에 있는 구래의 형사 법규를 옮겨 실었다. 산만하게 흩어져 있는 형사법규들을 통합하였다는 점, 독자적인 형법을 갖추게 되었다는 점 등에서 법전 편찬사상 한 획을 긋는 것이었다.

전제군주권의 강화와 형사정책이 엄형주의로 나아가는 한편에서는 전임 사법관을 두고 엄격한 심급제를 유지하려고 했던 개혁 방침이 후퇴하기 시작하였다. 정부는 1898년 8월부터 법부와 고등재판소 관제 개정작업에 착수하여 1899년 5월 말 〈법부관제〉와 〈재판소구성법〉을 모두 개정하였는데 여기서는 두 가지 점이 주목된다.

하나는 고등재판소 명칭이 평리원으로 개칭되고 평리원에서는 ① 황제가 특지로 재판에 회부한 죄인 ② 칙임관·주임관 체포 및 심판 ③ 국사범 등의 심판 건에 대해서는 재판장이 법부대신에게 보고하여 지령을 기다려 처리하도록 규정한 점이다. 또 하나는 특별법원 및 평리원에서 모반·대역사건을 법부에 보고했을 때 의심스러운 점이 있을 경우에는 법부대신이 직접 심판할 수 있고 평리원 및 각 재판소 민형사소송에 호원呼冤이 생길 때는 법부 칙·주임관을 파견 심사하거나 해당 서류 일체를 법부로 옮겨와 직접 재판할 수 있다는 점이다.

이로써 평리원이 최종심을 담당하는 것이 아니라 법부가 최종심을 담당하거나 최종적인 판결 선고를 내리게 되었고 법부와 평리원은 이를 둘러싸고 상당한 대립관계에 들어갔다. 그러나 법부와 평리원 사이에 사법권의 독립을 둘러싸고 이 같은 갈등이 노정된 것은 평리원 재판은 공정하고 법부의 간섭은 불공정하다는 차원의 것이 아니었다. 오히려 뇌물과 청탁에 의하여 평리원 사법관들이 불공정한 재판을 하는 문제가 발생하여 이를 저지한다는 의도의 발로였던 것이다.

그럼에도 불구하고 법부의 재판 직접 개입은 새로운 문제를 낳았다. 관제 개정 이후 민인들이 이결已決·미결未決을 막론하고 법부로 상소하는 탓에 평리원이 하급 재판소만도 못하게 되었다. 이는 개혁 이전 형조에서 전국의 모든 형사재판을 관장하고 지시 훈령할 뿐 아니라 중범죄를 직접 재판하는 체제와 유사한 모습으로 돌아간 것이다. 그리하여 평리원 판결의 확정력도 발생하지 못하고, 법부 판결도 평리원의 논박에 의해 부정되면 확정력을 발생시킬 수 없는 결과를 자초하였다.

사법관 임용제도 역시 마찬가지였다. 법률교육을 받은 전문가들이 배치되어 있던 법부·평리원·한성(부)재판소를 제외하고 지방재판소·개항시장재판소의 판사는 여전히 관찰사·감리가 겸임하고 있었다. 이전 시기에도 그러하였지만 관찰사와 군수가 담당한 재판의 대부분은 불공정한 판결로 인하여 수많은 민인들이 서울로 올라와 평리원 또는 법부에 상소하는 형편이었다. 특히 관찰사 재판보다 더욱 심각한 폐해로 지적되던 것이 군수 재판이었다.

　관찰사·군수의 탐학·축재는 모두 이들이 가진 사법권에 의하여 이루어지고 있었다. 법부에서도 평리원에 훈령하여 탐학한 지방관들을 재판 처단하게 하고 있었으나 평리원에서 이들 탐관을 처벌하는 것은 요원한 일이었다. 따라서 시급히 이들 지방관으로부터 사법권을 분리하여 전임 사법관이 재판소를 장악해야 했으나 법관양성소는 당초의 계획대로 운영되지 못하고 있었다. 1903년 초부터 법관양성소가 학생을 모집하고 졸업생을 배출하기 시작하였지만, 졸업생들이 곧바로 사법관에 임용된 예는 거의 없었다.

　이 시기에는 독립협회운동의 영향을 받아 민인들의 권리의식이 급속히 신장되면서 지방관에 대한 고소·고발이 양적으로 폭증하고 있었다. 그러나 권세있는 가문 출신의 지방관인 경우에는 무혐의 처리되거나 오히려 고소한 민인들이 무고죄로 처벌받았다. 고소당한 지방관이 고소한 민인의 친족을 직접 체포하여 악형을 가하거나 평리원에 고소인을 맞고소하는 예도 많았다. 1902년 이후 민인들의 지방관 고소가 효과를 보지 못하고 도리어 처벌받는 사례가 많아지면서 가명 또는 익명으로 각 신문사에 투서하여 억울함을 호소하는 사례가 늘어나기 시작하였다.

　아울러 재판이 지체되는 사례가 비일비재하게 되었다. 〈민형소송규정〉에 정해진 '결심結審 후 7일 이내 판결해야 한다'는 규정, 개혁 이전의 규정인 결옥일한 규정 등은 모두 사문화되고 장기 미결수가 늘어갔다. 법부는 재판 지체의 원인을 뇌물·청탁, 민인의 비리건송, 법관의 훈칙 부족 등으로 파악하고 있었으나 마땅한 대책을 마련할 수 없었다.

재판이 지체되는 또 하나 중요한 원인으로 일단 선고된 판결이 확정될 수 없는 제도 자체의 문제가 있었다. 〈재판소구성법〉 개정 이후 법부가 평리원 판결에 대한 불복 상소를 받아 처리한다는 규정으로 인하여 평리원의 판결은 언제든지 번복될 수 있었다.

한편, 영사재판권의 존재로 인하여 1900년대 초반 이후에는 기묘한 현상이 빈발하였다. 한국 정부는 〈의뢰외국치손국체자처단례〉를 제정하여 국내 민인이 외국인과 부동하여 저지르는 각종 범죄 행위를 처단하려고 하였으나 피의자가 외국 세력의 보호 하에 있거나 외국인 거주지 안에 있을 경우 이 법령을 관철시킬 수 없었다. 이러한 약점에 편승하여 범죄자들이나 정부의 탄압을 받는 자들이 외국인의 보호하로 도피하는 경우가 빈번하였으며, 이 경우 한국 정부는 이를 직접 처단할 수 없었다.

일본의 한국 사법권 침탈은 영사재판권이라는 불평등조약상의 특권에 편승한 것이었지만, 재판제도의 많은 문제점, 특히 군수·관찰사의 탐학과 각급 재판소의 불공정한 판결 등에 편승한 것이기도 하였다. 러일전쟁에서 승리를 확신한 일본은 1905년에 들어서부터 소위 '시정 개선'이란 명목 하에 한국 정부의 사법권을 침탈하는 행동에 나서기 시작하였다. 한국 인민들이 억울한 사정이 있으면 인근 일본 영사관 또는 공사관에 와서 직접 호소하라고 한 것이다.

한국주차 일본군 사령부는 한국 정부와 사전협의도 거치지 않고 군사작전상 필요하다는 명목 하에 1905년 1월 이후 서울과 그 인근 지역에서 집회·결사·언론의 자유를 제한하였으며 이를 위반하는 행위는 한국경찰과 재판기관이 아니라 일본군 헌병대가 처벌하게 하였다. 1905년 2월에는 한국 정부와 〈경무고문용빙계약〉을 체결한 후 각도에 일본인 경무보좌관을 파견, 각종 범죄에 관한 건을 관장하게 하였다. 이에 따라 한국민이 그동안 억울하게 처분받았던 사건을 호소하는 경우가 나타나기 시작하였다.

1906년 초 통감부가 설치된 이후 초대 통감 이토 히로부미가 재판제도의 개선을 중대한 급무로 설정하고 한국을 손쉽게 식민지화하려는 구상을 추진한 것은 이러한 사정이 있었기 때문이다. 통감부는 일본인 판검사를 한국의 법무보좌관으로 고빙하게 하여 각급 재판소의 재판 실상을 조사 보고하게 하고 이에 바탕하여 일단 죄인 신문시 고문을 폐지하고 군수 재판의 폐해를 제거하는 조치를 취하였다.

그러나 고종의 헤이그 특사 파견과 그에 이은 일본의 대한정책 급선회로 인하여 한국의 재판제도는 급속하게 '개혁'되기 시작했다. 통감부의 재판제도 개혁은 그 이전 1906년경부터 한국 정부가 독자적으로 주도한 형법 개정 결과를 수용한 것이 아니라, 기존의 〈형법대전〉 조항을 합리화하고 관민간의 차별 조항을 대폭 삭제하는 선에서 이루어졌다. 재판제도는 일본 재판제도를 이식하여 3심제의 확립, 사법과 행정의 분리 원칙이 관철되는 형태로 개정되었다. 그 결과 1908년 8월 1일부터 시행된 '신재판소' 제도는 한국민들의 요구를 어느 정도 만족시킬 수 있는 수준까지 나아갔다.

그러나 일본의 대한정책이 1909년 초반 이후 '병합'노선으로 확정됨에 따라 '신재판소' 제도는 식민주의를 체현하는 구조로 나아갔다. 1909년 11월 〈통감부재판소령〉, 〈통감부재판소사법사무취급령〉, 〈한국인에 계한 사법에 관한 건〉, 〈한국에 재한 범죄즉결령〉 등 일련의 재판기관 관련 법규가 반포되면서 한국 법부의 업무는 통감부 사법청에 이관되고 각급 재판소 사무 역시 통감부재판소에 인계되었다.

이는 일본의 재판제도를 거의 그대로 이식하되 몇 가지 특례를 두는 구조로 이루어졌다. 최고법원의 명칭을 고등법원으로 정한 점, 재판 담당 판사를 피고인의 국적에 따라 차별적으로 규정한 점, 일본에서는 예심판사만 가질 수 있는 예심 권한을 통감부 경부·경시 등 사법경찰관도 행사할 수 있게 하여 무제한적 인권 유린을 가능하게 한 점, 벌금형·과료형에 처할 죄에 대해 정식 재판을 하지 않고 통감부 경부·경시 등 경찰관이 즉결 선고를 할 수 있게 한 점 등이다. 그리고 이러한 특례들은 1910년 일본의 한국 병탄 이후에도 그대로 유지됨으로써 식민지 형사재판제도의 중요한 부분을 구성하였다. 이러한 점에서 통감부 말기 한국 재판제도는 근대적 합리성이 식민지 지배의 차별성과 결합해 갔다고 할 수 있다. 이로써 한국의 형사재판제도는 식민지적 근대화의 길을 밟게 되었다.

보론:
1910년대 식민지 조선의 형사법과
조선인의 법적 지위

일본의 식민지 조선 지배정책을 바라보는 관점은 크게 세 가지로
구분할 수 있다. 첫째는 동화주의 관점인데, 이는 다시 피지배자 조선
과 지배자 일본이라는 상반된 입장으로 나뉜다. 전자의 입장에서는
일본이 조선인의 민족의식을 빼앗고 일본인으로 동화시키고자 민족
말살정책 또는 '민족말살주의'를 추진하였다고 본다. 이러한 관점은
일본이 1910년 한국을 병탄하면서 '완전히 그리고 영구히' 지배할 것
을 천명하고 일시동인·내지연장주의·내선융화·내선일체화·황국신
민화 등을 표방하면서 한국을 영원히 지배할 것을 목적으로 하고 있
었다고 본다.[1]

후자의 입장에서는 일본의 동화정책이 곧 조선 민족의 일본 '국민
화'를 지향했다고 본다.[2] 이 관점은 식민지 조선을 '문명화'하고 '일본
화'해야 할 열등한 지역으로 간주함으로써 식민 지배자의 시혜를 강
조하는 것으로, 조선총독부측의 지배담론이나 일본인 학자들의 연구

에 일관되게 나타나고 있었다.[3] 이러한 관점에 서게 되면 일본의 조선 지배정책은 조선 및 그 주민을 일본의 영토 및 국민으로 통합할 것을 목표로, 식민지에 일본과 같은 제도를 실시하며 교육을 비롯한 문화 정책을 실시했다는 주장을 펴게 된다. 결국 두 가지 입장은 관점만 다를 뿐, 일제의 지배정책이 동화주의였다고 보는 점에서는 동일한 것이다.

두 번째 관점은 동화정책의 대척적 개념인 차별정책으로서, 일본이 식민지 시기 내내 조선을 일본 본토와 달리 차별적으로 지배하였다고 보는 관점이다. 이러한 관점에 선 연구자들은 일본이 식민통치의 기본이념으로 표방한 동화주의가 이념이나 정책 방침이었다기보다 정치적 선전을 위한 언설에 가까웠다고 본다.[4] 연구자에 따라서는 식민지 말기에 가서야 차별정책이 폐지되고 동화정책이 실현되기 시작했다고 보는 입장과 식민지 시기 내내 끊임없이 차별정책이 실시되었다고 하는 입장으로 나누어질 수 있으나 이러한 차이는 사소한 것에 불과하다. 이 관점에 의하면 일본은 동화정책을 내세우면서도 "조선인의 민도나 황민화皇民化된 수준이 낮다"는 이유, 일본의 편협한 혈족 내셔널리즘, 한일 민족간 평등을 두려워하는 일본 통치 능력의 한계, 일본화를 거부하는 조선인측의 저항 등으로 인하여 기본적으로 차별정책을 유지하였다고 본다.[5]

세 번째 관점은, 위의 두 가지 관점을 넘어서 일본의 통치정책을 동화정책이나 차별정책 어느 한쪽으로 규정하기 어렵다고 보는 관점이다.[6] 오쿠마 에이지는, 위의 두 가지 관점 모두 일본과 조선을 구분하는 민족 단위 경계가 불변이라고 보는 관점에 서 있기 때문에, 일본과

한국 근대 형사재판제도사

조선은 민족 내지 국가 단위로 영원히 불변하는 각각의 동일성을 갖는 것으로 생각하게 되기 쉬우며, 일본이나 조선 내부의 대립, 예컨대 일본 내부의 관청간 대립이나 조선 내부의 지역·계급·성별 등의 차이가 경시될 우려가 있다고 하였다.

그리하여 그는 일본의 통치정책을 연구할 때, 두 가지 점을 중시할 것을 제안하였다. 첫째, 조선총독부는 관청으로서의 기득권에 간섭을 받지 않으려고 조선을 일본으로부터 분리시키려는 지향을 가지고 있었던 점,[7] 둘째, 일본 대 식민지라는 양자 문제로서가 아니라 여기에 '구미'라는 제3항을 더한 삼자간 문제로 검증을 진전시켜야 한다고 하였다. 그리하여 그는 일본이 '식민지'와의 사이에 경계를 긋는 형태로 '일본인'을 내세우는 '배제정책', 즉 차별정책을 취하면서도, 일본제국을 위협하는 '구미'라는 '그들'에 대항하는 '일본'이라는 '우리'를 확장하기 위하여 '포섭', 즉 동화정책을 취하였다고 주장한다.[8]

법제사 분야를 보더라도 이러한 세 가지 관점이 나타나고 있는 점이 매우 흥미롭다.[9] 기존의 법제사 연구자들은 동화정책과 차별정책이 일본의 법제정책에 모순적으로 나타나고 있다고 파악하고 있다. 예컨대, 일본의 조선에서의 민사 법제정책은 동화정책을 전제로 하여 조선의 관습을 법적으로 부정하고 일본 민법을 수용하였다고 파악하는 반면,[10] 형사 법제정책에서는 조선태형령, 소송 촉진주의, 예심제도의 변용 등으로 철저한 민족간 차별정책을 취하였다고 파악한다.[11] 즉, 민사법 분야에서는 동화정책이, 형사법 분야에서는 차별정책이 추진되었다고 하는 평가이다.

이러한 양자택일적 관점을 탈피하려는 관점 또한 제기되고 있다.

우선 민사법 분야 연구에서 이승일은 조선총독부가 "조선 관습의 성문법화와 법제 일원화"를 지향한 반면, 일본 정부는 일본 민법을 바탕으로 조선과 일본의 법제 차이를 최소화하려 하여 조선에서의 법제 정책이 양자간의 갈등을 중심으로 추진되었다고 본다.[12] 이러한 논의는 '조선총독부=일본 정부'라는 기존의 상식적인 등식을 깨고 일본의 동화정책이 전면적으로 추진되지 못하고 차별정책이 마지막까지 추진될 수밖에 없었던 원인을 조선의 관습과 조선총독부 관료들의 지향에서 찾았다는 점에서 의미가 있다.

한편 형사법 분야에서 문준영은 일본의 정책이 단순한 차별정책이 아니라 일본이 대만에서 먼저 확립하여 관동주 및 조선 등 다른 조차지·식민지로 도입 응용한 식민지형 형사사법제도로 보아야 한다고 주장하였다.[13] 이는 일본과 조선이라는 양자 관계 속에만 갇혀 있던 형사법제 연구의 시야를 일본제국과 그 관할 식민지라는 다자간 관계로 확대하여 식민지형 형사 사법제도라는 표준형module을 추출하고, 이 표준이 개정되어 가면서 각 식민지 사이에 상호 작용해가는 모습을 추적하였다는 의미를 갖는다.

이 글에서 검토하고자 하는 1910년대 형사법과 조선인의 법적 지위에 관해서는 대체로 식민지적 차별 정책과 조선인에 대한 폭압을 중심으로 조명해 왔을 뿐, 일본의 형법과 형사소송법 의용이라는 동화주의 측면은 연구 대상에서 거의 제외되어 왔다고 해도 과언이 아니다. 다시 말해서 형사법제 내부에 동화주의와 차별주의가 동시에 존재하는 원인이나 역사적 성격에 대해서는 총체적인 고찰을 해오지 않았다. 그 결과 일본의 형사법제가 시행되면서 조선인에게 부각된 근대 문명적 통치 구조, 이러한 근대성의 혜택을 받은 조선인들이 일제의 식민지 지배에 대해 보였던 협력적(굴종적) 측면을 간과하게 만들어 왔다.

이 글에서는 식민지 조선에 실시된 일본의 형사법 체제가 표방한 동화주의라는 측면이 결코 정치적 언설이나 기만에 그친 것이 아니라, 상당 부분 그대로 실현되면서도 조선인에 대한 차별주의를 지니고 있다는 점을 밝히고자 하였다. 이를 위하여 1910년대 식민지 조선의 법체계와 형사 절차법규 및 실체법규를 분석함으로써 조선인의 법적 지위를 규명하고 이를 식민지화 이전 상태와 비교 정리하였다.

1

식민지 조선의 법체계와 조선인의
재판 관할

식민지적 법체계

일본정부는 한국 국호를 '조선'이라고 개칭한 후 자신의 영토로 편입하였음에도 불구하고 제국헌법이나 법률, 칙령들을 조선에 그대로 실시하지 않고 일본과 체계를 달리 하는 제령과 기타의 법령을 실시하였다. 이에 대해서 초대 조선총독으로 부임할 데라우치에게 제시된 일본측의 정책 기조는 다음과 같다.

한국을 병합하여 제국 영토의 일부로 한 경우에도 한반도의 사정은 제국 내지와 원래 동일하지 않다. 그 문화도 역시 용이하게 내국인과 동일한 정도로 달하지 못할 것이므로 제국 내지에서의 모든 법률 규칙을 병합과 동시에 적용할 수 없음은 물론이다. 동 반도에 대해서는 그 민정 풍속 및 관습 등에 비추어 문화의 정도에 따라 주민의 행복을 증진하고 그 지식을 개발하고 점차 내국 인민으로 동화시키는 데 적절한 법제를 공포하여 <u>내지와 동화하는 데 이를 때까지는 제국 내지와는 달리 특수한 통치를 할 필요가 있다는 것은 말할 나위도 없다.</u> ……잠정적으로 동 반도의 통할에 대해서는 제국헌법의 각 조항을 적용하지 않고, 반도 민인의 생활을 안정시키고 그 행복을 증진하는 데 적절한 시정을 할 필요에 바탕을 두고 대권으로 직접 통치한다는 취지를 조서 중에 언명할 필요가 있다.[14] (밑줄은 인용자)

요컨대, 동화주의를 실시해야 하지만 일본과의 동화가 이루어질 때까지 차별적 정책을 실시해야 하므로 조선에는 일본 헌법의 각 조항을 그대로 실시할 수 없다고 언명하였다. 이 입장이 곧 식민지 조선을 통치하는 기조가 된 것이다.

이에 따라 일본 정부는 병합조약 시행 당일 칙령 제324호로 〈조선에 시행할 법령에 관한 건〉[15]을 공포하여 식민지 지배를 위한 법제적 기초를 마련하였다. 그 주요 내용은, 조선에서 법률 제정이 필요한 사항은 내각총리대신을 거쳐 천황의 재가를 얻은 후 조선총독의 명령으로 제정할 수 있는데, 이를 '제령'이라 칭하였다. 또 일본 법률의 전부나 일부를 조선에 시행할 필요가 있는 경우에는 칙령으로 정하되, 제령은 칙령에 의해 조선에 시행된 법률과 특히 조선에 시행할 목적으로 제정한 법률 및 칙령에 위배할 수 없다고 하였다.

같은 날 위의 칙령에 근거하여 제령 제1호 〈조선에서의 법령의 효력에 관한 건〉이 공포되었다. 이 제령은 병합으로 생길 수 있는 법적 공백 상태를 방지하기 위한 것으로서, 조선총독부를 설치할 때[16] 조선에서 그 효력을 잃을 일본 법령과 한국 법령은 당분간 조선총독이 발한 명령으로 그대로 그 효력을 갖도록 하였다. 그리고 역시 같은 날 칙령 제335호에 의해 〈특허법〉, 〈의장법〉, 〈상표법〉, 〈실용신안법〉, 〈저작권법〉 등 5개 일본 법률이 최초로 조선에 시행되었다.[17]

이후 조선에 시행된 법령은 다음과 같은 체계를 갖추게 되었다.[18]

① 제령

② 칙령에 의해 조선에 시행된 일본국 법률

③ 특별히 조선에 시행할 목적으로 제정된 법률 및 칙령

④ 그 내용상 당연히 조선에 그 효력을 미칠 일본국 법률 및 칙령

⑤ 병합 당시 특별히 그 효력의 존속을 인정한 대한제국 법령 및 일본국 법령

⑥ 조선총독부령

⑦ 경무총감부령

⑧ 도령道令

⑨ 도경무부령

⑩ 도령島令

이 중에서 ① '제령'은 〈조선민사령〉〈조선형사령〉 등 중요한 법령 대부분을 포함하고 36년간 총 676건이 공포되었는데, 기존 제령을 개폐한 것을 제외하면 270건에 달한다. 제령은 조선에만 시행할 내용을 중심으로 제정되었지만, 소수의 조선적 특례 사항을 포함하여 일본 법률을 조선에 시행할 때도 제령으로 제정 공포하였다. 후자의 경우 대체로 제령 조항 중에 "무슨 무슨 법에 의한다"라고 하여 의용依用이

한국 근대 형사재판제도사

라는 형식을 취하였으며, 의용된 일본 법률이 그 이후에 개정되면 역시 개정 법률 시행일부터 그 개정 법률에 의하게 되었다.

② '칙령에 의해 조선에 시행된 일본국 법률'은 앞서 본 바와 같은 〈특허법〉, 〈의장법〉, 〈실용신안법〉, 〈상표법〉, 〈저작권법〉 등이다. 이런 방식으로 1945년까지 조선에 시행된 법률은 총 130건에 달했다.

③ '특별히 조선에 시행할 목적으로 제정된 일본국 법률 및 칙령'으로는 앞의 〈조선에 시행할 법령에 관한 건〉이나 1911년에 제정된 〈조선은행법〉을 들 수 있으며, 〈조선총독부관제〉, 〈조선총독부중추원관제〉, 〈조선총독부지방관관제〉 및 〈조선주차헌병조례〉, 〈조선교육령〉, 〈보통학교령〉 등을 들 수 있다.

④ '그 내용상 당연히 조선에 그 효력을 미칠 일본국 법률 및 칙령'은 지역 여하에 관계없이 사람이나 물건에 효력을 가지는 법률이나 칙령이다. 예컨대 〈은급법恩給法〉 등 은급 관계 법률은 일본 본토이건 식민지 조선이건 관계없이 관서 공무원 또는 그 유족이기만 하면 어떠한 지역에서도 효력을 갖고 시행되었다.

⑤ '병합 당시 특별히 그 효력의 존속을 인정한 대한제국 법령 및 일본국 법령'은 1910년 8월 29일 제령 제1호 〈조선에서의 법령의 효력에 관한 건〉에 의해 당분간 그 효력이 존속된 법령들로서, 병합 당시 상당수에 달했으나 점차 폐지되었다. 그러나 일본의 패망 이전까지도 대한제국 법령으로 〈보안법〉, 〈출판법〉, 〈신문지법〉, 〈학회령〉, 〈국유미간지이용법〉, 〈이민보호법〉 등 법률·칙령·훈령 합계 17건, 일본국 법령으로 〈보안규칙〉, 〈출판규칙〉, 〈신문지규칙〉 등 통감부령 및 통감부훈령 합계 16건이 존속하고 있었다. 여기서 주의해야 할 점은 대한제

국 법령은 조선인에게만, 일본 법령은 일본인에게만 적용된 점이다. 예컨대 동일한 출판 관련 행위를 했더라도 조선인에게는 〈출판법〉, 일본인에게는 〈출판규칙〉 등 각각 다른 법령이 적용되었다.[19]

⑥ '조선총독부령'은 〈조선총독부관제〉 제4조에 의해 총독이 발하는 명령으로 1년 이하의 징역이나 금고, 구류, 200원 이하의 벌금·과료 등 칙령과 같은 정도의 벌칙을 부과할 수 있고 제령과 달리 천황의 재가를 거칠 필요가 없었다.

⑦ '경무총감부령'은 1910년대의 헌병경찰제도를 뒷받침한 점에서 중요하다. 경무총장은 정무총감과 동등한 지위에 있었다. 이는 1919년 8월의 관제 개편에 의해 없어지지만 이미 공포 시행된 것은 '조선총독부령'으로 간주하여 존속되었다.

⑧ '도령道令'과 ⑩ '도령島令'은 지방관인 도장관道長官(1919년 이후 道知事로 개칭)·도사島司가 관내 행정사무에 관하여 직권 또는 위임 범위 내에서 발하는 명령이고, ⑨ '도경무부령'은 도의 경무부장이 발하는 명령으로 ⑦ '경무총감부령'과 같이 무단통치를 지탱하는 역할을 했던 법령이었으나 1919년 이후에는 폐지되었다.

위와 같은 법체계에 대해 지적할 수 있는 점은, 첫째, 조선에는 일본 헌법이 적용되지 않음으로써 일본 국민에게 부여된 언론·집회·결사·출판의 자유나 참정권 등 기본권이 보장되지 않았다.

둘째, 정상적인 법체계에서 중심이 되어야 할 법률이 예외적인 경우가 되고, 일본 천황의 칙령이나 식민지에 특수한 법형식인 제령이 법체계의 중심을 차지하여 식민지 주민의 의사가 입법에 반영될 수 있는 통로가 원천적으로 봉쇄되었다.

셋째, 경무총감부령이나 도경무부령과 같은 경찰 입법이 광범하게 인정되고 정무총감이나 도지사가 발하는 명령보다 모든 면에서 실질적으로 우위에 있어서 특히 1910년대는 '반군정半軍政'이라고 해도 과언이 아닌 상태가 계속되었다.[20]

넷째, ⑤ '병합 당시 그 효력의 존속을 인정한 대한제국 법령 및 일본국 법령'과 〈조선태형령〉 등 몇몇 제령을 제외하고 나머지 법령류 대부분이 조선인은 물론 조선에 거주하고 있는 일본인에게까지 적용되었다. 일반적으로 조선 거주 일본인이 이들 식민지 법체계 하에 놓여 있었다는 점은 간과되어 왔다. 이 점은 일본의 식민지 조선 통치정책이 조선인에게만 차별적으로 적용된 것이 아니라 식민지 조선에서는 조선인·일본인 구별 없이 적용되었음을 보여주는 증거라고 보아야 할 것이다.[21]

이상의 법체계를 일본 법령이 조선에 실시될 때의 변용 여부를 중심으로 다시 파악해 보면, 첫째 일본 법률이나 칙령이 변용되지 않고 그대로 시행되는 것(② ④), 둘째, 일본의 법률을 의용 형식으로 시행하되 조선에만 적용되는 특수 항목을 담고 있거나 조선의 사정에 맞추어 변용 또는 제정된 제령·법률·칙령 및 조선총독부령·경무총감부령·도령·도경무부령(① ③ ⑥ ⑦ ⑧ ⑨ ⑩), 셋째, 내용이 변용되지는 않았지만 조선인과 일본인에 각각 별도로 적용되는 병합 이전 대한제국 법령과 일본국 법령(⑤)으로 분류할 수 있다.

이들 법령은 일본에서 시행되는 법령과 내용상으로 유사하거나 일본의 제반 제도에 상응하게끔 조정된 것이 대부분이고 일부는 조선에만 "특수하게 존재한다"고 인정된 상황에 맞추어 제정되었다는 점에서 동화주의 측면이 우선적이고 차별주의 측면이 부차적이었다고 할 수 있다. 그러나 이 같은 법체계로 인하여 일본 본토와 식민지 조선, 대만, 관동주 사이에는 동일한 내용의 법령을 적용할 때 복잡한 문제를 낳았다. '칙령으로 시행한 일본국 법률'이나 '조선에 시행할 목적으로 제정한 일본국 법률'들은 일본 본토와 조선에 공통적으로 적용할 수 있었다. 반면, 제령은 총독이 일본국 법률의 위임에 기초하여 공포하는 것이라 그 효력이 조선 내에 국한되었다. 이로 인하여, 설령 특정 제령이 일본 본토의 특정 법률과 내용상 동일하더라도 형식적으로는 다른 법령으로 간주되었다.

예컨대, 일본인이 본토에서 일본 〈형법〉상의 죄를 범하고 조선에 건너와도 조선총독부재판소는 이를 처벌할 수 없었다. 마찬가지로, 조선인이 조선에서 〈조선형사령〉상의 죄를 범하고 일본으로 건너갔을 경우도 역시 본토에서 이를 처벌할 수 없었다. 동일인이 일본 본토와 조선에서 연속적으로 여러 개의 죄를 범한 경우 본토 및 조선에서는 동일인이 각각의 지역 내에서 행한 범죄에 한해서만 처벌할 수 있었다. 또 조선총독부재판소에서 형벌을 언도받고 형을 마친 후 일본 본토에서 동일한 죄를 범하더라도 이를 누범累犯으로 가중 처벌할 수 없으며, 일본 본토의 재판소에서 처벌받은 자 역시 조선에서 동일한 범죄를 저지르더라도 누범으로 가중 처벌할 수 없었다.

일본 법조계에서는 이처럼 법역이 달라 범죄자를 효율적으로 처벌하지 못하는 문제점을 해결하기 위해서 제령과 같은 위임입법 제도를 철폐하고 모든 지역에 일본 법령을 통일적으로 시행하도록 하자는 논의도 제기하였다. 그러나, 조선총독부와 일본 정부는 조선, 대만 등

한국 근대 형사재판제도사

식민지 주민이 일본 본토민과 동일한 수준으로 완전히 동화될 때까지 제령 제정권을 철폐할 수 없다는 입장을 견지하였다. 그 대신 일본 정부는 각 지역 법령을 별도의 법체계 하에 존속시키면서도 그 효력은 똑같게 하는 정책을 채택하여 1911년부터 〈공통법〉 제정 작업에 들어갔고 여러 차례 수정을 거친 끝에 1918년 6월부터 시행하였다.[22]

〈공통법〉의 여러 규정 중 형사 관련만 보자면, 우선 한 지역 예컨대 조선에서 죄를 범한 자는 대만이나 일본 등 다른 지역에서도 처벌할 수 있게 하여(제13조) 법역法域이 달라서 범죄자를 처벌하지 못하던 문제를 해결하였다. 즉, 조선에서 실시되는 법령 내에 "일본 법령에 의할 것"을 규정한 경우에는 조선과 일본이 서로 법령을 같이 하는 것으로 간주하여 일본에서 죄를 범하고 온 자를 조선총독부재판소에서 〈조선형사령〉을 적용하여 처단할 수 있게 하였다. 일본에서 범죄를 저지른 조선인을 태형이 존재하는 조선에서 처단할 경우 태형 언도를 할 수 있게 하되, 〈형법〉상 죄를 범하지 않은 대만인을 조선에서 처단할 경우 대만에 〈태형령〉이 있더라도 그에 대해서는 〈조선태형령〉을 적용하지 못하게 하였다(제14조).

그리고 한 지역에서 형사소송이나 즉결처분 또는 가출옥에 관하여 한 재판, 처분, 기타 수속상의 행위는 각 지역 상호간 그 효력을 인정하는 것으로 하여, 일본에서 징역형 언도를 받고 그 집행을 마친 자는 조선에서도 역시 전과자로 인정되고 다시 죄를 범할 때에는 누범으로 형을 가중할 수 있게 하였다(제18조). 이처럼 법규 적용의 통일성을 확보함으로써 일본은 제국 내의 각각 다른 법역에서 일어나는 형사 범죄에 대한 처벌이나 기타 법률 해석에 통일을 기할 수 있게 되었다.

조선인의 국적상 지위와 재판 관할

조선의 법체계가 일본과 다르게 구성되었기에 조선인의 국적상 지위와 재판 관할 문제 역시 일본인과 다를 수 밖에 없었다. 일본은 병합 이후부터 조선인을 일본인으로 취급한다는 대원칙을 세웠지만, 실제로 여러 가지 차별적 정책을 취하였다. 우선 병합 직후부터 조선총독부는 조선인 관리·경찰관·통역 등이 일본인과 유사한 성명을 만들어 민적에 등록하는 행위를 금지하였다. 일본인과 유사한 성명으로의 개칭은 혼인·입양에 의해 일본인의 가家에 들어가는 경우에 한정하고 그 이외는 불허함으로써 조선인과 일본인을 이름에 의해 구별하고자 하였다.[23]

조선 국내의 일본인과 조선인을 구분하는 문제는 민적제도 실시에 의해 해결해 나갔지만, 조선총독부가 정책적으로 심각하게 고려한 것은 간도나 연해주에 거주하는 조선인, 특히 청국이나 러시아에 귀화한 조선인 문제였다. 이 문제는 이미 이토 히로부미가 초대 통감으로 재직할 때부터 유념한 것이었다. 그는 1908년 중반 대한제국 각 재판소로 부임하는 일본인 사법관에 대한 훈시에서 러시아나 청국에 귀화한 조선인이라고 주장할지라도 그들에게 치외법권의 특전을 인정하지 말고 모두 한국인으로 취급하여 재판해야 한다고 지시하였다.[24] 이러한 방침은 1910년 7월 8일 일본 내각회의에서 조선인의 국법상 지위에 관한 원칙으로 다음과 같이 확정되었다.[25]

(1) 조선인은 특히 법령 또는 조약으로 별단의 취급을 할 것을 정한 경우 이

외에 오로지 내지인(일본 본토인-필자)과 동일한 지위를 갖는다.

(2) 간도 거주자에 대해서는 전항前項 조약의 결과로 현재와 같은 지위를 가지는 것으로 간주한다.

(3) 외국에 귀화하여 현재 이중 국적을 가진 자에 대해서는 추후 국적법이 조선에 행해질 때까지 우리(일본-필자)측 이해관계에서는 일본 신민으로 간주한다.

(1)의 원칙은 일본의 기본적인 입장이었으므로 설명을 요하지 않는다. (2)의 원칙은 1909년 일본과 청국이 체결한 〈간도에 관한 일청협약〉에 의하여 용정촌龍井村·국자가局子街·두도구頭道溝·백초구百草溝 등 상업 지역의 조선인은 일본인으로 취급하여 재판하지만, 그 이외의 지역에 거주하는 조선인은 청국 법률 관할에 속하게 한다는 것이다.[26] 이 점에서 상업 지역 이외의 간도 거주 조선인은 일본의 사법제도 영역 밖에 존재하면서 독립운동을 할 수 있는 여지가 있었다고 할 수 있다. (3)의 원칙은 조선인 중 미국 또는 러시아에 귀화하여 독립운동에 참여한 경우 이들이 조선에 들어와 외국인의 권리 의무를 행사할 때는 형사 처벌하기 어렵기 때문에 모든 조선인의 외국 귀화를 인정하지 않겠다고 일방적으로 원칙을 정한 것이다.

이러한 원칙은 1915년 중국과 〈남만주 및 동부 내몽고에 관한 조약〉을 체결한 이후에도 그대로 유지되지만 부분적인 변화가 일어났다. 즉, 간도 지역의 영사재판에서는 조선인이나 일본인이나 동일한 법률 적용을 받도록 하여 조선인 형사 범죄인은 〈조선형사령〉이 아니라 일본 〈형법〉에 의해 재판하되, 조선인의 신분관계에 한해서만 〈조선민사령〉을 적용하도록 하였다. 이는 신분관계가 속지적이 아니라 속인적인 법률에 의해 규제되기 때문이다.[27]

이를 최종적으로 정리해 보자면, 간도 지역 일본 영사관에서 조선인을 재판할 때는 신분관계를 제외하고는 모두 일본 본토의 법규를 적용하였다. 그리고 영사재판에 대한 상소나 영사관이 예심을 한 죄의 공판을 조선총독부재판소가 담당할 경우에는 판결 선고시 적용할 실체법규는 간도에 시행되는 일본 본토 법규를 적용하지만 소송 절차는 〈조선민사령〉 〈조선형사령〉이 정한 바에 따르도록 하였다.[28] 이로써 조선인은 간도의 상업지역에서는 신분관계를 제외하고는 일본인과 거의 동일한 법적 지위를 가졌지만, 일단 조선 내로 들어오게 되면 조선인으로서 차별적 지위를 가지게 되었다. 즉, 조선인은 일본제국 외부에서는 일본인이지만 일본제국 내부에서는 조선인인 이중적 법적 지위를 가지고 있었다.[29]

조선인의 재판 관할상 지위와 마찬가지로 문제시되었던 것은 조선에서의 최고 재판기관을 어떻게 할 것인가였다. 당초 일본 정부가 원칙적으로 표명했던 동화주의를 추진한다면 재판시 법령을 적용하거나 해석할 때의 통일성을 기하기 위하여 상고심을 관할하는 최고재판소는 유일무이해야 한다. 그러나 이미 일본과 조선은 법역이 달라 조선에서는 조선고등법원이 최고재판소로서의 기능을 수행하면서 일본 본토의 대심원과는 관련없는 기관으로 존속하고 있었다. 이로 인하여 동일한 안건에 대한 법률 해석과 적용이 조선고등법원과 일본 대심원에서 각각 달리 이루어졌다.

대만에서도 이 같은 문제가 발생하여 1898년에 대만복심법원의 판

한국 근대 형사재판제도사

결에 대한 상고를 일본 대심원에서 관할한다고 하는 법안이 제정되었으나 최종적으로 귀족원 심의과정에서 부결된 적이 있었다.[30] 조선에서도 병합 직후부터 조선에서의 심급은 지방재판소–공소원의 2심제로 하고 최종심은 일본 본토의 대심원에서 관할하게끔 해야 한다는 요구가 일었으나 조선총독부는 이를 여러 가지 이유를 들어 기각하였다. 조선총독부가 이들 요구를 기각한 이유는 조선에서의 현행 3심제가 일본 본토나 유럽 국가들과 유사하여 조선 주재 외국인들의 치외법권을 철거할 수 있는 명분이 되므로 이 기조를 변경해서는 안 된다는 것이었다.[31]

그러나, 이보다 더 중요한 이유는 여러 일본인 법조인들이 지적했다시피 조선총독부가 조선 내에서는 일본 정부로부터 통제를 받지 않는 독자적 통치권을 유지하려고 했기 때문일 것이다. 즉, 일본의 〈재판소구성법〉을 조선에도 시행하여 상급심 관할을 일본 대심원으로, 조선총독부재판소의 판사·검사에 대한 감독권을 일본의 사법대신 관할 하로 옮기면 조선총독의 통치권이 크게 위축되고 총독정치의 일원성을 깨뜨리게 되므로 조선총독이 이를 절대로 받아들이지 않으리라는 지적이 그것이다.[32]

2
일본 형사 절차법규의 의용과
경찰사법권 도입

대외적으로는 일본인이지만 대내적으로는 조선인인 지위가 1910년대 형사재판 절차상에서는 어떤 방식으로 나타났을까? 이는 조선총독부라는 의사擬似 정부가 피의자 또는 피고인으로 인지된 조선인의 신체를 어떻게 취급하는가, 조선인의 인권을 어느 정도 보장하고 있었던가를 보여주는 주제이다.

조선인에 대한 형사재판은 〈조선형사령〉이 공포되는 1912년 3월까지는 대한제국 시기에 공포된 〈형법대전〉 〈민형소송규칙〉 〈형사재판비용규칙〉 등에 규정된 절차에 따라 이루어졌다.[33] 이는 강점 초기 일본 식민 당국의 준비가 충분히 이루어지지 않았기 때문이다. 이와 달리 조선 거주 일본인에 대한 형사재판은 일본의 〈형법〉과 〈형사소송법〉 등에 규정된 절차에 의해 이루어졌다.

이에 의해 조선인에 대한 재판기관의 심급은 구재판소-지방재판소—공소원—고등법원의 4급3심제를 취하고 있었다. 구재판소는 ① 1년 이하의 징역·금고 또는 벌금에 해당하는 죄, ② 구류 또는 과료에 해당하는 죄, ③ 한국 법규에 의하여 1년 이하의 징역, 벌금, 태형 또는 구류형에 해당하는 죄, ④ 관물官物·분묘석물墳墓石物·곡물 등의 절도, 절도범의 와주, 강도의 공모·주모, ⑤ 유실물遺失物 사취죄詐取罪 등의 제1심을 담당하였다.

지방재판소는 3인의 판사가 합의부를 구성하여 ① 구재판소의 권한 및 고등법원의 특별권한에 속하지 않는 형사소송의 제1심을 맡으면서도, ② 구재판소 판결에 대한 공소控訴와 구재판소의 결정·명령에 대한 항고抗告 등 제2심을 관장하였다.

공소원은 3인의 합의부로 ① 지방재판소가 내린 제1심 판결에 대한 공소, ② 지방재판소가 제1심으로 내린 결정·명령에 대한 항고를 담당하였다.

고등법원은 5인의 판사로 합의부를 구성하여 ① 지방재판소나 공소원의 제2심 판결에 대한 상고, ② 지방재판소가 제2심으로 내린 결정·명령 및 공소원의 결정·명령에 대한 항고를 담당함으로써 최종심을 관장하였다. 다만, 일본 황족에 대한 위해危害 또는 위해 미수죄, 내란 및 내란 예비음모죄, 조선 왕족이 범한 금고형 이상 또는 한국 법규상 금옥 이상의 형에 해당하는 죄를 단심제로 관장하였다.[34]

형사재판 절차도 민족별로 상이하였다. 조선인 판사·검사는 원고·피고 모두 조선인인 민사사건, 피고인이 조선인인 형사사건만 취급하도록 하였다. 조선인 판사·검사는 일본인 사이 또는 조선인·일본인 사이의 민사사건, 일본인이 피고인인 형사사건은 취급하지 못하도록 하였다(〈조선총독부재판소령〉 제25조). 이러한 조선인 판사·검사에 대한 차별은 1910년대 내내 유지되다가 3·1운동 이후인 1920년 3월 24일 제령 제3호 〈조선총독부재판소령중개정〉에서 폐지되었다.[35]

이 시기에 새로 도입된 형사재판 절차가 즉결심판이었다. 즉결심판은 통감부 시기인 1909년 11월 1일 내각고시에 의해 공포된 일본국 칙령 제240호 〈한국에 재한 범죄즉결령〉으로 도입되었다가 1910년 12월 15일 제령 제10호 〈범죄즉결례〉에 의해 처벌 대상이 확대되었다. 즉, 1909년에는 처벌 대상이 ① 구류 또는 과료형에 처해야 할 죄, ② 한국 법규에 의해 태형, 구류 또는 30원 이하 벌금에 처해야 할 죄였다. 1910년의 제령에서는, ① 구류 또는 과료형에 해당하는 죄, ② 3개월 이하 징역 또는 100원 이하 벌금 또는 과료에 처해야 할 도박죄, 구류 또는 과료 형에 처해야 할 〈형법〉 제208조의 죄[36], ③ 구재판소 관할사건으로 3개월 이하 징역형에 처해야 할 〈형법대전〉 제5편 제9장 제17절 및 20절의 죄[37], ④ 구재판소 관할사건으로 3개월 이하 징역, 금고, 금옥 또는 구류, 태형 또는 100원 이하 벌금 또는 과료에 처해야 할 행정법규 위반죄로 확대되었다.[38]

여기서 주목할 점은 처벌 대상 범죄가 일본 〈형법〉상의 도박죄·상해죄, 대한제국기에 빈번했던 타인이나 친속에 대한 폭행죄 등이 추가되었을 뿐만 아니라, 식민 통치를 위해 제정 공포된 수많은 행정 법규 위반에 이르기까지 처벌 대상을 확대한 점이다. 이후 1912년 3월 18일 제령 제12호 〈범죄즉결례중개정〉으로 처벌 대상 행위 중 〈형법대전〉 관련 조항은 삭제되었지만 조선총독부는 이로써 식민지 강점 초기의 정책 수행을 원활하게 할 수 있는 수단을 확보한 것이다.

한국 근대 형사재판제도사

또 한 가지 주목할 점은 즉결심판의 주체가 헌병경찰이라는 점이다. 법규상으로 즉결심판은 "경찰서장 또는 그 직무를 취급하는 자"(제1조)가 할 수 있다고 되어 있는데 조선총독부는 1910년 6월 29일 공포한 〈통감부경찰관서관제〉를 그대로 계승하여 조선에 헌병경찰제를 시행하였다.[39] 즉, 경찰관서를 중앙에 경무총감부, 지방에 경무부(각도) 및 경찰서(각군)로 구성하고 경무총감부의 장인 경무총장은 한국주차 헌병대장인 육군장관으로 임명하였다. 경무부장은 각도 헌병대장인 헌병 좌관(佐官)으로 임명하며,[40] 그 산하의 경시 또는 경부는 헌병장교 또는 헌병준사관·하사관으로 특별 임용할 수 있다고 하여 헌병대장이 모든 경찰업무를 지휘 총괄하는 체제로 구성하였다.[41]

즉결심판은 군 단위 이하의 경찰서장 또는 경찰분서장을 맡은 일본 헌병분대장 또는 분견대장이 피고인의 진술을 듣고 증빙을 조사한 후 즉시 판결을 언도하는 방식으로 이루어졌다. 피고인을 호출할 필요가 없거나 또는 호출해도 출두하지 않을 때는 즉시 그 언도서 등본을 본인 또는 그 주소로 송달하도록 하였다. 즉결 언도를 받은 자가 이에 불복할 때는 즉결 언도일로부터 3일(출석 즉결의 경우) 또는 5일(궐석 즉결의 경우) 내에 언도한 관서에 의견서를 제출하여 관할 재판소에 정식재판을 청구할 수 있었다. 그리고 구류 언도를 한 경우 필요한 때는 위 정식재판 청구 기한 안에 피고인을 구류할 수 있었다(〈한국에 재한 범죄즉결령〉 제1조~제5조).

조선총독부는 강점 직후 일본인과 조선인에 대한 형사재판을 각기 다른 법규들에 의해 행하다가 1912년 3월 18일 재판제도를 대대적으로 개편하면서 적용 법규도 일원화하고자 하였다. 우선, 제령 제4호로 〈조선총독부재판소령〉을 대폭 개정하였는데, 이는 같은 시기에 진행된 조선총독부 통치기구 전반에 대한 감축과 궤를 같이 하는 것이었다. 개정 이전에는 최고재판소인 고등법원 아래 3종의 재판소를 두고 사건의 비중에 따라 제1심을 구재판소 또는 지방재판소가 관장하고 이 두 재판소가 행한 판결·명령·결정에 대한 제2심을 공소원이 관장하는 복잡한 구조였다. 이러한 구조는 식민지 통치를 간이하고 신속하게 행하려고 했던 조선총독부로서 불만스럽지 않을 수 없었다.

총독부는 구재판소를 폐지하고 재판기관을 지방법원·복심법원·고등법원의 3계급으로 구분하고 필요한 경우 지방법원 사무의 일부를 취급하는 지방법원지청을 설치하였다. 제1심은 지방법원, 제2심은 복심법원, 최종심 및 특별한 사건 재판은 고등법원이 관장하게끔 하였다. 이로써 고등법원 1, 복심법원 3, 지방법원 8, 지방법원지청 60개 소로 되었는데, 이로 인해 재판소 수가 20개 소나 감축되었다. 아울러 지방법원은 판사 단독 재판을 원칙으로 하되 특별히 규정한 몇몇 범죄 사건에 대해서만 3인 합의부를 구성하여 재판을 맡게 하였다.[42]

같은 날 제령 제11호 〈조선형사령〉과 제령 제13호 〈조선태형령〉을 공포하여 동년 4월 1일부터 시행하였다. 〈조선형사령〉은 "형사에 관한 사항은 본령과 기타 법령에 특별한 규정이 있는 경우 이외에는" 〈형법〉, 〈폭발물단속벌칙〉, 〈형법시행법〉, 〈형사소송법〉, 명치22년 법률 제34호 〈결투죄에관한건〉, 〈통화및증권모조단속법〉, 명치38년 법률 제66호 〈외국에서유통하는화폐지폐은행권위조변조및모조에관한건〉, 〈인지印紙범죄처벌법〉, 명치23년 법률 제101호 〈상법에따라파산선고를받은자에관한건〉, 〈해저전신선보호만국연합조약벌칙〉, 〈보통치죄법·육군치

죄법·해군치죄법교섭의건처분법〉, 〈외국재판소촉탁으로인한공조법〉
등의 법률에 의해 재판한다고 하였다(동령 제1조). 즉, 일본의 현행 형사
절차법규와 실체법규를 거의 대부분 조선에 실시하되 여러 가지 식민
지적 특례를 덧붙인 것이다.

따라서 조선의 형사재판 절차는 일본의 그것과 유사한 형태로 구성
되었다. 공소公訴·사소私訴의 구분과 각각의 시효, 재판 관할, 제척·기
피 제도, 예심 절차, 각급 법원의 공판 절차, 공소控訴·상고·항고 등의
상소 절차, 고등법원의 특별권한에 속하는 소송, 재판 집행, 변호인
제도 등이 도입되었다.

이처럼 근대 일본의 형사재판 절차를 대거 도입한 것은 원래 조선
총독부의 의도가 아니었다. 초대 총독 데라우치의 통치 방침은 "내선
일렬주의에 반대한 조선 격리주의로 별종의 조선 왕국을 형성"하는
이른바 '특별 통치주의'였으므로, 일본의 제도를 식민지 조선에서도
시행하려 한 일본 정부의 공식적 입장과는 반대되는 것이었다.[43]

조선총독부의 당초 구상은 〈통감부재판소사법사무취급령〉을 〈조
선총독부재판소사법사무취급령〉으로 개정하고 독자적인 〈조선민사
령〉〈조선형사령〉을 제정하여 조선 주재 일본인에게는 일본의 민법
과 상법, 형법, 형법시행법을 적용하되 조선인 간의 민사 사건과 조선
인이 피고인인 형사 사건에 대해서는 대한제국의 관련 법규를 적용하
려는 입장이었다. 그러나 이러한 구상은 일본 정부에 의해 부정되고
가능한 한 일본 본토에서 시행되는 법률을 의용하는 방향으로 1912
년 3월 18일 〈조선민사령〉〈조선형사령〉이 제정되어 4월 1일부터 시
행되었다.[44]

이로써 앞 시기에 민족별로 달리 적용되던 이원적 재판 절차는 해소되었지만, 〈조선형사령〉에는 일본 본토의 형사 절차법규에 없는 특수한 절차들이 상당수 존재하였다. 총독부측은 이에 대해 "조선의 풍속·관습·감정 등이 일본과 달라 곧바로 일본 본토의 법규로 다스리기 어려운 점이 적지 않아" 이러한 특례를 둔다고 하였다. 이들 특례가 "피고인에 대해 상당히 불리한 점을 면할 수 없으나 어쩔 수 없는 바로서 조선에서 민도의 향상, 문화의 진전 등에 따라 가까운 장래에 철폐되어야 할 성질의 것"이라고 조선인의 인권을 억압하고 있음을 인정하고 있었다.[45]

이들 특례는 앞서 언급한 헌병경찰의 즉결심판권 외에도 예심제도 하에서 사법경찰관의 권한 강화, 공판 절차의 간소화 등 대체로 인권 보호보다 형사재판의 신속화를 목표로 한 것들이 대부분이라고 할 수 있다.

예심제도는 〈통감부재판소사법사무취급령〉에 의해 도입되어 주로 일본인 피고인에 대한 형사재판에 적용되다가 1912년 〈조선형사령〉에 의해 전면적으로 실시되었다.[46] 일본 〈형사소송법〉에서 예심제도를 도입한 목적은 검사나 피고인으로부터 독립한 제3자인 예심판사가 사건을 공판에 회부할 것인가 아닌가를 미리 심리하여 범죄 성립의 확신을 얻은 경우에만 공판을 시작하게 함으로써 범죄 혐의가 불충분함에도 불구하고 검사가 함부로 기소하는 것을 방지하여 피고인을 보호하고자 하는 것이었다. 따라서 검찰이나 사법경찰관은 현행범 등 극히 제한된 경우가 아니면 독자적인 강제 수사를 할 수 없었다.

이같이 인권 보호를 위해 시행된 예심제도가 조선에서는 식민지 지배를 위해 변용되었다. 조선에서는 예심판사가 아니라 검사 또는 사법경찰관 등 수사기관이 예심판사에 준하는 강제처분권을 갖게 되었고, 이로 인하여 예심제도는 원래의 목적인 인권 보호가 아니라 인권 탄압을 위한 제도로 변용되었다.

일본 〈형사소송법〉에서는 현행범인 경우에만 제한적으로 검사가 범죄 현장에 임검하여 예심판사에게 속하는 강제처분을 하도록 되어 있었으나, 〈조선형사령〉에서는 현행범 수사의 경우 검사뿐만 아니라 사법경찰관도 예심판사에 속하는 처분을 할 수 있었고 또 임검도 생략할 수 있었다(〈조선형사령〉 제11조). 비현행범 수사의 경우에도 검사 또는 사법경찰관은 "수사의 결과 급속한 처분을 요하는 것으로 생각할 때"에는 공소 제기 전에 영장을 발하여 검증, 수색, 물건 차압을 하고 피고인, 증인을 신문하거나 감정을 명할 수 있었다(동령 제12조). 검사는 구류장을 발하여 피의자의 신병을 확보한 후 20일 이내에 공소를 제기하면 되었고(동령 제15조), 사법경찰관은 구류장을 발할 권한은 없었으나 14일간 피의자를 유치할 수 있었다(제13조).

조선총독부 검찰·경찰의 강제수사 처분에 대해서는 일본 〈형사소송법〉 중 예심에 관한 규정이 준용되었기에(제14조), 수사기관이 작성한 각종 조서가 예심판사의 조서와 동일한 법적 효력을 갖게 되었다. 그리고 일본 〈형사소송법〉에서는 예심청구 의무를 엄격히 규정하고 있었으나, 조선에서는 "구류 또는 과료에 처할 사건 이외에 번잡한 사건의 경우에는 예심을 구할 수 있다"고 규정함으로써(제16조 단서) 예심 청구 여부를 검사의 재량에 맡겼다. 아울러 일본 〈형사소송법〉 규정상 예심판사가 피의자를 무기한 구류할 수 있었으므로 조선에서 예심판사에 준하는 강제처분권을 지닌 검찰 또는 사법경찰관 역시 피의자를 무기한 구류할 수 있었다. 이러한 상황 하에서 인권이 보호받을 수 없었던 것은 극히 당연한 일이었다.

한편, 공판 절차에도 일본의 〈형사소송법〉에 없는 여러 가지 특례를 규정하여 재판을 신속하게 진행할 수 있도록 하였다. 일본의 〈형사소송법〉에서는 중죄 사건 피고인이 변호인을 선임하지 못했을 때 재판장 또는 판사가 직권으로 당해 재판소 소속의 변호사 중에서 변호인을 선임하게 되어 있었으나 〈조선형사령〉에는 이 규정을 적용하지 않았다(동령 제25조). 또, 1년 이하의 징역이나 금고 또는 3백원 이하의 벌금을 언도한 제1심 판결문에서는 증거에 관한 이유를 생략할 수 있도록 하는 등 문서 작성을 간소화하였다(동령 제26조).

이처럼 〈조선형사령〉은 일본 〈형사소송법〉을 거의 그대로 실시하되 조선총독부의 통치 편의를 위하여 사법경찰관과 검사에게 일본에는 없는 강제처분권을 부여함으로써 형사재판을 신속하고 효율적으로 진행하고자 하였으며 공판 절차 역시 간소하게 진행시키고자 하였다. 대한제국 시기의 재판제도와 비교해 보면 절차가 합리화·신속화되었다는 점은 확인할 수 있다. 대한제국 시기의 재판은 일본 법관들의 회고담에 의하지 않더라도, 제3장에서 보듯이 당대의 언론은 물론 대한제국 정부 스스로도 인정할 만큼 재판이 지체되고 고문과 남형이 일상적으로 이루어지고 있었기 때문이다.

그러나 조선인은 물론 일본인들까지 조선의 형사재판에 대해 문제로 삼았던 것은 예심판사에 준하는 사법적 강제처분권을 지닌 일본 헌병경찰의 폭압이었다. 1910년대 조선을 여행한 일본의 자유주의 지식인인 나카노 마사오카中野正剛는 헌병경찰의 문제점을 다음과 같이 말하고 있다.

각 지방 재판소에 판사는 있어도 검사는 없다. 헌병은 실로 검사의 직무를 위탁받은 것이다. 하사에서 특진한 헌병 위관은 법률 소양이 전혀 없이 사법관 직무를 행한다. 그 위험은 미루어 알 수 있을 것이다. 제국 신민은 헌법에 의하여 "법률에 정한 재판관의 재판을 받을 권리"를 보증받고 있다. 그러나 조선에서는 일본 신민은 일종의 변태적인 헌병 재판에 굴종하지 않으면 안된다…조선의 헌병이라는 자는 행정 사법 양부에 걸쳐서 그 권력을 떨칠 뿐 아니라 학자의 영역에 속해야 할 언론의 지도, 교육가의 영역에 속해야 할 사회 풍속의 개선, 흥신소 영역에 속할 신용 조사, 실업가 영역에 속해야 할 경제계의 연구 등 모든 일에 대해 그 힘을 기울이지 않으면 안 된다. 게다가 그들은 군사적 정신에 의해 명령으로 그 직무를 집행해야 하는 자이며 그 지식의 천박함에도 불구하고 정말 글자 하나에 눈앞의 공을 급히 세우지 않으면 안 되는 자이다. 이 때문에 그들은 자연히 위에서 명령한 바를 즉시 인민에게 강요하고 한번 내린 명령은 결코 돌이키지 않는 것이 어쩔 수 없는 것이다.[47](밑줄은 인용자)

요컨대, 1910년대 조선에 실시된 형사재판 절차는 조선인·일본인에 각기 달리 적용되다가 1912년 4월 이후에는 〈조선형사령〉에 의해 조선인·일본인 차별 없이 동일하게 적용하게 되었다. 대한제국 시기 재판 절차에 비하면 합리화·효율화되었다고 할 수 있으나, 〈조선형사령〉에 규정된 식민지적 특례, 특히 헌병경찰의 사법권에 대한 반발은 조선인과 조선 거주 일본인 모두에게서 나타나고 있었다.

3

일본 형사 실체법규의 의용과
일상적 감시 처벌

형사 실체법규란 절차법규와 달리 국가가 국민의 행위 중 어떤 것을 범죄시하고 어떤 형벌을 내릴 것인가를 규정한 법규이기 때문에 국가의 사회 통제 방향을 보여주는 기준이라고 할 수 있다. 앞서 본 바와 같이 조선총독부는 1910년 8월부터 1912년 3월까지 조선인에게는 대한제국기에 제정된 형사법, 일본인에게는 일본의 형사법을 적용하여 민족간 적용 법규를 달리 하고 있었다.

즉, 조선인 형사 피고인에게는 대한제국기에 제정된 〈형법대전〉을 비롯하여 〈철도사항범죄처단례〉(1900년 1월 법률 제3호), 〈신문지법〉(1907년 7월 법률 제1호), 〈보안법〉(1907년 7월 법률 제2호), 〈출판법〉(1909년 2월 법률 제6호)을 적용하였다. 조선 거주 일본인 형사 피고인에게는 일본 본토의 각종 형사법 및 통감부가 제정한 〈보안규칙〉(1906년 4월 통감부령 제10호), 〈신문지규칙〉(1908년 4월 통감부령 제12호), 〈출판규칙〉(1910년 5

월 통감부령 제20호)을 적용하였다.

　이러한 이원적 구조는 1912년 3월 18일 〈조선형사령〉 및 동년 3월 25일 조선총독부령 제40호 〈경찰범처벌규칙〉이 공포된 이후 사라지고, 4월 1일부터 일본 형사법을 의용한 일원적 형사법 체계로 바뀌었다. 〈조선형사령〉은 앞서 본 바와 같이 일본의 〈형법〉, 〈폭발물취체벌칙〉, 〈통화급증권모조취체법〉, 〈인지범죄처벌법〉 등을 의용함으로써 일본의 근대 형법을 조선에 실시하는 것이었다. 따라서 조선인과 조선 거주 일본인은 동일한 죄를 범했을 경우 동일한 형벌을 선고받게 되었다. 다만, 여기에도 역시 조선에만 적용되는 몇 가지 특례들이 있었다.

　첫째, 조선인의 특정 범죄에 대해 한시적으로 대한제국기 형사법규를 존속시켰다. 조선총독부는 〈조선형사령〉 부칙에서 〈형법대전〉을 폐지하되 다음 몇 종류의 범죄에 대해서는 '당분간' 〈형법대전〉의 처벌 규정을 존속시킨다고 단서를 달았다. 조선인 중 사람을 모의 살해한 자, 고의로 살해한 자, 부모·조부모 등 존속을 살해한 자, 강도나 절도할 때 살인하거나 상해를 입힌 자, 강도나 절도할 때 부녀를 겁간한 자, 재산을 약탈하려고 인가에 들어가 병기를 사용한 자, 무리를 지어 무기를 들고 민가에 난입한 자, 분묘를 파헤치거나 시신을 숨긴 자, 노인·유아를 유인하거나 끌고가 숨긴 자, 방화하거나 분묘를 파헤치거나 빈소를 파괴한다고 위협한 자 등이다. 그리고 이들 범죄를 재판할 때 마땅히 적용할 법조항이 없을 경우 다른 법조항 중 가장 가까운 것을 끌어와 적용하게끔 하였다(이상 제41조).

　일본 〈형법〉에서는 위와 같은 범죄에 대해 최고형이 사형으로부터 무기징역, 10년 이하, 심지어 3년 이상 등으로 규정된 데 반하여, 대한제국의 〈형법대전〉에서는 이들 범죄의 형량이 한결같이 교수형 아니면 무기징역으로 규정되어 있었다.[48] 이처럼 〈형법대전〉상의 극형을 남겨두었을 뿐 아니라 근대 형법의 원칙 중 하나인 죄형법정주의를 무시하고 조선 왕조 때 사용하던 "인율비부引律比附"조항까지 존속시킨 이유에 대해 조선총독부 사법부장관 고쿠부 산가이는 다음과 같이 언급하였다.

이 시대에 조선의 특종 범죄로 제일 먼저 손꼽을 만한 것은 분묘에 관한 범죄라고 하는데, ……대부분은 이 암장暗葬이다. 둘째 분묘와 관련된 강도범을 들 수 있다. 즉 타인의 시신 또는 유골을 파헤쳐 그 생수生首 또는 두골을 탈취하여 은닉하고 그 자손 또는 부형에게 통고하여 금전을 강탈하는 행위, 셋째는 과부 강탈 범죄이며……넷째로 조선에 특히 많은 것은 간부간부姦婦姦夫가 공모하여 본부本夫를 살해하는 범죄이다. 내지(일본 본토-필자)에서도 이러한 종류의 범죄는 전혀 없다고 할 수 없으나 극히 드물어 몇 년을 통하여 겨우 한 건을 헤아리기에 불과한데 조선에서는 1년에 수십 건이나 많음에 달함은 놀랄 만하다.[49]

당시 집단적 흉도가 무리를 지어 각처를 횡행하는 자가 상당히 많고 불령배가 이곳저곳에서 출몰하고 혹은 창검을 들고 인가에 돌입하거나 혹은 외딴 곳에서 행인을 습격하고 살륙 겁취를 자행하고 범죄 양상이 잔인을 극함이 적지 않은 상황이었다. 이에 이들 범인에 대해 곧바로 내지(일본 본토—필자) 형법을 적용 처벌해도 도저히 징치 목적을 달할 수 없을 것이라는 우려가 있어 잠시 동안 중형으로 이를 다스려야 일반 민중의 생명재산

을 안전하게 할 수 있으리라는 취지였다.[50]

 총독부 입장에서는 위와 같은 범죄, 즉 유골을 이용한 강도범, 본남편 살해범, 강도 등으로부터 치안을 확보하고 잔인한 범죄를 근절시키기 위해서 대한제국기의 극형 조항을 유지했다고 할 수 있다.

 그런데, 조선인의 법의식 측면에서 보더라도 이들 범죄에 대해서는 극형을 요구하는 것이 일반적이었다. 식민지 강점 이전인 1901~1904년간 민인들이 대한제국 법부에 올린 소장을 분석한 결과에 의하면, 총 975건의 소장 중 260건이 살인 관련 소장인데 그 중에서 가장 많은 비중을 차지하는 것은 자신의 가족·친족을 살해한 혐의를 받는 정범正犯 또는 간범干犯을 시급히 처결해 달라는 내용이다.[51] 이는 소장 내용 중의 '목숨으로 갚아야 한다[償命]'라는 개념에서도 보이듯이 사람을 죽인 자는 반드시 죽여야 한다는 일반적인 법감정이 바탕에 깔려 있는 것이다.

 그리하여 재판소에서 정상을 참작하여 종신 이하의 역형에 처하더라도 범인을 사형에 처하라는 요구가 대부분을 이루고 있었다. 또, 자살 사건으로 처리된 사망사건에서도 사망자 친족들은 한결같이 죽은 사람을 자살하게 만든 관련자들의 생명을 처단하라고 요구하고 있어, 총독부의 조치는 조선인의 법감정에도 부합하는 측면을 지니고 있었다.

 그러나 이러한 극형 위주의 〈형법대전〉 조항을 적용한 것은 많은 무리를 낳았다. 〈형법대전〉에 정해진 형은 각 죄가 사형을 법정형으로 하기 때문에 감형할 수 있는 범위가 상당히 좁고 실제 운용을 할 때도 범죄의 질과 양형상의 균형을 맞추기 곤란한 문제가 누차 발생하였다.

즉 범죄로 인한 피해가 극히 경미하고 범죄 수단이 매우 유치하더라도 기수범旣遂犯인 이상 작량 감형을 해도 대개 징역 10년 이하로 처단할 수 없으며, 미수범이라고 해도 징역 5년 이하로 경감할 수 없었다. 이에 반하여 일본 〈형법〉의 규정에 의할 때는 형벌의 범위가 광범위하고 기수범은 사형 내지 2년 이상의 징역, 미수범은 무기 또는 1년 이상의 징역으로 처단할 수 있으므로 범죄의 경중에 따라 그에 합당한 형벌을 결정하기 때문에 죄와 형벌에 불균형이 없도록 할 수 있었다.[52]

총독부는 이러한 이유를 들어 1917년 12월 8일 제령 제3호 〈조선형사령중개정〉으로 위의 〈형법대전〉 규정을 삭제하고 인율비부 조항도 삭제하였다.[53] 물론 이는 총독부측이 주장하듯이 "경무기관의 정비와 제반 제도의 개혁과 맞물려 민심이 점차 안정하고 그 이전과 같이 집단적 강도 또는 잔학 수단의 살인도 사라졌기 때문"[54]이기도 하였다. 예컨대 강도죄의 경우 1911년 범인 수 1,219명이고 그중 사형에 처해진 자가 62명인데 1916년에는 각각 554명, 7명에 불과한 정도로 치안 상태가 양호해졌다.[55]

두 번째 특례는, 즉결 심판으로 처벌할 수 있는 행위를 일본에서보다 훨씬 다양하고 폭넓게 규정한 점이다. 이로 인하여, 조선인과 조선 거주 일본인이 훨씬 더 강력한 일상적 감시망 안에 놓이게 되었다. 조선총독부는 치안 규제를 강화하기 위하여 1912년 3월 25일 조선총독부령 제40호 〈경찰범처벌규칙〉을 공포하여 4월 1일부터 시행하였다. 〈경찰범처벌규칙〉은 일본의 〈경찰범처벌령〉을 모방하여 만든 1908년 통감부령 제44호 〈경찰범처벌령〉 규정을 확대 강화한 것이다. 〈경찰범처벌령〉(이하, 〈처벌령〉)은 식민지화 이전 조선 거주 일본인을 대상으로 제정된 것이고 〈경찰범처벌규칙〉(이하, 〈처벌규칙〉)은 식민지화 이후 일본인·조선인 모두에게 적용되었기 때문에 〈표 1〉을 통해 양자의 내용을 비교해 볼 필요가 있다.[56]

우선, 〈처벌령〉의 구류 또는 과료형 부과 대상이 79개 항목인 데 비하여 〈처벌규칙〉에는 87개 항목으로 되어 있어 통감부 시기보다 처벌 대상이 확대되었다. 그리고 〈처벌규칙〉 87개 항목 중에는 〈처벌령〉에 없던 항목이 24개 추가되어 있어 조선인과 조선 거주 일본인에 대한 경찰의 감시 방향을 가늠해 볼 수 있다. 위의 87개 항목을 〈처벌령〉에 규정되어 있던 것과 새로 추가된 것으로 나누어 보면 다음 〈표 1〉과 같다. 언론·집회와 관권 도전 행위가 가장 많이 추가되었고, 그 다음으로 사회질서·도로교통·경제질서 교란 행위가 추가되었다.

〈처벌규칙〉은 위생과 도로교통은 물론 '불온한 행동'과 집단행동을 막기 위한 항목, 일본인과 조선인간 이해관계의 충돌이나 언어 소통 문제에 대처하기 위한 여러 항목이 중첩된 방대한 구조를 지니고 있다. 그러한 의미에서 〈처벌규칙〉은 〈처벌령〉과 달리 식민지 지배를 위해 필요한 치안의 강화와 이민족간의 경제·문화적 갈등에 대처하는 항목이 추가되었다. 특히 〈처벌규칙〉은 조선총독부의 통치 편의를 위해 매우 편리한 수단으로 활용되었다. 즉, 대한제국기에 제정되었던 〈보안법〉〈출판법〉〈신문지법〉 등의 치안법과는 별도로 단체 가입 권유(8호)나 문서 등의 게시·낭독·반포(20호), 관공서의 소환에 대한 불응(30호), 경찰관서의 지령이나 명령 위반(32호) 등의 행위까지 단속 대상으로 규정하여, 〈조선형사령〉에 규정되지 않은 정치적·사회적 행위까지 간단히 처벌할 수 있었다.[57]

〈표 1〉〈경찰범처벌규칙〉처벌 대상

	〈경찰범처벌령〉에도 규정된 행위	새로 추가 규정된 행위
사회질서 · 도로교통 교란	- 밀매음을 하거나 매개 혹은 기거하는 자(3호) - 극장, 연예장 기타 공중이 모인 장소에서 모인 사람들을 방해하는 자(38호) - 공중이 자유로 통행할 수 있는 장소에서 떠들고, 드러눕고 또는 취해서 배회하는 자(39호) - 공중이 자유로 통행할 수 있는 장소에 함부로 수레·우마나 배·뗏목 등 물건을 두거나 또는 교통방해가 되는 행위를 하는 자(40호) - 공중이 자유로 통행할 수 있는 장소에서 위험이 발생할 우려가 있을 때 점등點燈 등의 예방 장치를 하는 것을 게을리 하는 자(41호) - 복잡한 장소에서 제지에 응하지 않고 혼란을 가중시키는 행위를 하는 자(43호) - 출입이 금지된 장소에 함부로 출입하는 자(44호) - 수재 기타 사변이 일어나 제지를 받아들이지 않고 그 현장에 들어가거나 또는 그 장소에서 퇴거하지 않거나 또는 관리로부터 도와달라는 요구를 받고도 고의로 이에 응하지 않는 자(45호) - 가로에서 야간 등화하지 않고 수레 또는 우마를 사용하는 자(46호) - 허가를 얻지 않고 길가나 바닷가에서 노점 등을 여는 자(47호) - 제지에 응하지 않고 길가에 음식물 또는 상품을 진열하는 자(48호) - 공중의 눈에 띄는 장소에서 어깨나 몸을 드러내거나 둔부나 다리를 노출하는 등 추태를 보이는 자(56호) - 길거리에서 대·소변을 보거나 보게 하는 자(57호) - 자기 또는 타인의 신체에 문신을 새기는 자(81호)	- 제사·장의·축의 또는 그 행렬에 대해 장난하거나 방해하는 자(36호) - 한밤중이나 일출 전에 함부로 가무음곡이나 떠들썩한 행위를 하여 타인의 안면을 방해하는 자(37조) - 관서의 독촉을 받고도 붕괴 우려가 있는 건조물을 수선하거나 또는 무너질 우려가 있는 물건을 다시 쌓는 일을 게을리 하는 자(42호) - 석전石戰이나 기타 위험한 놀이를 하거나 또는 하게 하거나 가로에서 공기총 등을 갖고 놀거나 놀게 하는 자(50호) - 전선 근처에서 종이연을 날리거나 또는 기타 전선의 장해가 될 만한 행위를 하거나 또는 하게 하는 자(49호)

경제질서 교란		– 협력, 기부를 강요하고 억지로 물품 구매를 요구하며 혹은 기예를 보이거나 노동력을 공급해서 보수를 요구하는 자(5호) – 이익을 취할 목적으로 억지로 물품, 입장권 등을 배부하는 자(6호) – 입찰을 방해하고 공동입찰을 강요하고 낙찰인에 대해 그 사업이익의 분배 혹은 금품을 강요하거나 또는 낙찰인에게 이유없이 이를 받는 자(10호) – 타인의 업무 또는 기타 행위에 대해 장난거나 방해하는 자(17호) – 도제, 직공, 비복 기타 노역자 또는 피고용자 등에 대해 이유없이 그 자유를 방해하거나 가혹한 취급을 하는 자(34호) – 허가를 받지 않고 극장 등 흥행장을 여는 자(86호) – 나룻배, 교량 등의 장소에서 정액 이상 통행료를 청구하거나 정액 통행료를 지불하지 않고 통행하거나 또는 이유없이 통행을 방해하거나 배의 통행 요구에 응하지 않는 자(87호)	– 함부로 시장 또는 이와 유사한 장소에서 업자의 출품 또는 입장을 강요하고 또는 물품매매 위탁을 강요하는 자(9호) – 입찰자와 공모하여 경쟁 입찰 취지에 반하는 행위를 하는 자(11호) – 재물을 매매하거나 노력을 수급할 때 부당한 대가를 청구하거나 상당한 대가를 지불하지 않고 부정한 이익을 꾀하는 자(12호)
언론·집회		– 남을 유혹하는 유언비어 또는 허위보도를 하는 자(21호) – 신청하지 않은 신문, 잡지 기타 출판물을 배부하고 그 대금을 요구하거나 또는 억지로 그 구독 신청을 강요하는 자(14호) – 신청하지 않은 광고를 하고 그 대금을 요구하거나 또는 억지로 광고를 신청하도록 요구하는 자(15호) – 과대 또는 허위광고를 해서 부정한 이익을 꾀하는 자(16호)	– 단체 가입을 강요하는 자(8호) – 타인의 사업 또는 개인사에 관하여 신문, 잡지 기타 출판물에 게재하지 않을 것을 약속하거나 또는 허위 사실을 게재하거나 또는 게재할 것을 약속하고 금품을 받고 그밖의 부정한 이익을 꾀하는 자(13호) – 함부로 다중을 취합하여 관공서에 청원 또는 진정을 남용하는 자(19호) – 불온한 연설을 하거나 불온한 문서·도화·시가를 게시, 반포, 낭독하거나 큰 소리로 읊는 자(20호)

| 관권도전 | - 관공직, 서훈, 훈작, 학위, 칭호를 조작하거나 법령이 정한 복식, 휘장을 참용僭用하고 혹은 이와 유사한 것을 사용하는 자(27호)
- 관공서에 대해 부실한 진술을 하거나 혹은 진술의 의무가 있는 자가 이유없이 진술을 하지 않거나 또는 사정을 알고서 부실하게 대서代書한 자(28호)
- 관공서가 게시하거나 또는 관공서의 지휘에 의해 게시된 금조를 범하거나 그 설치에 관련된 표지를 훼손 또는 철거하는 자(31호) | - 이유없이 타인의 금전 거래 등에 간섭하고 또는 함부로 소송, 쟁의를 권유, 교사하고 기타 분쟁을 야기하게 할 만한 행위를 하는 자(18호)
- 고의로 허위 통역을 하는 자(25호)
- 자기 또는 타인의 업무에 관하여 관허가 있다고 사칭하는 자(26호)
- 본적·주소·씨명·연령·신분·직업 등을 사칭하고 투숙 또는 승선하는 자(29호)
- 이유없이 관공서의 소환에 응하지 않는 자(30호)
- 경찰관서에서 특별히 지령 또는 명령하는 사항에 위반하는 자(32호)
- 부정한 목적으로 타인을 은닉하는 자(33호) |

공중 위생 침해	- 함부로 짐승 시체 또는 오염물을 내버리고 그 제거를 게을리 하는 자(59호) - 사람이 마실 정수를 오염시키거나 사용을 방해하거나 그 수로를 막는 자(60호) - 하천, 도랑 또는 하수로의 소통을 막을 수 있는 행위를 하는 자(61호) - 도랑, 하수로를 훼손하거나 관서의 독촉을 받고도 그 수선 내지 준설을 소홀히 하는 자(62호) - 관서의 독촉을 받고도 도로 청소 또는 살수撒水하지 않거나 제지에 응하지 않고 결빙기에 도로에 물을 뿌리는 자(63호) - 자기가 점유한 장소 내에서 노유의 불구 또는 질병으로 인해 구조를 요청하는 자 또는 사람의 시신, 죽은 태아가 있음을 알고 속히 경찰관 또는 그 직무를 행하는 자에게 신고하지 않는 자. 전항의 시신, 죽은 태아에 대해 경찰관 또는 그 직무를 행하는 자의 지휘 없이 그 현장을 변경하는 자(74호) - 사람의 사시死屍 또는 사태死胎를 은닉하거나 다른 물건과 혼동하도록 위장하는 자(75호) - 허가를 얻지 않고 사람의 사시死屍 혹은 사태死胎를 해부하거나 이를 보존하는 자(76호) - 일정한 음식물에 다른 물질을 섞어 부정한 이익을 꾀하는 자(77호) - 병폐病斃한 금수의 육류 또는 덜 익은 과일, 부패한 음식물 등 건강을 해칠 음식물로 영리를 꾀하려고 하는 자(78호)	- 관서의 독촉을 받고도 굴뚝의 개조, 수선 또는 소제를 게을리 하는 자(64호) - 매장한 말, 양, 돼지, 개 등의 시체를 파헤치는 자(79호) - 굽거나 삶거나 세척하거나 가죽을 벗기지 않고 그대로 먹을 수 있는 물건에 뚜껑을 덮지 않고 상점 앞에 진열하거나 행상하는 자(80호)

공공건조물·사유물 침해	– 함부로 타인의 표등標燈 또는 사사社寺·도로·공원 기타 공중용 상등常燈을 끄는 자(65호) – 신사神祠·불당·예배소·묘소·비표碑表·형상形像 기타 그와 유사한 물건을 손상하는 자(66호) – 함부로 타인의 가옥이나 공작물을 더럽히거나 거기에 첩지貼紙·장찰張札 등을 붙이거나 또는 타인의 표찰標札·초비招碑·매대가찰賣貸家札 기타 방표류榜標類를 더럽히거나 철거하는 자(67호) – 함부로 타인의 전야田野·원유園囿에서 채소 과일을 따거나 화훼 등을 꺾어 가져가는 자(68호) – 타인이 소유 혹은 점유한 토지를 침범하여 공작물을 설치하여 처마나 기둥을 내고 목축이나 경작을 하는 등 현상現狀에 변경을 가져올 만한 행위를 하는 자(69호) – 교량 또는 제방을 훼손할 우려가 있는 장소에 배·뗏목을 매는 자(71호) – 함부로 타인이 매어놓은 우마 기타 짐승류 또는 배·뗏목을 풀어놓는 자(72호) – 함부로 타인의 전포田圃를 통행하거나 거기에 우마차 등을 침입시키는 자(73호)	– 전주·교량·게시장 혹은 기타 다른 건조물에 함부로 말이나 소를 매어놓는 자(70호)
부랑행위	– 이유없이 남의 주거 또는 보호 중인 저택, 건조물 및 선박 내에 잠복하는 자(1호) – 일정한 주거 또는 생업 없이 이곳 저곳 배회하는 자(2호) – 이유없이 면회를 강요하고 또는 억지, 협박행위를 하는 자(4호) – 구걸을 하거나 또는 시키는 자(7호) – 함부로 타인의 신변을 가로막거나 따라다니는 자(35호)	

미 허 가 의 료	– 망녕스럽게 길흉화복을 말하거나 기 도·부적·주문 등을 하거나 또는 부적류 를 수여하여 사람을 현혹시키는 행위를 하는 자(22호) – 병자에 대해 금압, 기도, 부적, 주문 또 는 정신요법 등을 실시하거나 신부神符· 신수神水 등을 주고 의료를 방해하는 자 (23호) – 함부로 최면술을 실시하는 자(24호)	
맹 금 수 류	– 함부로 개나 기타 짐승류를 풀어놓거 나 사람을 놀라게 하는 자(51호) – 맹수, 광견 또는 사람을 무는 습성이 있는 짐승이나 가축을 묶어놓기를 게을 리 하는 자(52호) – 공중의 눈에 띄는 장소에서 우마 기타 동물을 학대하는 자(54호) – 위험한 정신병자의 감호를 소홀히 하 고 옥외에 배회하도록 하는 자(55호)	– 투견鬪犬 또는 투계鬪鷄를 시키는 자 (53호)
방 화 · 화 재	– 타인의 신체나 물건에 해가 미칠 만한 장소에서 물건을 태우거나 방사放射하는 자(58호) – 가옥 기타 건조물 또는 인화하기 쉬운 물건의 근처 또는 산야에서 함부로 불을 피우는 자(82호) – 석탄 기타 자연 발화 우려가 있는 물건 의 취급을 소홀히 하는 자(83호) – 함부로 총포 발사를 하거나 화약 등의 폭발할 만한 물건을 가지고 장난하는 자 (84호) – 허가를 받지 않고 봉홧불을 제조하거 나 판매하는 자(85호)	

출전: 대한민국 국회도서관,《統監府法令資料集》中, 360~361쪽; 野村調太郞 編, 1932《改訂 朝
鮮民刑事令》松山房, 41~48쪽.

〈처벌규칙〉은 조선을 식민지로 통치하기 위한 추가 조항을 담고 있기도 하지만, 조선 사회를 일본과 유사한 일상적 감시망 안에 가두어 놓고 있었다. 즉, 구걸에 대한 규제(7호), 소위 '미신' 및 '유사종교'에 대한 규제(22호·23호), 출판물·광고 규제(13호·14호·15호·16호), 노동자나 동물 학대에 대한 규제(34호·54호) 등이 있을 뿐 아니라, 부랑자(혹은 '위험인물')(1호·2호)나 밀매음(3호), 각종 단체 행위 등으로 문제를 일으키는 자(4호)에 대한 단속 등 식민지 사회를 일본 사회와 같이 근대적 구조로 바꾸기 위한 사회 통제 기능까지 있었음을 확인할 수 있다.

세 번째 특례로서, 총독부는 1912년 3월 18일 제령 제13호 〈조선태형령〉을 공포하여, 즉결심판 대상이 되는 행위에 대해 일본인에게는 구류 또는 과료형을, 조선인에게는 태형을 실시함으로써 경죄에 대한 형벌의 이원화 구조를 형성하였다. 〈조선태형령〉에 의해 조선인에게만 실시된 태형에 대해서는 그간 많은 연구가 이루어져 태형 실시의 배경과 상황, 식민지 통치수단으로서의 효과 등등에 관하여 많은 사실이 밝혀져 있다. 이들 연구는 대체로 일제의 야만적 차별정책이라는 관점,[58] 또는 식민지형 사법제도라는 관점에서 이루어져 왔지만,[59] 여기서는 이를 대한제국기 태형 운영 구조, 일본 본국의 빈약한 재정 상황 및 식민지 통치정책과 연관시켜 검토하고자 한다.

우선 대한제국기인 1903~1908년간 편찬된 《증보문헌비고增補文獻備考》의 〈형고刑考〉를 보면 조선시대에 태형·장형에 처해야 할 범죄 종목이 832개, 유형·도형에 처해야 할 범죄 종목이 841개가 된다.[60] 제2장에서 보았듯이, 갑오개혁 이후 태형과 장형을 태형으로 통합하고 유형·도형을 역형으로 통합하고 역형 1년 이상에는 태형을 병과

했으므로 앞의 《증보문헌비고》〈형고〉의 유형·도형에 해당하는 범죄에 모두 태형을 부과했다고 할 수 있다. 따라서 태형을 부과할 수 있는 범죄 종목은 위 두 종류를 합친 총 1,673개가 된다.

이후 1905년 5월 시행된 〈형법대전〉에서는 역형 1년 이상에 부가하던 태형은 삭제되었으나 태형으로 처벌하는 범죄 항목이 2백여 개이상이며, 1908년 통감부에 의해 법조문 총 680개 중 290여 개 조가 삭제된 개정 〈형법대전〉에도 태형 적용 조항이 1백 수십 개를 헤아린다. 태형 대신 속전贖錢을 받는 제도가 있었으나 제2장에서 언급했듯이 빈궁한 민인들은 속전을 내기 어려워 태형을 감내하고 있었다. 뿐만 아니라 대한제국기에는 민사·형사재판에서 신문할 때 사실을 진술하지 않는 피고에게 추箠(작은 쯤)와 가죽채찍으로 고신을 가할 수 있었으므로[61] 민사 피고든 형사 피고인이든 일상적으로 태형에 노출되어 있었다고 할 수 있다.

그렇다면 일제하 조선인에게만 실시된 태형은 대한제국기에 일상적이었던 태형과 얼마나 큰 차이가 있었는가? 우선 규격 면에서 일제하의 태는 대한제국기의 그것에 비하여 길이가 3척 5촌(약 105cm)에서 1척 8촌(54cm)으로 줄고 무게도 약 102그램(30돈)에 불과하지만, 타격부 끝의 폭은 2푼 7리(0.81cm)에서 7푼(2.1cm)으로 넓어졌다.[62] 그밖에 태형 시설의 규격, 집행 방법 등을 엄밀하게 규정하여 대한제국기에 비해 합리화되고 정형화되었다.

조선총독부는 조선인에게만 태형을 실시한 이유에 대해서 다음 자료와 같이 조선인 죄수 대부분이 영예심이나 수치 관념이 없는 열등한 인물들이라 구류와 같은 자유형으로는 형벌 집행 효과를 달할 수 없기 때문이라고 하였다.

교육을 못받은 죄수의 대부분은 영예심이나 수치 관념이 없는 열등자이기 때문에 이같은 범인에 대해 단기短期 자유형을 부과하더라도 완전히 행형의 효과를 거두기 어려움은……명백하다. 이들 범인에 대해 효과가 있는 형벌을 찾으려면 오로지 본 제도의 채용이 있을 뿐이다. 왜냐? 정신적 고통을 늦게 느끼는 자에 대해서는 신속히 고통을 실감할 수 있는 체형을 과하는 것 밖에 방법이 없다"[63]

그러나 이보다 더 중요한 이유는 그들 스스로 밝히고 있듯이, "감옥에서 행형비의 절약 및 구금 밀도의 완화"를 위한 것이었다. 총독부측 계산에 의하면, 감옥 시설을 늘리지 않은 상태에서 재판사건 및 즉결사건에 태형을 적용한 결과 행형비 절약액은 1914~1916년 3개년 평균액 50만 3,677원 38전으로서, 같은 3개년 평균 감옥비 124만 6,615원에 비하면 40.4%에 상당하였다. 만일 이들에게 태형을 실시하지 않고 징역, 구류, 또는 벌금·과료 불납으로 인한 노역장 유치를 위해 감옥에 구금하게 되면 신규 감옥 11개 소를 신설해야 하며 그 비용은 최소한 총 275만 원이 될 것으로 집계되고 있었다.[64]

따라서 조선총독부는 가능한 한 징역형이나 금고·구류형보다는 태형을 실시하는 방향으로 기울게 되었다. 이는 1915년 6월 데라우치 총독이 사법관회의에서 훈시한 내용에서도 확인된다. 그는 옥사 설비를 개선하고 죄수를 범죄의 질과 종류에 따라 엄정하게 분리 수용하는 것이 필요하지만, 재정 관계상 갑자기 옥사를 증축, 신설할 수 없으므로 가능한 한 금고나 징역형 같은 단기 자유형을 실시하지 말고 태형을 실시할 것을 간접적으로 지시하고 있었다.[65]

그리하여 조선인에게는 〈조선태형령〉에 의하여 ① 3개월 이하의 징역 또는 구류에 처해야 할 때, ② 1백 원 이하 벌금 또는 과료에 처해야 할 자이되 조선 내에 일정한 주소를 갖지 않거나 재산이 없다고 인정될 때 사정에 따라 태형을 실시할 수 있었다. 여기서 3개월 이하 징역 또는 구류, 1백 원 이하 벌금 또는 과료형은 앞의 〈조선형사령〉에 의해 도입된 일본의 각종 형사법, 그리고 〈범죄즉결례〉와 〈경찰범처벌규칙〉에 의하여 도박죄, 상해죄, 각종 행정법규 위반죄 등 광범위한 범위에 걸쳐 조선인에게 적용할 수 있었다.

이렇게 보면, 감옥비의 절약과 신속한 응징 효과를 위해서 실시된 태형은 〈경찰범처벌규칙〉 및 1910년대에 공포된 각종 행정 법규를 위반한 조선인에게는 일상적 폭력으로 존속하였던 반면, 조선총독부에게는 값싸고 효율적으로 식민지 조선을 통치할 수 있는 수단이었다.

그러나 다른 한편으로 볼 때, 1910년대의 태형은 대한제국기의 태형에 비해 그 강도나 횟수가 완화되었음은 물론 적용되는 범죄의 종류도 감소되었음을 확인할 수 있다. 그런 측면에서 태형은 일제 지배의 식민지 차별주의를 보여주면서도 근대성을 체현하고 있었다고 할 수 있다.

맺음말

일본은 대한제국을 자국 영토에 편입하고 조선인을 일본 국민으로 편입하였음에도 불구하고 전면적인 동화정책을 실시할 수 없었다. 그리하여 일본 법령을 '제령'이라는 위임 입법 형식에 의해 의용하거나 조선의 사정에 맞추어 일본 법령을 부분적으로 변용한 형태로 실시하였다. 이로 인해 동일한 내용의 법령이라도 지역에 따라 법체계가 달라 동일한 효력을 발휘할 수 없는 문제점이 발생하자 〈공통법〉을 제정하여 식민지와 본토에서 일어나는 형사 처벌이나 법령 해석에 통일성을 확보하고자 하였다.

이러한 기조는 1910년대 일본이 식민지 조선에서 실시한 형사법 분야에서도 확인되었다. 형사법 분야 역시 법제적 측면에서는 기본적으로는 내지 연장주의 또는 동화정책을 취하면서도 식민지의 특수성을 반영한 차별정책을 실시하였는데, 이러한 차별정책 역시 그들의 표현에 의하면 항상 "동화를 위한" 기초 전략이었다. 즉, 1910년대 조선인은 대한제국기의 극형 존속과 경찰범 대상의 확대 등을 제외하면 실체법규상으로 일본인과 거의 동일한 법령들의 적용을 받고 있었던 반면, 절차법규상으로는 일본인에 비해 열등한 대우를 받고 있었다. 이는 조선인에 대한 헌병경찰의 즉결심판, 태형의 적용, 변호인의 조력을 받을 권리 제한, 상소권의 제한 등으로 나타났다. 그리고 조선인의 이러한 차별적 법적 지위에 대해 조선총독부는 재정 부족과 조선인의 민족성, 조선 내 변호사의 부족 등을 구실로 삼고 있었다.

그러나, 이처럼 조선과 일본을 '이법지역異法地域'으로 설정한 것은 조만간 한계를 노정할 수밖에 없었다. 〈조선형사령〉 체제 하에서 조선인들은 근대 유럽을 모방한 일본 근대법 체계 하에서 한편으로는 차별적인 〈조선태형령〉과 다른 한편으로는 일본의 형사관련 법규를 통해 근대적 합리성을 체득하게 되었다. 이는 일본인과 동등한 정치적 참여권, 법적 권리를 요구하는 열망으로 연결되어 10년 후 3·1운동으로 폭발하였다.

사이토 마코토가 신임 총독으로 부임한 이후 조선총독부는 조선인과 일본인 판검사의 민족적 관할 차별, 조선인에 대한 헌병경찰의 즉결심판 등 형사 절차상의 차별은 물론, 〈조선태형령〉에 의한 태형 등 형사 실체법규상의 차별까지 개혁하지 않을 수 없었다. 그리하여 형사법 분야에서 조선인의 법적 지위는 일정한 차별을 받으면서도 점차적으로 일본인과 같은 법적 지위로 접근해 나갔다.

본서 구성에 사용된 논저

제1장~제3장

〈1894~1905년간 형사재판제도 연구〉서울대 국사학과 박사학위논문, 1998

제4장

〈일제 식민 통치기구의 초기 형성과정〉《일제식민통치연구 1: 1905~1919》백산서당, 1999

〈갑오개혁 이후 근대적 법령 제정과정─형사법을 중심으로─〉《韓國文化》27, 서울대 한국
   문화연구소, 2001

보론

〈1910년대 식민지 조선의 형사법과 조선인의 법적 지위〉《한국 근대사회와 문화》II, 서울대
   학교출판부, 2005

주석

서론

1 권태억, 1994 〈통감부 설치기 일제의 조선 근대화론〉《국사관논총》53, 국사편찬위
  원회; 권태억, 1994 〈1904~1910년 일제의 한국 침략 구상과 '시정개선'〉《한국사
  론》31, 서울대 국사학과.

2 도면회, 2004 〈자주적 근대와 식민지적 근대〉《국사의 신화를 넘어서》휴머니스트.

3 '근대화론'과 '내재적 발전론'이 역사 발전의 과정이나 목표를 상이하게 보면서도
  '근대화'에 대해서는 동일한 역사적 의미를 두고 있다는 지적은 배성준, 2000 〈'식
  민지근대화' 논쟁의 한계 지점에 서서〉《당대비평》13 참조.

4 윤해동 외, 2006《근대를 다시 읽는다》제1권, 역사비평사, 19~22쪽.

5 유영익, 1990《갑오경장연구》일조각.

6 韓永愚, 1994《韓國民族主義歷史學》일조각, 6쪽.

7 朴秉濠, 1996 〈朝鮮時代의 裁判制度〉《近世의 法과 法思想》도서출판 진원,
  329~349쪽.

8 韓永愚, 1973《鄭道傳思想의 研究》韓國文化研究所, 86~91쪽.
  朴秉濠, 1996《近世의 法과 法思想》도서출판 진원, 491~493쪽.

9 韓相權, 1996《朝鮮後期 社會와 訴冤制度》一潮閣, 1~6쪽.

[10] 沈羲基, 〈典律體系下의 刑法〉《韓國法制史講義》三英社, 206쪽.

[11] 일본의 재판제도는 1880년대 초까지는 프랑스의 자유주의적 재판제도를 도입하여 만들어졌으나, 천황제 통치의 성격과 부합되지 않아 1890년 〈재판소구성법〉을 제정할 때에는 프러시아의 절대주의적 성격이 강한 재판제도를 도입하였다(染野義信, 1958 〈司法制度〉《日本近代法發達史》 제2권 勁草書房).

[12] 權泰檍, 1994 〈統監府 設置期 日帝의 朝鮮 近代化論〉《國史館論叢》 제53집, 233쪽.

[13] 金正明 편, 《日韓外交資料集成》 제6권, 문서번호 114 〈韓國施政改善に關する協議會 第十八會〉(明治 40년 6월 18일, 大臣會議 筆記).

[14] 友邦協會, 1966《朝鮮に於ける司法制度近代化の足跡》, 12~13쪽.

[15] 사물관할이란 소송 대상물 또는 범죄의 성격에 따라 소송을 관장하는 기관이 달라짐을 의미한다. 크게 민사와 형사로 나눌 수 있고 민사와 형사도 소송대상물이 토지·가옥·노비인가 또는 범죄자의 경범·중범·신분·직위 여하에 따라 재판 관할기관이 달라질 수 있다. 토지관할이란 피고 또는 원고의 거주지에 따라 관할하는 기관을 달리 설정함을 의미한다. 형사사건의 경우 조선 후기까지는 대체로 피고의 거주지 지방관이 관장하고 있었다. 심급관할이란, 판결에 불복할 경우 상소하는 단계가 높아짐에 따라 재판기관이 달리 설정되어 있는 것을 의미한다. 조선 후기의 경우 초심은 군수 또는 관찰사, 재심은 관찰사 또는 형조, 그 이후의 상급심은 사헌부 또는 국왕이 담당하였다.

[16] 中橋政吉, 1936《朝鮮舊時의 刑政》朝鮮總督府.

[17] 해방 이후 출간된 尹白南, 1948《朝鮮刑政史》文藝書林는 독자적인 저서라기보다는 위 中橋政吉의 저서를 요약 번역하고 부록에《대전회통》과 〈고려형법〉을 발췌 번역한 것이다.

[18] 徐壹教, 1968《朝鮮王朝刑事制度의 研究》韓國法令編纂會.

[19] 위의 책, 263~264쪽.

[20] 朴秉濠, 1974《韓國法制史攷》法文社.

[21] 朴秉濠, 1996《近世의 法과 法思想》도서출판 진원.

[22] 沈羲基, 1982 〈朝鮮時代의 殺獄에 관한 研究〉(I)《法學研究》(부산대학교) 제25권 제1호; 1985 〈朝鮮時代의 拷訊〉《社會科學研究》 제5집 제1권; 이상의 논저는 1997

《韓國法制史講義》三英社에 재정리하여 수록됨.

23 한상권, 1994 〈조선시대 법전 편찬의 흐름과 각종 법률서의 성격〉《역사와 현실》 13.

24 洪順敏, 1998 〈조선후기 法典 編纂의 推移와 政治運營의 변동〉《한국문화》 21.

25 조지만, 2007 《조선시대의 형사법—대명률과 국전—》 경인문화사. 《대명률》《대명
   률직해》에 대한 연구사 정리는 이 책의 서론에 상세히 정리되어 있다.

26 吳甲均, 1995 《朝鮮時代司法制度研究》 三英社.

27 金仙卿, 1992 〈'民狀置簿冊'을 통해서 본 조선시대의 재판제도〉《역사연구》 창간
   호, 여강출판사.

28 韓相權, 1993 〈朝鮮後期 社會問題와 訴冤制度의 發達〉 서울대 국사학과 박사논문;
   1996 《朝鮮後期 社會와 訴冤制度》 一潮閣으로 출간.

29 沈載祐, 1995 〈18세기 獄訟의 性格과 刑政運營의 變化〉《韓國史論》 34; 2003, 〈조
   선시대 법전 편찬과 형사정책의 변화〉, 《진단학보》 96; 2003 〈조선후기 형벌제도
   의 변화와 국가권력〉《국사관논총》 102.

30 심희기, 1997 〈18세기의 형사사법제도 개혁〉《한국문화》 20.

31 조윤선, 2002 《조선후기 소송 연구》 국학자료원.

32 권연웅, 1994 《《심리록》의 기초적 검토—정조대의 사형판결—》《이기백선생 고희
   기념 한국사학논총》 (하), 일조각.

33 정순옥, 2003 〈정조의 법의식—《심리록》 판부를 중심으로—〉《전남사학》 21; 2005
   〈조선시대 사죄심리제도와 《심리록》〉 전남대학교 사학과 박사학위논문.

34 심재우, 2005 《《심리록》 연구—정조대 사형범죄 처벌과 사회통제의 변화〉, 서울대
   학교 국사학과 박사학위논문. 이를 2009 《조선후기 국가권력과 범죄통제》 태학사
   로 출간.

35 金炳華, 1974 《近代韓國裁判史》 韓國司法行政學會; 1976 《續近代韓國裁判史》 韓國
   司法行政學會; 1982 《韓國司法史(現世篇)》 一潮閣.

36 田鳳德, 1970~1976 〈近代司法制度史〉 1~10 《대한변호사협회지》 제1·3·5·7·11·13·
   14·15·21·22호. 전봉덕은 이 연구 성과를 일제의 한국 침략의 관점에서 다시 정리하
   여 1982 〈日帝의 司法權 强奪過程의 研究〉《愛山學報》 제2집으로 발표하였다.

37 도면회, 1998 〈1894~1905년간 형사재판제도 연구〉 서울대학교 박사학위논문. 본

서는 본 논문을 저본으로 하여 만든 만큼, 본 박사논문의 주요 내용과 한계에 대해서는 본서의 서론과 결론으로 가름하고자 한다. 아울러, 이후에 나온 성과에 대해서는 연구사 정리에서만 언급하고 본론의 관련 부분에서는 별도로 내용을 인용하지 않았다. 관련 필자들의 양해를 바란다.

[38] 문준영, 1998 〈대한제국기 〈형법대전〉의 제정에 관한 연구〉 서울대학교 법학과 석사학위논문; 1999 〈대한제국기 형법대전의 제정과 개정〉《법사학연구》20.

[39] 문준영, 2001 〈제국일본의 식민지 형사사법제도의 형성〉《법사학연구》23호; 문준영, 2004 〈한국 검찰제도의 역사적 형성에 관한 연구〉 서울대학교 박사학위논문; 2008 〈이토 히로부미의 한국 사법정책과 그 귀결〉 부산대학교 법학연구소,《법학연구》49-1; 2009 〈1895년 재판소구성법의 '출현'과 일본의 역할〉《법사학연구》39

[40] 문준영, 2010《법원과 검찰의 탄생—사법의 역사로 읽는 대한민국—》역사비평사.

[41] 위의 책, 904~906쪽.

[42] 신우철, 2007 〈근대 사법제도 성립사 비교연구〉《법조》612.

[43] 李英美, 2005《韓國司法制度と梅謙次郎》法政大學出版局. 김혜정 옮김, 2011《한국사법제도와 우메 겐지로》일조각.

[44] 정진숙, 2009 〈1896~1905년 형법 체계 정비에 관한 연구〉《한국사론》55.

[45] 이영록, 2005 〈개항기 한국에 있어 영사재판권—수호조약상의 근거와 내용—〉《법사학연구》32.

[46] 한철호, 2005 〈개항기 일본의 치외법권 적용 논리와 한국의 대응〉《한국사학보》21; 정구선, 2006 〈개항 후(1876~1894) 일본의 치외법권 행사와 한국의 대응〉《한국근현대사연구》39; 양홍석, 2006 〈개항기(1876~1910) 미국의 치외법권 적용논리와 한국의 대응〉《한국근현대사연구》39; 정태섭·한성민, 2007 〈개항 후(1882~1894) 청국의 치외법권 행사와 조선의 대응〉《한국근현대사연구》43; 이은자, 2005 〈한국 개항기(1876~1910) 중국의 치외법권 적용 논리와 한국의 대응〉《동양사학연구》92.

[47] 안종철, 2007 〈'한일병합' 전후 미일 간 미국의 한반도 치외법권 폐지 교섭과 타결〉 제1장《법사학연구》36.

제1장 조선 후기 형사재판제도의 구조와 성격

1 韓永愚, 1973《鄭道傳思想의 研究》韓國文化硏究所, 86~91쪽.

2 沈載祐, 1995〈18세기 獄訟의 성격과 刑政運營의 변화〉《韓國史論》34, 74~84쪽.

3 朴秉濠, 1974《韓國法制史攷》法文社, 415~418쪽.

4 朴秉濠, 1996《近世의 法과 法思想》도서출판 진원, 81쪽.

5 한상권, 1994〈조선시대 법전 편찬의 흐름과 각종 법률서의 성격〉《역사와 현실》13호.

6 沈羲基, 1997《韓國法制史講義》三英社, 197~199쪽.

7 《增補文獻備考》卷138 및 卷139.

   徐壹敎, 1968《朝鮮王朝 刑事制度 研究》韓國法令編纂會, 142~146쪽에서는 충군·변원충군·수군충군·도배 등을 모두 도형에 속하는 것으로 분류하였다. 도형의 본래 의미가 중죄를 범한 자를 관에 가두어두고 소금을 굽거나 쇠를 불리게 하는 등 힘들고 괴로운 일을 시키는 것이고 실제로 도형 대신 충군한 예도 많이 보인다. 따라서 위의 형벌들을 도형에 속하는 것으로 분류하여야 할 듯하나《경국대전》형전〈죄범준계罪犯準計〉조에 의하면《대명률》의 처벌규정 중 변원충군자·위노자·전가사변자·속잔역리자 등은 모두 장100 유3천리에 준하는 형벌, 즉 유형으로 취급한다고 규정하고 있다.

8 서일교, 위의 책, 185쪽.

9 폐질이란 바보, 벙어리, 난장이, 앉은뱅이, 사지 중 하나가 없는 자를 말한다. "癡啞侏儒腰折一肢廢也"(《六典條例》刑曹 考律司 律令條).

10 이상《大典會通》刑典〈推斷〉.

11 《大典會通》刑典〈恤囚〉.

12 《大典會通》刑典〈推斷〉.

13 "禮不下庶人 刑不上大夫"(《禮記》曲禮 上).

14 이에 대해서는 심재우, 1995〈18세기 옥송의 성격과 형정운영의 변화〉《한국사론》34, 137~138쪽.

15 심희기, 앞의 책, 208쪽.

16 참최는 매우 거친 베, 제최는 약간 거친 베, 대공은 삶아익힌 거친 베, 소공은 삶아

익힌 약간 거친 베, 시마는 삶아 익힌 약간 고운 베로 지은 상복을 말한다(《大明律直解》總論〈喪服之圖〉).

17 《大明律直解》刑律 人命編〈謀殺祖父母父母〉.

18 《大明律直解》刑律 鬪毆編〈毆祖父母父母〉.

19 《大明律直解》刑律 鬪毆編〈毆期親尊長〉, 〈毆大功以下尊長〉, 〈同姓親屬相毆〉, 〈妻妾毆夫〉.

20 조선 중기에 한하여《대명률》에 규정된 인명·범간·투구·매리 범죄에 대한 처벌 규정을 분석함으로써 일반 양인과 천민(노비) 사이의 형률 적용상 신분 차별 및 양반 사족에 대한 범죄 처벌 양상에 대해서는 구덕회, 2007〈대명률과 조선 중기 형률상의 신분 차별〉《역사와현실》65호 참조.

21 《大明律直解》刑律 人命編〈謀殺祖父母父母〉.

22 《大明律直解》刑律 鬪毆編〈奴婢毆家長〉.

23 《大明律直解》刑律 鬪毆編〈奴婢毆家長〉.

24 독질이란 악질, 미치광이, 장님, 사지 중 둘 이상이 없는 자를 말한다. "惡疾癲狂兩目盲二肢折也"(《六典條例》刑曹 考律司 律令條).

25 《大明律直解》刑律 鬪毆編〈良賤相毆〉.

26 《大明律直解》刑律 鬪毆編〈毆祖父母父母〉.

27 《大明律直解》刑律 鬪毆編〈同姓親屬相毆〉.

28 《大明律直解》刑律 鬪毆編〈妻妾毆夫〉.

29 《大明律直解》刑律 鬪毆編〈奴婢毆家長〉.

30 《大明律直解》刑律 鬪毆編〈良賤相毆〉.

31 《大明律直解》刑律 盜賊編〈盜大祀神御物〉, 〈盜制書〉, 〈盜內府財物〉.

32 《大典會通》刑典〈推斷〉.

33 《大典會通》刑典〈贓盜〉.

34 홍순민의 연구에 의하면, 조선 전기《경국대전》에는 盜罪와 贓罪가〈贓盜〉조 하나로 묶여 있어 명확히 구별되지 않고 있었으나 조선 후기 들어 장죄와 같은 경제 범죄가 늘어남에 따라 도죄·장죄의 개념과 적용할 형률에 대한 논의가 이루어지기 시작하였다. 물론〈육장도〉는 이미 대명률에 들어있는 내용을 실무에 적용하기 편

리하도록 재정리한 것이지만, 국가적 차원에서 정조대에 와서 도죄·장죄에 대한 논의가 정리된 결실로 볼 수 있다고 하였다. 상세한 내용은 홍순민, 2007 〈조선후기 도죄와 장죄의 구성과 《대명률》〉《역사와현실》 65호 참조.

35 《추관지》 제1편 율령 육장도. 이 육장도에 규정된 재물의 양과 형량은 고종대 편찬된 《육전조례》 형전에도 동일하게 수록되어 있어 갑오개혁 이전까지 이 규정이 유지되었음을 알 수 있다. 한편, 원문에는 화폐 단위가 貫文으로 되어 있어 알아보기 쉽게 兩으로 환산하였다. 1貫=10兩=1000文임.

36 심재우, 앞의 글, 133~134쪽.

37 《大明律直解》 名例律 〈十惡〉.

38 《大典會通》 刑典 〈推斷〉 및 《大明律直解》 名例律 〈常赦所不原〉.

39 《大典會通》 刑典 〈推斷〉.

40 《大明律直解》 名例律 〈親屬相爲容隱〉.

41 《大明律直解》 刑律 人命編 〈殺死奸夫〉.

42 《大明律直解》 刑律 鬪毆編 〈父祖被毆〉.

43 《大典會通》 刑典 〈殺獄〉.

44 《大明律直解》 刑律 人命編 〈尊長爲人殺私和〉.

45 《大典會通》 刑典 〈殺獄〉.

46 이상 서일교, 1968 《조선왕조형사제도의 연구》 263~290쪽.

47 "兵曹 本曹 漢城府 承政院 掌隷院 宗簿寺 觀察使 守令外 移本曹囚之"(《經國大典》 刑典 〈囚禁〉).

48 "原典直囚衙門外 備邊司捕盜廳 直囚 其餘各司及軍門 並移文本曹囚 違者重推 各司笞五十自斷 重罪外勿移文囚禁"(《續大典》 刑典 〈囚禁〉).

49 "刑曹 宗親府 議政府 中樞府 儀賓府 忠勳府 敦寧府 奎章閣 承政院 弘文館 藝文館 司憲府 耆老所 漢城府 權設都監 義禁府 推鞫時"(《六典條例》 刑典 〈直囚衙門〉).

50 《大典會通》 吏典 從一品衙門 〈義禁府〉.

51 오갑균, 1994 《조선시대사법제도연구》 삼영사, 34~43쪽.

52 《大典會通》 吏典 京官職 〈司憲府〉.

53 오갑균, 앞의 책, 61~65쪽.

[54] 《大典會通》刑典 〈訴冤〉.

[55] 《秋官志》第一編 職務分掌 〈四司〉〈九房〉 및 《六典條例》 刑典 刑曹 〈詳覆司〉〈考律司〉〈掌隷司〉〈掌禁司〉 참조.

[56] 吳甲均, 앞의 책, 120~125쪽.

[57] 《六典條例》 刑典 〈附律學廳〉;《秋官志》第一編 〈屬司 律學廳〉 및 〈律官分差〉.

[58] 한성부 내에 거주하는 16세 이상의 남정의 호패에 낙인을 찍는 업무를 말한다《六典條例》 戶典 漢城府 〈烙契〉).

[59] 《六典條例》 戶典 〈漢城府〉.

[60] 법제상으로는 한성부에서 전택 관련 소송과 산송을 관장하게 되어 있었으나 실제로는 대부분의 소송이 곧바로 형조로 집중되고 있었다. 이러한 현상에 대한 분석은 조윤선, 2002《조선후기 소송 연구》국학자료원, 85~92쪽 참조.

[61] 吳甲均, 앞의 책, 153~157쪽.

[62] 本曹·開城府·觀察使 流以下直斷 各衙門 笞以下直斷…… 二品以上 畢推取旨 三品以下 雖功臣議親 照律移啓《大典會通》刑典 〈推斷〉). 이하, 재판기관으로서의 관찰사에 대해서는 오갑균, 위의 책, 197~216쪽 참조.

[63] 李樹健, 1989《朝鮮時代地方行政史》민음사, 234쪽.

[64] 國分三亥 外, 〈朝鮮司法界の往事を語る座談會〉《司法協會雜誌》第19卷 10·11호, 제20卷 3호; 南基正 역, 《日帝의 韓國司法府 侵略實話》育法社, 49쪽.

[65] 다산연구회 역, 《역주 목민심서》V 창작과비평사, 24~25쪽.

[66] 오갑균, 앞의 책, 269~270쪽.

[67] 《大明律直解》刑律 訴訟編 〈越訴〉. 이를 '월소율'이라고 불렀다.

[68] 《經國大典》刑典 〈訴冤〉.

[69] 한성부는 중·동·서·남·북 5부로 편제되었는데 각 부는 관내의 불법사건을 관장하였다(五部掌管內坊里 非法事 及橋梁道路 禁火 家垈打量 人尸檢驗 等事《六典條例》 戶典 〈五部〉).

[70] 이태진, 1986 〈사림파의 유향소 복립운동〉《한국사회사연구》지식산업사, 145~146쪽. 형량은 제정 초기에는 장100 유3천리였던 것이《경국대전》에 수록되면서 장100 도3년으로 완화되었다.

71 그러나 모반·대역과 간첩인을 은닉한 것과 嫡母·繼母·慈母·親母가 자기 父를 살해한 것과, 기복친 이하 존장에게 재산을 침탈당하거나 구타치상을 당하는 등의 사건을 고소한 것에는 이 조항을 적용하지 않았다.

72 《大明律直解》刑典 訴訟編〈干名犯義〉에서는 자손·처첩뿐 아니라 기년복친속·대공복친속·소공복친속·시마복친속 등을 고소하였을 때에 대하여도 각각 처벌 규정이 있다.《경국대전》에서는 특별히 자손·처첩·노비에 대해서만 규정하였으나 형량은《대명률직해》의 장100 도3년에 비해 상당히 가중되었다.

73 《大明律直解》刑律 訴訟編〈聽訟回避〉.

74 謀反·叛逆사건을 고발한 것을 즉시 수리하여 범인을 체포하지 않은 경우 장100 도3년, 체포하지 않음으로써 범인이 도당을 모아 반란을 일으키며 성곽을 공격 함락하며 인민을 겁략하게 만든 자는 참형에 처하였다. 불충·불효, 살인·강도 사건을 고소했는데 수리하지 않은 경우 각각 장100과 장80에 처하였다(《大明律直解》刑律 訴訟編〈告狀不受理〉).

75 《大明律直解》刑律 訴訟編〈誣告〉. 이를 反坐律이라고 지칭하였다.

76 《大典通編》刑典〈囚禁〉.

77 팔의란 다음의 경우를 말한다. ① 議親은 국왕과 高祖가 같은 동성 8촌 친족과 왕의 조모·친모의 시마복 이상 친속과 왕비의 소공복 이상 친속과 세자비의 대공복 이상 친속, ② 의고議故는 왕실의 오랜 친지로서 일찍 侍見의 영광을 얻고 특별한 은택을 입은 지 오래된 자, ③ 議功은 적장을 참살하고 敵旗를 탈취하며 먼 곳까지 적군을 격파하며 혹은 타국 군사를 거느리고 와 항복하여 단번에 국민을 편안하게 하며 혹은 영토를 개척하여 큰 공로가 있는 자, ④ 議賢은 큰 덕행이 있는 현인 군자로서 그 말과 행실이 한 나라의 법칙이 될 수 있는 자, ⑤ 議能은 큰 재지와 학업이 있는 자로서 군대를 정제하며 정사를 잘 다스려 임금의 보필이 되며 인륜에 모범이 될 수 있는 자, ⑥ 議勤은 대소의 군관·관리들이 성실하게 관직을 지켜서 주야로 봉공하며 혹은 먼곳으로 출사하여 괴롭고 어려운 일을 겪으면서 큰 공로가 있는 자, ⑦ 議貴는 관작이 1품인 자 및 文武職事官으로 3품 이상인 자와 散官으로 2품 이상인 자, ⑧ 議賓은 전대 군왕의 자손으로서 선대의 奉祀를 이어 받들며 國賓이 된 자를 말한다(《大明律直解》名例律〈八議〉).

주석   519

78 《續大典》刑典 〈囚禁〉.

79 종친은 국왕의 동성동본 친족, 즉 목조 이후 역대 임금의 자손으로 품계없는 대군과 왕자군 밑에 정일품인 군君 이하(현록대부 이하)를 말한다. 의빈은 임금의 사위로서 정일품인 尉 이하(수록대부 이하)를 말한다(한국법제연구원, 1996 《대전회통 연구》형전·공전편, 23쪽).

80 문재란 문과 급제자 중 재상(또는 卿宰)에 이른 자로서 종2품 이상인 자를 지칭한다. 문형은 홍문관 대제학, 보국은 정일품 보국숭록대부를 의미하는데《경국대전》에서는 종친과 의빈을 현록대부·수록대부 등으로 따로따로 호칭하였으나《대전회통》에서는 이 둘을 문관 관계(大匡輔國崇祿大夫 이하)로 통일하였다. 貳相은 의정부의 좌찬성·우찬성을 말하며 耆社는 耆老所를 의미하는데 문신 정일품 이상의 實職者로서 나이가 70세 이상 되어야 입소를 허용하며 蔭官과 武官은 참여할 수 없었다(한국법제연구원, 위의 책, 23쪽).

81 《大典通編》刑典 〈囚禁〉. 여기서 '경죄'가 무엇인지에 대한 법전상 규정은 없으나 갑오개혁 이후의 용례에서 流役 이상을 謂之重罪오 禁獄 이하를 謂之輕罪 라고 하고 있는 점(《起案存檔》(奎17277의12) 제2책 광무9년 8월 22일 〈指 江西件〉), 갑오개혁 이후 도형·유형이 징역형(유형)으로 바뀌고 장형·태형이 태형으로 일원화된 점 등을 감안하면 경죄란 대체로 장형과 태형을 의미하는 것으로 보아야 한다.

82 《續大典》刑典 〈囚禁〉.

83 《大典會通》刑典 〈囚禁〉.

84 《大典會通》禮典 〈雜令〉 및 刑典 〈禁刑日〉.

85 《大典會通》刑典 〈決獄日限〉.

86 《大典會通》刑典 〈停訟〉.

87 《大典會通》刑典 〈推斷〉.

88 沈羲基, 1997《韓國法制史講義》三英社, 221~223쪽. 고신 이외에 刑訊, 刑推, 刑問이라는 용어도 마찬가지 의미인데, 오늘날 한국에서 관용적으로 쓰이고 법정어가 된 拷問이란 용어는 일본의 도쿠가 시대에 쓰이던 용어였다고 한다.

89 〈咸昌縣囚禁罪人良女儀節金日元等推案〉(奎古5125-94).

90 《秋官志》제2편 詳覆部 〈訊杖〉.

91 《大明律直解》刑律 斷獄 〈獄囚取服辯〉.

92 《經國大典》刑典 推斷條. 불용형아문은 태50 이하를 직단할 수 있는 非直囚衙門을 말한다.

93 심희기, 앞의 책, 229~230쪽. '판결이 태형으로 내려질 경우는 고신할 때 타격한 笞 數만큼 태형량을 감하여 준다'는 규정을 거꾸로 생각해보면 태형죄에 해당하는 죄 인이라도 범행을 부인하면 고신을 시행했음을 알 수 있다(《經國大典》刑典 〈推斷〉).

94 《大明律直解》刑律 斷獄 〈老幼不拷訊〉.

95 《續大典》刑典 〈推斷〉.

96 위와 같음.

97 《經國大典》刑典 〈推斷〉.

98 《大典會通》刑典 〈推斷〉.

99 《大典通編》刑典 〈推斷〉.

100 위와 같음.

101 《續大典》刑典 〈推斷〉.

102 《經國大典》刑典 〈推斷〉.

103 《經國大典》刑典 〈禁刑日〉.

104 《慶尙監營啓錄》제1책(《各司謄錄》제11권) 철종 14년 癸亥 7월 13일 및 10월 19일.

105 이하 검험 절차에 대해서는 다음 논저들을 종합 정리하였다.
徐壹敎, 앞의 책, 375~398쪽; 沈羲基, 1982 〈朝鮮時代의 殺獄에 關한 硏究(Ⅰ)〉 《法學硏究》(釜山大學校) 제25권1호, 244~261쪽; 심재우, 1997 〈조선후기 인명사 건의 처리와 '검안'〉 《역사와현실》 제23호, 220~223쪽.

106 중국 용어로 보이는 作作人과 行人은 각각 우리나라의 鎖匠과 使令이 이에 해당하 는데, 시체의 옷을 벗기고 검시를 행할 때 시중들거나 주위를 지키는 하인들이다 (심재우, 위의 글).

107 《無冤錄》은 중국 원나라의 王與가 宋代의 《洗冤錄》과 《平冤錄》의 우수한 점만을 뽑고 여기에 《程式》을 참고하여 체계를 세워 편찬한 法醫學書이다. 우리나라에서 는 1438년(세종 20)에 이 무원록에 주석을 붙여 《新註無冤錄》으로 간행한 바 있었 으나, 우리 실정에 맞지 않기도 하고 난해하여 1748년(영조 24) 이를 증수한 《增修

無冤錄》과 1792년(정조 16) 한글로 언해한 《增修無冤錄諺解》를 다시 간행하였다 (심희기, 앞의 글, 247~250쪽).

108 《續大典》《大典通編》刑典〈檢驗〉.

109 《大典會通》刑典〈檢驗〉.

110 《審理錄》應行格式〈會推式〉〈完決式〉〈各道錄啓式〉.

111 《審理錄》應行格式〈同推式〉및《大典會通》刑典〈推斷〉.

112 이하는 《六典條例》刑典〈義禁府〉에 의함.

113 徐壹敎, 앞의 책, 281~282쪽.

114 《大典會通》刑典〈推斷〉.

115 오갑균, 앞의 책, 55쪽.

116 죄인을 추국할 때 국왕이 의정대신 중에서 임시로 뽑아서 임명한 재판장을 말함.

117 《續大典》《大典通編》刑典〈推斷〉.

118 《大明律直解》刑律 刑獄編〈斷罪引律令〉.

119 《大明律直解》名例律〈斷罪無定條〉.

120 《大明律直解》刑律 雜犯編〈不應爲〉.

121 《大明律直解》名例律〈加減罪例〉.

122 《大明律直解》名例律〈犯罪自首〉.

123 《大明律直解》名例律〈二罪俱發以重論〉.

124 《大明律直解》名例律〈共犯罪分首從〉.

125 本曹·開城府·觀察使 流以下直斷 各衙門 笞以下直斷……二品以上 畢推取旨 三品 以下 雖功臣議親 照律移啓(《大典會通》刑典〈推斷〉).

126 《秋官志》제2편 詳覆部 審理〈審理狀啓規式〉.

127 신문고나 격쟁 등으로 국왕에게 억울함을 호소하는 것을 말함.

128 《經國大典》刑典〈推斷〉및《審理錄》應行格式〈同推式〉.

129 《審理錄》應行格式〈同推式〉〈結案式〉.

130 《審理錄》應行格式〈初覆檢式〉〈會推式〉〈完決式〉〈各道錄啓式〉〈同推式〉〈結案式〉.

131 이하《六典條例》刑典 詳覆司〈詳覆大辟〉에 의함.

132 후술하듯이 (수령) → (관찰사 또는 주무관청) → (사헌부) → (국왕)으로 이어지는

상소제도를 말함.

133 凡誤決 如父子嫡妾良賤分揀等項 情理切迫事 許卽訴他司 其餘缺折 堂上官及房掌 遞代後 更訴 遞代後過2년者勿聽《經國大典》刑典〈決獄日限〉).

134 《續大典》刑典〈推斷〉.

135 《秋官志》제2편 詳覆部〈釐正刑具〉및〈釐正棍制〉.

136 《續大典》刑典〈推斷〉. 여기서 '다른 관청'이란 형조 이외의 중앙관사로서 도형 이상을 관장하는 기관, 예를 들어 의금부 같은 기관을 말한다.

137 《秋官志》제3편 考律部 續條 徒流〈差員押付〉.

138 오갑균, 앞의 책, 218쪽.

139 《續大典》刑典〈推斷〉.

140 《經國大典》刑典〈推斷〉.

141 《大典會通》刑典〈推斷〉.

142 中橋政吉, 1936《朝鮮舊時の刑政》朝鮮總督府, 192~193쪽.

143 이상은 위의 책, 185~187쪽.

144 샤를르 달레,〈조선의 司法制度〉崔鍾庫 편역,《西洋人이 본 韓國法俗》교육과학사, 48쪽.

145 中橋政吉, 앞의 책, 189쪽.

146 《經國大典》刑典〈訴冤〉.

147 《續大典》刑典〈訴冤〉.

148 《續大典》刑典〈訴冤〉.

149 《大典通編》刑典〈訴冤〉.

150 《大典會通》刑典〈訴冤〉. 상언을 외람되게 한 경우에는 장100에 처하고 사건내용을 심리한 결과 과중하다고 인정되는 경우에는 장100 도3년형에 처한다(《六典條例》刑典 刑曹 考律司〈律令〉).

151 《大典會通》刑典〈訴冤〉. 詐不以實인 경우에는 장100 도3년형에 처하였다(《六典條例》刑典 刑曹 考律司〈律令〉).

152 이상 韓相權, 1996《朝鮮後期 社會와 訴冤制度》一潮閣, 20~28쪽에 의거함. 다만 이 연구에서는 상언을 두 차례밖에 못하는 것으로 해석하고 있으나 상언도 격쟁

과 마찬가지로 횟수 제한이 없었던 것으로 보아야 한다. 한상권이 상언은 두 차례 밖에 못한다고 한 것은《속대전》刑典〈聽理〉條의 "落訟上言者 三度以後 則該曹勿 爲聽理"라는 구절에 근거한 것인데(위의 책, 23쪽), 이는 상언을 세 번 이상 하면 수리하지 않는다는 뜻이 아니라 이 구절 바로 위의 '三度得伸' 조항과 관련하여 落訟하여 상언하는 경우 그 이전의 사송에서 세 번 패소한 이후면 受理하지 않는 다' 는 뜻으로 해석하여야 할 것이다.

[153] 韓相權, 위의 책, 31~83쪽.

[154] 이상 中橋政吉, 앞의 책, 313~326쪽에 의함.

[155] 이하《大典會通》刑典〈赦令〉.

[156] 《大明律直解》名例律〈常赦所不原〉. 단, 이들 죄에 대해서는 국왕의 특사로 사면 할 수 있었다.

[157] 《大典會通》刑典〈赦令〉.

[158] 《六典條例》刑典 詳覆司〈審理條〉.

[159] 이러한 관념은 鄭道傳의 조선 건국 구상으로부터 나온 것으로서 "辟以止辟 刑期 無刑 苟吾治之已成 則刑可措而不用矣"라는 표현에서 비롯되고 있었다(韓永愚, 1973《鄭道傳思想의 硏究》한국문화연구소, 91쪽에서 재인용).

[160] 中橋政吉, 앞의 책, 319~321쪽.

[161] 李炳天, 1985〈開港期 外國商人의 侵入과 韓國商人의 對應〉서울대 경제학과 박 사학위논문, 52~56쪽.

[162] 《日本外交文書》제9권 (事項 一)〈江華島事件의 解決及び日鮮修好條規締結 一件〉 #26〈朝鮮國との修好條規〉.

[163] 《고종시대사》제2권, 고종 19년 4월 6일, 고종 20년 10월 27일.

[164] 이 장정은 다른 여타 국가들과 체결하였던 것과 같은 '條約' 이 아니었다. 청은 이 장정을 통하여 조선이 淸의 '屬邦' 임을 천명하고 이 '장정' 에서 명시된 각종 권리 를 다른 조약국들에게 균점시키지 않고 淸만 향유한다는 '超最惠國民待遇權' 을 설정하였다(김정기, 1993〈淸의 朝鮮政策(1876~1894)〉《1894년농민전쟁연구》3 참조). 따라서 이 '장정' 에 명시된 사법 관련 조항은 본래적인 영사재판권이라고 할 수 없지만 조선의 사법권 행사가 불구화되었다는 점에서는 마찬가지이므로 영

사재판권의 범주에 넣어 설명하기로 한다.

[165] 《高宗時代史》 제2권, 고종 19년 8월 22일.

[166] 小山博也, 1958 〈條約改正(法體制確立期)〉《講座 日本近代法發達史》 제2권, 勁草書房, 182~183쪽.

[167] 朱杖이란 붉은 칠을 한 몽둥이이다. 여러 개의 朱杖으로 죄인의 신체를 난타하면서 신문하는 것을 朱杖撞問이라 하였는데, 그 참혹함이 심하고 법률에 규정된 형이 아니기 때문에 1735년(영조 35)에 국왕이 이를 금지하였다(심재우, 1995 〈18세기 獄訟의 성격과 刑政運營의 변화〉《韓國史論》 34, 115쪽).

[168] 丁若鏞(茶山研究會 譯註), 《譯註 牧民心書》 Ⅴ 창작과비평사, 33쪽.

[169] 위의 책, 51쪽.

[170] 한명기, 1992 〈19세기 전반 반봉건항쟁의 성격과 유형〉《1894년농민전쟁연구》 2, 역사비평사, 122~123쪽.

[171] 干連·看證 등은 직접 범행을 저지른 확증이 없더라도 범행에 관련되었을 것으로 보이는 관련자와 목격자를 말하며, 隣保는 이웃에 사는 주민을 말한다.

[172] 丁若鏞(茶山研究會 譯註), 앞의 책, 27~28쪽.

[173] 《大典會通》 刑典 〈恤囚〉.

[174] 고동환, 1992 〈대원군집권기 농민층 동향과 농민항쟁의 전개〉《1894년농민전쟁연구》 2 역사비평사, 239~240쪽.

[175] 신사유람단은 당시 비등하던 '척사론'을 의식한 고종의 밀명에 의하여 '동래부 암행어사'라는 위장된 직책으로 파견되었다(정옥자, 1965 〈신사유람단고〉《역사학보》 27집).

[176] 정옥자, 위의 글, 114~115쪽.

[177] 〈日本司法省視察記〉(奎 3703).

[178] 〈日本見聞事件草〉(奎 7689). 원문 중에서 '不分輕重 不問巨細 一施之懲役 則異乎古之治用輕 平用中 亂用中之典也'은 '亂用中'의 '中'이 '重'의 오기인 것으로 파악되어야 문맥이 맞을 위와 같이 해석했음.

[179] 일본은 1880년 그 이전까지 시행되던 각종 형사법규를 폐지하고 형법 430개 조와 치죄법 480개 조를 제정하였으며 신사유람단이 일본을 시찰한 1881년의 다음해

인 1882년부터 시행한다고 하였다(위의 자료).

180 〈治道略論〉《金玉均全集》(아세아문화사 영인본), 14~15쪽.

181 징역형이 옛 법전에 실려 있다고 하는 위 견해는 언뜻 납득하기 어려운데 아마도 도형을 징역형과 같은 개념으로 상정하고 있었던 것이 아닌가 추측된다. 위 엄세영의 글에서도 "其曰懲役者 漢之城朝 唐之謫戍之例也"라고 하여 이미 고대부터 실시된 것으로 파악하고 있다.

182 《漢城旬報》朝鮮 개국 492년 癸未 12월1일 〈泰西法律〉.

183 《漢城旬報》朝鮮 개국 493년 甲申 1월 3일 〈歐美立憲政體〉.

184 《漢城旬報》朝鮮 개국 493년 甲申 1월 3일 〈中西法制異同說〉.

185 《漢城周報》朝鮮 개국 495년 丙戌 4월28일 〈聽訟說〉.

186 《漢城周報》朝鮮 개국 495년 丙戌 6월 4일 私議〈論法律〉. 이 글을 쓴 필자가 누군인지는 확정할 수는 없지만 《한성주보》를 발간하던 박문국에서 실무를 맡은 사람들 중의 한 명일 것이다. 1886년 6월 4일 현재 박문국 주사로 일하던 인물은 張博·吳容黙·金基駿·李命倫·秦尙穆·李赫儀·權文燮·鄭萬敎·李鴻來·朴世煥·玄暎運·金肯善·吳弘黙 등이었다. 이들 중 장박·오용묵·이홍래 등은 갑오개혁 이후 각급 재판소의 판사·검사 또는 법부의 고위 관리로 임명되고 현영운은 법률기초위원으로 활동한 것으로 미루어 볼 때 위 네 명 중의 한 명, 특히 제2장에서 후술하듯이 일본인 법부고문 노자와 게이치野澤鷄一가 기초한 《刑法艸案》을 번역한 현영운이었을 가능성이 높다.

《한성주보》 발간에 관해서는 이광린, 1968 〈한성순보와 한성주보에 대한 일고찰〉 《역사학보》38; 정진석, 1983 〈한성순보, 주보에 관한 연구〉《신문연구》36 참조.

187 박영효의 상소문은 출전에 따라 다소의 차이가 있으므로 여기서는 이들 각 상이한 상소문을 상호 비교하여 오탈자를 바로잡고 주석을 달아놓은 전봉덕의 글에 의거하였다(전봉덕, 1978 〈박영효와 그의 상소 연구서설〉《동양학》8, 207~210쪽).

제2장 갑오개혁과 형사재판제도의 근대적 개혁

1 이 시기 정부 공문서 연대 표기의 변화와 관련하여, 이하에서는 외교문서 등에 태양력으로 표기된 일자라도 모두 1895년 11월 16일까지는 음력, 그 이후는 양력 표기로 바꾸어 표기하였다.

2 신용하, 1993 〈갑오농민전쟁의 제2차 농민전쟁〉《동학과 갑오농민전쟁연구》일조각, 287~291쪽.

3 《日本外交文書》第27卷 제1册 〈朝鮮國內政改革ニ關ウル件〉중 #396 〈內政改革案提出ノ件〉(朝鮮國駐箚大鳥公使 → 陸奧外務大臣). 일본은 위 26개 항을 10일 이내에 결행해야 할 사항, 6개월 이내 결행해야 할 사항, 2개년 이내 결행해야 할 사항 등 3가지로 분류하였다.

4 柳永益, 〈甲午更張을 圍繞한 日本의 對韓政策〉《甲午更張研究》一潮閣, 11쪽; 朴宗根(朴英宰 역), 1989《淸日戰爭과 朝鮮》一潮閣, 46~47쪽.

5 中塚明, 1968《日淸戰爭の硏究》靑木書店, 255쪽.

6 이 점은 10년 전 갑신정변 직후 구성한 정부조직안과도 유사하다. 다만 갑신정변 때는 김옥균·박영효 등 정변 주체세력이 6명에 불과하고 동조세력으로 볼 수 있는 인물 4명, 흥선대원군계 7명, 외척 5명, 기타 2명으로 구성된 데 반하여 1894년에는 개화파가 압도적으로 많아졌다(鄭玉子, 1990 〈開化派와 甲申政變〉《國史館論叢》제14집, 228~230쪽).

7 박종근, 앞의 책, 83쪽.

8 《章程存案》(奎 17237).

9 유영익, 앞의 책, 136~143쪽.

10 《議案》(奎 20066) 개국 503년 7월 초9일.

11 이하 유영익, 앞의 책, 144~161쪽에 의거함.

12 박종근, 앞의 책, 91~99쪽 및 108~135쪽.

13 이하 유영익, 앞의 책, 15~53쪽.

14 《日本外交文書》제27권 2책 #482 〈謁見ノ模樣報告ノ件〉(一)(二). 이노우에는 이 20개조의 개혁안 말미에 1894년 6월 22일(음력) 두 차례 내린 傳敎, 즉 "모든 庶務 중

緊重한 사건은 대원군에게 먼저 보고하여 밝히라"는 것과 "각국 사례에 따라 본국의 육해군 사무는 대원군에게 보고하여 재결을 받으라"는 것 등 대원군의 섭정을 가능하게 했던 전교를 취소하도록 하였다. 이는 물론 대원군의 정치 간여 배제를 공식화한 것이었다.

15 《舊韓國官報》 개국 503년 12월 12일.

16 유영익, 앞의 책, 53~55쪽.

17 위의 책, 72~81쪽.

18 위의 책, 60~72쪽.
   한국에 대해 애정어린 시선으로 많은 견문록을 남긴 멕켄지는 다음과 같이 박영효의 비극적인 입장을 기록하였다.
   "일본인들이 박영효를 방문하여 내부대신의 직권으로 이권과 특권을 베풀어줄 것을 요구하였을 때, 그들은 박영효가 자기 나라의 권익을 추호도 양보할 의사가 없음을 알았다. 그러나 그는 자기 동포들로부터 불신을 받았다. 민중은 그가 단순한 일본 정부의 밀정이라고 믿고 있었다. 더구나 그는 일본인들의 강요에 굴복하지 않음으로써 일본인들로부터도 미움을 받았다"(F.A.McKenzie(신복룡 역), 1986 《한국의 독립운동》 평민사, 64쪽).

19 韓哲昊, 1992 〈甲午更張 中(1894~1896) 貞洞派의 改革活動과 그 意義〉《國史館論叢》 제36집, 47~55쪽.

20 Isabella Bird Bishop(이인화 옮김), 1996 《한국과 그 이웃나라들》 살림, 313쪽.

21 최문형, 1973 〈구미열강의 극동정책과 일본의 한국병합〉《역사학보》 59집; 이민원, 1994 〈아관파천 전후의 한로관계〉 한국정신문화연구원 한국학대학원 박사논문.
   그러나 이러한 균형은 대한제국의 자력에 의한 것이 아니었기에 1899년 중국의 의화단사건과 그 처리과정에서 나타난 영국과 일본의 접근, 그 귀결로서의 1902년 제1차 영일동맹 등에 의해 파괴되었고, 최종적으로는 러일전쟁에 의해 파국을 맞이하게 되는 '잠정적'인 것이었다.

22 이민원, 위의 글, 115~128쪽.

23 오연숙, 1996 〈대한제국기 의정부의 운영과 위상〉《역사와 현실》 제19호, 48쪽.

24 《詔勅》(奎 17708의1) 제4책 건양 2년 3월 16일 조칙.

한국 근대 형사재판제도사

《奏本》(奎 17703) 제5책 건양 2년 3월 23일 조칙.

아관파천 이후에는 갑오개혁기에 제정된 수많은 법령들의 혼란을 정리하는 기준으로 '舊規를 基本으로 하고 新式을 叅互하는 구본신참의 원칙'이 수립되었다(金容燮, 1975 〈광무年間의 量田·地契事業〉《韓國近代農業史研究》일조각, 502~512쪽).

25 전봉덕, 1973 〈근대사법제도사〉(3)《대한변호사협회지》1973년 5월호 50~51쪽; 신용하, 1976《독립협회연구》일조각, 55~56쪽.

26 나애자, 1994 〈대한제국의 권력구조와 광무개혁〉《한국사》11 한길사, 151~153쪽.

27 서영희, 1990 〈1894~1904년의 정치체제 변동과 궁내부〉《한국사론》23, 373쪽.

28 이태진, 〈18~19세기 서울의 근대적 도시발달 양상〉《서울학연구》IV, 20~32쪽.

29 《詔勅》(奎 17708의1) 제3책 건양 원년 2월 15일 조칙.

갑오개혁에 참여했던 인물 모두가 숙청된 것은 아니고 명성황후 살해사건과 왕후 폐위 조치에 관련된 인물들만 숙청되었다(주진오, 1995 〈19세기 후반 개화 개혁론의 구조와 전개〉연세대 사학과 박사논문, 81쪽).

30 한철호, 앞의 글, 55쪽.

31 주진오, 앞의 글, 81~82쪽.

32 위의 글, 183쪽.

그러나 그 내부에는 안경수와 같이 군주권을 제한하고 개명 관료들의 과두적 지배를 구상하는 입장도 잠복해 있었다(주진오, 위의 글, 190쪽).

33 김홍륙은 러시아어 통역관으로 귀족원경·학부 협판 등 고위직에 올랐다. 대소 관직 임명은 모두 러시아 세력을 배경으로 한 그의 권력에 의해 이루어졌으며 조금이라도 자기 뜻과 같지 않으면 고종 앞에서도 패악스러운 언사를 하였다고 한다(鄭喬,《大韓季年史》上 국사편찬위원회, 175~ 176쪽).

34 《舊韓國官報》건양 2년 2월 5일 판결선고서.

판결 선고서에서는 피고인들과 고종의 관련이 전혀 언급되어 있지 않다. 그러나 鄭喬에 의하면 고종은 이완용 등 정부 대신들이 러시아어 통역 김홍륙과 결탁하여 국권을 전횡하는 것을 미워하여 김홍륙을 제거하려 했다고 서술되어 있다(鄭喬, 위의 책, 153~155쪽). 사실 수사과정에서 고종과 정변 모의 세력이 관련있다는 사실을 밝혔다고 하더라도《구한국관보》나 판결선고서 등 정부 문서에 이런 류의 내용을 수록한다는 것은 불가능한 일이었다.

[35] 《舊韓國官報》 건양 2년 7월 19일 판결선고서.

鄭喬, 앞의 책, 157~158쪽.

[36] 《舊韓國官報》 광무 2년 4월 14일 판결선고서; 鄭喬, 위의 책, 175~176쪽.

[37] 《詔勅》(奎 17708의1) 제5책 광무 2년 8월 23일 詔勅.

鄭喬, 위의 책, 223~224쪽.

[38] 鄭喬, 위의 책, 232~233쪽, 255~257쪽.

[39] 이 사건은 상당히 의혹스러운 부분이 많이 남아 있다. 당시 사건 수사를 맡았던 검사 咸台永은 만년에 김홍륙의 먼 일가 후손인 金在俊 목사의 질문을 받고 이 사건이 민씨 척족이 조작해낸 사건이라고 술회한 바 있다(崔鍾庫, 1984 〈韓國의 法律家 象 24 松岩 咸台永〉《司法行政》 1984년 4월호). 이러한 회고담과 당시 러시아공사의 항의 조회문이나 외교적 정세를 살펴 볼 때 고종 측근 인물이 사건을 조작했을 가능성이 높다고 생각된다.

[40] 《舊韓國官報》 광무 2년 8월 17일 판결선고서, 8월 18일 司法; 鄭喬, 앞의 책, 207쪽.

이 사건은 당시 '대한청년애국회사건'으로도 불리웠는데, 그 배후에 일본에 망명 중인 박영효가 관련되어 있는 것으로 해석되고 있다(주진오, 앞의 글, 113~114쪽).

[41] 鄭喬, 위의 책, 207~221쪽.

[42] 신용하, 앞의 책, 341~353쪽.

[43] 상세한 전말은 신용하, 위의 책, 353~519쪽을 참조할 것.

[44] 독립협회와 고종의 군주제 구상의 차이에 대해서는 서영희, 1995 〈개화파의 근대국가 구상과 그 실천〉 한국사연구회 편, 《근대국민국가와 민족문제》 지식산업사, 292~300쪽 참조.

[45] 유생세력이 복수소청, 건의소청, 도약소 등을 설립하여 활동하는 과정에 대해서는 徐珍敎, 1992 〈1898년 都約所의 結成과 活動—1890년대 후반 보수유생층의 동향에 대한 一檢討—〉《震檀學報》 73을 참조.

[46] 1898년 이후 독립협회운동에 참여한 세력을 운동노선에 따라 크게 정치구조 개편운동 세력과 권력장악 운동세력으로 나누기도 한다. 전자는 윤치호–남궁억 등 황제권을 중심으로 한 기존 권력구조를 인정하는 가운데 정부와 협력하여 내정개혁

을 달성하려는 세력이고, 후자는 안경수–박영효와 연관된 계열로서 정권 탈취를 통하여 권력 장악을 추구했던 세력이라는 것이다(주진오, 앞의 글, 144~155쪽). 그러나 양자 모두 황제 입장에서는 군주권을 제한하려는 세력으로 보일 수밖에 없었으리라 생각되어 굳이 분리하여 설명하지 않았다.

[47] 이 조항들은 농민군이 집강소 시기에 표방한 개혁방침인데 이 자료를 정리한 吳知泳의《東學史》는 초고본과 간행본 사이에 몇 가지 차이점이 있는 것으로 지적되고 있다(박찬승, 1997〈1894년농민전쟁의 주체와 농민군의 지향〉《1894년 농민전쟁연구》5, 역사비평사 126~127쪽). 여기서는 위 두 가지 자료에 실린 조항 모두를 대상으로 하였다.

[48]《議定存案》(奎 17236).

[49]《日本外交文書》제27권 2책 #482〈謁見ノ模樣報告ノ件〉(一)(二).

[50]《司法稟報》(아세아문화사 영인본) 제1권, 314~315쪽 및 339~340쪽.

[51] 위의 책, 357쪽 및 383쪽.

[52] 法部 刑事局,《起案》(奎 17277의2) 제13책 건양 원년 12월 11일〈訓令 忠南道觀察使件〉.

[53] 위의 자료 제22책 광무 원년 9월 9일〈訓令 忠淸南道裁判所件〉.

[54] 박찬승,〈1894년 농민전쟁의 주체와 농민군의 지향〉《1894년농민전쟁연구》5, 역사비평사, 134~135쪽.

[55]《關草存案》〈關 京畿三南五都江原道〉(국사편찬위원회 편,《各司謄錄》63권, 218쪽).

[56] 신용하, 1985〈1894년의 사회신분제의 폐지〉《규장각》9 및 박찬승, 앞의 글.

[57] 予常欽誦 思欲繼述 以私家言 一有奴婢之名 終身服事 而至於世世仰役 不得改其名者 有欠於仁政 而亦足爲傷和之一端 名分自有典式之嚴 使役只可一身而止 更無得世役之義 京兆堂上 就議總理大臣 成節目頒示中外 以爲導迎祥和(《高宗實錄》卷23 고종 23년 1월 2일).

[58]《日省錄》고종 23년 3월 11일. 이때의 총리대신은 1885년 5월 25일 신설된 내무부의 장관인 총리내무부사를 뜻한다(《高宗實錄》卷22, 고종 22년 6월 15일).

[59]《議奏》(奎17705) 개국 504년 3월 29일 奏本〈各大臣間規約條件〉제28항.

[60]《告示》(奎 21317).

[61] 法部 刑事局,《起案》(奎 17277의2) 제32책 광무 2년 7월 5일 〈指令 慶北件〉.

[62] 法部 法務局,《訓指起案》(奎 17277의5) 제7책 광무 6년 6월 29일 〈訓令 慶南〉.

[63] 《司法稟報》 제3권, 광무 2년 4월 27일 〈慶尙北道裁判所質稟書 제25호〉.

[64] 다음 논문도 이와 동일한 입장에서 갑오개혁기 신분제 개혁의 성과와 한계를 지적하고 있다.

趙誠倫, 1997 〈甲午改革期 開化派政權의 身分制 폐지정책〉《金容燮敎授停年紀念 韓國史學論叢》3, 지식산업사.

[65] 李元淳, 〈한말 日本人 雇聘문제 연구〉《韓國文化》11, 561쪽.

[66] 國史編纂委員會 역,《駐韓日本公使館記錄》 제7권, 1쪽.

[67] 星亨에 대해서는 崔鍾庫, 〈韓國近代法의 形成過程〉《韓國文化》15, 431쪽.

[68] 윤소영, 2002 〈갑오개혁기 일본인고문관의 활동—星亨을 중심으로—〉《한국민족운동사연구》30, 133~145쪽.

[69] 法部 檢事局,《起案》(奎 17277의1) 제2책~제5책 1895년 4월~10월간의 각 기안 문서.

[70] 윤소영, 앞의 글, 153~155쪽. 外部,《法部來去文》(奎 17795) 제4책, 개국 504년 11월 15일 〈照覆〉.

[71] 〈法部顧問證約書〉(奎 23080); 外部,《法部來去文》(奎 17795) 제6책 건양 원년 2월 8일 〈照會 제3호〉 및 2월 26일 〈照會〉.

[72] 崔鍾庫, 1990 〈西洋人 법률顧問의 역할〉《韓國法學史》博英社, 190쪽.

[73] 정긍식, 1995~1996 〈자료: 刑法艸案〉《法史學研究》 제16호, 제17호.

[74] 朴秉濠, 1974 〈舊韓國時代의 刑事立法의 沿革〉《韓國法制史攷》博英社, 430쪽.

[75] 동 초안이 채택되지 못하고 보류된 사정에 대해서는 정확한 원인을 밝힐 수 없지만, 동 초안이 모방의 대상으로 한 일본 구 형법의 귀추를 보면 원인의 일단을 파악할 수 있을 것이다. 일본의 구 형법은 1810년 제정된 프랑스 형법의 영향을 받고 있는 것으로, 일본에서도 그 자유주의적 성격으로 인하여 시행에 문제가 많아 1890년과 1901년에 독일형법의 영향을 받은 개정안을 마련하였다고 한다(鄭肯植, 앞의 글, 192쪽). 따라서 한국에서도 자유주의적 성격이 짙은 동 초안을 급격하게 시행하기 어려웠기에 초안 단계에서 보류되었던 것이 아닌가 한다.

[76] 최종고, 1990《한국법학사》박영사, 194쪽.

77 外部,《法部來去文》(奎 17795) 제6책 건양 원년 2월 29일 〈照覆〉.

78 국사편찬위원회 역,《주한일본공사관기록》제11권, 96쪽 및 105쪽.

79 이에 대해서는 愼鏞廈, 1976《獨立協會硏究》一潮閣, 337~341쪽 참조.

80 鄭肯植, 1991 〈韓末 법률기초기관에 관한 小考〉《朴秉濠敎授還甲紀念(II) 韓國法史學論叢》博英社, 254~256쪽.

81 《勅令》(奎 17706) 개국 503년 12월 27일 칙령 제30호.

82 法部,《奏本》(奎 17276) 제1책 개국 503년 12월 10일 주본 제13호.

83 위의 자료 제4책 개국 504년 3월 18일 주본 제79호.

84 개국 504년 4월 16일 법률 제4호 〈流刑分等과 加減例에 關한 件〉 국회도서관 편,《韓末近代法令資料集》I, 347쪽.

85 개국 504년 4월 29일 법률 제6호 〈懲役處斷例〉《韓末近代法令資料集》I, 362~363쪽.

86 개국 504년 윤5월 10일 법부훈령 제1호 〈官員의 職權上의 私罪에 관한 件〉; 동년 10월 7일 법부훈령 제3호 〈法部訓令 제一호를 廢止하는 件〉《韓末近代法令資料集》I, 471쪽 및 595쪽.

87 건양 원년 4월 1일 법률 제2호 〈賊盜處斷例〉; 동년 동월 4일 법률 제3호 〈刑律名例〉; 동년 6월 17일 법률 제5호 〈刑律名例改正〉《韓末近代法令資料集》II, 52~66쪽, 67~70, 90~91쪽.

88 《議奏》(奎 17705) 제54책 건양 원년 4월 4일.

89 《法部去來案》(奎 26214)에 의하면 1895년 5월 26일 한성재판소에서는 아편죄인 처벌을 위하여 '작년 가을 啓下하신 鴉片罪人 懲辦條例를 잠시 빌려달라' 고 한 데 이어 5월 28일 '鴉片烟禁戒條例를 還交하오니 領受標를 선척하심이 可홈' 이라고 법부에 조회하고 있다. 이를 보면 한성재판소에서 아편연 관련 죄인을 처벌하기 위하여 법부에서 〈아편연금계조례〉를 대출해갔음을 알 수 있다.

90 《奏議》(奎 17703) 제20책 광무 2년 8월 13일 주본 〈鴉片烟의 嚴禁을 법률로 確定하는 件〉.

91 《韓末近代法令資料集》II, 133~135쪽, 174~177쪽, 267~269쪽.

92 法部 刑事局,《起案》(奎 17277의2) 제8책 광무 원년 7월 16일 〈訓令 公州裁判所件〉.

93 위의 자료 제8책 건양 원년 7월 16일 〈指令 漢城裁判所件〉.

94 위의 자료 제19책 광무 원년 6월 3일 〈指令 漢城裁判所件〉.

95 위의 자료 제42책 광무 3년 5월 10일 〈照會 外部件〉.

96 《皇城新聞》 광무 3년 3월 31일 논설.

97 《皇城新聞》 광무 3년 3월 7일 잡보 〈法規類編〉.

　《法規類編》은 1894년부터 1895년까지 제정된 법령들을 內閣記錄局에서 官制·律令·地方·警察·衛生·財政·學制·軍旅·工商·遞信 등의 각 분야로 정리하여 1896년에 두 권으로 간행한 법전이다(崔鍾庫, 1983 〈開化期의 韓國法制史料〉 《韓國學文獻硏究의 現況과 展望》 아세아문화사, 327쪽).

98 《皇城新聞》 광무 3년 4월 7일 잡보 〈去舊從新〉.

99 《議案》(奎 20066) 甲午 6월 28일 議案 〈各衙門官制〉.

100 이상 《議定存案》(奎 17236) 각 해당 일자.

101 法部, 《奏本》(奎 17276) 제1책 개국 503년 12월 16일 주본 제14호.

102 위의 책, 개국 503년 12월 16일 주본 제15호.

103 《東學關聯判決文輯》(총무처 정부기록보존소 영인).

104 《韓末近代法令資料集》 I, 210~211쪽.

105 《舊韓國官報》 개국 504년 6월 1일 部令.

106 法部 檢事局, 《起案》(奎 17277의1) 제5책, 개국 504년 10월 9일.

107 法部 刑事局, 《起案》(奎 17277의2) 제2책 개국 504년 9월 15일 〈照會 軍部大臣件〉.

108 法部 刑事局, 《起案》(奎 17277의2) 제3책 건양 원년 1월 23일 〈照會 軍部件〉.

109 위의 자료.

110 法部 刑事局, 《起案》(奎 17277의2) 제5책 건양 원년 4월 21일 〈照會 軍部件〉.

　正刑이란 형벌제도 개혁 이전의 사형으로서 斬刑 또는 凌遲刑을 말하는데 여기서는 참형을 의미하는 듯하다.

111 法部 法務課, 《起案存檔》(奎 17277의12) 제1책 건양 2년 3월 24일 〈訓令 十二道四港一牧裁判所件〉.

112 法部 檢事局, 《起案》(奎 17277의1) 제12책 건양 원년 10월 5일 〈訓令 京畿觀察使 十二道四港裁判所〉.

113 《韓末近代法令資料集》 I, 190~198쪽.

114 이 같은 재판소 구성은 당시 일본의 재판소 제도와 유사한 것이었다. 일본은 1890
년 2월 10일 〈재판소구성법〉을 공포하고 최고재판소로 大審院, 제2심 재판소로서
控訴院, 제1심 재판소이면서 區裁判所의 판결에 대한 제2심재판소였던 地方裁判
所, 그리고 최하급 재판소로서 區裁判所를 두었다(最高裁判所事務總局, 1990 《裁
判所百年史》大藏省印刷局, 64~67쪽). 조선의 〈재판소구성법〉과 비교하여 보면
고등재판소는 대심원, 순회재판소는 공소원, 한성재판소 · 개항장재판소 · 지방재
판소는 지방재판소, 군수 재판은 구재판소에 해당한다고 할 수 있다. 조선의 〈재
판소구성법〉 제정 과정과 그 의미에 대해서는 문준영, 2009 〈1895년 재판소구성
법의 '출현'과 일본의 역할〉《법사학연구》39 참조.

115 〈機密發 제48호 大院君과 李埈鎔의 음모에 관한 전말 보고〉 국사편찬위원회 역,
《駐韓日本公使館記錄》제7권, 15~18쪽.

116 개국 504년 5월 26일 칙령 제97호 〈監營 · 按撫營 및 留守府를 廢止하는 件〉; 동년 동
월 동일 칙령 제98호 〈地方制度 改正에 關한 件〉; 동년 동월 동일 칙령 제99호 〈仁
川 · 釜山 · 元山의 監理署를 廢止하는 件〉《韓末近代法令資料集》I, 398~403쪽.

117 개국 504년 4월 29일 법률 제7호 〈監營 · 留守營 及 其他地方裁判의 上訴를 高等裁
判所에서 受理 審判하는 件〉; 건양 원년 8월 15일 법률 제8호 〈監營 · 留守營 及 其
他地方裁判의 上訴를 高等裁判所에서 受理 審判하는 件 改正〉《韓末近代法令資料
集》I, 363쪽 및 II, 152쪽.

118 개국 504년 5월 20일 법률 제8호 〈勅奏任官의 犯罪를 受理審判하는 件〉《韓末近
代法令資料集》I, 393~394쪽.
갑오개혁 이후에는 관직체계를 문반과 무반으로 나누어 각각 정 · 종9품까지 두던
18등급 관계를 폐지하고 문관에 한하여 칙임관 · 주임관 · 판임관으로 나누고 칙임
관은 정1품에서 종2품까지, 주임관은 3품에서 6품까지, 판임관은 7품에서 9품까
지 세분하여 총 11개 등급을 두었다. 따라서 칙임관과 주임관은 구제도의 관계로
는 대략 정1품부터 종6품까지에 해당되는 고급 · 중급 관리라고 할 수 있다(개국
503년 7월 14일 의안 〈문관수임식〉 및 동년 7월 16일 의안 〈官秩〉《韓末近代法令
資料集》I, 37~38쪽 및 59~60쪽).

119 개국 504년 4월 15일 법부령 제1호 〈漢城裁判所 設置에 關한 件〉《韓末近代法令

資料集》I, 345~346쪽; 〈司法府〉《朝鮮日報》1971년 8월 4일자.

120 개국 504년 윤5월 10일 칙령 제114호 〈開港場裁判所·地方裁判所 開設에 관한 件〉;
개국 504년 윤5월 13일 법부령 제5호 〈開港場裁判所 및 地方裁判所의 管轄區域에
관한 건〉《韓末近代法令資料集》I, 438쪽 및 441쪽.

121 건양 원년 1월 11일 칙령 제4호 〈咸興裁判所設置에 관한 건〉《韓末近代法令資料
集》II, 8~9쪽.

122 개국 504년 윤5월 10일 칙령 제114호 〈開港場裁判所·地方裁判所 開設에 관한 件〉
《韓末近代法令資料集》I, 438쪽; 건양 원년 1월 20일 법부고시 제2호 〈開港場·地
方裁判所를 開設하는 件〉《韓末近代法令資料集》II, 18~19쪽.

123 건양 원년 8월 4일 칙령 제35호 〈地方制度·地方官制·各府職員俸給·各府雇員俸
給·各府廳經費配定·各郡經費配定·郡守官等俸給의 施行을 廢止하는 건〉; 동년
동월 동일 칙령 제36호 〈地方制度·官制·俸給·經費 改正〉《韓末近代法令資料集》
II, 115~124쪽.

124 건양 원년 8월 7일 칙령 제50호 〈各開港場 監理署復設官制及規則〉《韓末近代法令
資料集》II, 141~145쪽.

125 건양 원년 8월 15일 칙령 제54호 〈開港場裁判所 地方裁判所 開設에 관한 건·咸興
裁判所 設置에 관한 件 廢止〉; 동년 동월 동일 칙령 제55호 〈開港場裁判所 및 地
方裁判所의 改正 開設에 관한 건〉; 동년 동월 27일 법부령 제5호 〈開港場裁判所
및 地方裁判所의 位置를 改正하는 건〉《韓末近代法令資料集》II, 153~154쪽 및
161~163쪽.

126 광무 원년 10월 5일 칙령 제36호 〈務安·三和港에 裁判所를 設置하는 件〉《韓末近
代法令資料集》II, 286~287쪽.

127 《독립신문》건양 원년 9월 19일 잡보.

128 광무 원년 9월 12일 칙령 제37호 〈京畿裁判所 設置에 關한 件〉《舊韓國官報》광무
원년 11월 1일.

129 광무 원년 11월 1일 법부령 제7호 〈漢城·京畿裁判所의 管轄區域을 정하는 件〉《舊
韓國官報》광무 원년 11월 20일.

130 광무 원년 9월 12일 법률 제2호 〈漢城裁判所官制·規程〉《韓末近代法令資料集》II,

277~279쪽.

131 《奏議》(奎 17703) 제12책 광무 2년 1월21일 奏本 제13호.

132 이유인은 원래 점을 잘 치는 卜術家로서(鄭喬, 《大韓季年史》下, 141쪽), 근대적인
법률에 대해서는 전혀 소양이 없으면서도 황제의 총애를 받아 대한제국기 내내
고위 관료직을 역임한 인물이다. 그는 1898년 1월 20일 중추원 일등의관에서 법
부대신 겸 고등재판소 재판장으로 벼락 출세하였다(《舊韓國官報》광무 2년 1월 22
일 및 2월 2일). 그가 재판제도를 개혁 이전으로 되돌리려 한 배경은 1896년 10월
부터 시작된 민사소송 때문인 것으로 판단된다.

　　이유인은 자기 동생 李裕直의 집이 빚으로 인하여 典執당하자 동생의 代言人으
로 1896년 11월 11일 한성재판소에 소장을 제출하였으나 몇 개월이 지나도록 판
결이 내려지지 않은 데다가 형세가 자기측에 불리하게 돌아갔다. 이에 한성재판
소 판결이 나지도 않은 상태에서 柳元五란 자를 자기 대신 원고로 하여 고등재판
소에 소장을 제출하였는데 그때 재판장이 이유인 바로 자신이었다. 이 사건을 담
당한 고등재판소의 재판과정을 둘러싸고 독립협회와 이유인 사이에는 치열한 공
방전이 벌어졌는데 결국 이유인이 법부대신 겸 고등재판소 재판장에서 면직되고
독립협회에 사과하는 결말이 이루어졌다(鄭喬, 《大韓季年史》上, 194~199쪽).

　　이유인이 위 상소를 올린 시기는 한성재판소의 판결이 자기에게 불리하게 돌아
갈 것 같은 시점 이후이며 그가 법부대신 겸 고등재판소 재판장으로 임명된 지 겨
우 닷새 후의 일이므로 전후 사정을 감안할 때 경기·한성재판소의 폐지는 자신의
피해 경험으로부터 구상되었을 가능성이 높은 것이다. 또 그는 고등재판소 재판
장으로 재임할 때 민인들의 呈訴에 대해 말도 안되는 題辭를 써 내려 보내는 일이
많아 법부와 고등재판소 주임관 이상 직원들이 그가 재임시 발한 훈령·지령은 모
두 무효로 한다는 훈칙을 각 군에 보내려고 할 정도로 무능한 사법관이기도 하였
다(〈資料: 金洛憲의 〈從宦錄〉〉《法史學硏究》제11호(1990), 236쪽).

133 광무 2년 2월 9일 칙령 제4호 〈漢城·京畿裁判所 廢止에 관한 件〉; 동년 동월 동일
칙령 제5호 〈漢城府裁判所官制·規程〉; 동년 동월 동일 칙령 제6호 〈京畿裁判所를
京畿觀察府에 設置하는 件〉《韓末近代法令資料集》332~335쪽.

134 법부령 제1호 〈漢城府裁判所位置를 左같이 釐正하는 事〉《舊韓國官報》광무 2년 9

월 6일.

135 칙령 제5호 〈漢城府裁判所의 官制와 規程에 關한 件〉《舊韓國官報》 광무 2년 2월 11일.

136 개국 504년 4월 14일 법부고시 제2호 〈特別法院을 臨時로 開廷하는 件〉《韓末近代法令資料集》 I, 344~345쪽.

137 1895년 10월 29일 법부고시 제3호 〈特別法院을 臨時開廷하는 件〉《韓末近代法令資料集》 I, 605쪽; 건양 원년 1월 16일 법부고시 제1호 〈特別法院을 撤罷하는 件〉 《韓末近代法令資料集》 II, 14쪽.

138 法部 刑事局, 《起案》(奎 17277의2) 제28책 광무 2년 3월 13일 〈告示〉; 같은 자료, 제29책 광무 2년 4월 11일 〈법부고시〉. 이 사건의 전말을 다룬 특별법원의 판결내용은 《高宗實錄》 권37, 광무 2년 4월 11일자 기사에 수록되어 있다.

139 칙령 제45호 〈法部官制〉《韓末近代法令資料集》 I, 210~211쪽.

140 개국 504년 3월 25일 칙령 제41호 〈各部官制通則〉《韓末近代法令資料集》 I, 204~206쪽.
　　칙임관은 국왕이 직접 임명하거나 총리대신이 각 아문대신 및 贊成·都憲 등과 협의 천거하여 三望을 갖추어 奏聞한 후 국왕의 낙점을 받아 임명하게 되어 있었다. 주임관은 각 아문대신이 선발하여 그의 관직·성명·年貫·거주·학식이력 등을 총리대신에게 보내고 총리대신은 都察院에 보내 가부를 평의하여 총리대신에게 돌려보내게 하면 총리대신이 주문하여 임명하였다. 이에 비해 판임관은 각 아문대신이 인원을 銓考局으로 보내어 시험한 뒤 해당 대신이 추천서를 承宣院으로 올려 啓下하면 職牒을 成給해 주었다(개국 503년 7월 14일 議案 〈文官授任式〉; 동년 9월 19일 議案 〈文官授任式 改正〉《韓末近代法令資料集》 I, 37쪽 및 104쪽).

141 《독립신문》 광무 2년 4월 21일 논설.

142 법률 제12호 〈裁判所에 判事試補·檢事試補를 置하는 件〉《舊韓國官報》 개국 504년 6월 25일; 《議奏》(奎 17705) 제25책 개국 504년 8월 10일 奏本 〈判事試補·檢事試補를 置하는 件〉.

143 개국 504년 3월 25일 법률 제1호 〈裁判所構成法〉; 동년 윤5월 10일 법률 제10호 〈高等裁判所에 豫備判事를 置하는 件〉; 동년 6월 25일 법률 제12호 〈裁判所에 判

　　　　　　　　　　　　　　　　한국 근대 형사재판제도사

事試補·檢事試補를 置하는 件〉《韓末近代法令資料集》I, 190~198쪽, 434쪽, 495~496쪽.

144 法部 法務課,《起案存檔》(奎 17277의 12) 제1책, 광무 원년 11월 15일 〈指令 漢城 裁判所件〉.

145 《韓末近代法令資料集》I, 474쪽.

146 건양 원년 1월 11일 칙령 제5호 〈各郡郡守로 該管內訴訟을 聽理케 하는 件〉; 동년 1월 12일 법부령 제1호 〈개국504年 法部訓令 제2호를 廢止하는 件〉; 동년 6월 25 일 칙령 제29호 〈各郡郡守의 該管內訴訟 聽理하는 件 改正〉; 동년 8월 15일 칙령 제57호 〈各郡郡守의 該管內訴訟을 聽理하는 件 改正〉《韓末近代法令資料集》II, 9 쪽, 11쪽, 92~93쪽, 155쪽.

147 건양 원년 8월 7일 칙령 제50호 〈各開港場 監理署 復設官制 및 規則〉; 동년 동월 동일 奏本 〈各開港場監理가 該地方府尹을 兼任하는 件〉《韓末近代法令資料集》II, 141~145쪽.

148 개국 503년 7월 18일 議案 〈外職의 任用 및 署經에 관한 件〉《韓末近代法令資料集》 I, 62~63쪽.

149 건양 원년 4월 3일 각령 제1호 〈各府觀察使·參書官·各郡郡守 保薦內規〉《韓末近 代法令資料集》II, 66쪽.

150 건양 원년 4월 19일 각령 제2호 〈各府觀察使·參書官·各郡郡守 保薦內規 改正〉 《韓末近代法令資料集》II, 77쪽.

151 광무 2년 12월 8일 칙령 제39호 〈奏判任官試驗及任命規則〉《韓末近代法令資料集》 II, 426~427쪽.

152 《法部來文》(奎 17762) 광무 3년 5월 22일 통첩 제157호.

153 《皇城新聞》광무 3년 1월 12일 잡보 〈不講而通〉;《독립신문》광무 3년 2월 17일 잡 보 〈규칙이 무엇〉; 동년 2월 18일 잡보 〈무식면불〉.

154 李潤相, 1986 〈日帝에 의한 植民地財政의 形成過程〉《韓國史論》14, 280~283쪽.

155 法部,《奏本》(奎 17276) 제1책 개국 503년 12월 16일 주본 제17호.

156 개국 504년 3월 25일 칙령 제49호 〈法官養成所規程〉《韓末近代法令資料集》I, 215~218쪽; 건양 원년 1월 11일 칙령 제3호 〈法官養成所規程 改正〉《韓末近代法

令資料集》II, 8쪽;《法官養成所細則》(奎 21683).

157 위의《法官養成所細則》중 〈개국 504년 11월 10일 법관양성소 제1회 후보생 졸업
    시험 득점표〉〈개국 505년 4월 22일 법관양성소 제2회 후보생 졸업방〉에서 성명
    위에 점이 찍혀 있고 '主事' '檢補' '度主' 등으로 기록되어 있는 점, 그리고《구한
    국관보》인사기록을 이름 순으로 정리해놓은 安龍植 편, 1994《大韓帝國官僚史研
    究》연세대 사회과학연구소의 각 인사기록에 의해 확인함.

158 《韓末近代法令資料集》I, 218~221쪽, 346~347쪽.

159 법부고시 제1호 〈裁判用紙에 관한 件〉《舊韓國官報》개국 504년 4월 11일.

160 《韓末近代法令資料集》I, 367~376쪽.

161 法部 法務課,《起案存檔》(奎 17277의 12) 제1책 건양 원년 12월 26일 〈訓令 高漢
    兩所件〉.

162 러시아 대장성(한국정신문화연구원 역), 1900《韓國誌》, 651~652쪽.

163 《독립신문》광무 2년 4월 28일 논설.

164 《독립신문》광무 원년 12월 14일 잡보.

165 法部 檢事局,《起案》(奎 17277의1) 제12책 건양 원년 10월 17일 〈訓令 高漢兩所
    十二道四港濟州裁判所件〉.

166 《독립신문》광무 원년 8월 28일 잡보.

167 現에 本大臣 敎意를 承하온즉 各 訴狀代書人 等이 或不遵規程하고 代書錢을 濫捧
    도 하며 初無官許하고 謂有官許라 하며 稱任치 못한 者 或有하야 弊害가 不尠하
    기 將自本部로 另立規程하야 以適合人으로 認准後開業케 하야 俾無滋弊케 하랴
    하니 此意로 貴所에 通知하라 하시옵기 照亮하심을 要하야 玆에 通牒홈(法部 檢事
    局,《起案》(奎 17277의1) 제19책 광무 원년 8월 30일 〈通牒 高漢裁判所件〉).

168 《韓末近代法令資料集》II, 276쪽.

169 《法部來文》(奎 17762) 제2책 건양 원년 11월 14일 〈判決宣告書〉;《독립신문》건양
    원년 11월 17일 논설.

170 《독립신문》건양 원년 7월 21일 논설, 7월 28일 잡보.

171 《독립신문》건양 원년 7월 16일 논설.

172 《독립신문》건양 원년 7월 14일 논설.

173 慎鏞廈, 1976《獨立協會研究》一潮閣, 314~344쪽.

174 개국 504년 3월 25일 법률 제1호 〈재판소구성법〉제38조 및 제39조《韓末近代法令資料集》I, 196쪽.

175 南原府 편,《供辭》(奎 26141).

176 《高等裁判所·平理院 上訴判決宣告書》〈광무 2년 11월 29일 金雲景 判決宣告書〉《法史學研究》제8호(1985년), 14쪽.

177 法部 檢事局,《起案》(奎 17277의1) 제7책 건양 원년 4월 27일 〈訓令 警廳件〉

178 貴 質稟書 제270호를 接准한즉 本所에 派來하는 巡檢을 過日交替치 勿하고 自今으로 8員을 另選派來하야 刑事上 急要홀 時와 證佐人 等의 審訊을 暫行홀 時에 該 巡檢에게 命令을 發함이 妥便타 한 事件이온바 此를 查하오니 刑事上 證佐人의 提致홀 時에 妥便을 從하야 命令을 發함은 容或無碍이오나 刑事에 關한 犯人을 搜捕함은 必히 前例를 遵하야 警務廳에 命令하야 行함이 妥當하기로 玆에 指令홈 (法部 檢事局,《起案》(奎 17277의1) 제7책 건양 원년 4월 28일 〈指令 漢所件〉).

179 개국 504년 5월 26일 칙령 제106호 〈犯罪한 文武官員에 있어서 議親과 公罪 外에는 奏請하는 例를 廢止하는 件〉《韓末近代法令資料集》I, 407쪽.

180 法部 檢事局,《起案》(奎 17277의1) 제15책 광무 원년 4월 14일 〈訓令 高等裁判所件〉.

181 광무 2년 1월 12일 칙령 제3호 〈監獄規則〉《韓末近代法令資料集》II, 324~326쪽.

182 건양 원년 4월 4일 법률 제3호 〈刑律名例〉《韓末近代法令資料集》II, 67~70쪽.

183 《독립신문》광무 3년 3월 16일 논설 〈죄수정형〉.

184 《議定存案》(奎 17236) 7월 10일 議案.

185 광무 11년 6월 27일 법률 제2호 〈訊問刑에 關한 件〉《韓末近代法令資料集》V, 546쪽.

186 건양 원년 4월 4일 법률 제3호 〈刑律名例〉제27조.

187 위의 〈刑律名例〉제28조.

188 《독립신문》광무 원년 4월 27일 논설.

189 法部 刑事局,《起案》(奎 17277의2) 제20책 광무 원년 7월 3일 〈訓令 平安北道件〉.

190 《뎨국신문》광무 2년 12월 9일.

191 法部 檢事局,《起案》(奎 17277의1) 제28책 광무 2년 8월 7일 〈訓令 各裁判所件〉.

192 《뎨국신문》광무 2년 8월 11일 잡보.

193 法部 刑事局,《起案》(奎 17277의2) 제19책 광무 원년 6월 28일 〈訓令 全羅北道件〉

194 사건의 자세한 내용은 위 법부의 훈령으로는 다 알 수 없어 全羅北道質稟書 제13호 〈扶安郡致死吳永淑獄事初覆三檢案及初覆會査案上送質稟〉(건양 2년 1월 19일)《司法稟報》(甲)(奎 17278)(아세아문화사 영인본) 제1권, 589~590쪽을 참조하였다.

195 法部 檢事局,《起案》(奎 17277의1) 제19책 광무 원년 8월 〈訓令 漢所件〉.

196 위의 책 광무 원년 8월 30일 〈指令 漢所件〉.

197 法部 刑事局,《起案》(奎 17277의2) 제29책 광무 2년 4월 27일 〈指令 高等裁判所件〉.

198 法部 檢事局,《起案》(奎 17277의1) 제19책 건양 2년 8월 30일 〈指令 漢所件〉.

199 機密 제55호 〈李埈鎔 處分件〉 국사편찬위원회 역,《駐韓日本公使館記錄》제7권, 19~23쪽.

200 개국 504년 윤5월 20일 법률 제11호 〈本年 법률 제5호를 漢城裁判所開港場裁判所地方裁判所巡廻裁判所高等裁判所에서도 準用하는 件〉《韓末近代法令資料集》I, 447쪽.

201 《韓末近代法令資料集》I, 470~471쪽.

202 法部 刑事局,《起案》(奎 17277의2) 제6책 건양 원년 5월 26일 〈訓令 高等漢城及各地方各港場裁判所件〉.

203 凡大小官員之人公罪就囚義禁司 奉供辭啓下 蒙有議處處分後 始行議處 雖是例規 而罪之輕重 卽著於捧供 卽議處自有當律 而因應行節次 屢煩聖聰 極涉惶悚 獄囚淹滯 亦係可念 從今以後 捧供啓辭 仍爲議處 以入事(《議定存案》(奎 17236) 8월 28일 議案).

204 주본 〈公罪外는 功議에 付하는 例를 廢止하는 件〉《韓末近代法令資料集》I, 289쪽.

205 개국 504년 윤 5월 28일 법부훈령 제1호 〈官員의 職權上의 私罪에 관한 件〉《韓末近代法令資料集》I, 471쪽.

206 개국 504年 10월 9일 법부훈령 제3호 〈法部訓令 第一號를 廢止하는 件〉《韓末近代法令資料集》I, 595쪽.

207 法部 刑事局,《起案》(奎 17277의2) 제5책 건양 원년 4월 8일 〈通牒 內閣件〉.
홍주의병의 동기와 정부의 대응 양상에 대해서는 李相燦, 1996 〈1896년 義兵運動의 政治的 性格〉 서울대 국사학과 박사학위논문, 50~54쪽 참조.

208 金福漢 李俊 洪楗 宋秉稷 李相麟 安炳贊等 不能度時 量力脅制官吏 煽動民衆 以致
府郡繹騷 烏可曰無罪 而其志則復讐也 其計則討逆也 況事在本年二月十一日及
十八日 詔勅以前 則此不可如近日藉義造亂者 一切論斷 竝爲特放以示寬宥之意(法
部 刑事局,《起案》(奎 17277의2) 제5책 건양 원년 4월 9일 〈通牒 高等裁判所件〉).

209 法部,《奏本》(奎 17276) 제2책 건양 2년 2월 1일 〈奏本 제21호〉.

210 法部 刑事局,《起案》(奎 17277의2) 제6책 건양 원년 5월 20일 〈訓令 漢城裁判所件〉.

211 위의 자료 제7책 건양 원년 6월 24일 〈訓令 海州裁判所件〉.

212 개국 504년 4월 16일 법부령 제2호 〈檢事職制〉《韓末近代法令資料集》I, 346~347쪽.

213 개국 504년 11월 8일 법부령 제10호 〈刑名簿表式〉《韓末近代法令資料集》I, 607쪽.

214 《司法稟報》각 책의 형명부 보고건.

215 法部 刑事局,《起案》(奎 17277의2) 제6책 건양 원년 5월 8일 〈訓令 高等漢城及各
地方各港場裁判所件〉.

216 "該犯 嚴女는 同律同條 姦婦依律斷罪從夫嫁賣란 律에 照하야 태90에 去衣受刑케
하고 仍卽出付本夫하야 使之嫁賣하되 若本夫願留어던 聽하고"(위의 자료 제12책
건양 원년 11월 20일 〈訓令 忠淸南道件〉).
"金召史는 死者의 아내인데 이렇게 화를 불렀으니 笞100에 單衣受刑케 하고"(위
의 자료 제18책 건양 2년 5월 25일 〈指令 咸鏡南道裁判所件〉).

217 건양 원년 4월 4일 법률 제3호 〈刑律名例〉제22조《韓末近代法令資料集》II, 69쪽.

218 "開國五百四年 法部令 第三號 民刑訴訟規程 第二章 第一款 刑事判決宣告書案에
被告는 此宣告에 對하야 三日內에 上訴하는 事를 得홈이라 하옵고 第二款에 上訴
期間은 判決日로부터 三日 內로 홈이라 하온바 此를 査하오니 犯人의 執刑을 速
行하면 不服한 者가 訴冤할 暇이 無함을 慮하야 期間을 別定하엿사오니 伏念欽恤
之意를 存함이오나 犯人이 自服하야 宣告하는 境遇에 上訴를 不要하고 速勘을 自
願하는 者는 此限에 在치 아니할 듯하오며 或 犯人이 急迫情勢가 有하야 判決後
三日을 待키 難할 境遇에도 程式에 拘碍하야 囹圄에 滯囚함이 役屬矜悶이온바 笞
罪 以下刑에 該當한 罪人이 上訴를 情願치 아니하는 者는 期間을 待치 勿하고 本
所에서 執刑放送하옴이 何如하올지 茲에 質稟하오니"(法部 刑事局,《起案》(奎
17277의2) 제5책 건양 원년 4월 24일 〈指令 漢城裁判所件〉).

219 위의 자료 제4책 건양 원년 3월 18일 〈訓令 公州府件〉.
　　이와 유사한 훈령이 동년 3월 20일 춘천부재판소, 전주부재판소에, 3월 24일 전주
　　부재판소에, 4월 25일 나주부재판소에 하달되고 있다.

220 위의 자료 제16책 건양 2년 3월 23일 〈訓令 全羅南道〉. 이와 유사한 훈령이 같은
　　날 제주목 경상북도·전라북도·충청북도·평안남도·경상남도·강원도재판소에 하
　　달되고 있다.

221 中橋政吉, 앞의 책, 304쪽.

222 《독립신문》 건양 2년 7월 20일 잡보.

223 《독립신문》 광무3년 3월 15일 〈죄수정형〉.

224 法部 刑事局, 《起案》(奎 17277의2) 제1책 개국 504년 5월 29일 〈公移 警務廳事件〉.

225 위의 자료 제32책 광무 2년 7월 14일 〈訓令 忠北件〉.

226 法部 司理局, 《起案》(奎 17277의3) 제3책 광무 3년 8월 7일 〈指令 漢所件〉.

227 건양 원년 4월 4일 법률 제3호 〈刑律名例〉; 동년 6월 17일 법률 제5호 〈刑律名例
　　改正〉 《韓末近代法令資料集》 II, 67~70쪽 및 90~91쪽. 법률 제정시에는 "역형 10
　　년 이상에 해당하는 국사범"이었으나 2개월만인 6월에 들어 "역형 1년 이상"으로
　　바뀌었고, 황제의 칙지에 의해 국사범 아닌 자도 유형에 처할 수 있게 바뀌었다.

228 法部 刑事局, 《起案》(奎 17277의2) 제5책 건양 원년 4월 25일 〈訓令 高等裁判所件〉.

229 이상 위의 자료 제3책 건양 원년 2월 5일 〈照會 內部件〉 및 동년 2월 8일 〈照會 度
　　支部司計局長件〉 〈照會 警務廳件〉 〈訓令 仁川府件〉 〈訓令 濟州府件〉 〈訓令 漢城
　　府件〉.

230 《독립신문》 건양 2년 7월 20일 잡보.

231 주 227)의 〈형률명례〉 및 〈형률명례 개정〉.

232 法部 檢事局, 《起案》(奎 17277의1) 제2책 개국 504년 4월 20일 〈謀反罪人 朴準陽
　　李泰容, 謀殺罪人 田東錫 崔亨植, 謀反謀殺罪人 高宗柱 等 處絞執行狀〉.

233 法部 刑事局, 《起案》(奎 17277의2) 제20책 건양 2년 7월 20일 〈訓令 全羅北道件〉
　　이하 忠南·忠北·全南·慶南·黃海道에 보낸 훈령.

234 위의 자료 제42책 광무 3년 5월 6일 〈上奏案件〉.

235 Isabella Bird Bishop(이인화 옮김), 1996 《한국과 그 이웃나라들》 살림, 507쪽.

236 건양 원년 6월 25일 칙령 제29호 〈各郡郡守의 該管內訴訟 聽理하는 件 改正〉; 동
년 8월 15일 칙령 제57호 〈各郡郡守의 該管內訴訟을 聽理하는 件 改正〉《韓末近
代法令資料集》II, 92~93쪽, 155쪽.

237 法部 檢事局,《起案》(奎 17277의1) 제26책 광무 2년 6월 29일 〈訓令 高所件〉.

238 法部,《奏本》(奎 17276) 제6책 광무 3년 1월 21일 奏本 제11호.

239 法部 刑事局,《起案》(奎 17277의2) 제37책 광무 2년 12월 21일 〈指令 高等裁判所
件〉; 法部,《奏本》(奎 17276) 제7책 광무 3년 1월 14일 奏本 제4호.

240 法部 法務課,《起案存檔》(奎 17277의12) 제1책 건양 원년 10월 13일 〈訓令 漢城
十二道四港濟州裁判所件〉.

241 法部 檢事局,《起案》(奎 17277의1) 제29책 광무 2년 11월 12일 〈訓令 咸南裁判所件〉.

242 《독립신문》 광무 3년 2월 1일 잡보 〈법무소시〉.

243 《皇城新聞》 광무 2년 11월 3일 잡보 〈其末乃現〉.

244 《독립신문》 광무 2년 11월 3일 잡보 〈장정신명〉.

245 건양 원년 12월 26일 법부훈령 〈郡과 道의 재판을 거치지 아니하고 고등재판소에
直訴함을 금지하는 건〉《韓末近代法令資料集》II, 199~200쪽. 인용문에서 '칙령
제29호'라고 함은 건양 원년 6월 25일 칙령 제29호 〈各郡郡守의 該管內訴訟 聽理
하는 件 改正〉《韓末近代法令資料集》II, 92~93쪽을 말함.

246 《독립신문》 건양 원년 8월 25일 잡보.

247 法部 刑事局,《起案》(奎 17277의2) 제10책 건양 원년 9월 30일 〈訓令 忠淸南道裁
判所件〉.

248 忠淸南道報告書 제47호 〈木川郡自縊致死沈女獄事罪人韓瑀錫等事〉(건양 원년 10
월 6일); 同 제69호 〈木川郡沈女獄事被告韓瑀錫等處辨晢辭發訓事〉(건양 원년 11
월 7일)《司法稟報》 제1권, 419~420쪽 및 472쪽.

249 《독립신문》 광무 2년 2월 10일 잡보.

250 法部 法務課,《起案存檔》(奎 17277의 12) 제1책 건양 원년 12월 26일 〈訓令 高漢
兩所件〉; 法部 刑事局,《起案》(奎 17277의2) 제14책 건양 2년 1월 19일 〈訓令 各道
各港濟州牧裁判所件〉; 法部 檢事局,《起案》(奎 17277의1) 제20책 광무 원년 10월
27일 〈訓令 高漢兩裁判所件〉.

251 《皇城新聞》 광무 3년 1월 9일 雜報 〈訴訟申明〉.

252 도면회, 1994 〈갑오·광무 연간의 재판제도〉《역사와 현실》 제14호, 233~234쪽.

253 《독립신문》 건양 2년 6월 15일 논설.

254 《大明律直解》 名例律 〈常赦所不原〉.

255 《漢城周報》 제47호 개국 496年 正月 初一日 國內紀事.

256 法部 刑事局,《起案》(奎 17277의2) 제1책 개국 504년 7월 22일 〈各道徒流罪人及守令未勘處罪人의 放釋에 關한 訓令件〉.

257 《詔勅》(奎 17708) 각 책에 이러한 特放, 特免懲戒, 流配還收令 등이 수록되어 있다.

258 이 시기 영사재판권의 전반적 상황에 대해서는 이영록, 2005 〈개항기 한국에 있어 영사재판권〉《법사학연구》 32 참조.

259 하경조는 1895년 칠곡에 천주교회를 세운 프랑스 파리외방선교회 소속 빠이아스 가밀C. Pailhasse Camill 신부의 한국명이다(http://chilgok.grandculture.net/Contents/Index).

260 外部,《法部來去文》(奎 17795) 제3책 건양2년 3월 18일 〈照會 제3호〉.

261 위의 책, 건양 2년 4월 13일 〈照會 제4호〉부터 동년 6월 1일 〈조회 제13호〉까지에 의함.

262 法部 檢事局,《起案》(奎 17277의1) 제25책 광무 2년 4월 18일 〈訓令 13道6港裁判所件〉.

263 《皇城新聞》 광무 3년 11월 2일 논설.

264 〈草記 甲午 六月二十八日〉《議案》(奎 20066).

265 위와 같음.

266 《韓末近代法令資料集》 I, 116~118쪽.

267 外部,《法部來去文》(奎 17795) 제1책 개국 504년 10월 10일 〈조회 제549호〉.

268 《독립신문》 건양 2년 4월 13일 잡보.

269 《高宗時代史》 제4권, 1899년 9월 11일 〈韓淸通商條約〉 제5관.

제3장 전제군주제 수립과 형사재판제도의 보수화

[1] 愼鏞廈, 앞의 책, 488~493쪽.

[2] 황제는 "국사범 중 박영효가 귀국하면 君權을 빼앗길 것이고 이준용이 돌아오면 大
位를 함부로 움직이려고 할 것"이라고 하면서 박영효와 이준용을 극히 경계하고
있었다(鄭喬, 앞의 책, 308~309쪽).

[3] 박영효와 관련된 쿠데타 음모에 대해서는 윤병희, 1995 〈제2차 일본망명시절 박영
효의 쿠데타 음모사건〉《이기백선생고희기념 한국사학논총》(下) 일조각 참조.

[4] 鄭喬,《大韓季年史》下 국사편찬위원회, 30~31쪽.

[5] 위의 책, 19~22쪽. 폭탄 제조 장소는 일본인 恒屋盛服의 관리 하에 있던 박영효 소
유의 가옥이었으며 체포된 김창제의 진술에 의거하더라도 이 사건 역시 박영효와
의 연관 하에 이루어졌음을 알 수 있다(윤병희, 앞의 논문, 1687~1688쪽).

[6] 鄭喬, 앞의 책, 83쪽.

[7] 위의 책, 76쪽.

[8] 俞東濬, 1987《俞吉濬傳》일조각, 232~250쪽.

[9] 愼鏞廈, 앞의 책, 513~514쪽.

[10] 이하 森山茂德, 1987《近代日韓關係史研究》東京大學出版會(김세민 옮김, 1994《근
대한일관계사연구》玄音社) 81~194쪽에 의거함.

엄순비파에는 친미파와 대립하는 여러 당파, 즉 조병식 등 친러파와 윤용선 등 보
수파 대신, 김영준 등 측근파 및 친일파가 포함되었다(위의 책, 165쪽). 그런데, 이
러한 분류는 당시 일본측의 기록에 의거한 것이라 사실을 왜곡한 경우가 있을 수도
있다. 여기서는 당시의 한국측 재판기록이나 기타 자료와 정황이 합치하는 한에서
이러한 분류를 사용하기로 하였다. 물론 이 시기 정치세력의 편제는 다시 정밀하게
검토하여야 할 것이다.

[11] 鄭喬, 앞의 책, 25쪽.

법부,《奏本》(奎 17276) 제9책 광무 3년 11월 10일 奏本 250호 및 251호.

[12] 鄭喬, 위의 책, 27~28쪽.

법부, 위의 책 광무 3년 12월 6일 奏本 제266호.

[13] 법부, 위의 책 광무 3년 12월 13일 奏本 제276호.

　　鄭喬, 위의 책, 28~29쪽.

[14] 森山茂德, 앞의 책, 122~125쪽.

[15] 鄭喬, 앞의 책, 78~80쪽; 森山茂德, 위의 책, 171~173쪽.

[16] 森山茂德, 위의 책, 142~150쪽.

[17] 鄭喬, 앞의 책, 94~95쪽.

[18] 법부, 《奏本》(奎 17276) 제20책 광무 7년 10월 17일 奏本 제151호.

　　鄭喬, 위의 책, 101~104쪽.

[19] 정변 모의 주동자 등에 대한 처벌은 김영준을 제외하고는 대부분 황제의 사면에 의해 감형되거나 방면되었다. 김영준의 경우도 황제는 사실 죽일 생각이 없었으나 法部에서 그를 급히 처형하는 바람에 사면할 기회를 얻지 못했을 뿐이었다고 한다(黄玹, 《梅泉野錄》 광무 5년 辛丑).

[20] 《제국신문》 광무 2년 9월 3일 잡보.

[21] 議政府, 《奏本》(奎 17703) 제29책 광무3년 5월 6일 奏本 제78호.

[22] 議政府, 《法部來文》(奎 17762) 제8책 광무3년 5월 15일 照覆 제142호.

[23] 위의 책, 광무 3년 6월 19일 照會 제197호.

[24] "朕於比年以來 一念圖治 求適於時宜者 未始不勤且勞焉 而典章法度迄未得中 莫能一之 其或政令制置 有所未盡而然歟 抑亦有司之臣 不能各職其職而然歟 言念發業之形 亟宜大加更張 其令政府 權設校正所 另選明法律達事者 使之議立一定之規 務期立信乎民 以爲取法焉"(《詔勅》 제7책 광무 3년 6월 23일).

[25] 제2장 제1절에서 정리하였듯이 이러한 구상은 이미 2년 전인 1897년 3월 교전소를 설치할 때 제기된 적이 있었다. 당시에는 개화파 계열의 인물들과 원로 대신들 사이의 대립으로 인하여 실현되지 못하였으나, 이 시기에 와서는 당시의 구상을 순조롭게 실현할 수 있는 정치적 여건이 형성된 것이다.

[26] 광무 3년 7월 2일 詔勅 〈校正所를 法規校正所로 改稱하는 件〉《韓末近代法令資料集》 II, 515쪽.

[27] 광무 3년 7월 10일 奏本 〈法規校正所 事務所를 布德門內 洋屋에 臨時로 定하여 開議하는 件〉; 동년 동월 동일 奏本 〈法規校正所의 法律規則 改正案을 該所에서 直接

上奏하는 件〉위의 책, 525쪽 및 529쪽.

28 광무 3년 7월 12일 奏本〈議政府에서 奏請 裁可된바 典章法律은 新舊를 參酌校正하는 件을 停廢하는 件〉위의 책, 527쪽.

29 광무 3년 7월 12일 奏本〈前校典所官員으로 遞免되지 못한 者를 解任하는 件〉위의 책, 527쪽.

30 《皇城新聞》광무 3년 7월 15일 잡보〈捨舊從新〉.

31 田鳳德, 1974〈大韓國國制의 制定과 基本思想〉《法史學研究》1호; 金泰雄, 1997〈大韓帝國期의 法規 校正과 國制 制定〉《金容燮敎授停年紀念韓國史學論叢》3, 지식산업사, 204~206쪽.

32 광무 3년 7월 17일 詔勅〈成均館官制를 法規校正所로 하여금 議定케 하는 件〉; 동년 동월 18일 詔勅〈奏判任官試驗 및 任命規則을 校正所로 하여금 改正케 하는 件〉; 동년 8월 17일 詔勅〈法規校正所로 하여금 國制를 商立케 하는 件〉《韓末近代法令資料集》Ⅱ, 532~533쪽 및 541쪽.

33 《皇城新聞》광무 4년 11월 20일 잡보〈衣品物限〉및 광무 5년 11월 2일 잡보〈議定見禮〉.

34 《奏議》(奎 17703) 제58책 광무 6년 3월 16일 奏本 제42호; 광무 8년 1월 11일 奏本〈平理院裁判長을 法部大臣 혹은 協辦으로 任命하고 表勳院을 政府에 惠民院을 內部에 地契衙門을 度支部에 所屬시키고 法規校正所總裁以下를 減下하는 件〉《韓末近代法令資料集》Ⅲ, 567쪽.

35 《舊韓國官報》광무 3년 8월 3일 호외.
黃玹, 앞의 책 제3권 광무 3년 己亥.

36 《舊韓國官報》광무 3년 9월 2일 호외, 9월 5일.

37 《舊韓國官報》광무 3년 9월 17일 호외.

38 《舊韓國官報》광무 3년 9월 23일.

39 《舊韓國官報》광무 3년 12월 21일.

40 《舊韓國官報》광무 4년 8월 7일, 8월 7일 호외, 8월 8일, 8월 8일 호외.

41 鄭喬, 앞의 책, 90~91쪽.

42 광무 6년 1월 27일 詔勅〈國歌를 制定하는 件〉《韓末近代法令資料集》Ⅲ, 349쪽.

[43] 鄭喬,《大韓季年史》上卷, 108쪽.

[44] 《舊韓國官報》광무 6년 8월 20일.

[45] 《皇城新聞》광무 6년 2월 6일 잡보 〈三京營箏〉.

평양에 행궁을 건축하는 공사는 1902년 7월 7일부터 시작하여 1903년 중반 이후에 완료되었다. 이 공사에 동원된 평안도 백성들의 고통은 평안남북도의 결세를 3분의 1로 감면하고, 가을분 호세까지 감면해 주어야 할 만큼 엄청난 것이었다(黃玹, 앞의 책 제3권 광무 6년 壬寅 12월).

[46] 《高宗實錄》광무 7년 3월 19일, 3월 23일.

[47] 黃玹, 앞의 책 제3권 광무 3년 己亥.

당시 조선 중화주의에 자신의 입지를 둔 많은 재야유생들은 갑신정변·갑오경장·을미사변·독립협회 등이 국가 禍亂의 원인이었으며 이로 인하여 대한제국기에 자신들은 '황량하고 적막한 가녘'에 고립된 처지에서 힘겹게 버티고 있는 것으로 인식하고 있었다(鄭玉子, 1994 〈19世紀 尊華思想의 位相과 歷史的 性格〉《韓國學報》76).

[48] 위의 책 제3권 광무 4년 庚子.

[49] 위의 책 제3권 광무 5년 辛丑.

[50] 위의 책 제3권 광무 7년 癸卯 및 제4권 광무 8년 甲辰.

[51] 法部 檢事局,《起案》(奎 17277의1) 제22책 광무 2년 2월 26일 〈訓令13道6港1牧件〉.

[52] 《詔勅》(奎 17708의 1) 제6책 광무 2년 10월 30일.

[53] 《法部來文》(奎 17762) 제7책 광무 3년 2월 4일.

[54] 《독립신문》광무 3년 1월 27일 잡보 〈슈명 위원〉.

[55] 《독립신문》광무 3년 2월 1일 잡보 〈신문 죠례〉.

[56] 鄭喬, 앞의 책 下卷, 67~68쪽.

[57] 위의 책, 69~70쪽.

[58] 《大典會通》戶典 〈倉庫〉.

[59] 예를 들어 1899년 1월에는 平山郡 連吏 金致祥이 위의 《대전회통》倉庫條에 의하여 교수형이 확정되었고(《奏本》(奎 17276) 제6책 광무 3년 6월 17일 주본 제114호), 같은 해 3월 18일 前 定山郡守 尹甲炳도 공전 나용죄로 위의 조항에 의하여 포탈

조세금 추징 전까지 징역에 처해졌다(《法部來文》(奎 17762) 제7책 〈前郡守 尹甲炳 판결선고서〉).

60 度支部, 《法部來去文》(奎 17884) 제1책 광무 2년 8월 1일 〈照會 法部〉.

61 1898년 8월12일자로 평북·경북·경남·충남·충북·경남 등지에 동일한 훈령이 하달되었다(法部 檢事局, 《起案》(奎 17277의1) 제28책).

62 《皇城新聞》 광무 3년 10월 1일 잡보 〈公遣處斷律〉.

63 《皇城新聞》 광무 5년 12월 4일 잡보 〈處絞奏下〉; 동년 동월 18일 잡보 〈今將移照〉.

64 《皇城新聞》 광무 5년 6월 25일 잡보 〈曹氏拘留〉.

65 《皇城新聞》 광무 8년 12월 22일 論說 〈囚徒情況〉.

66 《皇城新聞》 광무 5년 6월 20일 잡보 〈拘留督刷〉; 동년 동월 27일 잡보 〈連者坐針〉.

67 法部 司理局, 《起案》(奎 17277의3) 제22책 광무 7년 3월 10일 〈訓 平院漢城府各道各港一市一牧裁判所件〉; 法部 刑事局, 《起案》(奎 17277의 9) 제1책 광무 10년 1월 18일 〈訓 平漢十三道十港二市一牧件〉.

68 法部刑事局, 《起案》(奎 17277의2) 제42책 광무 3년 5월 15일 〈請議書件〉.

69 洪淳鎬, 1980 〈大韓帝國 法律顧問 L. Crémazy의 任命過程 分析〉 《韓國文化研究院論叢》 제36집, 이화여자대학교, 333~339쪽.

70 보아소나드가 일본의 형법·민법을 기초해준 점에 대해서는 川島武宜·利谷信義, 1958 〈民法(上)(法體制準備期)〉 《日本近代法發達史》 제5권 勁草書房, 25~26쪽 및 中村吉三郎, 1960 〈刑法(法體制準備期)〉 같은 책 제9권, 19쪽.

71 《奏議》(奎 17703) 제41책 광무 5년 5월 16일 주본 제96호.

72 《皇城新聞》 광무 4년 6월 30일 잡보 〈顧問法師〉; 7월 7일 잡보 〈法師審案〉; 9월 5일 잡보 〈俄人捕鯨案件의 調査〉; 9월 20일 잡보 〈律師判決과 俄使〉.

73 《皇城新聞》 광무 5년 8월 1일 잡보 〈鬧案請師〉; 8월 6일 잡보 〈濟案會審〉.
   崔鍾庫, 《韓國의 西洋法受容史》 博英社, 177~179쪽.

74 《皇城新聞》 광무 4년 9월 17일 잡보 〈법률獻議〉. 이 법률안들은 후술하듯이 〈刑律名例 改正〉과 〈依賴外國致損國體者處斷例 改正〉에 반영되었다.

75 田鳳德, 1979 〈Laurent Crémazy와 大韓刑法〉 《法史學研究》 제5집.

76 貴第一號 照覆內開 接准 貴照會ᄒ와 法語學徒 十人을 選拔工業之最優者ᄒ야 玆에

起送 等因이온바 准査 該學徒中에 法文과 國漢文에 嫺熟지 못한 人이 有하오니 法文과 國漢文에 最優한 人으로 十人을 更히 選拔起送ᄒ심을 爲ᄒ야 玆에 照會홈(法部 法務課,《起案存檔》(奎 17277의12) 제1책 광무 5년 3월 9일 〈照會 學部件〉).

77 崔鍾庫, 앞의 책, 174~175쪽.

78 1905년 12월 30일 법관양성소장 李冕宇가 법부대신에게 보낸 보고서에 포함되어 있는 졸업시험성적표를 보면 시험과목에 法學通論·算術·明律·無寃錄·日本語 외에 法國律이 포함되어 있다(法部 法務課,《公文接受》(奎 17277의23) 제1책 광무 9년 12월 30일 報告書 제11호).

79 개국 504년 6월 15일 법부령 제7호 〈法律起草委員會規程〉《韓末近代法令資料集》I, 492쪽; 건양 원년 7월 3일 법부령 제3호 〈法律起草委員會規程 改正〉《韓末近代法令資料集》II, 93쪽; 광무 4년 3월 1일 법부령 제1호 〈法律起草委員會規程 改正〉《韓末近代法令資料集》III, 26쪽.

80 이들의 약력과 활동에 대해서는 崔鍾庫, 1990《韓國法學史》제5장 〈開化期의 韓國法學〉박영사 참조.

81 이 제⑦항은 후술하듯이 크레마지의 제안에 의하여 제정된 것이다.

82 광무 2년 11월 22일 법률 제2호 〈依賴外國致損國體者處斷例〉《韓末近代法令資料集》II, 422~423쪽; 광무 4년 4월 28일 법률 제4호 〈依賴外國致損國體者處斷例 改正〉《韓末近代法令資料集》III, 84쪽; 광무 4년 9월 29일 법률 제7호 〈依賴外國致損國體者處斷例 改正〉《韓末近代法令資料集》III, 209쪽.

83 노륙帑戮이란, 죄인의 가족과 부모·조손·형제까지 연좌하여 사형에 처하거나 노비로 삼는 형벌이다. 노륙법은 謀反罪일 경우 처벌 강도가 더욱 높았다. 즉, 謀反일 경우에는 수범과 종범을 불문하고 능지처사형에 처했으며, 부친과 16세 이상 아들은 모두 교수형에 처하고 15세 이하 아들과 모친, 여식, 처첩, 祖孫·兄弟·姉妹 등을 노비로 삼았다(《大明律直解》刑律 盜賊篇 謀反條).

84 자세한 경과는 신용하, 1976《독립협회연구》일조각, 341~353쪽 참조.

85 《독립신문》광무 3년 6월 5일 논설.

86 《독립신문》광무 3년 6월 8일 잡보 〈더 슈치〉.

87 이들은 앞서 보았듯이 법규교정소 의정관으로 임명되었다.

88 《皇城新聞》 광무 4년 6월 12일 잡보 〈山島意見〉.

89 《皇城新聞》 광무 4년 9월 17일 잡보 〈법률獻議〉. 크레마지가 참형 부활안을 제출하였다고 하지만, 그는 원래 참형 반대론자였던 것 같다. 후술하듯이 1905년에 반포된 〈형법대전〉에서는 참형이 폐지되었는데 이는 크레마지의 노력 덕분이었다.

90 광무 4년 9월 29일 법률 제6호 〈형률명례 개정〉《韓末近代法令資料集》III, 208쪽. 다만, 고문관들의 의견에 황실범·국사범 등의 가족·친족에게 형을 부과하는 노륙법이나 연좌제는 포함되지 않아서인지 이들 구법은 부활되지 않았다.

91 건양 원년 4월 1일 법률 제2호 〈적도처단례〉《한말근대법령자료집》II, 52~65쪽; 광무 4년 1월 11일 법률 제1호 〈적도처단례 개정〉《한말근대법령자료집》III, 7~9쪽; 광무 5년 12월 12일 법률 제2호 〈적도처단례 개정〉《한말근대법령자료집》III, 344쪽.

92 法部 法務局, 《訓指起案》(奎 17277의5) 제7책 광무 6년 1월 18일 〈訓令 平理院〉; 《皇城新聞》 광무 6년 5월 12일 잡보 〈另定條例〉.

93 金洛憲(최종고 해설), 〈從宦錄〉《法史學研究》 제11호.

94 광무 9년 4월 29일 법률 제3호 〈公貨欠逋人處斷例〉《韓末近代法令資料集》IV, 231~233쪽.

95 광무 4년 1월 23일 법률 제3호 〈鐵道事項犯罪人處斷例〉《韓末近代法令資料集》III, 24~26쪽.

96 《法部來文》(奎 17762) 제5책 광무 2년 8월 31일 〈照覆 제74호〉.

97 《皇城新聞》 광무 4년 6월 5일 잡보 〈草案提議〉.

98 《皇城新聞》 광무 4년 12월 26일자 잡보 〈校正官會〉. 임명 기사는 《舊韓國官報》 광무 4년 12월 12일·20일·24일에 의함.

99 《皇城新聞》 광무 5년 3월 2일 잡보 〈山寺校律〉; 광무 6년 1월 14일 잡보 〈刑草竣工〉.

100 Laurent Crémazy, *Le Code Pénal de la Corée*, Seoul, The Seoul Press-Hodge & Co.-Printers; 1904, pp.132~134(《法史學研究》 제5호에 수록). 필요한 부분의 불어 번역은 서울대 불문학과 임미경 박사의 도움을 받았다. 이에 깊이 감사드린다.

101 《舊韓國官報》 광무 8년 10월 18일.

102 Laurent Crémazy, *Texte Complementaire du Code Pénal de la Corée*, Paris, Imprimerie et Librarie Générale de Jurisprudence, 1906, p.28(《法史學研究》 제5호).

103 《大韓每日申報》광무 9년 1월 26일 잡보 〈란위시힝〉.

104 광무 9년 4월 29일 법률 제2호 〈刑法〉《韓末近代法令資料集》IV, 130~231쪽.

李丙洙는 이 법률이 제정된 지 한 달 후에야 반포된 것에 대해 일제의 침략을 막기
위한 자주적인 조치였다고 평가하였다. 즉, 동 법령이 반포되기 하루 전 일본 해군
이 러시아의 발틱 함대를 동해안에서 대패시킴으로써 일본의 내정 간섭이 강화될
가능성이 높아졌고, 한국 정부는 이를 방어하기 위하여 자주적 국가 경영 능력의
상징으로서 동 법률을 반포하였다는 것이다(이병수, 1975 〈우리나라의 近代化와
刑法大全의 頒示〉《法史學研究》 제2호, 68쪽). 그러나, 1904년 8월 재정고문 目賀
田種太郎과 외교고문 Stevens가 부임한 이후 재정권과 외교권이 사실상 장악된 상
태였으므로 동 법률 반포에 의해 내정 간섭으로부터 자유로워질 가능성은 그리
높지 않았다고 보인다.

105 李丙洙, 위의 글.

106 "刑法大全 印刷之役이 今纔告竣이기 貴所의 存檔件 二册과 管下郡의 存檔件을 各
一册式 下送ᄒ니 到卽分送各郡ᄒ야 使之永守恪遵케 훌 事"(法部 法務課,《起案存
檔》(奎 17277의 12) 제3책 광무10년 2월 2일 〈訓令 各道各港市件〉).

107 광무 9년 5월 31일 奏本 〈法部에 法律起草委員會를 設置하여 民法을 制定하는 件〉
《韓末近代法令資料集》IV, 237쪽.

108 광무 9년 7월 18일 법부령 제2호 〈法律起草委員會規程〉《韓末近代法令資料集》
IV, 311~312쪽.

109 田鳳德, 1975 〈近代司法制度史〉(5)《大韓諸護士協會誌》1975년 5월호(제11호).

110 《法部來文》(奎 17762) 제5책 광무 2년 8월 31일 〈照覆 제74호〉.

111 《독립신문》광무 2년 9월 7일 잡보 〈법샤 기혁〉.

112 《法部來文》(奎 17762) 광무 3년 5월 15일 〈照會 제143호〉.

113 大審院은 당시 일본의 최고재판소 명칭이었다. 일본은 1890년 2월 10일 〈재판소
구성법〉을 공포하고 최고재판소로 大審院, 제2심 재판소로서 控訴院, 제1심재판
소이면서 區裁判所의 판결에 대한 제2심재판소였던 地方裁判所, 그리고 최하급재
판소로서 區裁判所를 두었다.(最高裁判所事務總局, 1990《裁判所百年史》大藏省
印刷局, 64~67쪽).

114 "昨日 敝部에서 繕呈ᄒ온 本部及大審院官制 改正講議書中에 考訂홀 事가 有ᄒ오니 該 講議書及官制改正案을 去趾繳交ᄒ심을 爲要"《法部來文》(奎 17762) 광무 3년 5월 24일 〈通牒 제161호〉).

115 《奏議》(奎 17703) 제30책 광무 3년 5월 29일 奏本〈法部官制裁判所構成法及平理院各裁判所職員俸給令改正件〉;《舊韓國官報》광무 3년 6월 5일 법률 제3호〈裁判所構成法改正案〉및 칙령 제26호〈法部官制改正에 關한 件〉; 6월 15일〈法部分課規程〉.

116 《奏議》(奎 17703) 제30책 광무 3년 5월 29일 奏本〈法部官制裁判所構成法及平理院各裁判所職員俸給令改正件〉;《舊韓國官報》광무 4년 5월 1일〈正誤〉.

117 《독립신문》광무 3년 8월 2일 잡보〈평리원 쇼문〉;《皇城新聞》광무 3년 8월 5일 잡보〈已決更審〉.

118 《皇城新聞》광무 4년 5월 5일 잡보〈院官齋疏〉.

119 《皇城新聞》광무 4년 5월 10일 잡보〈民無訟處〉.

120 《皇城新聞》광무 4년 5월 22일 잡보〈法官又上疏〉, 5월 24일〈法大不進〉.

121 法部 法務局,《訓指起案》(奎 17277의5) 제6책 광무 5년 12월 18일〈訓令 平院件〉.

122 法部司理局,《起案》(奎 17277의3) 제19책 광무 6년 4월 15일〈指令 漢裁件〉.

123 《奏議》(奎 17703) 제30책 광무 3년 5월 29일 주본〈法部官制裁判所構成法及平理院各裁判所職員俸給令改正件〉.

124 法部刑事局,《起案》(奎 17277의2) 제27책 광무 2년 2월 4일〈上奏案件〉.

125 法部 檢事局,《起案》(奎 17277의1) 제28책 광무 2년 8월 7일〈訓令 各裁判所件〉.

126 이상 각 출신별 분류는 安龍植, 1994《大韓帝國官僚史硏究》I 연세대사회과학연구소의 각 인물조에서 주요 경력을 참고하였음.

127 광무 8년 1월 13일 법률 제1호〈平理院官制 改正〉《韓末近代法令資料集》III, 571쪽.

128 法部 司理局,《起案》(奎 17277의3) 제16책 광무 5년 8월 10일〈訓令 平院件〉.

129 위의 책 광무 5년 8월 16일〈訓令 平院件〉.

130 광무 4년 12월 27일 奏本〈巡廻裁判所細則〉《韓末近代法令資料集》III, 267~268쪽.

131 法部 法務局,《訓指起案》(奎 17277의5) 제5책 광무5년 1월 23일〈訓令各巡廻裁判所判事件〉.

132 《皇城新聞》광무 5년 1월 24일 및 1월 25일 잡보〈巡回裁判官〉〈更差五人〉.

133 《皇城新聞》광무 5년 3월 29일 및 4월 1일 잡보 〈巡回判事의 捉囚〉〈巡回裁判의 勿施〉.

134 《皇城新聞》광무 5년 2월 27일 잡보 〈電拒吳倅〉.

135 法部 法務局, 《訓指起案》(奎 17277의5) 제12책 광무 8년 12월 6일 〈訓令 巡廻裁判所件〉.

136 法部 司理局, 《起案》(奎 17277의3) 제9책 광무 4년 5월 12일 〈한성재판소관제개정건 청의서 제5호건〉.

137 《舊韓國官報》광무 4년 12월 3일.

138 위의 책, 광무 5년 3월 11일.

139 法部 司理局, 《起案》(奎 17277의3) 제16책 광무 5년 7월 18일 〈한성부재판소관제개정건 청의서〉.

140 《舊韓國官報》광무5년 7월 24일; 광무 6년 3월 18일.

141 《舊韓國官報》광무 8년 4월 5일, 광무 9년 7월 8일.

142 제2장에서 1898년 2월의 개정 배경을 법부대신 이유인의 사적 이익의 문제로 설명하기는 하였지만, 그 이후에도 이처럼 세 차례나 번복되는 상황에 대한 해명은 좀더 상세한 연구를 기약하기로 한다.

143 광무 3년 7월 18일 詔勅 〈奏判任官試驗 및 任命規則을 校正所로 하여금 改正케 하는 件〉《韓末近代法令資料集》II, 533쪽.

144 《韓末近代法令資料集》III, 56~57쪽.

145 광무 4년 9월 15일 법부령 제2호 〈司法官試驗 來赴資格에 관한 件〉《韓末近代法令資料集》III, 194쪽.

146 法部 法務局, 《訓指起案》(奎 17277의5) 제9책 광무 6년 1월 9일 〈訓令 慶南件〉.

147 《皇城新聞》광무 8년 11월 12일 잡보 〈慶北查報〉.

148 《독립신문》광무 3년 9월 6일 논설 〈매매법〉.

149 法部 法務局, 《訓指起案》(奎 17277의5) 제1책 광무 3년 11월 3일 〈訓令 平理院件〉.

150 위의 자료 제4책 광무 4년 7월 2일 〈訓令 平理院件〉.

151 광무 7년 1월 22일 〈法官養成所規程 改正〉《韓末近代法令資料集》III, 483쪽.

152 광무 7년 9월 4일 〈法官養成所規程 改正〉위의 책, 550쪽.

153 광무 8년 7월 6일 〈法官養成所規程 改正〉 위의 책, 616쪽.

154 광무 8년 7월 30일 법부령 제2호 〈法官養成所規則〉 위의 책, 633~636쪽.

155 광무 8년 10월 10일 〈法官養成所規程 改正〉 위의 책, 690쪽; 광무 9년 2월 26일 칙령 제21호 〈法官養成所官制〉《韓末近代法令資料集》IV, 38쪽.

156 광무 9년 4월 12일 법부령 제1호 〈法官養成所規則〉《韓末近代法令資料集》IV, 73~78쪽.

157 法部 法務課,《公文接受》(奎 17277의23) 제1책 광무 9년 1월 28일 보고서 제2호 〈光武八年度法官養成所冬期試驗計劃期〉.

158 위의 책 〈光武九年七月十一日法官養成所夏期試驗榜〉.

159 위의 책 〈光武九年十二月法官養成所卒業試驗成績表 第四會〉.

160 서울大學校法科大學同窓會,《서울法大百年史資料集(光復前 50年)》, 123~125쪽.

161 《皇城新聞》 광무 4년 7월 28일 잡보 〈額外檢事〉.

162 《皇城新聞》 광무 4년 7월 30일 잡보 〈院長駁詰〉.

163 《舊韓國官報》 광무 4년 7월 31일.

164 《皇城新聞》 광무 4년 7월 30일 광고; 동년 7월 31일 잡보 〈獻議請願上訴〉. 이 광고에 의하면 이 시기까지 법부 등에 임관되지 못한 법관양성소 졸업생은 총 47명이었다.

165 《舊韓國官報》 광무 4년 8월 5일 號外.

166 《皇城新聞》 광무 4년 8월 14일 광고.

167 《舊韓國官報》 각 연도 〈敍任 及 辭令〉란에 의함.

168 《독립신문》 광무 3년 10월 1일 논설.

169 法部 法務局,《訓指起案》(奎 17277의5) 제3책 광무 4년 4월 28일 〈訓令 平理院件〉.

170 朴秉濠, 〈不動産訴訟法〉《韓國法制史攷》法文社, 256~257쪽.

171 개국 504년 4월 29일 법부령 제3호 〈民刑訴訟規程〉 제3·4조 《韓末近代法令資料集》I, 369쪽.

172 法部 檢事局,《起案》(奎 17277의1) 제32책 광무 3년 5월 23일 〈訓令 高等裁判所件〉.

173 法部 法務局,《訓指起案》(奎 17277의5) 제3책 광무 4년 4월 11일 〈訓令 海裁件〉.

174 《大韓每日申報》 광무 9년 10월 24일 잡보.

175 《大韓每日申報》 광무 9년 2월 24일 잡보.

176 1895년 4월 29일의 〈民刑訴訟規程〉에서는 代人을 본국인으로만 한정한 규정이 없기 때문에 일본인도 대인으로 민사소송에 나설 수 있었다.

177 《皇城新聞》 광무 9년 1월 5일 잡보 〈辯護士虛歸〉.

   공진회는 원직·나유석 등 부상들이 이준·윤효정 등과 함께 1904년 11월 26일 조직한 진명회가 개칭한 단체였다. 이들은 과거 길영수·이기동 등이 조직한 황국협회에 가담한 것을 후회하고 국정 개혁을 주장하였다. 1904년 12월 24일에는 특별회를 열고 국정 문란의 주범으로 궁중에 출입하는 복술가들을 지목하고 특진관 이유인(복술가)과 내부 참서관 구본순(지관)을 잡아 대중 앞에서 죄상을 묻고 평리원으로 압송하는 등의 행위를 하여 12월 26일 체포되었다(鄭喬, 《大韓季年史》 下卷, 139~142쪽).

178 《大韓每日申報》 광무 10년 4월 13일 잡보 〈悖類是賊〉.

179 《皇城新聞》 광무 9년 8월 17일 잡보 〈辯護親會〉.

180 광무 9년 11월 8일 법률 제5호 〈변호사법〉; 동년 동월 17일 법부령 제3호 〈변호사시험규칙〉; 동년 동월 동일 법부령 제4호 〈변호사명부기록규칙〉《한말근대법령자료집》 IV, 413~416쪽, 418~422쪽.

181 《大韓每日申報》 광무 9년 12월 21일 광고.

182 《大韓每日申報》 광무 9년 12월 22일 〈文明權輿〉.

183 이들에 대해서는 田鳳德, 1975 〈光武辯護士法과 初期辯護士〉《法曹》 1975년 3호 (통권 제24권) 참조.

184 《皇城新聞》 광무 3년 10월 28일 잡보 〈民不得安〉.

185 《皇城新聞》 광무 4년 7월 16일 잡보 〈訴冤被捉〉.

186 《皇城新聞》 광무 5년 9월 26일, 11월 6일, 12월 24일 잡보 〈誣告安帖〉 〈民訴誶守〉 〈因訴辟審〉.

187 《皇城新聞》 광무 3년 11월 25일 잡보 〈呈卞誣訴〉.

188 《皇城新聞》 광무 5년 12월 12일 잡보 〈私自捉去〉.

189 《大韓每日申報》 광무 8년 10월 20일 잡보 〈평수불법〉.

190 《皇城新聞》 광무 6년 3월 26일 잡보 〈嚴覈訴民〉.

191 《皇城新聞》광무 6년 12월 17일 및 광무 7년 1월 6일 잡보 〈尹氏自現〉 〈壯行審査〉.
윤용선·윤덕영에 대한 비판은《皇城新聞》광무 6년 12월 16일 별보 〈前議官金禹
用疏本〉및 동월 17일 별보 〈前議官宋憲斌疏本〉.

192 法部 편, 奏本(奎 17276) 제17책 광무 7년 8월 22일 주본 제123호.
《皇城新聞》광무 7년 8월 28일 잡보; 동년 9월 1일 잡보; 동년 동월 3일 잡보; 동년
동월 9일 잡보; 동년 12월 1일 잡보.

193 《大韓每日申報》광무 8년 10월 20일 잡보 〈하필감죄아〉.

194 法部 法務局,《訓指起案》(奎 17277의5) 제13책 광무 9년 2월 24일 〈訓令 警廳件〉.

195 法部 法務局,《訓指起案》(奎 17277의5) 제6책 광무 5년 7월 22일 〈訓令 平理院件〉.

196 《皇城新聞》광무 4년 10월 16일 잡보 〈三陟郡報〉; 광무 6년 8월 22일 잡보 〈金倅
請願〉; 광무 7년 3월 3일 광고 〈尹相洙 告白〉.

197 《皇城新聞》광무 8년 4월 2일 논설 〈宜反省而勿責人〉.

198 法部 刑事局,《起案》(奎 17277의2) 제42책 광무 3년 5월 5일 〈曾經文蔭武正三品以
上及堂下守令이 官制更張훈 後에 勅奏任官을 敍任치 못훈 人員을 拘拿훌 時 待遇
에 關훈 請議書 第二號〉.

199 광무 3년 5월 22일 법률 제2호 〈刑律名例 改正〉《韓末近代法令資料集》II, 480쪽.

200 광무 2년 2월 9일 칙령 제5호 〈漢城府裁判所官制·規程〉제12조《韓末近代法令資
料集》II, 332~333쪽. 이 규정은 1905년 반포된 〈刑法大全〉제18조에 포함되었다.

201 《皇城新聞》광무 3년 2월 21일 잡보 〈囚不知罪〉.

202 法部 法務局,《訓指起案》(奎 17277의5) 제12책 광무 8년 9월 7일 〈訓 警廳件〉.

203 《皇城新聞》광무 7년 12월 24일 잡보 〈李氏訴冤〉.

204 法部 法務局,《訓指起案》(奎 17277의5) 제11책 광무 8년 4월 8일 〈訓 平院件〉.

205 위의 자료 제12책 광무 8년 11월 29일 〈訓令 忠南件〉.

206 法部 法務局,《來牒》(奎 17277의20) 제1책 광무 3년 12월 4일 〈通牒 第百六十九號〉.

207 法部 檢事局,《起案》(奎 17277의1) 제33책 광무 3년 6월 17일 〈指令 漢所件〉.

208 法部 法務局,《訓指起案》(奎 17277의5) 제11책 광무 8년 3월 7일 〈訓令 平院件〉.

209 위의 자료 제12책 광무 8년 8월 3일 〈訓令 平院件〉; 法部 司理局,《起案》(奎 17277
의3) 제27책 광무 8년 8월 6일 〈上奏案件〉.

210 《皇城新聞》광무 8년 6월 14일 잡보, 동년 동월 20일 잡보, 동년 동월 28일 잡보.

211 法部 司理局, 《起案》(奎 17277의3) 제31책 광무 9년 6월 13일 〈照會 內部件〉.

212 위의 자료 제32책 광무 9년 12월 23일 〈訓令 十三道十港二市一牧裁判所件〉.

213 法部 法務局, 《訓指起案》(奎 17277의5) 제1책 광무 3년 12월 25일 〈訓令十三道九港一牧裁判所件〉.

214 法部 司理局, 《起案》(奎 17277의 3) 제21책 광무 6년 9월 23일 〈訓令 廣州府件〉.

215 위의 자료 제23책 광무 7년 7월 29일 〈訓令 海裁件〉.

216 위의 자료 제8책 광무 4년 3월 21일 〈指令 漢裁件〉.

217 위의 자료 제13책 광무 5년 3월 16일 〈指令 漢裁件〉.

218 위의 자료 제26책 광무 8년 4월 2일 〈訓令 漢裁件〉.
법부 사리국에서는 3월 25일자 輪牒으로 법부내 법무국·회계국·비서과·문서과 직원들에게 이 문제에 대한 의견을 문의하여 대부분 재범으로 논하여야 한다는 회답을 받았다(위 훈령에 첨부된 輪牒).

219 法部 檢事局, 《照會照覆起案》(奎 17277의14) 제2책 광무 3년 9월 25일 〈照會 議政府件〉.

220 法部 法務局, 《訓指起案》(奎 17277의5) 제11책 광무 8년 3월 9일 〈訓令 平院裁判長漢裁首班件〉.

221 위의 자료 광무 8년 4월 26일 〈訓令 平院漢裁件〉.

222 광무 4년 1월 11일 법률 제2호 〈형률명례 개정〉 《韓末近代法令資料集》 III, 9~10쪽.

223 法部 司理局, 《起案》(奎17277의3) 제4책 광무 3년 9월 4일 〈告示〉.

224 위의 자료 제22책 광무 7년 3월 6일 〈訓令 江華件〉.

225 위의 자료 제5책 광무 3년 11월 30일 〈指令 平理院件〉.

226 法部 法務局, 《訓指起案》(奎 17277의5) 제6책 광무 5년 12월 21일 〈訓令 平理院件〉.

227 《독립신문》 광무 3년 1월 25일 잡보 ; 《皇城新聞》 광무 5년 6월 14일 잡보.

228 法部 法務局, 《訓指起案》(奎 17277의5) 제7책 광무 6년 4월 7일 〈訓令 平院件〉; 《皇城新聞》 광무 7년 3월 10일 잡보.

229 《皇城新聞》 광무 7년 3월 14일 잡보.

230 《皇城新聞》 광무 7년 4월 2일 잡보.

231 《皇城新聞》광무 7년 6월 30일 잡보.

232 《皇城新聞》광무 8년 3월 29일 잡보; 동년 6월 25일 잡보; 法部,《奏本》(奎 17276) 제21책 광무 8년 6월 21일 奏本 제115호.

233 《皇城新聞》광무 8년 8월 9일 잡보;《大韓每日申報》광무 8년 8월 9일, 8월 18일 잡보.

234 法部 法務局,《訓指起案》(奎 17277의5) 제12책 광무8년 9월 14일〈訓令 平院件〉; 동년 10월 11일〈訓令 平院裁判長件〉.

235 法部,《奏本》(奎17276) 제27책 광무 9년 1월 14일 奏本 제10호;《大韓每日申報》광무 9년 1월 18일 잡보.

236 法部 法務局,《訓指起案》(奎 17277의5) 제13책 광무 9년 4월 8일〈訓令 平院件〉.

237 《大韓每日申報》광무 10년 2월 18일 잡보.

238 이완용은 1897년까지는 외부대신·학부대신 등 대신직을 역임하였으나 1898년 이후 평남관찰사·전북관찰사 등 외직으로 좌천되고 1901년에는 궁내부특진관에 임명된 후 부친상을 만나 상을 치르고 1905년 9월 18일 일약 학부대신으로 임명된 이래 을사늑약 실현에 앞장서고 계속 정부의 요직을 맡게 된다. 이윤용은 이완용과 달리 1901년 초까지 군부대신·의정부찬정 등 대신급 직위에 있다가 부친상을 치르고 1903년부터 경북·경남·전남관찰사 등 외직으로 돌다가 1904년 9월 군부대신에 임명되면서부터 대신직을 역임하게 된다(安龍植,《大韓帝國官僚史研究》I·II·III, 연세대학교 사회과학연구소).

239 法部 司理局,《訓指起案》(奎 17277의3) 제16책 광무 5년 8월 24일〈訓令 各道各港市件〉.

240 法部,《奏本》(奎 17276) 제6책 광무 3년 11월 10일 주본 제252호.

241 위의 자료 제10책 광무 4년 2월 8일 奏本 제42호.

242 위의 자료 제10책 광무 4년 5월 11일 奏本 제135호.

243 法部 司理局,《起案》(奎 17277의3) 제11책 광무 4년 9월 11일〈上奏案件〉.

244 《독립신문》광무 3년 10월 24일 잡보.

245 法部 法務局,《訓指起案》(奎 17277의5) 제3책 광무 4년 6월 25일〈訓令 平理院件〉.

246 위의 자료 제10책 광무 7년 7월 27일〈訓令 平院件〉.

247 위의 자료 제11책 광무 8년 2월 22일 〈訓令 平院件〉.

248 法部 司理局,《起案》(奎 17277의3) 제16책 광무 5년 8월 5일 〈訓令 平院件〉. 四件事에 대해서는 제1장 제2절의 상소제도 참조.

249 위의 자료 제20책 광무 6년 6월 3일 〈訓令 忠南件〉.

250 위의 자료 제4책 광무 3년 9월 30일 〈指令 平理院件〉.

251 《皇城新聞》 광무 3년 6월 6일 잡보.

252 法部 司理局,《起案》(奎 17277의3) 제4책 광무 3년 9월 30일 〈指令 平理院件〉.

253 《皇城新聞》 광무 3년 9월 6일 잡보.

254 法部,《照覆起案》(奎 17277의16) 제2책 광무 7년 2월 10일 〈照會 外部件〉.

255 위의 책 광무 7년 3월 16일 〈照會 外部件〉. 강두영은 이 사건 외에도 아산 일대에서 법망을 무시하고 수많은 횡포를 부리고 있었다. 그는 평택군 서리 崔學述의 부친이 사망한 후 교도 백여 명을 거느리고 郡衙에 들어가 최학술을 붙잡아 장형을 가하고 재물을 늑탈한 후 교당으로 끌고가 구금해두었다. 그 친속 崔應悅이 서울 主敎所에 호소하자 서울의 교인들이 화해를 시킨다고 최응열을 데리고 돌아왔다. 이에 강두영은 교인들을 교사하여 최응열을 亂杖하여 致死하게 하였다(《皇城新聞》 광무 7년 7월 22일 잡보).

256 法部 法務局,《訓指起案》(奎 17277의5) 제10책 광무 7년 8월 4일 〈訓令 漢裁件〉; 外部,《法部來去文》(奎 17705) 제7책 광무 7년 8월 8일 〈照會 제4호〉.

257 《皇城新聞》 광무 3년 6월 7일 잡보.

258 《皇城新聞》 광무 3년 8월 10일 잡보.

259 《皇城新聞》 광무 8년 1월 22일 寄書.

260 《皇城新聞》 광무 7년 8월 28일 잡보.

261 《大韓每日申報》 광무 8년 10월 24일 잡보.

262 《大韓每日申報》 광무 9년 1월 19일 잡보.

263 윤병석, 〈"을사오조약"의 신고찰〉 李泰鎭 편저, 1995《일본의 대한제국 강점》 까치, 33~41쪽.

264 趙恒來, 1989 〈內田良平의 韓國併呑行跡〉《國史館論叢》 제3집, 176~179쪽 ; 趙恒來, 1991 〈李容九의 日帝侵略·併呑앞잡이行脚〉《國史館論叢》 제28집, 230~235쪽.

265 《日本外交文書》제37권 1책, 事項 一二. 韓國關係 雜纂 #581 〈我對韓政策ノ大體ヨリ一進會等二對スル相當取締ノ必要並二 同會ノ行動精査方訓令ノ件〉(1904.12.30).

266 金正明 편, 《日韓外交資料集成》제5권, #451 〈京城及其附近二於ケル治安維持二關スル駐箚軍ノ告示報告ノ件〉(明治38年 1月 9日 在京城三增領事ヨリ小村外務大臣宛).

267 위의 책, #456 〈京城附近一帶二於ケル治安警察駐箚軍二テ擔當ノ件〉(明治38年 1月 12日 在韓國林公使小村外務大臣宛).

268 《皇城新聞》광무 9년 7월 20일 잡보.

269 《日韓外交資料集成》제5권, #456 〈京城附近一帶二於ケル治安警察駐箚軍二テ擔當ノ件〉(明治38年 1月 12日 在韓國林公使小村外務大臣宛).

270 《日本外交文書》제38권 1책, #707 〈丸山警視傭聘契約書送附ノ件〉(明治38年 2月 6日 在韓國林公使ヨリ小村外務大臣宛).

271 위의 책, #703 〈巡廻警察官派遣二關スル稟申二對シ回訓ノ件 (附記)韓國警察二關スル日本ノ方針〉(明治38年 1月 17日 小村外務大臣ヨリ在群山橫田分館主任宛).

272 《皇城新聞》광무 9년 5월 18일 잡보.

273 《皇城新聞》광무 9년 9월 5일 잡보; 《大韓每日申報》광무 9년 9월 22일 잡보.

274 法部 刑事局, 《照牒》(奎 17277의10) 제1책 광무 9년 2월 8일 〈照會 7호〉.

275 《大韓每日申報》광무 9년 2월 25일 잡보.

276 法部 刑事局, 《刑事局訓指謄抄》(奎 25248) 〈平北 楚山郡 金元西 獄事〉.

제4장 일본의 한국 병탄과 형사재판제도의 식민지적 근대화

1 申相俊, 1977 〈日帝 統監府의 統治組織에 關한 研究〉《韓國社會事業大學論文集》제7집, 37~38쪽 및 서영희, 1996 〈일제의 한국 보호국화와 통감부의 통치권 수립 과정〉《한국문화》18집, 330쪽.

2 이하 별도의 각주 부분을 제외하고 明治38年 12月 21日 칙령 제267호 〈統監府及ビ理事廳官制〉《日韓外交資料集成》제6권 上, 105~109쪽.

3 통감의 지위와 권한을 둘러싸고 일본정부 내에서 진행된 논란은 柳在坤, 1993 〈日

帝統監 伊藤博文의 對韓侵略政策(1906~1909)〉《淸溪史學》제10집, 205~207쪽.

4 森山茂德, 앞의 책, 210쪽.

5 朝鮮總督府,《朝鮮の保護及び倂合》韓國史料研究所 編,《朝鮮統治史料》제3권,
120~123쪽.

6 友邦協會, 1966《朝鮮に於ける司法制度近代化の足跡》12~13쪽.

7 《日本外交文書》제38권 1책, #785 〈韓帝ノ動向竝宮中肅正ノ必要ニ關スル件〉(9月
25日 在韓國林公使 → 桂臨時兼任外務大臣宛).

8 광무 9년 10월 24일 칙령 제45호 〈의정부회의규정 개정〉《韓末近代法令資料集》
IV, 408~409쪽.

9 《日本外交文書》제38권 1책, #783, #784 〈韓圭卨新內閣組織ニ關スル件」(一)(二)(9
月 12日, 9月 21日 在韓國林公使 → 桂臨時兼任外務大臣宛).

10 羅寅永·李沂 등이 조직한 을사오적 암살단이 그 대표적인 움직임인데 상세한 전말
은 鄭喬,《大韓季年史》下, 224~250쪽에 실려 있다.

11 鄭喬, 위의 책, 250~251쪽.

12 金東明, 1993 〈一進會と日本― '政合邦' と倂合〉《朝鮮史研究會論文集》제31집 참조.

13 《日韓外交資料集成》제6권 上, #111 〈韓國內閣更迭事情通報ノ件〉(明治40年 6月 4
日 伊藤韓國統監→林外務大臣宛).

14 광무 11년 6월 14일 칙령 제35호 〈內閣官制〉《韓末近代法令資料集》V, 524~525쪽.

15 《日本外交文書》제40권 제1책, #473 〈密使 海牙派遣ニ關シ韓帝ヘ嚴重警告竝對韓政
策ニ關スル廟議決定方稟請ノ件〉(7月7日 伊藤韓國統監 → 林外務大臣宛).

16 《日本外交文書》40권 1책, #474 〈韓帝ノ密使派遣ニ關聯シテ廟議決定ノ對韓處理
方針通報ノ件〉(七月十二日 林外務大臣 → 伊藤韓國統監宛).

17 물론 위의 결정을 내릴 때 표결 사항에 의하면, 한국 황제가 위 결정대로 작성한 조
약안을 체결할 때 동의하지 않을 경우 마지막 수단으로 강제 병탄까지 고려하고 있
었다.

18 鄭喬, 앞의 책, 265~267쪽.

19 위의 책, 271쪽.

20 《日本外交文書》제40권 1책, #513 〈韓帝讓位後同國內ノ情勢竝對韓政策ニ關シ稟

申ノ件〉(7月 22日 伊藤韓國統監 → 津田外務次官宛); 朝鮮總督府, 《朝鮮の保護及併合》韓國史料研究所, 《朝鮮統治史料》第3권, 143쪽. 이 시도는 이토 통감에 의해 포착되어 한국 군사가 출동하기 30분 전에 일본 군대를 궁중에 출동시킴으로써 수포로 돌아갔다.

[21] 徐仁漢, 1997 〈大韓帝國軍 해산 거부 抗戰의 양상과 그 의의〉《趙東杰先生停年紀念論叢II 韓國民族運動史研究》, 240쪽.

[22] 鄭喬, 앞의 책, 272쪽.

[23] 《日本外交文書》제40권 1책, #530 〈日韓協約二關スル文書送付ノ件〉(7月 24日 古谷韓國統監秘書官 → 小西外務大臣秘書官宛).

[24] 서영희, 앞의 글, 336~339쪽.

[25] 水田直昌, 1974 《統監府時代の財政》友邦協會, 48쪽. 그런데 법령의 초안은 거의 대부분 일본인 차관을 중심으로 작성한 후 각부 대신들이 열람하는 형식을 취했고, 이토 통감 시절에는 한국 독자적인 법전 편찬작업을 법부차관과 우메 겐지로梅謙次郎 법전편찬위원장 등을 중심으로 추진하고 있었다. 이상, 《日韓外交資料集成》제6권 中, #167 〈韓國施政改善二關スル協議會第二十三回〉(明治40年 11月 29日) 및 #186 〈韓國施政改善二關スル協議會第三十九回〉(明治41年 4月 29日).

[26] 柳漢喆, 1992 〈日帝 韓國駐箚軍의 韓國 侵略過程과 組織〉《韓國獨立運動史研究》제6집, 156~160쪽.

[27] 金羲煥, 1980 〈義兵運動〉《韓國近代民族運動史》돌베개 참조.

[28] 韓相一, 1980 《日本帝國主義의 한 硏究》까치, 129~163쪽.

[29] 〈朝鮮併合の密議〉(明治42年 4月 10日)《保護より併合に至る日本側の記錄》韓國史料研究所 編, 《朝鮮統治史料》第3卷, 701~704쪽; 倉知鐵吉, 1939 〈韓國併合ノ經緯〉明治人による近代朝鮮論影印叢書 第16卷《李王朝》(ペリカン社, 1997), 749쪽.

[30] 森山茂德, 앞의 책, 238쪽.

[31] 《日本外交文書》제42권 1책, #144 〈對韓政策確定ノ件〉(7月 6日 閣議決定).

[32] 森山茂德, 앞의 책, 261~262쪽.

[33] 朝鮮總督府, 《朝鮮の保護及併合》韓國史料研究所, 《朝鮮統治史料》제3권, 352~355쪽.

[34] 韓相一, 앞의 책, 170~175쪽.

[35] 森山茂德, 앞의 책, 268~269쪽.

[36] 韓相一, 앞의 책, 178쪽.

[37] 《日本外交文書》제43권 1책, #574 〈倂合後ノ韓國二對スル施政方針決定ノ件〉〈六月三日 閣議決定〉.

[38] 小松綠, 1920 〈朝鮮倂合之裏面〉 明治人による近代朝鮮論影印叢書 第16卷《李王朝》〈ペリカン社, 1997〉, 566~581쪽.

[39] 《朝鮮總督府官報》明治43年 9月 30日 칙령 제354호 〈朝鮮總督府官制〉 및 기타 소속관서에 관한 관제. 이하 특별한 각주가 없는 한 이들 각 관제 규정에 의함.

[40] 위의 자료 및《朝鮮總督府官報》明治43年 8月 29日 칙령 제324호 〈朝鮮總督府設置二關スル件〉.

[41] 김도형, 〈일제침략초기(1905~1919) 친일세력의 정치론 연구〉《계명사학》제3집, 22~23쪽; 진보회의 활동 전반에 대해서는 이용창, 2005 〈동학·천도교단의 민회 설립 운동과 정치세력화 연구(1896~1906)〉, 중앙대학교 박사학위논문 참조.

[42] 《大韓每日申報》광무 8년 10월 28일 잡보 〈탐학관쟝견욕〉. 이러한 관점에서 일진 회의 활동을 검토한 성과로 김종준, 2010《일진회의 문명화론과 친일활동》, 신구 문화사 참조.

[43] 《韓國一進會日誌》광무 7년 2월 27일, 韓國史料研究所,《朝鮮統治史料》제4권, 599쪽.

[44] 위의 책, 607쪽. 당시 이건호는 평리원 판사직을 떠나 검사로 임명된 후였다(《舊韓國官報》광무 10년 5월 9일).

[45] 《皇城新聞》광무 10년 6월 20일 잡보 〈首判請願〉.

[46] 《皇城新聞》광무 10년 6월 23일 잡보 〈會議未開〉.

[47] 《大韓每日申報》광무 11년 2월 12일 잡보 〈법관기소〉. 이 사건의 상세한 전말에 대해서는 문준영, 2010《법원과 검찰의 탄생》역사비평사, 382~384쪽.

[48] 《大韓每日申報》광무 11년 3월 5일 잡보 〈李氏處答〉.

[49] 일진회가 1905년 7월 독립관 앞에 설치한 연설무대이다(국사편찬위원회,《주한일 본공사관기록》제25권 四. 日露戰役關係書類 중 (1)日進會創立略史).

[50] 《韓國一進會日誌》韓國史料研究所,《朝鮮統治史料》제4권, 633~634쪽;《大韓每日申報》광무 11년 2월 24일 잡보 〈연합연설〉.

51 《皇城新聞》광무 11년 3월 1일 잡보 〈通牒各會〉.

52 《大韓每日申報》광무 11년 3월 8일 잡보 〈勸告法大〉.

53 《大韓每日申報》광무 11년 3월 5일 잡보 〈一進勸告〉.

54 《大韓每日申報》광무 11년 3월 28일 잡보 〈연합연설〉. 이날 연설 제목과 연사는 〈인권자유론〉(劉猛) 〈法官行政論〉(정운복) 〈法不活動論〉(윤효정) 〈可畏無恥論〉(김명준) 〈법률低昻論〉(이면우)였다.

55 《大韓每日申報》광무 11년 3월 9일 잡보 〈電問答罰〉; 동년 3월 12일 잡보 〈斷疏停止〉; 동년 3월 12일 잡보 〈笞罰收贖〉.

56 《大韓每日申報》광무 11년 4월 9일 〈西民決歸〉.

57 《皇城新聞》광무 10년 11월 28일 잡보 〈安勝金落〉; 《大韓每日申報》광무 11년 2월 12일 광고; 《大韓每日申報》광무 11년 3월 13일 잡보 〈朴氏決訟〉.

58 문준영, 1998 〈大韓帝國期《刑法大全》制定에 관한 研究〉 서울대 법대 석사학위논문, 116~117쪽.

59 "대저 법부의 第一機關은 법률의 完整이라. 현금 형법대전이 반포 시행되고 있으나 모순이 많고 보잘 것 없으니 급히 개정하여 완전하게 해야 하며 민법 상법 등도 부득불 제정 반포하여 민인으로 하여금 모두 법률이 일정함을 알게 한 연후에 범죄가 줄고 법이 행해질지니"《皇城新聞》광무 10년 6월 12일 논설 〈上政府當局諸公(七) 法部大臣〉).

60 《皇城新聞》광무 10년 8월 24일 잡보 〈刑法改正〉. 여기서 1896년의 〈형법초안〉이란, 앞서 법부 고문관이었던 노자와 게이치野澤鷄一가 1895년부터 작업하여 완성시켰으나 한국정부에 의해 채택되지 않은 것을 말한다. 〈일본형법〉은 1880년 7월 반포하여 1882년부터 시행한 것으로 프랑스 나폴레옹 법전을 모방한 것이며(〈日本維新三十年史〉《皇城新聞》광무 11년 11월 7일~11월19일), 〈일본형법개정초안〉은 1907년 4월 반포하여 동년 10월 1일부터 시행한 것으로 1870년 제정된 독일 형법을 모범으로 한 점에서 앞의 〈일본형법〉과 대조적인 것이었다(井ケ田良治 外, 1982 《日本近代法史》法律文化社, 243쪽).

61 《皇城新聞》광무 10년 11월 28일 잡보 〈刑律草案〉.

62 《皇城新聞》광무 10년 12월 10일 잡보 〈法所設會〉; 《韓國一進會日誌》韓國史料研

究所,《朝鮮統治史料》제4권, 617쪽.

63 《大韓每日申報》광무 11년 3월 24일 〈意見備述〉.

64 《大韓每日申報》광무 11년 6월 19일 〈刑法大全 改正〉.

65 張燾 편, 1907《新舊刑事法規大全》卷下, 磚洞出版社, 332~445쪽.

66 《日韓外交資料集成》제6권 上, #1〈閣議決定 韓國保護權確立ノ件〉(明治38年 4月 8日).

67 友邦協會, 1966《朝鮮に於ける司法制度近代化の足跡》, 14쪽.

68 우메 겐지로가 한국 사법제도의 개혁에 미친 영향에 대해서는 이영미(김혜정 역),
2011《한국 사법제도와 우메 겐지로》일조각 참조.

69 田鳳德, 1982〈日帝의 司法權 强奪過程의 硏究〉《愛山學報》제2집, 182~183쪽.

70 각 지방에서 돌아온 법무보좌관들이 보고한 각급 재판소의 재판 실태와 문제점에
대해서는 田鳳德, 위의 글 참조.

71 《日本外交資料集成》제6권 上, #105〈韓國施政改善ニ關スル協議會第十三回〉(明治
40年 4月 5日大臣會議筆記).

72 위의 책 제6권 中, #114〈韓國施政改善ニ關スル協議會第十八回〉(明治40年 6月 18
日大臣會議筆記).

73 위의 책, #116〈韓國施政改善ニ關スル協議會第十九會〉(明治40年 6月 25日大臣會
議筆記).

74 南基正 역, 1978《日帝의 韓國司法府 侵略實話》育法社, 46~63쪽.

75 《韓末近代法令資料集》V, 545~546쪽.

76 그러나 체포시의 우대 조항, 즉 칙임관은 황제에게 상주한 후 칙재를 거쳐 체포하
고, 주임관은 체포한 후 상주한다는 규정까지는 한국 대신들의 반대로 폐지하지 못
하였다. 이 조항은 1908년 통감부에 의한 〈형법대전〉 개정 단계에 가서야 폐지되
었다.

77 이에 대해서는 崔起榮, 1991〈광무新聞紙法 硏究〉《大韓帝國時期 新聞硏究》일조
각; 鈴木敬夫, 1989《법을 통한 조선식민지지배에 관한 연구》고려대학교 출판부,
61~74쪽 참조.

78 남기정 역, 앞의 책, 131쪽; 융희 원년 12월 23일 칙령 제60호 〈법전조사국관제〉《한
말근대법령자료집》Ⅵ, 172~173쪽 ;《舊韓國官報》융희 2년 1월 14일 및 1월 18일

〈敍任及辭令〉

79 위의 책 제6권 中, #186 〈韓國施政改善二關スル協議會第三十九回〉〈明治41年 4月 29日大臣會議筆記〉.

80 《舊韓國官報》융희 2년 7월 17일.

81 삭제 또는 수정된 부분에 대한 상세한 분류는 문준영, 앞의 글, 123~125쪽 참조.

82 남기정 역, 앞의 책, 82~87쪽.

83 문준영, 앞의 글, 126쪽.

84 《大韓每日申報》광무9년 9월 26일 잡보 〈所兼者多〉.

85 內閣, 《請願書》(奎 17848) 제5책 광무 11년 6월 8일.

86 《皇城新聞》광무10년 4월 11일 잡보 〈辭免不許〉; 동년 4월 13일 잡보 〈訓飭平院〉.

87 法部 刑事局, 《照牒》(奎 17277의 10) 제2책 광무 9년 5월 5일 조회 제7호; 《皇城新聞》광무 10년 4월 24일 잡보 〈法訓視務〉.

88 남기정 역, 앞의 책, 34~36쪽. 앞서 예를 든 이준의 재판 역시, 일본인 법무보좌관이 형법대전에 의하여 이준을 태 100에 처할 것을 평리원장에게 강경히 요구하여 관철시켰으나 다음날 관보에는 '특지에 의하여 태80으로 減함'이라 된 경우였다.

89 위의 책, 66~73쪽.

90 《皇城新聞》광무 11년 7월 10일 〈法訓各司法官〉.

91 남기정 역, 앞의 책, 73쪽.

92 《日本外交文書》40권 1책, #530 〈日韓協約二關スル文書送付ノ件〉(7月 24日 古谷 韓國統監秘書官 → 小西外務大臣秘書官宛).

93 법률 제8호 〈裁判所構成法〉《韓末近代法令資料集》VI, 160~164쪽.

94 最高裁判所事務總局, 1990 《裁判所百年史》大藏省印刷局, 64~68쪽.

95 남기정 역, 앞의 책, 82~86쪽.

96 1908년 8월 1일 이후 설치된 대심원·공소원·지방재판소·구재판소의 위치 및 관할 구역, 개청 상황에 대해서는 김병화, 1974 《근대한국재판사》한국사법행정학회, 122~135쪽 참조.

97 《大韓每日申報》광무 11년 7월 27일 논설 〈新協約〉.

98 《皇城新聞》융희 2년 9월 16일 잡보 〈民法의 歡迎〉.

99 《皇城新聞》융희 2년 9월 19일 잡보 〈伸理講究所〉.

100 남기정 역, 앞의 책, 100쪽.

101 田鳳德, 1982 〈日帝의 司法權 强奪過程의 硏究〉《애산학보》제2집, 196~197쪽.

102 《日本外交文書》제42권 1책, #146 〈韓國司法及監獄事務委託ニ關スル覺書〉.

103 《韓末近代法令資料集》IX, 1~11쪽.

104 〈통감부재판소령〉에 의해서 설치된 재판소의 종류와 관할 구역, 개청 상황은 앞 시기와 거의 비슷하지만, 특히 구재판소의 관할 구역이 많이 달라졌다. 이에 대해 서는 김병화, 앞의 책, 152~160쪽 참조.

105 申東雲, 1986 〈日帝下의 豫審制度에 관하여〉《서울대학교 法學》27권 1호에서는 예심제도가 1912년 〈조선형사령〉 실시 이후부터 도입되었다고 하였다.

106 식민지하 예심제도 운용에 대해서는 申東雲, 1991 〈日帝下의 刑事節次에 관한 硏究〉《朴秉濠敎授還甲紀念II韓國法史學論叢》참조.

107 〈韓國에 在한 犯罪卽決令〉제1조·2조《韓末近代法令資料集》IX, 10~11쪽. 이 시 기 일제의 헌병경찰제도 도입 과정에 대해서는 松田利彦, 1993 〈朝鮮植民地化の 過程における警察機構〉, 《朝鮮史硏究會論文集》31 참조.

108 본서의 보론 제3절 중 태형 관련 서술 참조.

보론 : 1910년대 식민지 조선의 형사법과 조선인의 법적 지위

1 김운태, 1990 〈일본식민통치체제의 확립〉《한국의 사회와 문화》제11집, 8~11쪽; 강창일, 1994 〈일제의 조선지배정책〉《역사와 현실》12호, 38~43쪽.

2 박경식(국역본), 1986 《일본제국주의의 조선지배》청아출판사, 33~36쪽의 寺內총 독, 鈴木武雄 등의 견해 참조.

3 권태억, 2001 〈동화정책론〉《역사학보》제172집, 363쪽.

4 한국과 일본의 대부분의 연구자들이 이러한 관점을 취하고 있다. 이에 대해서는 이 승일, 2003 〈조선총독부의 법제정책에 대한 연구〉한양대 박사학위논문, 1~13쪽; 정연태, 2004 〈조선총독 寺內正毅의 韓國觀과 植民統治〉《한국사연구》124,

한국 근대 형사재판제도사

175~177쪽 등에 잘 정리되어 있다.

5 정연태, 위의 글.

6 小熊英二, 1998 《〈日本人〉の境界》 東京: 新曜社.

7 이러한 경향은 민족주의의 발흥을 선발 자본주의국가인 영국이나 스페인의 식민지 였던 미합중국이나 스페인령 아메리카의 크레올 계층에서 찾는 베네딕트 앤더슨 의 논의와도 맥락이 닿는다. Benedict Anderson(윤형숙 역), 1991 《민족주의의 기원 과 전파》 나남, 제4장 〈구제국과 신국가〉 참조. 조선총독부의 분리 경향을 적절히 보여주는 사례 분석으로는 다칭 양, 〈일본의 제국적 전기통신망 속에서의 식민지 한국〉 신기욱·마이클 로빈슨 엮음(도면회 옮김), 2006 《한국의 식민지근대성》 삼 인을 보라.

8 小熊英二, 앞의 책, 3~12쪽.

9 이승일, 앞의 글 참조.

10 이승일, 위의 글에서 인용되고 있는 박병호, 이병수, 정종휴, 윤대성, 정긍식 등 대 부분의 법사학 연구자들이 이에 속한다.

11 한인섭, 1991 〈치안유지법과 식민지통제법령의 전개〉 《박병호교수환갑기념II한국 법사학논총》; 신동운, 1991 〈일제하의 형사절차에 관한 연구〉 《박병호교수환갑기 념II한국법사학논총》; 신동운, 1986 〈일제하의 예심제도에 관하여〉 《서울대학교 법학》 제27권 1호.

12 이승일, 앞의 글.

13 문준영, 2001 〈제국일본의 식민지 형사사법제도의 형성〉 《법사학연구》 23호.

14 〈倂合後半島統治と帝國憲法との關係〉 山本四郎 編, 1984 《寺内正毅關係文書》 京 都女子大學, 63쪽. 이 문건의 작성자에 대해서는 전영욱, 2010 〈寺内正毅의 총독정 치와 제27회 제국의회의 논의〉, 서울시립대학교 국사학과 석사논문, 11쪽 참조.

15 이 칙령은 이듬해인 1911년 3월 24일 칙령 제30호에 의하여 효력을 잃게 되고, 같 은 날 동일한 제목, 동일한 내용으로 법률 제30호가 제정되었다.

16 조선총독부는 같은 날 칙령 제319호 〈조선총독부 설치에 관한 건〉에 의하여 명목 상 설치되고 같은 해 9월 30일 칙령 제354호 〈조선총독부관제〉에 의해 실질적 체 제를 갖추게 되었다.

17 김병화, 1976 《속 근대한국재판사》 한국사법행정학회, 368쪽. 병합과 동시에 조선에 시행된 일본 법률이 특허·의장·상표·디자인·저작권 등 주로 자본주의 상품경제와 밀접한 지적 재산권에 관한 것이었다는 점은, 조선이 일본 시장에 확고하게 편입되었다는 사실을 상징적으로 보여준다.

18 梶村秀樹·姜德相, 1970 〈日帝下朝鮮の法律制度について〉《日本法とアジア》勁草書房; 日本外務省, 1971 《日本統治時代の朝鮮》 外地法制誌 제4부의 2(1990년에 公刊).

19 스즈키 게이오는 일본법인 〈보안규칙〉 〈신문규칙〉 등이 조선인에게도 적용되었다고 주장하지만(鈴木敬夫, 1989 《법을 통한 조선식민지 지배에 관한 연구》 고려대학교 민족문화연구소, 61~84쪽), 원칙적으로 이들 법령은 조선 주재 일본인에게만 적용된 것이다. 이에 대해서는 朝鮮總督府 法務局, 1936 《朝鮮の司法制度》, 72~73쪽; 日本外務省, 위의 책, 61~62쪽 참조.

20 梶村秀樹·姜德相, 앞의 글.

21 이에 대해서는 小熊英二, 앞의 책, 195~208쪽 참조.

22 司法部長官 國分三亥, 〈共通法に就て〉《朝鮮彙報》 1918년 6월호. 〈공통법〉 전문은 김병화, 앞의 책, 379~381쪽 참조.

23 水野直樹, 2002 〈朝鮮植民地支配と名前の'差異化'〉 山路勝彦·田中雅一 編, 《植民地主義と人類學》 關西學院大學出版會, 147~160쪽.

24 남기정 역, 1978 《일본의 사법부 침략실화》 육법사, 96~97쪽.

25 〈朝鮮施政方針及施設經營〉《寺内正毅關係文書》 180~181쪽.

26 〈간도협약〉에 의하면, 이들 상업지역은 외국인의 거주 및 무역을 위해 개방한 지역이므로 영사재판권 관할 지역이 되고, 나머지 간도 지역은 청의 영토이므로 조선인에 관한 민사 형사 소송은 청국 관헌이 관할하게 되었다. 다만 인명에 관련한 중대 사건이 발생했을 때에는 청국 관헌이 일본영사관에 조회하여야 하며, 일본영사관에서 보기에 청국 관헌이 불법적인 재판을 했다는 혐의가 있다고 판단할 경우에는 공정한 재판을 기하기 위하여 따로 관리를 파견하여 복심覆審할 것을 청국에 청구할 수 있다고 하였다. 〈間島に關する日淸協約〉 外務省, 1965 《日本外交年表竝主要文書》 (上) 原書房, 324~325쪽.

한국 근대 형사재판제도사

27 秋山 參事官, 〈間島在住朝鮮人ニ對スル司法關係ノ件〉(1915년 9월), 위의 책, 386쪽.

28 〈間島ニ於ケル領事裁判ニ關スル件〉(1920. 12. 民第85號 拓植局次長宛法務局長回答) 朝鮮總督府法務局, 1922《朝鮮司法例規》大成印刷社, 3쪽.

29 "종래 한국 신민이었던 자가 병합에 의해 당연히 일본 국적을 취득한다고 하더라도 그로 인해 한국인은 전연 일본인과 동일하게 되는 것이 아니고 다만 외국에 대해 일본 국적을 취득한 데 불과하다는 것을 주의하여야 한다"(山田三良, 〈併合後における韓國人の國籍問題〉(1910. 7. 15) 山本四郎 編,《寺內正毅關係文書》, 62쪽).

30 이에 대해서는 문준영, 앞의 글, 106~108쪽 참조.

31 남기정 역, 앞의 책, 203~219쪽.

32 이 점에서 볼 때도 식민지 조선에 대한 통치정책은 일본 본토 정부가 먼저 결정하는 것이 아니라 일차적으로는 조선총독을 정점으로 하는 조선총독부 관료층의 입장에서 이루어지는 것으로 보아야 할 것이다.

33 1910년 8월 29일 제령 제1호 〈조선에서의 법령의 효력에 관한 건〉, 1910년 10월 1일 제령 제5호 〈조선총독부재판소령〉, 칙령 제238호 〈한국인에 係한 司法에 관한 건〉 등의 법령에 의한 것이다(朝鮮總督府 法務局, 1936《朝鮮의 司法制度》, 72~73쪽).

34 〈朝鮮總督府裁判所令〉外務省, 1960《制令 前篇》, 188쪽; 朝鮮總督府,《朝鮮法令輯覽》(大正9年版) 第14輯 〈裁判所構成法〉 및 第15輯 〈刑法〉.

35 外務省, 앞의 책, 188~194쪽.

36 〈형법〉 제208조의 죄란, "폭행을 가하였으나 타인을 상해하는 데까지 이르지 않았을 때에는 1년 이하 징역 또는 50엔 이하의 벌금 또는 구류 또는 과료에 처한다. 이 항의 죄는 고소를 받아야 죄를 논한다"라 하여 사람을 죽이거나 중상을 입히지 않은 경미한 상해죄로서 친고죄였다(朝鮮總督府,《朝鮮法令輯覽》제15輯).

37 《형법대전》제17절은 싸움으로 인해 다른 사람을 구타한 행위, 사사로이 타인을 묶거나 私家에 감금한 행위 등에 관한 규정이고 제20절은 조부모, 부모, 자손, 남편이나 남편의 친속을 구타하여 상해한 행위 등에 관한 규정이다.

38 外務省, 앞의 책, 260~262쪽.

39 이에 대해서는 松田利彦, 1993 〈朝鮮植民地化の過程における警察機構〉《朝鮮史研究會論文集》제31집; 도면회, 1999 〈일제 식민 통치기구의 초기 형성과정〉《일제

식민통치연구 1: 1905~1919》백산서당 참조.

[40] 佐官이란 일본군 장교 중 將官과 尉官의 중간 계급이다.

[41] 이는 뒤에 서술하는 예심제도와 함께 1910년대 조선인의 형사법상 지위를 극히 열악하게 한 핵심적인 요소였다.

[42] 〈朝鮮施政方針及施設經營〉《寺內正毅關係文書》, 245쪽; 남기정 역, 앞의 책, 156~158쪽.

[43] 염복규, 2004 〈1910년대 일제의 태형제도 시행과 운용〉《역사와 현실》53, 200쪽.

[44] 문준영, 2001 〈제국일본의 식민지 형사사법제도의 형성〉《법사학연구》제23호. 127~132쪽. 문준영은 이처럼 일본 정부측이 지향했던 방향이 실현된 점에 대해서, 조선총독부가 일정한 양보를 하는 대신 〈조선형사령〉에서 헌병경찰에게 검사에 준하는 강제 처분 권한을 갖게 만들었으리라고 추정하고 있다.

[45] 朝鮮總督府 法務局,《朝鮮의司法制度》, 82~83쪽.

[46] 이하 예심제도 운영에 대해서는 신동운, 1986 〈일제하의 예심제도에 관하여〉《서울대학교 법학》제27권 2호.

[47] 中野正剛, 1915《我が觀たる滿鮮》政敎社, 51~52쪽.

[48] 각 범죄에 대해 정범과 종범, 조력자와 수행자隨行者, 미수범 등에 대한 형량이 각각 다르기 때문에 여기서의 형량은 정범에 대해 규정한 형량을 의미하는 것으로 하였다.

[49] 國分三亥, 〈司法事務上より觀たる社會的事物の變遷〉《朝鮮彙報》1915년 5월, 8~11쪽.

[50] 司法部長官 國分三亥, 〈朝鮮刑事令改正の要旨〉《朝鮮彙報》1918년 1월, 48쪽.

[51] 도면회, 2003 〈解說〉《法部訴狀》5 서울대학교 규장각, 17~18쪽.

[52] 司法部長官 國分三亥, 앞의 글, 49~51쪽. 단, 원문에는 "기수범은 사형 내지 2년 이하의 징역"이라고 되어 있으나 그 근거가 된 통계를 살펴보고 미수범 양형과 비교해 볼 때 "기수범은 사형 내지 2년 이상의 징역"의 오식으로 판단하여 고쳐 적었다.

[53] 《朝鮮總督府官報》제1603호, 대정 6년 12월 8일.

[54] 朝鮮總督府 法務局, 1936《朝鮮の司法制度》, 82쪽.

[55] 司法部長官 國分三亥, 앞의 글, 48쪽.

56 鈴木敬夫, 앞의 책, 77~93쪽; 《통감부법령자료집》 대한민국국회도서관, 360~361
   쪽; 野村調太郎 編, 1932 《改訂 朝鮮民刑事令》 松山房, 41~48쪽.

57 李鍾旼, 2004 〈輕犯罪の取締法令に見る民衆統制〉 淺野豊美·松田利彦 編, 《植民地
   帝國日本の法的構造》 信山社, 335~347쪽.

58 文定昌, 1965 《軍國日本朝鮮强占三十六年史》 上, 柏文堂, 81~84쪽; 金龍德, 1969
   〈3.1運動 以前의 笞刑〉 《3.1운동 50주년 기념논문집》 동아일보사.

59 문준영, 2001 〈帝國日本의 植民地 刑事司法制度의 形成〉 《法史學研究》 23; 염복규,
   2004, 〈1910년대 일제의 태형제도 시행과 운영〉 《역사와현실》 제543호.

60 심재우, 2005 《《심리록》 연구—정조대 사형범죄 처벌과 사회통제의 변화—》 서울
   대 박사학위논문, 44쪽.

61 〈형법대전〉 제100조, 제121조.

62 제1장의 〈표 1-7〉 및 〈笞刑に就て〉 〈承前完〉 《朝鮮彙報》 1917년 11월, 84쪽. 여기서
   타격부라고 하는 것은 대한제국기에는 태 단면의 직경, 일제하에는 폭을 말하는 것
   으로 다소 차이가 있을 수 있다.

63 위의 글, 83쪽.

64 위의 글, 81~82쪽. 275만 원은 1917년 조선총독부 경상세출 총액 3,900만 원의 7%
   에 해당하는 액수이며, 같은 해 재판·감옥비 274만 6,167원과 거의 비슷한 액수였
   다 《朝鮮總督府施政年報》 大正六年度, 19쪽). 1910년대 조선총독부의 재정은 이처
   럼 막대한 액수를 감내할 만큼 여유가 충분하지 않았다.

65 〈司法官ニ對スル寺內總督訓示〉 《朝鮮彙報》 1915년 8월, 8쪽.

참고문헌

I. 자료

1) 年代記 및 新聞類

《高宗純宗實錄》

《高宗時代史》

《舊韓國官報》

《大韓季年史》

《大韓每日申報》

《독립신문》

《漢城旬報》

《皇城新聞》

《뎨국신문》

2) 법전류

《經國大典》

《大明律直解》

《大典通編》

《大典會通》

《續大典》

《六典條例》

《韓末近代法令資料集》

《統監府法令資料集》

《刑法大全》

張燾 편, 1907《新舊刑事法規大全》卷下, 磚洞出版社

3) 법부法部 및 기타 관서문안류官署文案類

《監獄規則》(奎 21682)

《慶尙監營啓錄》(國史編纂委員會 편,《各司謄錄》11)

《告示》(奎 21317)

《公文接受》(奎 17277의 23)

《供辭》(奎 26141)

《關草存案》(國史編纂委員會 편,《各司謄錄》63)

《起案》(奎 17277의 1)

《起案》(奎 17277의 2)

《起案》(규 17277의 3)

《起案存檔》(奎 17277의 12)

《來牒》(奎 17277의 20)

《法部去來案》(奎 26214)

《法部顧問證約書》(奎 23080)

《法部來去文》(奎 17795)

《法部來去文》(奎 17884)

《法部來文》(奎 17762)

《保放條例照會通牒式》(奎 21595)

《司法稟報》(奎 17278)(亞細亞文化社 영인본)

《審理錄》

《議案》(奎 20066)

《議定存案》(奎 17236)

《議奏》(奎 17705)

《日本見聞事件草》(奎 7689)

《日本司法省視察記》(奎 3703)

《章程存案》(奎 17237)

《照覆起案》(奎 17277의 16)

《照牒》(奎 17277의 10)

《詔勅》(奎 17708의 1)

《照會照覆起案》(奎 17277의 14)

《奏本》(奎 17276)

《奏本》(奎 17703)

《增補文獻備考》

《請願書》(奎 17848)

《秋官志》

《勅令》(奎 17706)

《咸昌縣囚禁罪人良女儀節金日元等推案》(奎 古5125-94)

《刑事局訓指膽抄》(奎 25248)

《訓指起案》(奎 17277의 5)

4) 일본측 자료

日本 外務省,《日本外交文書》

金正明 編,《日韓外交資料集成》

《朝鮮に於ける司法制度近代化の足跡》(友邦協會, 1966)

國分三亥 外,〈朝鮮司法界の往事を語る座談會〉《司法協會雜誌》第19卷 10·11號, 第
    20卷 3號

《朝鮮總督府官報》

《駐韓日本公使館記錄》(國史編纂委員會)

朝鮮總督府,《朝鮮の保護及び併合》韓國史料研究所,《朝鮮統治史料》第3卷

《保護より併合に至る日本側の記錄》韓國史料研究所,《朝鮮統治史料》第3卷

倉知鐵吉, 1939〈韓國併合ノ經緯〉明治人による近代朝鮮論影印叢書 第16卷《李王朝》
　　ペリカン社, 1997

小松綠, 1920〈朝鮮併合之裏面〉明治人による近代朝鮮論影印叢書 第16卷《李王朝》
　　ペリカン社, 1997

〈韓國一進會日誌〉韓國史料研究所《朝鮮統治史料》제4권

野村調太郎, 1932《改訂 朝鮮民刑事令》松山房

朝鮮總督府,《朝鮮總督府施政年報》1917년도

外務省, 1965《日本外交年表竝主要文書》(上), 原書房

朝鮮總督府 法務局, 1922《朝鮮司法例規》大成印刷社

朝鮮總督府 法務局, 1936《朝鮮の司法制度》

外務省 編, 1960《制令 前篇》

朝鮮總督府,《朝鮮法令輯覽》(大正9年版)

朝鮮總督府 法務局, 1936《朝鮮の司法制度》

朝鮮總督府,《朝鮮彙報》

山本四郎 編, 1984《寺內正毅關係文書》京都女子大學

日本 外務省, 1971《日本統治時代の朝鮮》外地法制誌(1990年 公刊)

5) 기타 자료

金玉均,《金玉均全集》

鄭喬,《大韓季年史》

정부기록보존소,《東學關聯判決文輯》

黃玹,《梅泉野錄》

서울대학교 법과대학 동창회,《서울法大百年史資料集~光復前 50年~》

丁若鏞(茶山研究會 역),《譯註 牧民心書》창작과비평사

《禮記》

《從宦錄》(《法史學研究》제11호, 崔鍾庫 해설)

러시아 大藏省(韓國精神文化研究院 역), 1984《韓國誌》

《刑法艸案》(《法史學研究》 제16·17호, 鄭肯植 해설)

F.A.McKenzie(신복룡 역), 1986《한국의 독립운동》평민사

Isabella Bird Bishop(이인화 옮김), 1996《한국과 그 이웃나라들》살림.

Laurent Crémazy, 1904 Le Code Pénal de la Corée, Seoul, The Seoul Press—Hodge & Co.—Printers(《法史學研究》 제5호)

Laurent Crémazy, 1906 Texte Complementaire du Code Pénal de la Corée, Paris, Imprimerie et Librarie Générale de Jurisprudence(《法史學研究》 제5호)

II. 연구논저

1) 저서

金炳華, 1974《近代韓國裁判史》韓國司法行政學會

_____, 1976《續近代韓國裁判史》韓國司法行政學會

_____, 1982《韓國司法史(現世篇)》一潮閣

김종준, 2010《일진회의 문명화론과 친일활동》신구문화사

文定昌, 1965《軍國日本朝鮮强占三十六年史》上, 柏文堂

柳永益, 1990《甲午更張研究》一潮閣

문준영, 2010《법원과 검찰의 탄생》역사비평사

박경식(국역본), 1986《일본제국주의의 조선지배》청아출판사

朴秉濠, 1974《韓國法制史攷》法文社

_____, 1996《近世의 法과 法思想》도서출판 진원

朴宗根(朴英宰 역), 1989《淸日戰爭과 朝鮮》一潮閣

森山茂德(김세민 옮김), 1994《近代韓日關係史研究》玄音社

徐壹敎, 1968《朝鮮王朝 刑事制度 研究》韓國法令編纂會

申東雲, 1993《刑事訴訟法》法文社

愼鏞廈, 1976《獨立協會研究》一潮閣

_____, 1993《東學과 甲午農民戰爭研究》일조각

심재우, 2009, 《조선후기 국가권력과 범죄통제》 태학사

沈羲基, 1994《韓國法制史講義》三英社

安龍植, 1994~95《大韓帝國官僚史研究》Ⅰ·Ⅱ·Ⅲ, 연세대학교 사회과학연구소

鈴木敬夫, 1989《법을 통한 조선 식민지지배에 관한 연구》고려대학교 출판부

吳甲均, 1994《朝鮮時代司法制度研究》三英社

俞東濬, 1987《俞吉濬傳》一潮閣

尹白南, 1948《朝鮮刑政史》文藝書林

윤해동 외, 2006《근대를 다시 읽는다》제1권, 역사비평사

李樹健, 1989《朝鮮時代地方行政史》민음사

李英美(김혜정 옮김), 2011《한국사법제도와 우메겐지로》일조각, 2011

조윤선, 2002《조선후기 소송 연구》국학자료원

조지만, 2007《조선시대의 형사법 −대명률과 국전−》경인문화사

崔鍾庫, 1982《韓國의 西洋法受容史》博英社

_____, 1989《西洋人이 본 韓國法俗》, 교육과학사

_____, 1990《韓國法學史》博英社

_____, 1993《韓國의 法思想史》博英社

韓國法制研究院, 1996《大典會通研究》−刑典·工典編−

韓相權, 1996《朝鮮後期 社會와 訴冤制度》一潮閣

韓永愚, 1973《鄭道傳思想의 研究》韓國文化研究所

_____, 1994《韓國民族主義歷史學》一潮閣

Benedict Anderson(윤형숙 역), 1991《민족주의의 기원과 전파》나남

신기욱·마이클 로빈슨 엮음(도면회 옮김), 2006《한국의 식민지 근대성》삼인

山路勝彦·田中雅一 編, 2002《植民地主義と人類學》關西學院大學出版會

小熊英二, 1998《〈日本人〉の境界》新曜社

水田直昌, 1974《統監府時代의 財政》友邦協會

井ケ田良治 外, 1982《日本近代法史》法律文化社

朝鮮總督府 法務局, 1936《朝鮮の司法制度》

中橋政吉, 1936《朝鮮舊時の刑政》조선총독부

中塚明, 1968《日淸戰爭の研究》靑木書店

最高裁判所事務總局, 1990《裁判所百年史》大藏省印刷局

2) 논문

강창일, 1994〈일제의 조선지배정책〉《역사와 현실》12호

고동환, 1992〈대원군집권기 농민층 동향과 농민항쟁의 전개〉《1894년농민전쟁연구》
    2 역사비평사

구덕회, 2007〈대명률과 조선 중기 형률상의 신분 차별〉《역사와현실》65호 참조.

具玩會, 1982〈先生案을 통해 본 朝鮮後期의 守令〉《경북사학》4

권태억, 1994〈1904~1910년 일제의 한국 침략 구상과 '시정개선'〉《한국사론》31

_____, 1994〈통감부 설치기 일제의 조선 근대화론〉《국사관논총》53

_____, 2001〈동화정책론〉《역사학보》제172집

金東明, 1993〈一進會と日本 ― '政合邦'と併合〉《朝鮮史研究會論文集》제31집

金龍德, 1969〈3.1運動 以前의 笞刑〉《3.1운동 50주년 기념논문집》동아일보사

金義煥, 1980〈義兵運動〉《韓國近代民族運動史》돌베개

김도형, 1992〈일제침략초기(1905~1919) 친일세력의 정치론 연구〉《계명사학》3

金仙卿, 1992〈'民狀置簿冊'을 통해서 본 조선시대의 재판제도〉《역사연구》창간호

金容燮, 1975〈光武年間의 量田·地契事業〉《韓國近代農業史研究》일조각

김운태, 1990〈일본식민통치체제의 확립〉《한국의 사회와 문화》제11집

김정기, 1993〈淸의 朝鮮政策(1876~1894)〉《1894년 농민전쟁연구》3

金泰雄, 1997〈大韓帝國期의 法規 校正과 國制 制定〉《金容燮敎授停年紀念韓國史學
    論叢》3, 지식산업사

나애자, 1994〈대한제국의 권력구조와 광무개혁〉《한국사》11, 한길사

도면회, 1994〈갑오·광무 연간의 재판제도〉《역사와 현실》14

도면회, 1998〈1894~1905년간 형사재판제도연구〉서울대학교 국사학과 박사학위논문

_____, 1999〈일제 식민 통치기구의 초기 형성과정〉《일제식민통치연구 1: 1905~

1919》백산서당

_____, 2001 〈갑오개혁 이후 근대적 법령 제정과정─형사법을 중심으로─〉《韓國文化》27, 서울대 한국문화연구소, 2001

_____, 2003 〈解說〉《法部訴狀》5 서울대학교 규장각

_____, 2004 〈자주적 근대와 식민지적 근대〉《국사의 신화를 넘어서》휴머니스트

_____, 2005 〈1910년대 식민지 조선의 형사법과 조선인의 법적 지위〉《한국 근대사회와 문화》II, 서, 2005

李泰鎭, 1995 〈18~19세기 서울의 근대적 도시발달 양상〉《서울학연구》IV

문준영, 1998 〈대한제국기 〈형법대전〉의 제정에 관한 연구〉 서울대학교 법학과 석사학위논문

_____, 1999 〈대한제국기 형법대전의 제정과 개정〉《법사학연구》20

_____, 2001 〈제국일본의 식민지 형사사법제도의 형성〉《법사학연구》23호

_____, 2004 〈한국 검찰제도의 역사적 형성에 관한 연구〉 서울대학교 박사학위논문

_____, 2008 〈이토 히로부미의 한국 사법정책과 그 귀결〉《법학연구》49-1

_____, 2009 〈1895년 재판소구성법의 '출현' 과 일본의 역할〉《법사학연구》39

박찬승, 1997 〈1894년농민전쟁의 주체와 농민군의 지향〉《1894년 농민전쟁연구》5

배성준, 2000 〈'식민지근대화' 논쟁의 한계 지점에 서서〉《당대비평》13

徐榮姬, 1990 〈1894~1904년의 政治體制 變動과 宮內府〉《韓國史論》23

_____, 1995 〈개화파의 근대국가 구상과 그 실천〉 한국사연구회 편, 《근대국민국가와 민족문제》지식산업사

徐仁漢, 1997 〈大韓帝國軍 해산 거부 抗戰의 양상과 그 의의〉《趙東杰先生停年紀念論叢 II 韓國民族運動史研究》

徐珍敎, 1992 〈1898년 都約所의 結成과 活動─1890년대 후반 보수유생층의 동향에 대한 一檢討─〉《震檀學報》73

申東雲, 1986 〈日帝下의 豫審制度에 관하여〉《서울대학교 法學》27권 1호

申東雲, 1991 〈日帝下의 刑事節次에 관한 研究〉《朴秉濠敎授還甲紀念 II 韓國法史學論叢》

愼鏞廈, 1985 〈1894年의 社會身分制의 廢止〉《奎章閣》9

沈載祐, 1995 〈18세기 獄訟의 성격과 刑政運營의 변화〉《韓國史論》 34

_____, 1997 〈조선후기 인명사건의 처리와 '檢案'〉《역사와현실》 23

_____, 2003 〈조선후기 형벌제도의 변화와 국가권력〉《국사관논총》 102

_____, 2003 〈조선시대 법전 편찬과 형사정책의 변화〉,《진단학보》 96

_____, 2005 《《심리록》 연구—정조대 사형범죄 처벌과 사회통제의 변화—〉 서울대
박사학위논문

沈羲基, 1982 〈朝鮮時代의 殺獄에 관한 硏究〉(Ⅰ)《法學硏究》(부산대학교) 제25권 제1호

_____, 1985 〈朝鮮時代의 拷訊〉《社會科學硏究》제5집 제1권

_____, 1997, 〈18세기의 형사사법제도 개혁〉,《한국문화》 20

안종철, 2007 〈'한일병합' 전후 미일 간 미국의 한반도 치외법권 폐지 교섭과 타결〉
《법사학연구》 36

양홍석, 2006 〈개항기(1876~1910) 미국의 치외법권 적용논리와 한국의 대응〉《한국
근현대사연구》 39 ;

_____, 2008 〈개항기(1876~1910) 한·미 간의 치외법권 사례 분석〉《동학연구》 24

염복규, 2004 〈1910년대 일제의 태형제도 시행과 운용〉《역사와 현실》 53, 200쪽.

오연숙, 1996 〈대한제국기 의정부의 운영과 위상〉《역사와 현실》제19호

柳漢喆, 1992 〈日帝 韓國駐箚軍의 韓國 侵略過程과 組織〉《韓國獨立運動史硏究》제6집

윤병석, 1995 〈"을사오조약"의 신고찰〉《일본의 대한제국 강점》, 까치

尹炳喜, 1995 〈第2次 日本亡命時節 朴泳孝의 쿠데타 陰謀事件〉《李基白先生古稀紀念
韓國史學論叢》(下) 일조각

윤소영, 2002 〈갑오개혁기 일본인고문관의 활동—星亨을 중심으로—〉《한국민족운동
사연구》 30, 133~145쪽.

李光麟, 1968 〈漢城旬報와 漢城週報에 對한 一考察〉《歷史學報》 38

李玟源, 1988 〈稱帝論議의 展開와 大韓帝國의 成立〉《淸溪史學》 5

李玟源, 1994 〈俄館播遷 前後의 韓露關係〉 한국정신문화연구원 박사학위논문

李丙洙, 1975 〈우리나라 近代化와 刑法大全의 頒示〉《法史學硏究》제2호

李炳天, 1985 〈開港期 外國商人의 侵入과 韓國商人의 對應〉 서울대 경제학과 박사학
위논문

李相燦, 1996 〈1896년 義兵運動의 政治的 性格〉 서울대 국사학과 박사학위논문

李成茂, 1971 〈朝鮮初期 技術官과 그 地位〉《柳洪烈博士華甲紀念論叢》

이승일, 2003 〈조선총독부의 법제정책에 대한 연구〉 한양대 박사학위논문

이영록, 2005 〈개항기 한국에 있어 영사재판권〉《법사학연구》32

이용창, 2005 〈東學·天道敎團의 民會設立運動과 정치세력화 연구(1896~1906)〉 중앙
　　대학교 사학과 박사학위논문

李元淳, 1990 〈한말 日本人 雇聘문제 연구〉《韓國文化》11

李潤相, 1986 〈日帝에 의한 植民地財政의 形成過程〉《韓國史論》14

이은자, 2005 〈한국 개항기(1876~1910) 중국의 치외법권 적용 논리와 한국의 대응〉
　　《동양사학연구》92

李泰鎭, 1986 〈士林派의 留鄕所 復立運動〉《韓國社會史研究》지식산업사

田鳳德, 1970~1976 〈近代司法制度史〉1~10《대한변호사협회지》제1·3·5·7·11·13·
　　14·15·21·22호

_____, 1974 〈大韓國國制의 制定과 基本思想〉《法史學研究》1호

_____, 1975 〈光武辯護士法과 初期辯護士〉《法曹》1975년 3호(통권 제24권)

_____, 1978 〈朴泳孝와 그의 上疏 研究序說〉《東洋學》8

_____, 1979 〈Laurent Crémazy와 大韓刑法〉《法史學研究》제5집

_____, 1982 〈일제의 사법권 강탈과정의 연구〉《애산학보》제2집

정구선, 2006 〈개항 후(1876~1894) 일본의 치외법권 행사와 한국의 대응〉《한국근현
　　대사연구》39

鄭肯植, 1991 〈韓末 法律起草機關에 관한 小考〉《朴秉濠敎授還甲紀念(Ⅱ) 韓國法史學
　　論叢》博英社

정순옥, 2003, 〈정조의 법의식 -《심리록》판부를 중심으로-〉,《전남사학》21

_____, 2005, 〈조선시대 사죄심리제도와《심리록》〉 전남대학교 사학과 박사학위논문

정연태, 2004 〈조선총독 寺内正毅의 韓國觀과 植民統治〉《한국사연구》124

鄭玉子, 1965 〈紳士遊覽團考〉《歷史學報》27

_____, 1986 〈朝鮮後期의 技術職中人〉《震檀學報》61

_____, 1990 〈開化派와 甲申政變〉《國史館論叢》14

_____, 1994 〈19世紀 尊華思想의 位相과 歷史的 性格〉《韓國學報》76, 일지사

鄭晉錫, 1983 〈漢城旬報, 週報에 關한 硏究〉《新聞硏究》36

정진숙, 2009 〈1896~1905년 형법 체계 정비에 관한 연구〉《한국사론》55

전봉덕, 1982 〈일제의 사법권 강탈과정의 연구〉《애산학보》제2집

정태섭·한성민, 2007 〈개항 후(1882~1894) 청국의 치외법권 행사와 조선의 대응〉
《한국근현대사연구》43

趙誠倫, 1997 〈甲午改革期 開化派政權의 身分制 폐지정책〉《金容燮敎授停年紀念韓國
史學論叢》3, 지식산업사

趙恒來, 1989 〈內田良平의 韓國倂呑行跡〉《國史館論叢》3

_____, 1991 〈李容九의 日帝侵略·倂呑앞잡이行脚〉《國史館論叢》28

朱鎭五, 1995 〈19세기 후반 開化 改革論의 構造와 展開〉 연세대 사학과 박사학위논문

崔起榮, 1991 〈光武新聞紙法 硏究〉《大韓帝國時期 新聞硏究》일조각

崔文衡, 1973 〈歐美列强의 極東政策과 日本의 韓國倂合〉《歷史學報》59

崔鍾庫, 1983 〈開化期의 韓國法制史料〉《韓國學文獻硏究의 現況과 展望》아세아문화사

_____, 1984 〈韓國의 法律家象 24 松岩 咸台永〉《司法行政》1984년 4월호

_____, 1990 〈西洋人 法律顧問의 역할〉《韓國法學史》博英社

_____, 1994 〈韓國近代法의 形成過程〉《韓國文化》15

한명기, 1992 〈19세기 전반 반봉건항쟁의 성격과 유형〉《1894년농민전쟁연구》2

한상권, 1994 〈조선시대 법전 편찬의 흐름과 각종 법률서의 성격〉《역사와 현실》13

韓相一, 1980 《日本帝國主義의 한 硏究》까치

韓永愚, 1988 〈朝鮮時代 中人의 身分·階級的 性格〉《韓國文化》9

한인섭, 1991 〈치안유지법과 식민지통제법령의 전개〉《박병호교수환갑기념 Ⅱ한국법
사학논총》

韓哲昊, 1992 〈甲午更張 中 貞洞派의 改革活動과 그 意義〉《國史館論叢》36

_____, 2005 〈개항기 일본의 치외법권 적용 논리와 한국의 대응〉《한국사학보》21 ;

洪順敏, 1998 〈조선후기 法典 編纂의 推移와 政治運營의 변동〉《한국문화》21

_____, 2007 〈조선후기 도죄와 장죄의 구성과《대명률》〉《역사와현실》65호 참조.

洪淳鎬, 1980 〈大韓帝國 法律顧問 L. Crémazy의 任命過程 分析〉《韓國文化硏究院論

　叢》36

梶村秀樹・姜德相, 1970〈日帝下朝鮮の法律制度について〉《日本法とアジア》勁草書房

小山博也, 1958〈條約改正(法體制確立期)〉《講座 日本近代法發達史》2, 勁草書房

松田利彦, 1993〈朝鮮植民地化の過程における警察機構〉《朝鮮史研究會論文集》제31집

染野義信, 1958〈司法制度〉《日本近代法發達史》제2권 勁草書房

李鍾旼, 2004〈輕犯罪の取締法令に見る民衆統制〉淺野豊美・松田利彦 編,《植民地帝
　國日本の法的構造》信山社

中村吉三郎, 1960〈刑法(法體制準備期)〉《講座 日本近代法發達史》9 勁草書房

川島武宜・利谷信義, 1958〈民法(上)(法體制準備期)〉《講座 日本近代法發達史》5, 勁草
　書房

경상북도 칠곡군, 디지털칠곡문화대전 http://chilgok.grandculture.net/Contents/Index

찾아보기

[ㅅ]

한국 근대 형사재판제도사

한국 근대 형사재판제도사 韓國 近代 刑事裁判制度史

- ⊙ 2014년 2월 2일 초판 1쇄 발행
- ⊙ 2019년 8월 16일 초판 3쇄 발행
- ⊙ 지은이   도면회
- ⊙ 발행인   박혜숙
- ⊙ 디자인   이보용
- ⊙ 펴낸곳   도서출판 푸른역사
  우) 03044 서울시 종로구 자하문로8길 13
  전화: 02)720-8921(편집부) 02)720-8920(영업부)
  팩스: 02)720-9887
  전자우편: 2013history@naver.com
  등록: 1997년 2월 14일 제13-483호

ⓒ 푸른역사, 2019

ISBN   979-11-5612-006-3 93900